新 坐 标 法 学 教 科 书

新坐标法学教科书

国际法要论

何志鹏 著

北京大学出版社
PEKING UNIVERSITY PRESS

编委会

新坐标法学教科书

主　编

李昊　江溯

编委会成员

陈　璇　崔国斌　丁晓东
董　坤　巩　固　何志鹏
雷　磊　刘　斌　任　重
宋华琳　杨代雄　尤陈俊
张凌寒　张　翔　朱晓喆

前　言

　　岁月峥嵘,世局流变。国际法在进入新世纪以来发生了不少变化,中国对国际法的态度也日渐明朗,尤其是对国际法的应用逐渐增加。这些情况无疑牵动着一个研习国际法的人的思想和情感。

　　对于世界而言,国际法是一个良好的国际秩序所不可或缺的规范基础。尽管在当代世界中,违背国际法、以国际法为借口去打压和遏制其他国家的现象时有出现,但是人们仍然很难想象一个没有国际法的世界。正是在国际法所确立的基本权利义务界限的基础之上,国家才能够避免被其他大国过度侵扰,才能保证自己的基本安全。有些国际法专家认为,当今的国际法已经处于一种非常令人忧虑的状态。而另外一些人则认为,当今世界的变局恰恰给国际法研究开辟了广大的空间。在我看来,国际法治任务艰巨、道路漫长,在实现的过程中多有阻碍,然而,正是因为国际社会的法律不完善、法治不健全,才有更多值得研究的命题,才有更为广阔的工作空间,才有更大的探索价值。所以,这可能是国际法实践最坏的时刻,但也很可能是国际法研究最好的时刻。

　　国际法是一个开放大国的重要话语维度。对大国而言,国际法可能并不是硬实力的主要支撑,也不是维护国家安全的主要力量,但是衡量国家形象和声誉的重要尺度。一个重视国际法的国家,一个善于用国际法的话语表达自身立场的国家,更容易受到国际社会公众的认可和尊重,更能够在国际关系之中寻找到合作的机会,更适合在全球治理中起到引领的作用。反之,一个国家总是用自己的实力去欺压其他国家,总认为自身的武器装备、科学技术、经济体量足以战胜所有的国家,那其面对的阻力肯定是相当强大的,各种可预见和不可预见的打击会接踵而至。对于这样的国家而言,未来不仅充满着风险和坎坷,而且也很难避免灭顶之灾。

　　中国在1978年改革开放以后,越来越注重国际法,自从邓小平在十一届三中全会之前的中央工作会议上提出要加强国际法的研究,中国政府对于国际法的关注日益提升。中国共产党的十四大、十七大报告都论及遵守国际法,十八届四中全会提出了加强国际法研究的任务,全面依法治国工作会议提出要统筹推进国内法治和涉外法治,二十大报告提出要坚持以国际法为基础的国际秩序,这都充分表明中国共产党和中国领导人对于国际法的认可程度正在不断提升,对国际法在国际关系之中所承担的任务也在日益清晰。为此,我们必须认真研究和学习国际法,并培养出符合国家发展需要的涉外法治人才。正是在这样的背景下,国际法课程、国际法教学、国际法教材成为对中国法学学科建设的基本要求和基础任务。

在一个不断强调涉外法治、积极推进涉外法治、将国内法治和涉外法治统筹规划和建设的开放型大国,学习国际法、了解国际法、运用国际法是显而易见的重要领域。更重要的是,对于中国这样一个很多国家和国民都还不太了解的大国而言,更好地运用国际法的话语来表达自己的立场,更好地应用国际法的工具来维护自己的主权安全和发展利益,更好地采用国际法的方式讲述一代又一代的中国人努力谋求民族复兴、推进世界发展的故事,是这个国家在国际社会受到越来越多的肯定和支持,被越来越多的民众认可和接纳的必由之路。

当前,中国在国际社会不仅主张厉行国际法治,而且提出,坐而论道,不如起而行之。这就彰显了中国在涉外法治方面的宏阔胸襟和伦理观念。不仅积极构建人类命运共同体,而且提出了全球发展倡议、全球安全倡议,使人类命运共同体的目标得以有效落实,更通过推进"一带一路"这一坚实倡议,使中国与相关国家紧密结合,在经济建设和社会发展方面取得积极有益的进展。

时光如矢,白驹过隙。从个人的经历看,自最初学习法学理论、国际法于大学课堂,如今倏忽已30年。从1997年开始国际法教学工作,而今已经有25年。尽管其间也曾经参与编写法学概论中的国际法部分、马克思主义理论研究和建设工程重点教材(简称"马工程教材")《国际公法学》的几个章节,主持编写过几本国际公法教材和参考书,但是,面对独立撰写一本国际法教材,还是觉得压力很大。这种压力不仅来自撰写一本教材的责任感,尤其是想写好一本教材需要教学经验、相关知识、深入思考和反复锤炼的预期,而且由于国际法范围广阔,变化迅速。我的国际法同事们都说,当今不仅百科全书式的全科学者找不到了,就是对于法学全面了解的学者也为数甚少,甚至对国际法有全面认知的学者也寥寥无几。我个人虽然讲授过国际公法、国际私法、国际经济法、海商法、国际人权法、国际人道法等方面的课程,但是对于很多领域仍然觉得陌生,对于很多领域的新发展仍然觉得了解不足、把握不准,由此就产生了独立编写教材的心理和工作压力,唯念将国际法课程讲授和教材撰写视为一个不断学习、不断更新的过程。

本书采取了五编十六章的结构模式,这是我从学习民法的过程中借鉴来的一种思路。幸运的是,这种思路在马工程《国际公法学》教材结构研讨的时候,得到了邓烈教授的积极支持,同时也被该书的主编曾令良教授和各位专家所接受,在一定程度上反映在马工程教材《国际公法学》之中。之所以采取十六章,而不是十二章或者二十章模式,并不是说这种章节安排最科学、最合理,而是考虑本课程在很多大学的课时安排一般都在十六周,所以,教师可以按照这十六章的基本框架去设计十六周的工作。当然,各章长短不一、繁简各异,像海洋法、条约法这样的巨型章节,恐怕一周难以讲完;而国际经济法则较短,因为有专门的课程,教材只是进行了列举。之所以将国际经济法纳入国际法教材而没有省去,是因为现在很多法学专业已经不将国际经济法视为核心课程,因而在国际法教材里列入有关经济交往的内容,避免学生在知识上出现缺漏和短板。

撰写本教材的机缘,来自江溯教授对教育教学工作的高度重视和教材编写出版工作的精心规划。在他的设计之下,一批学者担纲撰写了法学领域的系列教材,我很荣幸地成为其中的一员。我的同事王若思老师为这本书的立项进行了积极的联络工作,正是她的建议使这本书得以成型。北京大学出版社的杨玉洁老师和责任编辑周希、靳振国老师在这本书的审读和编校过程中作出了扎实有效的努力,在此一并致谢。

期待本书成为国际法教学的一个新的路标,在中国不断提升涉外法治的征程中起到有效的支持作用。同时也期待着专家学者多多批评指教。无论是我个人的国际法教学和研究,还是中国学术界国际法知识体系的建构,都在不断拓展、深化,期待个人微薄的努力能够融入国家发展、民族复兴、世界进步的洪流之中,作出研究者和教育者的涓滴贡献。

何志鹏

2022 年 11 月 1 日于吉林大学

目 录

导论：贯穿国际法的基石定理 ·· 001
    思考题 ·· 003
    拓展阅读 ·· 004

第一编 国际法总论

第一章 国际法的基本问题 ·· 005
  第一节 国际法的含义 ·· 005
    一、国际法是国际关系的规则 ·································· 005
    二、国际法与国际私法、国际经济法的关系 ············· 009
  第二节 国际法的发展 ·· 011
    一、国际法的实践发展 ··· 011
    二、国际法的理论发展 ··· 017
  第三节 现代国际法的性质与特点 ······························· 021
    一、国际关系学者对国际法的认知 ·························· 022
    二、国际法的政治性与道德性 ·································· 026
    三、当代国际社会中的国际法特点 ·························· 032
  第四节 国际法的主体 ·· 040
    一、国际法主体的基本要素 ······································ 040
    二、国际法主体的分类 ··· 042
  第五节 国际法与国内法的关系 ··································· 044
    一、国际法与国内法关系的理论 ······························ 044
    二、国际法在国内法中的地位 ·································· 048
    思考题 ·· 052

拓展阅读 ································· 052

第二章 国际法的渊源 ························· 054
第一节 国际法渊源的内涵与类别 ············· 054
一、国际法渊源的内涵 ····················· 054
二、国际条约 ···························· 056
三、国际习惯 ···························· 057
四、一般法律原则 ························· 061
五、司法判例 ···························· 063
六、公法学家的学说 ······················· 065
七、国际组织的决议 ······················· 066
八、单边行为在国际法上的意义 ············· 067
第二节 国际法渊源的位阶与强行法 ············· 068
一、国际法渊源的位阶问题 ················· 068
二、国际强行法 ·························· 069
第三节 国际法的编纂 ························· 071
一、国际法编纂的含义和类型 ··············· 071
二、联合国编纂国际法的活动 ··············· 076

思考题 ··································· 081
拓展阅读 ································· 082

第二编 国际法主体

第三章 国 家 ······························ 083
第一节 国家的内涵与形式 ····················· 083
一、国家在国际法上的地位 ················· 083
二、国家的构成要素 ······················· 084
三、国家的初步分类 ······················· 085
第二节 国家的基本权利 ······················· 088
一、独立权 ······························ 088
二、平等权 ······························ 094
三、管辖权 ······························ 095

四、自卫权 …………………………………………………… 096
　第三节　管辖与豁免 …………………………………………… 098
　　一、国家管辖权的基本形态 …………………………………… 098
　　二、国家管辖豁免 ……………………………………………… 101
　第四节　承认与继承 …………………………………………… 103
　　一、国际法上的承认 …………………………………………… 103
　　二、国家继承 …………………………………………………… 105
　　思考题 …………………………………………………………… 108
　　拓展阅读 ………………………………………………………… 108

第四章　国际组织法 …………………………………………… 109
　第一节　概　述 ………………………………………………… 109
　　一、国际组织的含义 …………………………………………… 109
　　二、国际组织的源流 …………………………………………… 109
　　三、国际组织的特征 …………………………………………… 111
　　四、国际组织的分类 …………………………………………… 112
　　五、国际组织法的形成与发展 ………………………………… 112
　第二节　国际组织法的基本内容 ……………………………… 113
　　一、国际组织的成员资格 ……………………………………… 113
　　二、国际组织的表决制度 ……………………………………… 114
　　三、国际组织的法律地位 ……………………………………… 116
　　四、国际组织的特权和豁免 …………………………………… 117
　　五、区域性国际组织 …………………………………………… 118
　第三节　主要国际组织 ………………………………………… 119
　　一、国际联盟 …………………………………………………… 119
　　二、联合国 ……………………………………………………… 121
　　三、联合国专门机构 …………………………………………… 129
　　四、欧洲联盟 …………………………………………………… 134
　　五、非洲联盟 …………………………………………………… 139
　　思考题 …………………………………………………………… 140
　　拓展阅读 ………………………………………………………… 140

第五章 国际法上的私人 …… 142
第一节 个人的国际法意义与国籍 …… 142
一、个人的国际法意义 …… 142
二、国籍的概念及价值 …… 143
三、国籍的取得和丧失 …… 145
四、国籍的抵触(冲突)及其解决 …… 148
五、中国的国籍法 …… 151
第二节 外国人的法律地位和待遇 …… 153
一、外国人的概念与法律地位 …… 153
二、外国人待遇的一般原则 …… 155
三、外交保护 …… 158
四、中国对外国人的管理制度 …… 161
第三节 引渡和庇护 …… 165
一、引渡 …… 165
二、庇护 …… 170
第四节 难民 …… 174
一、难民和国际难民法的概念 …… 174
二、难民身份的确定 …… 176
三、难民的法律地位 …… 177
四、中国保护难民的基本立场和实践 …… 179
第五节 跨国公司和非政府组织 …… 180
一、跨国公司 …… 180
二、非政府组织 …… 184

思考题 …… 190
拓展阅读 …… 190

第三编 国际法客体

第六章 领土法 …… 192
第一节 领土的概念及领土主权 …… 192
一、国家领土的内涵和外延 …… 192
二、国家领土的意义 …… 194

三、领土主权 ································· 195
　　四、对领土主权的限制 ······················ 196
第二节　国家领土在国际法上的地位 ············ 199
　　一、陆地领土及其底土的地位 ··············· 199
　　二、内水 ·· 199
　　三、国际运河 ·································· 199
　　四、界河 ·· 200
　　五、多国河流 ·································· 200
　　六、国际河流 ·································· 201
　　七、湖泊 ·· 203
第三节　领土的取得与变更 ······················ 203
　　一、传统国际法的领土取得方式 ············ 203
　　二、当代国际法认可的领土变更方式 ······· 206
第四节　边界概念与边境制度 ···················· 208
　　一、边界的概念及其划分 ···················· 208
　　二、边界和边境制度 ·························· 210
　　三、中国的陆地国界法 ······················· 211
第五节　南极地区的国际法 ······················ 212
　　一、南极的地理与历史 ······················· 212
　　二、各国在南极的争夺 ······················· 213
　　三、国际社会对领土主张的回应 ············ 213
　　四、中国与南极 ······························· 214
　　思考题 ·· 215
　　拓展阅读 ··· 216

第七章　海洋法 ·· 217
第一节　海洋法的概念与历史 ···················· 217
　　一、海洋法的内涵 ······························ 217
　　二、海洋法的历史 ······························ 218
　　三、海洋法的编纂 ······························ 219
第二节　基　线 ······································ 221
　　一、正常基线 ···································· 221

二、直线基线 ………………………………………… 221
　　三、特别地理区域的基线 ……………………………… 222
　　四、确定基线的混合方法及对沿海国的限制 ………… 223
第三节　内　水 …………………………………………… 224
　　一、内水的概念 ………………………………………… 224
　　二、内水的法律地位 …………………………………… 224
　　三、港口 ………………………………………………… 225
　　四、海湾 ………………………………………………… 225
第四节　领海、海峡及毗连区 …………………………… 226
　　一、领海的宽度 ………………………………………… 227
　　二、领海的法律地位 …………………………………… 227
　　三、无害通过制度 ……………………………………… 228
　　四、沿海国在领海的管辖权 …………………………… 230
　　五、群岛国的领海 ……………………………………… 231
　　六、海峡 ………………………………………………… 232
　　七、毗连区 ……………………………………………… 234
第五节　大陆架和专属经济区 …………………………… 235
　　一、大陆架的概念 ……………………………………… 235
　　二、大陆架的法律地位 ………………………………… 236
　　三、专属经济区的法律地位 …………………………… 237
　　四、大陆架与专属经济区的关系及划界 ……………… 238
　　五、中国的专属经济区和大陆架 ……………………… 240
第六节　公　海 …………………………………………… 244
　　一、公海的概念 ………………………………………… 244
　　二、公海的法律地位 …………………………………… 245
　　三、公海航行制度 ……………………………………… 245
　　四、公海上的管辖权 …………………………………… 247
第七节　国际海底区域 …………………………………… 249
　　一、国际海底区域的内涵与由来 ……………………… 249
　　二、国际海底区域的法律地位 ………………………… 250
　　三、平行开发制 ………………………………………… 250
　　四、关于执行 1982 年 12 月 10 日《联合国海洋法公约》第十一部分的

协定……251
　　第八节　国际海洋争议解决机制……252
　　　　一、《联合国海洋法公约》确立的争端解决机制……253
　　　　二、国际海洋法法庭……254
　　思考题……256
　　拓展阅读……256

第八章　国际航空法与外层空间法……258
　　第一节　领空及其界限问题……258
　　　　一、领空的内涵与相关立法……258
　　　　二、空气空间和外层空间的界限……259
　　　　三、领空的水平界限……261
　　第二节　国际航空法体系……261
　　　　一、国际航空的基本规范……262
　　　　二、国际民航安全制度……269
　　第三节　外层空间法律体系……278
　　　　一、人类的外空活动与外空法的发展……278
　　　　二、外空活动的主要原则……279
　　　　三、外空物体与宇航员的法律地位……281
　　　　四、外空活动的主要法律制度……281
　　　　五、外空争端解决机制……283
　　　　六、中国与外空法律制度……285
　　思考题……287
　　拓展阅读……287

第四编　国际法律行为

第九章　保护人权……289
　　第一节　国际人权保护的发展进程……289
　　　　一、第一次世界大战以前：人权全球化的萌芽阶段……290
　　　　二、两次世界大战期间：人权全球化的创始阶段……290

三、第二次世界大战之后：人权全球化的兴盛阶段 ……………… 291
　　四、国际人权发展的概括性认知 …………………………………… 292
第二节　人权国际保护的法律渊源 ……………………………………… 294
　　一、人权方面的"软法" ……………………………………………… 294
　　二、与人权有关的国际条约 ………………………………………… 297
　　三、习惯人权法 ……………………………………………………… 308
第三节　国际人权机构 …………………………………………………… 309
　　一、全球性的人权保护机构 ………………………………………… 309
　　二、区域性的人权保护机构 ………………………………………… 324
第四节　国际人权监督机制 ……………………………………………… 326
　　一、全球人权法律体制 ……………………………………………… 326
　　二、区域人权法律机制 ……………………………………………… 330
　　三、非区域性的人权合作 …………………………………………… 335
　　四、单边人权措施 …………………………………………………… 335
　　五、非政府组织的人权监督与促进 ………………………………… 337
　　六、中国对国际人权机制的立场及参与 …………………………… 341
思考题 ……………………………………………………………………… 349
拓展阅读 …………………………………………………………………… 349

第十章　外交法 …………………………………………………………… 351
第一节　概　述 …………………………………………………………… 351
　　一、外交和领事关系的概念和性质 ………………………………… 351
　　二、外交和领事关系法的概念 ……………………………………… 352
　　三、使节的源头与发展 ……………………………………………… 353
　　四、使节制度与使节权 ……………………………………………… 353
第二节　国家对外关系机关 ……………………………………………… 355
　　一、国家元首和政府首脑 …………………………………………… 355
　　二、外交部部长 ……………………………………………………… 356
　　三、驻外外交机关 …………………………………………………… 356
第三节　外交使节 ………………………………………………………… 357
　　一、外交使节的种类 ………………………………………………… 357
　　二、外交使节的等级 ………………………………………………… 357

三、外交团 ··· 358
　　四、外交使节的派遣、接受及其职务 ······················· 359
　　五、不受欢迎的人 ··· 361
第四节　使馆的职务 ·· 362
　　一、使馆的核心职务 ······································· 362
　　二、使馆的其他职务 ······································· 364
第五节　外交特权和豁免 ·· 364
　　一、外交特权和豁免的理论解释 ··························· 364
　　二、使馆的特权和豁免 ····································· 365
　　三、外交代表的特权和豁免 ································· 369
　　四、非外交代表的特权和豁免 ······························· 375
　　五、特权和豁免的开始和终止 ······························· 376
　　六、外国使节在第三国的地位 ······························· 377
第六节　特别使团 ··· 380
　　一、特别使团的概念 ······································· 380
　　二、特别使团与常驻使节之异同 ··························· 381
　　三、特别使团的特权和豁免 ································· 381
第七节　领事制度 ··· 382
　　一、领事制度的历史发展 ··································· 382
　　二、领事的种类和等级 ····································· 383
　　三、领事的派遣和接受 ····································· 384
　　四、领事的职务 ··· 384
　　五、领事特权和豁免 ······································· 385
　　六、领事官员的特权和豁免 ································· 387
思考题 ··· 388
拓展阅读 ··· 389

第十一章　条约法 ··· 390
第一节　条约的界定 ·· 390
　　一、条约的概念 ··· 390
　　二、条约的历史 ··· 392
　　三、条约法的形式与编纂 ··································· 392

四、条约的名称 …………………………………………………… 392
　　五、条约的结构 …………………………………………………… 395
　　六、条约的分类 …………………………………………………… 395
第二节　条约的缔结 ………………………………………………… 396
　　一、缔约权与全权证书 …………………………………………… 397
　　二、双边条约的缔结程序 ………………………………………… 398
　　三、多边条约的特别缔结程序 …………………………………… 400
　　四、条约的加入 …………………………………………………… 401
第三节　条约的保留 ………………………………………………… 401
　　一、条约保留的含义 ……………………………………………… 401
　　二、条约禁止保留的情况 ………………………………………… 401
　　三、条约保留的影响 ……………………………………………… 402
　　四、保留对于保留国所参加条约的效果 ………………………… 402
第四节　条约的登记 ………………………………………………… 403
　　一、条约登记的含义 ……………………………………………… 403
　　二、条约登记的效果 ……………………………………………… 403
　　三、条约保管机关及其职责 ……………………………………… 403
第五节　条约的适用 ………………………………………………… 404
　　一、条约的生效 …………………………………………………… 404
　　二、条约的暂时适用 ……………………………………………… 405
　　三、条约适用的时间范围 ………………………………………… 405
　　四、条约的冲突 …………………………………………………… 406
　　五、条约适用的空间范围 ………………………………………… 406
第六节　条约与第三国的关系 ……………………………………… 407
　　一、条约对第三国无损、无益的基本原则 ……………………… 407
　　二、条约对第三国产生影响的情况与要求 ……………………… 407
第七节　条约的解释 ………………………………………………… 408
　　一、条约解释的内涵和意义 ……………………………………… 408
　　二、有权解释与无权解释 ………………………………………… 408
　　三、条约解释的不同观点 ………………………………………… 409
　　四、《维也纳条约法公约》确定的条约解释基本规则 ………… 409
　　五、辅助性解释 …………………………………………………… 410

六、多种文字条约的解释 ………………………………………… 410
　第八节　条约的修订 ………………………………………………… 411
　　一、条约修订的含义 ……………………………………………… 411
　　二、条约修订的规范 ……………………………………………… 411
　第九节　条约的无效、终止或暂停实施 …………………………… 412
　　一、条约的无效 …………………………………………………… 412
　　二、条约终止或暂停实施 ………………………………………… 416
　　思考题 ……………………………………………………………… 420
　　拓展阅读 …………………………………………………………… 420

第十二章　国际经济法 …………………………………………………… 422
　第一节　国际经济法的内涵 ………………………………………… 422
　　一、国际经济法的界定 …………………………………………… 422
　　二、国际经济交往及相关法律的发展 …………………………… 423
　第二节　国际经济法的渊源 ………………………………………… 425
　　一、国际经济法渊源的概念 ……………………………………… 425
　　二、国际经济法的主要渊源 ……………………………………… 426
　第三节　国际经济法的基础与目的 ………………………………… 433
　　一、国际经济法以全球化国际社会为基础 ……………………… 433
　　二、全球化的客观存在及人类的目标 …………………………… 435
　　三、国际经济法以理性的全球化为使命 ………………………… 437
　第四节　国际经济法各领域 ………………………………………… 439
　　一、国际贸易法 …………………………………………………… 439
　　二、国际投资法 …………………………………………………… 443
　　三、国际货币金融法 ……………………………………………… 444
　　四、国际税法 ……………………………………………………… 446
　　五、区域国际经济合作法 ………………………………………… 447
　　思考题 ……………………………………………………………… 448
　　拓展阅读 …………………………………………………………… 449

第十三章　武力使用 ……………………………………………………… 450
　第一节　关于武力使用的规则 ……………………………………… 450

一、1945年之前的武力使用战争权 …… 450
二、1945年之后的武力使用 …… 452
第二节 战争与武装冲突法 …… 458
一、战争与武装冲突法的概念、分类及适用 …… 458
二、传统的战争过程 …… 458
三、国际人道法 …… 465
第三节 军备控制 …… 476
一、军备控制的内涵与历史发展 …… 476
二、裁军谈判会议 …… 477
三、核军备控制 …… 478
四、禁止生物武器公约(BWC) …… 484
五、《关于禁止发展、生产、储存和使用化学武器以及销毁此种武器的公约》 …… 486
六、导弹技术控制制度(MTCR) …… 487
七、外空军控 …… 490
八、网络军控 …… 492
思考题 …… 494
拓展阅读 …… 494

第十四章 国际环境法 …… 496
第一节 国际环境法的内涵与发展 …… 496
一、国际环境法的概念与特征 …… 496
二、国际环境法的历史发展 …… 499
三、国际环境法的渊源 …… 502
第二节 国际环境法的基本原则 …… 503
一、可持续发展原则 …… 503
二、环境主权原则 …… 505
三、污染者偿付原则 …… 506
四、损害预防原则 …… 506
五、风险预防原则 …… 507
六、国际合作原则 …… 507
七、共同但有区别的责任原则 …… 508

第三节 国际环境的主要法律领域 ………………………… 508
 一、危险废物越境转移治理 ……………………………… 508
 二、海洋污染治理 ………………………………………… 510
 三、大气环境的保护 ……………………………………… 515
 四、生物多样性的维护 …………………………………… 519
 五、淡水环境保护 ………………………………………… 520
 六、土壤和森林保护 ……………………………………… 521
 七、危险物质和活动的控制 ……………………………… 521
 八、外空环境保护 ………………………………………… 523
 九、世界文化和自然遗产保护 …………………………… 523

思考题 ………………………………………………………… 524
拓展阅读 ……………………………………………………… 524

第五编　国际法律责任与争端解决

第十五章　国际法律责任 ………………………………… 525
 第一节　国际法律责任的内涵与发展 ……………………… 525
 第二节　国家责任 …………………………………………… 527
  一、国际法上的不法行为 ………………………………… 527
  二、国际不法行为的归因性(Imputability) …………… 530
  三、一国对另一国不法行为的责任 ……………………… 532
  四、解除行为不法性的情况 ……………………………… 533
  五、国家责任的形式 ……………………………………… 536
  六、国家责任的承担 ……………………………………… 538
 第三节　国际赔偿责任 ……………………………………… 540
  一、国际赔偿责任的内涵 ………………………………… 540
  二、国际赔偿责任的法律发展 …………………………… 541
  三、国际赔偿责任的法律规则 …………………………… 544
  四、国际赔偿责任的国际法实践 ………………………… 548
 第四节　国际刑事责任 ……………………………………… 558
  一、国际刑事责任的承担者 ……………………………… 558
  二、国际罪行 ……………………………………………… 559

三、追究个人刑事责任的经验：特别国际刑事审判 ………… 562
　　四、国际刑事法院 …………………………………………… 568
　　思考题 ………………………………………………………… 574
　　拓展阅读 ……………………………………………………… 574

第十六章　国际争端解决 …………………………………… 576
第一节　概　述 ……………………………………………… 576
　　一、国际争端的概念 ………………………………………… 576
　　二、国际争端的解决方法 …………………………………… 576
　　三、和平解决国际争端的原则 ……………………………… 577
第二节　和平解决国际争端的方法 ………………………… 578
　　一、解决国际争端的政治方法 ……………………………… 578
　　二、和平解决国际争端的法律方法 ………………………… 579
第三节　国际法院 …………………………………………… 580
　　一、常设国际法院 …………………………………………… 581
　　二、国际法院的建立 ………………………………………… 582
　　三、国际法院的组成 ………………………………………… 582
　　四、国际法院的管辖 ………………………………………… 583
　　五、国际法院的一般程序 …………………………………… 585
　　思考题 ………………………………………………………… 589
　　拓展阅读 ……………………………………………………… 589

展望：国际法走向未来 ……………………………………… 591

主要参考文献 …………………………………………………… 600

附录：本书涉及的主要国际法文件 …………………………… 605

索　引 …………………………………………………………… 613

导论：贯穿国际法的基石定理

国际法是法学的一个分支，是调整国际事务的法律部门。因此，国际法和其他的法律共同享有法的基本特征，即作为社会行为规范，界定权利义务，确定行为方式，厘定是非标准。国际法是国际关系的一个部分，是国际关系的规范系统。在国际法属于法律这一前提和基础之下，国际法有很多其他法律所不具有的特征。或者也可以反过来说，国际法不具有很多其他法律所具有的特征，是一种特殊的法，是法律的特别门类，是法学的特别学科。本书所描述和阐释的国际法问题、国际法规范、国际法现象，都依赖于一些共同的条件，遵守一些共同的原则，在这里予以统一和初步的揭示，避免在进一步研究和思考国际法问题的时候出现误解。

第一，国际法形成于主权国家的平等协商。 国际社会是一个无政府的社会，在国家之上不存在任何可以强制国家服从、遵守的权力机制。国际法的形成更像是合同的缔结，靠国家之间在相互交往、反复试错的情况下，选择了确立规则的方式来维护彼此和平、合作的关系，避免彼此怀疑、尔虞我诈的交往方式所导致的社会不稳定效果。国际法可以被理解为国际社会的合同。既有两个国家之间签订的双边条约，也有多个国家共同签订的多边协定，还有国家之间共同认可，建立一个组织机构，或者某一领域运行机制的共同约定。但无论是哪种形式，国际法都不是一个超越国家的政府先在和外在地规定给国家的。它是国家根据自身的政治经济文化状况、利益需求和发展道路所决定的规范体系。在《国际法入门笔记》一书中，笔者强调，国际公法是国家利益的制度表达。国家在国际法中的主导性和自由度是需要明确的基石理念，这一点从常设国际法院审理的"荷花号"案件中可以得到更清晰的了解。

第二，国际法的运行决定于国家的意愿和实力。 尽管在当今的国际社会上也成立了一些国际法的监督机构和监督程序，例如，在经济贸易领域，世界贸易组织会要求各成员提交履约报告。诸多人权领域的公约也要求成员定期提供履约报告。这种履约报告的形式固然在很大程度上促进了国家去积极主动地履行国际法所规定的义务,然而,本质上这些外在的约束机制最多只能在舆论和心理上给国家予以影响,一般都不能在实体上对国家施以约束。尤其是具有惩罚性的国际刑法,对于国家的制约是非常有限的。这也就在很大程度上导致了国际法不能够在国际社会树立起警察、监狱体系,对国家强制实施国际法。

第三,国际法律义务与责任主要靠国家自身的力量来促动。因而,在绝大多数时候,国际法都是劝导性的规范,在常态下只有中等偏弱的约束力。当国际法的运行和实施缺乏一个外在的国际强制力之时,我们就很容易发现,不同国家在国际法面前的地位是存在差异的,不同国家在履行国际法的态度也是存在差异的。大国往往会任意解释国际法,在违背国际法的时候,也会千方百计地争辩:其行动并不是对国际法的违背,而是对国际法的发展。最恶劣的是,在某些情况下悍然违背国际法却不给予任何解释,此时国际社会对这种国家也无可奈何。对于小国而言,尽管在多数情况下,并不在大国的视野之中,所以遵守国际法或违背国际法的行为,经常会被忽视,然而如果成为大国的关注焦点,它们的很多行为就会被放大、夸大,进而被大国要求国际社会采取相应的行动,对国家施以压制。从这个意义上讲,国际法是不对称的。如果说国内社会的法律面前人人平等,是一个通过追求有机会达到的目标的话,那么国际社会的国家之间一律平等,在很大程度上就仅仅是形式上的。国家之间真正的平等很难达到,这就给国际法的贯彻落实和实施蒙上了一层阴影。

第四,国际法是伦理期待、技术要求在实力促动下的结合。通过主权国家基于实力形成的国际法,既包括伦理方面的规则,比如人权、武装冲突、环境保护,也包括技术规程方面的规则,如度量衡方面的公约、互联网的联通。有的学者认为国际法是国际道德的一种规范化描述。需要说明的是,尽管这种论断在多数情况下都是正确的,但是并不排除有一些国际法规则与道德没有关系,是纯然技术性的规范。此时,国际法就像自然科学一样,注重严谨准确。特别是关于国际经济交往的一系列规则,国际技术合作的一系列规则,都涉及诸多的技术标准和该领域的术语。如果忽视了这些技术规程的法律性,就可能会对此等技术规程的地位和性质缺乏正确的认识,同时也对国际法所包含的内容和体系缺乏充分的了解。

第五,国际法全过程存在于国际关系之中。国际法不在国际关系之外,不在国际关系之上,恰在各种国际关系中交织互构。如同所有的法律规范都是政治过程的结果,国际法也是国际政治运动和活动所产生的规范性成就。从这个意义上看,所有的国际法规范背后都有一定的政治力量和政治进程。当政治力量对于同一问题的认识和解释方式同一时,国际法的基本规范就比较容易实施;反之,当国际法的规范体系运行不够完善、遇到各种阻碍之时,我们经常能够看到政治力量横亘其中,对于国际法的运行起到了阻碍作用。从本质上看,从国际法的确立阶段到运行阶段、司法阶段,如果没有政治力量的促动,那么国际法可能就仅仅是国际法知识界的一种自娱自乐的表演,却无法真正地落实和形成国际秩序。很多对于法律有着深刻了解的理论家和实践家都非常明确地指出,法律的生命不在于逻辑,而在于经验;处理法律事务主要不是靠先天禀赋的聪颖,而是靠后天的学习和经历。对于国际法的各种问题,诚然不排除通过逻辑进行分析探讨的必要性和重要意义;然而,对于所有的实践做法,最直接、最有效的评判,仍然是政治、经济格局和国家力量的保障。如果没有良好的物质力量和精神力量依托,则国际法上的所有主张都可能变成空话。而很多最初看来不公正、不合理的实践,却可能由于各种力量因素的推动,而成为国际社会的通行规范。

第六,国际法是无政府社会的产物,与无政府社会相伴而行。 未来的国际法仍将在主权国家的自主性和国际社会的共同性的夹缝中生存。国际法建立在国家主权原则的基础之上。国家主权原则,简单地说,要求一个国家对外具有独立性,对内具有发出法律命令和实施各项要求的至高性。如果对主权强调过多,就很有可能会遏制国际社会的协调,阻碍国际法的发展;反之,如果国际社会管得过多、压得过重,就会导致国际社会分崩离析,一些国家退出相关国际法的运行机制。这就要求我们在思考和对待国际法问题的时候,既不能过分强调国际法对国家的约束,也不能过分强调国家的主体性,而应在国际法的运行权威和国家的独立自主之间找到一个良好的切入点,使法律规范既有助于本国利益的实现,也有助于促进全球性法律工作的发展。

思考题

1. 国际法与国内法有何异同?
2. 如何理解国际法的政治性?
3. 如何理解国际法的伦理性?

拓展阅读

何志鹏:《国际法哲学导论》,社会科学文献出版社2013年版。

Allen Buchanan. *Justice, Legitimacy, and Self-Determination: Moral Foundations for International Law* (Oxford University Press, 2004).

Leah L. Carmichael. *Is International Law Even Law?: International Law from an International Relations Perspective* (Lexington Books, 2021).

Jeffrey L. Dunoff and Mark A. Pollack. *Interdisciplinary Perspectives on International Law and International Relations: The State of the Art* (Cambridge University Press, 2012).

Louis Henkin. International Law: Politics and Values (Martinus Nijhoff, 1995),中译本[美]亨金:《国际法:政治与价值》,张乃根等译,中国政法大学出版社2005年版。

Leslie Johns. *Politics and International Law: Making, Breaking, and Upholding Global Rule* (Cambridge University Press, 2022).

Andrea Paras. *Moral Obligations and Sovereignty in International Relations: A Genealogy of Humanitarianism* (Routledge, 2018).

Steven R. Ratner. *The Thin Justice of International Law: A Moral Reckoning of the Law of Nations* (Oxford University Press, 2015).

第一编 国际法总论

第一章 国际法的基本问题

国际法的含义、发展、特点、主体、与国内法的关系,是国际法的一般问题、基础问题。国际法,又称国际公法,是国际关系的规则。古代社会及中世纪存在着国际法的萌芽,中世纪之后欧洲现代国际法兴起,资本主义上升时期国际法逐渐完善,在20世纪以后,经历两次世界大战,国际法渐趋广泛和细致。作为国际政治的结果,国际法具有协定法、平位法、弱法、不对称法的性质。国际法随着社会发展而不断革新,主体也不断扩展。国际法尊重国家主权,所以在国际体系中,国家不得以国内法为由违背有效的国际法;在国内体系中,各国按照宪法原则与规范确定国内法与国际法的关系。

第一节 国际法的含义

国际法的含义,是国际法最基本的问题,也是国际法领域最具有理论挑战意义的问题。[①] 可以说,对于国际法含义的理解,随着对国际法的认识和理解的不断拓展而持续深入。

一、国际法是国际关系的规则

对国际法的含义有很多解读。一般的通论性著作会这样阐释:国际法

[①] 关于国际法是什么的讨论,参见 Vaughan Lowe, *International Law* (Oxford University Press, 2007), pp. 5-6; Rebecca MM Wallace and Olga Martin-Ortega, *International Law* (7th ed., Sweet & Maxwell, 2013), pp. 1-4; James Crawford, *Brownlie's Principles of PublicInternational Law* (9th ed., Oxford University Press, 2019), pp. 6-17; Martti Koskenniemi, "The Politics of International Law", 1 *European Journal of International Law* 4 (1990); Martti Koskenniemi, "The Politics of International Law-20 Years Later", 20 *EJIL* 7 (2009); Rebecca LaForgia, "The Politics of International Law-Twenty Years Later: A Reply to Martti Koskenniemi", 20 *EJIL* 1922 (2009).

是以国家、而非个人为主要主体的法律体系。① 国际法按其字义的表示,意味着是国家间的法律。具体来说,是国家相互关系间行为的规范。② 对国家之间的关系加以规范的原则、规则和制度的总体就是国际法。③ 或者,国际法是治理国家、国际组织、个人以及其他国际政治中的主体之间关系的规则、原则和概念。④ 也有学者从更为广泛的角度认为,国际法是条约、习惯、外交事件和政治压力的组合。其中,条约为国际组织提供宪法,国际组织给国家创设义务。条约是大多数国家到机构去解决争端的基础。⑤

本书认为,**国际法是调整国际关系的规则**。这意味着国际法是国际关系的一个部分、一个方面,需要在国际关系的整体环境下去认识、观察、理解、分析和判断国际法律问题。王铁崖教授在很多著述中都表达了这样的理念:"在国际关系中形成的有拘束力的原则、规则和规章制度就是国际法的内容。"⑥"国际法律关系是指以法律形式表现出来的国际关系。"⑦不应当脱离国际关系的实践去抽象、空泛地讨论国际法,而必须在国际关系的具体情境之中,在国际关系的发展脉络里去认识、理解和分析国际法。作为国际关系的规则,我们可以从以下几个方面来看国际法。

(一)国际关系的规则方式

发展国际关系、解决国际关系中存在的冲突和矛盾,有政治、经济、文化、体育等多个层面、多种途径。⑧ 而国际法则是以组织和规则为基础,从而发展国际关系和解决国际纷争的方式。在国际法的框架下,国家之间

---

① Malcolm Shaw, *International Law* (9th ed., Cambridge University Press, 2021), p. 1.
② 周鲠生:《国际法》,武汉大学出版社 2007 年重排版(依据商务印书馆 1976 年版),第 1 页。
③ 王铁崖:《国际法引论》,北京大学出版社 1998 年版,第 2 页。
④ Shirley V. Scott, *International Law in World Politics: An Introduction* (Lynne Rinner Publishers, 2004), p. 1.
⑤ Richard K. Gardner, *International Law* (Longman, 2003), p. 7.
⑥ 王铁崖主编:《国际法》,法律出版社 1981 年版,第 1 页。
⑦ 王铁崖:《国际法引论》,北京大学出版社 1998 年版,第 2 页。
⑧ 美国及其他西方国家对 1936 年纳粹德国举办柏林奥运会的道德性产生怀疑,因而试图抵制此次奥运会,但最后没有成功。1979 年苏联入侵阿富汗,美国要求苏联军队在 1980 年 2 月 20 日午夜之前撤出阿富汗,否则将全面抵制参加 7 月 19 日在莫斯科举办的 1980 年夏季奥林匹克运动会。苏联不为所动,所以 1980 年 3 月 21 日,美国宣布抵制本届奥运会。同样加入抵制行列的还有阿尔巴尼亚、加拿大、中国、西德、日本、菲律宾等国,此外,英国和法国支持抵制活动,但允许他们的运动员参赛。2014 年,很多西方国家也采取非正式的方式联合抵制 2 月 7 日至 2 月 23 日在俄罗斯联邦举办的索契冬奥会。

在处理相互关系,特别是彼此交往的过程中,会形成一些习惯,这些习惯就会被接受为处理彼此关系的基本规范;国家之间还会协商订立一些纸面的约定来确立彼此之间的权利义务和行为方式。为了解决共同面临、共同关注的事务,国家之间还可能通过国际会议来进行深入讨论、达成共识,甚至设立机构,以协调行动。在规范和组织机构确立以后,国家会努力遵照规则行动。一些相应的组织机构还会有一定的监督职能,以敦促国家切实遵守上述规范。现代国际法的一些领域发展起国家之间的申诉机制和个人来文机制,来进一步要求国家遵行相应的规范。当国家之间出现了行为方式和权利义务的争端时,会依据规范进行彼此磋商,在磋商无法达成共识之时,可能达成约定或者按照先前的承诺,将争端提交给一个司法机构或者准司法机构,按照司法或者仲裁程序来解决。在争端解决机构依据规则作出裁决之后,争端各方尊重此种结果,并依此重新配置权利义务或者确立行为方式。这一系列的过程显然不同于以武力为方式的打击或者威胁,当然也不同于经济制裁、政治强迫等以实力为后盾的模式。

(二)国际关系的规则领域

当今世界,不仅武力使用、领土关系、海洋问题、航空问题、外空问题、环境保护、跨国经济等一系列问题可以用规则的方式来确立行为模式并提出解决方案,而且还有一些问题是专门的法律问题,也就是国家之间在法律领域的诸方面进行交往。专门意义上的法律问题,在国际法的整个框架之下并不广泛,一般而言包括民、刑事司法协助和内务合作。民事司法协助一般是国家在具有涉外因素的民商事法律关系上对外国予以协助,具体包括通过国家之间的安排来提供涉外诉讼的证据、协助调查取证的程序,跨国民事诉讼的判决承认与执行,国际仲裁裁决的承认与执行等,还包括国家之间就国家豁免的尺度和标准达成一致。刑事司法协助主要是通过国际刑警组织确立追逃等规范、国家之间达成引渡协议或者进行引渡合作、国家之间在反腐败领域进行合作等。值得说明的是,只有国家基于法律制度、针对法律事务进行合作,才属于国际法问题。如果仅仅针对法律知识、法律技术、法律培训、法律发展等问题进行交流,而非法律事务方面的交流与合作,则不属于国际法问题,而仅仅属于文化交流或者公共外交的范畴。

(三)国际关系的规则进程

美国国际法学者路易斯·亨金(Louis Henkin, 1917—2010)有一句名言:"在各国关系中,文明的进展可以认为是从武力到外交、从外交到法律的运动。"① 虽然这个观点是不是完全明晰准确地反映了国际关系的实际情况,还值得进行更加细致的历史定量与定性分析,但是,亨金却非常清楚地展示了一个规律:国际法总是非常敏感地体现着国际关系的发展,或者说,"国际法是在国际关系的实践中形成和发展的"。② 在不同的时代要求中,国际社会变换着主题,也就出现了不同的国际法状态。随着国家活动范围的拓展,人类在国际法方面所涉及的领域越来越宽泛。20世纪以后出现的国际航空法、外空法、海洋法体系就是这种拓展的标志。当战争的残酷性被越来越多的人所认识,当战争的代价变得越来越难以承受之时,国际法出现了对战争权的限制,甚至禁止。而在政治利益的指向无法消弭战争本身的情况下,就导致了人们出现争议,怀疑关于禁止单边武力使用的国际法规范是否"死掉了"。不过,人本主义的观念却不断提醒人们,武力使用要尽量节制,要尽量减少损失,尽量避免不必要的伤害,因而,国际人道法得到了迅速的发展和广泛的重视。

当然,任何超越时代的、不符合现实情势的观念都将无法实现,这也就能够解释,何以国际法在国家的刑事责任方面没有明显进展;国家及其财产豁免为什么只是从绝对豁免朝向限制豁免而改变,却并没有完全放弃豁免制度;还能够解释为什么国际强行法的概念和实施总是疑点重重。因而,如果僵化地将国际法看成是一些纸面的规则,应当具有不轻易改变的稳定性,我们可能对很多国际法问题百思不得其解;而当我们将国际法看成是国际社会发展系统中的一个部分,是一个不断变化的进程,③则能够明晰地认知和理解很多事实和规范。

(四)国际关系的规则体系

国际法是由各个分支、各个领域的规则构成的多元而繁复的体系,是

---

① Louis Henkin, *How Nations Behave: Law and Foreign Policy* (2nd edition, Praeger, 1979), p. 5.
② 朱文奇:《现代国际法》,商务印书馆2013年版,第1页。
③ Rosalyn Higgins, *Problems and Process: International Law and How We Use It* (Oxford University Press, 1994), pp. 2–12.

规则的订立、实施、运行、遵守、适用所构成的程序与实践的体系,是规则的制定者、实施者、遵守者、突破者所构成的组织机构体系。由此,国际法构成了一种立体化的制度。

"制度"一词,至少包括三个方面的含义:第一,规则,即确立权利义务和行为方式与程序的条文。第二,组织,即承担着将规则中的设计模型转化为现实生活中的权利义务与行为方式之任务的机构。第三,程序,即将规则中的模型在社会中运行并在一定程度上达到规则目的的行动。国际法是处理和协调国际关系的各种制度的总和,是跨国法律系统和过程的一个重要组成部分。

二、国际法与国际私法、国际经济法的关系

作为法律的一个领域,国际法是国际关系的规范。与此同时,"国际法"还经常用来代指"国际法学",也就是观察、研究、分析、评判、预测国际法实践与理论的学术体系和学科类别。广义的国际法学包括对于所有跨越国境的法律问题的研究,而狭义的国际法学仅仅包括"国际公法",也就是研讨具有公法性质的国际规范机器运行的学问。与国际法这种法律分支和法律学科相近的还有国际私法和国际经济法。

(一)国际法与国际私法(含国际商法)

"国际公法"在很大程度上与处理跨国民商事关系的"国际私法"之间是并列的关系。国际私法,有时也被称为冲突法[1],核心是跨国民商事法律关系的法律冲突和法律选择的问题,一些论者也将其延伸到跨国民商事主体的法律地位、管辖权、跨国民事诉讼与仲裁的程序,少数论者还认为国际私法包含着国际民商事领域的统一实体规范。[2] 国际公法和国际私法除了必须以主权国家的存在和意愿为基础,在以下几个方面也存在着密切的联系:

第一,关于国籍和外国人的法律地位的规范。本国国籍的取得、丧

---

[1] Pippa Rogerson, *Collier's Conflict of Laws* (4th ed., Cambridge University Press, 2013), p. 3.
[2] Adrian Briggs, The Conflict of Laws (3rd ed., Oxford University Press, 2013), p. 1; James Fawcett and Janeen M. Carruthers, *Cheshire, North & Fawcett Private International Law* (14th ed., Oxford University Press, 2008), pp. 7-9; J.H.C. Morris, David McClean, and Kisch Beevers, *Conflict of Laws* (7th ed., Sweet & Maxwell, 2009), pp. 2-8.

失、对双重国籍的态度等问题,是国际公法必须考虑的问题,也是国际私法的重要方面;一国对外国人的待遇方式是国际公法处理与人相关的法律问题的基本准则,同样也是国际私法认定跨国民商事法律地位的起点规范。

第二,关于国家及其财产豁免的规范。国家及其财产豁免,一般出现在私人在一国法院诉另一国家侵权的场合,此时,法院的管辖权、执行权不仅涉及可能的民商事关系能否顺利开展,也涉及国家的利益,因而这是国际公法与国际私法共同关心的问题。

第三,国家之间就跨国民商事问题谈判、签署国际文件。国家对于跨国民商事交往并非漠然处之,而经常是积极参与。因而,国际社会存在着大量涉及国际货物买卖合同、国际海上运输、航空运输、国际票据等方面的条约,这些条约的形式方面,包括谈判、签署过程,以及条约文本的解释、修订等,必须遵守国际公法的相关规范,属于国际公法的问题;但其内容,则大多属于国际私法的范畴。

在很多时候,"国际商法"都是国际私法的一个方面,即跨国民商事交往的"商事"方面,由于商主体的特性,而形成一些更具专业性的术语和规则,例如跟单信用证、CIF、汇票等。与国际私法的其他部分比较,国际商法更加注重国际商事交往的过程。①

(二)国际法与国际经济法

对国际经济法素有不同的理解方式。较为保守的理解认为,国际经济法就是调整国家之间、国家与国际组织之间经济关系的法律规范,也就是"经济的国际法";②较为宽泛的理解则认为,举凡跨国经济活动的法律问题,都属国际经济法关注的领域,也就是"国际经济的法";③笔者则倾向于将国际经济法认识成对于跨国经济活动进行宏观调控和市场管理的

---

① Roy Goode, Herbert Kronke, and Ewan McKendrick, *Transnational Commercial Law* (Oxford University Press, 2007), p. 4; Ralph H. Folsom, Michael Wallace Gordon, John A. Spanogle Jr., Peter L. Fitzgerald, and Michael Van Alstine, *International Business Transactions: A Problem-Oriented Coursebook* (11th ed., West, 2012), pp. 4-11.

② Andreas F. Lowenfeld, *International Economic Law* (2nd ed., Oxford University Press, 2008), p. 3.

③ Matthias Herdegen, *Principles of International Economic Law* (Oxford University Press, 2013), pp. 3-4.

公法性规范的总体,即"跨国的经济法"。①

无论如何理解,国际公法中调整经济关系的规范都属于国际经济法的领域。② 因而,国际贸易管制法、国际投资控制法、国际货币法、国际金融监管法、国际税法,都属于国际公法与国际经济法这两个学科交叉的范围。

第二节 国际法的发展

国际法具有鲜明的时代性,总是在不同的国际关系需求之中生长出新的规则,淘汰着旧的观念。然而,这绝不是说了解国际法的发展历史是不必要的。国际法的历史不仅能够帮助我们认识国际社会中规则的盛衰兴废,而且能够为我们提出的立场和主张提供基础。因而,国际法高度注重与时俱进,却往往采取结合历史论证的叙述策略。

一、国际法的实践发展

西方人常说,"有社会即有法律"(*Ubi Societas, ibi ius*)。③ 从这个意义上讲,国际法也与国际社会同步而行,经历了萌芽、成型、不断繁荣和成熟的时期。对国际法的发展有着不同的分期方式,本书简单地分为以下五个时期。

(一)古代世界的国际法痕迹

无论是古代东方,还是西方,都出现了早期的国家形态,也出现了国家之间的交往。这些交往形成了一些初级而零散的规范,不仅体现在战争的程序和形式上,也体现在国家之间的约定上。国家之间就结盟、边界、通婚问题进行协商,并订立条约。人们经常提到的古代埃及与赫梯王国的契约,是较为成熟的早期国家之间的约定;随着国家之间交往的扩

---

① 何志鹏:《国际经济法的基本理论》,社会科学文献出版社 2010 年版,第 25—38 页;有关中国学界国际经济法概念与体系讨论的述评,参见廖益新主编:《共和国六十年法学论争实录·国际法卷》,厦门大学出版社 2011 年版,第 24—63 页。
② 对于这一领域的概要阐述,见第十二章。
③ David Harris, *Cases and Materials on International Law* (7th ed., Sweet & Maxwell, 2011), pp. 3-4; David Armstrong, Theo Farrell, and Hélène Lambert, *International Law and International Relations* (2nd ed., Cambridge University Press, 2012), p. 20.

大,国际条约开始解决中立问题、交换领土问题、引渡和庇护的问题等。从古希腊的历史和政治著作之中也能看到很多处理国家之间关系的规则的描述。① 古代中华文明也有着很多处理国家之间关系的规范,不仅包括春秋、战国时期②,也包括秦统一列国之后,与周边国家交往的模式。虽然古代中国的国际交往更注重"礼",而不注重"利"和"法",但仍然有很多可以被归类为国际法的规则,著名的"澶渊之盟"就是其中的代表。③

很多学者认为,今天的国际法来自于古罗马的万民法(拉丁文为 *jus gentium*)。根据法律史家的分析,万民法的意思是"所有国家共有的法律",它是各个部落各种习惯的共同要素的总和。罗马人因为不愿意将调整罗马人之间关系的市民法(*jus civile*)适用于罗马人与外国人之间的交易关系,所以拓展了万民法。④ 从内容上看,万民法更多地属于今天所称的"国际私法"或者"比较私法"的领域。

西方中世纪所形成的居于诸君主之上的教权,使各个"国家"必须遵

---

① [苏]Д.费尔德曼、Ю.巴斯金:《国际法史》,黄道秀等译,法律出版社1992年版,第1—7页;Arthur Nussbaum, *A Concise History of the Law of Nations* (Macmillan Co., 1947), pp. 7-15.

② "先秦国际法"研究肇始于1884年美国传教士丁韪良的《中国古世公法论略》(载王健编:《西法东渐——外国人与中国法的近代变革》,中国政法大学出版社2001年版),从晚清到民国,出现了一股持续半个世纪的"先秦国际法"研究思潮,其关键是如何重建中国人的"世界图景"这一核心问题。洪钧培:《春秋国际公法》,中华书局1939年版;徐传保:《先秦国际法之遗迹》,商务印书馆1931年版(民国丛书,上海书店出版社1991年版);陈顾远:《中国国际法溯源》,商务印书馆1934年版(民国丛书,上海书店出版社1991年版)。有关评论参见邹磊:《"先秦国际法"研究与中国"世界图景"的重建——从丁韪良到陈顾远》,载《国际观察》2009年第3期。20世纪下半叶以后对于这一问题的分析,参见李家善:《古中国有无国际法问题》,载《海南大学学报(社会科学版)》1985年第1期;李衡眉、周兴:《春秋战国国际法述略》,载《烟台大学学报(哲学社会科学版)》1991年第4期;孙玉荣:《论中国古代国际法之存在》,载《政法论丛》1995年第3期;孙玉荣:《论中国古代国际法之存在》,载《法学杂志》1995年第4期;孙玉荣:《古代中国国际法研究》,中国政法大学出版社1999年版(《南京大学法律评论》1999年第1期有简介);怀效峰、孙玉荣:《古代中国国际法史料》,中国政法大学出版社2000年版;王强:《古代中国是否存在国际法的探讨及其评析》,载《沈阳工程学院学报(社会科学版)》2005年第4期;桑东辉:《也谈春秋战国时期的诸侯国是否为主权国家——以〈墨子〉为例、以国际法为视角》,载《国际政治研究》2006年第2期。

③ 孙玉荣:《古代中国国际法研究》,中国政法大学出版社1999年版,第45页;杨泽伟:《国际法史论》,高等教育出版社2011年版,第335页。不同的观点,参见王铁崖主编:《国际法》,法律出版社1981年版,第15—16页;梁西主编:《国际法》,武汉大学出版社2011年第3版,第29—30页。

④ [英]梅因:《古代法》,沈景一译,商务印书馆1959年版,第28—30页。

从一个更高的制度安排,所以教皇的要求和教会的指令具有更高的地位,国家之间发展起相互交往规则的可能性降低,因而,国际法在中世纪相当长的时间之内没有发展。

(二)现代国际法的起源

资本主义生产关系的萌芽、民族国家意识的萌生、大航海的推动和宗教改革的兴起,使国家之间的关系变得复杂,政教合一的治理模式逐渐失去了主导地位。法国学者博丹(Jean Bodin,1530—1596)试图论证其关于主权的主张;霍布斯(Thomas Hobbes,1588—1679)从社会契约的假设论证国家命令的正当性;马基雅维利(Niccolò di Bernardo dei Machiavelli,1469—1527)倡导君主国以及法律制度的重要意义。和这些促进国家发展的观念相联系,中世纪晚期的大学出现了维多利亚(Vitoria,1486—1546)、苏阿雷兹(Suarez,1548—1617)以及从意大利到英国的真提利斯(Gentilis,1552—1608)等学者,他们阐述国家之间的法律关系,或者跨越国界的法律问题。

国际法在最初仅仅被视为罗马法的拓展,直到1625年,作为理论和实践集大成者的荷兰法学家格劳秀斯(Hugo Grotius,1583—1641)出版了著名的《战争与和平法》,系统阐述了现代意义上的"万民法"(jus gentium),并称万民法是指其拘束力来自所有国家或许多国家的意志的法律。实际上,格劳秀斯所指的万民法即万国法,也就是国际法。格劳秀斯因此被称为现代国际法的奠基人。"万民法"这一概念被很多著作所沿用,其中最有影响的是 1672 年普芬道夫(Samuel Pufendorf,1632—1694)的《自然法与万民法》(De jure Nature et gentium)。1758 年,瑞士学者法泰尔(Emerich von Vattel,1714—1767)采用了"万国法"(来自同名著作 *Droit des Gens*,英语即为 Law of Nations)的称呼,并被很多学者所接受。

1648 年,结束三十年战争的威斯特伐利亚和会及其签订的《威斯特伐利亚和约》,被认为是和格劳秀斯的《战争与和平法》具有同样意义的、现代国际法的重要起点。该和约确立了政教分离的原则,确定了欧洲国家的基本疆界,也确定了至今仍被高度认可的主权独立原则。同时,巩固了"约定必须信守"(*pacta sunt servanda*)这一国际法的奠基性原则,确定了一些关于使节的制度。因而,威斯特伐利亚和会以后的西方世界国际关系被称为"威斯特伐利亚体系"。①

(三)资产阶级上升阶段的国际法

资产阶级革命不仅影响着西方国家人权与宪政的进程,也推进着国际法的发展。法国大革命提出了国家基本权利与义务的概念,强调国家对领土的主权和对公民的管理,提出了人民自决和不干涉内政的原则,以及庇护的主张。这些都进入现代国际法的体系之中,成为国际法的重要组成部分。

1780年,英国著名哲学家、法学家边沁(Jeremy Bentham, 1748—1823)最先正式采用了"国际法"(international law)这个概念②,并被沿用至今,成了世界各国最广泛使用的称呼这一领域和学科的术语。据说,这个概念是由苏支(Richard Zouch, 1590—1661,曾任牛津大学教授,在查理一世时期任英国海洋法庭法官)1650年所采用的法文名称(*Judicium inter Gentes*)英文化而形成的。③ 边沁还提出应当编纂国际法,这对于国际法的发展也很有引领和启示意义。

1815年,结束拿破仑战争的维也纳和会签署了一系列最后文件,进一步规范了外交使节的要求,并确立了该地区内部国际河流的航行原则,保证了瑞士作为永久中立国的地位。它为近代国际法的发展做出了新的贡献。19世纪后半叶,一些国际行政联合初步建立,国家之间开始采用仲裁的方式解决彼此之间的纠纷,关于作战方法和手段的规则在不断完善。而且,国际法的参与范围逐步扩大,土耳其、日本、中国等国开始参与国际立法活动,特别是1899年和1907年的两次海牙和平会议,参与的国家类型和数量都显著增多。

当然,毋庸讳言,资产阶级的上升也代表着资本贪欲的扩张,所以国际法体现出了西方强势主导的特征,一系列的不平等条约维护着西方殖

---

① 有学者提出不同的观点,认为《威斯特伐利亚和约》其实并无创新。因为无论是主权还是政教分离,都已经是当时较为主导的趋势,而非独创。参见 Vaughan Lowe, *International Law* (Oxford University Press, 2007), pp. 9-10.本书作者认为,即使当时的时代发展已经使得相关的原则比较成熟,威斯特伐利亚和会与和约仍然是一个清晰阐述相关规则并被广泛认可与传播的里程碑。

② 边沁兴趣广泛,对法学、哲学均有涉猎。他在1786—1789年撰写《国际法原理》(*Principles of International Law*),但并未完成。在已经完成的部分,探讨了国际法的目标、普遍、永久和平计划等问题。参见钟继军:《边沁国际法思想探论》,载《求索》2007年第1期。

③ T. J. Lawrence, *The Principles of International Law* (Boston: D. C. Heath & Co. Publishers, 1909), pp. 8-9.

民主义的利益,这些西方国家在国际法的旗帜之下从事了很多为非作歹的行径,给包括中国在内的——当时的殖民地和半殖民地、现在的发展中国家带来了很多的伤害。从《南京条约》《天津条约》《马关条约》等国际法文件,到西方国家所主张的租界、领事裁判权等国际法制度,这些都侵夺了包括中国在内的非西方文明所应有的权利和利益。国际法形成了欧洲中心主义的形态,保持了对非西方社会的优越感和不公正的对待。

(四)两次世界大战之间的国际法

第一次世界大战破坏了国际法的既有规范,因此人们开始对国际法进行反思。在第一次世界大战之后,以美英法等国为引领的西方社会试图重构国际秩序,确立国际组织与国际法的地位和影响。第一次世界大战期间出现的第一个社会主义国家苏联也在国际关系上提出了一些规范性的主张。①

在这些力量的促动下,巴黎和会签订的《凡尔赛和约》建立了第一个意图覆盖全球的国际组织——国际联盟。虽然该联盟由于主要大国的缺位而没有起到预期的作用,但它毕竟是人类社会迈向全面组织化的一次重要努力。联盟设立的常设国际法院(PCIJ)是历史上第一个国际司法机构,在该法院的存续期间,审理了一些重要的案件,对国际法原则进行了很好的、甚至是创造性的阐释。与国际联盟同时成立的还有国际劳工组织(ILO),该组织力图解决资本主义世界中的劳资矛盾,关注和提升劳工权益。它通过的一系列公约为国际人权法的完善做出了重要的贡献。由于其在国际关系中的重要作用,在国际联盟解散之后,它仍然存续下来,并被作为联合国的专门机构。

1928年的《巴黎非战公约》是第一次世界大战之后国际社会为了废除将战争作为解决国际争端的手段、施行国家政策的工具而形成的国际法文件,它体现了各国在追求和平的路上不懈的努力,是人类文明的进步。

不过,弱小国家在国际关系与国际法体系中仍然高度边缘化,中国在巴黎和会上要求归还山东半岛,未获支持;在1931年"九一八事变"之后根据《巴黎非战公约》要求国际社会对日本采取措施,也未获得有效的支

---

① 苏联著名国际法学家童金就曾重点阐述过十月革命以后,社会主义的国际主义理念、国家平等观念、和平共处理念在国际法上的意义。Grigoriĭ Ivanovich Tunkin, *Theory of International Law* (William E. Butler, 1974), pp.14-88.

持。只有在第二次世界大战进行期间,中国才有机会与西方国家谈判,从而废除一些不平等条约。

(五)第二次世界大战以后的国际法

第二次世界大战对于国际法规范造成了更大程度的破坏,对人类的信念也构成了很大的威胁。在这种悲惨的境遇下,很多人依然坚持理想,坚持奋斗,没有放弃。战争后期,盟国开始讨论战后国际秩序,设计更加有效的国际规范和运行机制。1945年,《联合国宪章》正式签署生效,联合国诞生。与国际联盟相比,联合国的成员范围更广,处理和平与安全事务的能力更强,对于人权的倡导更加鲜明和有力。所以尽管遭遇了近半个世纪的冷战,联合国仍然在不断发展。[1]

《联合国宪章》不仅确立了战争非法化原则,也强调反对殖民主义与人民自决原则,这对战后风起云涌的民族解放运动、国际关系的民主化发展显然是具有积极推动意义的。特别是中国1954年在国际社会首倡和平共处五项原则,1955年在亚非国家会议(万隆会议)上主张求同存异,1974年参加联大特别会议,支持国际经济新秩序,都努力推进国际法的公正化、多元化。然而也必须认识到,冷战中,美苏两大阵营的对立与联合国安理会的大国一致原则相结合,导致国际法在很多问题上无所作为。特别是美国对于越南的入侵、苏联对于阿富汗的入侵,让国际法的禁止战争的规范陷于尴尬境地,国际法的权威也受到了严峻的挑战。

由于中国1949年之后、1971年之前在国际法上存在着国家资格的归属困境,即国际社会承认的联合国成员资格归于对中国绝大部分领土和人民没有实际控制的台湾当局;而实际管理控制着中国绝大多数事务的中华人民共和国政府却没有很多机会参与到国际社会的规范制定和实施进程之中,因此,在冷战期间,中国遇到了很多迄今仍有影响的国际法律问题,包括没有中国参与的战后对日和平国际条约《旧金山和约》所导致的钓鱼岛问题、朝鲜战争问题、国家统一问题等。

人类行为领域的不断拓展、行为能力的不断提升,特别是1991年苏联的解体,使国际关系与国际法又一次面临深刻变革。当今世界正经历百年未有之大变局,国际力量格局深刻调整、全球治理体系深刻重塑,世界多极化、经济全球化、社会信息化、文化多样化深入发展。一方面,经

---

[1] 国际公法学编写组:《国际公法学(第三版)》,高等教育出版社2022年版,第42页。

济、信息全球化的发展促进了国际法的成长,人类社会对于共同的未来的关注催生了国际环境法等新的领域,呼唤着在多项事务上达成国际共识、促进国际合作。另一方面,西方大国及跨国公司主张的自由主义经济发展理念与全球贫富分化的现实难以对接,也无法解决其自身反复出现的经济滞胀、金融危机;冷战思维、国家追寻实力的现实主义国际关系理念仍未抛除,国际法的体系化、人本化,依然还是较为遥远的理想。因而,在国际关系的深刻变革背后,存在着一些持续性的主题,即维护国家的独立和平等地位,保障国家的经济与社会稳定发展。在此背景下,中国提出全球发展倡议、全球安全倡议,坚定维护以联合国为核心的国际体系、以国际法为基础的国际秩序、以联合国宪章宗旨和原则为基础的国际关系基本准则,致力于推动构建人类命运共同体。[①]

二、国际法的理论发展

(一) 自然法传统对国际法的影响

自然法具有长期的传统,可以追溯到罗马时代,而且它至今仍是罗马天主教会所接受的官方哲学。但是在罗马天主教会之外,此种观点接受者已经不多。由于充满了宗教的色彩,而且又无法证实,这一理论在科学和世俗的时代被质疑。自然法的核心在于,所有的法律,无论是国际法还是国内法的原则,其共同基础都是普遍地、永恒地适用于所有事物的法则。这些原则可以通过纯粹理性而获得,它们是被发现,而不是被制定的。法律是从正义中引申出来的,虽然律师与法官经常求助于正义以填补法律空白或者解决法律的不确定性,但它本质上不是人类所能选择或者决定的。古典的自然法学派认为,人类的法律与自然界的规律是一样的,人应当按照自然而生活。自然法就是普适于宇宙的规范在人类社会的体现。古希腊的斯多葛学派倡导了这样一种哲学:古罗马的万民法则是对自然法在当时境况下的阐述;以后的自然法观念则在神法、教会法、资产阶级人权与民主法律的演化进程中传承发展。

自然法的一大贡献就是催生了国际法。在罗马法的语境下,自然法

[①] 习近平:《高举中国特色社会主义伟大旗帜:为全面建设社会主义现代化国家而团结奋斗——在中国共产党第二十次全国代表大会上的报告》,人民出版社 2022 年版,第 60—63 页。

是对万民法以及使节法(当时意义上的国际法)的一种特别的阐释方式,其含义经常可以通用。① 自然法学者将普适规范的思路移接到国家之间的关系上来,并且把罗马私法(万民法)中的制度应用到国家之间的领土取得、转让和条约交往之中。维多利亚早期曾经想将其自然法解释成人类普遍的法律,并将之只适用于美洲的印第安人,但是这种过于理论化的想法在政治逻辑的面前归于失败。自然法原本被理解为具有神学性质的法则,但是格劳秀斯却认为,即使神不存在,自然法依然存在。格劳秀斯认为,自然法的存在是人类社会中生活在一起的人们为了维护一种秩序的必然产物。他认为,禁止杀人是一个自然法规范,不论国家立法是否有这一规则,每个人都会认为这种规则是正义的,是为了维护人类社会所必需的。格劳秀斯将这种自然法的传统发扬光大,并且让很多学者认为似乎自古皆然,但这既不是在格劳秀斯之前国家之间关系的真相,也不是格劳秀斯之后国际关系的实情。在古典自然法的理论语境中,国际法的存在和功能是由一个抽象的原则通过理性推出来的。

自然法理论在逻辑上一定会导致更加奇怪的结论,亦即不正义的规则根本不是法律,可以为法官所罔顾,但此种结论是现代法律体系所不能接受的。即使是该理论的支持者也不能将自然法的原则陈述得特别清晰。例如,"不得杀人"可能被接受为人类社会持续普遍有效的规范,但是自然法学者不能对于该规范具体的例外情形达成一致。然而,在16世纪至17世纪之间,该理论被广泛接受,而且它在封建体系衰落之时为了维持天主教徒与新教徒之间的关系做出很重要的贡献,为鼓励和尊重正义发挥了很重要的功能,使国家免于落入彻底的无政府状态。很难想象在当时国际法能够建立在别的理论或观点的基础之上。即使现在看起来是个重要缺陷的自然法理论的模糊性,在格劳秀斯的时代也并不明显。他在其著作中反复援引圣经中的语句来证明自己的观点,引用希腊和罗马历史,而且以罗马私法作为比喻。当时的人们都认为罗马私法是自然法最精确的反映,且其(罗马私法)被很多欧洲国家所效仿。

现代自然法已经不再从神学或者绝对通行规范的视角来思考问题,它更多强调的是法律与道德之间的联系。也就是说,它们不认为、不能容忍法律是道德无涉的,而是认为法律必须具有一定的道德性。第

---

① [英]梅因:《古代法》,沈景一译,商务印书馆1959年版,第31页。

二次世界大战以后,自然法在国际法之中复苏,自然法构成了东京审判、纽伦堡审判、联合国和《世界人权宣言》(ODHR)的基础。① 这实际上是对现实主义理论和实证法在国际关系中压倒性优势所引致的不良后果的纠正。而且自然法对于人类共同遵从的规范的追求也一直是国际法的理想。很多西方学者认为,来自古希腊、古罗马的自然权利理论,经过洛克(John Locke,1632—1704)、卢梭(Jean-Jacques Rousseau,1712—1778)、康德(Immanuel Kant,1724—1804)、托克维尔(Alexis-Charles-Henri Clérel de Tocqueville,1805—1859)的阐释成为一种人权文化。人权构成国际关系的伦理限制,这种观点就是以自然法为基础的。② 总体上看,自然法理论认为,国际法是国际关系的道德约束。美国著名的国际法学者亨金对于国际法的认识颇有理想主义的色彩。③ 他在讨论国家对于国际法的遵守态度、讨论在武力使用的时候应当遵循的国际法原则与规范的时候,都鲜明地表现出了此种以规范为基础的理想主义态度。这种理想主义的心态最能反映自然法学派对于国际法的认识。

(二)实证法视角对国际法的影响

自然法虽然认定国际关系应当有一些应然的、伦理的规则,但是他们并没有认真地考虑和讨论过如何让这些应然规范落实于现实争权夺利的国家生存境况之中。在后世的学者看来,自然法学派所描写的国际法究竟是现实中实施的还是理想中应当存在的,始终是一个值得关注并且很难分辨的问题。格劳秀斯去世之后,思想文化环境变得更加具有怀疑性,如果国际法继续以自然法理论为基础,它就会失去人们的尊重。1700年,人们开始论证法律应当在很大程度上是实证的,也就是人类自身制定的;结果是,法律和正义不是同样的事情,法律可能在不同的时间、不同的地点依立法者的想法而有所不同。

实证法学者对于"自然法""社会契约"等未经历史证实的概念缺乏兴趣,认为这仅仅是一种看起来很美的幻象,却可能离真理越来越远;他

---

① 在纽伦堡审判中,戈林称其根据本国法行事,完全合法,不该被审判;东京审判也有被告提出此种理由。法庭最终根据人类共同理性的观点认为不能依本国法而采取不当措施。并见《联合国宪章》序言和《世界人权宣言》序言。

② David Boucher, *The Limits of Ethics in International Law: Natural Law, Natural Rights, and Human Rights in Transition* (Oxford University Press, 2009).

③ 王铁崖:《国际法引论》,北京大学出版社1998年版,第3页。

们更注重基于科学证据的考察。① 英语世界的法律定义在很大程度上被边沁所影响。② 奥斯丁(John Austin,1790—1859)那不妥协、令国际法学者非常不快的论断纯然建立在对于国内法的认识基础之上,而没有考虑法律的不同形式。事实上,中世纪的商人法不是主权者的命令,但也一直被称为法律。

在国际法的问题上,实证主义认为国家的实践行为是国际法的基础。第一位讨论国际法的实证法学者是一位荷兰人宾刻舒克(Cornelis van Bynkershoek,1673—1743),他在一定意义上领先于他的时代。瑞士学者法泰尔将自然法和实证法结合在了一起。他强调了国家基于自然法具有内在的权利;但是,他同时说道,它们在履行自然法所赋予的义务方面,仅对自身的理性负责。法泰尔在十八九和20世纪初对于很多学者和国家具有强烈和有害的影响。直到今天,此种影响仍然存在。鼓励国家宣布其权利、忽视其义务的思想文化环境肯定是无序社会的"药方"。实证主义在18世纪开始生根,但直到19世纪才被充分接受。但是,实证法学者只是收集条约的文本,直到20世纪才采取了科学的方式研究国家的实践。

凯尔森(Hans Kelsen,1881—1973)认为,国际法通过社会组织而具有强制性,具体表现为对于违反国际法的国家采取或者威胁采取强制措施,由此形成特别的社会技术,这是其区别于宗教秩序和道德秩序的方面。国际法的强制措施在一定程度上是自救的。③ 哈特(Herbert Lionel Adolpus Hart,1907—1992)提出了以威胁为后盾的命令的法律概念,以及国家作为义务主体的能力,认为国际法在内容上接近法律。④ 在《法律的概念》中,哈特对于国际法进行了专门的探讨。哈特认为,国际法是否应当被称为法律确实存在着疑问,该疑问很难被置于不顾。因为它缺乏提供给立法机构和法院的"次级规则"中的变更规则和裁判规则,也没有统一的"承认规则"以指明法律的渊源以及确认其规则的一般标准。国际法的制裁从根本和极端的意义上是纸上谈兵,国际法不存在组织性制裁,而且居于法律之上的"主权"这一概念与国家"义务"的概念存在着矛盾。

---

① [英]梅因:《古代法》,沈景一译,商务印书馆1959年版,第2页。
② Thomas Joseph Lawrence, *Essays on Some Disputed Questions in Modern International Law* (Deighton, Bell, 1885), p. 1.
③ Hans Kelsen, *Principles of International Law* (New York: Rinehart, 1952), pp. 5, 14.
④ H. L. A. Hart, *The Concept of law* (3rd ed., Clarendon Press, 2012), p. 215.

当然,不存在制裁并不意味着法律没有内在的约束力,"主权"被理解为"独立"之后也不排除国家履行其允诺的义务。国际法并不能等同于国际道德,因为一些国际法规则是与道德无涉的,多数国际法规则不是通过良心来约束的,国家在很多时候并不出于道德感而遵守国际法。国际法与国内法的类比更多是内容上的,而非形式上的。① 通过哈特的阐述,大约可以推出这样的论断:在哈特看来,不能说国际法不是法,不过国际法仍然不是成熟意义上的法律,但是随着国际法逐渐发展,其在形式上与国内法的相似之处会逐渐增多,其法律属性也会日益彰显。

第三节 现代国际法的性质与特点

自霍布斯和普芬道夫时代以来,就开始了关于"国际法是不是法律"的争论。② 这在19世纪被奥斯丁颇具影响的理论所强化。③ 其关注的核心是:国际法究竟是不是具有我们所理解的法律的功能? 它是具有法律性质的规范,还是仅仅是一些国家可以自由忽略的原则的集合? 他们注意到,国际法缺乏惩罚措施,即使违背了国际法规范也可以安然无事,这一点是它与国内法最大的不同之处。

---

① H. L. A. Hart, *The Concept of law* (3rd ed., Clarendon Press, 2012), pp. 214-237.
② 参见 Hans Morgenthau (Kenneth W. Thompson and W. David Clinton ed.), *Politics among Nations: The Struggle for Power and Peace* (7th ed., McGraw Hill, 2006), pp. 283-285; Rosalyn Higgins, *Problems and Process: International Law and How We Use It* (Oxford University Press, 1994), p.2; Anthony D'Amato, "Is International Law Really 'Law'?" 79 *Northwestern Law Review* 1293 (1985); Hans Kelsen, *General Theory of Law and State* (Harvard University Press, 1949), p. 328; Hans Kelsen, *Principles of International Law* (2nd ed., revised and edited by R. W. Tucker, Holt, Rinehart and Winston, Inc., 1966), p. 16; Hans Kelsen, *The Pure Theory of Law*, translated from the second (revised and enlarged) German edition by Max Knight (California University Press, 1967), p. 320; Peter Malanczuk, *Akehurst's Modern Introduction to International Law* (7th ed., Routledge, 1997), pp. 5-7; James Crawford, *Brownlie's Principles of PublicInternational Law* (8th ed., Oxford University Press, 2012), pp. 6-11; Rebecca MM Wallace and Olga Martin Ortega, *International Law* (7th ed., Sweet & Maxwell, 2013), pp. 3-4; Richard K. Gardiner, *International Law*, (Longman, 2003), pp. 12-16; Andrew Clapham, *Brierly's Law of Nations* (7th ed., Oxford University Press, 2012), pp. 15-40; Stephen C. Neff, "A Short History of International Law", in Malcolm D. Evans (ed.), *International Law* (3rd ed., Oxford University Press, 2010), pp. 6-21。
③ Alexander Orakhelashvili, *Akehurst's Modern Introduction to International Law* (8th ed., Routledge, 2019), pp. 4-5.

主流国际关系学派和主流法理学派已经通过观察国际法的运行,对国际法的内涵和存在进行了一些阐述。这些阐述对于清晰地认识国际法有很重要的启发意义。国际法的学说理论在国际法的实际发展中所起的作用并不明显,但是它们却对国际关系的发展起到了很好的解读。欧洲国际法的观念是学者们在维护本国利益而努力争取新兴国家权利的过程中建立起来的。

一、国际关系学者对国际法的认知

(一)现实主义国际关系理论对国际法的认识

在国际政治的现实主义一派学者中,存在着忽视和否定国际法的趋势。现实主义各个流派所描述的世界基本上是一个强者为所欲为、弱者无奈承受一切的版本。① 爱德华·卡尔(Edward H. Carr, 1892—1982)在《二十年危机》中警告了人们对于国际制度与和谐利益的信赖可能带来的不幸后果②,并特别指出,国际法是未完全形成、非充分一体化的社会中的法律,缺乏司法、执法与立法机构。③ 汉斯·摩根索(Hans Morgenthau, 1904—1980)明确地陈述了现实主义国际政治以争取权力为导向的国家行为准则,认为国际法是一种原始形式的法律,国际法之所以发挥效力主要是因为国家之间的共同或者互补的利益,以及国家之间的权力分配,利益共同体与权力均衡的结合是国际法产生和发展的基础。④ 国家会用道德、舆论和法律来掩饰其对于权力的追求,本质上是追求权力,表面上却是追求某种符合理智、道德和正义需求的东西。⑤ 乔治·凯南(George Kennan, 1904—2005)认为,国际法尤其是《联合国宪章》不可能抑制国际领域里的混乱和危险。他提出,法律途径在国际关系中有三个基本困境:(1)由于有些国家对自己的地位和边界不满意,国家不可能隶属于一个国

---

① 唐小松:《论现实主义的发展及其命运》,载《世界经济与政治》2004年第7期。
② Edward H. Carr, *The Twenty Years' Crisis (1919-1939): An Introduction to the Study of International Relations* (Harper & Row, 1964), pp. 22-40.
③ Edward H. Carr, *The Twenty Years' Crisis (1919-1939): An Introduction to the Study of International Relations* (Harper & Row, 1964), p. 170.
④ Hans Morgenthau (Kenneth W. Thompson and W. David Clinton ed.), *Politics among Nations: The Struggle for Power and Peace* (7th ed., McGraw Hill, 2006), pp. 295-296.
⑤ Hans Morgenthau (Kenneth W. Thompson and W. David Clinton ed.), *Politics among Nations: The Struggle for Power and Peace* (7th ed., McGraw Hill, 2006), pp. 243.

际司法机制;(2)国际法认为世界由完全平等的主权国家组成,这只是一种想象,各国的不平衡发展决定了国际体系的冲突;(3)国际法设想制裁可以限制国家的不良行为,这无异于幻想。① 肯尼思·华尔兹(Kenneth Waltz,1924—2013)则认定不平等的国家在体系中彼此接触的一个决定性结构因素是无政府状态,国家的行为表现决定于国家在国际结构中的位置;国际体系结构与国际法具有相互排斥的性质。② 进攻型现实主义的核心观点是国家最大化地占有世界权力,这与国际法的规范性存在冲突。该理论的代表人物约翰·米尔斯海默(John Mearsheimer,1947—)认为,国家会加入能够最大化地扩大本国权力基础的条约,但不可能接受一种减少其权力分配的条约的限制。"如果国际法并非一种强制命令,那它至少是一种合作事业,其目的在于确定共同利益、规范和规则。在无政府状态下,合作是可能的,但只有直接针对维持或者增加一个国家对世界权力的分配时才有可能。"③

总体看来,现实主义理论并不认为国际法不存在,或者与国际关系天然矛盾,但在这一理论框架中,权力与利益垄断了国际关系的话语权,与国际法的核心价值、思想内核发生了冲突。④ 在外交政策的思维中,国际法的虚无主义观念仍然在现实主义的著作中占据主导地位,它们更注重权力与国家利益在国际关系中的地位。

当然,现实主义对国际法的态度也有例外。其新流派共生现实主义设计的治理结构,试图在全球体系中改进人类生存状态、减少冲突,其核心概念"共生",实际上指的就是利益的互利共生。在全球治理层面上,其最明显的体现是在其深层内涵中接纳了国际法思想,并因此扭转了现实主义的国际法观,向理想主义全面靠拢。共生现实主义的"双重本体论"及其对"主体间意义"的强调,为国际间合作以及通过国际法调整国家间关系提供了理论基础。其在对国家关系的总体看法上,倾向于以国际法体系为轴心来实现国际社会有序治理的思想。而且,共生现实主义接受非国家行为体在国际关系中的积极治理作用,从行为体多元化的角度认

---

① George Kennan, *American Diplomacy* (University of Chicago Press, 1984), p. 95.
② Kenneth Waltz, *Theory of International Politics* (McGraw-Hill, 1979), pp. 102–128.
③ John Mearsheimer, "A Realist Reply", 20 *International Security* 82 (1995).
④ 唐小松:《现实主义国际法观的转变:对共生现实主义的一种解读》,载《世界经济与政治》2008年第8期。

同了国际法的重要地位。①

(二) 自由主义国际关系理论对国际法的认识

虽然自由主义的具体流派多种多样,但其论点基础是对人类学习和进步的信赖,并分析国家之间如何在无政府的状态下达成合作。作为国际关系的行为体,单一、理性的国家如经济学家所描述的"经济人"一样因比较优势而乐于在彼此之间合作,为改进存在环境,促进人的安全而设定的规范。国际制度是国家间为了避免零和博弈而进行的合作成本最低、效果最佳的选择,有了国际秩序才能以最小的代价取得最大的利益。新自由主义者对于国际制度予以详细分析,认为它包括国际组织、国际机制、国际惯例三种形式,具有权威性、制约性、关联性三个特征。国际制度的这些特征使其具有横向效应和网络效应,从而能解决合作的困境,保障合作有效。上述制度包括规则、组织和运作程序,这些规则和组织其运作机制的基础是国家之间的协商与理性选择,所以国际法应当被理解为国家之间为改进存在环境、促进各自安全而设定的规范。国际法由此成为促进和发展无政府状态下国家之间合作的主要途径,即使不同地缘政治群体中的国家在某些方面利益差距巨大,它们一般也会缩小其独立行使权力的要求,在主权事务上合作,为国际法实施的范围留出空间。

新自由主义以博弈论为分析工具,认为自利的行为体之间的交往不一定只是冲突,国家之间在无政府状态下可能进行合作,虽然达不到和谐状态,但依然能实现互利。国家之间拥有了环境保护等一些共同的利益,并对个人人权等予以共同的认可。② 安妮·马莉·斯劳特(Anne-Marie Slaughter,1958—)则尝试为国际法学开辟一条"自下而上"的研究路径,为当代跨国法的研究提供了分析框架。③ 自由主义国际关系理论为我

---

① 唐小松:《现实主义国际法观的转变:对共生现实主义的一种解读》,载《世界经济与政治》2008 年第 8 期。

② 当然,21 世纪初在坎昆、哥本哈根召开的气候变化会议恰恰说明了国家之间合作的艰难;美国与中国之间就人权问题的相互指责也说明了国家的基本追求仍然是军事、经济实力等物质权力(硬实力)和文化、意识形态、价值观等影响方面的权力(软实力)。

③ Anne-Marie Slaughter, "International Law in a World of Liberal States", 6 *European Journal of International Law* 503 (1995); Anne-Marie Slaughter, "A Liberal Theory of International Law", 94 *American Society of International Law: Proceedings of the Annual Meeting* 240-253 (2000); 有关评论参见刘志云:《自由主义国际法学:一种"自下而上"对国际法分析的理论》,载《法制与社会发展》2010 年第 3 期。

们探究国际法的基础提供了有益的借鉴。

(三)建构主义国际关系理论对国际法的认识

建构主义以人的社会性来比拟国家的社会性,以人在社会中被社会化的过程来分析国家在国际社会中习得规范、接受规范和遵循规范的过程。国家组成社会的时候会自然地建构规范,规则的存在又会对国家的行为进行塑造和决定。在建构主义者看来,国际法不应当是一套外在于国家的规则,而应当是一套国家内在接受的规范。国家之间形成了一套共同的信念、一种文化。国家与国际法相互决定、相互构建,国际法为国家之间的行为树立了一些价值观念,这些观念将国家凝聚在一起,为国家之间的团结奠定了基础。

建构主义的国际法观核心在于形成一个真正具有共同体感的国际社会,从而显示一套不那么碎片化的国际法体系。"仅通过国家之间的关系去建立一个共同体的程序,颇属幻象。这一点只能通过人们发展其真正的国际精神来形成坚实的基础……如果国家所具有的政治目标一直压制着维护权利的人本目标,则国际共同体根本无法实现。"[1]所以,建构主义无法回避前苏联所代表的坚持和注重国家主权的倾向;无法回避当今世界上仍然存在的中国、古巴、朝鲜、越南等社会主义(共产主义)国家与资本主义国家之间的观念差异,无法去除发达国家与发展中国家,特别是最不发达国家之间的发展水平差距,[2]无法填补伊斯兰教国家与基督教国家之间的观念鸿沟。[3]

---

[1] Charles de Visscher, *Theory and Reality in Public International Law* (translated from the 1953 French edition by P. E. Corbett, Princeton University Press, 1968), p. 94; 另参见 Hermann Mosler, *The International Society as a Legal Community* (Sijthoff & Noordhoff, 1980), pp. 17-47.

[2] Kartashkin, "The Marxist-Leninist Approach: The Theory of Class Struggle and Contemporary International Law", in R. St. J. Macdonald and D.M. Johnston (eds.), *The Structure and Process of International Law* (Martinus Nijhoff, 1983), p. 79; Lori Fisler Damrosch, Gennadiĭ Mikhaĭlovich Danilenko, R. A. Mullerson (eds.), *Beyond Confrontation: International Law for the Post Cold War Era* (Westview Press, 1995); M. Reisman, "The Constitutional Crisis in the United Nations", 87 *American Journal of International Law* 83 (1993); MacDonald, "Rammaging in the Ruins: Soviet International Law and Policy in the Early Years: Is Anything Left?" in Karel Wellens (ed.), *International law: Theory and Practice: Essays in Honour of Eric Suy* (Martinus Nijhoff, 1998).

[3] Sarvenaz Bahar, "Khomeinism, the Islamic Republic of Iran, and International Law: The Relevance of Islamic Political Ideology", 33 *Harvard International Law Journal* 145 (1992).

描述和分析国际法性质的每一种观点都有其合理性;对于国际法这种客观真实的存在而言,都仅仅是揭示并强调了其某一个方面的特征或性质,而不能全部阐明其方方面面;这些都属于盲人摸象的说法,不可能统摄全局,不可能完全是客观真实。这一特色是学术研究的必然结果。因为能够全面、真实地描述客观的途径只有客观存在本身,学术研究就是要用简洁的语言凝练出客观事物的基本问题和突出特征。① 而什么是基本、什么是突出,却是一个极具主观性的问题。

二、国际法的政治性与道德性

(一)国际法与政治力量对比有着密切的关联

法律无法超越政治,国际法更无法超越国际政治。虽然古典自然法学者倾向于将法律诉诸通行的自然规律和人的普遍理性,19世纪末期的自然法理论认为自然法是具体境况下的公正表现,法律仍然是由政治所创造的,是政治秩序的产物,其最高权威来自于政治。② 认为国际法会脱离国际政治而存在并发挥作用,本身就是虚无的想法。③ 在包括中国在内的外交界,国际法必须是国家争取利益的工具。国际法现在关涉着每一个人的利益,甚至偏远小村落也会被关于全球变暖的公约所影响。前南斯拉夫的人民在国际法的格局下寻求正义,弱小国家的领导人希望用国际法来维护其利益。

乔治·施瓦曾伯格(George Schwarzenberger, 1908—1991)曾指出:"在一个社会中,权力是压倒一切的考虑,法律的主要功能是在权力基础上建立至高无上的武力地位和等级,并给予这种最优秀的体制以尊敬和法律授予的圣洁"。④ 国际法的政策定向学派基本上以现实主义理论为

---

① 理论应尽量简洁、不应当在已有概念可以涵盖的情况下提出新的概念,这一原则被称为"奥卡姆剃刀"。

② Edward H. Carr, *The Twenty Years' Crisis (1919-1939): An Introduction to the Study of International Relations* (Harper & Row, 1964), p. 176.

③ Morton A. Kaplan and Nicholas de B. Katzenbach, *The Political Foundations of International Law* (John Wiley & Sons, 1961); Myres S. McDougal and Florentino P. Feliciano, *Law and Minimum World Public Order: The Legal Regulation of International Coercion* (Yale University Press, 1961).

④ George Schwarzenberger, *Power Politics* (Stevens, 1964), p. 14.

基础,将国际法看成为国际政治决策提供服务的学说。① 这一点虽然不全面,但是确实揭示了国际法的核心特色:国际法是政策的正式表达。有学者指出,北约的缔约国并没有考虑其在法律上的权利和义务,而更多的是一种政治的考量。② 政治体系是人类关系之中包括控制、影响、权力或权威的持续模型,它所关注的是在一个特定的政治单元中,谁能做什么、谁能得到什么。其中,对于政治权力的分配、占有是不平等的,并非每个人都有相等的权力。一个人的行为可以影响他人,但影响的程度是不同的。国际法是国家争取利益、分配利益的正当性"装饰"。国际法是国家追求国际利益的辩护依据,虽然背后是赤裸裸的利益追求,但只有用法律来装饰,这种利益主张才显得更容易被接受,才有更明显的说服力。

但是,国际法和国际政治仍然是不同的。国际法是国际关系的一部分,与国际政治有着密不可分的关系,但并不是政治的附庸,在一定意义上也具有其独立性。国际法的具体运作有时会在政治环境中显示出一定的强制性,甚至会偏离和超越政治的轨道。主权和国家这些政治术语在国际法中也会使用,但是其意义是有所不同的。法律更注重的是权利、义务、特权、豁免、责任等范畴。即使是现实主义的国际政治学者,也并不完全否认国际法的存在及其作用,但他们更提醒人们注意法律与政治的紧密联系。爱德华·卡尔认为,国际法的政治性胜于其内在的规范权威性,国际体系由国家支配,而绝非由国际法做主。他提出:"国际法是国家政治共同体相互作用的结果。它的缺点不是因为任何技术缺陷,而是因为共同体的原始特点便是各自为政。"故而"除非有一个各国接受的国际共同体,而且共同体的成员至少在一个共同谅解的基础上承认它具有约束性,否则国际法是不可能存在的"。摩根索阐述道,现代国际法体系是重大政治变革的结果,这一重大变革标志着欧洲从中世纪到现代历史阶段的转型。如果想要在那些本土之上具有至高权力的实体之间维护一定程度的和平与秩序,那么法律规则是必须的。只有事先制定了规范,国家才能知道其可以采取行动的范围和方

---

① Myres S. McDougal, "International Law, Power, and Policy: A Contemporary Conception", 82 *Recueil des Cours* 137(1953).

② Peter Malanczuk, *Akehurst's Modern Introduction to International Law* (7th ed., Routledge, 1997), p. 6.

式。① 国际法学者布赖尔利(James Leslie Brierly,1881—1955)则明确地指出,既不能虚无地认为国际法根本不存在,也不能天真地认为只要有几个法学家制定出一套规则,就从此天下大吉了。② 正如科斯肯涅米所指出的,国际法是这个危险和不正义的世界的一部分。它遍布于各处,以其名开启和进入战争,以其名保护和剥夺权利,它决定谁拥有世界上最珍惜的资源,决定我们如何在全球范围内被治理。人道干涉、集体安全、人权保护、对有罪不罚的斗争等政治问题,都涉及国际法。③ 讨论国际法性质的学者都关注于国际法的强制力,认为国际法应当是对政治行为的约束。有学者认为,关注这一点,国际法将很难取得真正的进展。

从这个意义上看,尽管国家在多数情况下遵守了绝大多数的国际法,这一点也可以为国际政治、法理学和国际法学者所共同认可,④更为实际例证所证明。⑤ 不过,国际法总体上被遵从的情况,以及国际法被遵从的事例数量仍然有可能是具有误导性的,因为这种表面的遵从会让人忽视国际法与国内法的根本不同,忽视了其与政治利益十分密切的依赖性。例如,苏联1979年非法入侵阿富汗;美国1983年非法干涉格林纳达;以色列侵犯了中东地区的土地,虽然被联合国所谴责,却没有受到任何有效的惩罚。20世纪90年代,伊拉克入侵科威特确实受到了迅速的惩治,但人们可以理由充分地认为西方大国重视的是石油利益,因为对印度尼西亚入侵东帝汶,国际社会就没有任何报复行为(retaliation)。2011年,国际社会积极干预利比亚,甚至帮助反对派推翻其原有的合法政府,但对索马里却任由其海盗猖獗。这与利比亚拥有丰富的石油资源、人民富庶,而索马里却十分贫困也不能说毫无关联。美国打击阿富汗、伊拉克,与其说

---

① Hans Morgenthau (Kenneth W. Thompson and W. David Clinton ed.), *Politics among Nations: The Struggle for Power and Peace* (7th ed., McGraw Hill, 2006), pp. 293-294.
② T. L. Brierly, *The Outlook for International Law* (Clarendon Press, 1944), pp. 1-2.
③ Martti Koskenniemi, *The Politics of International Law* (Hart Publishing, 2011).
④ H. L. A. Hart, *The Concept of Law* (3rd ed., Clarendon Press, 1994), p. 232; Louis Henkin, *How Nations Behave: Law and Foreign Policy* (2nd ed., Praeger, 1979), p. 47; Hans Morgenthau (Kenneth W. Thompson and W. David Clinton ed.), *Politics among Nations: The Struggle for Power and Peace* (7th ed., McGraw Hill, 2006), p. 285; Peter Malanczuk, *Akehurst's Modern Introduction to International Law* (7th ed., Routledge, 1997), pp. 6-7.
⑤ 即使尚未设立中央化的执行机构,没有强制的争端解决程序,现在国家的宪法中一般还是会援引国际法的。Alexander Orakhelashvili, *Akehurst's Modern Introduction to International Law* (7th ed., Routledge, 2019), p. 8.

是出于国际正义感,还不如说是出于政治影响和物质利益等界定的国家利益。当美国境内"占领华尔街"、希腊由于债务危机而发生骚乱的时候,没有国家认为其政府应当被更换,而叙利亚发生骚乱的时候,西方社会就认为存在着人道危机,要求总统移交其权力。奥本海(Oppenheim,1858—1919)注重国际法的外在权力约束①,这就说明法律的施行需要政治的支持。

戈德史密斯(Jack Goldsmith,1962—)和波斯纳(Eric A. Posner,1939—)都认为,对于国际法有很多争论式的研讨,却很少有真正的理解。从国家经常以有罪不罚的方式违背国际法的角度来看,国际法似乎并没有用处;但是如果国际法真的没有意义,就很难理解国家何以花大力气商定条约,并为其行为进行合法性辩护。如果认定国际法是法,则难以理解为什么国际法总是显示大国的观点,变化频繁,而且违背了也没有受到惩罚。国际法确实有作用,但并不像某些领导人、法律专家和媒体想象的那么有力量。国际法仅仅是国家在国际舞台追求自身利益的产物。它不会使国家被拉向与其利益相反的一面,所以很多全球问题并未解决,而且解决的可能性也不大。从功能上看,国际法是推进国家利益实现的工具,但是比起政策来更加复杂、更加精密、更加多变,而且不可预期。由于国际政治总是在变化之中,以国际法来代替国际政治是不可靠的乐观态度,是不符合国际法的过去表现、当前能力和合理的未来预期的。②

国际法在历史上确实起到了重要的作用,在现实中,国际法也一样不可或缺。一些国际法学者认为,那些被公众所关注的违背国际法的事件并不是多数、不是国际法实施的主流,但其影响是十分广泛的。这就意味着国际法的运行必须受制于大国的意志,而不是全面均衡地适用的。③ 这也就表明,在实际的国家关系中,不能夸大国际法的功能与力量,而必须考虑权力的重要性,必须考虑军事、经济、政治、意识形态等因素。很多国际法学者期待国际法能经常有效,而不是以政治选择来确定其效力。但

---

① L. Oppenheim, R. Jennings and A. Watts (eds.), *Oppenheim's International Law*, (9th ed., Longman, 1992), p. 9.

② Jack L. Goldsmith and Eric A. Posner, *The Limits of International Law* (Oxford University Press, 2006).

③ William D. Coplin, "International Law and Assumptions about the State System", 17 *World Politics* 615 (1965).

事实上,国际法在国际关系中的角色始终是受限的,尽管其是不可以忽视的。① 国际法中的惩治手段与国内法有何不同,发展和强化国际法的惩治手段在何种意义上是可取的、可期的,这一点值得结合国际政治的运行深入思考。②

(二)国际法与全球伦理相关但不等同

伦理道德③是人的社会本性在一定经济状况下的反映。法律和道德共同确定权利和义务④,彼此关系紧密。国际法与贯穿人类交往始终的道德关系十分紧密。在历史上,国际法被理解成为人类基本道德的法律化。普芬道夫试图在《自然法与国际法》中构建一个普遍的自然法体系。他提出,自然法是真正的法律,而不仅仅是一种道德指南。自然法与国际法的共同主体就是"道德存在",也就是非由自然所创造而从自然生命的精神中提升出来的存在。普芬道夫将道德存在分为单一道德存在与复合道德存在两种类型。他反驳了霍布斯和斯宾诺莎(Baruch de Spinoza,1632—1677)所作出的关于一切人反对一切人的人类社会自然状态的悲观论述。他认为,人生来就是一个社会存在,在社会中不是其他人的仇敌。人类的自然状态与其说是战争,不如说是和平;人类的相互关系与其说是敌对,不如说是友谊。⑤

当前,全球化的发展需要一种全球伦理的维系,正义、人权、和平、稳定等全球交往的基本需求就构成了国际法的道德内涵和重要基础。在现代国际法体系中,道德的基础地位仍然明显。国际社会的一些"决议""宣言""行动纲领"和"发展计划"等软法文件就承载着道德力量。而作为国际法渊源之一的"一般法律原则",也包括"禁止反言""诚实信用"

---

① S. A. Watts, "The International Rule of Law", *German Yearbook of International Law*, 36 (1993), 15-45; R. St. J. McDonald, "Foreign Policy, Influence of Legal Consideration", 11 *Encyclopedia of Public International Law* (1995).

② Roger Drummer Fisher, *Improving Compliance With International Law* (University of Virginia Press, 1981).

③ 在本书中,"伦理"与"道德"作为通用词汇。

④ 有学者认为道德是义务本位的,没有权利,以道德义务为基础的要求就可能是道德权利,但是法律有着更加明确的责任方式。余涌:《道德权利研究》,中央编译出版社2001年版,第30页。

⑤ 罗国强:《普芬道夫自然法与国际法理论述评》,载《浙江大学学报(人文社会科学版)》2010年第4期。

"一罪不二罚"等在很大程度上体现道德的原则。1970年的《关于各国依联合国宪章建立友好关系及合作的国际法原则宣言》和《联合国宪章》也都倡导公平的原则。政治权力、经济利益、道德观念与文化传统共同成为一个具有内在统一的平衡系统,奠定了国际法的基础,国际法的运行实际上是这几大要素交相作用与力量平衡的过程。受国际社会的结构制约,国际法的运行还普遍存在"重秩序,少正义"的价值缺失,但经济全球化与国际关系民主化、法理化、人性化的发展为国际法的道德与法律重建提供了要求和可能。① 在军备控制、武力使用、战争与武装冲突的规制、经济交往、环境保护等很多领域,国际法的道德基础都非常突出。

国际法的形成渊源、存在依据、评价标准、价值追求等方面都有着全球伦理的痕迹。因此,有学者提出,基本国际道德作为社会的普遍行为准则,构成了国际法的重要渊源和依据。国际道德既能在人们心理上内化成某种"法律确信",还能通过诉诸舆论深刻影响国际法的构成和发展。在当前国际社会结构仍然分散的情况下,国际道德可以成为国际法的价值指引和保障。② 笔者同意有国内学者提出的观点:全球伦理是国际法追求的价值指南,是国际法运行的内在保障。它不仅是立法的道德指引、司法的道德支撑、执法的道德评判,还包括守法的道德养成。国际法是全球伦理和国际政治的交汇点。国际社会"无政府状态"和主权国家自助的现实,使得国际法的效力大打折扣。但无论是国际立法、司法层面还是守法层面,在国际法法律效力失效或缺位的地方,国际道德就会从舆论的角度予以评判和牵引。国际法虽然时常受制于国际政治的现状,但国际道德确实具有长久的、强大的、深远的影响。③

但是国际法本身并不完全等同于道德。国际法作为确立国际事务中权利与义务的行为规范,虽然在很多时候会反映全球伦理,但也并不尽然。例如,国际法有海上避碰、度量标准、邮政电信协议等相对技术性的部分,这些与道德没有直接关系。国际法与单纯的道德最主要的区别是,国家认为其具有法律约束力,在彼此关系中以此为尺度采取行动,可以降低复杂性和不确定性;道德带来的是舆论的评价,而法律带来的是求偿与责任。

---

① 李杰豪:《国际和谐与国际法的"系统平衡论"——权力、利益与道德的范畴》,载《2008全国博士生学术论坛(国际法)论文集——国际公法、国际私法分册》。
② 李杰豪:《国际法道德:渊源与价值》,载《求索》2008年第4期。
③ 古祖雪、李杰豪:《论国际法的道德保障》,载《国际问题研究》2007年第5期。

这一点正如法律与礼仪、操作规程的区别一样。国际法与国际礼仪的差异在于：礼仪确立的是行为是否得体，法律确立的是行为所代表和导致的权利义务；法律和礼仪都有正式的程序和模式，但是礼仪不存在法律所具有的责任模式。法律和操作规程都明确地规定了行为方式，但是法律更具有官方性质。国内法院会适用国际法，国内立法者在决策时也必须考虑一国在国际法之下的义务。

三、当代国际社会中的国际法特点

在很多国际法的学习者、研究者和实践者的心中都有一个"一般国际法"或者"普遍国际法"（universal international law）的概念，这种规则对于所有的国家都有效，不需要国家的特别认可就可以设定国家的权利和义务，约束国家的行为。迄今为止的国际法有没有发展出一般国际法？如果有的话，这种国际法是如何表现的？对于这一问题的解读需要我们对当代国际法的特点有更加系统和全面的掌握。

（一）协定法

从立法的层面上看，国内法是外在于主体的、给定的法律；国际法则是主体之间的、议定的法律。国际法不存在一套体系化的立法机构和立法程序，而是主要靠国家的协商和同意。这一点与治理机制比较成熟的国家差距甚大。虽然国内立法也存在代议机关和包括行政机构及其部门、地方国家机关在内的授权立法者，甚至有的学者还提出了民间法的概念，但是议会或者类似立法机关的立法权或者许可权受到了普遍的认可和尊重。与此相对，国际法几乎没有外在于主体的"制定法"，而只有主体间根据其政治意愿、利益追求、道德准则而形成的"协定法"。国际法主要表现为条约和习惯。条约是国家之间关于权利和义务的书面约定，而习惯是一国或者数国在某一国际事务上被接受为法律的惯常做法。虽然在此之外还有一些渊源，如一般法律原则，作为渊源辅助证据的国内、国际司法判例，以及权威公法学家学说，但无论哪一种，都离不开国家的同意或认可。条约是国家之间通过一系列的谈判、磋商程序而订立的规范，特别要求意思表示的契合。

作为国家等行为体间的协定法，国际法在订立的过程中体现出各国国家利益的追求，其中也可能包括道德的追求与呼吁，在不违背国家利益的时候,各国可能都表示赞同。国际法能否订立,取决于国家之间力量的博弈,由于国际法的规范是不同利益取向的国家之间讨价还价的结果,具体规则标尺可能充满矛盾。因而,国际法这种表面上高度技术化甚至措辞庄严的文本,背后是国家之间无数次争论与妥协的结果。所有的法律都是政治过程的结果,但国际法的政治博弈特征更加明显;所有的法律都可以理解为最低限度的道德,但国际法的道德强制性显得更加脆弱。①

国家可以自己的意志决定认可并履行某一条约的义务,或者处于一个条约之外,或者退出条约。条约法对于条约形式中的签字、批准、接受、加入等条件的要求,以及对于强迫、错误等意思表示不真实所致的无效的做法,就足以说明国家接受的意义。而习惯法中的一贯反对原则(persistent objector rule)同样表明了在国际规范方面国家意志的重要意义。这种情形实际上说明了,国际规范不是来自于国家之上,而是来自于国家之间;不是来自于一个上位者给定的立法,而是来自于两个以上平等的国家的协商。因而,国际法更多地像国内社会的契约,而不是国内社会广泛存在的、外在地约束平等主体的立法。这一点是由国际社会的无政府体系所决定的,是由国际共同体所共同确认的主权平等原则所引致的。虽然很多时候,单方行为也能确立国际法的规范,如国家发布地图、宣布开始或者结束军事演习、核武器试验、采取引渡或庇护措施,但是如果利益相关国表示反对,则其规范效力是可疑的。因而,从国家同意的角度来看,超越国家协商同意的"普遍国际法"也缺乏充分的依据。

(二)平位法

国际社会是分散的,没有一个居于各国之上的世界政府,导致了国际法是"国家间的法"(international law, law among nations),而不是"国家上的法"(supra-national law, law beyond nations)。这是我们理解国际法性质的根本出发点。由于国际社会总体上是分散、非中心体系的,所以国际法也没有一套清晰而公认的位阶体系。虽然有学者讨论了国际法的位阶问题,②但是国际法律秩序的整体位阶显然尚未形成,当国际法的领域扩

---

① 张乃根:《国际法原理》(第二版),复旦大学出版社2012年版,第63页。
② Dinah Shelton, "Normative Hierarchy in International Law," 100 *The American Journal of International Law* 291 (2006); Theodore Meron, "On a Hierarchy of International Human Rights," 80 *The American Journal of International Law* 1 (1986).

大,就出现了"国际法不成体系"的问题。① 这种分散在立法时期即已显露出来,在国际法的领域,双边、区域、全球的法律体系并存。总体上看,没有任何一个体系优于另外的体系,各个体系是平行存在的。国际社会是一个无政府社会,这一点为所有的国际关系学者所认可。这也就意味着它没有完全呈现出一种中央化的统一的秩序。因而在绝大多数时候,也就不会有普遍认可和施行的国际法。而且,国际法规范基本上属于"特别法"而非"普通法"②,"普遍法"处于缺位的状态。国际法只约束同意该规则的国家,国际法在现实生活中所采取的主要形式是条约与习惯。条约基于国家之间的明示同意,习惯则基于国家以行动的方式表达的同意。

作为分散国际社会中的平位法,虽然当代国际法在主要依赖国家之间平等监督上有所突破,但并不明显。例如,《联合国宪章》的第 2 条第 6 项规定了其原则宗旨的重要性,《维也纳条约法公约》第 53 条规定了强制性规范的优先性,这些条款与安排不仅数量少,而且自身就是分散的,未能形成一个体系。与此同时,虽然当今国际社会从道德价值上肯定强行法(jus cogens)的概念③,但由于政治立场的差异,对强行法的具体外延并没有形成一个公认的列表。而且,被认定的强行法存在多项例外,在这些法律解释和实施上存在着诸多技术与政治问题。例如,大国对于公认规范的违背而未能承担责任,使所谓的强行法也变成了"强权之下行使的法"。也就意味着所谓普适的国际法,在当今世界仍然主要处在一种梦想

---

① 2000 年国际法委员会的长期工作项目工作组建议讨论国际法不成体系(fragmentation of international law)的问题,2002 年以后国际法委员会开始讨论这方面的报告。Martti Koskenniemi, *Fragmentation of international law: difficulties arising from the diversification and expansion of international law: report of the Study Group of the International Law Commission*, UN, 2006. 值得一提的是,国际法被引入一国国内法之后,就进入到该国的国内法位阶之中,不同的国家政治治理体系赋予不同的国际法的地位。Ole Kristian Fauchald and André Nollkaemper, *The Practice of International and National Courts and the (De-)Fragmentation of International Law* (Hart Publishing Limited, 2012). 但这并不是国际法自身的位阶。

② Sir Hersch Lauterpacht, *The Function of Law in the International Community* (Oxford University Press, 2011 reprinted edition), pp. 176-177.

③ Mary Ellen O'Connell, "Jus Cogens: International Law's Higher Ethical Norms", in Donald Earl Childress, III, ed., *The Role of Ethics in International Law* (Cambridge University Press, 2012), pp. 78-103; Lisa Yarwood, *State Accountability under International Law: Holding States Accountable for a Breach of Jus Cogens Norms* (Routledge, 2010).

和幻象的阶段。国际法是不成体系的①,这种不成体系的现状恰好说明,国际法自身与国际社会一样,处于不成熟的初级阶段。正如摩根索正确地指出的,国际社会没有统一的主权者,也就意味着没有统一的立法者、执法者和司法机构。②

国际法的体系是平位的(horizontal),国际法规则也经常是模糊的,很多规范本身措辞就颇为含混,一项规则存在着诸多的例外和条件,有着多种解释的可能,③而且存在可能前后对立的主张。所以,在国际的视野内,并没有形成一个"国际宪制体系"。理想的法治环境之中应当存在的所谓标志法律成熟的国际法的位阶没有建立起来④,国际法仍然是高度分散的、特别的、法律杂合的群体,严格地说,规范自身的普遍性尚未建立。

(三) 弱法

从法律实施过程的角度来看,国内法的实施与监督具有国家强制力的保障,存在着主体之上的外在压力;而国际法主要是国家自愿履行的、契约式的法律,监督机制具有软弱性,主要靠主体间性来约束国家。也就是说,国家之间的舆论、国际合作的机会有可能成为国家守法的基础。国际法的力量取决于国家之间的相互制约,而不是组织性的上位力量的强制制约。

作为难以强制国家履行义务的弱法,国际法运作方式与国内法很不相同。它基于互惠原则、共同同意或者协商一致,而非命令、服从和强制实施。所以,我们可以论断:国内法体系中基本上形成了主体遵行法律的文化和环境,而国际法尚未形成此种文化和环境。这一情况在守法阶段就十分明显:大多数国际法是靠国家自觉、自主、自愿履行的,因此法律的

---

① Martti Koskenniemi and Päivi Leino, "Fragmentation of International Law? Postmodern Anxieties", 15 *Leiden Journal of International Law* 553 (2002).

② Hans Morgenthau (Kenneth W. Thompson and W. David Clinton ed.), *Politics among Nations: The Struggle for Power and Peace* (7th ed., McGraw Hill, 2006), pp. 295, 296 ff, and 311.

③ Hans Morgenthau (Kenneth W. Thompson and W. David Clinton ed.), *Politics among Nations: The Struggle for Power and Peace* (7th ed., McGraw Hill, 2006), p. 329.

④ 有的学者根据国内法院的审判经验,认为国际法存在位阶,而人权在此位阶体系中应当高于(trumping)其他规范义务。国内法关于豁免和引渡的判例表明,当人权义务与其他国际法义务相违背的时候,法院更看重人权,显示出国际法具有一定的垂直性特征。Erika de Wet and Jure Vidmar, *Hierarchy in International Law: The Place of Human Rights* (Oxford University Press, 2012).就国际法的当前阶段而言,可以认为其结论具有一定的说服力;但国内法院所接触的国际法问题毕竟不是多数,所以不能认为在国际法的总体结构上存在位阶。

遵行具有强烈的国家利益取向的选择性。从法治的理想来看,法律应当被广泛、平等地遵从和施行,但是在国际法上,这个理想很难实现。国家在国际面前会进行复杂的利益考量。首先,国家要考虑的是:遵从与否是否会威胁到该国的存续与安全?这是国家对国际法态度的首要考虑因素和基本出发点。① 其次,在没有安全之虞的情况下,国家会考虑遵从与否是否为国家带来利益?这种利益既可能是经济上的,也可能是合作机会上的。理性的国家会进行一种损益衡量、比较,其计算结果会作为决策参考。② 最后,如果既没有安全威胁也没有明显的利益,国家会考虑遵从规范是否会体现国家的社会性。国家在遵从国际法的各种考虑中所形成的排序,就是一个从政治到伦理的次序,因而国际法所确立起的秩序也就不能得到完好的实现。

从执法的环节来看,国际法自身并无强制机构和措施,远不如国内法律体系一样设置起了一套复杂周密而有力的法律执行与监督体系。即使是法治不够完善的国家,也有大量的政府部门负责法律的运行,而绝大多数的国际条约都不存在这种执行和监督的体制。

20 世纪中期以后,在人权、贸易、裁军、核武器等领域初步形成了一些监督国际法运行的机制,这对于国际法而言已经是颇为值得称道的突破了。但即使是这样的突破,也还存在着多种局限:首先,所有这些监督机制都不是普遍使用的,而是以条约为基础的。绝大多数的人权机构都被称为条约机构(treaty based bodies),对于条约之外的国家无约束力。加入了这些条约的国家也可能以保留的方式排除掉某些执行措施。《欧洲保护人权及基本自由公约》(简称《欧洲人权公约》)、《美洲人的权利和义务宣言》《非洲人权与人民权宪章》所构建的区域机制在这一点上就更加明显。人权监督机构中涉及范围最广的应属联合国,它建立起了基于《联合国宪章》而采取行动的机构,被称为宪章机构(charter based bodies),2005 年以后成立的人权理事会所形成的"普遍定期审议机制"具有更大的适用范围。但其参加方仍以联合国的会员

---

① 例如,中国清政府对 1842 年《南京条约》(英文正式名称为 Treaty of Peace, Friendship and Commerce between Her Majesty the Queen of Great Britain and Ireland and the Emperor of China)以后的各项条约的遵从态度,就是出于对威胁的恐惧。

② 例如,阿尔巴尼亚在科孚海峡案中不遵守判决,不肯对英国予以赔偿,就是一种对于损失的计算;美国单方打击伊拉克,也是出于风险小、获益大的计算结果。

国为限，理论上仍然是非普遍的。WTO 的贸易政策审议机制（TPRM）就更是一个成员之间的体制，而裁军、核武器的问题均不例外。这就意味着没有国家的认可，此种执法机制是不会涉及这个国家的。其次，这些体制对参与其中的国家的约束力并不强，其制裁能力比较弱。虽然这些条约确立了报告、审议、核查等机制，但是对于存在问题的国家并没有确立明晰的法律责任，国家仍然在自身名誉的范围内考量对条约的接受、对法律的遵从，这就揭示了这种以审议报告为模式的国际法监督机制的局限性和脆弱性。而国际人权的国家间指控或个人申诉机制受制于国家的认可，现在认可的国家数量并不大。弗里德曼认为，在一个"合作的国际法"体系中，也就是国家共同参加的通过国际组织安排推进共同利益的机制，可能以"排除利益"为方式予以制裁。例如，世界银行可以采取不再给予发展援助的方式制裁一国歧视外国投资者或者征收其投资不予补偿的行为。[①] 所以国家遵从国际法主要是一种横向的力量，也就是国家之间的相互制约、主体间性，而未能建立起一种垂直的力量，没有建立起强有力的超国家体制约束国家。[②]

虽然 19 世纪以后兴起了国际仲裁，20 世纪更出现了一系列的常设和临时国际审判机构，21 世纪建立了具有一定强制性的国际刑事法院，但这些进展并没有从根本上改变国际法靠各国自愿遵守的状况，并没有对国际法的软弱特性带来质的变革。不仅仲裁必须以当事国的同意提交为前提，常设国际法院和国际法院的管辖权也是建立在自愿的基础上的；而且国际法院具有明显的大国倾向。几个特别的刑事司法机构都带有明显的选择性和倾向性，不能算是国际法自身的强制性，毋宁说是胜利国、大国意志和愿望的体现；国际刑事法院则至今仍未得到中、美、俄等大国的认可和接受。解决一国与他国国民之间投资争议的中心（即"国际投资争端解决中心"，International Centre for Settlement of Investment Disputes，简称 ICSID）的仲裁开启了一个新的模式，但是其对于投资者权利的重视使

---

① Wolfgang Friedmann, *The Changing Structure of International Law* (Columbia University Press, 1964), pp. 88, 91; 1972 年，英国就曾经因为坦桑尼亚未归还被国有化的英国财产而在世界银行推迟了给予坦桑尼亚贷款的建议。

② 这里的一个例外情况应属欧盟。欧盟的立法体制仍有国际民主的基础，但其法律的运行则具备高度的超国家性，所以有的学者认为欧盟已经不再是国际组织，而是自成一类。

人们对其公正性产生怀疑。作为欧洲联盟司法机构的欧洲法院(ECJ)和作为《欧洲人权公约》司法机构的欧洲人权法院(ECtHR)虽然相对成熟,但是局限于地区,所以不可能作为普遍机制。

国际法没有强制的司法或者仲裁救济体制,国家在遇到其他国家违背了对其所具有的国际法义务的时候,其所能采取的措施最具效果的就是自助(self-help)。自助可能以反措施(countermeasure)为形式,也可能以反报(retorsion)为形式。① 传统上的平时封锁(pacific blockade)和干涉(intervention)行为已经被认为缺乏合法性②,但是自卫(self defence)仍然被国际法所明确接受。③ 通过国际共同体有组织地实施的制裁,最主要的方式就是通过联合国的机制。④ 其范围是有限的,而且在安理会的框架下运行,受制于大国的否决权。

这种运行体制的缺陷就必然带来国际法约束力的不足:很多违背了法律的情况在世界上明显地存在着,却没有受到惩罚,而且很可能也受不到惩罚。一些大国明显地违背了国际社会的规范,却依然我行我素。值得关注的是,国际法院成立初期处理了阿尔巴尼亚与英国之间的"科孚海峡案",阿尔巴尼亚没有履行判决,其负面影响是巨大的。⑤ 国内法院适用国际法是国际法实施的有效方式,如关于国家及其财产豁免、外交豁免的问题经常通过国内法院而予以判定,而且当国际习惯和一些具有现实执行性的条约被接受为国内法的一部分的时候,这些规范也会被国内法院所适用。但是,并非所有的国际法规范都有可能在国内司法体系中适用,如关于武力使用的合法性就很难在国内法院审理。一国法院在何种情况下适用国际法,这一点没有共同的标准。正是在这个意义上,国际法

---

① 反措施来自于传统国际法的报复(reprisals),是报复的非武力方式。报复的武力方式后来发展为自卫。参见本书第十五章第一节、第十六章第一节。

② 平时封锁、干涉,参见本书第十三章第一节、第十六章第一节。

③ 自卫,参见本书第十三章第一节。

④ 例如,安理会决定对某些国家予以制裁,其他国家就会配合。英国在 1994 年为执行安理会惩罚前南斯拉夫的决议而扣押了一艘属于黑山的船舶(MV Playa)。

⑤ Karine Bannelier, Theódore Christakis, and Sarah Heathcote, *The ICJ and the Evolution on International Law: The Enduring Impact of the Corfu Channel Case* (Routledge, 2011); Milton Katz, *The Relevance of International Adjudication* (Reprint ed., Harvard University Press, 2014), pp. 53-54.

"一向被认为是法律中较弱的一个部门"。①

(四) 不对称的法

从法律实施结果的角度来看,由于国际法的分散、协定、弱法特征,导致大国与小国在国际法面前存在着明显的差异,这就是大国与小国之间在国际法面前存在不对称性。国际法的运行所具有的高度不对称性,也就使很多国家对法律的公正性持怀疑态度,有的国家则恃其强大的力量对国际法不予理睬。从世界各国在对待反对恐怖主义、保护世界环境的国际法律文件的不同态度上可以看到这一点。而 2011 年西方大国针对利比亚政府的颠覆,就更明确地体现出了政治目标在国际法实施结果上的决定性意义;2012 年西方各国针对叙利亚的问题仍然采取打压政府而支持反对派的方式,国际法的不对称性昭然若揭。

国际法具有围绕大国意志的不对称色彩。在当今这个总体格局仍然是无政府的世界之上,大、小国家均希望国际法维护其利益,但是具体的态度和立场是不同的。大国更希望一个没有严格国际法的世界,不希望总是被既存的国际法所约束。如果不是这样的话,大国可能会采取在立法环节影响法律的内容,如果自己的利益未被充分重视和保护,则采取忽视法律和违背法律的方式。大国以更大的影响力按照自己的意志塑造国际法,在国际法真正呈现出来之时,如果未能完全符合其意愿,它会选择不参与此项规则。因而此项规则无法对其产生约束,如美国不批准《经济、社会及文化权利国际公约》、不参与《联合国气候变化框架公约的京都议定书》(简称《京都议定书》)就是这样的做法。即使加入了某项国际规则,也可以按照自己的意志与利益去解释规则,为自身违背规则的行为做辩护。美国在 2003 年对伊拉克采取武力时所提出的"预防性自卫"(或称"先发制人的自卫")就属于这一模式。如果确实违背了规则,辩护又不太容易,则设法从程序上为自己开脱或者拖延相关程序,以保证相关利益。在国际法院审理尼加拉瓜诉美国关于武力和准武力措施的案件中美国提出的管辖权异议就属于开脱。就连被学界和实务界看好的 WTO 争端解决机制也存在着这样的问题,一些大国明显违背自由贸易的规范,行使保护主义,虽然判定其违背 WTO 规范,却不能追溯性地采取措施,因而

---

① 周鲠生:《国际法》,武汉大学出版社 2007 年重排版,第 5 页;参见周鲠生:《国际法大纲》,商务印书馆 2013 年重排版(据商务印书馆 1934 年版),第 1—3 页。

导致大国的贸易保护目标得以实现。① 小国则更希望国际法内容清晰,程序明确,希望国际法可以平等地约束各个国家。小国也希望扩大呼声,在国际立法环节努力使法律维护和表达其利益,并以法律为依据要求其权益。因为自身无力与大国抗衡,只有团结一致,方能在国际立法上取得一些对其有利的进展。但这些规范能否真正发挥作用,在很大程度上取决于大国的意愿。也就是说,小国在法律没有充分表达其利益的时候,这些国家也很难明显地违背法律规范。更为严重的是,有时候,小国即使没有违背国际法也可能会招致祸患,甚至遭受灭顶之灾。英美诸国对于伊拉克并不存在的大规模杀伤性武器所进行的核查以及此后的武力打击就说明了这一点。

综上,国际法总体上并没有形成普遍约束力。但如果不进行严格的追问,可以粗略认为《联合国宪章》的宗旨和原则、被广泛接受的国际习惯和代表了此种习惯的国际条约是"普遍国际法"。

第四节 国际法的主体

国际法的主体,也就是具有国际法上的权利能力、行为能力的人格者。因为主体的概念被一些国际法学者所不解,在国际关系中人们也很少用"主体"这一术语,所以其也被称为国际法的参与者②,根据国际关系的通常称谓,可以叫作国际法上的行为体。但主体的概念在法律上具有通用性和严谨性。

国际法的公认主体有国家、类国家、国际组织;争论中的主体有非政府组织、跨国企业和个人。本节仅就这些主体的基本问题作介绍,而不涉及其各自的具体方面。这些具体问题将在后面的章节中较为深入地阐释。

一、国际法主体的基本要素

国际法上的主体,应当具有以下一个或者几个方面的要素。

---

① 在 WTO 中欧盟、中国等成员诉美国钢铁保障措施的案件中美国的表现属于拖延,美国从政治的角度出发,实施钢铁保护的措施,即使在 WTO 的争端解决机构确立起违法性的前提下依然故我。

② "Participants in the International Legal System", Rosalyn Higgins, *Problems and Process: International Law and How We Use It* (Oxford University Press, 1994), p. 39.

(一)享有国际法上的权利

国际法上的主体,无论是何种形式,都应当享有一些国际法规范所规定和确定的权利,这是国际法主体的必备条件。当然,国际法规则所确立的权利多种多样,不同类别的主体在享有权利方面会存在差异。像国家这样的主体,享有的权利就更加全面,因为对土地和人民的实际管理控制,具有对领土的占有、使用、收益、处分的权能;对人民的保护、约束、管理、控制的权能;由主权延伸出独立、平等、自卫、管辖等权能,以及豁免等特殊制度。而国际组织等主体,享有的权利就会受到限制。

(二)履行国际法上的义务

法理学揭示的基本原则是:权利与义务是相一致的。也就是说,享有权利就意味着相应地承担着一些义务。这一点不存在问题,但必须说明的是,A 所享有的权利往往是 B 的义务,而并非 A 享有一定量的权利的同时承担了等量的义务。权利和义务只能在总量上均衡,而非在个体内部均衡。个体内部均衡的情况大概只能在一些民事法律关系中,特别是契约关系中体现出来。在国际法体系内,有些主体享有很多的权利,同时履行着很多的义务,如国际组织、国家;有的主体被赋予很多国际法上的权利,却并不承担多少国际法上的义务,如个人;有的主体被要求承担一系列的义务,而主要的权利却都在国际法之外,如跨国企业;有的主体,权利和义务都不是很明晰,主要是在国际法中地位发展还不太成熟的非政府组织。

(三)承担国际法上的责任

与很多民商法律部门用 liability(责任)这个术语[1]来表示侵犯了法定权利、违背了法律义务所应承担的第二性义务不同,国际法上一般采用 responsibility(责任)这个相对宽泛和模糊的词语[2]来表示应当承担的法律责任。国际法上也发展起来了国际责任(international liability)的概念,但主要是在环境保护这种不明显违背国际法的领域。

国际法上的主体应当承担在违背法律状态下应有的法律责任,其中

---

[1] Bryan A. Garner (ed. in Chief), *Black's Law Dictionary* (11th ed., Thomson Reuters, 2019), p. 1079.

[2] Peter Cane and Joanne Conaghan (eds.), *The New Oxford Companion to Law* (Oxford University Press, 2008), p. 1015.

较为成熟的是国家责任,而国际组织责任正在讨论之中。个人在某些情况下也会替国家承担罪责,即各国的国际刑事责任。其他国际主体的国际责任在国际法上尚不明确。

(四)参与国际法上的行为

国际法上的主体,其基础是"行为",所以能够采取一定的国际法律行为也是诸多国际法主体的基本要素。此种行为,既有可能是参与国际法规范的商讨和订立,也有可能是进行国际法遵守机制的监督,还有可能是仅仅遵行现有的国际法规范,在少数情况下是参与争端解决机制,在国际司法或者准司法体制中起诉或者受诉。总体来说,参与国际关系的渠道比较广泛,但比起国内法,仍然受到了诸多限制,而绝非达到了全民参与的阶段。

二、国际法主体的分类

国际法的主体可以按照其体现的各种特征、拥有的不同因素进行分类。

(一)原生主体和衍生主体

这是从权利义务的来源上进行划分的。国家是国际法的原生主体,因为国家的权利义务并非来自国际法的赋予,而是来自其自身所拥有的治理能力和所控制的资源。国际法仅仅是对国家在实践中所确立起来的权利和义务进行确认。国际组织是国际法的衍生主体,因为所有的国际组织,无一例外地是国家之间通过协议确立的,是国家拟制的国际社会主体,其权利和义务都受制于国家的意愿。非政府组织也属于国际法上的原生主体,因为非政府组织在国际法上的权利是通过其自己的不断探索和争取而自发形成的,而不是由国家赋予的。与国内法相当不同的是,个人是国际法的衍生主体。因为个人并不天然具有国际法上的权利义务,是国家之间通过人权等方面的协议,才赋予个人一些权利的。

(二)完全主体和受限主体

这是按照在国际上行为方式的范围来进行划分的。国家是国际法上的完全主体,这意味着国际法规则没有确立国家义务的方面均属于国家的权利。国家在国际法上可以自由采取行动,除非受到了明确的限制,当然这种明确限制既可以来自直接的规定,也可以来自间接的推断。① 国家可以在领土、空间、外空、海洋、环境、外交、条约等国际法的各个领域进行诸项活动,享有国际法上较为全面的权利,履行较为全面的义务,也承担着多方面的责任,需要参加各个方面的行为。相对而言,其他的主体都有很多的限制:国家具有求偿权,国际组织的求偿权是经过国际法院的咨询意见才获得广泛确认的。国家可以要求与另一国家进行磋商,个人一般来说没有这种权利。

(三)直接主体和间接主体

这是依据享有权利、履行义务的方式而进行划分的。直接主体是直接享有国际法上的权利、承担义务者,如国家、国际组织。而基于国家、国际组织的行为而使相关主体享有权利、承担义务的,是间接主体。例如,在很多情况下,个人和跨国企业都是基于国家许诺和履约行为而拥有权利或者义务的。根据国际人权法,个人享有一系列的权利,但是使个人能够真正享有这些权利的,是国家的保证和履约。也就是说,需要国家先将国际法律义务转化成国内法律体系的规范和行动,个人才能够获得支持,否则个人的权利是难以实现的。国家可以根据国际条约或习惯确定对个人、跨国企业的待遇,这些个人和企业如果认为自身受到了不公正的待遇,必须首先进入国内法律程序主张自己的权利,只有用尽当地救济之后,才有可能诉诸外交保护或者相应的国际救济程序。这也是国际法间接主体的表现。20世纪中叶以后,有些机构和学者认为个人作为认识世界和实践世界的核心,也应当是国际法的直接主体。这只是一个良好的愿望。在相当长的时间之内,期待个人成为国际关系中的直接主体、国际法的直接主体,仍然是很不现实的。

国家是国际法的原生主体、完全主体、直接主体,是国际法的首要、主要、重要主体。可以说,没有国家,国际法就不复存在了,或者至少不适于再被称为国际法了。而没有其他的主体,或者其他主体在国际法上的地位被忽视、变得不再显著(这些情况在不同的历史时期都出现过),也不会改变国际法的基本性质和总体架构。

---

① 例如,根据国际武装冲突法上的马尔顿斯条款(见本书第十三章第二节),即使国际条约没有明确规定相关的行为,也应秉承善意去履行国际人道法的基本原则。

第五节　国际法与国内法的关系

国际法与国内法的关系，主要是各个国家如何看待其所接受的国际法的问题，也包括国际法如何看待一国法律的问题。一般而言，国际法的前提和基础是"约定必须信守"，因而各国认同其所签订的条约、遵从其所认可的习惯，是一个基本的共识。

一、国际法与国内法关系的理论

在国际法与国内法的关系上，经典理论是一元论（monism）和二元论（dualism），不同的主张者提出了表面上差距很大的解读方式。①

（一）一元论

一元论者认为，法律体系作为行为规范、判断准则，在人类社会应当只有一个，国际法与国内法都是这个法律体系结构中互有联系的具体方面。一个体系内部就难免需要明确位阶关系，即何者优先适用的问题。不同的学者对此阐释不一，故一元论下又存在两种不同的观点：

1. 国内法优先说。该学说认为，国际法与国内法属于同一个法律体系，国际法从属于国内法。19世纪末20世纪初的德国学者耶利内克（Georg Jellinek，1851—1911）、佐恩（Philipp Zorn，1850—1928）、考夫曼（Ehrich Kaufmann，1880—1972）和文策尔（Wenzel）等支持此种观点。根据黑格尔的绝对主权观念，国家的意志是绝对的、无限的，主权国家是绝对精神在政治层面演化的最好形式，国际法的效力来自国内法，只有依靠国内法，国际法才具有法律效力，因此，国际法是国内法的一部分，被称为"对外公法"。

该理论的缺点是降低了国际法的适用度。当认为国际法的效力来自国内法时，可能导致的结果就是每个国家都可以通过其国内法来排除国际法的适用，取消国际法的效力。在此种状况下，不遵守国际法将成为国际社会的普遍现象。在政治上，容易成为大国沙文主义、极端民族的

---

① Joseph G. Starke, "Monism and Dualism in the Theory of International Law", 17 *Brit. Y. B. Int'l L.*66 (1936); also in Stanley L. Paulson, *Normativity and Norms: Critical Perspectives on Kelsenian Themes* (Oxford University Press, 1999), pp. 537-552.

工具。

　　2. 国际法优先说。该学说认为,国际法与国内法是同一法律体系的两个部门,国内法在法律等级上属于低级规范,在效力上依赖于国际法,国际法有权要求将违反国际法的国内法废除。这是在第一次世界大战后,在国际法学界中兴起的理论,代表人物有狄骥(Léon Duguit, 1859—1928)、波利蒂斯(Politis, 1872—1942)、菲德罗斯(Alfred Verdross, 1890—1980)①、孔兹(Josef Kunz, 1890—1970)和凯尔森、杰塞普(Philip C. Jessup, 1897—1986)等。该学说认为国际法与国内法组成了一个金字塔式的规范体系。其中,国际法处于金字塔的顶端,具有最高的法律效力,而国内法的法律效力则位于国际法之下。凯尔森是这种观点的代表人物,②早在1934年,他就提出了国际法是比国内法更高位阶的规范的理念,③并在其后的《法与国家的一般理论》《国际法原理》中始终坚持。④

　　一元论确实看到了国际法与国内法在诸多方面的同一性:(1)二者同属于法律系统,具有法律共同的规范属性。虽然关于国际法是否属于法律存在过争论,但是国际法具有法律的特征,而不完全是政治权力或者道德,是今天国内法学者、国际法学者和国际关系学者的基本共识。(2)国家兼具国内法制定者和国际法制定者的双重身份,在国内法和国际法规范上,都体现了国家的意志、立场和利益。(3)国内法和国际法可以相互配合、相互转化。各国确立的外交规则可能因各主权国家的认可而成为国际法;与此同时,国际法的规范也需要国家概括或者个别的认可而进入国内法。这一学说的主要困境在于:首先,强调国际法的优先性(宪法功

---

① 有关评价,参见 Bruno Simma, "The Contribution of Alfred Verdross to the Theory of International Law", 6 *EJIL* 33 (1995); Thomas Kleinlein, "Alfred Verdross as a Founding Father of International Constitutionalism?", 4 *Goettingen Journal of International Law* 385 (2012).

② 凯尔森的观点及其学术思想背景,参见 Jochen von Bernstorff (Thomas Dunlap trans.), *The Public International Law Theory of Hans Kelsen: Believing in Universal Law* (Cambridge University Press, 2010).

③ Hans Kelsen (Bonnie Litschewski Paulson and Stanley L. Paulson trans.), *Introduction to the Problems of Legal Theory (A Translation of the First Edition of the Reine Rechtslehre or Pure Theory of Law)*, Oxford University Press, 1992, pp. 107-108.

④ Hans Kelsen, *General Theory of Law and State* (Anders Wedberg trans., Harvard University Press, 1945), pp. 363-388; Hans Kelsen, *Principles of International Law* (New York: Rienhart & Company Inc., 1952), pp. 190-300, 424-437; Hans Kelsen (Max Knight trans.), *Pure Theory of Law* (Translated from second German edition *Reine Rechtslehre* Published in 1960, University of California Press, 1987), pp. 329-344.

能)和"条约必须遵守"原则,容易忽视一国国内法的实际作用,与国家制定国内法律的主权事实不符。其次,以狄骥为代表的学者认为,国际法实质上仍然是个人与个人之间的关系,但这只是一种理念上的归纳,而不能解释国际关系中的国家利益、国际法上的国家行为的特别性。

当然,这一学说在全球化的背景下仍然具有启发性。它体现了这样的理念:无论在何种法律体系之中,人的价值都具有根本性;人类对于共同的社会目标可以确立共同的规范进行追求。这为协调有效的全球治理和建立未来的国际社会契约奠定了基础。

(二) 二元论

二元论主张国际法与国内法是两种不同的法律体系,它们调整的对象、主体、渊源、效力根据等方面都不同,两者独立平行,互不隶属。国内法是国家主权意志的对内表现,其对象是国家之内的公民;国际法是国家主权意志对外的集体表现,其对象是国家关系中的国家本身。

二元论的提出可以追溯到德国法律实证主义学者特里佩尔(Heinrich Triepel,1868—1946),他认为国际公法和国内法不只是法律的不同部分或分支,而是不同的法律体系。它们是两个领域,虽然有密切关系,但绝对不是彼此隶属的,安齐洛蒂(Anzilotti,1869—1950)等支持此观点,二元论遂在德、法、意等国产生广泛影响。[①] 著名国际法学者奥本海将其推向巅峰。奥本海认为国际法和国内法从渊源、法律实质和所规定的关系等方面来看,存在很大差异,二者"在本质上是不同的",且"国际法无论作为整体或是其各部分,都不能当然成为国内法的一部分,只能是国内习惯或制定法使它这样,而在这种情形下,国际法的有关规则是经过采用而同时成为国内法的规则的。无论在什么地方或什么时候,如果不经过这样的全部或部分采用,国内法就不能被认为应受国际法的拘束,因为国际法本身对于国内法院是没有任何权力的。如果发现国内法规则和国际法规则之间毫无疑问地发生了抵触,国内法院必须适用国内法规则。"

二元论从实证法出发揭示了国际法与国内法的不同性质,论证了

---

① Heinrich Triepel, Völkerrecht und Landesrecht [International Law and National Law], (Hirschfeld, 1899), pp. 32, 75, 83ff; see also D. Anzilotti, *Corsp di diritto internazionale*, 3e (Athanaeum, 1928), pp. 1, 43, 63ff; Karl Strupp, "Les règles générales du droit de la paix", 47 *Recueil des cours* 257-596 (1934).

二者鲜明的差异,比较符合客观事实。国际法与国内法在当代仍存在很多差异:(1)渊源不同。国际法的渊源主要是国际条约、国际惯例,而国内法的主要渊源是成文法和判例。(2)调整对象不同。国际法主要调整国家之间的关系,而国内法主要调整个人与个人之间的关系。(3)强制力不同。国际法主要依靠各个国家的自觉遵守,而国内法由国家机关保证实施,因此,国际法的强制力低于国内法。(4)效力依据不同。国际法的效力依据为国家之间的约定,而国内法的效力来源于国家权力机关。但二元论过分强调了国际法与国内法的不同,存在着忽略两者的相互联系、相互配合的问题,对两个法律体系的解释带有片面性和绝对化的趋向。

(三) 中国学者的观点

中国学者总体上认为国际法与国内法在调整对象、法律渊源、制定主体等方面并不相同,不属于同一体系。与此同时,又反对将两者完全对立起来,而是认为国际法与国内法之间存在着统一性,国家是国内法的制定者,又是国际法制定的主体,国际法与国内法之间密切联系,互相渗透,互相补充,国家在制定国内法时要考虑到国际法的规范要求,在参与制定国际条约时也要注意到其国内法的原则立场;①国内法的制定如果超过了自身的权限范围而与国际法相冲突,则国家应负违反国际法的责任。② 周鲠生教授认为,从法律和政策的一致性的观点说,只要国家自己认真履行国际义务,国际法和国内法的关系总是可以自然调整的。③ 梁西教授在其1993年主编的《国际法》中阐释了国际法与国内法的相互联系观点④,赵建文教授利用对立统一的观念来分析二者关系问题⑤,也是此类立场的一种表现。这种在对立中把握统一的折中观点可以说是马克思主义辩证统一的方法论在这个问题上的投射。但在实践中能否指导立法和司法有效地解决问题,颇有疑问。

---

① 王铁崖主编:《国际法》,法律出版社1981年版,第44页。
② 王铁崖主编:《国际法》,法律出版社1995年版,第30页;并参见端木正主编:《国际法》,北京大学出版社1997年版,第35—36页。
③ 周鲠生:《国际法》,武汉大学出版社2009年版(依据商务印书馆1976年版),第18页。
④ 梁西主编:《国际法》,武汉大学出版社1993年版,第41—42页;2003年出版的第2版这一观点被称为"国际法与国内法相互联系论"(第14—15页),并在2011年曾令良教授主持修订的第三版中延续下来。
⑤ 赵建文主编:《国际法》,法律出版社2000年版,第41—42页。

二、国际法在国内法中的地位

理论研究,常如盲人摸象。论者见其一面、执其一端,就以为掌握了真理,难免以偏概全、因小失大。但这种片面的强调仍会提醒我们关注某一容易忽视的部分。在国际法上,理论之争固然并非没有启发性,但实践更加重要。① 现代国际法虽然有很多突破,但国际法与国内法的基本分野还是清楚的。《联合国宪章》第2条第7项规定,任何国家不得以国际法为借口干涉别国主权范围以内的事务。但与此同时,国家不得制定出与公认国际法原则规则相抵触的国内立法,一国不能以自己的国内法作为不遵守国际法的理由,这也获得了国际社会的广泛认同。② 在这种共识的前提下,国际法与国内法关系的实践问题并不在于国家在国际关系中是否履行和适用国际条约和习惯,而更在于国际法能否在国内直接适用和实施。③ 对此,存在着一元论和二元论两种理想模式,但更多是混合模式。④

(一) 一元论

一元论认为,国际法与国内法是一个统一体,因而国际法应当是国内法的一部分。在纯一元论的状态下,国际法不需要进行任何转化就可以直接被"纳入"国内法体系,变成国内法的一部分,在国内法律运行中直接具有约束力。因而,一个国家批准的条约立即直接进入国内法;习惯国际法也被认为是国内法的一部分,国际法可以由国内法官直接适用,也可以直接适用于国内的当事人。最为极端的情况是,国际法优于一切类型的国内法,即使是宪法也应遵守国际法;而且国际法具有当然的优越地位,无论先在还是后在的国内法,都不能与国际法相矛盾。

在有些国家,国际法被认为具有优先性,法官可以因为国内法与国际

---

① 类似的观点,参见[德]W.G.魏智通主编:《国际法(第五版)》,吴越、毛晓飞译,法律出版社2012年版,第79页。

② Hersch Lauterpacht, *The Development of International Law by the International Court* (Cambridge University Press, 1982), p. 262.并见《维也纳条约法公约》第27条; *Applicability of the Obligation to Arbitrate under Section 21 of the United Nations Headquarters Agreement of 26 June 1947, Advisory Opinion, I.C.J. Reports* 1988, p. 12, paras. 47, 57.

③ 潘抱存、潘宇昊:《中国国际法理论新发展》,法律出版社2010年版,第84页。

④ 国际法在各国地位的情况,参见[日]松井芳郎等:《国际法(第4版)》,辛崇阳译,中国政法大学出版社2004年版,第17—20页。

法相冲突而宣布国内法无效；在德国，条约与国内法具有同样的效力，并遵守后法优于先法（lex postierior derogat lex priori）的原则。

从要求一国遵守国际义务，特别是在人权、环境等事项的角度，这种方式具有优越性。也就是说，只要国家批准了国际条约，该条约的规范就当然具有国内法上的约束力。例如，批准了《公民及政治权利国际公约》的国家，如果采取纯粹一元论的模式，只要该国在国内存在着违背结社集会自由、表达出版自由，受到影响的公民就可以在该国司法体系之内提起诉讼，而不必等待该国制定相应的法律规范。法官也可以直接依据国际条约作出裁判，认定相应的国内法为无效。

在很多采取一元论的国家，会区分条约和习惯国际法的不同效力，它们认为，条约是符合相互依赖的国际关系中国家意念的清晰宣示，所以国家一旦批准或加入，就自动承担义务；如果仅仅是习惯，结果就具有很大的不确定性。

（二）二元论

二元论认为，国际法与国内法有着明确的区分，国际法并不必然是国内法的一部分，而是需要一个转化的过程。如果没有转化，国际法就不能在国内像法律一样存在。因而，国际法面临着两条道路：经过转化的国际法，如国内法一样地被认可和对待；未经转化的国际法，就不能算是法律。

根据二元论的模式，如果国家接受了条约，却没有按照条约的要求去修订国内法，或者没有创设明确的法令来将条约引入国内法，我们就只能在国际法的层面上认为该国违背了国际法，或者从国际法的层面上对国家提出要求，却不可以在国内法上提出任何请求。公民在国内不能仅仅依据条约来向法院起诉，法官也不能直接实施条约。

如果坚持二元论，国内法如果与国际法相冲突，就必须等待国家的立法措施，或者修订国内法，或者废除国内法。在这种情况下，如果一国不愿意全面转化国际法，其遵守国际法的状况就会很不确定。

英国是典型的二元论国家，在国会通过立法将国际公约并入国内法之前，条约并无效力。

世界上很多国家是一元、二元的混合体系，美国是突出的代表。美国宪法第6条规定，"本宪法和依本宪法所制定的合众国法律，以及根据合众国的权力已缔结或将缔结的一切条约，都是全国的最高法律；每个州的法官都应受其约束,即使州的宪法和法律中有与之相抵触的内容。"这一规定似乎已经将美国列入一元论的国家行列,但事实并非如此。美国法院为了避免直接适用条约,创造性地将条约分为"可自动执行的"和"不可自动执行的"。① 这样一来,很多条约都被归入不可自动执行的,因而需要国内立法的转化。在 1900 年美国最高法院审理的一个案件中,提出了"国际法是我国法律的一部分"的观点,但是习惯国际法只有在控制性的立法、行政、司法法案没有规定的时候方可适用。②

(三) 中国对于国际法在中国地位的规则与实践

第一,在宪法层面,中国并未规定条约在国内法上的地位。1949 年中华人民共和国成立以来,先后制定了四部宪法,都没有规定国际条约和习惯的地位问题。究其原因,主要是中国在 1949 年以前经历了一百多年的外国压迫,对国际条约持非常谨慎的态度。曾具有临时宪法作用的 1949 年《中国人民政治协商会议共同纲领》第 55 条就规定:"对于国民党政府与外国政府所订立的各项条约和协定,中华人民共和国中央人民政府应加以审查,按其内容分别予以承认、或废除、或修改、或重订。"因此,在宪法的总体制度安排层面,中国并没有确立国际法地位的一般规范。

第二,在民商事和一些行政法律领域,基本上确立了"条约优先、保留除外、参酌惯例"的规范。自 1982 年《民事诉讼法(试行)》第 189 条开始(以后的各次修订保留了这一规定),到 1985 年的《涉外经济合同法》第 6 条期间颁布的一系列法律规定表明:当国际条约与国内法发生冲突时,国际条约优于国内法。具有代表性的是《民法通则》第 142 条第 2 款:"中华人民共和国缔结或参加的国际条约同中华人民共和国的民事法律有不同规定的,适用国际条约的规定,但中华人民共和国声明保留的条款除外。"《继承法》《海商法》也都作了这样的规定;同时,《行政诉讼法》《邮政法》

---

① *Medellin v. Texas*, 128 S. Ct. 1346, 1356 (2008); 552 U.S. 491(2008) (treaties "are not domestic law unless Congress has either enacted implementing statutes or the treaty itself conveys an intention that it be 'self-executing' and is ratified on these terms"). *United States v. Percheman*, 32 U.S. (7 Pet.) 51 (1833), *Foster v. Neilson*, 27 U.S. (2 Pet.) 253, 314-15 (1829), overruled on other grounds; Carlos Manuel Vazquez, "The Four Doctrines of Self-Executing Treaties", 89 AM. J. INT'L L.695 (1995).

② *The Paquete Habana*, 175 U.S. 677 (1900): "[I]nternational law is part of our law, … where there is no treaty, and no controlling executive or legislative act or judicial decision, resort must be had to the customs and usages of civilized nations."

《野生动物保护法》也有类似的规定。最高人民法院《关于贯彻执行〈中华人民共和国行政诉讼法〉若干问题的意见(试行)》第113项规定:"人民法院对在中华人民共和国领域内没有住所的当事人送达诉讼文书,可以依照受送达人所在国与中华人民共和国缔结或者共同参加的国际条约中规定的方式送达。"这些立法文件规定,属于国际条约调整的事项,就适用国际条约的规定,不再适用国内法;国际条约与中国国内法有不同规定时,优先适用国际条约,从而避免国际条约与国内法发生冲突。这属于事前预防性的方式。①

第三,在其他领域,法院一般不会直接适用国际法。中国代表在联合国大会第三委员会就反对和禁止酷刑问题声明:中国作为联合国《禁止酷刑和其他残忍、不人道或有辱人格的待遇或处罚公约》的缔约国,将忠实履行其条约义务。并指出:依照中国法律制度,有关国际条约一经中国政府批准或加入并对中国生效后,中国政府就承担了相应的义务,不再为此另行制定国内法进行转换。尽管《中华人民共和国缔结条约程序法》(简称《缔结条约程序法》)第7条第4款规定,凡同中华人民共和国法律有不同规定的条约、协定均需经全国人民代表大会常务委员会批准,这意味着中国立法机关以立法的态度对待国际条约,不过在实践中,中国法院极少直接适用中国批准或加入的国际条约直接判案。《中国加入WTO工作组报告书》第67条指出:"中国代表表示,中国一贯忠实履行其国际条约义务。根据《宪法》和《缔结条约程序法》,《WTO协定》属于'重要国际协定'。中国将保证其有关或影响贸易的法律法规符合《WTO协定》及其承诺,以便全面履行其国际义务。为此,中国已开始实施系统修改其有关国内法的计划。因此,中国将通过修改其现行国内法和制定完全符合《WTO协定》的新法的途径,以有效和统一的方式实施《WTO协定》。"这表明,中国并未承诺WTO法律在国内的直接适用效力,而只是承诺对其进行间接适用,即在遵守《WTO协定》的前提下,通过制定新法和修订旧法的方式实施WTO规则。

国际条约进入中国的国内法体系,仍然需要一个转化或者并入的过程。在有些情况下,中国通过立法的方式将国际条约的规定在国内法上

---

① 唐颖侠:《国际法与国内法的关系及国际条约在中国国内法中的适用》,载《社会科学战线》2003年第1期。

予以明确规定,如《领海及毗连区法》《缔结条约程序法》《外交特权与豁免条例》《领事特权与豁免条例》等都是按照国际条约制定的;1990年颁布的《著作权法》就是参照《伯尔尼保护文学和艺术作品公约》和《世界版权公约》制定的。有时则根据中国缔结或参加的国际条约的规定,对国内法作出相应的修改或补充,如《商标法》和《专利法》就依照中国参与的WTO规范进行了修改。一些行政法规,如《海上国际集装箱运输管理规定》第12条第1款规定:用于海上国际集装箱运输的集装箱,应当符合国际集装箱标准化组织规定的技术标准和有关国际集装箱公约的规定。这是消除国际条约与国内法之间冲突最为彻底、最有利于冲突解决的一种方式。

思考题

1. 如何理解国际法在国际关系中的作用?
2. 如何理解国家在国际法发展过程中的作用?
3. 如何认识理论对于国际法的意义?
4. 国际法有哪些主体?具体表现如何?
5. 在国际法与国内法的关系问题上的代表性学说有哪些?你的看法是什么?

拓展阅读

戴瑞君:《国际条约在中国法律体系中的地位》,中国社会科学出版社2020年版。

黄赟琴:《条约在国内法院的适用问题研究》,法律出版社2020年版。

李晓丽:《条约的国内适用方式研究》,人民法院出版社2021年版。

王铁崖:《国际法引论》,北京大学出版社1998年版,第1章。

杨泽伟:《国际法史论》,高等教育出版社2011年版。

John Baylis, Steve Smith, and Patricia Owens. *The Globalization of World Politics: An Introduction to International Relations* (8th ed., Oxford University Press, 2020).

Hedley Bull. *The Anarchical Society: A Study of Order in World Politics* (4th ed., Columbia University Press, 2012).

Andrew Clapham. *Brierly's Law of Nations* (7th ed., Oxford University

Press, 2012).

Jack L. Goldsmith and Eric A. Posner. *The Limits of International Law* (Oxford University Press, 2006).

Rosalyn Higgins. *Problems and Process: International Law and How We Use It* (Oxford University Press, 1994).

Andrew Hurrell. *On Global Order: Power, Values, and the Constitution of International Society* (Oxford University Press, 2008).

Martti Koskenniemi. *The Politics of International Law* (Hart Publishing, 2011).

Vaughan Lowe. *International Law* (Oxford University Press, 2007).

第二章 国际法的渊源

《国际法院规约》第38条构成了国际法渊源的基本框架,同时在时代发展的新境况下有一些增补。当前,国际法的主要渊源包括条约、习惯国际法和一般法律原则,还包括司法判例、权威公法学家学说、国际组织的决议和一定程度上的单边行为。迄今为止,尚无明确的国际法规则确立渊源的位阶,但在实践中强行法与位阶理论提供了解决思路。由于习惯国际法的模糊性,国际社会存在着使之成为条约的需求,以联合国为代表的国际组织在19—20世纪进行了卓有成效的国际法编纂。

第一节 国际法渊源的内涵与类别

一、国际法渊源的内涵

通常,国际法的理论家和实践者用国际法渊源一词表征国际法概念、原则、规范的具体存在形式。① 例如,当俄罗斯说明南千岛群岛(日本称"北方四岛")属于俄罗斯领土,而日本认为属于日本领土之时,双方都需要进一步列举:其立场所根据的国际法具体是什么?并进而分辨,这些被称为国际法的文献或依据是否属于具有约束力的法律规范。此种列举和分辨就是在澄清在一个具体问题上的国际法渊源。

当然,需要知道的是,对国际法的渊源的含义,历来有不同的理解。有的学者提倡从历史的角度上去理解国际法的渊源,认为它是国际法的原则、规则和制度第一次出现的地方;也有人主张从法律生成的角度去理解国际法的渊源,认为是指国际法规范的形成方式或程序。尽管存在上述的不同理解,从国际法规范表现形式的角度理解国际法的渊源的观点

---

① 在法理学的体系中,渊源一词可能有多种理解。参见《法理学》编写组:《法理学》(第二版),人民出版社、高等教育出版社2020年版,第107页。

受到了广泛的认同和支持,大多数国际法教科书也就是从这一意义上使用国际法渊源这一概念的。国际法的渊源是认识和使用国际法的基础。只有明确了解并妥当掌握国际法的渊源,才有可能对于国际法的总体格局有全面地掌握,才有可能恰当地运用国际法,解决实践中的问题。

在国内法上,由于宪法体系的存在,所以什么是法律、什么不是法律有一个相对清晰的界限,至少会有相对权威的判定。但由于国际社会的无政府性,什么被视为国际法、什么不属于国际法,并没有一个自上而下的说明,本质上靠的是各国的共识和实践。在过去的半个多世纪,《国际法院规约》第38条规定了国际法院在处理案件时应当依据的国际法规范,被视为国际法各种渊源存在的权威说明。

《国际法院规约》第三十八条
一、法院对于陈诉各项争端,应依国际法裁判之,裁判时应适用:
(子)不论普通或特别国际协约,确立诉讼当事国明白承认之规条者。
(丑)国际习惯,作为通例之证明而经接受为法律者。
(寅)一般法律原则为文明各国所承认者。
(卯)在第五十九条规定之下,司法判例及各国权威最高之公法学家学说,作为确定法律原则之补助资料者。
二、前项规定不妨碍法院经当事国同意本"公允及善良"原则裁判案件之权。

在这里,需要说明的问题有四个方面:第一,《国际法院规约》规定的是国际法院的工作程序和规范,并非面向整体国际法,所以它的相关规定并不必然具备对于国际法的宏观概括和指导功能。第二,由于国际法院是影响最广泛的国际组织——联合国的司法机构,而且长期是最具影响和标志意义的司法机构。其地位确立了该规约所具有的重要地位。第三,《国际法院规约》形成于1945年,其前身是《常设国际法院规约》,具有悠久的历史,而且被实际经验证明为有效。由于国际社会和国际法发展的分散性质,这种长期的历史经验可能为其所具有的重要地位带来很大的助益。所以,尽管《国际法院规约》无意创立国际法渊源的标准,但是其列举仍然被广泛接受和采用。第四,与此同时,正因为《国际法院规约》出现的时间比较早,其所面对的国际法状况是20世纪初期的格局,具有历史的局限性。随着时代的发展,《国际法院规约》所列举的国际法渊源是有可能也有必要拓展的。

《国际法院规约》第38条将国际法的主要渊源归结为三种:条约、习惯国际法和为各国承认的一般法律原则。另外,除上述渊源外还有确立国际法的辅助资料。国际法的辅助资料虽然不是国际法的直接渊源,但它们对解释说明国际法原则、规则的存在以及对国际法的形成和发展具有重要的辅助功能。按《国际法院规约》第38条第1款卯项的规定,国际法的辅助资料有各国权威最高的公法学家的学说和司法判例。随着实践的发展,国际组织的决议成为国际法的重要渊源或者辅助资料。

二、国际条约

国际条约(international treaty)是国家间、国家与国际组织间或国际组织相互之间所缔结而以国际法为准的国际书面协定。

条约是当代国际法最主要的渊源。在20世纪之前,国际法的大多数规范都是以习惯的方式表现的,条约仅仅占一小部分。但是,20世纪以后,随着国际社会的逐渐组织化,国际条约迅速增加。大多数国家都愿意通过条约的方式解决与他国的领土、贸易与投资、司法协助等方面的问题,而所有的国际组织都需要一系列条约来确定其宗旨、原则、权限与工作程序。而且,国家与国际组织之间、国际组织彼此之间也经常需要以条约的方式确立彼此的权利义务。更重要的是,在国际组织的努力之下,原有的国际习惯以国际条约的方式编纂和固定下来。与此同时,也出现了很多非正式化的国际协议。[1] 因此,在国际法的语境下,20世纪不仅是一个组织化的世纪,还是一个条约化的世纪。

与国际法其他渊源相比,国际条约的内容更加清晰明确,不仅可以规定权利和义务,而且对于执行和责任也可以妥善说明。

从国际法渊源的视角来看,绝大多数条约都是特别法,而非普遍法。虽然国际法一直试图呈现出各国普遍遵循的法律规范的状态,但是,占据

---

[1] Wilfried Bolewski, *Diplomacy and International Law in Globalized Relations*,(Springer, 2007), p. 91.

国际法最主要分量的条约规范都是各国根据自己的意志与意愿确立起来的特别法,而不是外在于国家的立法机构为所有国家订立的普适规范。任何条约都不可能是世界上所有国家都参加的,再普遍,也要通过未参加国在实践上所表示的默示同意而起所谓的"立法"作用。严格地说,虽然《联合国宪章》是参与方最多的国际法文件,但是作为条约,它仍然只能约束成员国,对于非成员国而言,不具有直接的约束力。仅在其宗旨和原则方面,规定了非成员国需要承担的义务,这是对传统条约法的一个重要突破。

条约作为国际法,其约束力不仅来自于缔约国自身的诚信,还来自于缔约国之间的监督和条约设立的机构(如果存在的话)对缔约国的约束。按照来自罗马法的"约定必须遵守"(pacta sunt servanda)的谚语,条约对国家有拘束力,国家必须信守条约。因此,《国际法院规约》第38条第1款规定,国际法院处理案件时应当首先适用国际条约,可见条约在国际法渊源中居于重要地位。

关于国际条约的进一步问题,在本书第十一章中有更加细致地阐述。

三、国际习惯

(一)国际习惯的内涵与基本要素

国际习惯(international custom,更准确的称谓是习惯国际法,customary international law)是指被接受为法律的一般实践或通例或做法。习惯国际法常常是以早期条约的某些条款或者国家的某些行为作为其基础,这些条款后来就被广泛接受,成为法律。

根据规约的措辞和国际法院审理的庇护权案、核武器使用合法性案,国际习惯的形成有两个因素:一是有一般的实践或通例(usus, general practice)存在;二是一般的实践或通例被各国接受为法律,即"法律确信"(opinion juris, opinion jurissive necessitatis)。法律确信,是构成国际习惯法的要素之一,是指国家确信其一贯的行为是基于国际法义务要求的。[1] 前

---

[1] North Sea Continental Shelf (Federal Republic of Germany v. The Netherlands and Denmark), Judgment, I.C.J. Reports 1969, p. 3, para. 77; Continental Shelf (Libyan Arab Jarnahiriya/Malta), Judgment, I.C.J. Reports 1985, p. 13, para. 27; Military and Paramilitary Activities in and aguinst Nicaragua (Nicaragua v. United States of America). Merits, Judgment, I.C.J. Reports 1986, p. 14, paras. 183 and 207.

者是客观因素,或称物质因素;后者是主观因素,或称心理因素。国际法院在核武器案的咨询意见中提出,联大决议本身不能说明法律确信,因为很多国家表示了反对;第二次世界大战以后没有国家真正使用过核武器这一事实也不能说明法律确信,因为这证明核武器只是一种威慑性武器。① 在国家豁免案中,意大利试图举证本国的实践作为习惯的基础,国际法院则通过相反的实践以及法律确信反驳了这一立场。② 从2012年开始,联合国国际法委员会开始讨论习惯国际法的形成和证据问题,2013年改称"习惯国际法的确定",特别报告员迈克尔·伍德《关于习惯国际法的形成与证据的第一次报告》③已经提供了可观的信息。

(二)国际习惯在一般实践方面的要求

关于一般实践,有四个方面值得注意:

1. 实践的持续性。作为习惯的基础,某种实践的持续时间可以很长,也可以不太长,延续时间的长短应当根据具体情况而定。但显然不能仅仅经过一次行为就宣称为习惯,因为习惯的基础是反复的行为,其应当有必要的沉淀时间。

2. 实践的一贯性。尽管在实践的具体时间上没有一个非常明确的要求,但可以明确的要求是,如果主张一种行为模式有资格成为国际习惯,则它应当是一种在给定的范围内一贯的行为,而不是既存在此种行为,又存在与此矛盾的行为。④

3. 实践的主体应结合具体案情。虽然习惯试图设立一种普遍法,但

---

① Legality of the Threat or Use of Nuclear Weapons, Advisory Opinion, I.C.J. Reports 1996, p. 226, paras. 67-68.

② Jurisdictional Immunities of the State (Germany v. Italy: Greece intervening), Judgment, I.C.J. Reports 2012, p. 99, paras. 76-78.

③ A/CN.4/663.

④ Fisheries case (United Kingdom v. Norway), Judgment of December 18th, 1951, I.C.J. Reports 1951, p. 116, p. 166; Colombia-Peruvian Asylum Case, Judgment of November 20th 1950, I.C.J. Reports 1950, p. 266. 在荷花号案件中,法国主张,船旗国管辖是习惯国际法,所以法国拥有管辖权。常设国际法院认为,习惯国际法确实赋予了船旗国以管辖权,但并不是排他的管辖权。而国际法没有明令禁止的,就是允许的。S.S. Lotus Case (France v. Turkey), 1927 P.C.I.J. (Ser. A) No. 10. 实际上,该案所赋予的管辖权长期受到批评,直到1958年《公海公约》推翻了这种论断,第11条第1款认定,"船舶在公海上发生碰撞或任何其他航行事故,涉及船长或任何其他为船舶服务的人员的刑事或纪律责任时,对此种人员的任何刑事诉讼或纪律处罚程序,只能向船旗国或此种人员所属国的司法行政当局提出。"

并不是每一个案件都需要证明该实践被所有国家所采用或者接受。① 在国际司法的经验中，更强调的是"最有关的国家"（most affected states）的实践。可能存在着区域实践，国际法院处理的哥伦比亚诉秘鲁的庇护权案暗示了此种区域习惯的可能，②也可能存在双边实践，国际法院审理的葡萄牙诉印度的通行权案认定在两个国家之间也可以存在一种习惯。③

4. 实践的具体方式。主要从三个方面去寻找国际习惯法的存在依据：一是国家间的外交实践，表现为条约、宣言及各种外交文书、国家法律顾问的意见；二是国际组织和机构的实践，表现为它们的决议、决定和判决；三是一国内部的实践，表现为国内法律法规、法院判决或者仲裁裁决、国家政策说明、行政命令、新闻公报、关于武装部队行为规范等法律问题的官方手册等等。这三个方面的资料表明了国家的实践和意志，体现为国际习惯法的证据。

(三) 国际习惯在法律确信方面的问题

关于法律确信，有两个问题值得注意：

1. 一贯反对者原则（persistent objector rule）。国际法院审理的"英挪渔业案"确立了这样一项规范，即被视为习惯国际法的规范对于一直反对该项规则的国家没有约束力。④ 这在一定程度上再度重申了国际法的"自愿性"，也就是当国家不认可一项国际规范时，该规范对该国而言，并不存在。⑤

2. 速成习惯国际法（instant customary international law）主张的利弊。由于时代发展迅速，在外空等领域确实出现了很多短时间就被大多数国家接受的习惯国际法规范，由此，郑斌等学者提出了速成国际习惯法

---

① Anthony D'Amato, "The Concept of Special Custom in International Law", 63 American Journal of International Law 211-223(1969).并见 The Minquiers and Ecrelzos Case (France v. United Kingdom), Judgment of November 17th, 1953, I.C.J. Reports 1953, p. 47.

② Colombian-Peruvian Asylum Case, Judgment of November 20th 1950, I.C.J. Reports 1950, p. 266.

③ Case concerning Right of Passage over Indian Territory (Portugal v. India) Merits, Judgment of 12 April 1960, I.C.J. Reports 1960, p. 6.

④ Fisheries case (United Kingdom v. Norway), Judgment of December 18th, 1951, I.C.J. Reports 1951, p. 116

⑤ J. Charney, "The Persistent Objector Rule and the Development of Customary International Law", 56 British Yearbook of International Law (1985).

的观点。① 这一观点更注重法律确信,而不重于考量反复实践。虽然速成习惯国际法的提法有一定的内在合理性,但如果大力推广,就很容易沦为大国霸权的工具,因为大国可以对其单次的行动(如武装干涉或者入侵)泛化解释,使之被视为国际习惯,这对于国际社会的平稳发展、维护中小国家的利益显然是风险极大的。

(四)国际习惯的地位及其与条约的关系

习惯国际法的主要规则体现在国家主权及其领土完整、国家及政府承认、同意、信实、公海自由、国际责任、自卫等。近几十年来,国际习惯法的作用随着条约的大量产生而有所减弱,但国际习惯法依然具有其存在的独立价值,它在条约所未涉及的国际社会的诸多领域,仍然起着不可替代的作用。国际习惯与条约的关系可以从以下几个方面认识:

1. 条约与习惯相互补充和配合。条约因为其细致、可操作,可以为一些习惯确立程序方面的规范;反之,习惯因其相对模糊、宽泛,可以在没有条约的领域发挥作用。

2. 习惯可以被编纂为条约。国际社会的很多多边条约,如《维也纳外交关系公约》《维也纳条约法公约》,都是在习惯的基础上编纂而成的。

3. 条约可以被作为习惯的证据。在海洋法、外交法、条约法诸领域,条约可以宣示习惯;而政治犯不引渡、死刑不引渡等规则,则是通过一系列的条约使未来法转化为现行法,也就是通过条约固定习惯。一系列双边国际协定所认可的"公平与公正待遇标准"就是一个形成习惯的过程。例如,1925年《关于禁用毒气或类似毒品及细菌方法作战议定书》虽然并不是所有的国家都参加,但禁止此两种武器却已经成为战争和武装冲突法领域的习惯;1961年的《维也纳外交关系公约》、1969年《维也纳条约法公约》、1982年的《联合国海洋法公约》被绝大多数国家认可为习惯,所以不仅对于成员国有效,对非成员国也有一定的约束力;甚至在生

---

① Bin Cheng, "United Nations Resolutions on Outer Space: 'Instant' International Customary Law", 5 *Indian Journal of International Law* 23 (1965); Benjamin Langille "It's 'Instant Custom': How the Bush Doctrine Became Law after the Terrorist Attacks of September 11, 2001", 26 *Boston College International & Comparative Law Review* 145 (2003).反对的观点见于 James R. Crawford, "Chance, Order, Change: The Course of International Law", *General Course on Public International Law*, Hague Academy of International Law, Volume 365 (Martinus Nijhoff Publishers, 2013), p. 66.

效之前这些条约就已经被很多国家援引作为权利义务的根据。

四、一般法律原则

(一)一般法律原则的地位

关于一般法律原则,在国际法学者中存在着不同的观点。根据法学家的解释,将"一般法律原则"置于国际法渊源之列,主要原因是避免法院在处理案件时,因为法律的空白,认为无法可用而导致不能裁决案件的情况。《国际刑事法院罗马规约》第21条第1款第3项更明确地确立了这一思想:"无法适用上述法律时,适用本法院从世界各法系的国内法,包括适当时从通常对该犯罪行使管辖权的国家的国内法中得出的一般法律原则,但这些原则不得违反本规约、国际法和国际承认的规范和标准。"由于它只在国际习惯法或条约没有相应的规则与之适用的情况下才起作用,所以其地位是辅助性的。有的学者[如古根海姆(Paul Guggenheim, 1899—1977)、童金(Grigory Ivanovich Tunkin, 1906—1993)等]则认为,这一规定毫无作用;①有的学者[如菲德罗斯(Alfred Verdross, 1890—1980)]认为,一般法律原则在国际法渊源中的存在就是"自然法"这一观念在现代国际法中的体现,它可以避免不正当的条约和习惯发挥作用。

(二)一般法律原则的外延

"一般法律原则"在国际法渊源的意义上,至少包含着以下三个方面的意义:

1. 法律的一般逻辑原则,比如"后法优于先法"(lex posterior derogat legi priori)、"特别法优于普通法"(lex specialis derogat generali)等。

2. 各国在其国内法律体系中所共有的原则,包括诚实信用原则(good faith /bona fides)、超越合理怀疑原则(beyond a reasonable doubt)、罪刑法定原则(nullu crimen, nulla poena sine lege)、禁止反言原则(estoppel)、一事不再理原则(res judicata)等。国际司法机构使用此类一般法律原则的机会并不多,但并非没有。"不当得利原则"就在美国与伊朗求偿委员

---

① [苏]童金主编:《国际法》,邵天任、刘文竹、程远行译,法律出版社1988年版,第52—53页。

会审理的案件中使用;① 在巴塞罗那电车案中,国际法院采纳了"揭开公司面纱"的原则,用以确定在特定的情况下股东的所在国可以替代公司的所在国来保护股东;② 在前南特别刑事法庭的实践和《国际刑事法院罗马规约》中也确立了一般法律原则应用的机会。当然,国际司法机构也有拒绝将一些规范视为一般法律原则的例子。例如,在 1978 年针对 Texaco v. Libya 一案的仲裁裁决中,法国法中的"行政契约"概念因为在其他法域中为普遍接受而未被认定为一般法律原则;1966 年国际法院的西南非洲案中,公益诉讼(actio popularis)也因为仅为少数国家认可而失去了作为一般法律原则的机会。

3. 有的学者提出,除来自各国国内法的一般原则外,还应当有国际法的一般原则,如国家主权平等、人民自决、尊重和保护人权,国际环境法中的风险预防(precaution)原则、可持续发展原则等。《国际刑事法院罗马规约》第 21 条提出了人权和不歧视的原则,"依照本条适用和解释法律,必须符合国际承认的人权,而且不得根据第七条第三款所界定的性别、年龄、种族、肤色、语言、宗教或信仰、政见或其他见解、民族本源、族裔、社会出身、财富、出生或其他身份等作出任何不利区别。"这一规定可以作为国际刑事法院法律适用的最高条款,也是其工作的基本准则。

(三)国际法的基本原则

很多学者都讨论了"国际法的基本原则"(或称国际法的通用原则、国际关系的基本原则)在国际法中的作用。③ 著名的国际法理论家和实践者安东尼奥·卡塞斯(Antonio Cassese,1937—2011)在其《国际法》中列出了"治理国际关系的基本原则"一章,并阐述了主权平等、不干涉他国内政外

---

① *Iran-US Claims Tribunal, Sea-Land Services, Inc. v. Iran, 6 IRAN-U.S. C.T.R. (1984)*, at 149 et seq.

② *Case Concerning Barcelona Traction, Light, and Power Company, Ltd. (Second Phase), International Court of Justice Reports 1970*, p. 3.

③ Cheng Bin, *General Principles of Law as Applied by International Courts and Tribunals* (Stevens, 1953; Cambridge University Press, 2006); Georg Schwarzenberger, " The Fundamental Principles of International Law", *Collected Courses of The Hague Academy of International Law* 87 (1955-I): 195-383; Géza Herczegh, *General Principles of Law and the International Legal Order* (AkadémiaiKiadó, 1969); Alain Pellet, "Recherchesur les PrincipesGénéraux de Droit en Droit International", Ph.D. dissertation, University of Paris, 1974; Robert Kolb, " La Bonne Foien Droit International Public: Contribution à l'Etude des Principes Généraux de Droit", Ph.D. dissertation, Université de Genève, 1999.

交、禁止使用武力和武力威胁、和平解决争端、尊重人权、人民自决六项原则,强调其重要性以及原则作为一个整体的意义。① 英国学者沃恩·娄(Vaughan Lowe,1952—)的《国际法》中以高度重视的态度单设了"国际法律体系的基本原则"一章,而且详细地列举和解释了十四项重要原则。② 重视一般法律原则的观点在中国当代的法律传统中很容易被接受,因为绝大多数的法学教科书都有"基本原则"一章,国际法的教材也不例外。③ 虽然有学者提出不同的主张,但是逻辑上国际法的基本原则毋庸置疑地属于一般法律原则的一部分(当然也会体现在条约和习惯之中)。国际法基本原则体现了国际社会的核心价值,而在全球的语境中,更多的学者愿意在"强行法"或者"国际习惯"的框架下去讨论此类问题。虽然国际法的基本原则在国际司法裁决中直接适用的机会不多,但是由于它们的概括性和指引性,其具有对于规则进行平衡和补充的功能,所以不应忽视。

(四)公允及善良原则

《国际法院规约》第38条第2款规定了"公允及善良原则",一些学者曾经将此作为国际法的"一般原则",按照规约文义,它指的是一种工作方式,即在获得当事国各方同意的前提下,法院可以不严格按照国际法裁判。不过,从实践上看,作为工作方式的原则和作为法律依据的原则在法官思考的进程中是很难分开的,所以国际法院那些适用诚实信用原则的裁判可以被认为与本款要求一致。

五、司法判例

司法判例并不是国际法的主要渊源,而仅仅是确定国际法规则的辅助手段,这是其地位与条约、习惯、一般法律原则不同的地方。

---

① Antonio Cassese, *International Law* (Oxford University Press, 2005), chapter 3, pp. 46-68.
② Vaughan Lowe, *International Law* (Oxford University Press, 2007), chapter 3, pp. 100-135.
③ 例如,王铁崖主编:《国际法》,法律出版社1981年版,第48—83页;王铁崖主编:《国际法》,法律出版社1995年版,第45—63页;梁西主编:《国际法》,武汉大学出版社1993年版,第48—64页;端木正主编:《国际法》(第二版),北京大学出版社1997年版,第42—66页;邵津主编:《国际法》(第五版),北京大学出版社、高等教育出版社2014年版,第25—30页;白桂梅:《国际法》(第三版),北京大学出版社2015年版,第166—195页;黄瑶主编:《国际法》,北京大学出版社2007年版,第32—47页;杨泽伟:《国际法》(第四版),高等教育出版社2022年版,第50—75页。

国际司法判例包括国际法院与国际仲裁法庭的裁决在内。从现行规则文本的角度,国际判例作为国际法渊源之一的地位仍然是值得怀疑的。《国际法院规约》明确规定,司法判例的适用范围受《国际法院规约》第59条限制。第59条的规定是,法院裁判仅对当事国及本案有约束力。这条规定的目的在于说明,国际法院并不试图按照英美法系的传统建立起判例法制度。但是,在司法判决之中所进行的法律解释原则与方法、法律适用手段、法律原则的理解却可以作为法院处理问题的依据。

然而,实践远比文本规定走得远。在现实的法律实践中,常设国际法院、国际法院的判决经常被引用,国际法院自身就经常援引先前(包括国际法院的前身——常设国际法院)的判例,虽然有的时候可以视为是习惯存在的证据,但在另外一些场合,人们显然是直接当作法律来使用的。不仅如此,一些早期的国际案例也被反复提及,并作为法律的根据。例如,分析自卫权利使用的基础,人们会引用一个没有成为法律判例的国家之间的公函往来,即卡罗琳号的国家外交文书;在领土取得的问题上,帕尔马斯岛仲裁案经常被引用,而荷花号案件则成为国家管辖权问题的基础。而WTO的争端解决机制也在事实上建立起了一个判例法的体系。这也就是一些学者已经讨论到的"司法造法"的问题。[①]

---

① 关于司法机构的"司法能动主义"趋势及"司法造法"的讨论,可以参见 Hans Kelsen, *Principles of International Law* (Rinehart & Company, 1952), p. 407; Cesare P. Romano, "The Proliferation of International Judicial Bodies: The Pieces of the Puzzle", 31 *N.Y.U. J. INT'L L. & POL*. 709 (1999); Tom Ginsburg, "Bounded Discretion in International Judicial Lawmaking", 45 *Virginia Journal of International Law* 1 (2005);Edward McWhinney, "The International Court of Justice and International Law-making: The Judicial Activism/Self-Restraint Antinomy", 5 *Chinese Journal of International Law* 3 (2006); Pieter Kooijmans, "The ICJ in the 21st Century: Judicial Restraint, Judicial Activism, or Proactive Judicial Policy", 56 International and Comparative Law Quarterly 741 (2007); Tom Ginsburg, "Bounded Discretion in International Judicial Lawmaking", 45 *Virginia Journal of International Law* 1 (2011); Armin von Bogdandy & Ingo Venzke, "On the Democratic Legitimation of International Judicial Lawmaking", 12 *German Law Journal* 1341 (2011);Laurence R. Helfer and KarenJ. Alter, "Legitimacy and Lawmaking: A Tale of Three International Courts", 14 *Theoretical Inquiries in Law* 479 (2013);Michelle Everson and Julia Eisner, *The Making of a European Constitution: Judges and Law Beyond Constitutive Power* (Routledge-Cavendish 2007), pp. 104-121; Armin von Bogdandy and Ingo Venzke (eds.), *International Judicial Lawmaking: On Public Authority and Democratic Legitimation in Global Governance* (Beiträge zum ausländischenöffentlichen Recht und Völkerrecht, Band 236, Springer, 2012). 中文学术探讨,参见彭溆:《论世界贸易组织争端解决中的司法造法》,北京大学出版社2008年版;姜世波:《国际法院的司法能动主义与克制主义政策之嬗变》,载陈金钊、谢晖主编《法律方法》2009年第2期,第203—214页。

国际判例法之所以能够超越原有的文本而得以在实践中立足和发展，其核心原因是法律发展中的一个内在动力，即"论证路径依赖"。遵循先例的说理成本比较低，在一个事项上按照既有的成例去适用和理解规则，就可以承袭以往的论证，而不必进行全新的说明。其先前的法律规范经过了良好的论证，自然会获得各主体的认同；而即使未得到充分论证的法律规范，也会因为被相关方面认可和遵守而获得正当性。嗣后出现类似或相关的情势之时，如果相关的法律论证建立在先前的判例所确立的规范基础之上，则其论证的成本则很小，获得赞同的可能性很大；反之，如果不遵循先前的判例、不顾先前形成的判例规范，而形成新的、不同的，甚至相反的规范，新规范的确立就需要大量理论与实践证据去说服相关专家和当事方，去确立新规范的基础和目标，而在原有不同基础的情况下，这种论证的成本是巨大的，而且其成功的概率也不高。如果独辟蹊径，则需要证明为什么原来的法律解释和适用方式不适用于本案，而这种论证可能存在很多困难。从这个意义上讲，国际法院在事实上形成了一定程度的判例法。

值得注意的是，《国际刑事法院罗马规约》直接规定了判例的作用，在第 21 条"适用的法律"中，第 2 款规定："本法院可以适用其以前的裁判所阐释的法律原则和规则。"这种规定提升了国际刑事法院中判例的地位。很多其他处理国际问题的司法机构也经常援引相关的司法判例。

根据《国际法院规约》第 38 条第 1 款卯项，国内法院的判决、其他国际司法机构的裁决，也可以被国际法院接受，作为证明存在某些习惯或者法律原则的依据。例如，国际法院的在逮捕令案[①]中就援引了英国法院的皮诺切特案[②]和法国法院的卡扎菲案[③]。从这个意义上看，司法判例并没有成为一种独立的渊源，而更多的是习惯存在的证明。

六、公法学家的学说

与司法判例一样，权威公法学家的学说也仅仅是国际法存在的证明，而不是国际法本身。这些法学家会以逻辑的方法、从理论的角度对既

[①] *Case concerning the Arrest Warrant of 11 April 2000 (Democratic Republic of the Congo v. The Kingdom of Belgium)*, I.C.J. 14 April 2002.

[②] *Pinochet Case* (UK House of Lords), 25, Nov. 1998.

[③] *Qadaffi Case* (French Cour de cassation).

有的实践进行良好的梳理,对相关的规则进行解释和评论。这种总结、归纳、评价,逻辑性更强,解释更清晰,广泛、简明、公正,对于法院认识国际法显然具有贡献和价值。

从国际法院自身的实践来看,在裁决或咨询意见中直接引述国际法学家观点的情况非常少,在法官的个别意见、反对意见中体现得比较多。

国际仲裁机构的裁决、英美等国的国内法院判决则经常引述国际法学家的观点。

在引用法学家观点方面,一般很难区分"权威"和"非权威"的界限,在司法实践中,也很少认真做这样的区分。

七、国际组织的决议

国际组织决议并不在《国际法院规约》的范围内。这主要是由于国际组织的迅速发展是国际关系 20 世纪国际联盟运作以后的新景观,《国际法院规约》草拟之时对此尚无预计。

不同国际组织决议的效力并不一样,应当根据该组织的章程确立。根据《联合国宪章》第 25、35—45 条,安理会应对威胁国际和平与安全的决议是有约束力的;而根据第 10—15 条,联合国大会的绝大多数决议(除涉及托管)则没有约束力。这些有约束力的决议,不仅对于该组织的机构有约束力,对于该组织涉及的国家也有约束力。根据《欧洲联盟条约》和《欧洲联盟运行条约》的规定,欧盟不同形式的次级立法(或称二级立法)对成员国具有不同的约束力。

值得说明的是,没有约束力的文件,一般具有建议性质,不构成法律规范。但并非没有影响,它代表了国际社会的否定、认可或者接受,作为国际社会主流观念的证明、作为国际法的发展导向,被国际法院多次援引,其法律价值应被置于公法学家学说之上。联合国大会的决议所包含的宣言有时发展成为国际条约,如 1963 年《各国在探索与利用外层空间活动的法律原则的宣言》发展成为 1967 年《关于各国探索和利用包括月球和其他天体在内的外层空间活动的原则条约》。

包括国际组织或国际会议的一些不具有法律拘束力的决议、宣言、建议、指导方针、行动纲领等在内的文件,被很多学者称为"国际软法"。"软法"是指"没有约束力的规范",相对应的,具有约束力的国际法规范被视为"硬法"。条约、习惯、一般法律原则属于"硬法",包括国际组织(包括联合国)决议、宣言、纲领、非政府组织作出的被广泛认可和接受的倡导则是"软法"。它们是倾向形成但尚未形成的不确定的规则和原则,或者敦促性或纲领性的规定。很多"软法"是原则性的不具体的规定,且不带有制裁措施,是一种自愿遵守、不遵守也不构成违法、但已为各国普遍接受的"软"性规则。软法是"二战"后出现的一种过渡性国际法律现象,通过各国的实践和签订国际条约等行为变为国际习惯法和条约法以后,即上升为"硬法"。在人权、环境、经济领域获得了广泛的重视。[1]

八、单边行为在国际法上的意义

虽然大多数国际法规范都是在国家之间协商的基础形成的,但国际法上也有很多单方行为,为推动国际法的形成和发展作出了贡献。其中包括条约的批准、给予外国人的待遇、对外国人予以庇护、接受引渡请求并采取引渡措施、宣布领海宽度、宣布进行军事演习、宣布防空识别区、宣布使用直线基线等。这些行为具有国际法的意义,有些是国际法制度的一部分,而且,所有的这些行为都可能被作为习惯存在的依据。如果我们类比与国际法渊源很深的民法,单方的意思表示可以成就民事关系,则国家的单方行为同样形成和发展着国际法。因为国际法不是超国家的主体制定,而是由一系列国家允诺和行为构成的,所以单边行为对国际法成长的促进不容忽视。例如,在国际法院 1974 年作出的核试验案判决中,法国单方宣布不再进行核试验的行为被视为该案没有必要继续审理的基础。近年来,美国利用《美国海外反腐败法》打击了法国的阿尔斯通公司,利用《出口管制条例》逮捕中国华为公司高管,公然出台"涉疆""涉港""涉台"法案,违反 WTO 规则发动贸易战,动议微软强行收购中国"抖音"的海外市场,把单边主义行为展示到极致。

从这个意义上讲,国际法是各国力量的叠加博弈和平衡,而不完全是国家之间的"共同意志"。

---

[1] Dinah L.Shelton, "Soft Law", in *Handbook of International Law* (Routledge, 2008).国际法相关领域的软法,参见第五章第五节、第九章。

第二节　国际法渊源的位阶与强行法

一、国际法渊源的位阶问题

国际法渊源的位阶(normative hierarchy of international law),是指在国际法不同种类的渊源之间、在同一种类的不同渊源之间,是否存在着优先适用的问题。例如,条约是否优于习惯、双边条约是否优于多边条约等。

迄今为止,尚无明确的国际法规则确立渊源的位阶。在《国际法院规约》的前身《常设国际法院规约》第38条草拟之时,曾有一种建议,在列举国际法各项渊源之前,说明"按照如下次序适用",[1]并说明这句话并不是泛泛而谈,它要求法官不能跳过第一、二种而直接到第三种渊源。而另外的专家则强调"自然的秩序",即两国之间如果有特别的条约,是不会用到习惯的;如果存在良好的习惯,一般也就不会用到法律原则。所以,他们主张不要求确立顺序。另有专家认为,列出顺序是不必要的,因为法律的根本原则是"特别法优于普通法",所以条约必然优于习惯。而且,各种渊源的性质是不同的,可能同时适用。所以,在《国际法院规约》的最后的正式文本中删去了适用法律位阶的规定。

当然,在世界法律发展过程中形成的普遍规则在国际法中的适用,在很多时候可以解决规则之间的冲突问题,例如"后法优于先法""特别法优于普通法""后出普通法不废止先前特别法"等。

这些原则不能解决所有的问题。不同目标的条约之间可能会产生冲突,各方主张的习惯之间也会产生矛盾。由于国际社会的无政府性,国家之间并没有形成一个宪制结构,理论上并没有超越国家之上的权力,也就不存在统一的国际法立法机关、立法程序,因而国家可以按照自身的愿望和需求确立法律规范,这就导致了现实中国际法不成体系(fragmentation of international law)的状况。这种不成体系的现实也就表明了,在国际法的规范内部,并没有一个清晰的位阶体系。在实践中,位阶理论在确定国际法等级以及效力层次上的作用十分有限。国际法院的判决在某种程度

---

[1] Permanent Court of International Justice, Advisory Committee of Jurists, *Procés verbaux of the Proceedings of the Committee* (June 16-July 24, 1920, LN Publication, 1920), p. 344.

上仅仅是指明某些义务具有基础性,而并不能证明强行法规范具有高于一般规范的效力。

二、国际强行法

(一) 国际强行法的内涵

国际强行法(jus cogens, peremptory norms)又称强制法,或称绝对法,与任意法(jus Dispositium)相对称,是指国际法中普遍适用于所有国际法主体,国际法主体之间必须绝对服从和执行、不能以约定的方式予以损抑的法律规范。① 作为国际法的特殊原则和规范,国际强行法存在的目标是保护国际社会普遍认可的利益与价值。

(二) 国际强行法观念的起源与发展

国际强行法的主张,体现了自然法理论在国际法领域的深远影响。② 自然法学派认为,法律是普适于自然界和人类社会的最高规范,因而,人类社会的制定法(实在法,或称实证法)应当符合这种自然法。这种理论在西方源于斯多葛学派,被16世纪西班牙的神学家(同时也属于早期的政治学家和国际法学家)所接受,并在格劳秀斯的《论战争与和平法》以及此后国际法学家的著述中予以阐述。③ 但是此后发展起来的实证法理论占据了国际法的主导地位,强行法的观念被驱逐出了国际法。把强行法概念引入国际法的是奥地利学者菲德罗斯。国际强行法的概念为国际法的发展带来了新的动力,在一定程度上扭转了国际法作为约定法、平位法、弱法的传统地位,被赋予了很高的期望。

(三) 国际强行法的特征

1969年的《维也纳条约法公约》第一次正式使用了强行法概念。参

---

① Anthony D'Amato, "It's a Bird, It's a Plane, It's *Jus Cogens*!", 6 *Connecticut Journal of International Law* 1(1990); Mary Ellen O'Connell, "*Jus Cogens*: International Law's Higher Ethical Norms", in Donald Earl Childress, Ⅲ, ed., *The Role of Ethics in International Law* (Cambridge University Press, 2012).

② Evan J. Criddle & Evan Fox‐Decent, "A Fiduciary Theory of *Jus Cogens*", 34 *The Yale Journal of International Law* 331 (2009).

③ H. Grotius, *De Jure Belli Ac Pacis Libri Tres* (1625), 1, Ch. 1, X, 5; C. Wolff, *Jus Gentium* (1764), para. 5; E. de Vattel, *Le Droit des Gens ou Principes de la Loi Naturelle*, (1758), para. 9; L. Hannikainen, *Peremptory Norms (Jus Cogens) in International Law* (Helsinki, 1988), p. 30.

照该公约第 53 条的规定①,可归纳出强行法的特征是:

1. 普遍性。国际强行法被国际社会绝大多数的成员所接受,这种接受和承认的方式既可以明示,也可以默示,既可以通过条约,也可以通过习惯。

2. 强制性。任何违反国际强行法的国际法律行为归于无效,并需承担相应的法律后果。例如,联合国大会在 1972 年通过决议,宣布以色列在被占阿拉伯领土上所做的变动因违反 1949 年《日内瓦公约》而无效;联合国安理会于 1990 年通过第 662 号决议,宣布伊拉克对科威特的吞并不具有法律效力。

3. 优先性,即具有更高的法律拘束力,被公认为不许损抑;非同等强行性质之国际法规则不得予以更改。②

(四)国际强行法所包含的规则

国际强行法涉及对人类整体义务(obligation erga omnes)的法律适用范畴,其保护的价值具有最重要、最基础的意义。现在人们认可的国际强行法主要体现在维护人的基本安全、提升基本人权和促进国家的基本利益几个层面。③ 在维护人类基本安全领域,主要体现为对侵略罪、危害人类罪、战争罪、海盗罪、劫持航空器罪等国际公认罪行的普遍管辖和全球惩治。

在提升基本人权方面,只有那些保护最基本人权的规范才具有国际强行法的绝对强制效力,而不是所有国际人权法规范都在强行法的范围之内,保护人权的具体措施、程序规范,都仅具有一般效力。④ 具有绝对强制效力的国际人权法律规范具体包含禁止种族隔离、禁止酷刑和其他有辱人格待遇、禁止奴隶、禁止奴役或强迫劳动、保护妇女和儿童免受贩运的权利,体现为对危害个人生命、身体安全和健康的犯罪,灭绝种族罪、种

---

① 《维也纳条约法公约》第 53 条:"就适用本公约而言,一般国际法强制规律是指国家之国际社会全体接受并公认为不许损抑且仅有以后具有同等性质之一般国际法律始得更改之之规律。"

② Ulf Linderfalk, "The Creation of *Jus Cogens* -Making Sense of Article 53 of the Vienna Convention", 71 ZaöRV 359-378 (2011).

③ *Barcelona Traction, Light and Power Company, Limited, Judgment, I.C.J. Reports 1970*, p. 3, paras. 33-34.

④ Andrea Bianchi, "Human Rights and the Magic of *Jus Cogens*", 19 *The European Journal of International Law* 491 (2008).

族隔离罪、奴役及奴役相关的习俗罪,酷刑和其他残忍、不人道和有辱人格待遇的处罚罪,非法人体试验罪的全球认可和惩罚。

保护国家基本利益的相关规范则包含国家主权平等、不干涉内政、禁止使用武力或武力威胁、和平解决国际争端、民族自决、善意履行国际义务等原则。中国一直坚持和主张的和平共处五项原则试图从国际法原则的基础上印证《联合国宪章》及后续文件,确立维护国家主权与领土完整的强行法。

(五) 国际强行法的适用

国际强行法规范应适用于国际社会的一切成员。强行法的观念得到了国际社会的普遍接受,2012 年国际法院审理的意大利与德国的案件对于强行法进行了阐述,但是,国际法上并没有明确规定哪些规则是强行法,哪些规则是任意法,也没有超国家的权威性机构来裁判某项条约是否与国际强行法相抵触。①

在实践中,对于强行法的具体内容尚未达成一致,对于公认的强行规范也没有很好地遵行,一系列的例外严重地削弱了强行法的操作意义。

第三节 国际法的编纂

一、国际法编纂的含义和类型

(一) 国际法编纂的含义

国际法的编纂(codification)是指国际法的法典化,即把国际法的原则、规则和制度编制成为系统化和成文化的条文。英国哲学家边沁在 1786—1789 年间写的文章中最早提出了编制一部国际法法典的思想。"编纂"一词即是由他所首创。他主张国际法编纂不但应当统一现有的习惯法,而且应当就有争论之点制订新法。国际法的编纂有两种取向:一方面是把现有的原则、规则和制度(即现有法,*lex lata*)订成法典,即把分散的原则、规则和制度法典化;另一方面是通过签订国际条约,使各国对国

---

① Ulf Linderfalk, "The Effect of *Jus Cogens* Norms: Whoever Opened Pandora's Box, Did You Ever Think About the Consequences?", 18 *The European Journal of International Law* 853 (2007).

际法的某些问题达成协议,以建立新的原则、规则和制度(即应有法,lex ferenda),促进国际法的建立和发展。

(二)国际法编纂的社会意义

由于国际社会没有统一的立法机构,国际法的原则、规则和制度多以条约和习惯为表现形式,因此,国际法的编纂能够改善国际法不成体系(fragmentation)和不够精确的现象。而官方的编纂,即使尚未形成生效的公约,其编纂过程中产生的有关文件作为确立和阐述国际法原则的重要证据,对于国际法的发展也有重要的作用。

(三)国际法编纂的类型

1. 从形式的角度来看,国际法的编纂有两种类型:(1)全面编纂,即把所有国际法的原则、规则和制度编纂成一部法典。(2)个别编纂,即将国际法的原则、规则和制度按部门编成法典。前一种形式目前未采用,后一种形式已为编纂者所采用。由于国际法体系庞杂并且不断发展,至今没有而且也不可能有全面完整的法典。迄今的编纂都只能是对于国际法某个部门或方面进行,结果是将某一方面的规则编纂成专门的法典。

2. 从主体的角度来看,国际法的编纂也有两种类型:(1)民间的非官方编纂,由学者个人或学术团体、机构进行,这种编纂不具有法律拘束力,但有很强的学术研究意义,对国际法的发展有积极的影响,为召集各种外交会议、通过具有造法性质的一般性多边公约的工作提供了便利。(2)官方编纂,或称为政府间编纂,即由政府合作以国际外交会议或政府间国际组织的形式进行编纂,最后把编纂结果缔结为有拘束力的国际公约。通常所称的编纂即指官方编纂。

(四)国际法编纂的历史

1. 非官方编纂。尽管只有得到各国政府承认的具体条文才能直接构成成文国际法的实体,但私人为编纂作出的努力,也对国际法的发展产生了相当大的影响。

(1)法学家的个人编纂活动。国际法编纂的著名先驱、法国的 A. 格雷古瓦尔于1795年向法国国民议会提出《国际法宣言》草案,共计21条。此后,瑞士的 J. K. 布伦奇利于1868年发表了《现代国际法》,共计862条;美国的 D. D. 菲尔德于1872年发表了《国际法典纲要草案》,共计982条;意大利的 P.菲奥雷于1890年发表了《国际法法典》,共计1985条。

（2）学术团体的编纂活动。1873 年成立于比利时根特的国际法研究院(Institut de droit international)通过了《国际仲裁程序条例草案》(1875 年)、《陆战法规手册》(1880 年)、《国际海上捕获条例》(1882、1883 年)、《海战法规手册》(1913 年)、《国际人权宣言》(1929 年)等重要草案。① 1873 年成立于比利时布鲁塞尔的国际法协会(原名国际法革新和编纂协会,1895 年改名,International Law Association)草拟过《约克-安特卫普共同海损规则》(1877 年)、《关于保护外侨财产的公约草案》(1932 年)、第一部国际河流法大全(《赫尔辛基规则》,1966 年)、《关于外交和领土庇护的公约草案》(1972 年)、《国家豁免公约条款草案》(1982 年)、《关于空间碎片造成的损害的国际文书》(1994 年)等。② 1927 年,美国哈佛大学法学院在哈德逊教授的带领下草拟了"国籍""领水""条约法""中立"各项法典草案和建议。③ 红十字国际委员会对于国际人道法的编纂也是这样的例子。④

2. 官方编纂,包括各国国内的编纂、国际会议的编纂和国际组织的编纂。官方进行编纂的活动始于 19 世纪。

（1）各国政府编纂国际法的努力包括美国 1863 年颁布的《美国野战军管理令》,因由 F.利伯尔草拟,通称《利伯尔法典》(*The Lieber's Code*)。该法典规定了陆战中应当遵守的一些规则,后为许多国家所仿效,并成为海牙陆战法规的先驱。1860 年以后许多欧洲国家和美国公布了海军条例,互相仿效,形成了不少共同的规则。

（2）国际会议的编纂活动包括:

1814—1815 年维也纳会议产生的维也纳公会条约,制定了关于国际河流制度、废除奴隶贩卖和外交使节等级、瑞士中立制度等规定。

1856 年巴黎会议制定的《巴黎海战宣言》(全称《巴黎会议关于海上若干原则的宣言》)。

1864 年日内瓦会议制定的《改善战地武装部队伤者病者境遇之日内

---

① http://www.idi-iil.org/idiF/navig_res_chron.html,访问日期:2022 年 10 月 22 日。
② http://www.ila-hq.org/en/about_us/index.cfm,访问日期:2022 年 10 月 22 日。
③ James T. Kenny, "Manley O. Hudson and the Harvard Research in International Law 1927-1940", 11 *Int'l L*.319 (1977); Manley O. Hudson, "The Progressive Codification of International Law", 20 *Am. J. Int'l L*.655 (1926).
④ Major J. Jeremy Marsh, "Lex Lata or Lex Ferenda? Rule 45 of the ICRC Study on Customary International Humanitarian Law", 198 *Military Law Review* 116 (2008).

瓦公约》。

保护工业产权是1880年以来历次会议讨论的主题,有关该主题的《巴黎公约》首先在1883年3月20日获得通过,后来逐渐经过六次修订。

1899年第一次海牙和平会议制定的3个公约(关于和平解决国际争端公约、陆战法规和习惯公约、海战中实施1864年日内瓦红十字公约)、3个宣言(关于战争中使用的武器)等;1907年第二次海牙和平会议制定的13个公约(关于和平解决国际争端和战争法规等)、1个宣言等。这两次会议借鉴了前几次有关战争法问题会议的工作和经验及一些国家政府以前和平解决争端的实践,就若干重要公约取得了一致意见,从而大大促进了国际法的编纂运动。值得一提的是,第二次和平会议认为在召开前未做好充分的讨论准备,所以建议在预定召开第三次和平会议的大概日期之前两年成立筹备委员会,承担收集提交和会的各种建议、确定研究和讨论的问题,以保证有关国家可以进行认真研究,各国政府有足够的时间作出决定。但在正进行第三次和会的准备工作时,第一次世界大战爆发了。

1908—1909年伦敦会议制定了《海战法规宣言》(未批准)。

1925年国际联盟在日内瓦召开"管制武器、军火和战争工具国际贸易"会议,37个国家签署了《关于禁用毒气或类似毒品及细菌方法作战议定书》[①],此后,各国签署了1929年关于战俘待遇和改善战地武装部队伤者病者境遇的两个公约、1936年《潜艇作战规则议定书》。

1949年8月12日通过的关于保护战争受害者的日内瓦四公约和1977年6月10日日内瓦四公约附加议定书,由红十字国际委员会草拟,经外交会议通过后开放给各国签字批准,是1864年8月22日《日内

---

① 公约条文,见中华人民共和国外交部条约法律司编:《中华人民共和国多边条约集·第一集》,法律出版社1987年版,第69—70页。对于这一公约,时任外交部部长周恩来授权发布《关于承认1925年"关于禁用毒气或类似毒品及细菌方法作战议定书"的声明》:中华人民共和国中央人民政府根据中国人民政治协商会议共同纲领第55条"对于国民党政府与外国政府所订立的各项条约和协定,中华人民共和国中央人民政府应加以审查,按其内容,分别予以承认,或废除,或修改,或重订"的规定,对于1929年8月7日以中国名义加入的、1925年6月17日在日内瓦订立的"关于禁用毒气或类似毒品及细菌方法作战议定书",业经加以审查,认为该议定书是有利于国际和平与安全的巩固,并且是符合于人道主义原则的,兹特决定:予以承认,并在各国对于该议定书互相遵守的原则下,予以严格执行。1952年7月13日北京。

相关记载见当代中国研究所编:《中华人民共和国史编年·1952年卷》,当代中国出版社2009年版,第413—414页,声明原文,见《建国以来周恩来文稿·第七册》,中央文献出版社2018年版,第25—26页。

瓦红十字公约》的直接延续。

1971年《关于制止危害民用航空安全的非法行为的公约》,系在国际民航组织主持召开的国际会议通过后开放给各国签字批准的。

尽管上述公约大多彼此孤立,只涉及特定问题,有的仅适用于某些地理区域,但其中很多公约都是各国政府在会议上不断努力发展国际法的结果。

(3)国际组织的编纂主要是联合国和国际联盟的编纂活动。在国联主持下,于1920—1939年制定了120项规定国家间一般关系的公约。1924年9月22日,国联大会通过决议,拟创立"国际法逐渐编纂专家委员会",其人员组成应能代表"世界主要文明形式和主要法律体系"。该委员会由17名专家组成,草拟一个适于并可能形成国际协定的问题清单,继而研究各国政府的意见并就足够成熟的问题及准备召开会议解决问题的程序提出报告。这是在世界范围内第一次尝试对所有领域的国际法进行编纂和发展,国际社会为促进国际法编纂与发展的努力进一步深化。1927年,大会同各国政府和国联行政院协商之后,决定召开外交会议,对专家委员会提出的五个专题中的三个专题进行编纂,即国籍、领水和国家对外国人的人身或财产在其领土内所受损害应承担的责任。成立了由5人组成的筹备委员会,负责起草可作为讨论基础、指明意见一致或分歧的报告,但不负责起草公约草案。1930年3月13日至4月12日在海牙召开了国际法编纂会议,47个国家政府的代表参加。讨论了国籍、领水、国家责任3个问题,但是会议的工作只产生了《关于国籍法抵触的若干问题的公约》和3个议定书(关于双重国籍人的军事义务问题、无国籍问题、原国籍国接受其前国民的义务问题)和8项建议,并通过了关于领水的某些条款草案①,但未通过国家责任问题相关的任何一项建议。那些暂时通过的关于领水的条款草案后来各国政府对其予以承认,认为它们重申了现行国际法,因此产生了重大影响。1930年以后,国际联盟未在编纂国际法方面进行其他的尝试。但是,1931年9月25日,国联大会通过了一项关于编纂程序的重要决议,其主要精神是增强各国政府在编纂过程每一阶段的影响。这一基本精神后来体现

---

① 具体包括两项原则(航行自由、沿海国对领水的主权)、一项决议(外国船通过领水)和两项建议(外国船在内水的地位、渔业保护)。

于联合国国际法委员会章程,同时纳入章程的还有该决议提出的一些其他建议,如由一专家委员会起草公约草案、同国际和国家科学机构密切协作等。

"二战"后在联合国的主持下,国际法的编纂活动非常活跃并取得了成功,尤其是联合国国际法委员会对国际法的编纂起了重要作用。国际劳工组织等机构也进行了部分的编纂活动。

二、联合国编纂国际法的活动

在当代国际组织中,为国际法编纂作出最多努力,同时贡献也最大的是联合国。其中,联合国国际法委员会的工作最为专门和系统,其他相关机构也在各自职权范围内作出了有益的贡献。

(一)国际法委员会

联合国框架下的具体法律编纂工作由联合国的国际法委员会(International Law Commission of the United Nations, ILC)或联合国有关专门机构进行。参加草拟《联合国宪章》的各国政府虽然大多反对赋予联合国制定具有约束力的国际法规则的立法权力,但都强烈支持赋予大会比较有限的研究与建议权。因而《联合国宪章》第13条第1项规定:"一、大会应发动研究,并作成建议:(子)……并提倡国际法之逐渐发展与编纂。"

1946年12月11日,联合国大会在其第一届第二期会议上通过决议,成立国际法逐渐发展与编纂委员会,审议为履行大会按照第13条第1项的责任拟建议采取的程序。该委员会建议成立国际法委员会(ILC),并提出一些旨在作为该委员会章程基础的规定。该委员会详细地讨论了有关国际法委员会的组织、工作范围、职责及工作方法等若干重要原则问题。

在联合国大会第二届会议上,第六(法律)委员会的大多数成员赞成成立国际法委员会,并拟订国际法委员会章程草案。1947年11月21日,大会通过决议,建立国际法委员会,并通过了该委员会章程。1948年11月,进行了国际法委员会的第一次选举,1949年4月12日召开第一届年会。国际法委员会委员分别代表世界各主要文化体系和主要法系,由联合国各会员国政府提名,经联合国大会选举,以个人资格履职,任期5年。这些委员应代表世界各大法系,并应以个人资格担任专家。委员们从事与国家间关系规则有关的各种事务。

国际法委员会明确区分国际法的"编纂"和"逐渐发展"。前者主要目的在于确定现有法,后者的目的则在于创立新的国际法规则,无论是为新专题订立规章,还是全面修订现行的规则。但实际工作中,二者难以截然分开。委员会的基本方法是:为每一专题任命一个特别报告员;制定适当的工作规划;适当时,要求各国政府提供有关法律、法令、司法裁决、条约和外交信件的案文;特别报告员提交报告,委员会以该报告为基础通过一个临时草案,这一草案一般采取条款形式,并附有说明判例、委员会委员所表示的任何意见分歧及考虑采取的各样解决办法的评注。该临时草案作为委员会的文件分发,并提交大会,同时也提交各国政府以征求其书面评论。鉴于经验表明,在较短时间内,相当一部分政府是不会作出答复的,所以,根据现行程序,各国政府一般可有一年多的时间来研究这些临时草案和提出它们的书面评论。特别报告员对所收到的答复,连同第六委员会辩论中所提出的任何意见一并进行研究;然后提出另一份报告,建议对临时草案作出适当的修改。国际法委员会再以该报告及评论为基础通过一项最后草案,并将该草案连同有关采取进一步行动的建议,一并提交大会。

根据国际法委员会章程,逐渐发展国际法的建议不由该委员会正式提出,而应由大会(第 16 条)或联合国会员国和其他受权机构(第 17 条)送交该委员会。另外,该委员会本身可选择有待编纂的专题,尽管它必须优先处理大会请它处理的任何问题(第 18 条)。1949 年第一届会议,以题为《关于国际法委员会编纂工作的国际法概览》的秘书处备忘录为基础,对有可能列入研究专题清单的 25 个专题进行了审查。该委员会在审议这一问题后,草拟了一个临时清单,选定了以下 14 个有待编纂的专题:

(1)国家和政府的承认;

(2)国家和政府的继承;

(3)国家及其财产的管辖豁免;

(4)对于在国家领土以外犯罪的管辖权,

(5)公海制度;

(6)领水制度;

(7)国籍,包括无国籍;

(8)外国人待遇问题；
(9)庇护权；
(10)条约法；
(11)外交交往和豁免；
(12)领事交往和豁免；
(13)国家责任；
(14)仲裁程序。

在实际工作中，ILC 就上述一些问题进行了研究，但同时也开发出一些新的议题。这些议题的基本状况见表 2-1：

表 2-1　ILC 研究的议题

议题类别	具体议题
1949 议题的后续行动	国家和国际组织间的关系； 历史性水域包括历史性海湾在内的法律制度； 特别使团； 最惠国条款； 国家与国际组织间或两个或两个以上国际组织相互间缔结的条约问题； 关于国际法不加禁止的行为所产生损害性后果的国际责任（预防危险活动的跨界损害）。
与 1949 议题相关	外交信使和没有外交信使护送的外交邮袋的地位； 国家官员的刑事管辖豁免； 条约保留； 武装冲突对条约的影响； 时代发展中的条约； 国家继承及其对自然人和法人国籍的影响； 外交保护； 国际组织的责任； 外国人的驱逐。
与该委员会以前工作无关的新议题	国际水道非航行使用法； 国家单方行为； 灾难中的人员保护； 共享自然资源； 国际法的不成体系； 或引渡或起诉的义务（aut dedere aut judicare）。

(续表)

议题类别	具体议题
大会特别委托议题	国家权利义务宣言草案； 纽伦堡原则的系统表述； 国际刑事审判机构问题； 危害人类和平及安全治罪法草案； 多边条约的保留； 侵略定义问题； 扩大参加在国际联盟主持下缔结的一般性多边条约问题； 依国际法应受特别保护的外交代表及其他人员的保护和不得侵犯问题； 多边条约拟订程序的审查。

章程还规定了该委员会在进行逐渐发展(第 16 条和第 17 条)和编纂(第 18 条至第 23 条)工作时所应采取的具体步骤。章程设定的程序是：委员会先草拟公约草案，然后大会再决定是否应采取步骤，以缔结一项国际公约。对于该委员会从事的编纂工作(即更精确地表述并系统整理现有的习惯法)，章程设计了其他两种结束其工作的可能方式：(1)简单地发表其报告；(2)由大会通过表示注意到该报告或通过该报告的决议(第 23 条第 1 款)。

形成国际公约的程序通常是：委员会讨论草拟公约草案，然后提交大会；公约草案再由大会或召开外交会议讨论通过，然后开放给各国签署和批准。由其起草经联合国主持缔结了一系列国际公约，见表 2-2。

表 2-2 ILC 起草的国际公约

领域	公约名称
海洋法	联合国海洋法公约(1982 年) 领海及毗连区公约(1958 年) 公海公约(1958 年) 捕鱼与养护公海生物资源公约(1958) 大陆架公约(1958 年)
国籍	减少无国籍状态公约(1961 年) 关于取得国籍之任择议定书(1961 年) 关于取得国籍之任择议定书(1963 年) 关于取得国籍之任择议定书(1969 年)

(续表)

领域	公约名称
外交、领事关系	维也纳外交关系公约(1961年) 特别使团公约(1969年) 特种使节公约及关于强制解决争端之任择议定书(1969年) 维也纳领事关系公约(1963年) 关于强制解决争端之任择议定书(1963年) 关于防止和惩处侵害应受国际保护人员包括外交代表的罪行的公约(1973年)
争端解决	关于强制解决争端的任择签字议定书(1958年) 关于强制解决争端的任择议定书(1961年)
条约法	维也纳条约法公约(1969年) 关于国家和国际组织间或国际组织相互间条约法的维也纳公约(1986年)
国际组织	维也纳关于国家在其对普遍性国际组织关系上的代表权公约(1975年)
国家继承	关于国家在条约方面的继承的维也纳公约(1978年) 关于国家对国家财产、档案和债务的继承的维也纳公约(1983年)
国际水道	国际水道非航行使用法公约(1997年)
国际刑事司法	国际刑事法院罗马规约(1998年)
国家豁免	联合国国家及其财产管辖豁免公约(2004年)

联合国法律事务厅编纂司担任国际法委员会的秘书处。为便于委员会的工作,编纂司就有关逐渐发展与编纂的一般性问题及委员会议程上的特定专题编写了许多研究报告和调查报告。除1948年和1949年编写的报告外,所有这些研究报告和调查报告都刊登在《国际法委员会年鉴》第2卷上。为了协助国际法委员会,编纂司还在联合国法律丛书中出版关于:公海制度,船舶国籍,领海制度,外交和领事特权与豁免,国际组织的法律地位、特权和豁免,国籍,条约的缔结,为除航行以外的其他目的利用国际河流,国家的继承,海洋法和国家及其财产的管辖豁免主题的法律、法令和条约规定汇编。编纂司还在《国际仲裁裁决集》上刊载仲裁裁决书原文。

(二)联合国的其他机构

除了国际法委员会为国际法编纂所做出的贡献,其他机构也在这方面做了不少努力。其中最值得关注的是联大第六(法律)委员会的工作。当然,法律委员会的主要关注点是确立新的国际法规则,而不限于对既有规范进行总结。

1966年12月设立的国际贸易法委员会(United Nations Commission on International Trade Law, UNCITRAL)在国际法编纂方面做了不少努力。其目标是"促进国际贸易法的逐步协调与统一",其任务包括:协调在国际贸易法领域开展活动的国际组织的工作并促进它们之间的合作;促使更多的国家加入现有的国际条约;草拟新的国际公约、标准和统一的法律,并促使通过这些公约和法律;促进国际公约和统一法的统一解释和适用等。国际贸易法委员会自组成以来,讨论了国际货物买卖、国际支付、国际商事仲裁、国际航运立法、跨国公司等问题。其比较有影响的编纂工作包括《国际货物销售时效期限公约》(1974年)、《联合国海上货物运输公约》(《汉堡规则》,1978年)、《联合国国际货物销售合同公约》(1980年)、《联合国国际汇票和国际本票公约》(1988年)、《联合国国际贸易运输港站经营人赔偿责任公约》(1991年)、《联合国独立担保和备用信用证公约》(1995年)、《联合国国际贸易应收款转让公约》(2001年)、《联合国国际合同使用电子通信公约》(2005年)、《联合国全程或部分海上国际货物运输合同公约》(《鹿特丹规则》,2008年)等。

此外,联合国人权理事会(前人权委员会)、和平利用外层空间委员会、联合国秘书处以及国际劳工组织、国际海事组织、世界卫生组织、世界银行集团、国际货币基金组织等一些联合国的专门机构都在各自的领域从事法律编纂的活动。

思考题

1. 如何认识国际习惯在当代国际法中的地位?
2. 一般法律原则作为国际法的渊源有何价值?
3. 国际组织决议对于国际法的渊源、编纂和发展有何影响?
4. 国际强行法是否会起到预期的作用?有哪些促动和阻碍因素?

拓展阅读

王铁崖:《国际法引论》,北京大学出版社 1998 年版,第 2—4 章。

James L. Brierly. "The Codification of International Law", 47 *Michigan Law Review 2* (1948).

Ian Brownlie. *Principles of Public International Law* (7th ed., Oxford University Press, 2008), chapter 1.

Jean D'Aspremont. *Formalism and the Sources of International Law: A Theory of the Ascertainment of Legal Rules* (Oxford University Press, 2013).

R. Y. Jennings. "The Progressive Development of International Law and Its Codification", 24 *British Yearbook of International Law* 301 (1947).

Martti Koskenniemi. "Hierarchy in International Law: A Sketch", 8 *European Journal of Internation al Law* 566 (1997).

L. Oppenheim, R. Jennings and A. Watts (eds.). *Oppenheim's International Law*, (9th ed., Longman, 1992), Vol. 1, pp. 3 ff.

J.A.C. Salcedo. "Reflections on the Existence of a Hierarchy of Norms in International Law", 8 *European Journal of International Law* 583 (1997).

Dinah Shelton. "Normative Hierarchy in International Law", 100 *The American Journal of International Law* 291 (2006).

Hugh Thirlway. *The Sources of International Law* (Oxford University Press, 2014).

Prosper Weil. "Towards Relative Normativity in International Law?", 77 *The American Journal of International Law* 413 (1983).

第二编 国际法主体

第三章 国　家

国家是国际法的原生主体、完全主体、直接主体,是国际法的首要、主要、重要主体,是国际法的起点,也是国际法权利义务责任聚集的中心。本章将对国家进行进一步的分析,阐述国家的内涵、构成要素、基本权利、管辖与豁免、承认与继承方面的基本国际法规则和常见国际法实践。

第一节　国家的内涵与形式

从国际法的角度界定,国家是由定居的居民和确定的领土组成的,有一定的政府组织和主权的社会实体。

一、国家在国际法上的地位

国家是国际法的基本主体,是由其特性以及其在国际关系中的地位和作用决定的。

首先,国家在国际关系中始终处于最主要的地位,起着最重要的作用。国际关系是国际法赖以存在和发展的基础,而国家间的关系是国际关系的主要内容和基本形式。国家在国际关系中的这种特殊重要地位,就决定了它是国际法的基本主体。

其次,国家是主权实体,拥有完全的法律行为能力和权利能力,这是其他国际法主体无法比拟的。正在争取独立的民族,虽然具有国家的某些特征,但还未最后形成国家,不可能像国家那样拥有完全的法律行为能力和权利能力。政府间的国家组织是由国家建立的,其法律行为能力和权利能力是成员国赋予的,而且是有限的。只有国家才拥有完全的法律行为能力和权利能力,因而是国际法的基本主体。

最后,国家之间的关系是国际法的主要调整对象。从内容来看,国际法主要是调整国家之间关系的原则、规则和规章制度;国际法的主要义务均由国家来承担,即使是国际人权法、国际人道法、国际环境法,核心的权利义务枢纽都是国家。这充分说明,国家是国际法的基本、主要、关键主体。

二、国家的构成要素

一般认为,尽管国家形态千差万别,要构成国际法上的国家都应具备一些基本要素。1933年在蒙得维的亚签订的《美洲国家间关于国家权利和义务的公约》(也称《蒙得维的亚国家权利与义务公约》)第1条规定了作为一个国际人格者应当具备的条件,其迄今仍是广泛接受的国际法上关于国家构成要素的阐述,具体包括:

1. 固定的居民。居民是国家的基本要素之一。没有这个条件,国家就不能形成和存在。至于人口的多少,各国情况不同,但它们在国际法上的权利并不因为人口的多少而有所差别。

2. 确定的领土。领土是国家赖以存在的物质基础,也是国家主权活动的空间。有了确定的领土,居民才能聚居,生产居民和国家赖以生存的物质财富,国家才能在它的领土上建立起来,并有效地行使国家主权。一个没有领土、漂泊不定的民族,是不能构成一个国家的。领土的大小和周围疆界是否完全划定,不是决定国家存在的条件。

3. 政府。政权组织是国家在政治上和组织上的体现,是执行国家职能的机构,它代表国家对内进行管辖,对外进行交往。没有政权的国家是不存在的。至于政权组织采取何种形式是各国的内政问题。

4. 与他国交往的能力。开展外交是国家主权在对外关系上的体现。主权是一个国家独立自主地处理对内对外事务的最高权力,是国家的根本属性,体现为对内的最高权和对外的独立权。在法律的视野内,作为完全的国际法主体,国家能够独立地行使国际法上的权利和承担国际法上的义务。这也要求当国家的权利受到侵害时,它有权追究侵害者的责任。同时,当国家从事了可归因于国家并违反其国际义务的国际不法行为,或国际法不加禁止但产生损害后果的国际损害行为时,能够承担相应的责任。

在一个地域之内,尽管有政权组织、有定居的居民,但如果没有主权,也不能构成国家,只能是一个国家的地方行政单位或殖民地或其他政治实体。

三、国家的初步分类

按国家结构形式,可分为单一国和复合国;按国家行使主权的状况,可分为独立国和附属国。

(一)按国家结构形式分类

国家结构,是指国家的中央政府与地方政府之间的关系。此种关系一般在宪法中明确指出。

1. 单一国。单一国是由若干行政区域构成的单一主权的国家。它实行统一的中央集权,全国只有一个立法机关和一个中央政府,并有统一的宪法和国籍。在国家内部划分行政区域,各行政区域的地方政府,都受中央政府的统一领导。在对外关系上,它是国际法主体,由中央政府代表国家行使缔约权和外交权,而各行政区域的地方政府都不是国际法主体,无权代表国家行使缔约权和外交权,除非中央政府授权。现代国家大多数是单一国。

中华人民共和国是一个统一的多民族国家,属于单一国,在对外关系上,它是单一的国际法主体,它的省、自治区都不是国际法主体。台湾是中国的一个省,不具有国际法主体资格。根据《中华人民共和国宪法》设立的香港和澳门特别行政区,享有高度自治权,在经济贸易等方面也可行使一定程度的对外交往权,但它们仍然依法受辖于中央政府,不具有国际法主体资格。

2. 复合国。复合国是两个或两个以上国家的联合体。复合国在国际法上的地位依国家联合的具体情况而定。现有的复合国主要有联邦和邦联:(1)联邦是由两个以上的政治实体(共和国、州、邦)组成的国家,是复合国中主要和典型的形式。美国、加拿大、德国等国都是联邦国家。联邦有统一的宪法和法律,联邦宪法规定联邦与其成员关系及权限的划分。一般来说,由联邦政府统一行使对外交往权,各联邦成员不具有对外交往权。但也有例外的情况,有的联邦国家赋予其成员一定程度的对外交往权,如苏联的乌克兰和白俄罗斯由于特殊历史原因在1945年成为联合国创始会员国。一般来说,只有联邦才是具有国家资格的国际法主体,联邦成员不具有国家的国际法主体资格。(2)邦联是由两个以上的主权国家为了某种特定的目的根据国际条约组成的具有一定机关的国家联合。邦联不是国际法主体,邦联本身没有统一的中央权力机关和行政机关,没有统一的立法、军队,没有统一的对外交往权,没有统一的国籍。组成邦联的成员国仍然是主权国家,独立自主地处理国内国际事务。因此,邦联不是国际法主体,邦联的成员国仍然是国际法主体。

(二)按国家行使主权的状况分类

国家主权行使状况,是指国家的独立性质是否受到影响状况,当代世界绝大多数国家均为独立国,但历史上附属国的情况亦为数不少。

1. 独立国。独立国是行使全部主权的国家,这类国家既可以是单一国,也可以是复合国。在当今国际社会中,除个别例外的情况,国际法意义上的国家一般都是独立国。

2. 附属国。附属国指主权受到控制而从属于他国的国家,这类国家只行使部分主权。附属国又分为附庸国和保护国。

(1)附庸国,指对外关系权全部或大部分受他国控制的国家,控制国称为"宗主国"。宗主国对附庸国的权力称为"宗主权"。有的附庸国完全被剥夺了对外关系权,例如 1914 年被英国宣布置于其保护之下的埃及,在沦为英国的"被保护国"期间就不具有国际法主体资格。有的则保留一部分对外关系权。例如,曾处于土耳其宗主权之下的保加利亚,独立地参加了两次海牙和平会议,签订了海牙公约。

(2)保护国(protectorate state),又称保护领、受保护国、被保护国、受保护领地,是指根据条约将其重要的对外事务交由一个强国处理而处于该国保护之下的国家。保护国行使主权受到限制,但作为一个国家,仍是国际法主体,而不是保护国的一部分。例如,摩洛哥在 1912 年成为法国的保护国,而国际法院在 1952 年关于美国国民在摩洛哥的权利案的判决中,指出摩洛哥仍是主权国家。1867—1949 年间,柬埔寨请求法国对其进行保护,柬埔寨保护国也因此成立,国名为柬埔寨法国保护国(Protectorat française is du Cambodge)。随着附属国先后取得独立或自治地位,附庸国和保护国已不复存在。

(三)特殊形式:永久中立国

此外,还有一种国家形式为永久中立国(permanent neutralized state)。永久中立国是指根据国际条约或国际承认,在对外关系中承担永久中立义务的国家。永久中立国是具有特殊地位的主权国家,因而在发生战争的情况下,属于特殊的国际法主体。这些国家不论在平时或战时永久奉行中立的政策。

广泛地说,中立国指在发生武装冲突时,对交战的任何一方都不采取敌对行动的国家,其分为战时中立国和永久中立国。战时中立国,是指在国际战争开始后,宣布保持中立状态的国家;永久中立国,则根据条约或单方发表的宣言,不论在平时或战时都不参加、不支持其他国家之间的战争。

永久中立国承允以下义务:(1)即使保持军备,也不应参与其他国家的联合军演,不应进口大规模杀伤性武器和战略性武器;(2)不应主动发起或参与主动发起的战争,但受到侵略时可以自卫反击;(3)不与他国结成具有军事性质的联盟、签订共同防御协定;(4)在永久中立国的境内不应设立其他国家的军事基地,不应允许外国军队进入或驻扎。

与此对应,中立国的权利包括:(1)任何国家都不能对永久中立国发动战争;(2)任何国家都不能胁迫永久中立国参加战争;(3)任何国家都不能胁迫永久中立国加入需要承担战争义务的条约;(4)任何国家都不能胁迫永久中立国采取可能使它自己卷入战争的行动。

当今世界近200个国家中,只有7个国家宣布为永久中立,得到国际广泛承认,分别是瑞士、瑞典、芬兰、奥地利、哥斯达黎加、土库曼斯坦和爱尔兰。

瑞士是资格最老的永久中立国。1815年3月20日,英国、法国、西班牙、葡萄牙和瑞典等国家在维也纳大会上签署宣言,共同承认并且担保瑞士为永久中立国家。瑞士被德国、法国、意大利、奥地利环绕,地理位置极其重要。一旦这些国家启动战争,瑞士参与其中一方,都可能影响欧洲整体格局。故而,当时列强希望瑞士成为欧洲冲突的缓冲地。虽然瑞士本土200多年没有发生战争,但瑞士军费开支巨大,军队人数也很可观。

瑞典是北欧面积最大的国家,1905年挪威从其领土中独立,此后瑞典选择保持永久中立。

芬兰位于欧洲北部,与挪威、瑞典、俄罗斯接壤。1917年12月,芬兰宣布独立,实行共和制,并且成为永久中立国。

奥地利与瑞士、德国、捷克、匈牙利、斯洛伐克、意大利等国家相邻,1938年,奥地利被德国吞并,1945年被盟军占领,1955年才获得重新独立。1955年的10月26日,饱受战火摧残的奥地利宣布成为永久中立国。

哥斯达黎加原为印第安人的居住地,1513年西班牙人来到这里,在哥斯达黎加进行了数百年的殖民统治。1848年成立共和国,又过了100多年之后,哥斯达黎加宣布成为永久中立国。哥斯达黎加没有常备军,只有警察和少量的安全部队维护领土安全。

土库曼斯坦1924年并入苏联,成为苏联加盟共和国之一。1991年苏联解体,土库曼斯坦独立。1995年,第50届联合国大会一致通过决议,承认其永久中立国地位。

爱尔兰在1169年遭到英格兰入侵,1541年起,英国国王成为爱尔兰的国王。但爱尔兰人民从未停止对英国的抵抗。1916年,都柏林爆发了反抗英帝国统治的复活节起义,1921年12月6日,英格兰和爱尔兰签订了《英爱条约》,英国被迫允许爱尔兰南部26个郡成立爱尔兰自由邦。1937年爱尔兰宣布成立共和国并独立,但仍留在英联邦内。到了1948年12月21日,爱尔兰脱离英联邦,通过宪法成为永久中立国。1949年4月18日,英国承认爱尔兰独立。2005年,爱尔兰的永久中立国性质被广泛承认。

此外,列支敦士登、梵蒂冈、摩尔多瓦、柬埔寨等国家也自称为永久中立国,但并未得到国际社会的普遍认可。

2022年俄乌武装冲突爆发之后,芬兰、瑞典申请加入北约,放弃了中立地位;奥地利、爱尔兰、瑞士等国也出现了偏离传统中立立场的主张和政策,严重动摇了中立观念;摩尔多瓦、摩纳哥、马耳他、列支敦士登、圣马力诺等自己宣称中立国家的态度也出现了一些摇摆。这可能给国际法上的中立制度和国际关系的格局带来重大影响。

第二节 国家的基本权利

国家在国际法上所拥有的权利一般被称为主权。根据国际实践,国家主权的基本体现,即国家的基本权利应包括以下四项:独立权、平等权、管辖权和自卫权。联合国大会1946年12月6日第375(Ⅳ)号决议通过的《国家权利义务宣言草案》,也认可了这四项基本权利。

一、独立权

独立权(right of independence)是国家在国际关系上按照自己的意志完全自主地处理其对内和对外事务而不受任何形式的外来支配和干涉的

权利。

(一) 独立权的主要内容

作为国家的基本权利之一,独立权在对外事务方面,意味着国家可以自由处理其国际事务,如订立条约、参加国际组织、缔结同盟、派遣和接受外交使节、取得或处置领土等。独立权在对内事务方面意味着国家可以自由确立本国的政治经济体制,进行立法、司法和行政等活动。

但独立权并不意味着国家不受任何法律约束和绝对自由,而只是意味着国家不受任何其他国家的支配和控制。独立权是国家主权的基本标志。一个国家如果丧失独立,就意味着丧失主权。因此,独立权一词曾被用来代替主权概念。在国际社会,使用武力或武力威胁侵犯他国领土是对该国独立最直接和最严重的侵害,而通过其他政治、经济等手段干涉他国内政也同样构成对该国独立的侵害。

独立权具有两个最基本的特点,即自主性和排他性。自主性意味着国家行使权利的完全自主。排他性意味着国家主权范围之内的事不允许任何形式的外来干涉。两者互为条件,互相补充。独立权包括政治独立和经济独立,政治独立是经济独立的前提,经济独立是政治独立的保障。

(二) 不干涉内政

不干涉内政原则(principle of non intervention of internal affairs)是从国家独立权中引申出的国家、国际组织的基本义务,并构成一项国际法基本原则。该原则的逻辑前提是,任何国家都有自主地选择本国的政治制度、经济制度、社会文化制度的权利,该原则要求任何国家在相互交往中不得以任何理由,以政治、经济或其他方式直接或间接地干涉在本质上属于任何国家国内管辖的国内事务和外交事务,也不得以任何手段强迫他国接受自己的意志、社会制度和意识形态。既不允许武装干涉,也不允许政治干涉、经济干涉、文化干涉乃至人权干涉;任何国家不得组织、协助、煽动、资助目的在于颠覆别国合法政府的组织或活动。该原则也体现为国际组织不得干涉成员国国内管辖事务。

不干涉内政原则是国际法上产生和适用较早的一个原则,其早在17、18世纪就已产生并适用。1793年《法国宪法》第119条规定:"法国人民不干涉其他国家政府事务,也不允许其他民族干涉法国的事务。"这项原则的目标在于反对封建势力干涉资产阶级革命和掌握政权。由于这项原则成为反抗侵犯国家主权举措的有力武器,所以迅速被各国所接受,成为国际习惯法原则。1823年12月2日,美国总统门罗发表国情咨文,宣布美国奉行不干涉政策,美国不干涉欧洲的事务,也不允许欧洲国家干涉美洲各国的事务。

第一次世界大战后,不干涉内政原则成为一项国际法基本原则。1919年《国际联盟盟约》第15条第8款规定:"如争执各方任何一方对于争议自行声明并为行政院所承认,按诸国际法纯属该方国内管辖之事件,则行政院应据情报告,而不作解决该争端之建议。" 1945年《联合国宪章》第2条第7项规定:"本宪章不得认为授权联合国干涉在本质上属于任何国家国内管辖之事件,并且不要求会员国将该项事件依本宪章提请解决;但此项原则不妨碍第7章内执行办法之适用。"此种规定将不干涉内政原则上升为约束联合国组织及其会员国行为的七项原则之一,对不干涉内政原则的发展产生重要意义。

1953年由中国政府提出、1954年中、印、缅三国共同倡导的和平共处五项原则表述为"互不干涉内政",强调了在国际关系中权利和义务的一致性。1965年联合国通过的《关于各国内政不容干涉及其独立与主权之保护宣言》特别强调:"任何国家,不论为何理由,均不得直接或间接干涉其他国家的内政、外交;不得使用政治、军事、经济等措施威胁他国,以使其屈服;不得组织、协助、制造、资助、煽动或纵容他国内部颠覆政府的活动;不得干涉另一国的内乱。"1970年10月联合国通过的《关于各国依联合国宪章建立友好关系及合作的国际法原则宣言》(简称《国际法原则宣言》)重申:"各国严格遵守不干涉任何他国事务之义务,为确保各国彼此和睦相处之一主要条件。""任何国家或国家集团均无权以任何理由直接或间接干涉任何其他国家之内政或外交事务。因此,武装干涉及对国家人格或其政治、经济和文化要素之一切其他形式之干预或试图威胁,均系违反国际法。"

国家内政及其范围是探讨不干涉不能绕过的问题。包括联合国在内的一系列法律文件并未对"内政"进行界定或规定标准,然而,一般认为,它包括国家内政外交的各个方面。《联合国宪章》第2条第7项"在本质上属于任何国家国内管辖之事件"表明,内政或国内管辖之事件是指应当由国家自主处理的一切事项,是国家在其管辖的领土上行使最高权力的表现。凡国家在宪法和法律中规定的事项,即本质上属于国家主权管辖的事项,均属内政,如有权决定本国的政治经济体制、内部组织等。当然,一国在国内的行为也可能违背国际法义务、践踏国际法准则、违背国际法规范、侵害了他国的权益,这就不再是内政。被影响国对此违法行为的反制(如反制裁),并不构成对内政的干涉。

内政与"国际关心事项"(matter of international concern)的关系值得关注。作为一个国际法概念,"国际关心事项"由联合国提出,并得到各国的普遍承认。它体现为虽属一国国内管辖权内的事项,但根据条约,该事项成为国际法的限制对象,而国家对此负有法律义务。此时,该事项成为该国不能自由决定的问题。

干涉是以行使武力、断绝外交关系及其威胁等强制执行为背景,把本国的意志强加于其他国家的行为。因为干涉是强制的,所以提出建议、斡旋或调停等不是干涉。干涉的起点是一国或几国企图实现自己的目的;干涉的方式是使用政治、经济,甚至军事手段。既可能是直接的,也可能是间接的;既可能是公开的,也可能是隐蔽的。干涉的核心是使另一国的内外事务改变原来的方向;改变被干预国所执行的某种方针、政策或存在的情势。

武力干涉是干涉的主要形式,此外也有政治、经济、外交等方面的各种手段。随着社会的发展和各国人民的觉醒,干涉的手段越来越多样化、复杂化。除了公开的武力干涉,更多的是采用隐蔽、狡猾的干涉方式,包括组织、制造、资助、煽动或怂恿在他国内部进行颠覆活动,派遣间谍、特务等。

积极干涉是最常见的,即直接采取行动进行干涉。消极干涉体现为不作为,打着不干涉的旗号而纵容别国侵略。1936年西班牙内战时期,英、法等国打着"不干涉主义"的旗号,不谴责佛朗哥的法西斯暴行,不制止意、德法西斯对西班牙内政的干涉,从而使西班牙的合法政府被法西斯推翻。英、法的行为就属于对西班牙内政的消极干涉。

但是,如果依据国家间平等的合法条约,或应别国政府的请求,援助遭受侵略的国家,就属于正当履行国际义务,既不是侵犯别国的主权和领土完整,也不是干涉他国内政。例如,中国人民志愿军1950年跨过鸭绿江,奔赴朝鲜,援助朝鲜军民抗击美军。联合国安理会根据《联合国宪章》的宗旨和原则,采取经济、政治、外交或军事制裁的行动来反对侵略,派出维持和平部队协助缓和动乱地区的紧张局势,并将敌对双方的军队隔离开来,均不属于干涉他国内政的行为。此外,各国对实行种族隔离或违反国际强行法的暴行所作的斗争,也不视为国际法上的干涉。

(三)人道主义干涉

人道主义干涉(humanitarian intervention)是国家或国家集团以他国发生大规模侵犯人权的现象且他国不愿或无力制止为由,不经该国同意而对该国采取的武力行动。人道主义干涉表面上宣称人道,但是实质目的和效果都与人道无关,既未经目标国被承认政府同意,也未经《联合国宪章》第七章授权,故而并未获得现代国际法认可。

人道主义干涉出现于近代国际法时期。由于欧洲近代形成的国际法不禁止国家单方面使用武力,所以一些国家就以人道主义为由,进行武装干涉。一个国家或几个国家对目标国使用武力,目的是保护目标国的国民在该国免受非人道的迫害或虐待。这些国家会宣称,某一国家专横和残酷地迫害其本国国民特别是宗教或人种的少数者,所以这些国家对那些遭受迫害和压制的少数者给予支援,并以各种形式向该国家施加压力、进行干预。近代国际法史上最著名的人道主义干涉案例,是19世纪英、法、俄对土耳其的干涉。欧洲列强以保护遭到迫害的基督教徒的名义,直接使用武力,对土耳其进行了多次联合或单独的干涉。20世纪初,欧洲列强还以人道为由,对东欧一些国家进行过干涉。一些国家将人道主义干涉的概念扩大到了非武装的手段。综合各种实践,人道主义干涉可以理解为由包括国家、国家集团、国际组织在内的外部力量对目标国国内事务施压的行为,表面目的是促进后者人道主义价值的实现。1945年《联合国宪章》明文禁止干涉内政和禁止使用武力,传统的人道主义干涉已经为现代国际法所禁止。1999年,以美国为首的"北约"绕过联合国,以南斯拉夫科索沃地区发生种族清洗等侵犯人权的人道主义灾难为由,对南斯拉夫实施武装干涉,使人道主义干涉在20世纪末再次抬头。

人道主义干涉的特征是:(1)干涉者以保护人权为由。(2)被干涉国是否发生了大规模的侵犯人权的现象以及该国政府是否愿意或是否有能力制止这种现象,都是由干涉方来判断的。(3)干涉的手段是使用武力,并且是干涉者单方面自行决定使用武力。(4)干涉者都是强国,被干涉者都是弱国,干涉未经被干涉国同意,是违背被干涉国意愿的。

从政治标准判断,人道主义干涉往往是强国为政治目的或其他利益而采取的对弱国的单方面强迫行为,其滥用人道主义的概念和道德正当性,构成了国际政治领域中霸权行径。从法律标准来判断,根据《联合国宪章》的规定,除自卫以外的任何武力行动,没有联合国的授权都是非法的。一国是否发生了危害国际和平与安全的侵犯人权的现象,应当由联合国安理会来认定;即使是一国国内发生了危害国际和平与安全的大规模侵犯人权的现象,没有联合国安理会的决定或授权,任何国家或国家集团都无权擅自采取武力行动。可见,人道主义干涉违反了国际法,特别是《联合国宪章》的基本原则。在过去的案例中,某些国家随意按照自身的标准宣称"人道灾难",进而对他国内政进行判断和干涉,不仅破坏了国际法律秩序,也造成了政府颠覆、人民流离失所、难民问题层出不穷的恶果。

(四)人道主义干涉的转型

在"人道主义干涉"遭到普遍谴责的情况下,为了应对冷战后的人道主义灾难,2001 年,在国际社会出现了"保护的责任"(responsibility to protect,R2P)的概念。① 保护的责任的核心主张在于,主权国家有责任保护本国公民免遭可以避免的灾难,如免遭大规模屠杀和强奸、饥饿等,但是当它们不愿或无力保护时,必须由更广泛的国际社会来承担这一责任。保护的责任的推理逻辑是:国家主权意味着责任,而且保护本国公民的主要责任是国家本身的职责,一旦公民因内战、叛乱、镇压或国家陷于瘫痪,而且当事国不愿或无力制止或避免而使公民遭受严重伤害时,不干预原则要服从于国际保护责任。

保护的责任在一定程度上反映了全球治理理论,在一个相互依存、休戚与共的世界里,安全取决于由稳定的主权实体形成的框架,如果存在一些脆弱的国家、陷入瘫痪的国家或者仅能依靠粗暴侵犯人权来维持内部秩序的国家,那么就可能给所有人带来危险。因此,干预和国家主权国际委员会呼吁,"国际社会全体成员以及非政府行动者和各国公民接受'保护的责任'的主张,并将其作为 21 世纪各国和各国人民的全球公民守则的一个基本要素"。

迄今为止的国际法实践表明,当保护的责任没有明确的实体标准,特别是动用武力进行干涉的门槛;没有程序标准,特别是授权使用武力的组织机构和具体运行方式之时,保护的责任很可能并不是国际法治的福音,而是全球暴政的延续。以美国、法国为首的北约针对利比亚所采取的

---

① 关于保护的责任进一步的讨论,可见本书第十三章第一节。

武力打击措施就说明了这一点。类似地,西方国家针对叙利亚所进行的打击也缺乏充分的事实依据和法律证据。由此国际社会对保护的责任应当特别谨慎,一些中国学者所提出的"负责任的保护"可能是对这一主张的有益修正。

二、平等权

平等权(right of equality)由主权引申而出,是国家的基本权利之一,主权平等也是国际社会重申得最多的现代国际法的一项基本原则。具体内容指各国在国际法上的法律地位完全平等,国家无论大小强弱,或者政治、经济、社会制度和发展阶段如何不同,在国际社会中都独立和平等地进行交往,都作为国际社会的平等成员而享有相同的基本权利,承担相同的义务,平等地出席国际会议、参加国际组织、缔结国际条约或者进行其他形式的国际交往。

平等观念来自17—18世纪欧洲政治学的探索。近代的一些国际法学者将这一政治学中所主张的自然状态适用到国际法上。德国学者普芬道夫受霍布斯的《利维坦》影响,认为"自然状态下的所有的人都是平等的,国际法上的人格都处在自然状态下,因而它们也是平等的"。18世纪的许多国际法学者都持类似的国家平等观点。沃尔夫(Christian Wolff, 1679—1754)认为:"所有国家相互间是天生平等的。因为国家被认为是像自由的个人生活在自然状态中。由于所有的人是天生平等的,因此所有国家彼此之间也是天生平等的。"瓦特尔(Emmerich de Vattel, 1714—1767)的《万国法》也根据自然法的观点探讨国家主权平等原则。他说:"国家作为人的集合体是自然地平等的,赋有同样的义务和权利,国之强弱在这方面没有关系。一个侏儒和一个巨人同样是人。一个小小的共和国和一个强大的王国同样是主权国家。由于平等的必要的结果,凡一个国家被允许做的事,一切其他国家也被允许做,而凡一个国家不被允许做的事,其他国家也不被允许做。"

平等观念也体现在近代的司法实践中。1812年,美国最高法院大法官马歇尔(John Marshall, 1755—1835)在"交易号诉麦克法登案"(The Schooner Exchange v. McFaddon and Others)中强调了"国家的完全平等与绝对独立"。1825年,马歇尔法官又在安特洛普案(The Antelope Case)的判决中重申:"国家平等是最被普遍承认的一般法律原则"。作为主权一部分的平等权不仅体现在国与国平等、国家与国际组织资格平等,而且体现在国家不受其未同意的国际法的约束。

1927年,国际争议法院在"荷花号案"的判决中指出:"国际法调整独立国家之间的关系。因此,对各国具有约束力的法律规则源于各国自身的意志,这些自由意志体现在公约之中,或者普遍接受为法律原则表达的习惯之中,以此规制这些独立社会之间的共存,并达到共同目标。故而,对独立国家的限制是不能推定的。"①

虽然各个国家在领土面积、军事力量、经济实力、人口数量、政治结构等方面存在差异,但无论是在联合国还是在其他区域性国际组织通过的有关国家间关系的基本原则的文件中,均无一例外地强调国家主权平等原则。在1943年10月议及筹建联合国的莫斯科会议上,国家主权平等就被认定为一项原则。中、苏、英、美四国政府发布的《普遍安全宣言》中提出:根据一切爱好和平国家主权平等的原则,建立一个普遍性的国际组织,所有这些国家无论大小,均得加入为会员国。《联合国宪章》序言重申"大小各国平等权利之信念";第1条将"发展国际间以尊重人民平等权利及自决原则为根据之友好关系"作为宗旨之一;第2条第1项阐明"本组织系基于各会员国主权平等之原则"。第78条再次肯定:"联合国会员国之间关系,应基于尊重主权平等之原则。"此后,1965年《关于各国内政不容干涉及其独立与主权之保护宣言》、1970年《国际法原则宣言》、1974年《建立新的国际经济秩序宣言》和《各国经济权利和义务宪章》都规定了国家主权平等原则。诸多区域性国际文件也确认了国家主权平等原则,如《欧洲关于指导与会国间关系原则的宣言》《美洲国家组织宪章》《非洲统一组织宪章》和《亚非会议最后公报》等。同时,中国倡导的和平共处五项原则,也是国家主权平等原则的具体实施和体现。

三、管辖权

管辖权指的是国家以立法、行政或司法行为对其领土内的一切人、物和所发生的事件,以及对在其领域外的本国人进行管辖的权力。狭义的管辖权仅指司法管辖,即法院、司法机构对于诉讼案件进行聆讯和审判的

---

① The Case of the S. S. "Lotus", Publication of the Permanent Court of International Justice, Series A, No. 10, Sept. 7th, 1927, p.18.

权力。《国家权利义务宣言草案》第2条规定:"各国对其领土以及境内之一切人与物,除国际法公认豁免者外,有行使管辖之权。"即除国际法公认的具有豁免权的人如外交人员之外,所有主权独立的国家对其领土范围内的所有人和物所涉及的所有案件,包括民事案件和刑事案件应拥有管辖权,这是国家主权的基本属性。

管辖权的具体情形,见下节阐述。

四、自卫权

自卫权(right of self-defense)是一国使用武力反抗非法攻击而保护自己的权利。在武力被《联合国宪章》普遍禁止的现代国际法中,自卫权的行使是各国唯一可以单方面诉诸武力的合法行为。

自卫权作为国家的一项主权权利久已存在,在习惯国际法上常常被称为国家的"自然权利"。这项权利为主权国家所固有,不需要其他国际法主体的授权即可行使。但是,自卫权的功能及所受到的限制在不同的法律体制下是不同的。在传统国际法中,由于缺乏对使用武力的法律管制,国家拥有诉诸战争的绝对权利,以自卫之名使用武力的行为几乎包括国家所有的自保行为。国家不仅在受到武力攻击时可以诉诸自卫,而且还可以使用武力保护本国侨民的生命和财产及本国在外国的某些经济利益。与传统国际法不同,在《联合国宪章》基础上发展起来的现代国际法,加强了对国家使用武力的法律限制,确立了禁止使用武力原则,从而将废止战争权的努力扩展到了以"武力自助"的一切措施。其结果是,自卫作为禁止使用武力原则的例外,虽然仍被《联合国宪章》第51条视为国家的一项"自然权利",但也受到了条约法和习惯国际法的约束。

首先,自卫权的行使必须是而且只能是对已经实际发生的武力攻击进行的反击。《联合国宪章》第2条第4项规定:"各会员国在其国际关系上不得使用威胁或武力,或以与联合国宗旨不符之任何其他方法,侵害任何会员国或国家之领土完整或政治独立。"依此规定,首先使用武力攻击他国,即构成对他国领土完整和政治独立的侵犯,是一种严重的国际不法行为。被攻击国使用武力予以反击,实际上是在执行宪章禁止使用武力的规定。因此,根据《联合国宪章》第51条的规定,联合国任何会员国受武力攻击时,在安理会采取必要办法以维持国际和平与安全以前,不经安理会授权即可行使单独或集体自卫权。可见,"受武力攻击"是被攻击国行使自卫权的首要条件和唯一的合法理由,国家不存在对所谓"紧迫武力威胁"而进行"预先自卫"的权利。被攻击国以外的任何其他国家,只有根据被攻击国的请求或同意,或者依条约承担了对被攻击国的义务,才可行使集体自卫权,即向该国提供军事援助,直接参加击退正在发生的武力攻击的联合行动。遭受"武力攻击"是《联合国宪章》明定的行使自卫权的最重要的实质性条件。但是,宪章并未对"武力攻击"一词作出界说。不过,国际法院在1986年"尼加拉瓜案"中对"武力攻击"的概念进行讨论后认为,"武力攻击"不仅包括一国的正规部队跨越国际边界的直接攻击行为,而且还包括一国派遣或代表该国派遣武装团队或雇佣兵到另一国的间接攻击,即其在另一国内的武力行为的严重性等同于正规部队进行的实际武力攻击。但武力攻击不包括向反对派提供武器或后勤、财政或其他支持的援助行为。同时,武力攻击与武力威胁不同,武力威胁不应成为自卫权行使的前提。

其次,自卫权的行使必须服从和服务于联合国安理会职权的行使。《联合国宪章》将维持国际和平及安全的主要责任授予安理会,并规定:安理会享有对"任何和平之威胁、和平之破坏、或侵略行为之是否存在"作出判断,并决定采取包括军事行动在内的一切必要措施来"防止且消除对于和平之威胁,制止侵略行为或其他和平之破坏"的专属权力。因此,自卫权的行使不得影响安理会依宪章随时采取必要行动以维持或恢复国际和平及安全的权责。根据《联合国宪章》第51条的规定,安理会维持国际和平及安全的职权对自卫权行使构成的限制,主要表现在以下两个方面:(1)国家行使自卫权的时间限于安理会"采取必要办法,以维持国际和平及安全之前"。换言之,一旦安理会采取了维护国际和平与安全的必要措施,自卫行动即告终止。可见,在联合国集体安全保障体制下,自卫只是一种临时的紧急救助办法,相对于安理会采取的集体措施,它只具有辅助的地位。(2)当事国所采取的自卫措施或办法必须立即向安理会报告,以便安理会对采取此种措施或办法的合法性、必要性和相称性作出判断,并决定是否采取必要措施。当安理会的判断或采取的措施与当事国的判断或措施相冲突时,安理会的判断或措施居于优先的地位,当事国必须服从。

最后,自卫权的行使必须遵守必要性原则和相称性原则。必要性原则和相称性原则,也称"加罗林原则",是习惯国际法上对自卫权行使加以限制的两项基本原则。根据必要性原则,行使自卫权时,必须存在"自卫的必要性,亦即刻不容缓的、压倒一切的、没有选择手段的和没有考虑时间的"情况。也就是说,受攻击国必须是在没有其他切实可行的和平手段可供选择的情况下,才不得不使用武力进行自卫。根据相称性原则,自卫行动的规模和强度必须与所受攻击的严重性相称或保持合理的关系。也就是说,自卫的目的只限于用来击退外来的武力攻击,而不得进一步将其作为实施权利的工具或发展为武力报复。以上两项习惯国际法原则,虽然《联合国宪章》第51条没有提及,但是在秉持和平解决国际争端与禁止使用武力原则的联合国体制下,它们应更严格地被遵守。

第三节 管辖与豁免

一、国家管辖权的基本形态

(一)属地管辖(领域管辖)

属地管辖(territorial jurisdiction)指国家对其领土内的一切人、物或行为,除国际法公认豁免者(如享有外交特权与豁免)外,拥有行使管辖的权力。它是国家领土主权和属地最高权的重要体现,又被称为领土管辖、领土优越权或领域管辖。

领土包括一国的领陆、领海及其领空和底土。外国自然人和法人(除根据国际法上的国家豁免和外交特权与豁免享有豁免权者之外),一进入一国领土,就立即处于该国领域管辖之下,必须遵守居留国法律,并服从当地司法管辖。关于领域管辖代表性的观点,主要有主观领土说和客观领土说。(1)主观领土说,又称行为发生地说,指凡犯罪发生在一国领土内,就被认为是在该国领土内犯罪,并适用领土管辖。(2)客观领土说,又称结果发生地说,指凡犯罪结果发生在一国领土内,或者犯罪效果及于一国领土,就被认为是该国领土内犯罪,并适用领土管辖。

领域管辖的行使不是绝对的,如基于外交豁免权,一国不得对外国国家元首和外交代表行使领域管辖;由于国家豁免原则,国家不能对他国的国家行为和国家财产行使管辖权。

(二)属人管辖

属人管辖(nationality jurisdiction,也称国籍管辖)指国家对国内外具有本国国籍的人实行管辖的权力。国籍管辖也可扩大适用于对有本国国籍的法人、航空器、船舶和外层空间发射物体等的管辖。根据国籍管辖,国家可以对本国人在国外的犯罪行为进行司法管辖。国籍管辖的行使受管辖对象实际所在国领域管辖的限制,如对在外国境内的本国人,如果没有当地国有关部门的协助,一般不能采取强制措施。

在国际法理论和实践中,国籍管辖可分为被告人国籍管辖(积极属人管辖)和受害人国籍管辖(消极属人管辖)两种:(1)被告人国籍管辖,指罪犯的国籍国对犯罪进行管辖,即一国对该国的国民在国外范围具有刑事管辖权。(2)受害人国籍管辖,指犯罪中受害者的国籍国对犯罪进行管辖,即一国对外国人在外国对本国公民的犯罪可以进行刑事管辖。

被告人国籍管辖已被各国普遍接受。关于受害人国籍管辖则存在较多争议,有观点认为受害人国籍管辖应作为单独的管辖权,也有观点认为受害人国籍管辖和保护性管辖重叠,不应单独作为一类管辖权。

(三)保护性管辖

保护性管辖(protective jurisdiction)指国家对外国人在该国领域外侵害该国国家或公民重大利益的犯罪行为行使管辖的权力。

在国际实践中,国家一般并不主张对在外国的外国人行使民事或刑事管辖权。但是,许多国家的法律规定在有限的特殊情况下可以行使这种管辖权,目的是保护本国的安全、领土完整和重大的经济利益,包括本国国民的重大利益免受犯罪行为的严重侵害。管辖的对象是外国人在国外从事的犯罪行为,一般是世界各国公认的犯罪行为,如针对国家的行为(间谍行为、伪造一国的货币罪、违反移民或海关法律等行为)和针对其国民的行为(杀人罪、纵火罪等)。

保护性管辖权是国家在例外的情况下对本国领土外的外国国民行使的一种有限的管辖权,其行使受罪行发生地国的领域管辖的限制。因此,保护性管辖权的实际行使不能在他国领土上进行,一般需要通过以下途径行使:引渡犯罪嫌疑人到受害国进行审判、在受害国法院缺席审判、在罪犯进入受害国领土时将其逮捕后审判。为了避免保护性管辖权的滥用,有的国家对保护性管辖的适用在罪名和刑期以及"双重可诉"等方面作了限制性规定。

(四)普遍管辖

普遍管辖(universal jurisdiction)是每个主权国家对国际犯罪所拥有的刑事管辖权,即不论犯罪是否发生在本国领域内,犯罪人是否为本国公民,也不论是否侵害本国或公民的利益,各国均有权运用本国刑法行使的管辖权。

普遍管辖是国家主权所派生的一项权力,两者之间关系密切。任何一个国家行使普遍管辖权均以其主权作为依托。普遍管辖作为刑事管辖中一种较为复杂的适用形式有别于其他刑事管辖,并具有独立的特征,而且是国际法与国内法相互结合的产物。我国《刑法》第9条规定:"对于中华人民共和国缔结或者参加的国际条约所规定的罪行,中华人民共和国在所承担条约义务的范围内行使刑事管辖权的,适用本法。"据此,凡我国缔结或者参加的国际条约中规定的罪行(主要是侵略罪、战争罪、反人道罪、非法使用武器罪;灭绝种族、劫持人质、国际贩卖人口、酷刑罪;劫持航空器,危害民用航空安全,危害海上航行安全,破坏海底电缆、管道罪,海盗罪;毒品犯罪;非法获取和使用核材料罪等),不论罪犯是中国人还是外国人,不论其罪行发生在我国领域内还是领域外,也不论其具体侵犯的是哪一个国家或者公民的利益,只要犯罪分子在我国境内被发现,我国在所承担条约义务的范围内,如不引渡给有关国家,就应当行使刑事管辖权,按照我国的刑法对罪犯予以惩处。我国刑法中的普遍管辖权须符合以下条件:(1)追诉的犯罪是我国缔结或者参加的国际条约所规定的国际犯罪。(2)追诉的犯罪在我国所承担条约义务的范围之内。(3)追诉的犯罪系发生在我国领域之外。如果是发生在我国领域之内,则应依据属地原则适用我国刑法,而不需要依据普遍管辖原则。(4)犯罪人必须是外国人包括无国籍人。如果犯罪人是我国公民,应当依照属人原则适用我国刑法,也不需要适用普遍管辖原则。(5)对追诉的犯罪,我国刑法有明文规定。(6)我国有能力行使管辖权。随着我国法域外适用理念和实践的推进,普遍管辖权的适用会逐渐增多。不过对于我国而言,普遍管辖有较明确的适用范围和条件的限制,是刑法空间效力的辅助性原则。

国家管辖权还与国际法庭的管辖权不同。无论是纽伦堡审判(1945—1949年)、东京审判,还是卢旺达国际刑事法庭(1994年)和前南斯拉夫国际刑事法庭(1993年),乃至设立于2002年的国际刑事法院,其刑事管辖都是由国际组织,而非由某个国家来行使。国际法庭的法律管辖权取决于设立法庭的国家赋予它的权利。

二、国家管辖豁免

国家管辖豁免(state immunities from foreign jurisdiction),又称国家豁免或国家主权豁免(sovereign immunities),是国家在国际交往中未表同意,国家本身及其财产免受其他国家管辖的权利。从广义上说,国家管辖豁免的概念除了指国家行为和国家财产享有管辖豁免,还包括国家元首、政府首脑和外交代表在东道国享有的外交特权与豁免。

19世纪前,所有国家认为,一个国家,无论其行为的性质如何,在他国享有绝对的豁免。这被称为"绝对豁免原则"。1812年"交易号案"和1879年"比利时国会号案"等一些早期的案例表明,有关国家都采用了绝对豁免原则。

20世纪以后,由于国家普遍从事商业活动,一些国家的国内法院在处理涉及国家管辖豁免问题的案件时,把国家行为分为"主权行为"和"非主权行为"、"商业行为"和"非商业行为",主权行为和非商业行为可以享受豁免,而非主权行为和商业行为不能享受豁免。这就是所谓的有限豁免原则或相对豁免原则。1972年,欧洲国家通过《关于国家豁免的欧洲公约》;1976年,美国通过《外国主权豁免法》;1978年,英国通过《国家豁免法》;1982年,加拿大通过《外国国家在加拿大法院豁免法》;1985年,澳大利亚通过《外国国家豁免法》。发达国家多采用相对豁免原则,多数发展中国家仍坚持绝对豁免原则。

国际法委员会于1991年二读通过并提交联合国大会的《国家及其财产的管辖豁免条款草案》,主张相对豁免原则。该草案第5条首先确认了国家豁免原则:"国家本身及其财产遵照本条款的规定对另一国法院享有主权豁免。"第10—12条规定,"商业交易""雇佣合同"和"人身伤害和财产损害"等行为尤其不适用国家豁免作为抗辩,即在因这些事由引起的诉讼中不得援引管辖豁免。2004年12月2日,联合国大会通过的《联合国国家及其财产管辖豁免公约》,同样体现了相对豁免原则。

随着国家越来越多地参加国际经济活动,限制国家豁免范围已成为一种趋势。相对豁免主要涉及国家机构特别是国有企业的商务经济活动,但国家行为(特别是主权行为或公行为)享有国家管辖豁免原则仍是国际法上的一项重要规则。

即使一国国内法院依据本国有关相对豁免原则的判例或制定法,对纯粹属于私法性质的纠纷或外国的非主权行为提起司法程序,但外国的国家财产仍然免受法律的强制执行,因为在这种场合被施以强制的对象仍然是主权活动。实践中基本上也是如此,即便是那些接受相对豁免原则的国家一般也不愿在执行这一关键阶段适用相对豁免。

中国政府在理论和实践中都坚持国家管辖豁免原则。凡是国家本身从事的一切活动,除国家自愿放弃豁免外,均享有豁免。在实践中,中国已把国家本身的活动和国有公司或企业的活动、国家国库财产和国有公司或企业的财产区别开来,国有公司和企业不享有豁免。在外国国家无视国际法,任意侵犯中国国家及其财产管辖豁免权的情况下,中国可以采取相应的对等措施。

关于国家管辖豁免的依据,有"治外法权说""国际礼让说""互惠说""国家主权说"等,其中国家主权说得到广泛支持。该学说认为,国家主权有对内最高权和对外独立权两个方面的特性。对外独立权派生出"国家管辖豁免",其依据是"平等者之间无管辖权"。

管辖权有三种类型,即立法管辖权、司法管辖权(包括审判和审前措施)和执行管辖权,"豁免"一词是相对于司法管辖而言的。豁免的对象主要针对司法和执行管辖权。但一般认为,拒绝司法管辖豁免也就意味着拒绝立法管辖豁免。因此,国家管辖豁免的内容主要包括:(1)一国法院不得受理以外国国家为被告或以外国国家财产为标的的诉讼,即外国国家不能被诉,除非经后者同意。(2)国家可以作为原告在另一国法院起诉,在这种情况下,该法院可受理被告提出的同本诉有直接关系的反诉。(3)即使国家在外国法院败诉,该法院也不得强制执行,即国家财产不受所在国的扣押和强制执行。豁免是可以放弃的,一旦国家采取明示或默示的方式自愿放弃豁免权,原本享有司法管辖权的国家就可以行使其管辖权。但是,国家在外国法院放弃管辖豁免,并不意味着也放弃执行的豁免,执行豁免的放弃必须另作明确的表示。

国家管辖豁免意义上的"国家"并非一个抽象的概念,而是有具体的实体,包括国家及其政府的各种机关,有权行使主权权力并以该身份行事的联邦国家的组成单位或国家政治区分单位,国家机构、部门或其他实体,但须它们有权行使并且实际在行使国家的主权权力,以及以国家代表身份行事的国家代表。

第四节 承认与继承

一、国际法上的承认

(一) 承认的概念

国际法上的承认(recognition in international law)是国家对于一个新的主权者,即新国家或新政府的出现以某种形式表示接受的行为。承认的作用包括:(1)奠定建交的基础;(2)确认被承认国所承受的一切国际权利和义务;(3)撤销对旧政府的承认。承认的效果是溯及既往的。一旦作出承认,无论是法律上的承认还是事实上的承认,承认国都将被承认的新国家或新政府的行为视为从其成立之日起就具有法律效力。

(二) 承认的性质

关于承认的性质,也就是承认究竟对新主权者的国际地位有什么影响的问题,国际上一般存在两种主张。第一种是构成说,认为新国家只有经过承认,才能成为国际法主体;一个新国家即使完全符合国际法主体的条件,如果未经承认,仍不能取得国际法主体资格;承认是构成性的,它具有构成或创造国际法主体的作用。第二种是宣告说,认为国家的成立和它取得国际法主体资格并不依赖于任何其他国家的承认;承认仅仅是一种对新国家已经存在这一既成事实的宣告;承认仅仅具有宣告或确认的性质。承认的性质问题是一个复杂的国际法问题。不能简单地认为哪一种说法正确或者错误,而要依据时代背景和客观情况,按照有关的国际法律规范,作出具体的判断。一般是以宣告说为主,而以构成说为辅。

(三) 承认的种类

承认,可以分为对国家的承认(既有国家、国际组织对于新生国家的承认)与对政府的承认(既有国家、国际组织对原已存在国家以特别方式新产生政府的承认)、明示承认与默示承认、法律上的承认与事实上的承认。

明示承认是指国家通过直接和明确的语言文字形式表达出承认意思的承认形式。

默示承认是指国家不明白地表达承认的意思,而通过与新主权者的实际交往关系来表明承认与否的意图。

法律上的承认是指完全的、正式的、永久的承认,这种承认方式将在法律上产生正式的效果。

事实上的承认是指有限的、非正式的、临时的承认,这种承认方式将只能产生暂时性的法律效果。

(四)对政府的承认

对政府的承认简称政府承认(government recognition),是指一国对他国国家领土没有发生变更而政府出现新旧更迭时,承认他国新政府具有代表其本国的正式资格,并表示愿意与其建立或继续保持正常关系的行为。

新旧政府更替,一般有两种原因:依据宪法进行的正常政府更替;通过非宪法的方式夺取政权,如暴力革命、军事政变。第一种情况下,一般不发生承认的问题,因为这些都是国际社会可预期的合法政治变革。第二种情况下,才会出现是否给予政府承认的问题。

有效控制、独立性和稳定性是构成政府的一般标准。在需要对新政府进行承认的场合,若要有关国家作出承认,需要满足两个条件:新政府对领土实施了"有效统治";新政府取得政权不违反国际法。

由于国际社会对主权原则越来越重视,对政府的承认也呈现出越来越宽松的态势。1907年,厄瓜多尔外长托巴提出,凡是以违反宪法的手段掌握政权的政府都不应该得到承认,被称为"托巴主义"。这种严苛的、可能导致干涉内政的承认标准没有得到国际社会的普遍支持。1930年,墨西哥外长埃斯特拉达主张,外国国家应尽可能与发生革命的国家继续保持外交关系,而不必在乎它的政变因素,被称为"埃斯特拉达主义"。埃斯特拉达主义倾向于不干涉他国内政,更加符合主权原则,因而在国际范围内获得了更多的支持。20世纪60年代以来,很多国家都放弃了明示承认新政府的方式。

(五)不承认

不承认,是指国家在某些条件下承担了不得承认新主权者的国际义务,因而对该新主权者不予承认的行为。原则上,实现了有效统治且不违反国际法的新政府,都会得到有关国家的承认。不过,对于符合构成要素的新政府,国家是否选择承认或者不承认属于其自由裁量的范围,即国家有权选择承认新政府,也有权选择不承认。故而,在某些条件下,国家可以基于政治、道德或法律的原因,而拒绝承认某些新存在于国际社会中的实体。不承认的条件一般包括:国家承担了某种不得承认某些实体为国际法主体的条约或习惯义务;某一新的主权者是在违反国际法的情况下确立自身地位的。这种不承认新生国际行为体的立场被称为不承认主义(non-recognition doctrine)。

有学者认为,不承认是国家承担了某种不得承认某些实体为国际法主体的国际法义务。此种国际法上的义务构成对国家自由裁量权的限制,即原本国家可以选择是否承认某个已经符合构成要素(有效统治且不违反国际法)的主权者,但在适用不承认原则之后,国家不能再自由裁量和选择,而只能不予承认。当然,这种义务的产生,仍然是基于国家之间的合意,因为国际条约是国家意志协调的结果。如果一国不愿意加入任何可能施加不承认义务的国际条约,那么该国只须受其他一般国际法的约束,能够对任何符合有效统治原则以及合法性原则的新政府行使自由裁量权,决定是否予以承认。国家之所以愿意加入有关的国际条约并接受这种额外的不承认义务,是基于其国家利益的考虑。从这个角度看,不承认不是一项强制适用的、基本的原则,而是一项选择适用的、附加的原则。对国家施加不承认义务的国际条约,可能是缔约国众多的普遍性条约,也可能是缔约国有限的多边条约,甚至可能是双边条约。但是对于特定的当事国而言,其所加入的施加不承认义务的条约则是可以确定的。

二、国家继承

(一)国家继承的内涵

一个国家对于领土及其上的人、物、事在国际关系中所负的责任由别国取代,就构成了国家继承(state succession)。被取代的国家称被继承国,取代别国的国家称继承国。

(二)国家继承的原因

国家继承是由领土变更引起的。引起国家继承的领土变更的情形主要有:

1.独立,即在外国统治下的殖民地或非自治领土独立成为一个或几个国家;在以前国际联盟或现在联合国管理下的前委任统治地或托管地成为一个或几个国家。

2. 分离,即一个国家的一部分分离出去成为一个新国家。

3. 分立,即一个国家分裂成几个国家。

4. 合并,即几个国家合并成一个国家。

5. 割让或交换领土。国家继承的对象是国家在国际法上的权利和义务,但不包括国家的基本权利和义务。国家继承涉及条约、领土与国界、国家财产、国家的债务、居民的地位和权利义务等方面。

(三)国家继承的国际法

关于国家继承的国际法规则,目前只有1978年《关于国家在条约方面的继承的维也纳公约》和1983年《关于国家对国家财产、档案和债务的继承的维也纳公约》。这两个公约反映了一般的国家继承的实践,概括了有关国家继承的一些习惯国际法规则。

(四)国家继承的领域

条约继承,指继承国对被继承国签署的条约中规定的权利、义务的继承。政治性条约一般不继承,经济性条约则根据条约的内容来确定。设定同土地有关的地方性权利义务(如边界、道路交通、河流航行、水利等)的条约,特别是为当地利益而缔结的条约,通常是继承的。关于确定各个民族、各个国家对其财富及自然资源享有永久主权的国际条约中的有关权利义务是继承的。

条约以外事项,指国家财产、国家债务、法律制度、居民地位等。对这类事项的国家继承存在分歧。总的说来,继承国对被继承国的国家财产、权利和利益一般予以继承,并承担与该项财产、权利和利益直接有关的相应义务。被继承国在国外的财产属于继承国所有。对于被继承国的国家债务,一般倾向于继承,但在实践中也不一致。关于国家财产的继承问题,联合国国际法委员会草拟的条款草案认为,通常在国家继承日期内位于国家继承所涉及的领土上的国家财产,无偿地转移给继承国。新独立国家对于被继承国的债务,一般采取"白板主义",即不继承,但为了被继承的领土的利益而承担的义务,通常继承。

关于联合国的会员资格,在联合国会员国发生国家分裂而被继承国继续存在并继续保有会员国资格时,分离出来的新国家需要履行加入手续;原为会员国的两国合并后,则作为单一的国家继续保持会员国资格。

(五) 中华人民共和国的继承问题

作为一个国际法主体,中华人民共和国是中华民国的延续,因而不发生国家继承问题,而只发生政府继承问题。中华人民共和国有权继续拥有中华民国的一切合法的国际权利。但是,由于政权性质的改变,中华人民共和国和中华民国的对外关系有着本质的不同,因而它并非完全接受中华民国曾经承担的全部国际义务。

对待清朝以来历届政府的旧条约,中华人民共和国则采取了按其性质和内容区别对待的政策。对于过去清朝和中华民国时期历届政府所订的一切不平等条约、卖国条约和勾结帝国主义镇压人民革命的条约,都在应行废除之列。对于不适应两国关系新情况的条约,也要进行审查清理。关于边界条约,也都根据具体情况区别对待。对于有利于国际和平、有利于在平等互利基础上进行国际交往的条约,则予以承认。中华人民共和国政府不仅通过具体行动在实际上否定了帝国主义 1840 年以来强加的不平等条约和掠夺性条约的效力,而且还通过同对方国家互换照会或订立新约的方式,明文宣布某些旧条约的失效。

中华人民共和国继续拥有对 1949 年 10 月 1 日以前中国政府在国外的财产,包括公营企业的合法权利。从中华人民共和国建立之日起,所有当时属于中国的国家财产,包括动产和不动产,无论是否处于中国境内,一律归中华人民共和国所有,人民政府有权接收和处理。中华人民共和国政府曾明确宣布中国在国外的国家资产均属中华人民共和国所有。

中国在联合国及其机构的代表权在中华人民共和国政府成立后,当然属于中华人民共和国。中国是联合国的创始会员国,并且是联合国安全理事会的常任理事国。1949 年 11 月 15 日外交部部长周恩来曾就所谓"中国国民政府代表团"在联合国大会上的地位问题致电联合国大会主席声明:中华人民共和国中央人民政府是中国的唯一合法政府,应在联合国中代表中国。此后中国政府还曾多次向联合国及各种国际组织作同样声明。经中国政府多年努力,1971 年 10 月 25 日联合国大会终于通过决议,"恢复中华人民共和国的一切权利,承认她的政府的代表为中国在联合国组织的唯一合法代表"。

思考题

1. 如何认定国家的构成要素?
2. 如何决定是否承认新国家?
3. 国家继承与国家延续有何区别与联系?
4. 如何解决效果原则或域外管辖引起的冲突?
5. 是否应该基于人权保护的理由限制国家豁免?
6. 如何评价中国坚持绝对豁免原则的利与弊?

拓展阅读

范宏云:《国际法视野下的国家统一研究——兼论两岸统一过渡期法律框架》,广东人民出版社2008年版。

龚刃韧:《国家豁免问题的比较研究——当代国际公法、国际私法和国际经济法的一个共同课题(第二版)》,北京大学出版社2005年版。

何志鹏:《国家利益维护:国际法的力量》,法律出版社2018年版。

杨泽伟主编:《中国国家权益维护的国际法问题研究》,法律出版社2019年版。

徐宏主编、马新民副主编:《国家豁免国内立法和国际法律文件汇编》,知识产权出版社2019年版。

James Crawford. *The Creation of States in International Law* (2nd ed., Oxford University Press, 2006).

Hazel Fox and Philippa Webb. *The Law of State Immunity* (3rd ed., Oxford University Press, 2013).

Malcolm Shaw. *International Law* (9th ed., Cambridge University Press, 2021), chapters 5, 9, 12, 13, and 16.

1933年《蒙得维的亚国家权利与义务公约》

1978年《关于国家在条约方面的继承的维也纳公约》

1983年《关于国家对国家财产、档案和债务方面的继承的维也纳公约》

1999年《国家继承涉及的自然人国籍问题条款草案》

2004年《联合国国家及其财产管辖豁免公约》

第四章 国际组织法

国际法的最初状态是国与国之间双边和多边的非体系性规范,国家都以自身独立的身份与其他国家产生联系,确立权利义务。但是,随着国际事务的发展,这种随机确立权利义务和行为准则的方式对于经常出现的系统性问题显得不够有力。因而,需要建立起一些常设的组织机构,处理反复出现的具有类似性质的问题。国际组织就在这种需求的促动下于19世纪应运而生。随着国际组织的生存和发展,国际组织法也逐渐成熟。

第一节 概 述

一、国际组织的含义

国际组织有广义和狭义的区别。狭义的国际组织,指称国家之间或者政府之间形成的组织,是国家或政府以特定目的通过签订条约而建立的常设机构。广义的国际组织,除了政府间组织,还包括非政府组织(non-governmental organizations),也被称为国际民间团体,是个人或民间社团组成的跨国常设机构,如红十字国际委员会、绿色和平组织、国际特赦组织、国际奥林匹克委员会等。在国际法的传统语境下,"国际组织"仅指政府间国际组织,非政府组织会用NGO或者其他的概念明示出来。有学者认为,欧洲联盟现已成为一种超国家的组织,或者是自成一类的组织。笔者认为,虽然欧洲联盟具有很大的特殊性,但它仍然是区域性国际组织的一种表现形式。

二、国际组织的源流

在国际法发展的初级阶段,处理国际问题都是通过专门的、特别的国际会议完成的,但这种国家之间协同商议一项多边事务的做法,为日后的国际组织准备了经验和教训。从双边外交到多边外交,从多边外交到组织机构,是国际关系日益密切的标志。

1648年的威斯特伐利亚和会及其所确立的《威斯特伐利亚和约》是通过大规模国际会议形成国际法规范、解决重大国际问题的里程碑。1815年的维也纳会议使由国际会议来解决国际和平与安全问题,成为一种国际社会广泛接受的实践。国际会议既包括处理战后和平事宜的会议,如1648年威斯特伐利亚会议、1815年维也纳会议、1919年的凡尔赛会议、1945年的雅尔塔会议,也包括为解决特定问题而召开的国际会议,如为解决黑海问题而召开的1871年博览会、为制约战争的方式与方法而召开的1899年和1907年的海牙会议。迄今为止,专题性的国际会议仍是国际社会处理共同关注问题的重要方式。

由于国际会议的结构、程序、行政管理、秘书服务等环节具有很大的同质性,所以在国际会议实践的基础上形成了一些惯常的做法和程序,包括会议的组织、参加国,参加国的权利与义务,表决程序,与会国代表的特权和豁免等,这些习惯的形成都为建立具有常设机构的国际组织奠定了基础。

鉴于国际会议具有临时性的局限,每出现一个新问题就需要召开一次会议,每次会议所经历的程序和需要的条件都大致相同,国际谈判解决问题的成本在很大程度上造成了重置和浪费。而且,国际会议由资助国或东道国邀请其他国家参加,所以哪些国家参加经常具有一定的主观性和偶然性,并不保证所有参加的国家都是重要的国家,也不能保证所有感兴趣的国家都能参与到这一会议中来。所以,很多学者和实践者考虑建立常设机构来克服上述问题。

19世纪中期开始,国家之间为解决行政和技术等非政治问题而建立起国家或政府间的行政联盟,这对国际组织的建立具有开拓性贡献。19世纪以后科学技术迅速发展使国家在行政和技术方面的联系日益增多。国家之间迫切希望建立相应的国际城市机构以解决共同关注的日常问题。这样就形成了管理欧洲河流问题的各种委员会,如1856年建起欧洲多瑙河委员会,1865年建立起国际电报联盟,1874年建立万国邮政联盟,1890年建立国际铁路货运联盟。这些联盟形成了包括大会、执行机关、秘书处在内的常设机构的基本框架,并且在实践中改进了议事程序规则,为20世纪国际组织的建立奠定了坚实的基础。

1919年,基于第一次世界大战之后的巴黎和会而建立的国际联盟,是世界上第一个普遍性的国际组织。虽然由于它自身的结构缺陷(主要大国未参与)和政治理想主义的原因,很快就面临20年危机,并且最后被联合国取代,但是它在人类建立国际社会契约,并且基于此种社会契约构设公权力方面,作出了有益的尝试。第二次世界大战以后建立的联合国是目前最大最重要的普遍性国际组织,在国际关系和国际法上发挥重要作用。

目前,全世界有数以千计的国际组织。有一些为一般政治性组织,有一些则是环境、人权保护领域的组织,还有一些在人道援助、经济发展援助方面进行积极的建设性活动,另有一些在商业、贸易、文化、教育、科学、技术等领域推动国际合作的组织,这些组织为国际法的发展做出了重要的贡献。

三、国际组织的特征

首先,国际组织以国家或国家集团为成员。由于国际组织的功能是协调国家之间的行动,为国家之间协商事务提供平台,所以国际组织的成员都是国家,在某些特殊情况下也可以包括类国家成员和国家集团。在成员不是国家的时候,组织会单独将此种情况说明,以免引起误解或混淆。例如,世界贸易组织的成员不都是国家,所以,世界贸易组织就不将他的成员称为"成员国",而仅仅是叫做"成员"。

其次,国际组织以国家或政府之间的协定而成立。所有的国际组织都有它的基础性文献,或者叫做立宪性文件。明确国家对于国际组织的授权,以及该组织的行为方式。此类基本协定被称为宪章、协定或章程。

最后,国际组织是常设性的实体。正由于国家看到了国际会议作为非常设性的临时安排所存在的成员不延续、工作缺乏持续性、成本较高,而效率较低等一系列问题,所以建立起来国际组织。国际组织最明显的特征就是具有延续性,一个常设性的实体,一般都是通过秘书处或其他常设行政机构来保证该组织的运行。

从最绝对的意义上看,国际组织是国家间组织而不是超国家组织,正如国际法是国家之间的法而不是超越国家的法一样。即使像欧盟这样的国际组织,在一定程度上具有超越国家的性质,但是由于成员国有最终退出国际组织的权利,所以国际组织超越国家的性质是不完全不彻底的。

四、国际组织的分类

国际组织可以根据不同的标准而分为不同的类别。

第一,根据组织的性质和基本功能,可以分为综合性国际组织和专门性国际组织。综合性国际组织也称政治性国际组织,是处理国家之间非特定事务的组织机构,如联合国、欧洲联盟、美洲国家组织、非洲联盟都属于这样的机构。专门性国际组织即是针对某些专门的领域和问题而形成的国际组织,包括万国邮政联盟、石油输出国组织、国际货币基金组织、世界贸易组织等。

第二,按照组织成员的地理范围,可以分为全球性组织与区域性组织。全球性组织是对于成员不挑选固定区域的,包括国际海事组织、国际旅游组织、国际民用航空组织等。而区域性国际组织则只在某一特定的地理范围之内遴选成员,如阿拉伯国家联盟、东南亚国家联盟、北大西洋公约组织。

第三,按照组织活动的领域,可以进一步划分为军事性、经济性、文化性、技术性国际组织。

五、国际组织法的形成与发展

随着国际组织数量日益增多,相关的规范和实践不断引起人们的注意,于是出现了国际组织法这一国际法的新部门。国际组织法是关于国际组织的法律地位、结构和职能,以及调整国际组织内部、不同国际组织之间、国际组织与其成员国和第三国之间关系的各种法律规范的总体。国际组织法产生于第二次世界大战以后,国际组织迅速形成和发展的过程中。它是对现有的国际组织规范及运行进行观察、归纳、总结、理论化之后所形成的成果。国际组织法分析了国际组织在成员结构、行政管理规程方面的类似问题,并提炼出国际组织的一些共性现象。①

---

① 在这一领域,武汉大学的梁西教授、北京大学的饶戈平教授都做过一些开创性的尝试。在英文学界则有很多被称为 the law of international organizations 或者 the law of international institutions 的专门研究成果。除了本章末尾列举的著作,值得关注的还有饶戈平主编:《国际组织与国际法实施机制的发展》,北京大学出版社 2013 年版;饶戈平主编:《全球化进程中的国际组织》,北京大学出版社 2005 年版;Ian Hurd, *International Organizations: Politics, Law, Practice* (4th ed., Cambridge University Press, 2020); Niels M. Blokker, *International Institutional Law* (6th ed., Brill | Nijhoff, 2018); Jacob Katz Cogan, Ian Hurd, and Ian (转下页)

第二节 国际组织法的基本内容

一、国际组织的成员资格

国际组织是由国家组成的,因而,只有国家才能取得国际法的国际组织的成员资格。但是,在实践中,很多国际组织允许国家以外的行为体以不同的身份参与组织的活动,并给予不同的待遇,如非完全成员、部分成员、联系成员、观察员。同时,开放性的国际组织会将成员分为创始成员和纳入成员。

(一)创始成员与纳入成员

创始成员(original members)是那些在组织宪章上签字并依其宪法予以批准的国家。联合国有51个创始会员国,它们是参加旧金山会议,或者以前签署过1942年《联合国家宣言》,并签署和依法批准《联合国宪章》的国家。

纳入成员(admitted members)是按照国际组织宪章的规定接纳的国家。一般而言,国际组织会对接纳新成员规定一定的条件。《联合国宪章》第4条第1款规定,"凡其他爱好和平之国家,接受本宪章所载之义务,经本组织认为确能并愿意履行该项义务者,得为联合国会员国。"

(二)完全成员、联系成员、观察员

完全成员(full members)是指在国际组织中享有所有权利承担所有义务的成员。一般只有国家可以取得完全成员的资格,但是一些国际组织也允许非国家实体成为完全成员,如巴勒斯坦在1976年被阿拉伯国家联盟,接纳成为该组织的完全成员。世界贸易组织允许中国一国四席,即

(接上页)Johnstone (eds.), *The Oxford Handbook of International Organizations* (Oxford University Press, 2016); Nigel White, *The Law of International Organisations* (3rd ed., Manchester University Press, 2016); Snezana Trifunovska, *Selected Documents and Cases on International Institutional Law* (Eleven International Publishing, 2013); Philippe Sands and Pierre Klein, *Bowett's Law of International Institutions* (6th ed., Sweet & Maxwell, 2011); Henry G. Schermers and Niels M. Blokker, *International Institutional Law: Unity Within Diversity* (5th ed., Martinus Nijhoff, 2011); Jan Klabbers, *An Introduction to International Institutional Law* (2nd ed., Cambridge University Press, 2009).

中国、中国香港、中国澳门、中国台北(即台湾、澎湖、金门、马祖)都是世界贸易组织的完全成员。

联系成员(associate members)是指没有满足成员资格,但是也可以参加该组织的某些活动的成员。联系成员不能作为完全成员在组织中存在,但是享有一定的权利。

观察员(observers)有临时和常设两种。国际组织通常临时邀请一些非成员国或其他实体参加它们的会议。还有一些国际组织接纳常设观察员代表团,如联合国1974年接纳巴勒斯坦解放组织作为常驻观察员、2012年11月29日联合国大会通过决议接受巴勒斯坦为联合国观察员国。

二、国际组织的表决制度

在国际组织的运行过程中,经常需要作出决议。决议对于国际关系而言具有重要的影响,有一些决议是直接具有约束力的,而另外一些决议虽然没有直接的约束力,但至少代表了国际社会一部分成员或者绝大多数成员的立场和观念。所以,国际组织在何种情况下能够通过一项决议就非常值得关注。表决制度就是在形成决议的过程中逐渐沉淀起来的一种安排。国际组织的表决制度主要有以下三种。

(一)全体一致

全体一致(unanimous)表决要求该组织的所有成员都表示同意,只要一个成员表示反对决议就无法通过。此时每一个国家都有否决权。这种制度建立在国家同意的基础之上,有利于维护国家主权。但是缺点也非常明显,由于国家之间对于重大政治问题很难达成一致,所以,为决议的通过造成了重大阻碍。19世纪的国际关系强调国家主权,所以当时的很多组织都采取全体一致的表决方式。国际会议也以此种标准决定是否通过决议。当时,只有少数涉及会议日程或其他简单的程序问题才允许以多数决的方式形成决议。科学技术方面的国际会议和国际组织一般采取多数通过的方式,个别情况才坚持全体一致原则。20世纪初的国际联盟就曾采取全体一致同意的方式,最后使该组织本身处于瘫痪状态。当前,在欧洲理事会、部长委员会、经合组织、阿伯理事会等组织,仍然采用全体一致原则。当然,即使在这些组织结构之内,全体一致也不是针对所有事项的。

(二)多数决

多数决(majority vote)包括简单多数和特定多数。简单多数就是指超过半数的多数即可通过,一般适用于关于一般事项或程序性事项的通过。特定多数,按照相关的规则,定为 2/3、3/4。在欧盟的体系之内,特定多数不仅与国家数相关,还与涉及的公民数或其他席位数相关,计算方法较为复杂。《联合国宪章》第 18 条第 2 款规定,联合国大会对于重要事项的决议,以到会投票会员国的 2/3 多数决定。1994 年《关于建立世界贸易组织的马拉喀什协定》第 9 条第 2 款规定,对该协定附件一中多边贸易协定所作出的解释决定,应由 3/4 多数成员通过。无论如何,多数的计算均应根据组织的宪法性文件确立。在国际联盟之后,由于很多国家弃权或者采取部分同意的方式,还有一些机制允许国家对条约或协定提出保留,全体一致的应用空间越来越小,多数决成为主流的表决制度。

国际组织在其宪法性文件中会规定何种事项属于重要事项,一般采取列举式,而非穷尽说明。此时,就可能出现关于一项事务是否属于重要决策的争议。对于这一事项的性质,往往会作为一个程序性问题,以简单多数通过。

在多数决通过的安排中,还有加权表决的情况。加权表决,就是在国际组织之中,某些国家拥有与其他国家不同的投票资格。例如,从联合国成立,苏联就有三个投票权,既包括苏联本身,也包括白俄罗斯和乌克兰。又如,欧洲联盟在世界贸易组织之中,既以欧盟的集体名义投票,每一个成员国也以世界贸易组织成员的身份同时投票。为了使某些国家在一些国际组织中的利益得到真正的表达,它们在组织中的投票权重就会存在着差异。例如,根据《国际货币基金组织协定》第 12 条第 5 款,每一成员享有 250 个基本投票权,同时在国际货币基金组织中,每拥有 10 万特别提款权的份额即可增加一票。

(三)协商一致通过

协商一致(concensus)通过是在联合国的实践中形成的制度。具体体现为无须投票,在成员国之间没有反对的情况下,即视为通过。在历史上,协商一致通过的方式是为了解决多数通过制度产生的问题而出现的。例如,联合国大会以 2/3 多数通过某些决议,事实上需要少数发达成员国的积极合作。但是这些成员国往往不愿意接受上述协议,投了反对票。由此,表面上决议通过,实际上无法真正实行。为了解决这样的问题,联合国大会不再就此类问题采取投票的方式通过,而是直接由协商委员会提出提案,让尽可能多的会员国认可,尤其是使那些对实施决议具有重大影响的会员接受。这样一来就有助于相关决议的实施。此种协商一致在一定程度上反映了现代人对于民主的认知,即从投票民主到协商民主。在一些国际条约的确立过程中,也会利用协商一致原则,如1982年《联合国海洋法公约》以协商一致的方式通过。

三、国际组织的法律地位

国际组织的法律地位,即国际组织的法律人格,包括国际组织在国际关系中的权利、义务、责任。国际组织的法律地位是由该组织的宗旨和职能所确定的。

国家之间为了治理而签订多边条约,建立起相应的国际组织。这一组织为了完成国家所赋予的目标,需要享有一定的权利义务。这些权利和义务的总体,即构成了国际组织的法律地位或法律人格。需要明确的是,国际组织的法律地位并不是该组织所自生的,而是由该组织的成员国所赋予的。这一论断的现实基础是,国际组织本身并不拥有领土、人民,因而也就不可能对于经济生产、财富流动拥有掌控权力。而这种掌控权力客观上是政府所享有的主权的前提,这印证了马克思主义关于经济基础决定上层建筑的重要观念。国际组织既然不拥有物质上的自主能力,因而也就不享有法律上的自身权利。这二者相辅相成、相应而生。

根据前一论断就可以理解,国际组织的法律人格一定是有限的。因为国家是在历史上由于惯性形成的一种治理架构,其法律人格是自然生成的,拥有国际关系之中的"自然权利"。国家的主权,无论是平等还是管辖,特别是自卫,都不是由国际法或国际组织赋予的,而是国家作为国际关系行为体自身的权利。国际组织的权利则必须以建立该组织的约章为依据,也就是自身拥有权力的国家的赋予和授权。因而,国际组织行使其职务,享有其权利,承担其义务,尤其是讨论其特权和豁免之时,必须以基本的该组织宪法性文件为基础,不能超越此种宪法性文件的范围,如联合国大会不拥有立法职能。

现代国际法越来越多地认可国际组织具有一定的法律人格。尽管国际组织不能凌驾于国家之上,不能完全独立于国家之外,然而它可以在国家明示或默示的范围之内享有自身的权利,承担相应的责任,采取一定的行动。

由上述可知,国际组织的权利、义务、责任、行动能力均应与国家在创立该组织时所赋予它的职能相适应。国际组织不是一个超越具体工作领域的抽象组织,而是一个具有明确的工作范围的组织安排,所以它的所有权利义务都不能超越它的职能范围,而仅可以在为达到其工作目标、完成国家所赋予的使命之内去享有相应的待遇和安排。

需要说明的是,尽管根据成文的规则,国际组织所拥有的权利是有限的,但是在实践发展的过程中,国际组织却有可能扩张它的权限和职能,去采取一些国际组织的宪法性文件中原本并没有赋予的权利。如果国际组织的成员以及国际组织外的国家、国际组织对此种权利扩张没有提出反对意见,就有可能促动国际组织权利、资格的拓展,这种事后的实践、默认态度会使国际组织的法律地位、行动范围有所扩大。

四、国际组织的特权和豁免

国际组织的特权和豁免分为两个层次:一是该组织所享有的;二是该组织成员国的代表及组织成员所享有的。根据《联合国宪章》第 105 条的规定,"本组织于每一会员国之领土内,应享受于达成其宗旨所必需之特权及豁免。"联合国会员国的代表及联合国的职员也同样享有为独立行使联合国职务而必需的特权和豁免。

至于代表和职员豁免的范围,一般由国际组织与相关成员国签订的协定或者制定国际公约加以规定。特别值得关注的是,1947 年《联合国与美利坚合众国关于联合国会所的协定》、1946 年《联合国特权与豁免公约》、1947 年《联合国专门机构特权与豁免公约》对于相关的问题做出了初步的框架性规定。1973 年《关于防止和惩处侵害应受国际保护人员包括外交代表的罪行的公约》也列举了政府间国际组织的官员及其代表人、代理人所享有的特权,尤其是人身不可侵犯的权利。国际组织特权和豁免的具体内容基本上都比照外交特权与豁免,但是因为它们的身份不是外交代表,所以它们的特权和豁免是有限的,仅仅在执行职务时享有。

联合国维和人员的安全保护问题与国际组织的特权豁免紧密相关。随着参加联合国维和行动的人员在执行任务的过程中遭受人身伤害和生命摧残的情况出现,维和人员的保护问题受到关注。因此,1946年《联合国特权与豁免公约》、1973年《关于防止和惩处侵害应受国际保护人员包括外交代表的罪行的公约》均应适用于维和人员,以保护他们的人身和生命。此外,联合国大会于1994年12月9日通过了《联合国人员和有关人员安全公约》,以保护联合国人员在执行使命时的安全。该公约共29条,涉及联合国人员和有关人员的定义、身份识别、过境、缔约国确保相关人员安全和保障义务、危害联合国人员和有关人员罪行的管辖起诉和引渡等规范。

五、区域性国际组织

(一)区域性国际组织的概念

区域性国际组织是自某一特定区域选取成员国的组织,目前在亚洲、非洲、美洲、欧洲和大洋洲都存在着一些区域性的国际组织。世界上主要的区域性国际组织是欧洲联盟、美洲国家组织、阿拉伯国家联盟、非洲联盟和东南亚国家联盟。除此之外,还有在组织形态上仍属于初级阶段的亚洲与太平洋经济合作组织。其中,一些是综合性的国际组织如美洲国家组织、非洲联盟;有一些是专门性的如阿拉伯石油输出国组织、非洲油料生产国组织等;还有一些是军事性的国际组织如北大西洋公约组织,以及以前存在的华沙条约组织。

(二)区域性国际组织的成员

区域性国际组织并不意味着所有的成员必须来自单一区域,有些组织会跨区域选举成员,但是区域组织和非区域组织最大的区别,就是区域组织的成员一定是来自某些特定地区的,而非区域性组织则可以在全球范围之内选举成员,也就是向世界范围开放。北大西洋国际公约组织和欧洲安全与合作组织的成员国都跨出了单一的区域界限。区域性国际组织的主要特征就是成员来自选定的地区,其他方面并无实质差异。

(三)区域性组织与联合国的关系

《联合国宪章》第八章规定了区域性组织与联合国之间的关系。第52条规定:"本宪章不得认为排除区域办法或区域机关、用以应付关于维持国际和平及安全而宜于区域行动之事件者;但以此项办法或机关及其工作与联合国之宗旨及原则符合者为限。"(第1款)"缔结此项办法或设立此项机关之联合国会员国,将地方争端提交安全理事会以前,应依该项区域办法,或由该项区域机关,力求和平解决。"(第2款)第53条规定,安理会在执行集体安全体制下的强制行动之时,可以在适当条件下利用区域办法或区域机关。在这种情况下,相关的区域组织应当与安理会相配合。1965年,在联合国安理会通过决议对南罗德西亚采取强制性制裁行动时,就曾要求非洲统一组织协助安理会决议的执行。区域组织在采取制裁行动或使用武力维持国际和平与安全的时候,必须得到安理会的授权。

《联合国宪章》第54条规定,无论何时,区域组织为维持国际和平与安全而采取或正在考虑采取行动时,都有义务向安理会报告。联合国改革高级别名人小组在其报告的第66部分涉及区域组织。报告认为,区域和次区域组织直接处理对和平与安全的威胁,应予鼓励。但关键是要在《联合国宪章》和联合国宗旨的框架内安排区域行动,确保联合国和与联合国合作的任何区域组织采取比以往更为统一的方式,安排此种行动。为此,在任何情况下,区域和平行动均应征得安理会的批准。同时确认,在某些紧迫情况下,可以在这种行动开始后再要求予以批准。这种情况仅限于情况紧迫之时,先采取和平行动,后申请安理会批准。因为此种权利很容易被滥用,所以在程序上仍然有必要进一步进行探索。

第三节 主要国际组织

一、国际联盟

国际联盟是一个历史上的国际组织,而非现实的国际组织。但是从国际组织发展的历史和国际法整体结构上看,国际联盟是一个不容忽视的重要存在。它不仅是人类历史上第一个全球性的综合性国际组织,而且是人们在国际关系理想主义场域的第一次尝试。它不仅代表了自康德以来的关于永久和平理论的实践,在很大程度上也为后来的国际组织积累了经验和教训。所以,国际联盟的地位和意义极为重要,不可忽视。

(一) 国际联盟的成立

国际联盟成立于1920年1月10日,其依据是《凡尔赛和约》。当时成立国际联盟的主导力量有两个方面：首先，第一次世界大战之后，战胜国试图对于战败国进行制度性的控制。以往的经验是召开一次国际会议形成一个国际法律体系，但是这种体系经常是不稳定的。所以，在以威尔逊为首的国际政治家建议之下，国际联盟就以一个稳定常态的组织的形式存在了。其次，在第一次世界大战之中成立了世界上第一个社会主义国家——苏联。苏联的存在使从《共产党宣言》时期就反映出来的西方诸国对共产主义的恐惧和打压变得更为突出。故而，这些国家都希望建立一个常设的国际制度来遏制像苏联这样的国家发展起来。为此，英国、法国、美国同意共同建立国际组织。另外，人类经历了一次大规模的战争，在战争中饱受困苦的人们也期待着国际社会能够形成一个相对稳定的制度环境来保证和平。这样，国际联盟就成了人们共同期待的组织。

(二) 国际联盟的职能

国际联盟的基础是《国际联盟盟约》。该盟约共有 26 条，主要规定了国际联盟的宗旨、目的、基本职能和任务、对于裁减军备的安排、对于防止战争和战争威胁的措施以及和平解决国际争端的程序，并初步建立了委任统治制度。在《国际联盟盟约》中规定了促进国际合作、保持国际和平与安全作为国际联盟的宗旨，不过盟约并没有禁止国家采取战争的权利。这就意味着在国际联盟的体系之中，战争仍然是国家对外交往的一个选择。

为了限制战争，《国际联盟盟约》对国家动用武力的权利做出了一些限制性的规定，比如在诉诸战争之前要先把争端提交到《国际联盟盟约》所建立的和平解决争端的程序，根据该程序作出决议之后三个月内，联盟成员不得诉诸战争。

委任统治制度是国际联盟的一个新安排。主要目的是处理德国的殖民地，即在战胜国之间重新瓜分过去属于战败国的殖民地，通过委任统治的方式将这种瓜分变得合法化、制度化。

(三) 国际联盟的机构

国际联盟建立了三个主要机关：大会、行政院和秘书处。

大会是国际联盟全体成员组成的议事机构，每年召开一次会议，负责处理属于联盟行动范围内或影响世界和平的任何事项。大会决议原则上需要全体一致同意才能通过，除非一些例外的情况。行政院由五个常任委员国和四个非常任委员国组成;如果大会同意,还可以增加。

行政院的职权,特别是与大会的职权划分并不清晰。当国际联盟处理行动范围内或影响世界和平的事项上,两个机关的职权并无差异。行政院的决议一律需要出席会议的常任委员国和非常任委员国的一致同意方可通过,但弃权与争端当事国的票不在考虑之内。秘书处是为国联服务的机关。

秘书长由行政院经大会同意委任。秘书长领导秘书处的工作。

《国际联盟盟约》第14条规定,建立国际常设法院。国际常设法院不是联盟的主要机关,这是它与后来诞生的国际法院的一个重要区别。

(四)国际联盟的地位作用及历史教训

国际联盟的建立意味着现代国际关系进入了一个新的历史阶段。对后世国际关系的组织化、条约化,尤其是以后国际组织的发展具有不可替代的意义。在其建立的第一个十年,国际联盟对于解决战争遗留问题、限制国家战争权、和平解决国际争端,具有不可置疑的作用。与此同时,国际联盟所设置的大会、行政院、秘书处这三个机关,一方面总结了历史上多边外交、国际会议、欧洲协调以及各种秘书工作的经验,组织建立具有较强的合理性。另一方面它们的实践为后来建立的联合国提供了宝贵经验。从法治运行上看,国际联盟的各种议事规则和表决制度对国际组织法的发展具有启发作用。但是,国际联盟的第二个十年遇到了诸多的困难和危机。至第二次世界大战爆发,国际联盟已经名存实亡。

国际联盟的失败主要有以下几个方面的原因:第一,缺乏大国的支撑。国际联盟排斥了苏联,并且也没有得到美国的支持。第二,国际联盟的道义基础没有真正的实现,在很大程度上仍然是殖民体系和大国强权的象征。第三,它的组织机构权限不清楚。第四,大会和行政院对于重要议题采取一致同意的表决规则,使其效率受到了极大的影响。第五,国际联盟没有形成一个具有实际执行力的机关,这样就使它想真正发挥维护国际和平与安全、协调各国合作的目标难以实现。

二、联合国

(一)联合国的宗旨与原则

联合国是当今世界最具普遍性、权威性和代表性的政府间国际组织。

联合国的宗旨是:维护国际和平与安全;发展国际间以尊重各国人民平等权利及自决原则为基础的友好关系;进行国际合作,以解决国际间经济、社会、文化和人道主义性质的问题,并促进对全体人类的人权和基本自由的尊重。为实现上述宗旨,联合国应遵循下列原则:(1)所有会员国主权平等;(2)各会员国应忠实履行根据宪章规定所承担的义务;(3)各会员国应以和平方法解决国际争端;(4)各会员国在国际关系中不得以不符合联合国宗旨的任何方式进行武力威胁或使用武力;(5)各会员国对联合国依照宪章所采取的任何行动应给予一切协助;(6)联合国在维护国际和平与安全的必要范围内,应确保使非会员国遵循上述原则;(7)联合国组织不得干涉在本质上属于任何国家国内管辖的事项,但此项规定不应妨碍联合国对威胁和平、破坏和平的行为及侵略行径采取强制行动。

(二)联合国成立

1945年4月25日,来自50个国家的代表在美国旧金山召开联合国国际组织会议。6月25日,通过了《联合国宪章》。6月26日,50国代表签署了《联合国宪章》。10月24日,中、法、苏、英、美和其他多数签字国递交批准书后,宪章生效,联合国正式成立。1947年,联合国大会决定,10月24日为联合国日。

(三)联合国的参与者

截至目前,联合国共有会员国193个。联合国除会员国外,还设有观察员(permanent observers)制度,邀请国际组织、非政府组织、实体参与联合国事务。会员国在联合国总部所在地设有常驻联合国代表团,观察员国在联合国总部设有常驻观察员代表团。

(四)联合国的位置、语言、标志

联合国总部设于美国纽约,在瑞士日内瓦、奥地利维也纳、肯尼亚内罗毕、泰国曼谷、埃塞俄比亚亚的斯亚贝巴、黎巴嫩贝鲁特、智利圣地亚哥分别设有办事处,它的办公室遍布世界各地。

联合国正式语言为中文、英文、法文、俄文、西班牙文和阿拉伯文。

联合国的正式徽记是一幅从北极俯瞰的世界地图,周围是两枝对称的橄榄枝。联合国旗帜的底色为浅蓝色,正中是一个白色的联合国徽记。

(五)联合国大会

联合国大会(General Assembly of the United Nations,简称"联大")是

由联合国全体193个会员国共同组成的主要审议、监督和审查机构。联大会议分为常会和特别会议两种。常会每年9月至12月举行一届,通常分为两个阶段,前段为一般性辩论阶段,后段为大会审议列入议程的各项议题阶段。特别会议在秘书长收到安全理事会或联合国会员国过半数所提出请求,或得到会员国过半数赞同开会的通知后召集。每届特别会议只审议一个特定的国际问题。1947年4月28日至5月15日的第一届特别会议讨论了巴勒斯坦问题。紧急特别会议系在有威胁和平、破坏和平、或侵略行为发生之时,秘书长收到安全理事会依据任何9个理事国的赞成票提出请求,或在收到联合国会员国过半数以其在临时委员会的赞成票或以他种方式表示请求,或在得到会员国过半数赞同开会的通知后24小时内召开。1956年11月1日召开第一届紧急特别会议。

根据《联合国宪章》,联大的职权包括:

1. 审议为维持国际和平与安全、包括裁军开展合作的一般原则并提出建议。

2. 讨论与国际和平与安全有关的任何问题,并就此提出建议,但当前由安全理事会讨论的争端或情势除外。

3. 除同样的争端或情势之外,讨论属于《宪章》范畴的任何问题或涉及联合国任何机关权力和职能的任何问题,并就此提出建议。

4. 开展研究和提出建议,促进国际政治合作、国际法的发展和编纂、人权和基本自由的实现以及经济、社会、人道主义、文化、教育和健康领域的国际合作。

5. 就和平解决可能妨碍国家间友好关系的任何情势提出建议。

6. 收取并审议安全理事会和联合国其他机关的报告。

7. 审议和批准联合国预算,并确定会员国的分摊会费。

8. 选举安全理事会非常任理事国以及联合国其他理事会(经社理事会、托管理事会)和机关的成员,并根据安全理事会的建议任命秘书长。

9. 在和平似乎受到威胁、破坏或出现侵略行为时,如安全理事会因一常任理事国投反对票而未能采取行动,大会也可采取行动。大会可立即审议有关事项,以便建议会员国集体采取措施,维护或恢复国际和平与安全。

10. 与安理会分别选举国际法院的法官。

11. 根据安理会的推荐,批准接纳新会员国。

联大通过的决议不具有法律约束力,只能向会员国或安理会提出建议,而无权迫使任何一国政府采取任何行动。大会在一定程度上代表了国际社会的大多数意愿,具有道义力量。

每一个会员国在大会有一个投票权。大会设主席1人,副主席21人,由全体会议选举产生。安理会5个常任理事国是当然的副主席,其余副主席席位按地区分配原则选出,即非洲6席、亚洲5席、东欧1席、拉美3席、西欧及其他国家2席。大会主席所属地区的副主席名额减少1个。大会主席由上述5个地区轮流推选本地区代表并经大会选举担任。大会主席实际上仅以主持议事进行为主;秘书长是联合国组织实际上的核心人物,以协调各国意见、组织具体工作的方式来落实大会决议等事务,在国际间发挥重大的影响力。

联大还设有总务委员会、全权证书委员会、行政预算咨询委员会和会费委员会。(1)总务委员会由联大主席、副主席和6个委员会的主席组成,负责就议题项目的通过、议题的分配和会议的组织工作提出报告,交联大全体会议决定。(2)全权证书委员会由联大根据上届联大主席提议任命的9个会员国组成,负责审查各国出席会议代表的全权证书。(3)行政预算咨询委员会由联大任命16人组成,负责联合国方案预算的专业审查,并协助第五委员会工作。(4)会费委员会由联大任命的18名专家组成,负责就各会员国间分摊联合国的会费问题向联大提供意见。

(六)安全理事会

联合国安全理事会(United Nations Security Council)是联合国下属的6个主要机关之一,是联合国体系中唯一有权采取强制性行动的机构。成立于1946年1月13日。其组织形式使之可以持续地工作,而安理会每一理事国都必须始终有一名代表驻在联合国总部。

根据《联合国宪章》,安理会负有维护国际和平与安全的首要责任,并代表全体会员国意志行事。主要职能是:调查任何国际争端或可能引起国际摩擦的局势;促请争端当事国和平解决争端;断定威胁和平、破坏和平的行为或侵略行为,并可采取经济、外交、军事行动予以制止;向联大推荐新会员国和秘书长;与联大一起选举国际法院法官等。

1945年联合国成立时,安理会有11个理事国,包括中国、法国、英国、美国、苏联(后由俄罗斯继承)5个常任理事国和6个非常任理事国。

1963年，第18届联合国大会通过决议，增加4个非常任理事国。从1965年开始，安理会成员增至15个。非常任理事国由联大选举产生，任期两年，不得连任，每年改选5个。《联合国宪章》规定，选举非常任理事国应考虑各国对维持国际和平与安全的贡献及公平地域分配原则。1963年，联合国大会决议规定非常任国席位分配如下：亚洲和非洲5席、拉美2席、东欧1席、西欧及其他国家2席。安理会设轮值主席，由安理会理事国依国名英文字母顺序按月轮流担任。

安理会实行一国一票。《联合国宪章》规定对程序性和实质性问题采用不同的表决方式。对程序性问题，须9个以上理事国赞成方可通过。对实质性问题，须9个以上理事国赞成，且无常任理事国反对才能通过，也就是常任理事国享有"否决权"。安全理事会所有理事国都有义务履行安理会的决定，其决议对各国均有约束力。

(七) 秘书处

联合国秘书处负责联合国各种日常工作。秘书处为联合国其他主要机关服务，并执行这些机关制订的方案与政策。秘书处的首长是秘书长，秘书长由联大根据安全理事会的推荐任命，任期五年，可以连任。

秘书处的职责同联合国所处理的问题一样多种多样，范围从管理维持和平行动到调停国际争端、从调查经济及社会趋势和问题到编写关于人权和可持续发展问题的研究报告。秘书处工作人员还使世界各通信媒体了解和关心联合国的工作；就全世界所关切的问题组织国际会议；监测联合国各机构所作决定的执行情况；将发言和文件翻译成联合国各正式语言。秘书处工作人员和秘书长都对联合国负责，并宣誓不寻求或接受联合国以外任何政府或其他当局的指示。根据《联合国宪章》，各会员国承诺尊重秘书长和工作人员责任的专属国际性，决不设法不当影响其责任的履行。1997年第52届联大通过决议，增设联合国常务副秘书长一职。常务副秘书长是秘书长办公室的一个组成部分，将根据现有决策制度，受秘书长委托，承担包括协助秘书长管理秘书处业务，在秘书长不在的情况下在联合国总部代理秘书长，加强联合国在经济和社会领域的领导，代表秘书长出席会议和公务活动等职责。秘书长将在与会员国协商后按照《联合国宪章》任命常务副秘书长，常务副秘书长的任期不超过秘书长的任期。

秘书处下设的工作班子包括负责发展和国际经济合作的总监办公室和秘书长办公室若干个,以及包括政治和安全理事会事务司和裁军事务司在内的司级组织若干个。联合国各地区性委员会、全部附属机构、专门机构以及因处理临时任务而成立的机构的首席行政负责人也包括在总部工作班子之内。按《联合国宪章》规定,秘书长和秘书处职员只对联合国负责,不得请求或接受任何政府的指示。

2007年3月15日,第61届联合国大会通过两份框架性决议,增设联合国维和行动服务部,由秘书长任命一位副秘书长负责;成立联合国裁军事务办公室,取代裁军事务部,由一位副秘书长级别的高级代表负责。

(八) 国际法院

国际法院是联合国六大主要机构之一和最主要的司法机关,是主权国家政府间的司法裁判机构,根据《联合国宪章》于1945年6月成立。1945年的《国际法院规约》以1920年《国际常设法院规约》为基础起草,是《联合国宪章》不可分割的组成部分。

国际法院的主要职能是对联合国成员国所提交的案件做出有法律约束力的判决,并就正式认可的联合国机关和专门机构提交的法律问题提供咨询意见。国际法院是具有明确权限的民事法院,没有附属机构。国际法院没有刑事管辖权,因此无法审判个人,这种刑事审判由国内管辖或联合国特设刑事法庭或国际刑事法院管辖。①

(九) 托管理事会

托管理事会(United Nations Trusteeship Council)是联合国的一个主要机关,其任务为监督置于托管制度之下的托管领土的管理。托管制度的主要目标是促进托管领土居民的进展以及托管领土朝自治或独立方向的逐渐发展。托管理事会由安全理事会的5个常任理事国组成——即中国、法国、俄罗斯、英国和美国。《联合国宪章》规定,托管理事会有权审查并讨论管理当局就托管领土人民的政治、经济、社会和教育方面进展提出的报告,会同管理当局审查托管领土的请愿书,并对托管领土进行定期的和其他特别的视察。随着联合国剩下的最后一个托管领土帕劳于1994年10月1日取得独立,托管理事会于1994年11月1日停止运作。托管

---

① 关于国际法院更多的问题,见本书国际争端解决部分。

理事会 1994 年 5 月 25 日通过决议,决定修改其议事规则,取消每年举行会议的规定,并同意视需要举行会议——理事会或理事会主席作出决定,或理事会多数成员或大会或安全理事会提出要求。

(十)经济及社会理事会

联合国经济及社会理事会(United Nations Economic and Social Council),是根据《联合国宪章》处理人口、世界贸易、经济、社会福利、文化、自然资源、工业化、人权、教育科技、妇女地位、卫生及其他有关事项的联合国机构,亦是协调联合国内部各专门机构的经济和社会工作的机构。

经社理事会一共有 54 个理事国,其席位按地区分配,其中非洲占 14 个、西欧及其他各国 13 个、亚洲 11 个、中美洲、南美洲 10 个、东欧 6 个席位,其中每年的 1/3 即 18 个由联合国大会选举而出,任期 3 年。每一理事国有一个投票权。理事会之决议,应以到会及投票之理事国过半数表决之。理事会实质性会议每年 7 月举行一次,会期 4 周,在纽约和日内瓦之间交替举行。经济及社会理事会主席团系在每年 7 月由全体理事会选举产生。主席团的主要职能是在联合国秘书处的协助下提出议程、起草工作方案和组织举办会议。经社理事会与致力于可持续发展的各类联合国实体保持联系,为之提供全面指导和协调。这些实体包括各区域经济和社会委员会、促进重大全球性问题政府间讨论的各职司委员会和世界各地致力于将发展承诺转化为人们生活中实实在在的改观的各专门机构、方案和基金。经社理事会设有 8 个职司委员会、5 个区域性机构以及 3 个常设委员会,处理有关工作。同 15 个有关经济、社会、文化方面的联合国专门机构建立工作关系,以及与四五百个非政府组织,与各国议会联盟、国际红十字会等,建立咨询关系。

经社理事会的职权是协调联合国及各专门机构的经济和社会工作,研究有关国际间经济、社会、发展、文化、教育、卫生及有关问题;就其职权范围内的事务,召开国际会议,并起草公约草案提交联大审议;其他联大建议执行的职能。同时还负责联合国各次主要会议和首脑会议的后续活动。安理会常任理事国通常能当选为经社理事会理事国。

(十一)中国与联合国的关系

中国是联合国创始会员国之一,是第一个在《联合国宪章》上签字的国家。1971 年 10 月 25 日,第 26 届联合国大会通过了关于恢复中华人民共和国在联合国一切合法权利的第 2758 号决议,承认中华人民共和国政府的代表是中国在联合国组织的唯一合法代表。

50 多年来,中国坚定支持联合国在维护世界和平、促进共同发展方面发挥的重要作用,坚定支持多边主义,坚定维护以联合国为核心的国际体系。中国始终维护联合国权威和地位,践行多边主义,中国同联合国合作日益深化。中国忠实履行联合国安理会常任理事国职责和使命,维护联合国宪章宗旨和原则,维护联合国在国际事务中的核心作用。中国积极倡导以和平方式政治解决争端,派出 5 万多人次参加联合国维和行动,已经成为第二大联合国会费国、第二大维和摊款国。中国率先实现联合国千年发展目标,带头落实 2030 年可持续发展议程,对世界减贫贡献超过 70%。

面向未来,中国将继续与联合国加强合作,推动以对话协商解决地区热点问题,应对好各种全球性威胁和挑战。中国将继续做世界和平的建设者、全球发展的贡献者和国际秩序的维护者,与各国携手构建人类命运共同体。中国主张,"推动构建人类命运共同体,需要一个强有力的联合国,需要改革和建设全球治理体系。世界各国应该维护以联合国为核心的国际体系、以国际法为基础的国际秩序、以联合国宪章宗旨和原则为基础的国际关系基本准则。国际规则只能由联合国 193 个会员国共同制定,不能由个别国家和国家集团来决定。国际规则应该由联合国 193 个会员国共同遵守,没有也不应该有例外。对联合国,世界各国都应该秉持尊重的态度,爱护好、守护好这个大家庭,决不能合则利用、不合则弃之,让联合国在促进人类和平与发展的崇高事业中发挥更为积极的作用。中国愿同各国秉持共商共建共享理念,探索合作思路,创新合作模式,不断丰富新形势下多边主义实践"①。

联合国内部机构有很多,与我国关系密切的有难民事务高级专员公署(The Office of the United Nations High Commissioner for Refugees, UNHCR)、环境规划署(United Nations Environment Programme, UNEP)、人居署(United Nations Human Settlements Programme, UN-HABITAT)、非政府组织委员会(Committee on Non-Governmental Organizations)、联合国人口基

---

① 习近平:《在中华人民共和国恢复联合国合法席位 50 周年纪念会议上的讲话》(2021 年 10 月 25 日),载《人民日报》2021 年 10 月 26 日,第 2 版。

金(United Nations Population Fund, UNFPA)、联合国儿童基金会(United Nations Children's Fund, UNICEF)、联合国社会发展委员会(Commission for Social Development)、联合国麻醉品委员会(Commission on Narcotic Drugs, CND)、联合国妇女地位委员会(Commission on the Status of Women, CSW)等。

三、联合国专门机构

联合国专门机构,指称那些根据特别协定而同联合国建立关系的或根据联合国决定而创设的那种对某一特定业务领域负有国际责任的政府间专门性国际组织。这些国际组织在组织和活动上具备独立性,有其本身的组织约章、机关体系、议事规则和经费来源,不是联合国的附属机构;有其本身的会员国、联系会员国和观察员,联合国的成员国并不当然是专门机构的成员国,但可以根据订立的协定与联合国建立特殊的法律关系。联合国专门机构在经济、文化、社会、教育、科学、卫生等专门领域从事活动。联合国承认联合国专门机构的职权范围,专门机构承认联合国有权向它提出建议并协调其活动,专门机构要定期向联合国提出工作报告,双方互派代表出席彼此的会议,但没有表决权。彼此可以交换情报与文件,彼此协调在人事、预算和财政方面的安排。联合国经济及社会理事会负责协调联合国与专门机构的关系。

(一)国际劳工组织

国际劳工组织(International Labour Organization, ILO) 1919 年根据《凡尔赛和约》成立,最初是与国际联盟有关系的独立机构。其最初章程《国际劳工组织章程》是《凡尔赛和约》的第 8 编。1946 年 12 月 14 日,国际劳工组织成为与联合国建立关系的第一个专门机构。其宗旨是:促进充分就业和提高生活水平;促进劳资双方合作;扩大社会保障措施;保护工人生活与健康。主要活动是:从事国际劳工立法、制定公约和建议书;提供援助和技术合作。国际劳工组织的内部机构,主要是大会(最高权力机构)、理事会(执行委员会)和国际劳工局(常设秘书处,受理事会监督的执行机关)。大会由每一会员国的 4 名代表组成,其中政府代表 2 人,其余 2 人分别代表雇主和工人。理事会由 48 名成员组成,其中政府代表 24 人,雇主代表和工人代表各 12 人。总部设在瑞士日内瓦。

(二)粮食与农业组织

联合国粮食及农业组织(Food and Agriculture Organization of the United Nations,FAO,简称粮农组织),1945年10月16日在加拿大渥太华签署该组织章程而成立,是各成员国间讨论粮食和农业问题的国际组织。1946年12月成为联合国的专门机构。其宗旨是提高人民的营养水平和生活标准,改进农产品的生产和分配,改善农村和农民的经济状况,促进世界经济的发展并保证人类免于饥饿,加强个别和集体的行动以提高共同福利。主要职能是:收集、整理、分析和传播世界粮农生产和贸易信息;向成员国提供技术援助,动员国际社会进行投资,并执行国际开发和金融机构的农业发展项目;向成员国提供粮农政策和计划的咨询服务;讨论国际粮农领域的重大问题,制定有关国际行为准则和法规,谈判制定粮农领域的国际标准和协议,加强成员国之间的磋商和合作。主要机构为大会、理事会;理事会下设计划、财政、章法、农业、渔业、林业、商品问题和世界粮食安全8个委员会。总部在意大利罗马。

(三)教育科学及文化组织

联合国教育、科学及文化组织(United Nations Educational, Scientific and Cultural Organization,UNESCO,简称教科文组织)成立于1946年,宪法性文件为1945年通过的《联合国教育、科学及文化组织组织法》。宗旨是通过教育、科学及文化促进各国间合作,对和平与安全做出贡献,以增进对正义、法治及《联合国宪章》所确认之世界人民不分种族、性别、语言或宗教均享人权与基本自由之普遍尊重。组织机构主要为大会、执行局和秘书处,总部位于法国巴黎。

(四)世界卫生组织

世界卫生组织(World Health Organization, WHO)成立于1948年,为联合国专门机构。宗旨是使全世界人民获得尽可能高水平的健康。该组织将健康定义为"身体、精神和社会生活的完美状态"。组织机构主要为世界卫生大会、执行委员会和秘书处。总部位于瑞士日内瓦。

(五)国际货币基金组织

国际货币基金组织(International Monetary Fund, IMF)1945年12月27日成立,其宪法性文件是1944年7月在布雷顿森林会议签订的《国际货币基金组织协定》。其与世界银行同时成立、并列为世界两大金融机构。其职责是监察货币汇率和各国贸易情况,提供技术和资金协助,确保全球金融制度运作正常。最高权力机构为理事会,负责日常工作的是执行董事会。总部设在美国华盛顿。

(六)世界银行

狭义的世界银行(The World Bank)指国际复兴开发银行(International Bank for Reconstruction and Development, IBRD)。成立于1945年,宪法性文件为《国际复兴开发银行协定》。其宗旨是:(1)通过对生产事业的投资,协助成员国经济的复兴与建设,鼓励不发达国家对资源的开发。(2)通过担保或参加私人贷款及其他私人投资的方式,促进私人对外投资。当成员国不能在合理条件下获得私人资本时,可运用该行自有资本或筹集的资金来补充私人投资的不足。(3)鼓励国际投资,协助成员国提高生产能力,促进成员国国际贸易的平衡发展和国际收支状况的改善。(4)在提供贷款保证时,应与其他方面的国际贷款配合。在成立世界银行之初,主要资助西欧国家恢复战后经济,1948年以后,欧洲各国依赖美国的"马歇尔计划"获得经济发展,世界银行主要向发展中国家提供中长期贷款与投资,促进发展中国家经济和社会发展,总部位于美国华盛顿。

广义的世界银行是指世界银行集团,由国际复兴开发银行、国际开发协会(International Development Association, IDA,1960年成立,向最贫困国家的政府提供无息贷款和赠款)、国际金融公司(IFC,1956年成立,是专注于私营部门的全球最大发展机构。IFC通过投融资、动员国际金融市场资金以及为企业和政府提供咨询服务,帮助发展中国家实现可持续增长)、多边投资担保机构(MIGA,1988年成立,目的是促进发展中国家的外国直接投资,以支持经济增长、减少贫困和改善人民生活。MIGA通过向投资者和贷款方提供政治风险担保履行其使命)和国际投资争端解决中心(ICSID,1966年成立,主要解决投资者和东道国之间的投资争端)5个成员机构组成。

(七)国际民用航空组织

国际民用航空组织(International Civil Aviation Organization, ICAO,简称国际民航组织)前身为根据1919年《巴黎航空公约》成立的空中航行国际委员会(ICAN),为协商包括航空客货运输在内的政治和技术问题,各国1944年11月1日至12月7日参加了在芝加哥召开国际会议,签订了《国际民用航空公约》(通称《芝加哥公约》),1947年4月4日《芝加哥公约》正式生效,国际民航组织由此正式成立,5月13日,正式成为联合国专门机构。其宗旨和目的在于发展国际航行的原则和技术,促进国际民用航空安全、有序地规划和发展,制定国际空运标准和条例。主要机构有大会、理事会、秘书处。总部设在加拿大蒙特利尔。

(八)万国邮政联盟

万国邮政联盟(Universal Postal Union, UPU)成立于1874年,1948年成为联合国专门机构。宗旨是组织和改善国际邮政业务,促进此领域的国际合作与发展。通过邮政业务的有效工作,发展各国人民之间的联系,以实现在文化、社会与经济领域促进国际合作的崇高目标。其由大会、国际局、行政理事会、邮政经营理事会等机构组成。总部位于瑞士伯尔尼。

(九)世界知识产权组织

世界知识产权组织(World Intellectual Property Organization, WIPO)成立于1967年,1974年成为联合国专门机构。宗旨是:通过国家之间的合作,并在适当情况下与其他国际组织配合,促进世界范围内的知识产权保护;保证各知识产权联盟间的行政合作。组织机构主要为大会、成员国会议、协调委员会和秘书处。总部位于瑞士日内瓦。

(十)国际原子能机构

国际原子能机构(International Atomic Energy Agency, IAEA)成立于1957年7月29日,是一个世界各国政府在原子能领域进行科学技术合作的机构。主持制定了《及早通报核事故公约》《核事故或辐射紧急情况援助公约》《核安全公约》等,尤其是1997年机构缔结了《乏燃料管理安全和放射性废物管理安全联合公约》《修订〈关于核损害民事责任的维也纳公约〉议定书》及《补充基金来源公约》等一系列与核安全、辐射安全、废物管理安全标准有关的国际法文件。组织机构包括大会、理事会和秘书处。总部设在奥地利维也纳。

(十一)世界旅游组织

世界旅游组织(World Tourism Organization, UNWTO)成立于1975年

1月2日,2003年成为联合国专门机构。宗旨是促进和发展旅游事业,使之有利于经济发展、国际间相互了解、和平与繁荣以及不分种族、性别、语言或宗教信仰、尊重人权和人的基本自由,并强调在贯彻这一宗旨时要特别注意发展中国家在旅游事业方面的利益。主要组织机构为全体大会、执行委员会、秘书处和地区委员会。总部位于西班牙马德里。

(十二)联合国工业发展组织

联合国工业发展组织(United Nations Industrial Development Organization, UNIDO),成立于1966年,最初为联合国的多边技术援助机构,1985年6月转为联合国专门机构。任务是帮助、促进和加速发展中国家的工业化和协调联合国系统在工业发展方面的活动。宗旨是通过开展技术援助和工业合作促进发展中国家和经济转型国家的经济发展和工业化进程。主要活动是通过一系列的综合服务,在政策、机构和企业三个层次上帮助广大发展中国家和经济转型国家提高经济竞争力,改善环境,增加生产性就业。组织机构有大会、理事会、方案和预算委员会、秘书处。总部设在奥地利维也纳。

(十三)国际海事组织

原名政府间海事协商组织,1959年根据《政府间海事协商组织公约》成立于伦敦,1982年更名为国际海事组织(International Maritime Organization, IMO),成为联合国专门机构。宗旨是促进各国的航运技术合作,鼓励各国在促进海上安全、提高船舶航行效率、防止和控制船舶对海洋污染方面采用统一的标准,处理有关的法律问题。组织机构主要为大会、理事会、秘书处及5个专门委员会。总部位于伦敦。

(十四)国际农业发展基金

联合国于1974年11月在罗马召开世界粮食会议,决定建立国际农业发展基金(International Fund for Agricultural Development, IFAD, 简称农发基金),作为联合国专门机构之一。1977年11月,《关于建立国际农业发展基金的协议》正式生效,1978年1月,国际农发基金开始业务活动。其宗旨是通过筹集资金,以优惠条件提供给发展中的成员国,用于发展粮食生产,改善人民营养水平,逐步消除农村贫困。组织机构有理事会、执行董事会和内设行政机构等。总部位于意大利罗马。

(十五)国际电信联盟

国际电信联盟(International Telecommunication Union, ITU),成立于1865年5月17日,是负责信息通信事务的专门机构。宗旨是维护和扩大成员之间合作,促进电信资源合理使用,促进和提供对发展中国家及不发达国家技术援助,促进新技术发展及在全球的推广应用。组织机构包括全权代表大会、理事会、总秘书处和无线电通信部门、电信标准化部门、电信发展部门。总部设在瑞士日内瓦。

(十六)世界气象组织

世界气象组织(World Meteorological Organization, WMO)的前身是诞生于1873年的国际气象组织(IMO),1947年9—10月在华盛顿市召开的国际气象组织各国气象局局长会议通过了《世界气象公约》草案,1950年3月23日该公约生效,国际气象组织改名为世界气象组织。次年它成为联合国有关气象(天气和气候)、业务水文和相关地球物理科学的专门机构。其宗旨包括:便利于全世界合作建立网络,以进行气象、水文和其他地球物理观测,并建立提供气象服务和进行观测的各种中心;促进建立和维持可迅速交换气象情报及有关资料的系统;促进气象观测的标准化,并保证观测结果与统计资料的统一发布;推进气象学在航空、航运、水事问题、农业和其他人类活动领域中的应用;促进实用水文活动,加强气象服务部门与水文服务部门间的密切合作;鼓励气象学和适宜的其他有关领域中的研究与培训。机构包括世界气象大会、执行理事会、区域协会、技术委员会和秘书处。总部位于瑞士日内瓦。

四、欧洲联盟

(一)欧洲联盟的性质

欧洲联盟(简称欧盟)是发展最成熟的区域性国际组织。① 欧盟前身

---

① 我国学者对于欧盟法的关注,集中于20世纪90年代之后的20年,此后的关注逐渐淡化。相关研究可参见回颖:《欧盟法的辅助性原则》,中国人民大学出版社2015年版;宋锡祥主编:《〈里斯本条约〉与欧盟法的发展》,上海社会科学院出版社2012年版;张彤主编:《欧盟法概论》,中国人民大学出版社2011年版;欧洲联盟官方出版局编:《欧洲联盟基础法》,苏明忠译,国际文化出版公司2010年版;王维达编著:《欧洲联盟法》,格致出版社2009年版;曾令良:《欧洲联盟法总论:以〈欧洲宪法条约〉为新视角》,武汉大学出版社2007年版。

是欧洲共同体（德语：Europäische Gemeinschaft，法语：Communautés européenne），简称欧盟（EU），是欧洲国家成立的政治、经济实体联盟，同时在外交、国防、司法、内政等方面也力图达成统一协调的合作，欧盟总部设在比利时首都布鲁塞尔。

(二) 欧洲联盟的发展

欧盟由欧洲共同体发展而来。1946年9月，英国首相温斯顿·丘吉尔(Winston Leonard Spencer Churchill, 1874—1965)曾提议建立"欧洲合众国"，其他人士也提出类似建议。1949年成立的欧洲委员会成为第一个泛欧组织。1950年5月9日，法国外交部部长罗伯特·舒曼(Robert Schuman, 1886—1963)提出"欧洲煤钢共同体计划"（舒曼计划），整合欧洲煤钢工业，以约束德国，应对冷战。1951年4月18日，法国、意大利、比利时、荷兰、卢森堡、联邦德国签署为期50年的《关于建立欧洲煤钢共同体的条约》(《巴黎条约》)，1952年欧洲煤钢共同体成立，合作推动煤与钢铁的生产销售。1955年6月1日，欧洲煤钢共同体6成员国外长在意大利墨西拿举行会议，建议将煤钢共同体的原则推广到其他经济领域，并建立共同市场。在欧洲防卫共同体和欧洲政治共同体的倡议失败之后，各国领导人召开墨西拿会议，成立斯巴克委员会，将下一步合作的目标放在经济统合，1957年3月25日，6国外长在罗马签署建立欧洲经济共同体与欧洲原子能共同体的两个条约(《罗马条约》)，1958年1月1日生效。欧洲经济共同体和欧洲原子能共同体1958年成立，旨在创造共同市场，取消会员国间的关税，促进会员国间商品、服务、资金、人员的自由流动。1958年1月1日欧洲投资银行(European Investment Bank)成立，1959年正式开业。总行设在卢森堡。1965年4月8日，6国签订《布鲁塞尔条约》，决定将煤钢共同体、原子能共同体、经济共同体统一起来，建立单一的"欧洲共同体"（简称欧共体）。条约于1967年7月1日生效，欧共体总部设在比利时布鲁塞尔。1987年7月1日，欧洲单一法案生效。1991年12月，欧洲共同体马斯特里赫特首脑会议通过《欧洲联盟条约》，通称《马斯特里赫特条约》。1993年11月1日，《马斯特里赫特条约》正式生效，欧盟正式诞生。《欧洲联盟条约》经过多次修订，当前欧洲联盟的运行依据是《里斯本条约》。1997年，欧盟通过了《稳定和增长公约》《欧元的法律地位》《新的货币汇率机制》等欧元运行机制文件。1997

年6月17日,欧盟通过了补充修订《马斯特里赫特条约》的《阿姆斯特丹条约》,这一条约1999年5月1日正式生效。2005年1月,欧洲议会全会表决批准了《欧盟宪法条约》,但后来由于法国、荷兰全民公决否决而无法生效。

(三)欧元与欧洲的统一货币政策

1999年1月1日,一些欧洲联盟国家决议实行以欧元为中心的统一货币政策(Single Monetary Act),2002年7月欧元成为这些国家的合法货币。欧元由欧洲中央银行(European Central Bank,ECB)和各欧元区国家的中央银行组成的欧洲中央银行系统(European System of Central Banks,ESCB)负责管理。采用欧元的国家有奥地利、比利时、法国、德国、芬兰、荷兰、卢森堡、爱尔兰、意大利、葡萄牙、西班牙(以上1998年决定启用)、希腊(2000年加入)、斯洛文尼亚(2007年加入)、塞浦路斯、马耳他(2008年加入)、爱沙尼亚(2011年加入)、立陶宛(2015年加入),克罗地亚(2023年将加入),这些国家组成欧元区。在非欧盟国家中,摩纳哥、圣马力诺、梵蒂冈、安道尔4个袖珍国根据与欧盟的协议使用欧元,黑山和科索沃地区则单方面使用欧元。

(四)欧洲联盟的成员国

欧洲联盟的创始成员有德国、法国、意大利、荷兰、比利时和卢森堡6国;1973年,丹麦、英国、爱尔兰加入;1981年,希腊加入;1986年,西班牙、葡萄牙加入;1995年,瑞典、芬兰、奥地利加入;2004年,马耳他、塞浦路斯、波兰、匈牙利、捷克、斯洛伐克、斯洛文尼亚、爱沙尼亚、拉脱维亚、立陶宛10国加入;2007年,罗马尼亚和保加利亚加入。2017年,英国以全民公投的方式决定脱欧,2020年1月正式脱离欧盟,是唯一退出欧盟的国家。欧盟的成员国目前有27个,包括德国、法国、意大利、荷兰、比利时、卢森堡、丹麦、爱尔兰、希腊、西班牙、葡萄牙、奥地利、瑞典、芬兰、马耳他、塞浦路斯、波兰、匈牙利、捷克、斯洛伐克、斯洛文尼亚、爱沙尼亚、拉脱维亚、立陶宛、保加利亚、罗马尼亚、克罗地亚。1987年,土耳其申请加入,2022年,乌克兰、格鲁吉亚、摩尔多瓦申请加入欧盟。

(五)欧洲联盟的机构

欧盟设置为达到其宗旨而负担相关职能的机构,包括:

1.欧洲首脑理事会(European Council),又称欧盟首脑会议或欧盟峰会,是欧盟的最高决策机构。由成员国国家元首或政府首脑及欧洲首脑理事会主席、欧委会主席组成。主席任期2年半,可连任一届。

2. 欧盟理事会(Council of the European Union),又称欧盟部长理事会,是欧盟的立法与政策制定、协调机构。理事会由每个成员国各1名部长级代表组成,在理事会会议上代表其成员国政府进行投票表决。理事会按不同领域划分为若干个部长理事会。除外长理事会外,理事会主席由各成员国轮任,任期半年。

3. 欧盟委员会(European Commission),简称欧委会,欧盟立法建议与执行机构。本届委员会由每个成员国1名代表组成,其中主席1人,副主席8人。

4. 欧洲议会(European Parliament),欧盟监督、咨询和立法机构。议员由成员国直接普选产生,任期5年。设议长1人,副议长14人,任期2年半,可连选连任。

5. 欧盟对外行动署(European External Action Service),由欧盟外交与安全政策高级代表(兼任欧盟委员会副主席)领导,协调成员国外交政策。

6. 欧洲法院(European Court of Justice)是欧盟的仲裁机构,负责审理和裁决在执行欧共体条约和有关规定中发生的各种争端。

7. 欧洲中央银行(European Central Bank, ECB)是根据1992年《马斯特里赫特条约》规定而设立的欧元区中央银行,是共同货币政策的制定者、实施者、监督者,总部设在德国金融中心法兰克福。ECB是欧洲经济一体化的产物,是世界上第一个管理超国家货币的中央银行,也是为了适应欧元发行和流动而设立的金融机构。欧央行的职责和结构以德国联邦银行为模式,独立于欧盟机构和各国政府之外。欧央行的主要任务是维持欧元购买力,保持欧元区物价稳定。欧央行管理主导利率、货币储备与发行,以及制定欧洲货币政策。欧元区货币政策的权力虽然集中了,但是具体执行仍由欧元区成员国央行负责。欧元区各国央行仍保留自己的外汇储备,欧央行的储备由各成员国央行根据本国在欧元区内的人口比例和国内生产总值的比例来提供。欧央行管理委员会是最高决策机构,负责制定利率和执行货币政策,由6名执行董事会成员和欧元区成员国央行行长组成,每月定期召开会议。

8. 欧盟审计院(European Court of Auditors)成立于1977年10月,由12人组成,均由理事会在征得欧洲议会同意后予以任命。审计院负责审计欧共体及其各机构的账目,审查欧共体收支状况,并确保对欧共体财政进行正常管理。其所在地为卢森堡。

9.欧洲统计局位于卢森堡,是欧盟统计工作的最高行政机构。欧洲统计局并非单独执行欧盟统计工作,而是依赖于名为"欧洲统计系统"(European Statistical System)的工作网络。该统计体系由欧洲统计局、欧盟成员国及冰岛、挪威和列支敦士登的统计机构和中央银行共同组成。成员国机构负责收集本国统计数据并进行编辑,欧洲统计局的作用则是与各成员国统计机构紧密合作,协调、整合统计资源,按照欧盟的需要汇总分析成员国提供的统计数据。

此外,欧盟还设有经济和社会委员会(European Economic and Social Committee)、地区委员会(Committee of the Regions)、欧洲煤钢共同体咨询委员会、欧洲投资银行等机构。

欧洲投资银行(European Investment Bank,EIB)是由欧盟成员国合资经营的政策性金融机构,享有独立法人地位。欧洲投资银行总部设在卢森堡。其宗旨是促进欧盟政策目标的实现。该行可向公共部门和私人部门提供贷款,具体投向欧盟区域发展、中小企业、环境工程、交通、能源、研发与创新,以及欧盟与140多个国家签署的合作协议。为了信贷安全,欧洲投资银行从不对一个项目进行全额贷款,一般只提供项目投资额的30%—40%。欧洲投资银行对外主要目标是根据欧盟与第三国签订的发展援助或合作计划,对欧盟以外地区的项目进行投资。

(六)欧洲联盟与申根协定

1990年6月起,欧洲多国签署《申根协定》,消除过境关卡限制,使会员国间无国界。1995年3月26日,《申根协定》正式生效。申根体系与欧盟的目标一致,在成员国上有很多重叠。

(七)欧盟同中国的关系

1975年5月,中华人民共和国与欧洲共同体建交。40多年来,中欧关系得到了长足发展。欧盟先后制定了《欧中关系长期政策》《欧盟对华新战略》《与中国建立全面伙伴关系》等对华政策文件,主张同中国建立全面的伙伴关系。中国也一再重申,中国与欧盟都是当今世界舞台上维护和平、促进发展的重要力量,全面发展同欧盟及其成员国长期稳定的互利合作关系,也是中国对外政策的重要组成部分。2000年9月8日,欧盟委员会发表《欧盟—中国关系报告》指出,欧盟与中国的双边交往增进了相互了解,有利于互助互利。2005年9月,中欧签署文件就解决纺织品贸易问题达成一致,双方在北京签署了《磋商纪要》。2021年3月22日,欧盟基于谎言和虚假信息,以所谓新疆人权问题为借口对中国有关个人和实体实施单边制裁。欧方此举罔顾事实、颠倒黑白,粗暴干涉中国内政,公然违反国际法和国际关系基本准则,严重损害中欧关系。中方对此表示坚决反对和强烈谴责,决定对欧方严重损害中方主权和利益、恶意传播谎言和虚假信息的10名人员和4个实体实施制裁。相关人员及其家属被禁止入境中国内地及香港、澳门特别行政区,他们及其关联企业、机构也已被限制同中国进行往来。

五、非洲联盟

非洲联盟建立于2002年7月10日,是欧盟之后全球第二个政治经济军事方面一体化的区域性国家机构。非洲联盟有55个成员国,其前身是1963年建立的非洲统一组织。非洲统一组织是根据《非洲统一组织宪章》建立的,该组织的主要宗旨是促进非洲的统一和团结协调,并加强非洲国家之间的合作,保卫非洲国家主权领土完整和独立,从非洲根除一切形式的殖民主义,在尊重《联合国宪章》和《世界人权宣言》的基础上,促进国际合作。

非洲统一组织时期,其主要机构包括国家和政府首脑会议、部长理事会和秘书处。国家和政府首脑会议是非洲统一组织的最高权力机构,负责讨论整个非洲的重大问题,并决定总的方针政策,每年召开一次会议。所有决议由组织成员国2/3多数通过。部长理事会是非洲统一组织的执行机构。总部设在亚的斯亚贝巴。

1999年9月非洲统一组织第4届特别首脑会议,通过《苏尔特宣言》决定成立非洲联盟。2000年通过《非洲联盟宪章(草案)》。2001年5月26日,《非洲联盟宪章》生效。2002年7月8日,非洲统一组织在南非德班召开最后一届首脑会议,9月10日非盟举行第一次首脑会议,非洲联盟由此正式成立。2003年2月3日,非盟召开特别首脑会议,通过《非洲联盟宪章》修正案,加强妇女参与、明确非盟大会职权,并增加非盟正式机构和平与安全理事会。随着《非洲联盟泛非议会的议定书》生效,非洲联盟泛非议会于2004年宣布成立。其由55个非盟成员国组成,每个成员国可选派 5 名议员。

2004 年,非盟和平与安全理事会成立。该理事会由 15 个理事国组成,下设大会、军事参谋委员会、贤人委员会、非洲快速反应部队和特别基金等机构。非盟一体化在发展的进程之中,尤其是在经济方面取得了一系列的成绩,在军事方面也有组成常备维和部队的规划。

思考题

1. 国际组织具有哪些特征?
2. 国际组织对国际法的发展有哪些影响?
3. 国际组织通常包括哪些机构?其各自职责是什么?
4. 国际组织的表决制度有哪些类型?各类型的主要内容是什么?
5. 国际组织法律人格的依据是什么?
6. 国际组织法律人格具有哪些特征?
7. 国际组织法律人格包括哪些主要内容?
8. 联合国有哪些主要机关?各机关的主要职责是什么?
9. 什么是联合国专门机构?联合国有哪些专门机构?
10. 区域性国际组织具有哪些特征?它们与联合国的关系如何?

拓展阅读

梁西著、杨泽伟修订:《梁西国际组织法》(第七版),武汉大学出版社 2022 年版。

梁西:《梁西论国际法与国际组织五讲(节选集)》,法律出版社 2019 年版。

饶戈平主编:《国际组织法》,北京大学出版社 1996 年版。

[德]沃尔夫冈·格拉夫·魏智通主编:《国际法(第五版)》,吴越、毛晓飞译,法律出版社 2012 年版,第 4 章。

Chittharanjan F. Amerasinghe. *Principles of the Institutional Law of International Organizations* (2nd ed., Cambridge University Press, 2005).

Simon Chesterman, Thomas M. Franck and David M. Malone. *Law and Practice of the United Nations: Documents and Commentary* (Oxford University Press, 2008).

James Crawford. *Brownlie's Principles of Public International Law* (9th ed., Oxford University Press, 2019), chapter 7.

Lori F. Damrosch, Louis Henkin, Sean D. Murphy, Hans Smit. *International Law: Cases and Materials* (5th ed., West Group, 2009), chapter 6.

Mark Dawson and Floris de Witte. *EU Law and Governance* (Cambridge University Press, 2022).

Simon Hix and Bjørn Høyland. *The Political System of the European Union* (4th ed., Bloomsbury Academic, 2022)

Jan Klabbers. *An Introduction to International Organizations Law* (3rd ed., Cambridge University Press, 2015).

Peter Malanczuk. *Akehurst's Modern Introduction to International Law* (7th ed., Routledge, 1997), chapters.6, 21, 22.

Malcolm N. Shaw. *International Law* (9th ed., Cambridge University Press, 2021), chapters. 22, 23.

Iyiola Solanke. *EU Law* (2nd ed., Cambridge University Press, 2022).

第五章　国际法上的私人

个人,主要指自然人,在一定语境下,也包括法人。在国际交往日益繁盛的全球化时代,法人(特别是跨国公司)的地位与作用、在国际社会应受的保障、应承担的社会责任问题,引起了广泛的重视。本章主要以国民为中心,阐释国籍、外国人的法律地位与待遇、引渡、庇护和关于难民的制度,并集中分析关于个人的权利和义务(主要涉及外国人问题)的国际法原则、规则和制度。

第一节　个人的国际法意义与国籍

一、个人的国际法意义

一国境内的且受该国管辖和支配的所有人有时被称为国际法上的居民,具体包括本国人、外国人、无国籍人。在传统的国际法中,个人是被看作客体的。20世纪以后,随着国际法的现代化和人本化发展,个人的主体性逐渐提升。《联合国宪章》和一些国际公约关于保障基本人权的规定使个人成为国际法的关注对象。国际人权法领域确立了国家对于个人的权利予以认可和保护的国际义务。从欧洲共同体到欧洲联盟,个人在国际法庭上享有了诉讼权利;欧洲人权法院等国际人权司法机构使个人可以在国际司法体制中对抗国家。同时,国际人道法领域确立了个人的刑事责任制度。比如,一些国际法规范确立了对于海盗、灭绝种族者、贩卖奴隶者、贩卖毒品者和战争罪犯等进行惩处的制度,东京审判、纽伦堡审判、前南斯拉夫特别刑事法庭(ICTY)、卢旺达特别刑事法庭(ICTR)等对这些制度进行了实践。而在国际投资法领域,基于国际条约,个人取得了与国家共同参与国际仲裁的权利。① 从目前的国际现实来看,应当承认个人在国际法的某些领域具有有限的国际法主体资格。当前,虽然对于个人是否成为国际法的主体还存在着争论②,但是国际法应当以人为根本,以人的利益为出发点和最终目标,确是国际法人本化发展的必然要求和发展趋势。国际法的所有制度最终都是为人服务的,而且存在着一些直接针对个人的规范。③

二、国籍的概念及价值

(一)概念

个人(自然人)的国籍(nationality)是指个人作为某一特定国家的国民或公民的一种法律资格或身份。国籍原本是一个仅适用于个人的概念。后来,由于跨国投资的广泛发展,法人的国籍问题也成为人们关注的对象。从更广泛的意义上看,国籍可以理解为作为一国成员、隶属于该国的法律资格或身份。美国法学会1987年《第三次对外关系法重述》指出:"尽管个人和团体具有国际法上的人的某种独立地位,但是个人和国际法之间的主要关系仍然通过国家维系,其在国际生活中的地位主要取决于其作为各国国民的身份。"④

---

① 详细讨论,参见白桂梅:《国际法》(第三版),北京大学出版社2015年版,第250—253页。

② 我国很多国际法学者否认个人是国际法主体,而在国际法学界有一部分学者对此则持肯定态度。肯定的论据有:(1)个人在现代国际法上承受了一定的权利和义务,如在国际人权保护和惩处国际犯罪等方面。(2)个人已经在某些国际机构具有了请愿或申诉能力,如在欧洲人权委员会、美洲人权委员会、解决投资争端国际中心等国际机构个人均有一定的申诉权。否定的论据有:(1)关于外交代表享有外交特权与豁免的规定。他们享有这些权利,是由于他们对外代表国家,而非以普通公民或国民的身份享有的。(2)关于保障基本人权的规定。这种权利并非个人可以直接享受,只有当国家承担了国际公约的义务,并通过国内立法赋予并加以保障,才能成为个人具体享受的权利。(3)关于惩处个人国际犯罪行为的规定。这是将他们作为惩罚对象,作为国际法的客体来看待的,并不意味着他们同时享受国际法上的权利,承担国际法上的义务。(4)关于个人在国际法庭上的诉讼权。实际上,国际法院不承认个人的诉讼权;仅在个别地区性条约中承认个人的诉讼权,可见,其不具有普遍国际法的性质。

③ 何志鹏:《人的回归:个人国际法上地位之审视》,载《法学评论》2006年第3期。

④ American Law Institute, *Restatement of the Law (Third) of Foreign Relations Law of the United States*, Part Ⅱ Intro. Note, 1987.

(二) 法律意义

国籍的根本作用是在个人和国家之间建立一种稳固的法律联系，它包含着一系列的权利义务关系，意味着某人处于该国的属人优越权之下。国籍虽然在很大程度上是国内法的问题，但是对有关国家和个人均有重要的意义，它构成了国际法上引渡、外交保护、管辖等相关制度的基础。

1. 国籍是一个国家确定某人为其国民或公民，进而确定一个人的法律地位的重要依据。在国际法上判别一个人是本国人还是外国人的依据只能是国籍。国籍由此成为个人的基本权利之一，也是个人与国际法发生联系的法律上的连结点。国际法并不直接对个人赋予权利和施加义务，而是通过国家与个人发生联系，将个人与国家连结起来的最主要因素就是国籍。

2. 国籍是国家区分本国人和外国人以及给予境内居民不同待遇的前提。具有本国国籍的人就处于本国公民的地位，享有本国公民的权利，包括外国人不能享有的选举权和被选举权；承担本国公民的义务，包括外国人不能承担的服兵役义务。不具有本国国籍的外国人或无国籍人，就处于外国人地位，外国人享有的权利和承担的义务和本国人是有区别的，国家对于外国人，既无权予以外交保护，也无义务接纳其入境。

3. 国籍是确定国家属人管辖权的依据。国籍成为本国人在境外仍受本国管辖或外国人受其本国管辖的法律依据。

4. 国籍是国家对居民提供外交保护的依据。国家对侨居在外国的本国人有权予以外交保护，并且有义务接纳其回国。一国国民在国外的合法权益受到另一国不公正的待遇或非法侵害，又不能通过正常途径得到当地的适当救济或已用尽当地救济时，他的国籍所属国可对该国民行使外交保护权，国家与个人的争端可以通过个人国籍所属国的介入转变成国家之间的争端。

(三) 国籍法

国籍法是规定个人国籍的取得、变更(包括国籍的恢复)、丧失，以及处理国际冲突的规则和原则的法律规范的总体。

到目前为止，国际法主要体现为国内法。欧盟虽然确立了欧盟公民资格，但是并没有取代各成员国的国际法律规范。欧洲公民资格仍应被视为国际法的一种突破和发展。一国有权决定谁是它的国民(取得、丧失国籍),其他国家应当予以尊重(产生法律效力)。

国籍法属于一国主权范围内的事项,因而一国是否允许本国人放弃本国国籍或允许外国人、无国籍人加入本国国籍,以及什么条件、程序,纯属国内管辖事项,一个政府可以拒绝外国人入籍的要求而不说明任何理由。

国籍法同时受国际法的调整,不应当违背该国所加入的国际公约、习惯及普遍承认的关于国籍方面的法律原则。

三、国籍的取得和丧失

每一国家在不违反国际法的条件下,均有权在本国法中规定取得和丧失本国国籍的条件和程序。《世界人权宣言》第 15 条规定:人人有权享有国籍,任何人的国籍不得任意剥夺,亦不得否认其改变国籍的权利。实践中,各国国籍立法规定的国籍取得和丧失方式不尽相同。

(一)国籍的取得

国籍的取得是指一个人取得某一国家或公民的资格。根据各国的国籍立法和实践,国籍的取得主要有两种方式:一种是因出生而取得一国国籍;另一种是因加入而取得一国国籍。

1.因出生而取得国籍(原始国籍、固有国籍)。因出生而取得国籍,又称原始国籍,是指一个人由于出生取得一国国籍。这是最主要的一种取得国籍的方式。各国国籍立法对因出生而取得国籍的规定,采取的立法原则是不相同的。

(1)血统主义(jus sanguinis)。就是根据血统关系取得国籍,即以父母的国籍来确定一个人的国籍。根据这一原则,凡是本国国民的子女,不论出生在国内还是国外,当然具有本国国籍。又进一步分为单系(父系)血统和双系(父母)血统两种。前者以父亲的国籍确定子女的国籍,故又称为父系血统原则,后者以父母的国籍决定其子女国籍,亦即父母的国籍对子女国籍均有影响。例如,1945 年法国《国籍法典》第 17 条第 1 款规定:父亲是法国人,其合法婚生子女都为法国人;1973 年修改后的第 17 条规定:不论婚生或非婚生,至少双亲之一是法国人者为法国人。

(2)出生地主义(jus soli),指一个人的国籍不依其父母的国籍而取决于其出生的地方,即一个人出生在哪国,就取得哪个国家的国籍,而不问他的父母具有哪国国籍。历史上曾经大量吸收移民的国家,均曾采取过出生地主义。

(3)混合主义,依血统原则和出生地原则相结合的混合原则取得国籍,就是指血统关系和出生地都是决定国籍的根据、兼而采之的一种立法模式。不过,采取混合原则的国家,立法上也有不同。有的以血统原则为主,以出生地原则为辅,而有的则平衡地兼采两种原则。

目前,各国实践的趋势是同时兼采血统主义和出生地主义,只不过在各国国籍法中侧重点有所不同。例如,美国法律规定,出生在美国境外及其海外领地的人,双亲中一人是外国人,而另一人是美国公民,在出生时即为美国国民和公民。

2. 因加入而取得(acquired nationality,后来国籍、继有国籍),简称入籍,指根据加入国籍者本人的意志或某种事实,并符合入籍国的法定条件和履行法定的程序而取得国籍。"入籍"有狭义和广义之分。狭义入籍是指外国人或无国籍人按一国法律之规定,通过本人自愿申请并经批准而取得该国国籍;广义入籍还包括由于婚姻、收养、准婚生、领土变更等原因而取得某国国籍。具体方式包括:

(1)申请入籍(旧称归化,naturalization),是指外国人或无国籍人按照一国法律规定,通过本人自愿申请并经批准而取得该国国籍。通常所说的入籍,是指这种狭义的入籍。一个国家是否允许外国人或无国籍人加入本国国籍,是一国主权范围内的事。国家可以根据本国法律的规定,或者批准当事人的申请而入籍,或者拒绝当事人的申请而不准入籍,别国无权干涉,任何人也没有权利主张一个国家必须接受他入籍。入籍必须具备什么条件及经过什么法律程序,由各国法律规定,各国往往在国籍法中具体规定入籍的年龄、居住期限、文化程度、财产状况、行为能力、宗教、政治信仰等条件和具体程序。例如,1924年《挪威国籍法》第5条规定,年满21岁、在挪威有永久住所、最近五年居住于挪威、品行端正、能维持自己及家庭的生活等。美国有关国籍的规范要求,年满18岁,在美国连续居住至少满5年,道德品质良好,有一般阅读和英语写作能力,理解和拥护美国政府体制和美国宪法上的各项原则。

申请入籍的一般程序是:申请——审查——批准——效忠宣誓手续。至于归化的效力是否及于子女和配偶,法律地位和政治权利是否与原来的国民一样,各国没有统一的规定。但是有一些国家会对此作出差别规定,如美国宪法第 2 条第 1 款规定,在美国归化的人不得被选为美国总统。但是,各国有关申请入籍的条件和资格方面的规定不应违背有关国际条约和习惯国际法的原则。例如,一国不应在入籍条件方面因申请者的原国籍、种族、宗教、性别的不同而采取差别待遇。

(2) 婚姻入籍,是指一国公民与另一国公民结婚而取得另一国国籍。由于婚姻而变更国籍的问题,主要是婚姻对女性国籍产生影响。婚姻对女性国籍的影响,各国法律规定是不同的。主要有以下三种情形:

①无条件的妻随夫籍:凡与外国男性结婚的一国女性即丧失原先国籍,取得其丈夫所属国国籍;反之,凡是与本国男性结婚的外国女性即取得本国国籍。

②外国女性与本国男性结婚,采取妻随夫籍的原则,无条件取得本国国籍;而本国女性与外国男性结婚,采取女性国籍独立的原则,不必然变更国籍。

③有条件的妻随夫籍,即外国女性与本国男性结婚,原则上取得本国国籍,但有一定条件;而本国女性与外国男性结婚,原则上丧失本国国籍,但也有一定条件。例如,1950 年萨尔瓦多宪法在规定妻随夫籍的同时,又将妻子在萨尔瓦多境内居住满 2 年并选择萨尔瓦多国籍为条件。

但是,由于这种立法不符合现代社会普遍推崇的男女平等的原则,现代大多数国家国籍立法的倾向是,根据男女平等的原则和妇女国籍独立的原则,规定婚姻不影响国籍。

3. 收养或认领非婚生子女入籍,是指一国国民收养无国籍或具有外国国籍的儿童为养子女,或者认领非婚生子女,而使被收养、认领的儿童取得收养、认领者国家的国籍。

收养是否使被收养者的国籍发生变更,各国的法律规定是不同的,大致有三种情形:(1) 收养影响国籍,即本国国民收养的外国籍或无国籍的养子女,因收养而取得本国国籍。(2) 收养不影响国籍,即养子女不因收养而取得养父母所属国的国籍。(3) 收养虽不影响国籍,但养父母所属国可按优惠条件给被收养人以该国国籍,如 1950 年日本国籍法规定,日本国民的养子女只要在日本有住所连续 1 年以上,并且在收养时依其本国法尚未成年,即可成为日本国民。而一般人须在日本连续居住 5 年以上并具备其他诸如财产状况等条件才能加入日本国籍。

4. 由于交换领土入籍。两国在平等的基础上依条约交换部分领土,该领土上的居民的国籍是否随领土的交换而变更,一般是依双方的协议解决的。例如,美国兼并夏威夷后,于1900年立法宣布,所有在1898年8月12日系夏威夷人民的人均成为美国人。1967年英国与阿曼苏丹国签订的《关于库里亚——穆里亚群岛的割让条约》决定:"自1967年11月30日起,库里亚——穆里亚群岛的居民应停止为联合王国及其殖民地的公民,而成为苏丹的臣民。"

(二)国籍的丧失

国籍的丧失是指一个人由于某种原因丧失他所具有的某一国家的国籍。国籍的丧失可分为自愿和非自愿两种。

自愿丧失(解除)国籍,是指根据本人的意愿而丧失国籍。自愿丧失国籍有两种情形:(1)本人自愿申请退籍,经批准后丧失本国国籍。但是各国国籍法都规定了一些退籍的条件。(2)在两个以上国籍中选择一个国籍,从而也发生丧失未选择的国籍的情形。

非自愿丧失国籍,是指由于法定原因而非由于本人自愿丧失本国国籍。非自愿丧失国籍,主要是由于取得外国国籍、婚姻、收养、认领而丧失本国国籍;偶尔也有被剥夺国籍的情况,各国剥夺国籍不得违反《联合国宪章》的中止和其他国籍法义务。由于剥夺国籍不符合现代人权理念,因此也很少被实施。

(三)国籍的恢复(回复)

履行登记或声明手续即可,或采用与入籍一致的程序。

四、国籍的抵触(冲突)及其解决

国籍的抵触,也称国籍的冲突,是指一个人同时有两个或两个以上的国籍或不具有任何国籍的法律状态。由于国际法没有统一的国籍规则,国籍的取得和丧失是国内法规定的,而各国法律不尽相同,不可避免地产生了国籍的积极冲突和消极冲突问题。双重国籍、多重国籍和无国籍均与"一人一国籍"原则相违背,是不正常的国籍状态,可能给有关个人和国家造成不利影响。实践中,主要通过国内立法和缔结国际条约的方式来解决国籍抵触状态,包括确定国籍抵触状态下有关个人的地位、减少或避免现存的国籍抵触状态和产生新的国籍抵触状态。

(一) 国籍的积极抵触

国籍的积极抵触是指一个人同时具有两个或两个以上国家的国籍,即一个以上国家承认某人为其国民或具有其国籍。具有两个国家的国籍称双重国籍,具有两个以上国家的国籍称为多重国籍。其中最为常见的是双重国籍,故国籍的积极抵触常称为双重国籍问题。

产生国籍的积极抵触具体原因主要是由于出生、婚姻、收养、入籍、认领等,但根本原因是各国国籍法规定的不同。具体而言包括:(1)由于出生的原因。由于各国对因出生而赋予国籍所采取的原则不同而产生双重国籍。(2)由于婚姻的原因。由于各国对女子与外国人结婚是否影响其国籍的问题采取不同的立法原则,妇女就可能由于婚姻取得双重国籍。(3)由于收养的原因。由于收养产生双重国籍,也是各国对收养外国人是否影响该外国人的国籍问题采取不同的立法原则的结果。(4)由于入籍的原因。各国对入籍的规定不同,也可能产生双重国籍。(5)由于认领的原因,也可能产生双重国籍。

国籍的积极抵触,有时会给相关国家和个人都带来负面的法律效果。(1)对相关个人而言,双重国籍使个人陷入困难境地。因为双重国籍人与两个国籍国都有固定的法律联系,他可以享受两个国籍国赋予的权利,但他应同时效忠于两个国籍国,同时承担两个国籍国法律规定的服兵役、纳税等方面的义务。这样有时就会导致双重国籍人或多重国籍人因无法履行对两个或两个以上国家的义务而陷入困境,尤其是对两个相互抵触的国家义务无法履行。(2)对于国家而言,会引起各国籍国之间行使属人管辖权等问题的冲突。(3)对第三国来说,双重国籍有时会给第三国对外国人的管理带来不便,特别是在国籍国同时行使外交保护时,第三国无所适从。

解决双重国籍的问题,是国际法和国际私法共同面临的问题。国际私法的侧重点在于认可事实、选择国籍,即当存在双重国籍时如何选择、确定相关个人的国籍;国际法则主要侧重于解决问题本身、避免发生即消除已经存在的个人双重国籍的问题,以及防止今后产生双重国籍的问题。主要的途径有:(1)国内立法,这是防止和减少双重国籍产生的有效办法。各国在制定国籍法时,就避免制定可能产生双重国籍的条款,或从积极方面制定避免产生双重国籍的条款,如在本国国籍法中规定,凡本国国民加入外国国籍即丧失本国国籍。(2)签订双边条约,就是有关国家在平等的基础上,通过协商达成协议,签订双边条约,以解决两国间存在的双重国籍问题,这也是一种比较有效的方法。例如,1955年中国与印度尼西亚缔结的《关于双重国籍问题的条约》第1条规定,凡是同时具备中国与印尼国籍的人,都应就中国或印尼国籍中选择一种国籍。(3)多边公约,这是最理想但是难奏实效的方法。为了解决双重国籍问题,国际上签订了一些公约,不过由于各国的利益、历史、人口、文化传统等存在差异以及国际社会的复杂性,以致参加此类国际公约的国家不多,而且还附有不少保留,因此效果也不明显。

(二)国籍的消极抵触

国籍的消极抵触,是指一个人不具有任何国家国籍的法律状态,也就是任何一个国家都不承认其为其本国国民或具有本国国籍,又称无国籍。

无国籍产生的具体原因是出生(无国籍人的子女)、婚姻、剥夺等,根本原因也是由于各国国籍法的规定不同。具体说,主要有以下原因:(1)由于出生的原因。一对无国籍的夫妇在采取纯血统主义的国家所生的子女,或者一对采取出生地主义国家的夫妇,在采取纯血统主义国家所生的子女,就是无国籍人。(2)由于婚姻的原因。一个采取婚姻影响国籍原则的国家的女子与一个采取婚姻不影响国籍原则的国家的男子结婚,就会产生无国籍人。(3)由于收养的原因。一个采取收养影响国籍原则的国家的被收养人为一个采取收养不影响国籍原则的国家的收养人所收养,就产生无国籍人。(4)由于剥夺的原因。某些国家的国籍法和有关法律规定有剥夺国籍的条款。如果一个人由于某种原因被剥夺了国籍,在未取得新国籍之前,他就是一个无国籍人。

存在无国籍人的状况会给个人和国家带来以下不良的法律后果:(1)无国籍人不具有任何国家的国籍,现在多数国家对无国籍人通常给予一般外国人的待遇。但他们是"没有祖国的外国人",因此他们是居住国的负担。(2)无国籍人不能享受根据互惠原则给予某些特定国家的公民的优惠待遇,而且当无国籍人的利益遭到侵害时,他不能请求任何国家给予外交保护,而任何国家也不会给予外交保护。

解决无国籍问题,通常采取国内立法和签订国际公约两种方法:(1)签订国际公约,如1954年《关于无国籍人地位的公约》、1961年《减少无国籍状态公约》等。(2)通过国内立法的规定避免无国籍状态,这是更为有效的办法。

五、中国的国籍法

中华人民共和国成立前有三部国籍立法,即1909年(宣统元年)颁布的《大清国籍条例》、1914年颁布的《民国三年修正国籍法》和1929年颁布的《修订国籍法》。1980年9月10日,中华人民共和国第五届全国人民代表大会第三次会议通过、并于同日公布施行的《中华人民共和国国籍法》是中华人民共和国成立以来颁布的第一部国籍法。这部国籍法共有18条,内容比较简单。最近十多年来,很多学者和人大代表都提出了修改这部法律的建议。这部法律的主要内容包括以下八个方面。

(一)各族人民平等地具有中国国籍

这一规定包含两个方面的意义:其一,是说我国境内各民族的人民都具有中国国籍;其二,是说我国各族人民所具有的国籍,是统一的中华人民共和国的国籍。这一原则,既反对了歧视少数民族的大民族主义,也反对了少数民族中的分裂主义。

(二)男女国籍平等

这是指男女国籍具有同等的法律效力,不因性别不同而有所差异。主要表现在以下两个方面:(1)在赋予原始国籍上,否定歧视妇女的父系血统主义,采取体现男女平等的双系血统主义。父母双方或一方为中国公民,无论出生在国内或国外,都具有中国国籍。(2)在对待婚姻是否影响国籍的问题上,否定妻随夫籍的原则,采取妇女国籍独立的原则。

(三)在原始国籍赋予上采取双系血统主义和出生地主义相结合的原则

我国采取的血统主义和出生地主义相结合原则,以血统主义为主,出生地主义为辅。《国籍法》规定:(1)父母双方或一方为中国公民,本人出生在中国,具有中国国籍。(第4条)(2)父母双方或一方为中国公民,本人出生在外国,具有中国国籍;但父母双方或一方为中国公民并定居在外国,本人出生时即具有外国国籍的,不具有中国国籍。(第5条)上述两条规定采取的是血统主义。(3)父母无国籍或国籍不明,定居在中国,本人出生在中国,具有中国国籍。(第6条)这条规定采取的是出生地主义。

(四) 不承认中国公民具有双重国籍

《国籍法》第 3 条明确规定不承认中国公民具有双重国籍,既不承认具有中国国籍的人同时具有外国国籍,也不承认具有外国国籍的人同时具有中国国籍。中国政府一贯明确宣布,不承认双重国籍,鼓励华侨自愿加入侨居国国籍。周恩来总理曾明确宣布过:华侨在国外自愿加入或取得外国国籍的,即自动丧失中国国籍。有些侨胞希望在取得外国国籍时,还保留中国国籍,中国立法机关认为,虽然这种愿望可以理解,但为了有利于国外华侨的长远利益,便于他们的工作和生活,也有利于友好地处理我国和有关国家之间的关系,还是尽量避免双重国籍。

为了防止与消除双重国籍状态,我国《国籍法》规定:(1)定居外国的中国公民,自愿加入或取得外国国籍的,即自动丧失中国国籍。(第 9 条)(2)父母双方或一方定居在外国的中国公民,本人出生在外国,具有中国国籍,但本人出生时即具有外国国籍的,不具有中国国籍。(第 5 条)(3)中国公民申请退出中国国籍获得批准的,即丧失中国国籍。(第 11 条)(4)外国人申请加入中国国籍获得批准的,即取得中国国籍,但不得再保留外国国籍。(第 7、8 条)(5)曾经有过中国国籍的外国人被批准恢复中国国籍的,不得再保留外国国籍。(第 13 条)

(五) 防止和减少无国籍人

为了避免产生无国籍问题,《国籍法》确立了几项措施:(1)对无国籍人,只要他们愿意尊重中国法律,具备一定条件并经本人申请,主管机关审查批准,可以加入中国国籍。(2)父母无国籍或国籍不明,定居在中国,只要在中国出生,即具有中国国籍。(3)不以任何理由剥夺中国公民的国籍。

(六) 依据最密切联系原则决定入籍和出籍

《国籍法》第 7 条规定了加入中国籍的特别条件:(1)中国人的近亲属,或(2)定居在中国,或(3)有其他正当理由。第 10 条规定了退出中国籍的特别条件:(1)外国人的近亲属;(2)定居在国外;(3)有其他正当理由。

(七) 自愿申请和审批相结合的原则

《国籍法》第 14 条规定,中国国籍的取得、丧失和恢复,除因为出生而取得中国国籍外,必须办理申请手续,未满18周岁的人,可由其父母或其他法定代理人代为办理申请。第16条规定,加入、退出和恢复中国国籍的申请,由中华人民共和国公安部审批,经批准后,由公安部发给证书。

(八)关于香港、澳门永久居民的规定

由于香港和澳门曾有作为殖民地的历史,所以其永久居民存在国籍的特殊问题。在这两个地区主权移交之前,香港永久居民大多持用英国属土公民护照(BDTC)与英国国民(海外)护照(BNO),而澳门居民则大多持有葡萄牙护照。主权移交后,两地居民除有中国国籍以外,大多还有其他身份。对此,全国人大常委会在港澳主权移交之前做出了《关于〈中华人民共和国国籍法〉在香港特别行政区实施的几个问题的解释》和《关于〈中华人民共和国国籍法〉在澳门特别行政区实施的几个问题的解释》,表明拥有中国国籍的港澳永久居民可以使用外国政府签发的有关证件去其他国家或地区旅行,但只要拥有中国国籍,在中华人民共和国领土及相关特区均不得因持有上述证件而享有外国领事保护的权利。①

第二节 外国人的法律地位和待遇

一、外国人的概念与法律地位

外国人(aliens, foreigners)是指在一国境内,不具有居留国国籍而具有其他国籍的人。为了便于管理,无国籍的人往往也被归入外国人的范畴。双重国籍人,如果他所具有的两个国籍都不是居留国的国籍,则属于外国人;如果他具有的国籍中有一个是居留国的国籍,则居留国一般不把他作为外国人看待。

(一)国家对外国人的管辖权

外国人的法律地位包括外国人在入境、居留、出境等各个方面的权利义务,大多通过一国法律中对外国人的权利和义务规定而体现。国际社会的基本共识是,给予外国人何种法律地位,是一国主权范围内的事项,不受别国干涉。国家通过其国内法对外国人的法律地位自主地作出

---

① 参见张勇、陈玉田:《香港居民的国籍问题》,法律出版社2001年版,第65—85页。

规定。但是,对外国人法律地位的规定不得违背国家依据条约承担的国际义务或国际法的一般原则、规则,并应考虑外国人国籍国的属人管辖权。

外国人处于居留国的属地管辖之下,必须遵守居留国的法律和法令。由于外国人同时处于国籍国的属人管辖之下,因此仍然负有效忠本国的义务,当他的合法权益受到侵害且用尽当地救济方法未获解决时,可以获得本国的外交保护。

(二) 外国人入境、居留和出境的管理

从理论上看,一国没有接纳外国人入境和居留的义务,是否允许外国人入境和居留则由各国依其国际关系作出规定。但各国有权依法强制外国人出境,而不能禁止其合法出境。实践中,各国一般允许外国人在本国规定的条件下入境、居留和出境。

1. 入境。根据国家主权原则,国家没有准许外国人入境的义务,外国人也没有要求别国政府必须准许他入境的权利,因此一国有权自行决定是否允许外国人入境、在什么条件下允许外国人入境等问题。在现代国际社会里,各国在互惠的基础上都允许外国人为合法的目的而入境的,但一般都要求持有护照和经过签证。也有些国家在条约和互惠的基础上,通过协议,互免签证。一国为了本国的安全和利益,有权拒绝某些外国人入境,如精神病患者、传染病患者、刑事罪犯、从事不正当职业者等,但是,不应在外国人入境问题上实行种族歧视。

2. 居留。国家没有允许外国人居留的义务,是否允许外国人居留,这是接受国自行决定的事,任何外国人没有主张接受国必须准予居留的权利,任何国家也不能主张它的国民有在外国领土内居住的权利。合法进入一国境内的外国人,根据居留国的法律、法令和有关的国际条约、协定,可在该国短、长期或永久居住。外国人在居留期间的权利和义务由居留国的法律规定,按照国际实践,外国人的民事权利(包括人身权、财产权、著作权、发明权、劳动权、受教育权、婚姻家庭权和继承权)和诉讼权等,一般都受到居留国的保护。至于本国人享受的政治权利,外国人一般是不能享受的。外国人在居留期间,必须遵守居留国的法律法令,交纳捐税,接受居留国的属地管辖。但政治权利方面则不享受本国人享受的政治权利,外国人一般也没有服兵役的义务。

3. 出境。一国不得禁止外国人合法离境。各国法律一般都规定,外国人要出境,必须没有未了结的司法案件或债务,且应交清他应交纳的捐税,办理了出境手续。对于合法出境的外国人,应允许其按照居留国法律的规定,带走其合法财产。

在特定情况下,可以限令外国人离境或可将其驱逐出境。(1)危害居留国的公共秩序或公共安全,如 1928 年美洲国家间《关于外国人地位的公约》第 6 条:各国得以公共秩序或公共安全的理由,将在其领土内设有住所、居所或临时过境的外国人驱逐出境。(2)侮辱居留国。(3)危害或者侮辱其他国。(4)在内国或在外国犯有可罚的行为。(5)经济上损害居留国。(6)违反禁止而居留在内国。但 1955 年《关于居留的欧洲公约》第 3 条第 1 款:"在其他各方领土内正常居住的缔约各方国民,除非威胁国家的安全或违反公共秩序或善良风化,不得被驱逐。"

驱逐权不得滥用,否则将招致当事人本国的抗议、报复或其他反应,并引起国际责任。

二、外国人待遇的一般原则

外国人的待遇主要指一国为其境内的外国人(特别是长期和永久居留的外国人)所设定的权利义务。从国家责任的角度来看,一国给予外国人的待遇应符合一定的标准。关于这一标准的内容,存在"国内标准主义"和"国际标准主义"两种不同的主张。对于外国人的待遇,国际上并无统一要求。除非受条约和习惯国际法的约束,国家可以自行决定给予外国人何种待遇。各国在实践中给予外国人的待遇存在以下四种一般原则或标准。

(一)国民待遇

国民待遇(national treatment)是指国家在一定范围内给予外国人与本国公民同等的待遇,即在同样条件下,外国人所享受的权利和承担的义务与本国人相同,如 1995 年《欧洲居留公约》第 4 条:"缔约各方国民在其他各方领土内关于民事权利的享受和行使,无论是人身方面或财产方面,享有与国民待遇同等的待遇。"第一,国家给予外国人的待遇不低于给予本国人的待遇。第二,外国人不得要求任何高于本国人的待遇。

根据国际实践,国家给予外国人国民待遇,是限制在一定范围内的。

一般只限于民事、诉讼权利,不包括政治权利。外国人在居留国不享有选举权、被选举权,不得担任公职,也不得承担服兵役的义务。但1928年美洲国家间《关于外国人地位的公约》第3条规定:"外国人没有服兵役的义务,但是设定住所的外国人,除非他们宁可离开该国,可以强制其在与本国公民同样的条件下执行警察、消防或民警的任务,以保护其住所地免受非因战争而产生的自然灾难或危害。"

国家之间通常在互惠原则的基础上互相给予国民待遇,体现了国家之间的平等关系。

(二)最惠国待遇

最惠国待遇(most favored nation treatment,MFN)是指一国(施惠国)给予另一国(受惠国)的国民或法人、商船等的待遇,不低于现时或将来给予任何第三国国民或法人、商船等的待遇。最惠国待遇本身是一国给予另一国的权利,一般通过条约中的最惠国条款给予;国家之间通常在互惠原则基础上互相给予此种待遇,但也曾有缔约国一方有义务给另一方以最惠国待遇,但自身却无权从缔约另一方获得最惠国待遇的情况(片面最惠国待遇),中国政府在19世纪中叶与英、美、法诸国签署的《虎门条约》《望厦条约》《黄埔条约》即有此种待遇。[①] 中华人民共和国成立后,中国摆脱了过去半殖民地地位,取消了帝国主义的一切在华特权。在平等互利的基础上同一些国家订立的条约中的最惠国条款,其作用与旧中国时期有根本的不同。中华人民共和国最先采用最惠国条款的条约是1955年的《中埃贸易协定》。

依授予最惠国待遇是否附带条件,最惠国待遇有无条件的和有条件的之分。前者指缔约一方已给予或将来给予任何第三国的优惠和豁免,也无条件地给予缔约另一方。后者指缔约一方给予缔约另一方以它

---

① 十七、八世纪西方资本主义国家间的商务条约中经常出现最惠国条款,其目的在于防止本国国民或法人在外国或在与外国的经济交往中处于不利地位,即低于第三国的国民或法人在该国的地位。19—20世纪,帝国主义曾用它作为对一些亚洲和拉丁美洲国家侵略和掠夺的工具。例如,1843年中英在虎门签订的《五口通商附粘善后条款》(《虎门条约》)中规定,"有新恩施及各国,亦应准英人一体均沾,用示平允"。1858年中美《天津条约》中规定:"嗣后大清朝有何惠政、恩典,利益施及他国或其ண民……亦当立准大合众国官民一体均沾。"此后百年,外国人在华的特权,因最惠国条款之援引,内容和实施范围都日益扩大。而且在享有在华特权的国家之间利用最惠国条款形成共同对华的阵营,对中国的利益损害极大。

给予第三国的权利与优惠,是以对方给以同样的或等价的报偿为前提的。有条件的最惠国条款形式流行于19世纪前半叶。美国自1923年与德国订立《友好通商和领事权利条约》后不再采用有条件最惠国条款形式,而采用无条件最惠国条款形式。后一形式较为简便,效果也较直接,已为各国所广泛采用。

随着全球化的发展,国际经济交往日益频繁,最惠国条款实施较为简单,并能体现对一切国家一视同仁的平等待遇(特别是GATT/WTO的普遍最惠国待遇),因此为世界各国所广泛采用。在各国实践中,最惠国待遇适用的范围通常包括:(1)外国自然人和法人的定居、个人的法律地位;(2)国家之间商品进出口关税及附加税的税率和其他费用的征收、海关手续、商船进出口许可证以及其他证件的发给、商品的过境存仓;(3)交通工具(船舶、航空器、铁路运输工具、机动车)出入停留所需燃料、修理、淡水、食品供应;(4)铁路、水路、公路的使用;(5)外国著作权、商标权和专利权的法律保护;(6)外国法院判决或仲裁裁决的承认和执行等。

最惠国待遇均限定在一定范围内的,通常适用于经济和贸易等方面。最惠国待遇通常不适用以下情形:(1)给予邻国的利益、特惠、特权和豁免,特别是为了方便边境贸易给予邻国的优惠(如边民往来不按一般入境、出境办理手续);(2)关税同盟、自由贸易区或优惠贸易区、经济共同体范围内的优惠,如北美自由贸易区(NAFTA)、南方共同市场(South A-merican Common Market-MERCOSUR)等;(3)双边或者多边的互免签证协议,如申根协定;(4)欧洲联盟这样的高度一体化国家联盟,或者英联邦这样具有历史联系的国家之间的特殊安排。

(三) 互惠待遇

互惠待遇(reciprocal treatment)是指一国给予外国国民某种权利、利益或优遇须以该外国给予本国国民同等的权利、利益或优遇为前提。在外国人待遇中,互惠原则是基础性原则。国家之间根据平等互惠的原则,互相给对方公民在税收优惠、互免入境签证、免收签证费等方面的待遇。

(四) 差别待遇

差别待遇(differentiated treatment)是指国家在外国人与本国人之间或在不同国籍的外国人间给予不同的待遇,包括两种情况:一是指国家给予外国公民或法人的民事权利,在某些方面少于本国公民或法人。例如,在英国的《1919年外国人限制法》中规定,外国人不得在英国作引水员,不得在英国注册的商船上担任船长、大副、轮机长,不得担任英国渔船的船长或船长助手。又如,1974年泰国宪法规定外国人在泰国没有办报纸的权利。再如,中国规定外国人不得在我国充任海港引水员、船舶的报务员,不得充任律师,不得参加文化遗址和古墓的挖掘工作,不得在中国拥有土地所有权和对矿藏、水流、森林、山岭、草原、荒地、滩涂等自然资源的所有权。二是指对不同国籍的外国公民和法人给予不同的待遇。采取差别待遇不能有任何歧视。例如,国际经济领域的普遍优惠制(简称普惠制)就是一种优惠待遇。为减少经济发展的极端不平衡,发达国家在与发展中国家的经济交往中,单方面给予发展中国家某些特殊优惠,发展中国家的产品进入发达国家,享受减免关税的待遇,而不要求发展中国家给予发达国家同样的优惠。欧盟的成员国对成员国的公民、法人和对非成员国的公民、法人的待遇就有一定的差别。如果采取的差别待遇是歧视性的,则是违反国际法的。

在外国人待遇问题上,西方国家及国际法著作曾提出"最低限度国际标准"的主张。它要求对外国人的待遇,应该符合"文明世界"的"国际标准"或"最低标准"。这种理论遭到很多发展中国家的反对,认为它可能成为要求外国人享有特权、对他国内政进行干涉的借口。

三、外交保护

外交保护(diplomatic protection)是指一国对在外国的国民(包括法人)合法权益遭到所在国家违反国际法的侵害而得不到救济时,通过外交途径向加害国求偿的行为。在我国,一般采取领事保护的方式达到外交保护的目标。2006年国际法委员会二读通过了《外交保护条款草案》,初步确立了外交保护的一些基本规则。

(一)外交保护权的基础

外交保护的基础是国家的属人管辖权,国家将国民的权利视为国家权益的组成部分,所以对其在外的国民具有保护的权力。外交保护在国家之间进行,本质是处理国家关系的制度;无论其国民是否作出请求,国家均可自行决定;实施外交保护应尊重外国的主权和属地管辖权。实践

中,各国都是通过本国外交机关对在国外的本国国民提供各种保护。具体包括:

1. 如果一国国民的人身、财产等基本权益在外国受到不法侵害,且依该外国法律程序得不到救济时,该国的行为将被认为是国际不法行为,受害人的国籍国有权代表他进行干涉、提出抗议,并可通过外交方式要求该外国予以救济或承担责任,以保护其国民或国家的权益。

2. 一国的立法或行政行为即将危害外国人的合法权益,该外国人的国籍所属国的外交代表可以进行非正式交涉,要求其侨民的利益得到应有的保护。

(二)外交保护行使的范围

外交保护原则上适用于一国的国家行为已经或必将侵害外国人合法权益的各种事项。实践中主要包括:

1. 侨民无辜受到逮捕或拘留;
2. 侨民在司法程序中被拒绝司法;
3. 侨民的财产或利益被非法剥夺;
4. 侨居国不给予侨民足够的保护以防范私人或团伙的暴力行为;
5. 侨民受到歧视性待遇,无故受到侨居国的驱赶和野蛮迫害。

(三)行使外交保护的条件限制

外交保护的限制条件主要有:

1. 本国国民的合法权益遭受所在国的非法侵害。此时应注意,如果享有外交保护的私人个人侵犯了东道国的国内法或相关国际法,则该人即失去要求保护的权利,这被称为"干净的手"原则("clean hands" doctrine)。

2. "国籍持续原则"与"国籍实际联系原则",前者指从受害人受害之日起到国家提出求偿时,他必须连续具有提供外交保护的国家的国籍。后者指个人的国籍须反映出其与国籍国的真实联系,个人属于该国实际人口,与该国保持实际的权利义务关系。因为外交保护权源于属人管辖权,因而,被保护的外国人必须具有提供外交保护的国家的国籍。当然,如果一个外国政府与提供保护的国家缔结有相反的条约的,不在此例。但是一个国家有权拒绝外国对自己的国民的保护。

3. 在所在国已经"用尽当地救济(exhaust local remedies)",在提出外交保护之前,受害人必须用尽当地法律规定的、全部的、有效的、可采用的救济办法,包括地方的、区域的、中央的所有司法办法和行政办法,并且将各种办法的审级用到最终。同时,受害人充分正确地利用加害国法律规定的各种救济办法中的所有程序。用尽当地救济的规则是构成国家责任的前提。作为提起外交保护的条件,可以通过国际条约排除。用尽当地救济原则适用于国民或法人权益的被侵害的一般情况,不适用于国家本身权益受侵害或国家之间有另外协议的情况。

(四)外交保护的具体方式

外交保护的具体方式主要有:

1. 被捕侨民应有机会与本国外交代表或领事官员交谈;
2. 审判外国被告时,应保证其国籍所属国外交代表(或派使馆人员)或领事官员有权旁听审判过程;
3. 侨民的财产若被侨居国无偿征用,外交代表应建议他采取侨民国国内法律的补救方法,以求得一定的补偿;
4. 本国侨民遭到侨居国的个人或组织的暴力攻击时,如果侨居国有关机关不尽力采取保护性措施,外交代表可向有关当局进行交涉,要求赔偿;
5. 本国侨民如受到侨居国的歧视性待遇,遭驱赶或迫害时,外交代表应当提出抗议,要求侨居国立即停止此类行为,保证侨民正常的生活与工作,否则须对此产生的一切后果承担全部责任。

(五)卡尔沃主义

卡尔沃主义是由阿根廷法学家卡尔沃(Carlos Calvo,1824—1906)在其国际法著作中提出的。他主张外国人在南美国家不应享受比本地人更多的权利。而外国人在私法上的权利应属当地普通法院管辖,任何的外交干涉将造成强国欺凌弱国的结果。正由于外交保护权在历史上常被西方列强作为对弱小国家干涉的理由,才催生了卡尔沃主义。

由卡尔沃主义发展出了南美国家涉外契约中的一个条款,即卡尔沃条款。依据这类条款,外国当事人可以有声明放弃要求其本国政府外交保护的权利。有学者认为,外交保护权是国际法授予国家的权利,而非个人的,因而个人无权放弃属于国家的权利。事实上,一国政府及其驻外使馆的任务之一,就是保护本国侨民的民事和商业利益,而无须被保护者同意的。卡尔沃条款是对国家外交保护权的限制。其效力若定于多边或双边条约中,对缔约国是有约束力的;若定于私人契约中则难生效力,被保护者所属国仍有可能依国际法行使外交保护权。

四、中国对外国人的管理制度

我国有关外国人权利义务的国内立法以及我国缔结或参加的有关外国人权利义务的国际条约对外国人在我国的入境、居留、出境以及在华外国人的待遇等问题做了规定。

(一)外国人在中国的法律地位

从历史上有记载的汉唐两个朝代起,一般把外国人在我国的民事法律地位划分为三个时期:合理待遇时期,从西汉一直延续到明朝末期;排外时期,从明朝末年一直延续到鸦片战争爆发时止;特权时期,从鸦片战争一直到新中国成立。1949年以后,中国政府进一步废除了不平等条约,取消了帝国主义国家在中国的特权。《共同纲领》规定在平等互利的基础上与各外国的政府和人民恢复并发展经贸关系,保护守法的外国侨民。在中国法律不断发展、改革开放不断深入的背景下,外国人在中国的法律地位也逐渐提升。

1. 有关外国人在华法律地位的立法。中华人民共和国成立后,除同有关国家缔结双边条约和普遍性国际公约规定缔约国国民在对方境内的待遇外,还制定了一系列有关外国人在华法律地位的法律和法规。1982年《中华人民共和国宪法》第32条对外国人的待遇作了原则性规定:"中华人民共和国保护在中国境内的外国人的合法权利和利益,在中国境内的外国人必须遵守中华人民共和国的法律。"守法的外国人的人身、财产及其他正当权益受到我国法律的保护。非经人民检察院批准、决定或者人民法院决定,并由公安机关执行,外国人不受逮捕。其他有关外国人的法律都以宪法为依据对外国人的实体权利和义务作了具体规定,如《民法典》《民事诉讼法》《著作权法》《商标法》《专利法》《外商投资法》等。外国人在华期间的民事权利(如财产权、知识产权等)受中国法律的保护。

2. 外国人的权利义务。外国人的正当权益,包括外国人的人身、婚姻家庭和受教育的权利,外国人的合法收入、储蓄、房屋和其他生活资料的所有权等,均受到保护。根据我国相关法律、法规的规定,外国人在民商事领域可以基于我国国内法、我国缔结和参加的国际条约以及互惠或对等原则,在我国享有国民待遇、最惠国待遇或优惠待遇。

目前,外国人在我国享有的民事权利,可以包括以下几个方面:(1)我国有关涉外婚姻家庭关系的法律规定,外国公民同中国公民,或外国公民之间在我国境内依婚姻法规定申请结婚或解除婚姻关系、涉外的夫妻关系、父母子女关系、兄弟姐妹关系,以及依我国收养法成立的涉外收养关系,均受中国法律的保护。(2)在我国境内的所有外国人、无国籍人,其人格尊严、姓名、名誉等不容侵犯,其宗教信仰自由、通信自由等应受我国法律的保护。(3)保护外国人的财产继承权,外国人可以继承在我国境内的动产和不动产。(4)外国人可以经申请批准后在我国兴办各种中外合资经营企业、中外合作经营企业和外资独资企业,也可以中外合作开采自然资源。外国投资者在经营和开采中所获利润和其他合法所得,受我国法律保护。在我国规定的某些地区进行上述经营活动时,外国人还可以取得土地的长期租赁使用权。根据我国颁布的有关知识产权的法律及我国参加的国际条约,外国人和外国企业,依法在我国取得的专利权、商标权、著作权受我国法律的保护;凡我国参加的条约成员国的国民,在知识产权方面,享有我国法律赋予的各种权利的国民待遇。(5)除极少数行业的工作不允许外国人担任外,外国人可以在我国境内从事各种社会劳动,可以同我国公民一样有获得劳动报酬和劳动保障的权利。(6)根据《民事诉讼法》《仲裁法》以及相关法律文件的规定,外国人、无国籍人在我国人民法院起诉、应诉,享有与我国公民同等的诉讼权利和义务。同时,外国企业或组织也有权把其经贸纠纷和海事争议,通过与争议另一方达成的仲裁协议,提交我国的仲裁机构仲裁。按照《中华人民共和国刑法》第6、8、11条的规定,外国人在中国犯罪,除对享有外交特权和豁免的刑事责任者须通过外交途径解决外,依中国刑法处罚。外国人在中华人民共和国领域外对中华人民共和国国家或者公民犯罪,若该人在中国境内,也依中国刑法处罚。

(二)外国人在中国出入境、居留方面的管理制度

1985年11月22日,第六届人大常委会第13次会议通过了《中华人民共和国外国人入境出境管理法》。经国务院1986年12月3日批准,1986年12月27日公安部、外交部公布了《外国人入境出境管理法实施细

则》,1994年、2010年曾两度修订。2012年6月30日第十一届全国人民代表大会常务委员会第二十七次会议通过了《中华人民共和国出境入境管理法》,2013年7月1日施行。《中华人民共和国外国人入境出境管理法》和《中华人民共和国公民出境入境管理法》同时废止。2013年7月3日国务院第15次常务会议通过了《中华人民共和国外国人入境出境管理条例》,2013年9月1日起施行,《中华人民共和国外国人入境出境管理法实施细则》同时废止。

根据《中华人民共和国出境入境管理法》规定,我国关于外国人入境、出境和居留的主要原则和规则包括:

1. 外国人入境,应当向驻外签证机关申请办理签证。签证分为外交签证、礼遇签证、公务签证、普通签证。对因工作、学习、探亲、旅游、商务活动、人才引进等非外交、公务事由入境的外国人,签发相应类别的普通签证。

外国人有下列情形之一的,不予签发签证:被处驱逐出境或者被决定遣送出境,未满不准入境规定年限的;患有严重精神障碍、传染性肺结核病或者有可能对公共卫生造成重大危害的其他传染病的;可能危害中国国家安全和利益、破坏社会公共秩序或者从事其他违法犯罪活动的;在申请签证过程中弄虚作假或者不能保障在中国境内期间所需费用的;不能提交签证机关要求提交的相关材料的;签证机关认为不宜签发签证的其他情形。对不予签发签证的,签证机关可以不说明理由。

为了保护国家和人民安全,《中华人民共和国反有组织犯罪法》(2021年12月24日通过,2022年5月1日起施行)第21条规定:

> 移民管理、海关、海警等部门应当会同公安机关严密防范境外的黑社会组织入境渗透、发展、实施违法犯罪活动。
> 出入境证件签发机关、移民管理机构对境外的黑社会组织的人员,有权决定不准其入境、不予签发入境证件或者宣布其入境证件作废。
> 移民管理、海关、海警等部门发现境外的黑社会组织的人员入境的,应当及时通知公安机关。发现相关人员涉嫌违反我国法律或者发现涉嫌有组织犯罪物品的,应当依法扣留并及时处理。

入境时应当向出入境边防检查机关交验本人的护照或者其他国际旅行证件、签证或者其他入境许可证明,履行规定的手续,经查验准许,方可入境。

对于那些根据中国政府与其他国家政府签订的互免签证协议属于免办签证的人员,持有效的外国人居留证件或者搭乘国际航空器、船舶、列车在中国过境停留不超过24小时可以免办签证。

2. 外国人所持签证注明的停留期限不超过180日的,持证人凭签证并按照签证注明的停留期限在中国境内停留。需要延长签证停留期限的,应当在签证注明的停留期限届满7日前向停留地县级以上地方人民政府公安机关出入境管理机构申请,按照要求提交申请事由的相关材料。经审查,延期理由合理、充分的,准予延长停留期限;不予延长停留期限的,应当按期离境。

对于有下列情形的外国人,不予签发外国人居留证件:所持签证类别属于不应办理外国人居留证件的;在申请过程中弄虚作假的;不能按照规定提供相关证明材料的;违反中国有关法律、行政法规,不适合在中国境内居留的;签发机关认为不宜签发外国人居留证件的其他情形。对于符合国家规定的专门人才、投资者或者出于人道等原因确须由停留变更为居留的外国人,经设区的市级以上地方人民政府公安机关出入境管理机构批准可以办理外国人居留证件。

外国人在中国境内停留居留,不得从事与停留居留事由不相符的活动,并应当在规定的停留居留期限届满前离境。出于维护国家安全、公共安全的需要,公安机关、国家安全机关可以限制外国人、外国机构在某些地区设立居住或者办公场所;对已经设立的,可以限期迁离。

对于有下列情形之一的外国人,可遣送出境:被处限期出境,未在规定期限内离境的;有不准入境情形的;非法居留、非法就业的;违反本法或者其他法律、行政法规需要遣送出境的。被遣送出境的人员,自被遣送出境之日起1—5年内不准入境。

外国人在中国境内工作,应当按照规定取得工作许可和工作类居留证件。任何单位和个人不得聘用未取得工作许可和工作类居留证件的外国人。属于非法就业的行为包括:未按照规定取得工作许可和工作类居留证件在中国境内工作;超出工作许可限定范围在中国境内工作;外国留学生违反勤工助学管理规定,超出规定的岗位范围或者时限在中国境内工作。

3.对中国经济社会发展作出突出贡献或者符合其他在中国境内的永久居留条件的外国人,经本人申请和公安部批准,取得永久居留资格。取得永久居留资格的外国人,凭永久居留证件在中国境内居留和工作,凭本人的护照和永久居留证件出境入境。

公安部可决定取消具有下列情形之一的外国人在中国境内的永久居留资格:对中国国家安全和利益造成危害的;被处驱逐出境的;弄虚作假骗取在中国境内永久居留资格的;在中国境内居留未达到规定时限的;不适宜在中国境内永久居留的其他情形。

4.外国人出境,应向出入境边防检查机关交验本人的护照或者其他国际旅行证件等出境入境证件,履行规定的手续,经查验准许,方可出境。对于下列人员不准出境:被判处刑罚尚未执行完毕或者属于刑事案件被告人、犯罪嫌疑人(按照中外有关协议移管被判刑人的除外);有未了结的民事案件,人民法院决定不准出境的;拖欠劳动者的劳动报酬,经国务院有关部门或者省、自治区、直辖市人民政府决定不准出境的;法律、行政法规规定不准出境的其他情形。

第三节 引渡和庇护

一、引渡

(一)引渡的概念与历史发展

引渡(extradition, rendition)是指一国的主管机关应他国主管机关的请求,将在本国境内而被他国指控犯罪或被判刑的人交给请求国审判或执行处罚的国际司法协助行为。

引渡是国家间的刑事司法协助行为。现代意义上的引渡制度产生于18世纪的欧洲,在此之前属君主之间的交易(引渡政治犯、宗教犯和逃兵)。18世纪末,在近代资产阶级法制革命的推动下,引渡逐渐形成为一项成熟的法律制度,不再是君主之间的政治交易,而是通常以条约为依据,引渡的对象只限于普通刑事犯,不包括政治犯或宗教犯。

国家没有一般性的引渡义务,国家通常通过条约对引渡的内容和程序予以明确规定。国际社会形成了一些专门性的引渡条约,如1971年《美加引渡条约》《欧洲引渡公约》等,也有一些含有引渡条款的条约如1970年《海牙公约》第7、8条关于劫机犯引渡的规定。中国参加了一系列包含有引渡条款的多边条约,如1980年加入《关于制止非法劫持航空器的公约》和《关于制止危害民用航空安全的非法行为的公约》;1988年12月20日签署《联合国禁止非法贩运麻醉药品和精神药物公约》,1989年9月4日批准该公约。中国和很多国家签订了双边引渡条约。中国自1986年起开始同一些国家谈判签订司法协助协定,1993年8月26日,中国和泰国缔结了双边引渡条约,此后,相继和俄罗斯、白俄罗斯、保加利亚、罗马尼亚、哈萨克斯坦等国缔结的双边引渡条约。

各国也会确立其自身的规范作为引渡的国内法依据。在没有条约的情况下,国家根据主权自主通过立法或者其他方式决定引渡的条件、程度和后果。2000年12月28日,第九届全国人大常委会第19次会议通过了《中华人民共和国引渡法》。《引渡法》按照国际通行做法确立了中国接受和提出引渡请求的一般规则。

在缺乏条约的情况下,中国一般通过外交途径进行引渡。例如,1989年8月10日,中国政府通过外交途径,在菲律宾移民局等有关方面的合作下,将在中国犯罪以后潜逃到菲律宾马尼拉的中国公民张振忠从菲律宾引渡回国交付审判。在存在相关条约的情况下,中国则按照条约的规定,处理有关引渡的问题。例如,1989年12月16日,中国公民张振海采用暴力劫持一架中国国际航空公司的客机到日本,在中日双方没有引渡条约的情况下,中国援引有关多边条约的精神要求日本予以引渡。日本认可了多边条约作为法律依据,并将张振海引渡给中国。2011年7月,厦门远华案主犯赖昌星被加拿大遣返回国。自1999年起,中国政府多次向加拿大方面提出遣返(因中加之间没有引渡协定,故称遣返)赖昌星的要求,但因法律程序冗繁,延宕了十多年。加拿大没有采取引渡的程序,而是采取非法移民遣返的程序,主要是因为中加之间没有引渡条约。2012年5月10日,"金三角"特大武装贩毒集团的首犯糯康在老挝万象机场由老挝警方正式依法移交给中国警方。该案首犯被引渡到中国,是我国在引渡领域的又一次成功实践。

从国家间签订的引渡条约、各国的引渡法以及各国进行引渡的实践来看,在引渡罪犯的问题上,已形成一些公认的国际习惯法规则。

(二) 引渡的主体与对象

1. 请求引渡的主体，是指有权请求引渡的国家，一般是对罪犯主张管辖权的国家。有以下三类国家：(1) 罪犯本人所属国。根据国家的属人优越权，国家对于本国人在外国的犯罪行为具有管辖权，因此，罪犯的所属国有权要求引渡。(2) 犯罪行为发生地国。根据国家的属地优越权，不管罪犯是否是本国人，只要犯罪行为发生在该国，该国就有权请求引渡。(3) 受害国。根据国家属地优越权的延伸原则，国家享有保护性管辖权。因此，尽管犯罪行为发生地不在本国，甚至犯罪人也不属于本国人，但是犯罪行为的后果及于该国，该国就可以行使管辖权，因而有权请求引渡。以上三类国家对罪犯都有权提出引渡要求。但是，如果这三类国家同时都对同一罪犯提出引渡要求时，在原则上，被请求国有权决定把罪犯引渡给何国。有些国际公约对这个问题作了具体规定。

2. 引渡的对象，是指被某国指控为犯罪或判刑的人。他可以是请求引渡的国家的国民，也可以是被请求引渡的国家的国民，还可以是第三国的国民。大多数国家基于维护本国的属人优越权的考虑，均不允许向外国引渡本国国民。此谓"本国国民不引渡"原则。只有英、美等极少数国家不拒绝引渡本国国民。我国《引渡法》第 8 条规定，根据中国法律，被请求引渡人具有中华人民共和国国籍的，中国政府拒绝引渡。

(三) 引渡的条件

1. 政治犯不引渡原则（political offense exception）。政治犯不引渡，是各国公认的一项国际法原则，该原则是指国家对由于政治原因而遭受外国追诉的外国人不予引渡，这一原则形成于法国资产阶级革命以后西欧一些国家的国内立法和各国间的引渡条约的规定。但是，这项原则实施起来是有困难的：(1) 关于政治犯的含义和范围缺乏明确性，各国的解释不尽一致，而且有的政治活动兼有普通罪行，即所谓相对的或混合的政治犯罪，如何适用这一原则，就很困难。(2) 对于某种犯罪行为是否是政治犯的决定权，属于被请求引渡的国家，因此政治犯不引渡原则可能被歪曲或滥用。我国《引渡法》第 8 条规定，因政治犯罪而请求引渡的，或者中国已经给予被请求引渡人受庇护权利的；被请求引渡人可能因其种族、宗教、国籍、性别、政治见解或者身份等方面的原因而被提起刑事诉讼或者执行刑罚，或者被请求引渡人在司法程序中可能由于上述原因受到不公正待遇的,中国政府拒绝引渡。

2. 双重犯罪(double criminality)原则,又称相同原则,是指被请求引渡人的行为,必须是请求引渡国和被请求引渡国双方法律都认定是犯罪并可以起诉的行为,且此种罪行能达到判处若干年有期徒刑以上的程度。《引渡法》第7条规定,外国向中国提出的引渡请求必须同时符合下列条件:(1)引渡请求所指的行为,依照中华人民共和国法律和请求国法律均构成犯罪;如果引渡请求有多种犯罪,只要其中一项符合"双重犯罪"条件,就可以对上述各种犯罪准予引渡。(2)为了提起刑事诉讼而请求引渡的,根据中华人民共和国法律和请求国法律,对于引渡请求所指的犯罪均可判处1年以上有期徒刑或者其他更重的刑罚;为了执行刑罚而请求引渡的,在提出引渡请求时,被请求引渡人尚未服完的刑期至少为6个月。

3. 罪名特定原则(principle of identity),又称同一原则,指请求国在将被引渡人引渡回国后,只能以请求引渡时所主张的罪名进行审判和惩罚,不得以不同于引渡罪名的其他罪名进行审判或惩处。

各国会出于基本人权或者本国司法体制的考虑而拒绝引渡。我国《引渡法》第8条确立了拒绝引渡的规则,除前边提到的政治犯不引渡、本国人不引渡外,还包括:(1)在收到引渡请求时,中国司法机关对于引渡请求所指的犯罪已经作出生效判决,或者已经终止刑事诉讼程序的;(2)根据中国或者请求国法律,引渡请求所指的犯罪纯属军事犯罪的;(3)根据中国或者请求国法律,在收到引渡请求时,由于犯罪已过追诉时效期限或者被请求引渡人已被赦免等原因,不应当追究被请求引渡人的刑事责任的;(4)被请求引渡人在请求国曾经遭受或者可能遭受酷刑或者其他残忍、不人道或者有辱人格的待遇或者处罚的;(5)请求国根据缺席判决提出引渡请求的。但请求国承诺在引渡后对被请求引渡人给予在其出庭的情况下进行重新审判机会的除外。

国家还会提出拒绝引渡的任择性理由。我国《引渡法》第9条规定:(1)中华人民共和国对于引渡请求所指的犯罪具有刑事管辖权,并且对被请求引渡人正在进行刑事诉讼或者准备提起刑事诉讼的;(2)由于被请求引渡人的年龄、健康等原因,根据人道主义原则不宜引渡的。

在那些废除死刑的国家,经常会有死刑不引渡原则,即对于那些有可能在引渡后被判处死刑的人,不予引渡。

(四)引渡的程序与后果

1.引渡的程序。引渡的程序通常在引渡条约或有关引渡的国内立法中加以规定。引渡罪犯的请求与回复,一般通过外交途径办理。一般程序是:(1)被请求国应请求国的要求对被引渡人临时逮捕;(2)请求国提出正式的引渡请求(附有关文件);(3)被请求国有关机关对引渡请求进行审查并将决定交由有关机关批准;(4)被请求国按约定的时间、地点、方式与请求国完成对罪犯的移交。我国《引渡法》第10条至第46条细致地规定了我国被请求进行引渡时的具体工作程序。

2.引渡的后果。请求引渡国即可根据其法律对罪犯进行审判,但是,根据罪名特定原则,对该罪犯,请求国只能就其请求引渡时所指控的罪名加以审判和处罚;如果请求国对被引渡的人就另外的罪名审判和处罚,被请求引渡国是有抗议的权利的。

被引渡的罪犯是否可以由原来的请求国转交给第三国,国际实践并不一致。有些条约规定,未经被请求国同意,请求国不得将被引渡人转交(再引渡)给第三国。

(五)或引渡或起诉原则

或引渡或起诉原则是指在其境内发现被请求引渡的犯罪人的国家,按照签订的有关条约或互惠原则,应当将该人引渡给请求国;如果不同意引渡,则应当按照本国法律对该人提起诉讼以便追究其刑事责任。

该原则在国际刑法中运用广泛,与普遍性管辖权存在着密切的联系。1929年《防止伪造货币公约》第一次规定了这一原则,1971年《精神药物公约》第22条也规定了这一原则。1970年海牙《关于制止非法劫持航空器的公约》第7条确立了现代意义的或引渡或起诉原则,为此后的国际刑法公约树立了范本。从或引渡或起诉原则的演变过程及其在对付犯罪行为的重大意义来看,它反映了国际法的新趋势和国际社会的迫切关注。2005年,联合国国际法委员会已经将其列入了进一步审议的专题清单。中国参加了大部分的国际刑法公约,近年来又与其他国家缔结了大量的双边引渡条约,因此,须认真对待和谨慎处理拒绝引渡后的起诉义务。

二、庇护

(一) 庇护的概念

庇护(asylum)指一国对因政治原因遭受追诉或迫害而来请求避难的外国人,给以保护并拒绝将他引渡给另一国的行为。庇护的做法可追溯至古希腊和古罗马的宗教避难所,当时地方政府不进入寺庙,所以那些受到世俗权力追诉或迫害的人往往逃入寺庙寻求避难。现代庇护制度则产生于18世纪的欧洲资产阶级革命时期。1793年法国宪法明确规定了庇护制度。

现在庇护一般是领土庇护(territorial asylum),也称领土庇护,以国家的属地优越权为依据。

除领土庇护以外,还有一种域外庇护(extra-territorial asylum),又称外交庇护,是指在驻在国的使馆、领事馆、军营、军舰、军用航空器内给避难者以庇护,即庇护国在外国领土上庇护外国人。其中,利用使馆庇护政治犯亦称为外交庇护。外交庇护虽为一些南美国家所采用,但是《维也纳外交关系公约》不予认可。域外庇护一直未得到国际社会的普遍接受,现代国际法并没有对于建立起这种庇护的认可规范。所以,国家应根据属地优越权在本国领土内行使庇护权,而没有所谓"域外庇护"权,不得在驻外的使领馆及其他享有特权与豁免的机关庇护外国人。针对逃到外国军舰的犯罪嫌疑人,当地国虽不能强行到军舰上拿捕逃亡者,但可以要求舰长交出该逃犯,也可向军舰所属国提出抗议。商船和民用航空器不得在他国境内庇护政治避难者,否则当地国可采取强制措施,带走躲藏的政治避难者或其他犯罪分子。如果在一国领水、港口、机场内非法地给予外国人以庇护,也侵犯了其他国家的领土主权。

【经典案例:国际法院庇护权案】①

1948年10月3日,秘鲁发生了一起未遂的军事叛乱。次日,秘鲁当局发布命令,指控美洲人民革命同盟组织指挥了这场叛乱,同时宣布将对该同盟领导人维克托·苏尔·哈雅·德·

---

① Colombia-Peruvian Asylum Case, Judgment of November 20th, 1950: I. C. J. Reports 1950, p. 266.

拉·托雷等进行审讯,自该日起至次年2月初,秘鲁一直处于戒严状态。1949年1月3日,托雷前往哥伦比亚驻秘鲁使馆寻求庇护。次日,哥伦比亚大使通知秘鲁政府它已给予托雷庇护,同时请求秘鲁政府颁发托雷离开秘鲁所必需的通行许可证。同年1月14日,该大使宣布托雷已被确定为政治避难者。秘鲁对此提出异议,并拒绝向托雷颁发通行许可证。两国随后就此事进行了外交接触,并于8月31日签署《利马协定》,同意将争端提交国际法院解决。10月15日,哥伦比亚政府向国际法院书记处提交了诉讼请求书。

哥伦比亚请求国际法院判决并宣布:(1)根据1911年7月18日《玻利维亚引渡协定》、1928年2月20日《哈瓦那庇护公约》和美洲一般国际法,庇护国哥伦比亚有权为该项庇护的目的确定避难者被指控的罪行的性质;(2)领土所属国秘鲁有义务向避难者颁发通行许可证。

在随后进行的书面和口头程序中,秘鲁政府请求国际法院驳回哥伦比亚的上述请求,判决并宣布对托雷准予庇护和维持该项庇护的行为违反了1928年《哈瓦那庇护公约》第1条第1款不得庇护普通犯和第2条第2款庇护只能在紧急情况下进行及其他条款的规定。

哥伦比亚政府在其最后意见中请求法院驳回秘鲁政府的反诉请求,理由是该项请求与本国的请求无直接联系,它的提出违反了《国际法院规约》第63条的规定,而且它不在法院的管辖范围之列。

1950年11月20日,国际法院对本案作出了判决。

法院首先对哥伦比亚政府用来支持其第一项诉讼请求的法律依据进行了细致的评析。法院指出,与领域庇护不同,在外交庇护的情况下,避难者置身于犯罪行为发生地国,决定对避难者给予外交庇护将有损于领土国的主权,它将使罪犯逃脱领土国的管辖,并构成对纯属该国管辖事务的干涉,如果庇护国有权单方面确定避难者所犯罪行的性质,则将对领土国的主权造成更大的损害。因此不能承认这种有损领土主权的外交庇护,除非在某种特定的情况下,它的法律依据得到了确立。就本案而言,哥伦比亚认为它有权单方面判定避难者罪行的性质,且这种判定对秘鲁具有约束力,应得到承认,其理由是基于拉丁美洲国家的某些协定和拉丁美洲国家的习惯。法院判称:以国际习惯为依据的一方,必须证明这个习惯已经确立,因而对他方是有拘束力的;哥伦比亚政府必须证明它所援引的规则是符合有关各国所实行的恒久划一的习惯的,而且这个习惯是表明给予庇护的国家享有的权利而当地国家负有的义务。《国际法院规约》第38条将国际习惯定义为"作为通例之证明而经接受为法律者"。法院拒绝承认哥伦比亚所主张的通例存在。

尽管1911年《玻利维亚引渡协定》第18条规定,缔约国家承认"符合国际法原则的庇护制度",但这些原则并没有肯定庇护国有权单方面决定避难者所犯罪行的性质。1928年《哈瓦那庇护公约》也没有赋予庇护国以单方面确定避难者犯罪性质的权利。虽然1933年《蒙得维的亚政治庇护公约》第2条确认庇护者享有这种权利,但秘鲁当时并未批准该公约,因此它对秘鲁无约束力。

哥伦比亚政府增引了许多外交庇护权在事实上已被赋予和受到尊重的具体案例。然而,在国际法院看来,它们或者与本案无关,或者并未对前述单方确定权作出规定,或者虽然作了肯定的规定,但只获得少数国家的批准,而且,这些在不同场合发表的官方的肯定意见在很大程度上受到了政治权宜考虑的影响。总之,法院认为,哥伦比亚不能证实单方面确定犯罪行为性质的权利是一项国际习惯法的规则,因此不可能"看出已被承认为法律的任何稳定和前后一致的惯例"。

关于哥伦比亚的第二项请求,法院认为秘鲁没有给予安全保障离境的义务。《哈瓦那庇护公约》第2条只规定领土国可作出要求避难者离境的要求,如作出这一选择,就要负担给予安全保障离境的义务。但本案中,秘鲁并未作出这一选择,因此,它不负担此项义务。法院随后审查了秘鲁的反诉。《哈瓦那庇护公约》第1条第1款规定,不能给予"被控或被判犯有普通罪行的人"以庇护权。秘鲁政府不能证明托雷并非犯有政治罪行,而是犯有普通罪行。所以,不能认为哥伦比亚违反了这一规定。

另外,《哈瓦那庇护公约》第 2 条第 1 款规定:"仅在情况紧急和在该犯寻求庇护以便用任何其他办法保障其安全所绝对必须的期限内才能给予庇护",这一规定旨在杜绝滥用庇护权的行为。本案中,从武装叛乱到给予庇护,其间历时 3 个月,此外并不存在简易军事审判的危险,而是处于正常的法律诉讼之中。因此,不能认为是"情况紧急",所以,法院判决哥伦比亚政府违反了《哈瓦那庇护公约》第 2 条第 1 款。随后,哥伦比亚请求法院说明到底是否应将托雷交送秘鲁当局。法院最终判决:(1)法院对当事国提出的上述请求不能发表意见;(2)哥伦比亚没有将托雷交送秘鲁当局的义务;(3)对托雷的庇护应于 1950 年 11 月 20 日判决作出之后立即停止。法院宣称,这几个结论是不矛盾的,因为除交出避难者外,还有其他终止庇护的方法。

1954 年,哥秘双方经过谈判达成协议,秘鲁同意发放通行许可证。4 月,托雷离开秘鲁。

国际法院在本案中也特别指出了"外交庇护"是侵犯领土国的领土主权的,因为这种做法使罪犯逃脱领土国的管辖,从而构成了对纯属领土国管辖的事务的干涉。这与领土庇护是完全不同的,因此在一般国际法上不能承认这种有损他国领土主权的做法。

(二) 庇护的规则

庇护是国家的主权行为,是国家从它的属地优越权引申出来的权利。对于请求政治避难的外国人,是否给予庇护,由给予庇护的国家自行决定。

庇护的主要法律依据是国内法,如中国《1982 年宪法》;也有一些国际法文件,如 1948 年《世界人权宣言》肯定了庇护权,并以政治性罪行而被起诉的人为庇护对象;1967 年联大的《领土庇护宣言》进一步规定了庇护问题上国际社会应遵循的一般原则。

庇护的对象限于政治犯、反对殖民统治、维护公共利益、从事科学进步事业等(包括争取民族解放的战士兵)政治避难者,以及从事科学、创作活动而受迫害的人。国家不得庇护犯有危害和平罪、战争罪、危害人类罪和其他国际法禁止保护的人。根据联合国大会 1967 年 12 月 14 日通过的《领土庇护宣言》的规定,凡犯有"危害和平罪、战争罪或危害人类罪之人",不在庇护之列。从第二次世界大战后引渡和惩处战争罪犯的实践看,各国对犯有上述国际罪行的人是不予庇护的。被国际公约和习惯国际法确认犯有国际罪行的其他罪犯,如海盗、贩毒、贩奴等罪犯,以及一般公认的普通刑事罪犯,也都不属于庇护对象。

庇护国采取庇护措施后,对受庇护人本国而言,排除了其属人管辖权。对庇护国而言产生双重义务,一方面要求其积极作为,允许其入境、居留、加以保护;另一方面要求消极不作为,不将其引渡,也不驱逐。就受庇护的人的地位而言,这些受庇护的外国人通常称为政治避难者,同一般外国侨民一样,处于所在国领土管辖权之下,遵守庇护国的一切法律法令,在所在国保护之下,可以在该国居留,不被引渡,也不被驱逐。根据《领土庇护宣言》第4条的规定,给予庇护之国家不得准许享受庇护之人从事违反联合国宗旨与原则之活动。

(三) 中国关于庇护的立场与实践

尽管中国对于遭受迫害的外国人允许其请求领土庇护,但是在很长时间之内中国在国内立法中都没有使用庇护这一概念。例如,《1978年宪法》第59条规定,中华人民共和国对于任何拥护正义事业、参加革命运动、进行科学工作而受到迫害的外国人,给以居留的权利。《1982年宪法》第32条第2款对于庇护权予以了明确的规定:中华人民共和国对于因为政治原因要求避难的外国人,可以给予受庇护的权利。2012年6月30日第十一届全国人民代表大会常务委员会第二十七次会议通过的《中华人民共和国出境入境管理法》第46条从难民的角度对庇护作了规定(见本章第四节)。此外,我国还执行缔结的国际条约的有关庇护外国人的规定。

第四节 难 民

一、难民和国际难民法的概念

根据现有国际法文件及一般理解,难民(refugee)是指因有正当理由畏惧由于种族、宗教、国籍、属于某一社会团体或具有某种政治见解的原因而遭受迫害留在其本国之外,并由于此项畏惧不能或不愿受该国保护的人;或者不具有国籍,并由于上述事由留在他以前经常居住国以外而现在不能或者由于上述畏惧不愿返回该国的人。

广义上的难民指因政治迫害、战争或自然灾害而被迫离开其本国或经常居住国而前往别国避难的人,包括政治难民、战争难民、经济难民。狭义上的难民,仅指政治难民。

国际难民法即关于难民保护的国际法律规范。难民问题进入国际法视野,始于20世纪20年代。当时第一次世界大战留下了大量的难民问题,引起国际社会的关注。1921年,国际联盟设立难民事务高级专员,由挪威人弗里德约夫·南森担任,负责保护和救援"一战"后仍滞留在各国的难民,是世界上第一个专门处理难民事务的国际机构。为了争取各国支持难民高级专员的工作并承认他所颁发的旅行证件——南森护照,国际上出现了一些关于颁发难民证件的专门规定。1951年联合国通过了《关于难民地位的公约》①,因该公约规定的难民限于1951年1月1日以前发生的事,此限制不符合后来发生难民的新情况需要。为使公约对难民的定义能适用世界各地任何时候出现的难民情况,1967年国际上订立了《关于难民地位的议定书》(以下简称议定书),废除了有关时空的限制。

除了全球性的条约,还有一些区域立法。例如,1969年非洲统一组织首脑会议通过了《非统组织关于非洲难民某些特定方面的公约》;1984年11月,十几个拉美国家通过了《卡塔西拿宣言》,建议对本区域使用的难民定义作扩大性的解释,以包括由于其生命、安全、自由受到普遍暴力、外国入侵、国内武装冲突、大规模侵犯人权或其他严重危害公共秩序的情况的严重威胁而逃离本国的人。此外,联合国难民事务高级专员公署(Office of the United Nations High Commissioner for Refugees, UNHCR,简称联合国难民署)在20世纪70年代以后的职权和工作范围实际上也已超出了其规章所规定的难民定义的范围,包括了"流离失所者"和"寻求庇护者"等。国际社会在难民问题上立法,意味着世界各国在难民的接纳、安置、援助、保护,难民事务开支的分担以及消除和减少难民的产生的根源方面致力于加强团结与合作,以共同解决国际难民问题。

---

① 关于该公约的具体情况,参见本书第九章第二节。

二、难民身份的确定

难民所在国和国际难民机构可以根据有关国际条约或其他国际文件规定的条件和程序对有关个人的难民身份进行认定。

(一)确定难民身份的主要条件

1. 该人迁移或滞留于本国或经常居住国之外。这一条件要求有国籍的人必须处于其国籍国之外,即在外国领土内或不属于任何国家的领土范围;无国籍人必须处于其经常居住国之外。

2. 不能或不愿受本国保护和不能或不愿返回经常居住国。不能或不愿受本国保护是指由于有国籍的人在国籍国内发生了迫害他们的事件,本国不保护他们;或者他们由于畏惧迫害或其他理由而不愿受本国保护。例如,1994年在卢旺达境内政府支持对图西族人进行屠杀,数百万人失去了政府的保护而成为难民。不能或不愿返回经常居住国是针对无国籍人而言的,其经常居住国发生了迫害他们的情况,使他们逃离,并且该国不再接受他们,或者他们由于畏惧迫害等原因不愿意再返回该国。

3. 该人有正当理由畏惧因种族等原因受到迫害。畏惧迫害是指个人思想上或心理上存在惧怕或忧虑对他们的侵害或迫害。正当理由则是指个人畏惧迫害的产生是由于他们的种族、宗教、国籍、属于某一社会团体或持有某种政治见解。

(二)难民身份的排除条件

个人取得难民身份必须同时具备以上三个条件,但并非具备这些条件者都可以取得难民身份,因为1967年议定书还规定了排除条款,具有以下情况的人不能取得难民身份:

1. 已取得联合国保护,指已从联合国难民高级专员以外的联合国机关或机构获得保护和援助的人。因为他们既然已经得到联合国机构的保护,就不应再获得其他国际保护。若是如此,就会造成国际上不必要的重叠保护,这不是公约和议定书的初衷和宗旨。此项排除旨在使特定的难民保护问题继续得到单独解决。

2. 被认为无须保护,指被居住地国家的主管当局认为具有附着于该国国籍权利和义务的人。因为他们已经在该国居住并享受等同国民的权利和义务或该国国民通常享有的大多数权利,故无须再获得一般难民享有的保护和援助。

3. 被认为不得保护的人,是指有重大理由足以认为其违反国际文件中已作出的规定,犯有破坏和平罪、战争罪或危害人类罪的人;在以难民身份进入避难国之前曾在避难国以外犯有严重的非政治罪行的人;曾有违反联合国宗旨和原则的行为并认为有罪,如实施灭绝种族行为或其他大规模严重侵犯人权的行为并具有重大犯罪嫌疑的人。

(三)难民身份的确认程序

确认难民身份,并无国际法明确的规定,各国基于主权自行处理。联合国难民署发布了《根据1951年难民地位公约和1967年议定书确定难民地位的程序和标准手册》,作为难民署自身工作的依据,有关国家也可以参考。

三、难民的法律地位

难民根据有关的国际条约享受国际保护,同时根据所在国的有关国内法承受具体的权利义务。1951年《关于难民地位的公约》和1967年《关于难民地位的议定书》对难民的入境、居留、出境和待遇等问题分别做了规定。

(一)难民的入境、居留和出境

1951年《关于难民地位的公约》和1967年《关于难民地位的议定书》的缔约国并不负有主动接受难民入境并准其在本国居留的积极义务,但应具有宽容态度并提供便利,不应以一般外国人的标准要求难民。在拒绝难民入境、居留以及将之驱逐出境等方面则受到了以下限制:

1. 边界不拒绝。对于未经许可进入或逗留于缔约国领土但毫不迟延地自动向有关当局说明了正当理由的难民,该国不得因该难民非法入境或逗留的事实本身而对之加以惩罚;该国如决定不予接纳,应给此类难民以获得另一国入境许可的合理期间和必要的便利;在此类难民在该国取得正常地位或者获得另一国入境许可之前,该国不得对之加以不必要的限制。

2. 对于合法在缔约国境内的难民,该国除非基于国家安全或公共秩序的理由且根据法定程序作出的判决,不得将之驱逐出境;对于决定予以驱逐的难民,该国应给他们一个合理的期间,以便其取得合法进入另一国家的许可。

3. 不推回原则(principle of non-refoulment),这一原则是国际难民法

的核心原则①,是难民地位中最主要的方面,它要求缔约国不得以任何方式将难民推回至其生命或自由受威胁的领土边界。"推回"一词源于法语"refouler",其含义是对于那些非法进入一国边境的人和没有合法证件而入境的人予以拒绝,这一概念是在欧洲大陆控制移民的背景下出现的。1905年英国《外国人法》规定,对那些"因宗教、政治理由或犯罪具有政治性质,为逃避追诉或处罚;或基于宗教信仰而可能受到监禁、被杀死等迫害"的人,准许其入境。第一次世界大战以后,国际社会开始普遍接受不推回概念。《关于难民地位的公约》第33条第1款规定:"任何缔约国不得以任何方式将难民驱逐或送回(推回)至其生命或自由因为他的种族、宗教、国籍、参加某一社会团体或具有某种政治见解而受威胁的领土边界。"不推回原则也存在例外情况,《关于难民地位的公约》第33条第2款规定:"但如有正当理由认为难民足以危害所在国的安全,或者难民已被确定判决认为犯有特别严重罪行从而构成对该国社会的危险,则该难民不得要求本条规定的利益。"这就意味着除非有正当理由认为难民有足以危害其所处国家的安全等其他严重情形,国家不能将难民驱逐出境或送回国籍国、经常居住国。

(二)难民的待遇

一个人经申请获准取得难民地位后,难民本人及其家庭成员便可以根据1951年《关于难民地位的公约》和1967年议定书,在缔约国境内负有服从接受国管辖、遵守所在国的法律、规章以及该国为维持公共秩序所采取的措施的一般义务,同时享受所在国赋予的权利和待遇。

难民在受庇护国(避难国)的个人身份受到住所地国家的支配,一般被赋予国民待遇或最惠国待遇,不低于一般外国人,不应受到歧视。难民可以享受广泛的权利和义务,其动产与不动产、知识产权、结社权利和向法院申诉的权利均受保护;经济活动方面应保护他的就业、自营职业的活动,保护他在社会福利方面的有关权利;难民有获得身份证件的权利,以便其旅行;尽可能便利其入籍、归化、加速办理难民的入籍程序,降低此项程序的费用。

---

① Jean Allain, "The *Jus Cogens* Nature of Non-refoulement", 13 *International Journal of Refugee Law* 533 (2001).

四、中国保护难民的基本立场和实践

（一）中国难民保护法律制度

中国现有的与难民有关的法律分三类：

1. 多边国际公约，1956年12月，中国分别加入《关于战俘待遇之日内瓦公约》和《关于战时保护平民之日内瓦公约》；1982年9月24日，中国分别加入了《关于难民地位的公约》和《关于难民地位的议定书》。

2. 双边条约，如中国与老挝之间的《关于遣返在华老挝难民的议定书》。

3. 国内立法，如《1982年宪法》第32条第2款规定："中华人民共和国对于因为政治原因要求避难的外国人可以给予受庇护的权利。"2004年《宪法》修正案加入第33条第3款，"国家尊重和保障人权"。1985年《外国人入境出境管理法》（已废止）第15条规定："对于因为政治原因要求避难的外国人，经中国政府主管部门批准，准予在中国境内居留。"2012年《出境入境管理法》第46条更明确地规定："申请难民地位的外国人，在难民地位甄别期间，可以凭公安机关签发的临时身份证明在中国境内停留；被认定为难民的外国人，可以凭公安机关签发的难民身份证件在中国境内停留居留。"

目前，我国立法原则性较强，操作性不足。我国具体应对国际难民问题的指导性文件，主要是从属于国家突发事件总体应急预案体系的国家涉外突发事件应急预案及各地方政府基于此制定的各地涉外突发事件应急预案。

（二）中国的难民保护机构

世界各国对难民身份的认定机构具有双重性，即主权国家和联合国难民署。按国际条约和国际习惯，如一国是关于难民地位的公约及其议定书的签字国，则由该国政府负责给予难民地位。但我国法律部门由于缺乏法律依据，几乎没有实质性的参与，对难民地位的认定基本上是一事一议，由外交部国际司协调联合国难民署及各有关国家，并与民政部等国内有关部门，针对个案制定政策。

（三）中国的难民保护实践

中国政府一向支持国际社会解决难民问题的努力，在实践中接受并安置了大量难民。例如,我国对正常来华的缅甸公民采取就地融合的做法。即规定,凡已按外侨登记并已发给外侨居留证的原缅甸籍人,按外侨对待。但如他们未持有缅甸护照,或者所持护照已经过期失效,又没有办理延期手续,可改按无国籍人对待;如本人要求加入中国国籍,要审理入籍手续,并按规定审批。

中国政府还认为,公正合理地解决地区冲突、消除热点和加强国际合作是消除难民问题根源的唯一途径。同时主张共同分摊保护和援救难民的负担。

第五节 跨国公司和非政府组织

一、跨国公司

跨国公司(transnational company, multinational company)是全球化状态下重要的非国家行为体,具有整合全球资源能力。它们不仅对东道国、母国和全世界的政治、经济、社会、文化和自然环境具有举足轻重的影响,而且与国家政府、国际组织、非政府组织等其他主体进行积极互动,多元化地参与全球治理活动。

(一)跨国公司的定义

跨国公司又称多国企业,是指由母公司、子公司、分支机构等一个以上不同实体所组成,通过股权或非股权安排相互关联,在一个以上国家从事生产和经营活动的经济组织。[①]

跨国公司是法律上的多个实体和经济上的统一集团的相互结合,突出特征是全球战略。在法律上,跨国公司不是一个单一法律实体,而是多个不同法律实体。跨国公司由位于不同国家的不同实体所组成,这些不同实体一般依据其所在国国内法设立,具有所在国国内法上的法人或非法人人格和法律地位,并根据有关国内法享有权利、承担义务和责任,这

[①] The Institute of International Law, *Resolution of Oslo (1977) on Multinational Enterprises*, Session of Oslo, 1977; UNCTC, *Draft United Nations Code of Conduct for Transnational Corporations*, UN Doc.E/1983/17/Rev.1, Annex Ⅱ, 1983; OECD, *OECD Guidelines for Multinational Enterprises 2011 Edition*, 2011.

与一般公司在国内法上的地位并无特别差异,但因其具有各种关联或从属关系,这些不同组成实体的法律地位具有复杂的相互联系。在经济上,跨国公司不是多个孤立的经济实体,而是一个统一的经济集团。跨国公司往往以一个国家作为母国、总部和基地,通过各种形式的股权或非股权法律安排,对设在其他国家的子公司、分支机构以及其他联属企业实施管理甚至绝对控制,从整个公司集团利益出发,在全球范围谋划公司的生产、销售、扩展的策略,以获得最大限度和长远的高额利润。① 目前世界最大的 250 家跨国公司的出口额已经占全球总产值的 1/3 以上,控制着 70% 的对外直接投资、80% 的世界金融资本、2/3 左右的贸易额和 80% 的技术专利。有 12 家跨国公司的年销售额超过了一半以上国家的 GDP。②

(二) 跨国公司在国际法上的地位

随着国际关系的发展,跨国公司在国际经济、政治舞台上日趋活跃并发挥着越来越重要的作用,与全球气候治理、国际发展合作、区域性公共产品有着密切的关系,与国家的公共外交产生了千丝万缕的联系,在经济领域的垄断、转移定价及其与东道国的政策博弈也是国际涉外经济法治的关键方面。尽管对于跨国公司在国际法上的地位很长时间都存在争议③,但随着实践的发展,它们的国际法主体地位正在逐渐得到承认。④

1. 跨国公司越来越多地参与国际事务,在国际经济、政治关系等法律领域中发挥重要作用。特别是在国际环境法领域,随着经济活动的全球化,跨国公司作为国际经济关系重要参与者对全球环境的影响越来越大。跨国公司的战略制定总是着眼于全球范围。跨国公司的组织架构、股权与控制、内部交易、资金技术转移以及与外界的各种关系都体现了跨国公司的全球战略。跨国公司实力强大,对国际关系的影响也越来越大。一些跨国公司利用各种手段参与国际关系,甚至干涉东

---

① 参见余劲松:《跨国公司法律问题专论》,法律出版社 2008 年版,第 3—4 页。
② 黄河:《全球化转型视野下的跨国公司与全球治理》,载《国际观察》2017 年第 6 期。
③ 参见余劲松:《跨国公司法律问题专论》,法律出版社 2008 年版,第 301—303 页;白桂梅:《国际法》(第三版),北京大学出版社 2015 年版,第 163 页。Ian Brownlie, *Principles of Public International Law* (7th ed., Oxford University Press, 2008), p. 66; James Crawford, *Brownlie's Principles of PublicInternational Law* (9th ed., Oxford University Press, 2019), pp.111-112.
④ 参见王晓东、马玮:《论国际法主体的新发展——以国际环境法为例》,载《求索》2005 年第 4 期。

道国内政。① 跨国公司在20世纪50—70年代被发展中国家认为是西方发达国家进行新殖民主义统治的工具。

2. 跨国公司参与国际法造法进程。国际法也在很多方面体现了跨国公司的意志。当今国际法主要由国家参与制定,体现国家意志,但很大程度上是跨国公司游说的结果,代表了跨国公司的利益。这一点尤其体现在有关贸易、投资、知识产权的国际条约上。WTO体系中的很多规范,尤其是TRIPS协定体现了全球大制药公司的影响,GATS反映了服务业跨国公司的利益。

3. 跨国公司直接享受国际法上权利和承担义务的实例在国际司法实践中已开始出现,在地区性国际组织中跨国公司已具有与国家近乎同等的法律地位。1965年缔结的《关于解决各国和其他国家国民间投资争端的公约》(简称《华盛顿公约》)建立了解决投资争端的国际中心,该中心的管辖权包括缔约国和另一缔约国国民之间直接因投资而产生的任何法律争端,而该争端经双方书面同意提交给中心(第25条、第42条)。由此,跨国公司有权根据双方的事先同意将与缔约国的争端提交解决投资争端的国际中心仲裁。尽管跨国公司与其他国家政府缔结的特许协议或称经济开发协议只是国际契约而不是国际条约②,也不受条约法调整,但是,公司和其他私人组织直接依据国际法享有权利,可以在国际层面独立提出索赔请求。③ 此外,一些双边、区域贸易、投资协定在处理争端问题上,也创设了一个允许跨国公司适用法律诉讼程序的解决争端机制。④ 跨国公司可以依据双边投资条约、自由贸易协定投资专章的规定,直接提起国际仲裁和索赔请求⑤,具有比较稳定的国际法

---

① 其中最著名的例子就是美国联合果品公司于20世纪50年代初策划推翻危地马拉阿本斯政府;美国国际电话电报公司于20世纪70年代初在智利参与推翻阿连德总统的社会党政府;1953年英国石油公司帮助推翻伊朗摩萨德政府。

② Anglo-Iranian Oil Co. (United Kingdom v. Iran), Judgment of 22 July 1952, ICJ Reports 1952, p. 112.

③ Texaco v. Libya, Award on the Merits, Jan. 19, 1977, paras.46-48, 104 J. Droit Int'l 350 (1977), translated in 17 I.L.M.1 (1978).

④ 迟德强:《论跨国公司的国际法主体资格》,载《山东社会科学》2013年第1期。

⑤ Archer Daniels Midland Company and Tate & Lyle Ingredients Americas, Inc. v. The United Mexican States, ICSID Case No. ARB (AF) /04/5, Award, Nov 21, 2007; Corn Products International, Inc. v. United Mexican States, ICSID Case No. ARB (AF)/04/1, Decision on Responsibility, Jan 15, 2008.

主体地位。① 国际海洋法庭也在一定程度上赋予跨国公司以诉权。根据《联合国海洋法公约》第 187 条规定,国际海洋法庭海底争端分庭的管辖权包括解决缔约国、管理局或企业部、国营企业以及自然人或法人之间关于第 153 条第 2 款 b 项所指国际海底区域资源开发合同的争端。由此,跨国公司可以成为海底争端分庭的当事方,有权依法提起有关解决争端的诉讼。

(三)跨国公司的国际法管制

跨国公司及其各个组成实体的全球生产、销售和经营活动可能对股东、雇员和其他利害相关者在人权、人道、环境、公共健康等方面造成影响。商业与人权、跨国公司社会责任、公司与国际犯罪等问题正在受到越来越多的关注。目前,针对跨国公司活动所产生的消极影响,除东道国和母国的国内法管制外,还形成了一些国际法规范,主要体现在国际法环境损害责任条约和欧盟法上。

国际人权、人道、环境等条约一般只规定缔约国义务和责任,未直接规定公司和其他私人组织本身的义务和责任。专设和常设国际刑事法庭规约只规定追究自然人的刑事责任,而未规定追究公司和其他私人组织的刑事责任。习惯国际法对于公司和其他私人组织是否直接承担人权、人道等国际法义务并且承担违反国际法义务的民事、刑事责任,尚无明晰规则。美国有的法院根据《外国人侵权索赔法》判决认定,公司可以而且应该根据习惯国际法承担酷刑罪、反人类罪、强迫劳动等违反人权义务的责任;②有的法院判决则认定,公司不承担习惯国际法上的人权义务和责任。③ 此种做法有长臂管辖之嫌,值得警惕,慎重对待。

尽管从严格法律意义上讲,以上这些宣言、纲领、守则、指南等并没有对跨国公司构成法律拘束力,但其所包含的一些原则已经或有可能成为国际

---

① Francisco González de Cossío, "Investment Protection Rights: Substantive or Procedural?", 26 *ICSID Review* 107-122 (2011); Tillmann Rudolf Braun, "Globalization-Driven Innovation: The Investor as a Partial Subject in Public International Law", 15 *Journal of World Investment and Trade* 73-116 (2014).

② See e.g., *Sarei v. Rio Tinto, PLC*, 221 F.Supp.2d 1116(C.D.Cal. 2002); *Presbyterian Church of Sudan v. Talisman Energy, Inc.*, 244 F. Supp. 2d 289(S.D.N.Y.2003); *Boimah Flomo v. Firestone Nature Rubber Co., LLC*, 643 F.3d 1013(7th Cir. 2011).

③ See e.g., *Kiobel v. Royal Dutch Petroleum Co.*, 621 F.3d 111(2d Cir. 2010).

习惯法,从而对跨国公司的行为构成约束。此外,联合国人权小组委员会于2003年8月所通过的《跨国公司和其他工商企业在人权方面的责任准则》则是有关规制跨国公司行为的准则朝着有法律拘束力的方向所迈出的一大步。除了以上所说的这些文件,还有一些采用公约形式的文件,特别是国际劳工组织制定的国际劳工公约以及有关环境保护的国际公约均对公司(法人)的行为规范作出规定,这些公约具有国际法上的效力。

当前,已经确立起大量的国际软法和民间法调整和管制跨国公司活动所产生的消极影响。例如,联合国大会通过的《建立国际经济新秩序宣言》《建立新的国际经济秩序的行动纲领》《各国经济权利和义务宪章》对跨国公司的活动进行了原则性规定。联合国拟定的《跨国公司行动守则(草案)》对跨国公司的权利义务作了更详细的规定,《保护、尊重和救济:工商业与人权框架》和《工商企业与人权:实施联合国"保护、尊重和补救"框架指导原则》,国际劳工组织制定的《关于多国企业和社会政策的三方原则宣言》,经济合作与发展组织制定的《多国企业指南》《跨国公司指南》,联合国贸发组织起草的《限制性商业惯例的公平原则的多边协议》《联合国国际技术转让行动守则(草案)》《跨国公司和其他工商企业在人权方面的责任准则》,国际标准化组织制定的《社会责任指南》等对跨国公司在信息公开、人权、环境、劳工、反腐败、消费者保护、科学技术、竞争、税收等领域的行为规范作出了详细的规定。

二、非政府组织

随着全球治理的深化,国际非政府组织(NGOs)对全球政治、经济、社会、文化和自然环境的影响越来越大。非政府组织一词最初规定于《联合国宪章》第71条,授权联合国经社理事会"为同那些与该理事会所管理的事务有关的非政府组织进行磋商作出适当安排"。1952年联合国经济及社会理事会在其决议中把非政府组织定义为"凡不是根据政府间协议建立的国际组织都可被看作非政府组织"①。

(一)非政府组织的概念和特征

非政府组织是国际法在20世纪中叶以后出现的重要现象,对国际治

---

① 孙海燕:《从国际法视角看联合国与非政府组织的制度化联系》,载《北京大学学报(哲学社会科学版)》2008年第4期。

理产生了重要的推动作用。① 非政府组织是私人依法设立的非政府的、非营利的任何国内或国际的组织或团体。国际非政府组织是指在至少两个国家从事活动的非政府组织。②

　　国际非政府组织的基本特征在于其非政府性、非营利性、有组织性、跨国性。(1)非政府组织一般是私人依据国内法设立的自治的、独立的民间组织,而不是依靠政府间的协议而建成的,不是政府设立的或基于政府间国际协定设立的官方组织,不以获取政治统治或政权为目的,也不受任何政党、政府或政府间国际组织的干预、影响、指导或操控。(2)非政府组织主要以人权、民主、和平、发展、人道、慈善、文化、教育、扶贫、环境保护、公共健康、公共政策等各种公益为目的,不同于以营利为目的的营利性公司、合伙、合作社等,非政府组织的资金或财产收益不得在其设立者或成员间进行分配,而必须投入到其非营利活动中。(3)非政府组织必须是具有法人资格或不具有法人资格的有组织的实体,而不能是个人或团体的临时松散组合或社会运动,一些国际法文件明确要求申请咨商地位的非政府组织必须具有自己独立的组织机构、章程性文件、目标和宗旨、资金和活动场所。(4)非政府组织的成员由来自不同国家的公民或团体组成,同时活动的范围、成员和资金的来源都具备国际性的特点。

(二) 非政府组织对国际法的影响

　　非政府组织广泛参与国际法,尤其是国际条约的制定、实施、监督和裁判过程。③ 但是,除了红十字国际委员会的特殊地位④,非政府组织在国际法上的地位存在争议。⑤

　　第一,国际非政府组织参与国际法的形成。一些国际非政府组织通

---

① 鄂晓梅:《国际非政府组织对国际法的影响》,载《政法论坛》2001年第3期。
② 参见1986年《欧洲承认国际非政府组织法律人格公约》第1条;1996年联合国经济及社会理事会第1996/31号决议第12条。
③ 参见黄志雄主编:《国际法视角下的非政府组织:趋势、影响与回应》,中国政法大学出版社2012年版,第146—175页。
④ 红十字国际委员会是一个在瑞士法下设立的私人组织,但在国际法上具有正式的法律人格,享有原属政府间国际组织才能享有的特权和豁免,成为公认的国际法正式主体。1990年联合国大会通过决议授予红十字国际委员会以观察员地位,这是国际非政府组织具有独立参与国际事务的能力的最好体现。
⑤ See Jan Klabbers, Anne Peters and Geir Ulfstein, *The Constitutionalization of International Law* (Oxford University Press, 2009), pp. 221-222.

过议题设置、游说引导和主动参与三种方式深度参与国际法的制定进程,很多联合国公约、决议以及全球治理进程背后都有国际非政府组织的深度参与。在《联合国气候变化框架公约》下的诸多文件中均强调国际非政府组织是非缔约国的利益攸关方;在 2017 年波恩气候大会后,将"塔拉诺阿对话"机制引入气候谈判中来,为国际非政府组织参与气候谈判作出了新的政治协商机制安排;在《巴黎协定》中,也强调了国际非政府组织在议程设定、透明度和代表利益攸关方方面的作用。此外,国际非政府组织在《濒危野生动植物种国际贸易公约》《禁止酷刑公约》《与贸易有关的知识产权协定》等各个领域的国际公约的谈判中,都发挥了重要的作用,促进了谈判的达成。例如,成立于 1963 年的电气与电子工程师协会(Institute of Electrical and Electronics Engineers,IEEE)制定了超过 1300 个现行工业标准,在太空、计算机、电信、生物医学、电力及消费性电子产品等领域影响广泛。

第二,国际非政府组织主持和塑造国际软法。① 国际非政府组织制定了很多企业社会责任的标准,影响了跨国公司的行为。1946 年 10 月成立的国际标准化组织(International Organization for Standardization,ISO)是目前在标准领域世界上最大、最有权威性的国际非政府组织,在全球的质量标准制定、国际贸易等方面具有广泛影响力。社会责任国际(SAI)成立于 1997 年,是一个推动工作场所权益的国际非政府组织,其制定的社会责任标准 SA8000 是世界公认的社会认证项目。SA8000 标准和认证体系为不同行业、不同国家的各类企业提供了一个框架,使其以对工人公平和体面的方式开展自己的业务,并证明其遵守最高社会标准。

第三,国际非政府组织参与国际法的实施和遵守。国际非政府组织可以从公众参与的角度参与国际法的运行,对国家行为进行监督,从而促进国际规则的实施,增强国际规则的有效性。国际非政府组织的参与有助于增强国际法的合法性(正当性)②,并且利用自身舆论影响力形成道德压力,直接将国家不履行条约义务的信息提交给条约秘书处或其他执

---

① 参见王秀梅:《国际非政府组织与国际法之"跨国立法"》,载《河南省政法管理干部学院学报》2006 年第 4 期。

② 参见黄志雄主编:《国际法视角下的非政府组织:趋势、影响与回应》,中国政法大学出版社 2012 年版,第 225—256 页。

行机构,①或者以在国内法院提起诉讼的方式来迫使国家遵守国际法。国际救助儿童会是全球儿童保护领域最大的国际非政府组织,有28个成员组织,在125个国家开展工作,在2015年其全年经费超过21亿美元。无国界医生是全球最大的独立医疗救援组织,总部设于日内瓦,现有员工45000余人,该组织的目标是不分种族、国家与宗教背景,义务地协助战火和自然灾害中受伤的人得到医治。比尔和梅琳达·盖茨基金会是世界上最大的慈善捐赠机构,于2000年成立,致力于为全球最弱势群体的生命改善创造机会,在135个国家开展项目,为促进全球健康与发展作出了重大贡献。这些民生活动和项目改善了所在国家百姓的日常生活,从细微处推动、影响了全球治理的进程。

第四,国际非政府组织参与国际争端解决。世界经济论坛在全球经济领域和全球政治进程中都具有广泛影响力。20世纪80年代,希腊与土耳其关系紧张,世界经济论坛主席施瓦布密集斡旋,最终促成两国总理会面谈判,签署两国关系正常化的达沃斯宣言。1992年,经过施瓦布多次沟通,从监狱中释放两年的曼德拉与时任南非总统在国外携手亮相。在国际争端的法律解决方面,很多国际争端解决机制对国际非政府组织开放②,1985年,在绿色和平组织和法国的"彩虹勇士"号诉讼中,绿色和平组织最终胜诉并获得了法国700万美元的赔偿。③ 国际非政

---

① 《关于消耗臭氧层物质的蒙特利尔议定书》规定,国际非政府组织可以向秘书处提供不履行条约义务的国家名单,从而对这些不遵守条约义务对国家进行制裁。

② 法庭之友陈述是第三方介入司法的一种形式,包括在法官面前就法律或事实问题提出技术观点,这种对司法程序的干预不仅从其起源地的普通法体系扩展到具有大陆法传统的国家,而且从国内争端解决程序扩展到国际争端解决程序。

③ 绿色和平运动是国际知名的环保组织,1970年成立于加拿大。该组织以反对核试验、反对捕鲸、反对运输核废料、反对环境污染为宗旨。"彩虹勇士"号是绿色和平运动租来的一艘平底船,1985年3月,绿色和平运动成员驾驶"彩虹勇士"号去夏威夷,在太平洋地区开展反对美国核试验的大规模活动。5月初,"彩虹勇士"号行驶至夸贾林岛,反对美国从加州发射洲际导弹。在计划去法国在南太平洋地区的核试验基地——穆鲁罗瓦岛阻止核试验的途中,被法国特工炸毁。法国政府起初否认损害"彩虹勇士"号与其有关,又于9月22日承认法国特工人员炸毁了"彩虹勇士"号。23日,法国总理法比尤斯就此事向新西兰公开道歉。11月22日,新西兰奥克兰高等法院判处被指控犯有谋杀罪和炸毁"彩虹勇士"号船的两名法国特工人员阿兰·马法尔少校和多米尼克·普里厄上尉10年徒刑。1986年7月,在联合国秘书长德奎利亚尔的调解下,法新双方经过交涉,由法国向新西兰正式道歉,并赔偿700万美元;两名法国特工被新西兰驱逐到法国在南太平洋的豪岛军事基地服刑3年。

府组织的意见作为法庭之友(amicus curiae)陈述①的方式呈现给国际法庭是国际非政府组织塑造国际法的重要途径之一。

(三)非政府组织的国际法地位

基于国际条约和政府间国际组织内部程序规则,非政府组织已经具有了一定的国际法主体身份、地位和能力,许多国家将非政府组织视为介乎政府和企业之间的"第三部门"。少数非政府组织还在与有关国家签署的国际协议中获得了一定的方便、特权和豁免。

首先,非政府组织在联合国、联合国专门机构和其他政府间国际组织中具有广泛的咨商地位。它们的参政、议政行动极大地推动了社会发展,在国家治理、国际治理中发挥了日益明显的作用。很多非政府组织都已与联合国建立了直接或间接的联系。根据《联合国宪章》第71条和联合国经济及社会理事会1996年第1996/31号决议,非政府组织可以经过申请认证分别获得经济及社会理事会的一般咨商地位、特别咨商地位和列入名册地位,在经济及社会理事会及其各委员会和其他附属机构、联合国召开的国际会议及其筹备过程中,享有收到或建议临时议程、出席会议、书面陈述、会议期间口头陈述等不同程度的咨商地位。非政府组织在联合国贸易与发展会议等联合国特别机构、联合国教科文组织等联合国专门机构、联合国大会、联合国安理会、世界贸易组织、欧洲理事会等政府间国际组织中都享有正式的或非正式的咨商地位、参与地位、伙伴关系或业务合作关系。

其次,非政府组织在人权、环境等条约实施监督方面享有广泛的参与权利或地位。人权条约、人权条约机构的内部程序规则或实践大多允许非政府组织参与监督缔约国人权条约义务履行工作,主要是允许非政府组织通过参与正式的大会前小组会议或其他非正式方式,向人权条约机构提供有关缔约国人权状况的信息和提交非政府组织自己的人权监督报告。许多环境条约、缔约方大会决议或内部程序规则明确授予非政府组织以观察员地位,允许非政府组织参与缔约方会议,允许非政府组织参与

---

① 例如,人权领域的欧洲人权法院(ECHR),作为刑事司法机构的国际刑事法院(ICC)、卢旺达国际刑事法庭(ICTR)、前南斯拉夫国际刑事法庭(ICTY),经贸领域的世界贸易组织(WTO)争端解决机制、依据自贸协定或国际投资争端解决中心(ICSID)建立的国际投资仲裁庭,都制定了相应的程序,使国际非政府组织能够提交有关未决案件的信息或陈述。

环境条约实施和监督工作,为条约秘书处提供协助。1998年联合国欧洲经济委员会《在环境问题上获得信息、公众参与决策和诉诸法律的公约》(《奥胡斯公约》)规定了非政府组织在环境问题上获得信息、公众参与决策和诉诸法律的广泛权利。

最后,非政府组织在人权、环境、劳工、发展援助、刑事、贸易、投资等司法、仲裁和准司法国际裁判或申诉程序中享有广泛的申诉地位和"法庭之友"地位。目前,除了国际法院和国际海洋法庭仍然不允许非政府组织以申诉人或"法庭之友"身份参与裁判程序,许多人权条约、刑事法院和法庭规约、政府间国际组织内部申诉程序都允许非政府组织以受害人身份或者代表受害人,提起人权申诉或者其他申诉,或者作为"法庭之友"提交书面意见。

(四)国际法对非政府组织的规制

随着非政府组织在参与国际法律过程和全球治理结构中的地位越来越高、影响越来越大,非政府组织合法性问题也越来越受到关注。[1] 目前,非政府组织自身的治理和问责主要受国内法调整,但国际法也初步形成了规制国际非政府组织的系列措施。[2]

首先,在国际条约中,可以推理出管制非政府组织的规范。例如,一些条约中的集体权规则,保护团体的生存权、决定权和组织权,可以推理为适用于国际非政府组织。

其次,一些区域国际条约直接管制国际非政府组织,如《欧洲人权公约》《关于非政府组织地位基本原则》《欧洲社会宪章》的区域性法律文件中,都规定了国际非政府组织所拥有的权利义务。

再次,国际政府组织通过了设立观察员、咨商参与资格的合作方式对国际非政府组织进行约束管制。例如,各国的非政府或非营利社会团体或基金会立法一般都规定,非政府组织应有明确的活动宗旨、章程性文件、组织治理结构,并规定了非政府组织在信息和财务公开等方面的义务。联合国经济及社会理事会1996年第1996/31号决议规定,申请咨商地位的非政府组织应有确定的总部及执行干事、以民主方式通过的组织

---

[1] 王彦志:《非政府组织与国际法的合法性》,载《东方法学》2011年第6期。
[2] 何志鹏、刘海江:《国际非政府组织的国际法规制:现状、利弊及展望》,载《北方法学》2013年第4期。

法、负责决定政策的代表机构、对决策机构负责的执行机关、对成员负责的适当机制，并且应将捐款数额及捐款人据实陈报非政府组织委员会。

最后，非政府组织自身会建立规范进行自我约束，如国际红十字会与红新月会联合会、红十字国际委员会等1995年制定的《国际红十字和红新月运动及非政府组织赈灾行动准则》，规定了非政府组织在赈灾行动中应自愿遵守人道、非歧视、中立、尊重受助人、受助人参与合作、对受助人和捐款人问责等，有效地为自身和其他的非政府组织提供了行为准则。

思考题

1. 国籍在国际法上有何重要意义？
2. 国籍的抵触对于个人而言有何不便，如何解决？
3. 在外国人入境、出境和待遇标准上，形成了哪些通行规范，还有哪些争论？
4. 据《人民日报》1981年10月16日报道，1981年10月，越南空军少尉飞行员乔清陆等10人因不满当时越南政府的残暴统治和政治迫害，驾驶一架越南军用直升飞机来到中国。他们感到无法在越南继续生活下去，要求留居中国。根据中国有关法律规定，我国有关部门经过调查后，允许乔清陆等10人在中国居留。问：中国政府基于哪些规则给予乔清陆等10人庇护？
5. 如何理解难民的法律地位？
6. 中国在引渡、庇护方面取得了哪些历史进步，还存在哪些问题？
7. 如何理解跨国公司的国际法主体地位？
8. 如何理解非政府组织的国际法主体地位？

拓展阅读

黄风：《引渡制度》，法律出版社1997年版。

黄风：《中国引渡制度研究》，中国政法大学出版社1997年版。

黄志雄主编：《国际法视角下的非政府组织：趋势、影响与回应》，中国政法大学出版社2012年版。

李浩培：《国籍问题的比较研究》，商务印书馆1979年版。

李双元、蒋新苗主编：《现代国籍法》，湖南人民出版社1999年版。

梁淑英：《国际难民法》，知识产权出版社2009年版。

余劲松:《跨国公司法律问题专论》,法律出版社 2008 年版。

张爱宁:《难民保护面临的国际法问题及对策》,载《政法论坛》2007年第 6 期。

张勇、陈玉田:《香港居民的国籍问题》,法律出版社 2001 年版。

C. F. Amerasinghe. *Local Remedies in International Law* (Grotius, 1990).

Anna-Karin Lindblom. *Non-Governmental Organisations in International Law* (Cambridge University Press, 2006).

David A. Martin and Kay Hailbronner. *Rights and Duties of Dual Nationals: Evolution and Prospects* (Kluwer Law International, 2003).

Peter T. Muchlinski. *Multinational Enterprises and the Law* (2nd ed., Oxford University Press, 2007).

Ingrid Rossi. *Legal Status of Non-Governmental Organizations in International Law* (Intersentia, 2010).

Jennifer A. Zerk. *Multinationals and Corporate Social Responsibility: Limitations and Opportunities in International Law* (Cambridge University Press, 2006).

第三编 国际法客体

第六章 领土法

领土是国家的重要构成因素之一,是国家行使国际权利、履行国际义务的主要对象和基础范围,也是人民、政府机构和主权等其他国家要素赖以存续的基本条件。在国际法发展的过程中,逐渐沉淀出了领土相关的法律规范,包括领土的组成、领土的法律地位、领土的取得与变更、国家边界与边境制度。在国家领土之外,还有非领土,尤其是南、北极和公海。南、北极法律制度在此予以介绍,与公海相关的制度在海洋法一章介绍。

第一节 领土的概念及领土主权

一、国家领土的内涵和外延

国家领土(state territory)是指国家主权支配下的地球特定部分,从这一界定中能看出领土与国家主权的关系以及领土在地理上的内涵。

领土是一个立体的概念,它包括土地、空气和水。一般认为,国家领土包括陆地领土、水域领土、陆地和水域上面的空中领土,以及陆地与水域下面的领土,分别称为领陆、领水、领空和底土。

(一)领陆

陆地领土是国家领土的基本组成部分,其他部分以陆地领土为核心,没有陆地领土,其他部分很难独立存在,陆地领土包括大陆和岛屿。世界上一些国家的陆地领土完全由大陆构成,如中国的邻国蒙古国;也有一些国家的陆地领土完全由岛屿构成,如印度尼西亚、菲律宾;很多国家是沿海国,既有大陆的部分也有一些沿海岛屿,如中国、俄罗斯、美国,都属于此种情况。根据《领海及毗连区法》第2条第2款的规定:"中华人民共和国的陆地领土包括中华人民共和国大陆及其沿海岛屿、台湾及其包括钓鱼岛在内的附属各岛、澎湖列岛、东沙群岛、西沙群岛、中沙群岛、南沙群岛以及其它一切属于中华人民共和国的岛屿。"

(二) 领水

国家领水包括两部分,一部分是国家陆地疆界之内所包围的水域,包括江河、湖泊、运河、江湾、海湾;另一部分是国家陆地疆界之外与之相邻的一带水域,称为领海。领海属于海洋法的一部分,一般在海洋法方面探讨,内水与领海的法律地位是不同的,主要是国家所拥有的权利与义务存在差异。

(三) 领空

领陆和领水上层的空间是国家的领空。国家主权是否及于领陆与领水的上空,以及领空的高度是多少,是20世纪人类在空间采取行动之后出现的问题。现在国际社会已经达成共识,国家对于领陆和领水的上空享有主权。然而,现在仍然没有对领空的具体高度达成完全共识。

(四) 底土

领陆和领水所覆盖的地下层,包括地下水和其他一些自然资源,受国家主权完全和排他地管辖。非经允许,任何其他国家、国际组织不得进行勘探开发和利用。国家领土主权及于底土,有史以来没有任何疑问。由于科学技术限制国家底土具体深度各国尚未充分讨论,随着人类在地壳深处探索能力的加强,这一问题也会成为国际法的重要课题。

一些学者提出,国家在外国设立的使馆,在公海和外国领海内的飞机、军舰和其他国家运输工具应视为国家的虚拟领土,或国家领土的浮动部分。这种观点在很大程度上反映了以往帝国主义的观念,现在都不予认可。事实上,一国军舰、政府船舶、飞行器,以及驻外使馆、领馆均不可视为本国领土,本国在这些地域所享有的是特权和豁免,这就意味着在正常情况下应当接受相关法律的管辖,而不是以本国领土的法律地位存在的。

在领土之外还有很大的区域空间,处于国家拥有一定的权利、但又不完全的地位。例如,不是国家领土组成部分,但享有一定主权的毗连区、大陆架、专属经济区,关于此部分的权力在海洋法中予以阐述。

还有一些是不属于任何国家管辖的区域或空间,包括公海及其上空、国际海底区域、外层空间,以及包括月球在内的天体。不属于任何国家管辖的区域或空间又分成两部分：一部分是世界各国均可自由使用的，被称为公域；另一部分是人类共同财产，即在进行使用开发之时要遵守现有的国际法规范，照顾到人类共同利益。

二、国家领土的意义

国家领土对于国家运行、社会发展、人民生活意义重大。

首先，国家领土是国际法多数规范的逻辑起点和地理尺度。由于国际法主要是主权国家之间的法律，主权国家以领土为基本划分单位，国际法承认国家在其范围之内的最高权力，因此一般认为国家的属地权力是最优越的。与此同时，国际法上的领土主权、属地管辖等，都与领土保持着密切的联系。不干涉内政作为国际法的基本原则，也只能以国家领土为划分基础。故而，国际法与国家主权、领土管辖相关的概念都基于领土。进而，国际法明确关注到领土对人民的权利、政府的治理具有重要意义。例如，领土是国家主权行使的基本对象，国家领土的各个组成部分处于国家完全排他的主权统治之下，未经国家同意任何其他国家不能对领土的任何部分行使任何权力，其中包括统治管辖、资源开发、勘探利用等。

其次，国家主权行使的范围。领土实际上为国家行使主权圈定了外部界限，由于领土的存在，任何国家都不可以超越国际法的基本界限去行使主权。例如，不能到公海去对其他国家船旗的船舶予以管辖，更不能到其他国家的领土去行使主权。国际法对国家主权的限制首先基于空间，也就是不能超越本国领土。传统国际法曾允许"治外法权"，那是一种以帝国主义的观念和举措为基础的制度体系，1899年义和团运动之后，帝国主义列强强迫清政府于1901年订立《辛丑条约》，划北京东交民巷为使馆区，由外国使馆管理，常驻外国军队，不仅不准中国人在使馆区内居住，而且中国军队未经外国使馆同意不得进入。这是帝国主义欺侮殖民地、半殖民地国家一个很典型的例子，现在已经被抛弃。领土范围之外的权利可及区域包括专属经济区、大陆架，必须是基于国际法的认可，而且不能超越法律所规定的界限。随着国家行为能力的发展，不属于任何国家的领域在变小，属于全球各国、各国人民享有公共权利范围也在缩减。

最后，领土构成国家与人民生存和发展的基础。每个国家都对自己的领土非常珍惜，在领土问题上寸土必争，锱铢必较，很多国家都因为领土问题数度交战，武装冲突不断。到现在为止，国家之间因领土而起的争端也为数甚多。正是因为国家对领土的高度重视,才形成了关于领土的一系列原则和规范。例如,国家领土不可侵犯、边界和边境、领土的取得和变更方式等。

三、领土主权

领土主权是国家主权的重要内容,也是国际法广泛认可的基本权利。领土主权是指国家对其领土所享有的权利。在帕尔马斯岛仲裁案中,独任仲裁员胡伯(Max Huber,1874—1960)认为,在国际关系中,主权意味着独立;对地球的特定部分来说,独立就是国家行使排他的权利。国际法的发展已经确立了国家对其领土行使排他权利的原则,此原则应成为解决国际关系的出发点。领土主权是获得承认和由自然边界或条约划定的空间。胡伯还指出,领土主权涉及国家活动的排他权利,此项权利的相应义务是保护他国在其领土范围内的权利,特别是在平时和战时领土完整和不可侵犯的权利,以及每个国家为其在外国的国民提出申诉的权利。

领土主权包括以下方面:

第一,领土不可侵犯。领土不可侵犯源于国家主权的几个方面。《联合国宪章》第2条第4项规定,各会员国在其国际关系上不得使用威胁或武力,或以联合国宗旨之不符之任何其他方法侵害任何会员国或国家之领土完整或政治独立。1974年联合国大会通过的《关于侵略定义的决议》,其序言重申,一国的领土不应成为别国违反宪章实行军事占领或其他武力措施侵犯的对象,亦不应成为别国以这些措施或这些措施的威胁而加以夺取的对象。领土主权不可侵犯包括以下两个方面的内容:(1)国家领土不能作为外国军事占领或以其他武力措施侵犯或征服的对象。应当特别说明的是,不以夺取或占领为目标的侵入,同样构成对国家领土主权的侵犯。例如,1961年比利时部队在刚果金登陆,自己宣称目的是保护在刚果金内乱中遭遇危险的比利时国民;但刚果金则认为,此种行为是对刚果金领土主权的侵犯,比利时的目的是把加丹加州从刚果金分裂出去,是侵略行为。此后安理会通过决议要求比利时立刻从刚果金撤军。(2)国家主权及于国家领土的各个部分,除领海遵循无害通过制度,其他部分未经国家允许,任何外国人、外国军队、船舶、飞机或其他交通工具均不得进入。

第二,领土所有权。国家领土主权还包括对领土的所有权。否认国家与领土之间存在所有权关系的观点,主要是认为国家关于土地归私人所有的国内法,根据这种国内法,国家的绝大部分土地不在国家的所有权之下,这种观点是错误的。它混同了国内法上国家对私人土地关系与国际法上国家对领土关系的性质。周鲠生先生认为,尽管国家在国内法上并不是全部土地的所有者,但是在国际关系上具有完全支配和处理领土的权利,因此绝不能因为国家在国内法上不是土地的所有者,而认为在国际关系、在国际法中,国家对领土就不具有所有权。事实上,土地私有制、公有制是国内法上的制度,私人可否拥有土地是否能够进行土地交易是国内法规定的问题;在国际关系之中,任何私人都无法处置他们的土地。领土的交换、转让、割让,仅由对领土具有主权的国家负责。

第三,天然资源永久主权。国家领土主权不仅基于领土上的居民以及在领土内发生的一些事件,还基于领土本身的所有自然资源,包括一切生物和非生物资源,包括水、空气、陆地、山脉、森林,以及地下层等一切形式的领土,本身以及其中所具有的资源,国家对这些资源的勘探开发利用和管理,享有完全排他的控制权、支配权、管辖权等权利,非经允许任何外国个人或公司不得从事任何相关的活动。

四、对领土主权的限制

(一)一般限制

领土主权不是绝对的,受到国际法的诸多限制。这些限制源于国家主权。在国际关系之中,施行意义上的对等,如一国不能利用本国领土对其他国家实施损害。又如,领海的无害通过制度、外交代表的特权和豁免制度、国家及其财产豁免等。这些制度对国家主权构成了一般限制。此类限制可以体现在国际法关于领土各个部分的相关制度之中。20世纪中叶以后出现的国际环境法对于领土的限制更涉及维护相邻及全球的气候等问题。还有一种特别的限制是承担国际责任。比如在第二次世界大战之后,盟军对德国和日本领土进行占领。直至1951年《旧金山和约》签订之后,对日本的占领才结束;1955年,对德国的占领才结束。

(二)特殊限制

对领土的特殊限制是国家通过给予他国以某些特许或特权而使本国

的领土主权受到限制。一国出让一部分领土主权,从另外的视角,就是另一国得到一部分领土主权。一般来说,国际法对于一国领土所施予的特殊限制,包括共管、租借、国际地役、势力范围等。所有的特殊限制都必须基于特别协议,而不能泛泛地推定此种限制的存在。

1. 共管。在国际法上共管是指共同具有所有权。这一概念来自神圣罗马帝国末期,意思是两个君主或多个君主对于某城镇或土地共享所有权。国际法上的共管出现于国家之间的协议安排,如1887—1980年间太平洋上的新赫布里底岛处于英法共管之下,1980年独立成为瓦努阿图国。

2. 租借。国家有时可能自愿或被迫通过签订条约或协定的方式,将自己的部分领土租给他国,这种租借构成了领土主权的暂时转让。租借期间,承租国可以享有针对租借领土几乎完全的领土主权。租借一般是有期限的。例如,中国清政府与英国政府1898年6月9日签订《中英展拓香港界址专条》规定,按照粘附地图展扩英界作为新租之地,其所定详细界线应待两国派员勘明后,再行划定。租借一般以99年为限期,也有永久租借的情况。又如,1903年巴拿马将巴拿马运河地区永久租给美国,但是永租并不妨碍主张收回。美国于1999年12月31日中午将巴拿马运河地区的主权移交回巴拿马。被租借的领土一般不能转租。历史上的殖民主义国家利用租界推行殖民扩张政策,因而许多租界是在枪炮威逼之下达成的。例如,19世纪末中国清政府被迫与德国、法国、英国等列强签订不平等条约,将中国的大片土地租借给这些国家。中国的所有租借地于1999年12月20日全部收回。

3. 国际地役。地役来自于国内法,原是罗马法中的一种物权制度。国际地役是指一国领土以某种方式为他国的利益服务,国际地役通常以条约的方式加以确立,也有少数以特殊国际习惯确立国际地役。国际地役的主体是国家,客体是国家领土,一国领土被他国使用主要包括以下情况:一国的通洋河流或运河允许他国享有通过权;一国的车站、码头设施允许他国使用;一国的无线电站、海关或军事基地允许他国维护;等等。这些属于积极国际地役,即国家采取措施为他国提供方便。一国在领土上不做某些行为,以给他国提供便利称为消极国际地役。例如,某些领土不能设防或不能建筑,某些领土被中立化或非军事化等。

有学者对国际地役持反对态度。因为罗马法上关于地役的规定并不完全能应用于国际法,但事实上国际地役的概念和实践已经被国际社会所广泛接受。1910年,在北大西洋海岸渔业仲裁案中,国际常设仲裁院就把存在国际地役作为一个悬而未决的问题,而且将经济权利与可能构成国际法中的国际地役进行了区分。与此同时,1960年的印度通行权案之中,国际法院也肯定了国际地役的存在。

国际地役的存在应符合三个条件:第一,多数通过条约予以确立,以国际习惯的方式形成国际地役仅为少数情况。例如,1960年国际法院在印度通行权案之中认为,葡萄牙长期形成的在印度境内通行的行为构成了国际习惯,使其在印度部分领土享有通过权利。第二,国家是国际地役的主体。也就是说,有权将部分领土供他国使用的主体只能是国家,任何私人公司或企业都无权处置国家领土,这就意味着即使土地归私人所有,私人也无权在国际法的意义上去授予地役。第三,国家领土是国际地役的客体。国家之间因国际地役而产生的权利义务的客体均为国家领土及领土的具体部分,包括陆地、河流、港口。与领土无关的事项,不属于国际地役。国际地役既可能发生于两个国家之间,也可能发生多个国家之间,如国际运河或国际河流即属于向多国开放,甚至向世界上所有国家开放的国际地役。

(三)其他限制

对领土主权的其他限制实际上多数都与外国的军用飞机或军舰和外国武装部队在一国领土内享有的特权和豁免有关。经允许合法进入一国领海或内水的外国公共船舶,享有广泛的特权和豁免,船上所有的人员享有民事和刑事管辖豁免,即使他们在沿岸所做的行为违反了当地国家的刑法,也不会由当地国家管辖。但是他们需要遵守当地国家关于航行和卫生检疫方面的法规。在战争时期进入中立港口的交战国船舶,还需要遵守对中立国的义务。在一国领土内的外国军舰享有的特权和豁免与外国使馆馆舍相似,都享有不可侵犯权,派遣国可以在军舰行使政府权力并采取司法行动,请假离舰时犯了罪又返回军舰的船员,不受当地国家当局逮捕。在岸上值勤或执行公务的船员违反了当地国家法律,也不受当地法院管辖。外国军舰享有的内部独立地位,导致一些人寻求或允许在军舰上进行政治避难,但是这一观点在实践之中并没有受到支持。

第二节 国家领土在国际法上的地位

国家领土主权涉及国家领土相关部分的地位。不过由于领土的一些部分完全与其他国家没有联系，而另一些部分则与其他的国家领土相连接如界河、界湖，还有一些部分直接与公海相连，包括通洋河流（运河），所以领土的不同部分在国际法上地位并不相同。

一、陆地领土及其底土的地位

陆地领土及其底土这部分领土是国家领土的基本部分，处于国家主权的完全统治支配和管辖之下。外国人和外国交通工具在没有得到国家允许的情况下，不得进入，更不能对陆地领土上的资源进行任何勘探开发和利用活动。陆地领土在地下层的国际法地位与表层完全相同。

二、内水

内水是指完全处于国家疆界之内，并不与其他国家的水域相连接的水域，如中国的珠江、黄河。完全被一国陆地所包围的湖泊和运河也属于内水。此外沿海国的内水还包括领海基线以内的所有水域，包括港口、海湾等。这些沿海国内水的划定标准属于海洋法内容。内水在国际法上的地位与陆地领土相同。但是如果河流、运河或海峡通洋，并形成海上交通要道，其法律地位可因国际公约的规定而与一般内水不同，与此同时群岛国的内水与非群岛国的内水在概念上是不同的，这也在海洋法上有规定。

三、国际运河

运河是人工挖掘的，所以沿岸一般为一个国家的陆地领土，因而运河均属于一国内水。除非受条约的规定约束，国家对运河行使完全排他的主权。运河是否对其他国家开放，由所属国决定。但是有些运河是两端连接海洋的，即通洋运河。此种运河构成海上重要的交通通道，因而成为国际运河，按照国际通例，向世界各国开放。例如，基尔运河、苏伊士运河和巴拿马运河，这些运河的法律地位由国际条约予以规定。

四、界河

界河是分隔两个或多个国家的河流,即河流构成了国家之间的边界线。中国与俄罗斯之间的黑龙江和乌苏里江、中国与朝鲜之间的鸭绿江,都属于界河。界河分属于沿岸国家的内水,界河两边的水域分别属于沿岸各国。各沿岸国对于属于自己一边的界河水域行使管辖权,但是在船舶航线方面,各沿岸国的船舶都可以在航道上自由航行,而第三国船舶则不享有这种自由航行权利。对界河的使用,包括界河捕鱼、界河维护和管理,以及界河的污染防治,一般由沿岸国根据其间的共同协议来予以解决。

五、多国河流

多国河流是指流经两个以上国家的河流,分别属于各沿岸国的内水,各沿岸国对于流经本国的一段水域享有领土主权。正因为多国河流有一部分属于本国内水,所以沿岸国对属于本国部分享有的主权应当是完全而排他的。但同时因为多国河流具有可航性,沿岸国有权拒绝任何其他国家包括其他沿岸国的船舶在属于本国的一段水域上航行。但如果都采取这样的行动,国际社会的合作就会遭到影响。所以基于河水流动性的特点,沿岸国事实上在多国河流的管理上存在一些特殊的做法。

多国河流的法律地位一般通过各沿岸国之间签订协定予以规定。例如,2000年中国、老挝、缅甸、泰国四国交通部部长在缅甸签署了《澜沧江—湄公河商船通航协定》。该协定第2条第1款规定,缔约各方同意,自本协定签署1年后,在缔约方四国之间实现澜沧江—湄公河商船通航,缔约任何一方的船舶均可按照本协定的规定和缔约各方共同接受的有关规则,在中华人民共和国思茅港和老挝人民民主共和国琅勃拉邦港之间自由航行;第4条规定,四国相互开放港口码头共14个。

根据多国河流属于国家内水的法律性质,及其流经多国的特征,在国际法上的地位可归纳如下:第一,多河流经过沿岸各段分属管辖,包括水域的控制权和管辖权。第二,在航行上,多国河流对所有沿岸国家开放,各沿岸国的船舶在河流的全线享有通航权利。第三,多国河流不对沿岸国之外的国家开放,任何非沿岸国的船舶非经允许不得在河流上航行。第四,基于所有沿岸对多国河流的共同利益,各沿岸国对本国的一段河流的使用须考虑其他沿岸国的权力和利益,不得滥用。

六、国际河流

如果说多国河流是若干成员之间互相开放的一种内部机制的话,那么国际河流就是若干流经国向国际社会提供的一种公共物品。国际河流是指由于通洋性质而向所有国家商船开放航行、被国际化的多国河流或国内河流。除了所有国家商船可以自由航行,国际河流的各沿岸国对国际河流流经本国的各段所享有的权利与多国河流完全相同。

国际河流的概念源于19世纪欧洲河流自由通航原则。该原则的产生与法国资产阶级革命的影响有关,最终导致1814年的《巴黎和约》和1815年的《维也纳和约》都接受了河流自由航行原则,分别宣布莱茵河和欧洲的其它一些河流实行自由航行制度。实际上,这些欧洲河流仅仅是对沿岸国开放,而并不对非沿岸国开放。

如果说这两个公约只是原则上宣布了这些河流的自由航行,而没有付诸实施,那么1856年的《巴黎和约》和1868年的《曼汉条约》则进一步规定了多瑙河和莱茵河向一切国家开放,使1814年《巴黎和约》与1815年《维也纳和约》所宣布的自由航行原则成为现实。

实际上,河流自由航行是西方列强推行殖民主义政策的一个部分,它们的主要手段是通过管理河流的所谓"国际委员会"制度掌握对河流的控制权。1856年的《巴黎和约》为了管理多瑙河可以从海上通航的部分,设立了专门机构即欧洲多瑙河委员会。该委员会由英国和法国等非沿岸国组成,专门负责制定必要的管理规章,并保证多瑙河的自由航行。后来该委员会的职权逐渐扩大,除了管理权,还包括了立法、司法和行政等方面的权力。第二次世界大战以后,根据1946年巴黎四国外长会议的决定,1948年8月18日召开了四大国和多瑙河沿岸国家参加的贝尔格莱德会议。会议上通过了《多瑙河航行制度公约》,建立了仅由沿岸国代表组成的多瑙河委员会。

西方列强为了将其殖民主义势力渗透到欧洲以外的地区,1885年,由几十个西方国家签订的《柏林总协定》、1890年《布鲁塞尔总协定》和宣言、1919年《圣日耳曼条约》都确定尼日尔河实行国有化,并成立了管理河流的国际委员会。20世纪60年代非殖民化运动过程中,非洲的尼日尔和沿岸国也签订了《尼日尔河流域国家关于航行和经济合作条约》(1963

年10月26日)废除了前述西方主导的国际法文书,建立了由沿岸国组成的河流管理委员会,结束了西方列强的统治。

虽然上述国际河流的沿岸国先后收回了他们对河流的控制权、管理权,然而这些河流继续向世界各国开放。1921年《巴塞罗那公约》即《国际性可航水道制度公约》及相关文件之中关于国际河流法律地位的规定仍然有效。这些规定的主要内容是:第一,国际河流的沿岸国对流经本国的河段享有主权和管辖权。第二,国际河流对所有缔约国的船舶实行航行自由,但是军舰执行警备或行政职务以及一切执行公务船舶除外。第三,实行航行自由,使各缔约国国民、财产和船旗在各方面享受完全平等的待遇。第四,国际河流的沿岸运输权保留给本国船舶,外国船舶不得从事同一沿岸国各港口之间的航运。

从1921年《巴塞罗那公约》的措辞可看出,国际河流法律地位的规定在当时并未成为习惯国际法。到现在为止,国际河流的法律地位仍然由国际条约、公约来规定。随着国际环境法的发展,涉及国际河流的国际公约不仅仅限于自由航行方面,关于莱茵河出现了一系列的环境保护公约。

1997年5月21日,联合国大会通过了国际法委员会起草的《国际水道非航行使用法公约》。该公约有30多个国家批准,不包括中国。2014年8月17日生效。主要内容是:公约适用于国际水道及其水域为航行以外的目的使用并适用于同这些水道及其水域使用有关的保护和保全的管理措施。公约所确立的一般原则包括公平合理使用原则、参与原则。前者是指水道国应在各自领土内公平合理地利用国际水道。在使用和开发水道时,应着眼于充分保护水道的环境利益,考虑有关水道国的权益,使该水道实现最佳可持续的利用和受益。后者则强调水道国应公平合理地参与国际水道的使用开发和保护。该条约第6条确立了公平合理利用的判断因素,包括地理、水道测量、水文、气候、生态和其他属于自然性质的因素,有关水道国的社会和经济需要水道国所依赖的该水道的人口,一个水道国对水道的一种或多种使用对其他水道国的影响,对水道国现有和潜在使用,水道水资源的养护、保护、开发与节约使用,以及为此而采取的措施的费用,对某一特定计划或现有使用的其他价值相当的替代办法的可能性;第7条确立了不造成重大损害的义务,即水道国在本国领土内利用国际水道时,应采取一切适当措施防止对其他水道国造成重大损害;第8条规定了一般合作义务,即水道国应在主权平等、领土完整、互利、善意基础上进行合作,使国际水道得到最佳利用和充分保护;第9条规定了水道国应经常交换有关数据和资料。公约还规定了水道国应采取措施保护和保全生态系统、单独或集体采取应付有害紧急状况的措施、武装冲突期间水道设施维护等内容。

七、湖泊

湖泊是四周被陆地所环绕的水域,分为淡水湖和咸水湖。咸水湖有时也被称为内海。

在国际法上,湖泊可分为完全由一个国家陆地环绕的湖泊与被两个以上国家的陆地所包围的湖泊。

前者属于国家的内水,如果没有相反的条约规定,其法律地位与陆地领土完全一致。

后者称为界湖或国际湖泊,如中俄之间的兴凯湖,肯尼亚、乌干达、坦桑尼亚之间的维多利亚湖,美国与加拿大之间的安大略湖。其法律地位、水域利用和管理较为复杂,因为湖泊形状各异,沿岸国情况不同,当前尚无解决相关问题的统一习惯国际法,一般由界湖沿岸国签订条约作出规定。美国与加拿大之间的五大湖区根据1909年英国、加拿大与美国的《边界水域条约》解决其法律地位、利用和管理等问题。

第三节 领土的取得与变更

领土的取得和变更是国际法中特别关注的方面。在传统国际法上,由于相对国家约束的规范较少,所以取得变更领土的方式也比较多。随着国际社会禁止武力使用和武力威胁,以及其他和平解决争端方式的出现,以武力的方式取得和变更领土已经不再合法,这样,国际法上关于领土取得和变更的规范就变得简单了很多。

一、传统国际法的领土取得方式

对于国家而言,传统国家领土取得的方式对于现在领土的状况十分重要,因而,尽管很多方式现在已经不再适用,但是必须了解这一些方式。

(一)先占

传统国际法上领土取得的最显著方式是先占。

先占的客体是无主地,也就是在占领之前不属于任何国家的领土。无主地有两种情况:一种是从来没有任何国家占领过;另一种是虽经国家占领,但后来占领国放弃。但是证明放弃需要有明确的证据,不应仅由于该国暂时未能对某块领土行使权力就推定该国已放弃领土。先占的关键就在于证明无主地,从国际法的意义上看,充分证明一块土地为无主地是非常重要的。

与此同时,对于一个国家而言,对自己的领土进行有效的控制也是非常重要的,否则容易在国际法上引起争议。以先占的方式取得领土,满足了无主地这个条件之后,还要进行有效占领。何谓有效占领,在国际法上不同时段有不同的标准,16世纪,在世界上有很多未被占领的地区,所以有效占领的条件是发现。一个国家发现了一块领土就可以产生初步权利,或者不完全权利(incorrect title),这是指在一定合理的期间内选择是否占领该领土的权利,在此期间之内不允许其他国家占领此块领土。这一要求在1928年常设国际法院审理的帕尔马斯岛仲裁案中得到了解释。胡伯法官考虑到18世纪中叶存在和发展起来的倾向,认为19世纪的国际法已经形成了新的规则,即占领必须是有效的,有效占领才能产生领土主权。故而仅仅发现,却没有后来的实际行动,不足以产生主权。那么,何种行为构成有效占有呢?随着无主地逐渐减少,这一问题显得越发重要,当代国际法对有效占领的要求逐渐严格。但是由于被占领的对象不尽相同,有效占领实际上是相对概念,没有一个完全统一的标准。比如,对无法定居的荒岛和已有土著部落生活的地方,采取的占领标准是不同的。占领前者相对容易,但与此同时,也可能难以维持。而占领后者相对较难,但一旦确立占领,则维持较为方便。到现在为止,世界上已经不存在可以作为先占对象的空间,地球上绝大部分土地属于国家领土,另外一些地方则属于全球可自由支配或者属于全球共同所有的财产,任何国家都不能通过先占而据为己有。即使是外层空间、月球、其他天体,也形成了一系列的国际公约,不能任由相关国家宣布为本身所有。

(二)割让

一国用条约的方式将一部分领土转移给他国,被称为割让。一般来说,割让都发生在战争之后,战败国通过签订和平条约割让领土,带有强制性。历史上,战败国被迫签订条约割让领土给战胜国,是战争的常见环节,也是战争的重要目的之一。1871 年法国根据《法兰克福和约》,把阿尔萨斯和洛林让给了德国。1895 年,中国按照《马关条约》把台湾地区割让给了日本。

在和平时期,一国也可能通过买卖的方式将领土的一部分割让给他国,如 1803 年法国将路易斯安那以 600 万法郎的价格割让给美国;1867 年俄罗斯将阿拉斯加以 720 万美元的价格割让给美国;1890 年英国以获得东非桑给巴尔保护地为条件,将赫尔戈兰岛割让给德国。

在现代国际关系中,由于战争已经被国际法所禁止,所以强制割让这一传统取得领土的方式失去了合法性。除了国家之间以平等协商的交换条件进行割让,领土的强制性割让是不被国际法允许的。这同时也就意味着在历史上以强制割让方式失去的领土也不能以武力强制的方式收回。

(三)征服

一国用武力的方式强占他国领土,被称为征服。这也是传统国际法在允许以战争方式处理国际事务时代所存在的状况。

与割让不同的是,征服不需要签订任何条约,只要军队实际占领即可。但是传统国际法之中,征服需要在战争结束之后方可实施。如果战争尚在进行之中,一方贸然合并敌国领土,是不合法的行为。此种权利并未通过条约明确确立,只是实践造成的结果。历史上,武力强占他国领土的例子很多。

征服要求两个条件:第一,占有的意思,即想要获取一块领土的主权。第二,保持的能力,即武力实际能够保证领土的主权。这都充分表达了大国强权,也就是大国在强占他国领土之后,假借国际法之名去侵夺小国的利益。

通过武力的手段配以国际法上的合法主张,使本国的要求稳定化。对于弱小的国家而言,这就是一个弱肉强食的法律体系。所以中国清代的很多法学家和士大夫都认为,当时的国际法只为强权服务,弱小国家没有机会获得正义。作为领土取得的方式,征服显然已经被现代国际法所抛弃。

(四)时效

一国占有他国领土,经过长时期持续和安稳的占有之后,就可以取得对该领土的主权,这被称为时效。

时效原本是国内私法上的概念,在西方资本主义扩张时期,一些学者将这一概念转到国际法领域。在适用于国际法时,时效的概念有两个改变:第一,根据时效对他国领土的占有不以善意为前提。在国内法上时效占有应当以善意为前提。第二,通过时效占有他国领土没有确定的年限,国内私法上取得时效一般是十年至数十年。

既不需要以善意为前提,也没有确定的年限,只有将持续安稳的占有视为时效的条件,这就使一国以非法的方式强占他国领土、持续而安稳地占领一段时间之后,如果对方国家没有提出抗议或有效的主张,占领国就取得了该领土。由此不难看出,时效和征服的差异并不明显。从实际适用上看,时效一般是一国关注不足的领土,或者领土本身的归属就存在一些争议的情况。时效的概念在当前国际法中仍然被时常提及,只是在运行中被认可的不多。

(五)添附

添附(accretion)是指由于天然或人为的原因使陆地增长而引起的国家领土增加。例如,由于自然水土流失的影响,一国的河口会出现三角洲,河岸会出现长滩,领海会出现新生岛屿。在此种情况下,国家领土就会自然扩大,这些都是自然的添附。而国家通过在海岸筑堤或围海造田使领海基线向外扩展引起的国家领土扩大,被称为人工添附。无论是自然或人工添附,只要涉及与相邻或相向国家之间的划界问题,一般都通过相关国家协商解决。尤其是人工添附,国家不能无视他国的权利和利益,通过人为活动扩大本国领土,而必须获得国际社会的认可、受到国际法的约束。例如,国家改变本国领土自然状态的活动不能对他国的权利和利益造成损害,更不能为了增加本国领土而引起他国领土的减少。1982年《联合国海洋法公约》规定,沿海国在其专属经济区、大陆架或任何公海上建造的人工设施或人工岛屿不构成国家领土的人工添附,周围不能形成领海,也不能改变沿海国的领海基线。

二、当代国际法认可的领土变更方式

(一)人民自决

人民自决是当代国际关系中最常见的领土取得或变更的方式,其含义是被外国奴役和殖民统治下的被压迫人民有自由决定自己的命运、摆脱殖民统治、建立民族独立国家的权利。

现代国际法认同和支持一个区域内的人民通过公投等方式决定该群体人民及其所世代居住的区域独立建国，或者以某种方式加入某国，成为该国联邦的一部分或者其他形式的自治区域。第一次世界大战结束后，奥匈帝国以及土耳其治下各个小国宣布独立，波兰两次复国；20世纪末以后东帝汶、南奥塞梯和黑山独立。还有少数新建国家人民决定加入某联邦，锡金与印度的合并就是这样的例子。第二次世界大战之前，奥地利并入德国、德克萨斯共和国并入美国、苏联吞并唐努图瓦是很值得怀疑的人民自决情况。有些区域举行独立公投，但结果是留在联邦之内，如魁北克、苏格兰等地曾进行是否从加拿大、英国独立的投票；亚齐地方当局决定在印尼高度自治。

人民自决并非完全是该人民意志的体现，通常伴随着外部干涉甚至直接的军事入侵，尤其是第二种情况。例如，"一战"后欧洲民族国家的建立就是在同盟国战败的基础上，而锡金和唐努图瓦的吞并是在已被军事占领的事实下进行的。而国际上界定相关的领土变更是否为人民自决则决定于当地的民意倾向，以及在无外来干涉的情况下当地有无可能实现实质上的自治。比如，九一八事变之后，国联考察团对于伪满洲国的考察报告就指出，在无日本军队的入侵统治下，当地并无独立可能，当地的满洲人也不支持独立，于是判定伪满洲国的成立是非法的，这触发了日本退出国联。

(二) 全民公决

全民公决又称公民投票，是指由当地居民以投票方式决定有关领土的归属。

条件：(1) 有合法和正当的理由；(2) 没有外国的干涉、威胁和操纵，当地居民能够自由地表达意志；(3) 应由联合国监督投票。

所以，基于民主形式本身的固有缺陷，当然这种界定往往受到很多因素左右，公投也可能被操纵，如"二战"后蒙古人民共和国的独立公投就未出现一张反对票，慑于苏联的压力，国际社会也未对其提出异议。

第四节 边界概念与边境制度

领土边界是一国领土与他国领土之间,或一国领土与公海之间的界线。边界的作用包括:第一,向其他国家宣示国家领土的范围,除非国际条约或习惯国际法有相反的规范,任何他国和他国国民非经允许不得跨越边界。第二,边界分割一个国家与另一个国家的领土。所以边界的划分常常是两个国家或多个国家之间的重要事务,国家之间经常因为边界而引起纷争。边境是领土边界两边一定距离范围内的区域,为了维护领土边界和边境安全,以及促进和维护与另外一个国家之间的边境经济、社会往来,国家经常与另一国签订条约制定相关的法律制度。

一、边界的概念及其划分

(一)边界的概念

边界是划分一国领土与他国领土,或国家管辖范围之外区域的界线。由于国家边界包括领陆、领水、领空、底土在内,因而边界是一个立体概念。同时领土有着不同的形式,边界的形式也不完全一致,包括陆地边界、水域边界和空中边界。由于水域和空气是附着于陆地的国家领土,因此陆地边界是重要的界线,其他的边界形式以陆地界线为决定基础。边界有自然边界和人为边界之分。自然边界即根据国家领土的地理特征,以河流或山脉作为领土边界,被称为界水和界山。人为边界不以国家领土地理特征为依据,按照国家之间的协议划定边界,非洲大陆那些平直的边界界限就是西方大国人为按照地图上的数点连线而形成的。

(二)边界的划分

划分边界是避免争端、明确本国权利义务外围的重要手段。数国之间相连接的领土进行边界划界是区分权利义务,尤其是对资源的拥有和对人民的管辖的重要前提。边界划分包括划界、签订边界条约和标界等步骤。

第一,划界。划界分两种情况:第一种,不涉及与他国疆界划分,如果本国疆界以外属于公海或者其他不属于任何国家管辖的区域,在此种情况下,划界是一国的内政,只要符合相关的国际法,如国际公约关于领海宽度及其他相关规定，划界是国家根据本国法律自行完成的单方行为。经过必要程序公布之后，应得到其他国家的尊重。第二种，国家领陆、领水与他国的领土、领水相邻接，即使存在着自然的界河、界山或者长期形成的习惯边界线，仍然需要做进一步的明确，形成一条精确的疆界线。国际法上的划界一般是在两国之间进行的法律行为，有时多国之间会签订条约进行划界。例如，在第一次世界大战之后，《凡尔赛和约》确定了比利时、卢森堡、法国、瑞士、奥地利、捷克斯洛伐克、波兰、德国的边界线。

第二，边界条约。通过签订边界条约确定领土边界，是现代国际关系中国家之间经常采取的方法。各国都会对边界十分重视，所以边界谈判一般要经历较复杂的过程，经常会出现国家之间意见分歧，经过很长时间才能完成缔约程序。各国对边界条约的重视，使边界条约在国际法上具有特殊的地位。例如，《维也纳条约法公约》第62条规定，情势变迁不能作为终止或退出边界条约的理由。1978年《关于国家在条约方面的继承的维也纳公约》第11条规定，国家继承本身不影响条约划定的边界，或条约规定的同边界制度有关的权利义务。1986年《关于国家和国际组织间或国际组织相互间条约法的维也纳公约》第62条也作出了类似的规定。边界条约相对固定持续的特点使此种条约更具稳定性。值得说明的是，西方大国曾在殖民时期签订了大量的殖民条约，这些条约违背了人民自决原则，不具有持续的法律效力。西方国际法学者认为领土权力需要符合自决权才能被《联合国宪章》所接受，1978年《关于国家在条约方面的继承的维也纳公约》第16条规定，新独立国家可以拒绝继承任何条约，这就意味着殖民方面的条约是可以拒绝的，不过从亚洲、非洲新独立国家的实践看，大多遵循了"保持占有"或"边界不变"原则，以避免权属发生冲突。

(三) 标界的方法

在划界的过程中遇到界河、界山或界湖时，除非传统或条约有相反的要求，一般以下列原则为划界基础：第一，当以河流为界时，可航行的界河以主航道中间线为界；不可航行的以河道中间线为界。例如，2004年《中华人民共和国和俄罗斯联邦关于中俄国界东段的补充协定》第3条规定：缔约双方同意本补充协议第1条所述中俄国界线，通航河流沿主航道中心线行，非通航河道沿河流中心线或主流中心线行；主航道和作为国界线的主航道中心线、河流中心线或主流中心线的确切位置和据此划分河流的岛屿归属,在中俄勘界时具体规定。1999 年《中华人民共和国和越南社会主义共和国陆地边界条约》第 5 条规定:缔约双方同意,除非本条约已作出明确规定,第 2 条所述中越边境线以河流为界的地段,非通航河流沿水流或主流中心线而行,通航河流沿主航道中心线而行,水流或主流中心线或主航道中心线的准确位置,界河中岛屿、沙洲的归属,在缔约双方勘界时具体确定。

二、边界和边境制度

(一) 边界

边界又称国界,它是指分隔一国领土与他国领土、与外层空间、与公海或专属经济区的界限,用以确定国家领土的范围。

边界争端不仅影响到国家之间的关系,甚至可能导致国家之间发生战争,历史上很多战争即由边界争端引起。据统计,非洲半数以上的领土争端都不同程度地使用了武力。因此,如何解决边界争端是国际法中特别引人注意的问题。

(二) 边境制度

边境,或称边境地区,是指边界线两侧一定宽度的区域。边境制度是指有关边境安全和秩序、边境地区的利用和管理等活动的规章制度。由于边境的特殊性,国家一般通过国内立法和国际条约建起管理制度。

边境制度包括国内法和国际法两个方面,国内法制度主要是国家通过海关法、出入境管理法等建立的有关边境警卫、边境秩序、人员和货物进出边境等方面的制度。国际法主要是通过相邻国家之间签订双边条约建立的边界维护、界水利用、自然资源保护以及友好往来等方面的制度。概括起来,其主要内容包括以下方面:

1. 边界标志(界标)的维护。边界标志着国家领土的外部界线,边界标志对于相邻国家而言具有重要的法律、政治和社会意义。因此,有关国家签订的条约及国内法均建立了边界标志的维护制度:在技术上,对于界标的位置、形状、型号、颜色等有明确的要求;任何国家、任何人均不得毁损或移动边界标志,否则将追究相应的法律责任;在边界标志被移动、毁损或灭失时,应尽快通知对方国家,在双方代表均在场的情况下共同采取恢复措施,并有义务对于肇事者追究法律责任。

2. 边境土地的利用。尽管边境土地的利用属于领土国家主权范围,但一国在边境地区的活动同样要考虑到邻国的利益和安全,尤其是环境利益与安全。因此,相邻国家除需要通过国内法对边境地区的活动加以规制以外,还往往就特定事项签署条约,以保护边境地区的植物,确保不建立靶场、武器试验场等。

3. 边境水体的利用。以河流、湖泊划界的国家之间应通过边界文件规定界河、界湖水体的利用事项。一般而言,沿岸国对于界水拥有共同使用权。使用界水不应损害邻国的利益,如注意水土保持避免水源枯竭或者泛滥,注意环境保护避免水体污染,不得单方采取措施使河水改道;在捕鱼时,只能在本国一侧捕鱼,并注意就捕鱼管理、鱼群养护等问题进行协商。相邻国家在界河、界湖上有平等的航行权,航行船舶应悬挂船旗或出示明显的国籍标志。除船舶遇险或其他特殊情况,船舶不应停泊于对方一岸。一国在建筑桥梁、堤坝等设施时,应取得另一方同意。

4. 边境居民的往来。边境居民一般在历史、宗教、习惯、文化方面有较为密切的关系,往往在小额贸易、就医、宗教活动或者探亲访友方面有着特殊的需求。为了国家安全和对边境进行有效管理,各国往往设立边境检查制度,对出入境的人和货物进行限制。但是,为了便利边境居民的生活和生产,相邻国家往往订立协定,在和平时期对边境居民在国界两侧一定范围内从事航运、贸易、探亲访友、进香朝圣等活动给以特殊的便利。

5. 边境事件的处理。为防止偷渡、违章越界、损害边界标志等边境事端的拖延、扩大、发酵,危及国家之间的关系,相邻国家一般以条约的方式建立边境事端的处理制度。通常设立边界委员会或其他机构,依特定的程序共同处理涉及两国关系的边境事端。对于一些重大事端或未能解决的争议,通过外交途径交涉和处理。

三、中国的陆地国界法

我国陆地国界线长约 2.2 万公里,9 个边境省区分别与 14 个陆地邻国接壤。为适应国家安全和发展形势、贯彻落实总体国家安全观,巩固职责清晰、分工明确、要素完整、运转高效的边境(边界)管理格局,规范国界的确定、国界及边境的防卫管理、国界事务的国际合作等工作,我国制定了《中华人民共和国陆地国界法》(2021 年 10 月 23 日通过,2022 年 1 月 1 日起施行),为国界工作提供法律制度的基本遵循,力求使该法为维护国家主权、安全、发展利益提供坚强法律保障。

《陆地国界法》的主要内容包括:第一章总则,包括陆地国界的定义、维护领土主权和国界安全的原则、领导体制、部门职责、地方职责、合力强边固防、边防建设与边境发展、经费保障和政策支持、公民和组织的义务、国家对公民和组织的支持、对外关系以及条约信守原则。第二章陆地国界的确定,包括划定及勘定国界、国界联合检查、国界的调整、界标等。第三章陆地国界及边境的防卫,包括边防管控、边境禁区、边防基础设施等。第四章陆地国界及边境的管理,包括管理界标,保持国界清晰稳定,保护和利用界河水资源,规范管理边境口岸、边民通道、边境管理区、涉边特殊区域,管理和处置出境入境行为、进入界河的活动、航空器飞越国界以及非法越界行为,规范一些影响国界及边境管理秩序的限制或者禁止行为,保护边境生态环境、预防边境疫情灾情,特定情形下封控边境等。第五章陆地国界事务的国际合作,包括联合机制、边界(边防)代表、边防合作、打击跨界违法犯罪的合作、联合打击"三股势力"的合作、跨境合作区域和跨界设施封闭建设区建设、经济往来与人文交流合作等。第六章法律责任,包括需要援引相关法律来处置的行为和罚则、须由本法来处置的行为和罚则、国家机关及其工作人员的法律责任、刑事责任。第七章附则,包括有关术语说明或者含义、本法生效日期。

第五节 南极地区的国际法

一、南极的地理与历史

南极洲是世界上唯一不属任何国家、没有定居人口的大陆,由围绕南极的大陆及周围岛屿构成,面积约1400万平方公里。该洲蕴藏着极为丰富的资源:有包括铀在内的220余种矿物;在罗斯海的大陆架发现了天然气和石油,仅在大陆架西半球部分的石油蕴藏量就可能有450亿桶(约64.3亿吨),相当于美国目前已查明的储藏量;天然气蕴藏也极丰富;有世界最大的铁矿区,100米厚的露天矿绵延120公里,足够全世界采用200年之久。南极洲四周的海洋中还有大量的磷虾;其地理位置也具有极大的战略重要性。

二、各国在南极的争夺

18世纪后期,英、俄、法、美等国的探险队开始出现在南极洲海域。20世纪中,即1917—1946年,英国、新西兰、澳大利亚、法国、挪威、智利、阿根廷7国,先后根据发现和先占的理由,宣告它们各自对南极洲的领土的主权范围。其中,英国、阿根廷、智利主张的领土重叠,争执很大。美、苏两国未能及时提出领土要求,声明保留以后自己提出领土要求的权利。1924年美国宣布:任何对南极"无主地"的发现,如无名副其实的定居,均不构成有效的主权要求。1950年,苏联致有关国家备忘录称:"未经苏联参加有关南极洲制度的任何解决办法都是非法的。"其后,苏联进一步强调俄国航海家最早发现南极,要求"优先的历史权利",并保留提出领土要求的权利。

各国对于南极洲的法律地位大致提出了以下三种不同主张:(1)认为南极洲是一块无主的大陆。凡是为考察、渔猎和其他正当目的愿意到南极洲去的人都可以去。由于在那里没有外来供给就无法生活,因而这个地区不可能成为某个国家有效占领的对象,也不可能属于任何国家的主权管辖。(2)认为南极洲是人类共同继承财产,应属国际共有,由所有国家的代表组成的国际机构来进行管理。(3)认为南极洲的领土应当根据"扇形原则"来确定各国主权,即以南极作顶点,以两个经线作边,再以某国的海岸或某一纬线作底边。这样所形成的扇形区内的陆地连同海上的冰,构成邻接扇形区的国家的领土。所有上述主张都没有得到国际社会的普遍承认。

三、国际社会对领土主张的回应

由于各国对南极洲的主权争夺相持不下,南极地区的法律地位陷入动荡。阿根廷、澳大利亚、比利时、智利、法国、日本、新西兰、挪威、苏联、英国、美国以及南非于1959年12月1日在华盛顿签署了《南极条约》。

《南极条约》共14条,主要规定:(1)南极洲只用于和平目的;禁止在南极洲采取任何军事性质的措施,如建立军事基地、建筑要塞、进行军事演习以及任何类型武器的试验;禁止在南极洲进行任何核爆炸和处置放射性尘埃。(2)在南极洲促进科学调查方面的国际合作。(3)冻结各国对南极洲的领土主权权利和领土要求。(4)缔约各方有权指派观察员在任何时间进入南极洲任何一个或一切地区进行视察。(5)该条约适用于南纬60°以南的地区,包括一切"冰架"。《南极条约》是关于南极地区法律地位的唯一条约。它既不否认也不承认缔约国对南极地区的领土主权要求。《南极条约》1961年6月23日起生效,有效期30年。后来,又有联邦德国、波兰、民主德国、意大利、保加利亚、秘鲁、捷克斯洛伐克、丹麦、荷兰、罗马尼亚、乌拉圭、巴布亚新几内亚和巴西13国先后加入。

《南极条约》有效地限制与引导了各国的南极行为,成为南极治理的起点。《南极条约》第9条规定南极条约缔约国具有南极事务的决策权。在解决南极治理问题的过程中,缔约国签署了关于《保护南极动植物协议措施》(1964年)、《保护南极海豹公约》(1972年)和《保护南极海洋生物资源会议最后文件》(1980年)等法律文件,将《南极条约》发展为庞大的南极条约体系,由此构成南极治理的体系。

关于南极洲的纷争日益复杂。第三世界国家对南极地区也日益关心,对南极洲的管理制度提出了自己的设想。几内亚建议订立一项普遍的南极洲条约。阿尔及利亚主张把南极洲置于国际海底管理局管辖之下,作为"人类共同继承财产"。

根据《南极条约》,各国应"在南极科学调查自由的基础上继续和发展国际合作",许多国家在南极洲建立了考察站,其中美、苏两国建站最多,规模最大,派遣人员也最多。各国为了对南极研究进行国际合作,于1958年设立了"南极研究科学委员会"。这是国际科学联合会理事会所属的一个机构,其执行委员会总部设在英国剑桥,对于南极考察的科学合作起了积极的作用。

四、中国与南极

中国于1979年曾派记者随智利考察团到过南极,1981年正式成立国家南极考察委员会。自1980年年初以来还曾先后应澳大利亚、新西兰、智利和阿根廷等国的邀请,派科技人员赴南极洲,在同友好国家的科学家的密切合作下,进行了气象、冰川、地质、地球化学、海洋生物、海洋物理和海洋地球物理等学科的考察。1983年5月9日,中华人民共和国全国人民代表大会常务委员会决定中国加入《南极条约》。1983年9月,中国首次正式派代表团出席在堪培拉举行的第12次《南极条约》协商会议。1985年10月取得《南极条约》协商国的地位后,迄今已在南极建立了长城、昆仑、中山和泰山站四个科学考察站,罗斯海新站即将建成。40余年来,中国的南极事业从无到有,由小到大,在南极基础建设、文化宣传、科学研究、环境保护、可持续利用、全球治理、国际交流与合作等领域均取得了重要成就,并为南极全球治理做出了应有的贡献。中国不仅初步建成南极考察基础设施体系、大力开展南极文化宣传和科普教育、持续提升南极科学研究水平,而且有效地保护南极环境和生态系统,积极参与南极全球治理,广泛开展国际交流与合作。"雪龙"号考察船和"雪鹰601"固定翼飞机发扬国际人道主义精神,多次参与南极救助行动。自1983年批准加入《南极条约》以来,中国陆续批准了《关于环境保护的〈南极条约〉议定书》《南极海洋生物资源养护公约》等重要国际南极法律文件,加入了南极研究科学委员会、国家南极局局长理事会等重要南极国际组织,并支持南极国际组织的管理和运行工作,选派人员参与日常工作,推荐专家担任重要职务。中国将坚定不移地走和平利用南极之路,坚决维护《南极条约》体系稳定,加大南极事业投入,提升参与南极全球治理的能力。未来,中国愿与国际社会一道,共同推动建立更加公正合理的国际南极秩序,携手迈进,打造南极"人类命运共同体",为南极乃至世界和平稳定与可持续发展做出新的更大的贡献。[①]

思考题

1. 领土由哪几部分组成?各部分具有何种法律地位?
2. 何谓领土主权?领土主权与所有权、管辖权、行政管理权之间有什么关系?
3. 如何看待时际法在解决领土争端中的作用?
4. 传统国际法上的领土取得与变更方式有哪些?如何评价这些变更方式?
5. 如何理解人民自决权与主权之间的关系?
6. 如何确定领土边界?
7. 如何理解中国在南极的法律行动?

---

① 《当代中国》丛书编辑部:《当代中国的南极考察事业》,当代中国出版社1994年版。

拓展阅读

陈力等:《中国南极权益维护的法律保障》,上海人民出版社2018年版。

任虎:《领土主权与国际法》中国政法大学出版社2018年版。

宋岩:《领土争端解决中的有效控制规则研究》,中国政法大学出版社2018年版。

周鲠生:《国际法》,武汉大学出版社2009年版,第6章。

[英]罗伯特·詹宁斯:《国际法上的领土取得》,孔令杰译,商务印书馆2018年版。

[英]斯图尔特·埃尔登:《领土论》,冬初阳译,时代文艺出版社2017年版。

[日]村田忠禧:《日中领土争端的起源——从历史档案看钓鱼岛问题》,韦平和等译,社会科学文献出版社2013年版。

James Crawford. *Brownlie's Principles of Public International Law* (9th ed., Oxford University Press, 2019), part Ⅲ.

Lori F. Damrosch, Louis Henkin, Sean D. Murphy, Hans Smit. *International Law: Cases and Materials* (5th ed., West Group, 2009).

Peter Malanczuk. *Akehurst's Modern Introduction to International Law* (7th ed., Routledge, 1997), chapter s.10, 11.

L. Oppenheim, R. Jennings and A. Watts (eds.). *Oppenheim's International Law*, (9th ed., Longman, 1992), chapter 5.

Malcolm N. Shaw. *International Law* (9th ed., Cambridge University Press, 2021), chapter. 9.

Malcolm N. Shaw. *Title to Territory in Africa: International legal issues* (Oxford University Press, 1986).

第七章 海洋法

在国际法的各个分支部门之中,最具有独特性,同时发展历史也最悠久的是海洋法。海洋法在古代就已经形成了一系列的规则,但主要的原则和规范确立于17世纪。在几个世纪的发展过程中,确立了很多新的制度。可以说,海洋法的原则规范是与人类认识海洋、开发海洋、利用海洋的进程相伴随,是在海洋活动中相互交往并磋商确立行为规范的结果。尤其是在第二次世界大战之后,关于海洋的科学技术迅速发展致使新的制度不断产生,海洋法的很多观念(如传统的领海之外即公海的认知)受到了诸多挑战。一般而言,对于海洋法的阐述都从不同的区域入手,如自内而外,是内水、领海、毗连区、专属经济区,此外是大陆架、公海,国际海底区域。国家管辖外海域的资源利用、环境保护问题,成为21世纪海洋法的新焦点。

第一节 海洋法的概念与历史

一、海洋法的内涵

随着社会的进步,人类在海洋经济、军事和科学等方面的活动不断发展,使规定各国在利用海洋方面的行动准则亦愈来愈多,现今已发展成为国际法一个相对独立的部门——海洋法。

海洋法是关于各种海域的法律地位以及调整国际法主体在各种海域从事各种行为的原则、规则和制度的总体。基于这一界定,海洋法分为两个方面:一是关于海域法律地位的规范;二是国际法主体在各种海域的行为的规范。海洋对于人类而言,既是巨大的资源库,也是彼此交往的重要媒介。人类在海洋中的活动主要有两种:第一种是将海洋作为行为的媒介,也就是漂洋过海的航运行为;第二种是在海洋中寻找并使用资源,传统上是渔业,现在还有各种各样的采矿活动。海洋法主要就针对海上的各种活动进行调整,与此同时,也特别关注国家之间在海洋上出现的争议。

二、海洋法的历史

人类对于海洋的开发利用几乎与人的历史一样久远。故而,海洋法的萌芽可以追溯到人类早期,但是系统地形成海洋法体系是在17世纪以后。

西方中世纪时期,封建君主对土地的领有权扩张到海上。所以,欧洲海域几乎都处于不同的封建主国王的权力主张之下。英国长期自认为是海的主权者或海洋之王,自10世纪开始即对大片海洋提出主权要求。此后,地中海、波罗的海、北海、印度洋和摩洛哥以南的大西洋,以及太平洋,都成为其他欧洲国家争夺的对象。

15世纪,西班牙和葡萄牙进行大航海运动,拉开了西方世界"地理大发现"的大幕。欧洲各国对海洋尤其是航海贸易高度重视,彼此争夺。西班牙和葡萄牙两国于1494年签订了《托德西里亚斯条约》(Treaty of Tordesillas),双方同意在佛得角以西370里格处划界,教皇亚历山大六世见证了它们之间的海洋权益分配,史称"教皇子午线"。线东新"发现"的土地属于葡萄牙,线西划归西班牙。麦哲伦的环球航行之后,两国又于1529年签订《萨拉戈萨条约》(Treaty of Saragossa),明确两国在太平洋上的分割线。

此外,十字军东征使海洋贸易不断发展,商人习惯法和海事法院的判决确立起了一种主权之外的、关涉航海贸易的法律体系,被称为《奥列隆法典》或《威斯比海法》。如果说前一法律体系主要是海洋法,后一法律体系就是我们熟知的海商法。

远洋航海在17世纪得到了高速发展,海洋法由此进入新的阶段。荷兰经济和贸易的发展对西班牙和葡萄牙垄断航海贸易提出了严峻的挑战。为了护卫新兴国家的海洋主张,著名国际法学者格劳秀斯于1609年发表了《海洋自由论》。它以自然法为基础,认为海洋游荡无定,所以应当是自由的。格劳秀斯的观点受到了一些学者的反对,如塞尔登(John Selden,1584—1654)的"闭海论"、1613年真提利斯(Albericol Gentilis,1552—1608)的"西班牙辩护论"、1635年威武德的"海洋主权论",他们对格劳秀斯的观点提出了批评。虽然两种观点各有道理,然而,从历史发展的视角来看,海洋自由论后来占据了优势地位。随着海上贸易日益扩大,国家完全垄断海洋已经不具有可能性。所以,海洋法律制度倾向于在传统的垄断与格劳秀斯主张的自由之间找到一种新的平衡。具体而言,就是一部分海域由国家享有较为充分的主权,而此外的海域则由国际社会共同使用。

荷兰法学家宾刻舒克 1702 年发表了著作《海洋领有论》,他把海洋分为领海和公海。领海由沿海国主权控制后者由所有国家支配和使用。宾刻舒克还讨论了沿海国领海宽度,他认为主权控制的范围应以陆地上的武器控制力量所及宽度为限。这也就是后世一般所认知的"大炮射程理论"。因为在相当长的时间之内,大炮射程都不远于 3 海里,所以在那个期间,三海里被视为是领海的公认宽度。这种观点受到了诸多海洋大国的认可。这也确立了海洋法的二分法,即领海由主权国家管控、公海由全世界共同领有。20 世纪以后海洋法进一步发生变化。其中最值得关注的问题是人类的捕鱼能力对自然环境造成了极大的压力,与此同时,在海洋中的矿产开采也潜在地影响着海洋资源、海洋环境。在这个前提下,美国总统杜鲁门 1945 年发表了《关于大陆架的底土和海床的自然资源的政策》的总统公告,一般称为杜鲁门公告。他的观点被很多国家追随和效仿,致使海洋法出现了一个新的制度即大陆架制度。这种制度对于领海之外即公海的原则进行了进一步的突破,使海域的区分变得更为细致。

三、海洋法的编纂

国家之间的海洋权益争端是国家竞争在海洋领域的体现,海洋法规范与实践力图为国家定分止争,力图划定权利义务边界,有效预防和化解争端。人类社会自 19 世纪中叶开始就努力对海洋上的一些活动进行国际法编撰。最初编纂的是海战法的规范。20 世纪 30 年代开始,国际联盟试图对平时法中的海洋问题进行编纂。1930 年国际联盟在海牙召开国际法编纂会议,通过了关于领海法律地位的草案。

联合国在成立以后,召开了三次海洋法会议,推进了大规模的海洋法编纂工作。

第一次海洋法会议召开于 1958 年,84 个国家在日内瓦参加了这次会议。根据国际法委员会拟定的海洋法草案进行讨论,并于 1958 年 4 月 29 日通过了日内瓦海洋法四公约:《领海及毗连区公约》《公海公约》《捕鱼与养护公海生物资源公约》《大陆架公约》。尽管通过了上述公约,但是,各国在领海宽度和渔业区范围这些最重要敏感的问题上存在重要分歧,未能达成协议,故而决定事后召开第二次海洋法会议。

第二次联合国海洋法会议召开于1960年,88个国家在日内瓦参加了会议。会上主要讨论的问题是领海宽度和渔业区界限。由于各国未能在第一次海洋法会议中达成协议,充分说明国际社会的意见存在重大分歧,尤其是在发达国家与发展中国家之间。由于发达国家航海能力和捕鱼能力很强,所以坚持传统的3海里领海宽度。它们主张,对领海宽度的扩大会破坏海洋自由原则,对航海事业构成威胁。发展中国家则认为,从维护国家主权和渔业需要出发,领海宽度应扩展至12海里。在12海里之外还要建立相应宽度的渔区。公海自由和海洋主权的对峙使得第二次海洋法会议也未能成功。

第二次海洋法会议结束之后,国际社会在相当长的时间之内未能形成进一步召开海洋法会议的协议。然而,在这一期间大量的原殖民地独立成为新的国家,使发展中国家在联合国成员之中占据明显数量优势。1967年以后,联合国大会通过了一系列关于海洋法的决议,尤其是1967年马耳他向联合国大会提出关于各国管辖范围以外海床洋底和平利用及其资源用于人类福利问题的提案,引起了各国的讨论,该提案提出了"人类共同继承财产"的概念,认为各国管辖范围以外的海床洋底及其底土应界定为人类共同继承财产,其开发和利用应专为和平目的,并且受到国际监督和管制。马耳他的提案反映了第三世界国家的主张。在这一提案的鼓励之下,很多第三世界国家利用联合国等多边场合在专属经济区或承袭海、群岛区域等方面提出了主张或要求。许多国家也以国内法或单边声明的方式宣布了200海里管辖范围或200海里的海权。在这种背景下,联合国于1973年主持召开了第三次海洋法会议。这次会议在纽约开幕,在牙买加的蒙特哥湾结束,历时9年,世界上大多数国家和国际组织参与了此次会议,这是联合国成立以来规模最大、时间最长、影响最广的国际海洋法编纂活动。期间,发达国家与发展中国家就海洋法的广泛问题展开了较为深入透彻的讨论。在讨论过程中解决了领海宽度的问题,同时确立起了群岛国水域、专属经济区、用于国际航行的海峡的过境通行制度和国际海底区域制度等。1982年4月30日,《联合国海洋法公约》在纽约通过,它是本次会议的重要成果。该公约1982年12月在牙买加开放签字,1994年11月16日生效。作为当代国际关系中最重要的国际法律文件《联合国海洋法公约》有320条、9个附件和4个议定书,此外,还包括《关于执行1982年12月10日〈联合国海洋法公约〉第十一部分的协定》,它们构成了海洋法领域的重要法典。

随着人类对于海洋利用得越来越深入,海洋方面的法律规则也越来越细化。国际社会的海洋规范经历着从自由到治理的进程。

第二节 基 线

在海洋法里很多海洋区域都以基线为准进行计算,所以基线是海洋法中非常重要的法律概念。基线有两种:正常基线与直线基线。

一、正常基线

正常基线一般以海岸低潮线作为计算的标准,也就是海水退潮时距离海岸最远的那条线。《联合国海洋法公约》第5条规定,除本公约另有规定外,测算领海宽度的正常基线是沿海国官方承认的大比例海图所标明的沿岸低潮线。对于海岸线较为平直的地区,以低潮线作为测算领海和其他海域的基础线较为合适。确定低潮线以及测算方法有若干规范。

二、直线基线

直线基线是在大陆海岸以外向外突出的地方或沿岸岛屿上适当地方确定若干基点,再将各基点之间用直线连接起来而画出的一条线。这里的直线就是连接各个基点之间的那条线。由于正常基线是一条不规则的曲线,所以相较而言各点的连线是直线,但是连线组合实际上是一条折线,直线基线适用于海岸线较为曲折或者沿岸岛屿石垒较多的地域。中国1958年《关于领海的声明》和1992年《领海及毗连区法》规定,中国的领海基线采用直线基线法划定,由各相邻基点之间的直线组成。

从上述正常基线可知,直线基线属于一种非正常基线。在1951年国际法院作出"英挪渔业案"判决之前,低潮海岸线作为领海基线是国际社会的通常做法。所以在"英挪渔业案"中,英国政府主张应以正常基线即低潮线作为挪威领海的基线。挪威政府1935年诏令划出确定其渔区宽度的基线是一条折线,也就是基于直线基线法作出。英国认为,此种做法违背了国际法。挪威虽然不反对正常基线原则,但认为该原则不适用于挪威,因为挪威海岸线地貌特殊,沿岸突出很多山,而且有无数岛屿和石垒。国际法院判决认为,临海在某些地方可以沿着海岸的一般方向,而不一定按照海岸的所有曲折,故而,在低潮线上选取若干基点连接直线基线是可以接受的。这些基点可以是岩石海角或者岛屿。法院认为挪威所采取的划线方法并不违背国际法。这一判决对于很多国家而言具有重要的启发意义。1958年日内瓦《领海及毗连区公约》确定了直线基线的方式与正常基线并行,因此很多海岸线曲折或沿岸有诸多岛屿的国家都会采取直线基线法。1982年《联合国海洋法公约》也确认了直线基线的合法性。该公约第7条第1款规定,在海岸线极为曲折的地方,或者紧接海岸有一系列岛屿,测算领海宽度的基线的划定,可采用连接各适当点的直线基线法。

三、特别地理区域的基线

基线是沿海国内水与领海的分界线,所以基线划于何处关系到沿海国内水的大小。1982年《联合国海洋法公约》就领海基线的划分,对河口、海湾、港口和低潮高地作出了规定。

(一) 横越河口的基线

河口问题在国际法上的历史并不很长,因为多数河流都在沿海处汇入海湾,因而被作为海湾问题予以解决。从地图观察的角度来看,河口和海湾差异很小,所以作为海湾对待。然而从水文地质的角度来看,河口与海湾存在着诸多不同。不过在国际法上将河口与海湾分开存在着诸多争议。在第一次海洋法会议上,国际法委员会的专家分析了各种鉴别方法以及国家在这方面的实践,最终提出了解决方法,规定在1958年《领海及毗连区公约》第13条。如果河口直接流入海洋,基线应该是一条在两岸低潮线上两点之间横越河口的直线,1982年《联合国海洋法公约》第9条完全继受了这一规定。

(二) 海湾的封口线

海湾湾口的宽度及湾口封口线的划定,对于领海是非常重要的。根据《联合国海洋法公约》第10条第4款,如果海湾湾口不超过24海里及不超过领海宽度的两倍,沿海国可在海湾湾口画一条封口线。封口线之内的海湾为沿海国的内水向海,一面为沿海国的领海。这条封口线即沿海国的基线,如果海湾湾口超过 24 海里,封口线应沿海湾划定。具体划在何处,则由沿海国按照海湾的具体情况确定。以划入该长度的线所可能划入的最大水域为原则,而且封口线的长度不能超过 24 海里(第 10 条第 5 款)。《联合国海洋法公约》第 10 条第 6 款规定,上述划定封口的方式不适用于历史性海湾和采用直线基线法所涉及的情况。故而历史性海湾的封口线可超过 24 海里。直线基线法及海岸线非常曲折,以及岸边有岛屿石垒的状况不受 24 海里限制。

(三)港口最外部为基线的基线

《联合国海洋法公约》第 11 条规定,为了划定领海,将构成海港体系组成部分的最外部,即永久海港工程视为海岸的一部分。所以沿岸国可以把这样的海港工程视为海岸,并将其最外部的各点作为领海基线的基点。第 11 条进一步规定近岸设施和人工岛屿不应视为永久性海港工程,这就意味着海港应当是从港口延续的,而不能远离港口形成独立的工程。

(四)低潮高地作为划定基线的起点

低潮高地是指在海水落潮时四面环水并高于水面,但在高潮时没入水中的自然形成地。《联合国海洋法公约》第 7 条第 4 款规定,低潮高地上如果有永久高于海平面的灯塔或者类似措施,或以这种高地作为划定基线的起讫点,被国际社会普遍承认,此种高地可以作为划定直线基线的起讫点。《联合国海洋法公约》第 13 条第 1 款规定,如果低潮高地全部或一部分与大陆或岛屿的距离不超过领海的宽度,该高地的低潮线可以作为测算领海宽度的基线。《联合国海洋法公约》第 13 条第 2 款规定,如果低潮高地全部与大陆或岛屿的距离超过领海宽度,则该高地没有属于自身的领海。

四、确定基线的混合方法及对沿海国的限制

为了适应沿海国各种不同情况,《联合国海洋法公约》允许缔约国交替采用正常基线和直线基线的方法确定领海基线(第 14 条)。为了避免沿海国滥用权力或因采取直线基线损害其他国家的权利和利益,《联合国海洋法公约》规定,直线基线的划定不应在任何明显的程度上偏离海岸的一般方向,并且基线内的海域必须充分接近陆地领土,使其受内水制度的支配(第7条第3款)。一国不得采用直线基线制度,致使另一国的领海同公海或专属经济区隔断(第7条第6款)。

第三节 内　水

一、内水的概念

广义的内水是国家领水的一部分,包括国家领陆所包围的江河湖泊,以及领海基线以内的海域,如港口、海湾等。国家领水的另一部分是领海。

狭义的内水是指基线向陆地一面的海水水域,包括港口海湾和基线以内的其他水域,有时会称为内海。这里所说的内水是狭义的,但是涉及相关法律问题时,广义的内水与狭义的内水权利没有差异。《联合国海洋法公约》第8条规定,除群岛国的内水有不同的规定以外,领海基线向陆地一面的水域构成国家内水的一部分。

二、内水的法律地位

1958年《领海及毗连区公约》和1982年《联合国海洋法公约》都仅对内水做了极为简单的规定,这就意味着内水问题属于国家主权问题,与国际法无关。与领陆的法律地位相同,内水作为领水的一部分,是国家领土的组成部分,国家享有排他主权,除非遇到危难(如海上风暴或者船舶严重受损)或者国际条约协定另有规定,未经沿海国同意,任何外国的船舶或飞机都不得进入内水。沿海国对内水的一切人、物、事享有管辖权,除了享有特权和豁免的船舶(如军舰和政府公用船舶),沿海国的法律完全适用于经允许进入其内水的外国船舶。理论上,外国船舶上的一切人、物、事均应由沿海国予以管辖;但实践中,沿海国对于船长在职权范围内所进行的船舶管理行动不予干预。合法进入内水的外国船舶,如果有民事、刑事案件,只要不涉及水域所属国的和平安全或利益,一般允许船旗国自行处理。对于因危难而进入内水的外国船舶,沿海国一般不会征收港口税或类似税赋。与此同时,按照直线基线法确定的内水,应允许外国船舶享有无害通过权。军舰及政府公务船舶享有特权和豁免,但应遵守沿海国的法律和规章。如果有外国的军舰和政府公用船舶进入一国内水，内水所属国有权利要求其离开内水，但一般不能采取行政措施。

三、港口

(一)港口的概念

港口是指用于装卸货物、上下乘客和船舶停泊并具有各种工程设施的海域。港口的外部界限是联结港口最外缘各港口建筑工程最外各点而将整个港口包围在内的折线。当港口外缘设有如同防波堤一样的深入大海最深处的永久性建筑时，则该界限被确认为与这类永久性建筑最外缘重合的一条线。

(二)港口的法律地位

港口是沿海国的内水，沿海国有权完全禁止外国船舶的进入，但是鉴于政治、经济等各方面的需求和利益，沿海国一般会指定某些对外开放的港口，在符合沿海国规定的条件和要求时，外国船舶可进入沿海国港口，进入沿海国港口的外国船舶要遵守沿海国的港口制度，沿海国一般会根据本国的情况并参照国际习惯或根据其所参加的国际公约确立本身的港口制度。沿海国港口制度包括进出港口需要办理的手续，如卫生、海关边防检查等。船舶在港口的航行，包括强制引航航道、时速、悬挂旗帜和鸣放声号；港内秩序，包括港内禁止的行为；港内水域的环境保护，包括禁止港内排放油类、油性混合物和其他污染物等等。根据我国1979年交通部发布的《中华人民共和国对外国籍船舶管理规则》(1979年8月25日国务院批准1979年9月18日交通部发布)第3条规定，外国船舶进入中国港口，必须酌情提前通过外轮代理公司，向中国港务监督办理申请批准手续，并按规定提前将预计进入港口的时间、前、后吃水等情况向中国港务监督报告。该规则还规定，外国船舶在中国港口的进出停泊信号和通信危险物品管制、航道保护和防止污染等事项，必须遵守《中华人民共和国对外国籍船舶管理规则》。

四、海湾

《联合国海洋法公约》将一般的水曲与公约所称的海湾加以区分。海湾所指的是较为明显的水曲，而且水曲的面积必须等于或大于横越曲口所画的直线作为直径形成的半圆的面积,否则只是一般的水曲。

(一)海湾的法律地位

根据《海洋法公约》第 10 条第 4 款和第 5 款,海湾湾口的宽度小于 24 海里的海湾湾口,封口线以内的水域为沿海国的内水。但是上述规定仅适用于海湾沿岸属于一个沿海国的海湾。

1958 年《领海及毗连区公约》和 1982 年《联合国海洋法公约》未提及多国海湾及海湾沿岸属于两个或多个沿海国的海湾。一些学者认为,这样的海湾,无论宽度如何,都不应由一国进行占有。除了湾内的领海,其他属于公海。但是另一些学者认为,由于海湾被多个国家包围,相关各沿海国应当有机会享有单一沿岸国海湾沿海国所享有的权利。如果按照国际河流的原则进行推理,两国海湾或多国海湾应当向国际社会开放。

(二)历史性海湾

《联合国海洋法公约》第 10 条第 6 款规定,海湾封口线 24 海里长度的限制不适用于历史性海湾。也就是说,历史性海湾的湾口即使超过 24 海里,也可以在湾口画一条封口线,将线内的水域视为沿海国的内水。但是历史性海湾的概念和标准并不清晰。所以,关于哪些海湾具有历史性海湾的法律地位,国际社会经常会存在不同的观点。

从国际实践来看,历史性的海湾是沿岸属于一个沿海国,湾口超出领海宽度两倍,历史上一直被认为属于该沿海国内水的海湾。这要求历史性海湾符合两个条件:一是沿海国明确主张并长期有效地对海湾行使主权;二是国际社会(尤其是利益相关国)已经默许该沿岸国的主张。有学者认为,主张历史性海湾必须与该沿海国的海岸邻接,相关事实应广为人知,至少被利益相关国所了解,这些视为历史性海湾的要件。加拿大主张哈德逊湾为历史性海湾,而俄罗斯则主张大彼得湾为历史性海湾。

第四节 领海、海峡及毗连区

领海是沿海国陆地领土及其内水以外、邻接陆地和内水一定宽度的海域。领海在沿海国主权控制之下,是沿海国领土的组成部分。沿海国对领海享有完全排他的主权。外国船舶可以在领海无害通过。《联合国海洋法公约》第 2 条第 1 款规定,沿海国的主权及于其陆地领土及其内水以外邻接的一带海域。在群岛国的情形下,则及于群岛水域以外邻接的一带海域,这一主权海域称为领海。

一、领海的宽度

领海宽度涉及国家领土主权和国家的和平与安全及其经济与社会利益,同时涉及公海自由。领海宽度越大就越有利于沿海国的主权,但是限制了海洋自由;领海宽度越小,海洋自由空间越大,但对沿海国主权造成了限制。

关于确定领海宽度的方法,历史上有过不同的理论学说。宾刻舒克提出以陆地控制海洋的宽度为限,受到了当时理论研究者和实践者的支持。"大炮射程说"成为主导性的海洋法观点。军事实践的发展使得国家控制海域的宽度不断增加,然而航海大国仍然愿意保留较窄的领海宽度。这是因为它们可以借此获得更多机会,自由地在其他国家近岸地区进行经济活动、军事活动、科研航运等活动。但是发展中国家则更期待领海宽度较大。拉美国家甚至提出了 200 海里领海宽度。自 1958 年至 1982 年,联合国海洋法会议对此进行了长期的争论。在《联合国海洋法公约》之中,对领海的宽度达成了大抵一致的共识。《联合国海洋法公约》第 3 条规定,每一国家有权确定其领海的宽度,直至从按照本公约规定的基线量起,不超过 12 海里的界限为止。这就意味着领海宽度的最大值是 12 海里。世界上有 100 多国家采用了 12 海里的领海宽度。中国自 1958 年《关于领海的声明》就确定了 12 海里的领海宽度,1992 年的《领海及毗连区法》对此进一步印证。

二、领海的法律地位

作为国家领土的一部分,沿海国或群岛国对领海享有完全和排他的主权。海洋法中仅对领海确立了无害通过这一限制。领海的法律地位包括以下四个方面:

第一,领海是国家领土的一部分。领海作为沿海国或群岛国领土的一部分,不仅及于领海的水体、海床和底土,还包括领海水域的上空。国家主权及于包括上述各个部分的海域,除国家之间另有协议之外,外国的飞机未经允许,不得进入或飞越领海上空。国家主权及于领海,故而,沿海国或群岛国可以制定关于领海中航行、贸易、海关、移民、卫生和安全等方面的法律规章。在一国领海内的一切外国船舶或飞机,都应遵守这些法律和规章。

第二,资源领有权。沿海国或群岛国对于领海内的一切生物资源、非生物资源享有永久主权,未经允许,任何其他国家不得进行勘探开发和利用。领海内的渔业资源未经许可,外国船舶不得捕捞。

第三,沿海航运权。沿海国或群岛国在其领海内保有沿海航运权,即领海都会将从此港到彼港以盈利为目的的航运权利保留给本国和本国国民,其他国家不得从事此项运输。

第四,外国船舶的无害通过权。外国船舶在领海之内有权利无害通过领海,此种通过不需事先申请或通知。此种法律地位是领海与内水不同的关键。外国船舶无害通过是对沿海国领海主权的一种法定限制。无害通过来源于习惯国际法。1958年的《领海及毗连区公约》和1982年《联合国海洋法公约》都确认此项制度。

三、无害通过制度

无害通过是领海通行的习惯国际法制度,为《联合国海洋法公约》所归纳、编纂。

（一）无害通过的内涵

无害通过是指外国船舶在不妨碍沿海国的和平、良好秩序或安全条件下,无须事先征得沿海国的同意,迅速不断地通过领海。无害通过不需要事先告知沿海国,沿海国也不应因未得事先征得其同意而予以阻止。但是,为了避免无害通过的滥用,需要对无害和通过两个术语进行界定。

所谓通过,根据《联合国海洋法公约》第18条第2款及第20条规定,应符合以下要求:第一,通过必须迅速不断地继续进行,不能停靠,不能抛锚。但通常航行所附带的、由于不可抗力或遇难的情况则不在此限。第二,潜水艇或其他潜水器在通过时必须浮出海面行驶,并且展示旗帜。《联合国海洋法公约》第23条规定,外国核动力船舶和载运核物质或其他本质上危险或有毒物质的船舶,在行使无害通过权时,应持有国际协定为这种船舶所规定的证书,并遵守国际协定所规定的特别预防措施。由于核动力船舶在通过领海时容易对沿海国的安全带来威胁,所以此类船舶的船旗国一般都较为谨慎。国家实践经常采取的方式是,此类船舶通过之前船旗国与沿海国事先签订专门的协定,作出具体安排。

所谓无害,《联合国海洋法公约》的标准较为宽松。一个通过行为,只要不损害沿海国的和平、良好秩序或安全,就是无害的。这种通过的进行应符合该公约和其他国际法规则(第19条第1款)。《联合国海洋法公约》第19条第2款列举了12项不属于无害通过的行为:(1)对沿海国使用武力或武力威胁;(2)进行任何种类的武器操练或演习;(3)任何目的在于收集情报、使沿海国的防务或安全受损害的行为;(4)任何影响沿海国的防务或安全的宣传行为;(5)在船上起落或接载任何飞机;(6)在船上发射降落或接载任何军事装备;(7)违反海关、财政、移民或卫生的法律和规章的行为;(8)故意造成严重污染的行为;(9)任何捕鱼活动;(10)进行研究或测量行为;(11)干扰沿海国的任何通讯系统或任何其他设备或设施的行为;(12)与通过没有直接关系的任何其他活动。

(二)沿海国关于无害通过的权利和义务

第一,制定关于无害通过的法律和规章。《联合国海洋法公约》第21条第1款规定,沿海国有权对无害通过领海的外国船舶制定法律和规章,涉及航行安全和海上交通管理,保护助航等设施和设备,保护电缆和管道,养护资源和防止污染,海洋科学研究和水文测量,防止违反沿海国的海关、财政、移民或卫生等法律和规章等。需要注意的是,沿海国制定上述法律和规章,须符合《联合国海洋法公约》及其他有效的国际法规则。沿海国应秉持透明度原则,将制定的法律和规章妥善公布。

第二,领海内的海道和分道通航制。《联合国海洋法公约》规定,沿海国有权在必要时要求无害通过其领海的外国船舶,在指定的海道行驶或实行分航道通行制(第22条第1款)。对于油轮、核动力船舶和载运核物质和危险有毒物质或材料的船舶,更应实行指定海道或分道通行(第22条第2款)。同时,沿海国有义务在指定海道和规定分道通航制时,考虑主管航行的国际组织的建议、习惯上用于国际航行的水道、特定船舶和水道的特殊性质和船舶往来的频繁程度(第22条第3款)。沿海国还有义务在海图上清楚标出这种海道和分道通航制,并应将海图妥善公布(第22条第4款)。

第三,不妨碍无害通过的义务。除了《联合国海洋法公约》规定范围内的行为,沿海国不应妨碍外国船舶无害通过领海,沿海国尤其不能向外国船舶强加实际上等于否定或损害其无害通过权的要求,也不能对任何国家的船舶有任何歧视(第24条第1款)。沿海国有义务将其所知的在其领海内对航行有危险的任何情况妥善公布(第24条第2款)。这实际上是基于1949年"科孚海峡案"判决所做的规定。国际法院在"科孚海峡案"中指出,阿尔巴尼亚知道在其领海内有水雷,而又不对外国过往船舶公布和警报,就应为此承担责任。

第四,沿海国的保护权。为了防止非无害通过,沿海国有权采取必要的步骤,包括暂时停止外国船舶在其领海的特定区域内通过。但是这种停止只能在暂停措施正式公布后发生效力,并且对外国船舶不能有歧视(第25条第3款)。

(三)军舰无害通过的问题

外国军舰是否在领海享有无害通过权的问题,是国际社会存在争议的。海洋大国为了使军舰取得更大自由,在联合国海洋法会议上主张,一切船舶都享有无害通过权。而另外一些国家则从国家安全和利益出发,认为无害通过不适用于军舰,外国军舰在领海通过需要预先通知或取得联合国的同意。中国与20多个发展中国家一再提出联合提案,建议增加规定外国军舰通过领海时应事先获得批准或通知的条款。但是这些建议未被接受,《联合国海洋法公约》第17条采用了较为模糊的语言,所有国家,无论沿海国或内陆国,其船舶均享有无害通过领海的权利。这事实上意味着军舰和政府公用船舶是享有无害通过权的。但是有20个国家就这一问题发表声明,要求军舰通过其领海要事先通知或者事先批准。中国在1996年批准《联合国海洋法公约》时声明,公约有关领海内无害通过的规定,不妨碍沿海国按其法律规章要求外国军舰通过领海必须事先得到该国许可或通知该国的权利。这也是1958年《关于领海的声明》和《中华人民共和国领海及毗连区法》中规定的立场。

四、沿海国在领海的管辖权

(一)沿海国在领海的刑事管辖权

《联合国海洋法公约》第27条规定,原则上沿海国不应在通过领海的外国商船上行使刑事管辖权,以逮捕与在该船舶通过期间船上所犯任何罪行有关的任何人或进行与该罪行有关的任何调查。但是在以下情况下沿海国可以行使管辖权:(1)罪行的后果及于沿海国;(2)罪行属于扰乱当地安宁或良好领海秩序的性质;(3)经船长或船旗国外交代表或领事官员请求地方当局予以协助;(4)这些措施是取缔违法犯罪贩运麻醉药品或精神调理物质所必须的。但是,上述规定不适用于从沿海国内水离开后通过领海的外国船舶(第27条第2款)。也就是说,沿海国在领海对于自内水离开船舶的刑事管辖权不受上述规定限制。

(二)沿海国在领海的民事管辖权

《联合国海洋法公约》第28条规定,沿海国不应为对通过领海的外国船舶上某人行使民事管辖权的目的而停止其航行或改变其航向。除船舶本身在通过沿海国水域航行过程中,或为此种航行目的而承担的义务所发生的债务诉讼以外,沿海国也不得为任何民事诉讼的目的而对船舶从事执行或加以逮捕。但是,此项规定不适用于在领海内停泊的船舶和从沿海国内水离开后通过领海的外国船舶。

(三)沿海国对军舰和用于非商业目的的政府船舶的管辖

与商船和用于商业目的的政府船舶不同,外国军舰和用于非商业目的的政府船舶在领海内享有管辖豁免。但它们也要遵守沿海国关于领海的法律和规章;如不遵守法律规范,不顾沿海国向其提出遵守法律和规章的任何要求,沿海国有权要求其立刻离开领海(第30条)。对于由此而使沿海国蒙受的任何损失或损害,船旗国应承担国际责任(第31条)。

五、群岛国的领海

群岛国是指全部或由一个或多个群岛构成的国家。在海洋法上,群岛国的问题主要是:(1)如何划定其基线;(2)基线以内水域的法律地位,以及(3)外国船舶通过权的问题。

群岛国问题在第一次海洋法会议上争论得很激烈,菲律宾、南斯拉夫、丹麦等国要求比照沿海群岛用直线基线测算领海的方法,将群岛国的全部水域视为一个整体,用直线基线连成的圈将群岛内的水域包围起来。基线内的水域视为群岛国的内水,在基线以外确定领海。这些国家的主张被海洋大国所反对,最终未被接受。菲律宾和印度尼西亚在第二次海洋法会议上又提出群岛国的问题,但是仍未解决。在第三次海洋法会议上经过数度协商,由斐济、印度尼西亚、毛里求斯和菲律宾提出的群岛条款草案基本被会议所接受。《联合国海洋法公约》对群岛基线、群岛水域的法律地位以及外国船舶的通过做了规定。

(一)群岛基线

《联合国海洋法公约》第47条规定,群岛国可以划定连接群岛最外缘各岛和各干礁最外缘各点的直线群岛基线。作为领海宽度的起算线,其他海域,如毗连区、专属经济区和大陆架的宽度也从此基线算起基线以内水域称为群岛水域,公约对划定群岛基线的方法作出了规定。

(二)群岛属于的法律地位

群岛水域的法律地位涉及水域、本身水域上空、海床和底土。《联合国海洋法公约》第49条规定群岛国的主权及于群岛水域、群岛水域的上空、海床和底土,以及其中所包含的资源,无论其深度或距离海岸的远近如何。公约中关于群岛海道通过制度对群岛国在包括海道在内的群岛水域所享有的主权不发生影响。

(三)外国船舶的通过权

群岛国可以在群岛水域内的河口,海湾和港口比照公约中的相关规定划出群岛水域内的封口线。封口界限内的水域是群岛国的内水,外国船舶或飞机非经允许不得进入。

1. 无害通过权。海洋法公约关于领海无害通过制度的所有规定同样适用于群岛水域。所有国家的船舶根据这些规定在群岛水域享有无害通过权(第52条第1款)。为保护国家安全,群岛国在必要时可以暂停无害通过,当然只有正式公布之后暂停无害通过的规定方可生效(第52条第2款)。

2. 群岛海道通过权。群岛国可以指定适当的海道和空中航道,以便使外国船舶和飞机继续不断地迅速通过或飞越其群岛水域和邻接的领海。外国船舶和飞机在此种海道和空中航道通过的权利被称为群岛海道通过权,外国船舶和飞机在群岛国水域的通过制度与用于国际航行的海峡的通过制度类似。

六、海峡

(一)海峡的概念与法律地位

海峡是指连接两个较大的水域、自然狭长的水道或通道。根据不完全统计,世界上有几千个大大小小的海峡。海峡对于国家安全和海上交通具有非常重要的意义,那些处于海上主要通道的海峡更有不可替代的经济与军事价值。例如,连接大西洋和地中海的直布罗陀海峡、位于东南亚的马六甲海峡、位于亚洲和非洲之间的曼德海峡,以及位于亚洲与北美之间的白令海峡等等。

海峡的重要经济航行战略意义使海峡的法律地位成为国际法上的重要问题。海峡的法律地位因海峡的宽度及所处地理位置和经济军事价值的差异而存在很大区别,在领海基线以内的海峡是沿海国的内海峡,法律地位与内水相同。宽度不超过领海宽度两倍的海峡属于领峡,法律地位与领海相同。宽度超过领海宽度两倍的海峡是非领峡,在领海范围以外的部分,外国船舶和飞机享有航行与飞越自由。

(二)过境通行制度

用于国际航行的海峡,是指两端连接公海或专属经济区构成海上交通要道的狭窄海峡。国际社会为在此种海峡上航行确立了"过境通行制度"。

1.过境通行制度的由来及内涵。用于国际通行的海峡通过制度是海洋法上的重要问题,存在着很多不同的观点。由于领海宽度从现代早期的3海里拓展到12海里,很多用于国际航行的海峡被划入沿海国领海范围。这使用于国际航行海峡的法律地位更加令人关注。海洋大国主张,此类海峡应实行自由航行制度,尤其是对潜水艇和飞机应当具有行驶与飞越自由。而海峡沿岸国则出于安全、环境等各种角度的考虑,反对此种观点,坚持实行无害通过制度。在第三次海洋法会议上,各方经过激烈讨论,最后产生了在无害通过与自由航行之间的过境通行制度。这一制度规定于《联合国海洋法公约》第38条第2款。过境通行是指在两端连接公海或专属经济区的用于国际航行的海峡,为继续不断和迅速过境的目的而行使航行和飞越的自由,所有船舶和飞机均享有这种过境通行权,不应受到阻碍。

根据这一规定,上述过境通行制度对于海峡的水域的性质和法律地位不发生任何影响,海峡沿岸国根据水域的性质或法律地位行使其主权或管辖权(第34条第1款)。

2.过境通行与无害通过、公海自由的关系。过境通行制度是介于无害通过和航行与飞越自由之间的一种制度。过境通行制度一方面使海峡沿岸国的主权和管辖权在海峡的水域部分得到维护;另一方面对于外国船舶和飞机通过的自由予以承认。

过境通行与无害通过之间的区别主要在于:首先,无害通过要求在领海通过的外国潜水艇浮上水面并展示旗帜;过境通行允许潜水艇在下潜状态下行驶。其次,无害通过不适用于外国飞机,过境通行允许外国飞机在遵守航空规则以及其他有关国际法规则的前提下飞越过海峡。再次,过境通行为外国船舶和飞机规定的义务小于无害通过,比如沿海国可以采取必要措施,防止非无害通过行为的发生,过境通行则没有此种规定,而且,《联合国海洋法公约》明确要求不应停止过境通行。最后,从沿海国的管辖权来看,为保障安全和其他利益,沿海国对进行无害通过的船舶可以进行较为全面的管辖,而海峡沿岸国对过境通行的船舶和飞机仅在某些方面进行管理。比如,为海峡航行指定海道和规定分道通航制,防止减少和控制海峡环境污染等等。

过境通行与公海自由之间的区别主要在于:第一,过境通行仅限于船舶和飞机的航行和飞越,任何非行驶涉及海峡过境通行权的活动均受公约其他适用规定的限制(第38条第3款)。公海自由除了航行自由还包括捕鱼、铺设海底电缆、管道等其他自由。第二,过境通行受《联合国海洋法公约》第39条的限制,特别是要求继续不停和迅速过境,过境时不能从事任何公约不允许的活动,而公海上的自由则不受上述限制。

七、毗连区

毗连区是邻接领海并从领海基线起算不超过24海里的海域。沿海国为了行使若干必要的管制而建立此种区域,如果沿海国的领海宽度是12海里,毗连区的实际宽度就为12海里。沿海国在毗连区内行使一定事项的管辖权。毗连区不是沿海国领土的组成部分,所以沿海国的主权不及于此处。沿海国仅在国际法所允许的范围之内行使必要的管制权利。1982年《联合国海洋法公约》第33条第1款规定了沿海国对毗连区行使管制的范围,包括:防止在其领土或领海内违反其海关、财政、移民或卫生的法律和规章,惩治在其领土或领海内违反上述法律和规章的行为。由此可见,毗连区是沿海国邻接其领海的水域,不是领土的组成部分,在毗连区内可以为执行海关、财政、移民、卫生四种法律和规章享有管制权。

第五节　大陆架和专属经济区

一、大陆架的概念

地理学上的大陆架,是指邻接和围绕陆地较为平缓的浅海地带,是陆地在海水之下自然延伸的部分,从海岸开始逐渐向深海倾斜,平均坡度为0.07度。从大陆架起再向下倾斜,坡度变得较为陡峭,直到坡度再度明显较小,称为大陆坡。大陆坡向外是大陆基,再向外是深海海底。

国际法上的大陆架与地理学上的大陆架既有联系也有区别。根据《联合国海洋法公约》第76条,沿海国大陆架包括其领海以外依其陆地领土的全部自然延伸,扩展到大陆边缘的海底区域的海床和底土。大陆边包括沿海国大陆块没入水中的延伸部分,由陆架、陆坡、陆基的海床和底土构成。从领海基线量起,如果不到200海里,可以扩展到200海里;如果超过200海里可以延伸到350海里,或者不超过2500米等深线以外100海里处。由此,大陆架的计算方式有几种不同的标准。

大陆架的概念产生于20世纪40年代末,当时科学技术的发展使人们发现,大陆架蕴藏着丰富的矿物资源,继而,沿海国纷纷提出对大陆架享有主权或管辖权的各种主张。1945年9月28日,美国总统杜鲁门发表关于大陆架的公告,认为处于公海下、但毗连美国海岸的大陆架的底土和海床的自然资源属于美国,并受美国的管辖和控制。杜鲁门公告在世界上发生较大影响。随后,墨西哥、巴拿马、阿根廷、智利、秘鲁、哥斯达黎加、沙特阿拉伯、科威特、菲律宾、巴基斯坦等国纷纷追随提出类似的主张,它们有的对大陆架的资源主张管辖权和控制权,有的主张享有主权,有的还把它们的主张扩展到大陆架的上覆水域和水上空气空间。

1982年《联合国海洋法公约》比1958年《大陆架公约》所下的定义更中立和客观,取消了仅有利于发达国家以实际开发能力确定大陆架外部界限的因素。但是,在确定大陆架概念时,仍然延续了1958年《大陆架公约》第1条对大陆架所下界定义的基本原则和基本要素。包括以下三项:

第一,大陆架是沿海国陆地领土在海水下的自然延伸,这承袭了1958年《大陆架公约》确定的原则。1969年国际法院在"北海大陆架案"中确认了自然延伸原则,据此,作为本国陆地领土的自然延伸,沿海国对大陆架的权利不取决于有效或象征的占领或任何明文公告(第77条第3款)。

第二,大陆架的外部界限终止于大陆边缘的海底区域的海床和底土,这项原则确定的是在国际海底区域建立新制度所必需的大陆架制度,在大陆架以外的深海海底不能适用。

第三,该定义考虑到宽大陆架国家的具体情况,也照顾到了窄大陆架国家的利益。对于宽大陆架的国家而言,可将大陆架延伸至领海基线外350海里;对于窄大陆架的沿海而言,可将大陆架扩展到200海里。

二、大陆架的法律地位

大陆架不是国家领土的组成部分,作为沿海国,陆地领土在海水下面的自然延伸,大陆架的法律地位包括以下五个方面:

(一)沿海国对大陆架的主权权利。沿海国对大陆架行使主权权利,仅涉及勘探和开发大陆架的自然资源,此种权利是专属性的,其他国家或个人未经沿海国同意,不得从事对大陆架的勘探和开发活动。

(二)无须占领和宣告。沿海国对大陆架的专属权利不需要有效的或象征性的占领,或任何明文宣告。任何国家不得因为某大陆架沿海国未作出明文宣布或者没有进行实际的勘探开发,就认定该沿海国放弃对大陆架的相关权利。

(三)沿海国对大陆架上的建筑的管辖权。沿海国对大陆架上所建的人工岛与其他设施和设备及结构享有专属批准和管辖权,但人工岛屿周围不能形成领海。

(四)外大陆架的开发和利用。宽大陆架的沿海国对200海里以外区域及外大陆架非生物资源的开发,应向《联合国海洋法公约》建立的相关机构缴付一定的费用或实物。《联合国海洋法公约》第82条第2款规定,在某一矿址投入生产的第6年开始交付费用和实物,第6年缴付该矿值全部产值或产量的1%,以后逐年递增1%,直到第12年为止。其后比率应保持每年交付7%。但产品不包括供开发用途的资源。

目前,外大陆架划界问题受到了国际社会的重视,成为海洋法的新热点。《联合国海洋法公约》缔约国大会第11次会议通过决议,要求1999年5月6日之前成为《联合国海洋法公约》缔约国的国家,必须在2009年5月6日之前完成外大陆架的外部界限以及有关的法律程序。据此,俄罗斯于2001年向联合国大陆架界限委员会提交了大陆架外部界限的申请。

随后,巴西、澳大利亚、爱尔兰提交了申请。2009年5月11日,中国代表向联合国秘书长提交了外大陆架的界限初步信息。2012年12月14日,中国政府向联合国秘书处提交了东海部分海域200海里以外大陆架外部界限划界案。中国认为,地貌与地质特征表明,东海大陆架是中国陆地领土的自然延伸,冲绳海槽是具有显著隔断特点的重要地理单元,是中国东海大陆架延伸的终止。中国东海大陆架宽度测算应从领海基线起超过200海里,中国进一步指出,提交该划界案不影响中国政府以后在东海或其他海域提交大陆架划界案。

(五)大陆架上覆水域及其上空。大陆架上覆水域及其上空的法律地位,不受大陆架制度的影响,大陆架的内部界限是领海的外部界限,所以上覆水域及水域上空可能属于毗连区、专属经济区或公海,因而水域及上空的法律地位受此类海域的法律规范规制。

三、专属经济区的法律地位

专属经济区是指领海以外并邻接领海的一个区域,从领海基线起算,最远不超过200海里的宽度。

在此区域内,沿海国对其自然资源享有一定的主权权利和管辖权。专属经济区的概念产生于20世纪40年代末,与大陆架概念的提出联系密切。1945年杜鲁门公告发表之后,一些拉美国家提出,对其沿岸200海里海域内的自然资源享有管辖权。特别是那些没有大陆架的沿海国,它们提出的与大陆架主张相对应的,就是要求扩大渔业区。这是因为有些国家海岸极其陡峭,海岸外的海底资源为数甚少,而水中的渔业资源对他们来说就显得十分珍贵,所以他们提出了扩大渔业区的要求。20世纪70年代初,第三次海洋法会议召开之前,一些加勒比海国家发表《圣多明戈宣言》,宣布建立"承袭海"制度。在这个制度下,沿海国对200海里海域的一切资源拥有主权,但是其他国家在此区域内享有船舶航行、飞机飞行等公海自由。

专属经济区的概念由肯尼亚于1971年在亚非法律协商委员会提出。1971年8月,肯尼亚在联合国海底委员会提交一份草案,正式提出了专属经济区的概念。至第三次海洋法会议结束之时,世界多数国家接受了200海里专属经济区的概念。《联合国海洋法公约》第5部分对专属经济区做了规定。

目前,绝大多数沿海国都宣布了 200 海里专属经济区或专属渔区。美国、澳大利亚的专属经济区超过了 200 万平方海里,加拿大、新西兰的专属经济区也接近 150 万平方海里。

沿海国对专属经济区的开发和利用变得越来越重要,国际法学界对此问题的研究也日益深入。专属经济区既不同于领海,也不同于公海,具有自成一体的法律地位,主要包括以下三个方面:

第一,沿海国的主权权利。沿海国对专属经济区的一切自然资源享有主权,包括生物和非生物资源,对于该区域内从事经济勘探和开发,如利用海水、海流和海风风力生产能源等其他活动享有主权权利(《联合国海洋法公约》第 56 条第 1 款第 1 项)。

第二,沿海国的管辖权。沿海国对专属经济区内人工岛屿、设施和结构的建造和使用,海洋科学研究,海洋环境保护和保全等事项享有管辖权(《联合国海洋法公约》第 56 条第 1 款第 2 项)。

第三,其他国家的权利和义务。其他国家在专属经济区内享有船舶航行、飞机飞越、铺设海底电缆和管道的自由。《联合国海洋法公约》关于公海自由方面的规定,只要与专属经济区制度不相抵触,均可适用(《联合国海洋法公约》第 58 条第 1 款、2 款),但是其他国家在专属经济区行使其权利和义务之时,应遵守沿海国按照公约规定和其他国际法所制定的与本部分不相抵触的法律和规章(第 58 条第 3 款)。1998 年《中华人民共和国专属经济区和大陆架法》第 5 条规定,任何国际组织、外国的组织或个人进入中国专属经济区从事渔业活动,必须经中国主管机关批准,并遵守中国的法律、法规以及中国与有关国家签订的条约、协定。中国主管机关有权采取各种必要的养护和管理措施,确保专属经济区的生物资源不受过度开发的危害。该法还就专属经济区内的自然资源跨界种群、高度洄游鱼种、海洋哺乳动物等生物资源的开发养护管理、对人工岛屿设施和结构的管辖权进行了规定,这些规定均符合《联合国海洋法公约》的要求。

四、大陆架与专属经济区的关系及划界

(一)大陆架与专属经济区的关系

大陆架和专属经济区在 200 海里范围内是重叠在一起的区域,由于沿海国在专属经济区享有的权利也包括了对海床和底土及大陆架的权利,在第三次联合国海洋法会议期间,一些国家提出取消大陆架概念的主张。但是大多数国家认为,即使有了专属经济区,保留大陆架的概念仍属必要。它们提出的一个重要理由是,一些1958年《大陆架公约》的缔约国已经建立了各种以大陆架为基础的法律制度,如一些国家已经给予外国公司或企业以勘探和开发大陆架资源的长期特许。《联合国海洋法公约》最终在两个部分分别对两个区域进行规定。

分析沿海国在大陆架和专属经济区两个区域享有的权利及各自的特性,二者的联系和区别有以下四个方面:

第一,沿海国权利的重叠。沿海国对大陆架享有的所有权利在其专属经济区之内均可享有。这种权利的重叠仅限于大陆架与专属经济区在200海里范围内的重叠部分。

第二,沿海国对大陆架和专属经济区的权利的性质。沿海国对大陆架享有权利在性质上与对专属经济区享有的权利区别很大。大陆架权利是沿海国所固有的,不取决于有效的或象征性的占领或任何明文公告,而沿海国对专属经济区的权利,则必须经过公告。

第三,大陆架和专属经济区的范围。大陆架的范围最宽可达到自领海基线起算350海里,而专属经济区的范围不超过领海基线起算200海里。所以具有宽大陆架的沿海国可以在专属经济区之外享有大陆架。

第四,沿海国对大陆架和专属经济区的权利范围。沿海国对专属经济区的权利及于该区域内的所有自然资源,既包括生物资源,也包括非生物资源。而沿海国对大陆架的权利范围则仅限于海床和底土的非生物资源及定居种的生物资源。

(二) 大陆架与专属经济区的划界

相邻相向国家之间专属经济区和大陆架划界问题是国家高度关注的方面。国家之间经常会对某些区域的权利发生要求重叠,由此发生划界争端。世界上大概有150多个沿海国,海岸相邻相向的国家之间约有380处海洋边界需要划定。为解决划界问题,1958年《大陆架公约》和1982年《联合国海洋法公约》都作出了相关规定,但是1982年《联合国海洋法公约》第74条和第83条在涉及大陆架和专属经济区划界时都采用了相同的措辞,做出的规定较为抽象和原则。海岸相向或相邻国家间大陆架的界限,应在《国际法院规约》第38条所指国际法的基础上,协议划定以便得到公平解决。该条的其他规定也是关于划界争端的程序性规定,而未确立划界的原则和具体方法。

故而,这一条款包含了三个要素:其一,划界应以国际法为基础,而不能基于国内法;其二,国家之间应以协议划定,而不能单方决定;其三,如果国家之间无法达成协议,则按《联合国海洋法公约》第15部分规定的和平解决争端的方法予以解决。1958年《大陆架公约》第6条规定了等距离原则,但是由于该原则没有考虑到各国大陆架地理情况的差异因素,遭到一些国家的反对。1969年"北海大陆架案"就表明了此种情况。国际法院在1969年"北海大陆架案"之后,又受理了多起海洋划界争端,包括1982年"突尼斯利比亚案"、1985年"利比亚马耳他案"等。国家在海洋划界案中所主张的原则包括自然延伸原则、公平原则、等距离、特殊情况原则等。

五、中国的专属经济区和大陆架

(一)中国专属经济区与大陆架的基本状况

中国领有渤海、黄海、东海、南海四个海区,大陆架宽阔。

渤海是中国的内海,大陆架处于中国主权支配之下。

东海和黄海是世界上最大的大陆架浅海之一,黄海地形平坦,平均水深44米,总面积有38万平方公里,全部为大陆架。东海面积77万平方公里,2/3是大陆架,大陆架平均水深77米。

南海有4个群岛,这些属于中国的领土;群岛周围有广阔的大陆架。

1998年《中华人民共和国专属经济区和大陆架法》第2条第3款规定,中华人民共和国与海岸相邻或者相向国家关于专属经济区和大陆架的主张重叠的,在国际法的基础上按照公平原则,以协议划定界限。这项规定与《联合国海洋法公约》第74条和83条关于专属经济区和大陆架划界的规定基本一致。2000年12月25日,中国外交部部长唐家璇代表中国与越南在北京签署了《中华人民共和国和越南社会主义共和国关于两国在北部湾领海、专属经济区和大陆架的划界协定》,2004年6月25日,全国人民代表大会常务委员会批准该协定,这是中国与相关国家签订的第一个关于海上划界的决定。

除了属于中国内水的渤海湾,中国在上述三个海区都存在着较为复杂的划界问题。在黄海与朝鲜和韩国,在东海与日本,在南海与越南、菲律宾、马来西亚、印度尼西亚、文莱等国都存在着相互重叠的海域主张。尤其是东海大陆架划界问题,在该海区发现有石油和天然气自然资源之后,分歧较为明显。

(二)中国在大陆架划界问题上的一贯立场

在第三次联合国海洋法会议上,与会沿海国在专属经济区和大陆架划界问题上分歧很大,分为两大阵营:第一个是主张等距离中间线原则的阵营;第二个是主张公平原则的阵营。虽然中国没有加入任何一个阵营,但是中国的一贯立场是:第一,协议划界即划界应当由有关国家通过协议加以解决,反对单方面将自己的划界立场强加于对方。第二,公平原则是一项公认的国际法原则,划界应当根据公平原则并考虑各种因素。第三,等距离方法仅仅是各种划界方法之一种,而非唯一方法。只有在能够达到公平结果之时才能使用,而且必须基于国家之间的协议而使用。① 中国的立场与《海洋法公约》第74条、83条规定基本一致,也体现在1998年《中华人民共和国专属经济区与大陆架法》第2条中。同时,中国长期主张大陆架是沿海国陆地领土在海水下面自然延伸的原则,中国参加第三次海洋法会议的代表在1973年3月20日海底委员会上,第一次表达了中国对自然延伸原则的支持。中国代表认为,从地理条件来看,邻近沿海国的浅海区域是这些国家大陆领土的自然延伸。后来,中国代表又在不同的场合多次重申这一立场。《海洋法公约》第76条对大陆架的定义体现了自然延伸原则。1998年《中华人民共和国专属经济区和大陆架法》第2条第2款从法律上确定,中国的大陆架为中华人民共和国领海以外依本国领土的全部自然延伸扩展到大陆边缘的海底区域的海床和底土。

(三)中国在黄海、东海和南海的划界问题

1. 中国在黄海与朝鲜和韩国存在着海上划界问题。黄海全部位于大陆架之上,有6万平方海里的沉积盆地,其中还有良好的油气前景。此

---

① 参见高健军:《中国与国际海洋法——纪念〈联合国海洋法公约〉生效10周年》,海洋出版社2004年版,第91页。

外,黄海还有 12 个一年四季均可捕鱼的海水渔场。中国与朝鲜的划界相对容易解决,在与韩国正式划界之前,中国与韩国于 2000 年 8 月 3 日正式签署《中华人民共和国和大韩民国政府渔业协定》,以求在渔业问题上达成临时安排。为解决划界问题,两国自 1995 年开始磋商。中国主张适用公平原则,韩国主张适用中间线原则,双方的争议并不严重。2015 年 12 月,中韩海域划界政府谈判代表团举办首轮会谈。据此,2016 年 4 月 22 日,中韩海域划界谈判工作组展开首轮会谈,就有关问题交换意见。2019 年 7 月 25 日,中韩海域划界政府谈判代表团举行第二轮会谈,就友好协商解决划界问题,加强海洋合作达成一致。

2. 中国在东海与日本的划界问题。东海是中、日、韩三国领土环绕的半地海,大陆架面积约占东海总面积的 70%,东海油气田资源丰富,此外东海还有 14 个渔场,由于东海丰富的自然资源,引发了相关国家对划界问题的重视,东海专属经济区和大陆架划界有如下几个问题:

第一,通过协议进行划界。在东海北部存在确定中、日、韩三国划界界限的问题。双方未达成协议之前,任何行为或主张都不能发生效果。例如,日、韩两国 1978 年签订《日韩共同开发大陆架协定》,侵犯了中国在东海的大陆架;日本和韩国 1998 年签订《渔业协定》,在中、日、韩三国交界水域划定了日本和韩国的专属经济区,这些行为都违反了国际法的国家同意原则。中国政府认为,在三国交界水域,应由三方协商解决化解问题,排除任何一方擅自划界的做法是违反国际法的。2005 年 3 月—5 月,中日两国就东海问题进行局长级会谈,未取得有效成果。2010 年 9 月,因日本海上保安厅巡逻船冲撞我国渔船并逮捕船长,我国宣布推迟原定于 2010 年 9 月举行的东海问题原则共识政府间谈判。2014 年 9 月,中日海洋事务高级别磋商会议重启,迄今未取得实质进展。虽然两国各自发布了《东海问题原则共识》,但在共同开发和利益分配方面存在难以妥协的分歧。[①] 协议划界是《联合国海洋法公约》第 74 条和 83 条规定的关于专属经济区和大陆架划界的基本原则,也是中国对此问题的一贯立场。

第二,钓鱼岛等岛屿的主权归属及其划界中的效力。中日在东海大陆架划界上面临着系列重要而且复杂的问题。尤其在钓鱼岛列屿的主权

---

① 金永明:《中国维护东海权益的国际法分析》,载《上海大学学报(社会科学版)》2016 年第 4 期;金永明:《中日东海问题原则共识内涵与发展趋势》,载《东方法学》2009 年第 2 期。

归属上,中日之间分歧较大。中国自 20 世纪 70 年代开始有很多民间活动,学者们在此方面也有诸多著述。中国政府对于钓鱼岛法律地位的立场是:钓鱼岛等岛屿历来属于中国领土的组成部分,1992 年《领海及毗连区法》第 2 条第 2 款的规定:"中华人民共和国的陆地领土包括中华人民共和国大陆及其沿海岛屿、台湾及其包括钓鱼岛在内的附属各岛、澎湖列岛、东沙群岛、西沙群岛、中沙群岛、南沙群岛以及其它一切属于中华人民共和国的岛屿。"关于钓鱼岛等岛屿在化解中的效力问题,可以通过与日本政府的谈判和协商加以解决。中国在 21 世纪确立了钓鱼岛的相关基线,同时也通过政府文件明确表达了对钓鱼岛的主权。

第三,冲绳海槽在划界中的作用。在中日东海大陆架划界中存在的一个关键问题是,如何看待冲绳海槽在划界中的作用?中国主张东海大陆架是中国陆地领土的自然延伸,此延伸至冲绳海槽为止,因此不与日本共享同一大陆架,中国的大陆架外部界限按照自然延伸原则一直延伸到冲绳海槽为止;而日本方面则反对中国的观点,认为冲绳海槽是两国大陆架的一个偶然凹陷,不是划定两国大陆架的标准界限,故而,中日两国共享一块大陆架,应当按照中间线原则划界。由此,以科学证据证明冲绳海槽具有大陆架分隔的作用是问题关键。而 1985 年"利比亚马耳他案"中,国际法院的判决使问题相对复杂。中国主张陆地领土自然延伸到冲绳海槽,日本的大陆架从其领海基线量起扩展到 200 海里之处,就造成了权利主张重叠区域,如何在这一权利重叠区域划界并考虑冲绳海槽的存在,是需要进一步研讨的问题。

第四,中国在南海的划界问题。中国在南海有 4 个群岛是划界的关键,这不仅仅是一个海洋问题,还涉及领土问题。1992 年《中华人民共和国领海及毗连区法》宣布,中华人民共和国陆地包括中华人民共和国大陆及沿海岛屿、台湾及其包括钓鱼岛在内的附属各岛、澎湖列岛、东沙群岛、西沙群岛、中沙群岛、南沙群岛,以及其它一切属于中华人民共和国的岛屿。中国对南海诸岛的主权以最早发现并命名、最早开发经营,以及由中国政府最早行使管辖权为基础。中国政府认为,在历史上最早发现并开发这些岛屿是中国领有这四个群岛的基础。而南海附近诸国,特别是越南、菲律宾、马来西亚、文莱,在 20 世纪 50 年代末即开始对西沙群岛和南沙群岛的主权进行挑战,在了解南沙群岛附近海域存有丰富的自然资源及岛屿的战略意义之后,这些国家对这些岛屿提出了主权要求,并且从 20

世纪70年代开始,擅自进行占领和开发资源等活动。中国政府坚持对南海诸岛享有主权这一贯的立场,在对任何违反国际法并侵犯中国主权和领海损害中国主权权利的主张或行为予以明确抗议的同时,谋求用和平方法解决与这些国家之间的岛屿争端,在相关岛屿争端尚未解决的情况下,解决南海海洋划界问题面临着严峻的挑战。中国在南海的划界保留了1947年国民政府内政部方域司编绘、国防部测量局代印的"南海诸岛位置图"中标明的断续线,当初有11条,后来演变为9条,所以这些断续线在国际上长期被称为"九段线",在南海诸岛的东、西、南三个方面表明一系列断续界线。这些界线的性质是岛屿归属线,中华人民共和国政府曾经有正式文件说明这一问题。中国国际法学界主张,鉴于1947年中国国民政府绘制该图时,国际海洋法上尚不存在专属经济区的概念,而且大陆架的概念也只是刚刚出现,要求以断续线考虑大陆架和专属经济区的界限是不符合时际法的,故而中国可以根据《联合国海洋法公约》的相关规定,以断续线所划定的南海诸岛范围为基础,按照群岛制度来主张中国在南海的管辖海域。

第六节 公 海

一、公海的概念

公海(high seas),又称国际海域,是不属于任何国家的领土、不受任何国家管辖,供所有国家(包括沿海国和内陆国)为和平的目的而使用的海域。在传统的国际法体系中,领海之外即公海,而领海的宽度又很窄,一般只有3海里,所以当时公海的面积非常大。随着海洋法的发展,一系列新的制度建立,公海的范围不断缩减。第二次世界大战以后,特别是第一次海洋法会议确立了大陆架制度后,公海的海水部分与海床和底土部分开始分离。第三次海洋法会议又建立了专属经济区、群岛水域和国际海底区域制度,再加上领海范围扩展到12海里,公海范围又一次缩减。大陆架和国际海底区域的确立使公海与海床和底土分隔开来,后者或者属于沿海国的大陆架或者属于国际海底区域。故而,公海制度不再适用于公海海水下面的海床和底土。群岛水域和专属经济区的建立也使公海的海水部分大规模缩减。所以,21世纪的公海范围与19世纪公海的范围存在着非常大的差异。《联合国海洋法公约》规定,公海是指不包括在国家的专属经济区、领海或内水或群岛国的群岛水域内的全部海域(第86条)。

二、公海的法律地位

第一,各国为和平目的而使用公海。《联合国海洋法公约》第89条规定,任何国家不得有效地声称将公海的任何部分置于其主权之下。由此,公海供世界各国共同使用,任何国家不得对公海的任何部分主张权利,更不得据为己有。任何一国试图对公海行使主权,此种主张和要求均属无效。关于公海的法律地位,最常见的提法是"公海自由",然而公海自由并非意味着任何国家都可以在公海采取任何行动。《联合国海洋法公约》第88条规定,公海应只用于和平目的。任何国家不得在公海上从事威胁以及破坏和平的行为。

第二,公海自由。公海自由包括六个方面。传统的公海自由是航行自由、捕鱼自由、铺设海底电缆和管道的自由,以及飞越自由。这四项自由规定在1958年《公海公约》的第2条。1982年的《联合国海洋法公约》第87条在传统自由的基础上增加了建设人工岛屿和其他设施的自由以及科学研究的自由。这两项自由分别受到关于大陆架制度的限制,以及关于海洋科学研究的限制。1982年《联合国海洋法公约》除在传统的公海四大自由的基础上增加了两项外,还对公海自由的实现设定了一些限制。这些限制反映了1958年以后海洋法的新发展。在1982年《联合国海洋法公约》之后,联合国在1995年跨界和高度洄游鱼类会议上通过了《执行1982年12月10日〈联合国海洋法公约〉有关养护和管理跨界鱼类种群和高度洄游鱼类种群的规定的协定》,对于公海捕鱼作出的规定加强了捕鱼国与沿海国在养护和管理跨界河洄游鱼类种群方面的合作义务,增强了区域或次区域渔业管理组织在这方面的合作机制。

三、公海航行制度

第一,船舶的国籍。根据长期形成的习惯国际法,任何在公海上航行的船舶都应拥有国籍。船舶国籍的标志是悬挂旗帜,在正常情况下船舶的国籍与船舶所属国一致,构成了船舶与所属国的法律联系。此种联系有利于维护公海法律秩序、保护公海航行安全。在公海航行的船舶均应拥有国籍,而且每艘船只能拥有一个国籍。《联合国海洋法公约》第92条第2款规定,悬挂两国或两国以上旗帜航行,并视方便而换用国旗的船舶,对任何其他国家不得主张其中的任一国籍,并可视同无国籍船舶。但是,《联合国海洋法公约》关于船舶国籍的规定,对于船舶悬挂联合国及其专门机构、国际原子能机构旗帜的船舶,不予适用。

第二,公海航行权。《联合国海洋法公约》把授予船舶以国籍作为一项权利加以规定,其第90条规定,每个国家,无论是沿海国或内陆国,均有权在公海上行驶悬挂其旗帜的船舶。这一规定被视为"公海航行权",内陆国是否拥有此项权利,第一次世界大战之前尚有争议。在那时,内陆国船舶只能在沿海国登记注册并取得沿海国的国籍,在公海航行时悬挂沿海国的旗帜。至1921年,《巴塞罗那公约》改变了这一规定。1958年《公海公约》后,内陆国的公海航行权得以确认。1982年《联合国海洋法公约》进一步确认并作出了保障其权利的专门规定。《联合国海洋法公约》第91条规定,每个国家都有权决定什么样的船舶可以在其领土内登记并取得国籍。在国际实践中,国家一般允许本国公民拥有的船舶在该国登记注册。

第三,方便旗。方便旗是指非该国船舶出于登记税收或检验方便而注册悬挂该国船旗。某些国家允许属于他国公民所有的船舶在其领土内登记注册,从而赋予此种船舶国籍的做法。这种船舶所悬挂的旗帜之所以被人们称为方便旗,原因有两个方面:首先,对赋予方便旗的国家而言,可以通过大量的外国船舶登记注册,获得经济利益。其次,对于船东来讲,船舶在别国登记费用可能较低,可以逃避本国的税收,也可以通过延长员工的工作时间获得更高利润。方便旗是船舶国籍制度中的不正常现象。由于船旗国对船舶的管理制度不严格,船旗国与船舶之间没有真正的联系,不能对船舶在公海上航行的行为承担实际责任,对于维护公海法律秩序极为不利。因此《联合国海洋法公约》第94条第1款规定,每个国家应对悬挂该国旗帜的船舶有效行使行政、技术及社会事项上的管辖和控制。

第四,海上救助义务。《联合国海洋法公约》第98条规定,每个船旗国应责成悬挂该国旗帜航行的船舶的船长,在不严重危及其船舶、船员或乘客的情况下,救助在海上遇到的任何有生命危险的人。如果有遇难者求救,在可以合理地期待其采取救助行动时,应尽速前往拯救。海上救助义务还包括船舶之间在发生碰撞之后的相互救助。《联合国海洋法公约》第 98 条第 1 款第 3 项规定,要在碰撞后对另一船舶及船员和乘客给予救助,并在可能情况下将自己船舶的船籍、名称和将停泊的最近港口通知另一船舶。

四、公海上的管辖权

(一) 船旗国的管辖权

船旗国对其在公海上航行的船舶及船舶上的人和事物享有排他的管辖权。《联合国海洋法公约》第 92 条第 1 款规定,除国际条约或本公约明文规定的例外情形外,在公海上航行的船舶受船旗国专属管辖。因此,除国际条约或协定另有规定,公海上的船舶仅服从国际法和船旗国的国内法。船旗国根据国际法有权对船舶实施保护。船舶的国籍是船籍国对船舶进行法律保护的依据,无国籍的船舶不受任何国家的保护。除了对船舶的管辖权,船籍国还承担对船舶实行管辖和控制的义务,具体义务包括:保持一本船舶登记册,载列悬挂该国旗帜的船舶的名称和详细情况;就每艘船舶的行政、技术和社会事项对该船及船长、高级船员和船员行使管辖权;为了保证船舶海上安全采取必要的措施等(《联合国海洋法公约》第 94 条)。

(二) 公海上国际法禁止的行为

公海自由并非意味着国家可以在公海采取任何行动,以下行为属于国际法所禁止的:(1)贩卖奴隶。经过国际社会的努力,已经形成一系列人权条约,在法律上废除了奴隶制,禁止在公海上贩运奴隶是习惯国际法的规则。《联合国海洋法公约》第 99 条规定,每个国家应采取有效措施防止和惩罚准予悬挂该国旗帜的船舶贩运奴隶,并防止为此目的而非法使用其船舶。在任何船舶上避难的任何奴隶、不论该船舶悬挂何旗帜,均当然获得自由。(2)海盗。《联合国海洋法公约》第 101 条规定,海盗行为是指私人船舶或私人飞机的船员、机组人员或乘客,为私人目的在公海上或不属于任何国家管辖的地方,对另一个船舶或飞机或其上面的人和财物从事任何非法的暴力或扣留行为。军舰或国家公务船舶或政府飞机上的人员,如发生政变后从事上述行为,也被视为海盗行为(第 102 条)。海盗是人类公敌,任何国家在公海上或在不属于任何国家管辖的地方,均可扣押海盗船舶或飞机或被海盗所夺取并予以控制的船舶或飞机,逮捕其上人员,扣押其财物,并处以刑罚。(3)非法贩运毒品。《联合国海洋法公约》第108条规定,所有国家应进行合作以制止船舶违反国际法在海上从事非法贩运麻醉药品和精神调理物质。(4)非法广播。非法广播即未经许可的广播,主要体现为船舶或设施违反国际规章使公众收听或收看的无线电传音或电视广播。但是,危难时发出的求救信号不视为非法广播。(第109条)

(三)公海上军舰的权利

第一,紧追权,沿海国对于违反该国法律和规章的外国船舶有权派军舰、军用飞机或其他经授权的船舶或飞行器对该外国船舶进行追逐,以便将其捕获。此种权利被称为紧追权。《联合国海洋法公约》第111条规定,行使紧追权应注意以下问题:

(1)行使主体。紧追权只能由军舰、军用飞机或其他有清楚标志、可以识别为政府服务,并经授权紧追的船舶或飞行器行使。

(2)开始紧追的地点。当外国船舶或其小艇之一在追逐国的内水、群岛水域、领海或毗连区之内,可开始追逐。但是如果外国船舶在毗连区内,只有该船舶侵犯了设立毗连区所保护的权利方可进行紧追。此外,对于专属经济区或大陆架上,包括大陆架上设置的安全地带之内违反适用于这些区域内的法律和规章的外国船舶,沿海国也可在上述区域开始紧追。

(3)紧追须连续不断地进行。紧追开始后不能中断。中断则不能在紧追开始时所在的区域以外继续进行。例如,从领海或毗连区之内开始,如果中断就不能在领海和毗连区以外继续。这一习惯法规则起源于1935年的"孤独号案"。

(4)紧追的终止。除上述中断了的紧追不能再继续以外,在被追逐的船舶进入其本国或第三国领海时,紧追应予终止。此项规定是为了维护船舶本国或第三国的主权,避免一国军舰、政府船舶或飞机侵害另一国的主权。

第二,登临权。登临权是指各国军舰经授权的国家公务船舶,在公海上代表国家靠近和登上被合理地认为犯有国际法所禁止的非法行为嫌疑的船舶,并进行检查的权利。《联合国海洋法公约》第110条对登临权规定了数项条件：

(1) 登临权的主体。由军舰、军用飞机和经正式授权并有清楚标志可以识别的为政府服务的其他船舶或飞机行使。

(2) 被登临船舶。军舰可以登临犯有国际法所禁止的非法行为嫌疑的船舶，以及虽然悬挂外国旗帜或拒不展示其旗帜、但实际上具有与军舰同样国籍的船舶。但是被登临的船舶只能是商船，军舰和国家公务船舶享有豁免权。

(3) 登临的目的。登临是为了核查该船舶被怀疑的行为，为此，军舰可派一艘由一名军官指挥的小艇至该嫌疑船舶并检查其文件。如果检验船舶文件后仍有疑问，军舰可进一步在该船上进行检查。

(4) 损害赔偿。如果嫌疑经证明是无根据的，并且被登临的船舶未从事涉嫌的任何行为，则对该船舶可能遭受的任何损失或损害，应予以赔偿。

第七节　国际海底区域

一、国际海底区域的内涵与由来

国际海底区域在1982年《联合国海洋法公约》中简称为"区域"，是指国家管辖范围以外的海床洋底及其底土。国际海底区域制度是在科学技术发展并发现该区域内蕴藏丰富的矿物资源后而出现的制度。19世纪末，人们发现了大洋底存在着锰结核矿。20世纪60年代，世界开始注意这一现象，主要工业发达国家开始对深海海底的锰结核矿进行资源调查和分析，发现其中包括锰、铜、钴、镍等物质，具有重要的经济价值。

发展中国家为了防止发达国家利用其先进的技术和资金优势霸占和掠夺国际海底资源，马耳他常驻联合国代表帕多在1967年第22届联大提出了宣布国际海底是人类共同继承财产的建议。这一建议得到了广大发展中国家的积极响应，联大在此次会议上通过了2340号决议，决定建立由35个会员国组成的研究国家管辖范围以外海床洋底和平利用特设委员会，简称海底特设委员会。1968年12月21日，联合国大会2467a号决议建立了由42个会员国组成的"和平利用国家管辖范围以外海床洋底委员会"(简称海底委员会)，取代了海底特设委员会。海底委员会为建立国际海底区域制度做出了大量的工作。

在海底委员会讨论的基础上,联合国大会 1970 年 12 月 17 日通过了《关于各国管辖范围以外海洋底床与下层土壤之原则宣言》,宣布国际海底区域及其资源为人类共同财产。在第三次海洋法会议召开之前,国际海底及其资源是人类共同继承财产的概念得到了联合国绝大多数成员的接受,人们认为,这已构成习惯国际法的一部分。基于这一法律确认,1982 年《联合国海洋法公约》第十一部分对国际海底区域做出了规定。

二、国际海底区域的法律地位

《联合国海洋法公约》第 136 条规定,"区域"及其资源是人类共同继承财产。第 137 条第 1 款规定,任何国家不应对"区域"的任何部分或其资源主张或行使主权或主权权利,任何国家或自然人或法人也不应将"区域"或其资源的任何部分据为己有。任何这种主权和主权权利的主张或行使或这种据为己有的行为均应不予承认。《联合国海洋法公约》规定,对"区域"内的资源的一切权利属于全人类,由即将成立的国际海底管理局代表全人类进行行使(137 条第 2 款)。这项规定是对人类共同继承财产原则的具体落实。这些规定说明,"区域"的法律地位与公海不同,公海内的资源供国开发使用;"区域"的资源则属于全人类,与"区域"内资源有关的一切权利属于全人类,权利的行使由代表全人类的管理局进行。

管理局是 1982 年《联合国海洋法公约》建立的组织机构,按公约规定组织并控制"区域"内的活动,尤其是管理区域内资源。《联合国海洋法公约》赋予管理局以管理国际海底矿物资源勘探和开发活动的专属权利。管理局的主要机关是大会理事会和秘书处。由此,"区域"作为全人类共同财产形成了一系列的制度和基本原则。人类共同继承财产的定位是"区域"的鲜明特征。

三、平行开发制

在第三次联合国海洋法会议上,区域内资源的开发方法引起了国家之间的争论。广大发展中国家主张由管理局代表全人类开发和利用区域内的资源,少数工业发达国家反对这种单一开发者,主张由管理局颁发执照,缔约国的公私营企业在符合某些条件的情况下与管理局缔结有关开发资源的协议进行开发。根据这种主张,管理局仅具有开发执照的职能,自身不能进行开发活动。《联合国海洋法公约》最终对两种分歧意见进行了综合和妥协,建立了平行开发制。平行开发制,是指以管理局为一方,以缔约国公私营企业为另一方的共同开发制度。《联合国海洋法公约》第153条规定,"区域"内的活动由企业部和缔约国或国营企业,或在缔约国担保下具有缔约国国籍或由这类国家或其国民有效控制的自然人或法人与管理局协作的方式进行。按照平行开发制,"区域"内的活动由管理局安排进行和控制,在"区域"内进行勘探和开发的主体是管理局的企业,缔约国及其国民实际控制的自然人和法人。

根据《联合国海洋法公约》附件三第3条规定,平行开发的具体程序为:首先由企业部、申请开发的缔约国和合格的自然人或法人向管理局提出勘探开发的申请和工作计划,继而由管理局的法律和技术委员会对申请进行审核。根据附件三第8条的规定,企业部以外的申请者及缔约国及其国民或其他合格的自然人和法人,在申请时必须向管理局同时提出两块具有同等价值的矿区,由管理局从中选择一块作为保留区进行开发,另一块矿区作为合同区,由申请人在管理局签订合同之后进行开发。

四、关于执行1982年12月10日《联合国海洋法公约》第十一部分的协定

(一)关于国际海底问题的磋商与《执行协定》的通过

英、美、法、日等工业发达国家对于《联合国海洋法公约》第十一部分的一些规定持反对态度,它们迟迟不愿签署或批准这一公约。至1991年10月24日,有51个国家批准了公约,但工业发达国家只有冰岛一国批准。根据《联合国海洋法公约》第308条的规定,公约应自第60份批准书或加入书交存之日起12个月后生效。鉴于工业发达国家对于公约第十一部分的态度,很多国家认为,即使公约生效,第十一部分的实施也将面临巨大障碍。为了防止工业发达国家以其经济技术、政治优势为依托,另立法律体系,在联合国秘书长主持下,世界各国于20世纪90年代初进行了一系列关于国际海底问题的非正式磋商。

这一磋商从1990年7月开始,进行了两轮,共15次,对于缔约国费用、企业部决策程序、审查会议、技术转让、生产限额、补偿基金、合同的财政条款和深海采矿的环境保护等九个问题进行了广泛讨论,最终解决了所有问题。1994年7月28日通过了《关于执行1982年12月10日〈联合国海洋法公约〉第十一部分的协定》，简称《执行协定》。

《执行协定》与1982年《联合国海洋法公约》第十一部分是相互补充、相互印证的关系。这就是说，《执行协定》并没有取代公约第十一部分，而是与第十一部分一起成为同一国际文件而使用。《执行协定》第2条规定，本协定和《联合国海洋法公约》第十一部分的规定应作为单一文书来解释和适用。本协定和第十一部分如有任何不一致的情况，应以本协定的规定为准。《联合国海洋法公约》第309—319条关于公约保留和公约修正等最后条款，同样适用于《执行协定》。《执行协定》与《联合国海洋法公约》形成了一个不可分割的整体。《执行协定》第4条第1款规定，本协定通过后，任何批准、正式确认或加入公约的文书亦应表示同意接受本协定的约束。该协定第4条第2款还规定，只有同意接受公约约束的国家才能成为执行协定的缔约国。

(二)《执行协定》的主要内容

《执行协定》包括10个条文和1个附件，前者是关于协定与公约和公约第十一部分的关系、生效和临时适用等程序性规定，后者是协定的实体内容，包括上述九个关于国际海底的事务，共九节。

《执行协定》的目的是解决《联合国海洋法公约》第十一部分未决之问题，以促进世界各国普遍加入公约。该协定的主要内容实际上构成了第十一部分的修改。例如，原来规定缔约国有义务以长期无息贷款的方式向企业部提供必要资金一半的款项，《执行协定》将此项义务免除。原来规定申请者需要交付的生产费，被《执行协定》所取消，并改变了规费和固定年费的交付办法，以减轻缔约国的负担。原来规定承包者无偿向企业部和发展中国家转让技术的义务，被《执行协定》改为企业部和希望获得深海采矿技术的国家应设法按公平合理的商业条件从公开市场或通过联合企业安排获取这项技术(《执行协定》第五节第1条a项)。这些都属于减轻缔约国申请者或承包者义务的规定，从而解决了《联合国海洋法公约》第十一部分发达国家较为关切的问题。

第八节　国际海洋争议解决机制

《联合国海洋法公约》对和平解决争端做出了详细而复杂的规定。其中包括和平解决争端的政治方法和法律方法,相关的程序、《国际海洋法法庭规约》,以及关于国际海洋法海底争端分庭的规定。这些内容分别规定在《联合国海洋法公约》第十一部分第五节、第十五部分,以及附件五至附件八中。

一、《联合国海洋法公约》确立的争端解决机制

(一) 自行选择的程序

1982年《联合国海洋法公约》的争端解决机制相当复杂,在第十五部分第一节做出了一般性的规定,亦即由争端各方自行选择的程序。

首先,缔约国承担用和平方法解决彼此相互间有关公约的解释或适用的任何争端的基本义务。

其次,公约要求缔约国用《联合国宪章》第33条第1项规定的各种方法和平解决争端,但并不排除缔约国采取自行选择的方法和平解决争端(第280条)。其中包括通过一般性、区域性、双边协定、其他方式,协议将争端提交仲裁或司法解决。

最后,公约对解决争端所适用的程序作出了规定,其中包括争端各方有义务就解决争端所要采取的具体方法交换意见即交换意见的义务(第283条)。《联合国海洋法公约》第284条规定,如果缔约国愿意,可以将争端提交调解。《联合国海洋公约》附件五对调解程序作出了具体规定。

(二) 强制性程序

通过上述自由选择的方法如果不能解决争端,就会启动《公约》第十五部分第二节规定的强制程序。《联合国海洋法公约》第287条规定,缔约国在签署、批准或加入公约时,或在其后的任何时间,可以自由地以书面声明的方式,选择下列一个或多个争端解决程序:(1)按附件六设立的国际海洋法法庭;(2)国际法院;(3)按照附件七组成的仲裁法庭;(4)按照附件八组成的处理其中所列一类或一类以上争端的特别仲裁法庭。

关于第287条的规定有两个值得注意的问题:首先,尽管公约规定的是强制性争端解决程序,但是缔约国仍然有四种处于同一地位的选择机会。其次,如果争端发生在没有做出上述声明的缔约国之间,或者发生在

选择了不同的争端解决程序的国家之间,除非争端各方另有协议,则该争端应提交附件七所规定的仲裁(第287条第3款、第5款)。故而,附件七所规定的仲裁程序为1982年《海洋法公约》争端解决强制程序的保底程序,或称剩余备用程序。

(三)强制性程序的限制和例外

《海洋法公约》第297条第1款规定,沿海国因在专属经济区内行使主权权利或管辖权而发生的对本公约的解释或适用的争端,只有在特定情形下适用强制争端解决程序;第297条第2款规定,本公约关于海洋科学研究的规定,在解释或适用上的争端应按照强制程序解决,但是沿海国应在专属经济区或大陆架行使权利或斟酌决定权而引起的争端,没有义务接受强制程序;第3款规定,对于本公约关于渔业的规定在解释或适用上的争端,应按照强制程序解决,但沿海国因对专属经济区内生物资源的主权权利或此项权利的行使引起的争端,包括关于其对可捕量、捕捞能力、分配剩余量给其他国家等问题的争端,无义务同意接受强制程序。

第298条规定,一国在签署、批准或加入公约时,或在其后任何时间,可以书面声明对下列各类争端的一类或一类以上,不接受第二节规定的强制程序:海洋边界或涉及历史性海湾或所有权的争端;关于军事活动的争端;正由联合国安理会执行《联合国宪章》所赋予的职务的争端。

二、国际海洋法法庭

(一)国际海洋法法庭的建立和组成

国际海洋法法庭是根据《海洋法公约》第十五部分和附件六《国际海洋法法庭规约》于1996年建立的。根据《国际海洋法法庭规约》,该法庭由21名法官组成,从享有公平和正直的最高声誉、在海洋法领域内具有公认资格的人士中选出。联合国大会所确定的每一地理区域集团应有法官至少3人。中国曾经担任过海洋法法庭法官的有赵理海、高之国、段洁龙。法官的任期为9年,可以连选连任。法官以个人身份任职,不得执行任何政治或行政职务,不得与勘探和开发海洋或海底资源或其他商业用途有关的、任何企业的任何业务有积极联系或财务利益,不得担任任何案件的代理人、辩护人、律师。

根据《海洋法公约》第十一部分第五节和《国际海洋法法庭规约》第

14条的规定,在建立国际海洋法法庭的同时,建立了一个海底争端分庭,该分庭由11名法官组成,负责审理与国际海底区域活动有关的争端。此外,法庭可以在其认为必要的时候,设立由3名或3名以上的法官组成的特别分庭,以处理带特定种类的争端。

(二)国际海洋法法庭的管辖权与裁决

国际海洋法法庭的诉讼,诉讼当事方主要是《联合国海洋法公约》的缔约国,不过根据《海洋法公约》第十一部分第五节的规定,管理局或企业部对于国营企业以及自然人或法人为解决关于国际海底的活动的某些争端,也可以成为该法庭的诉讼当事方。根据《国际海洋法法庭规约》第288条的规定,该法庭对于下列争端享有管辖权:

(1)关于《联合国海洋法公约》的解释或适用的任何争端;(2)关于与《联合国海洋法公约》的目的有关的国际协定的解释或适用产生的任何争端;(3)国际海洋法法庭海底争端分庭,以及任何其他分庭或仲裁法庭向其提交的任何事项。如果就国际海洋法法庭是否享有管辖权的问题出现争议,此问题也由海洋法法庭以裁定的方式予以解决。

国际海洋法法庭适用《海洋法公约》的规定,以及与公约不相抵触的国际法规则。但海底争端分庭及特别分庭还应适用管理局的规则规章和程序,对有关区域内活动的合同事项要适用相应的合同条款。

根据《海洋法公约》第290条的规定,国际海洋法法庭及其海底争端分庭均可以在最后裁判前规定其根据情况认为适当的任何临时措施,以保全争端各方的各自权利或防止对海洋环境的严重损害。

(三)国际海洋法法庭受理案件的情况

国际海洋法法庭于1997年受理了第一个案件。事后受理了一系列案件,多数都与《联合国海洋法公约》第292条有关。第292条第1款规定,如果缔约国当局扣留了一艘悬挂另一缔约国旗帜的船只,而且据指控,扣留国在合理的保证书或其他财政担保经提供后仍然没有遵从本公约的规定,将该船只或其船员迅速释放,释放问题可向争端各方协议的任何法院或法庭提出;如从扣留时起10日内不能达成这种协议,则除争端各方另有协议外,可根据第287条向扣留国接受的法院或法庭,或向国际海洋法法庭提出。

思考题

1. 中国提出了建设海洋强国的目标,同时也将统筹推进国内法治和社会法治作为法治建设的重要工作任务。如何在海洋领域有效地建设和推进涉外法治?

2. 军舰是否享有无害通过权?

3. 毗连区的法律地位是什么?

4. 中国在处理与邻国海洋划界问题上要解决的关键问题有哪些?

5.《联合国海洋法公约》规定的"历史性海湾"对我国解决南海问题有何启示?

6. 无害通过权、过境通行权、群岛水域的通过制度以及航行与飞越自由之间有何联系与区别?

7.《联合国海洋法公约》关于公海上管辖权的种类和行使方式有哪些具体规定?

8. 国际海底区域制度的设立有何意义?

拓展阅读

中华人民共和国国务院新闻办公室:《钓鱼岛是中国的固有领土》,人民出版社2012年版。

张海文主编:《〈联合国海洋法公约〉释义集》,海洋出版社2006年版,第1—11部分。

W. K. Agyebeng. "Theory in Search of Practice: The Right of Innocent Passage in the Territorial Sea", 39 *Cornell International Law Journal* 371 (2006).

E. D. Brown. "The 1994 Agreement on the Implementation of Part XI of the UN Convention on the Law of the Sea: Breakthrough to University?", 19 *Marine Policy* 5 (1995).

A. G. Oude Elferink. "Article 76 of the LOSC on the Definition of the Continental Shelf: Questions concerning its Interpretation from a Legal Perspective", 21 *The International Journal of Marine and Coastal Law* 271 (2006).

A. Kanekara. "Challenging the Fundamental Principle of the Freedom of the High Seas and the Flag State Principle Expressed by Recent Non‐Flag

State Measures on the High Seas", 51 *Japanese Yearbook of International Law* 21 (2008).

Sun Pyo Kim. *Maritime Delimitation and Interim Arrangements in North East Asia* (Martinus Nijhoff Publishers, 2004).

James B. Morell. *The Law of the Sea: An historical analysis of the 1982 Treaty and its rejection by the United States* (McFarland & Company, 1992).

D. R. Rothwell and T. Stephens. *The International Law of the Sea* (Hart Publishing, 2010).

W. L. Schachte, Jr. and J. P. A. Bernhardt. "International Straits and Navigational Freedoms", 33 *Virginia Journal of International Law* 527 (1992-93).

Louis B. Sohn and John E. Noyes. *Cases and Materials on the Law of the Sea* (Transnational Publishers, 2004).

Louis B. Sohn, Kristen Gustafson, John E. Noyes, Erik Franckx. *The Law of the Sea in a Nutshell* (West, 2010).

Yoshifumi Tanaka. *The International Law of the Sea* (3rd ed., Cambridge University Press, 2019).

G. K. Walker and J. E. Noyes. "Definitions for the 1982 Law of the Sea Convention: Part II", 33 *California Western International Law Journal* 191 (2003).

第八章 国际航空法与外层空间法

国际社会通过一系列的国际公约和国内立法,逐步形成了现行的空气空间法,亦称航空法,即规制空气空间的法律地位、航空器的法律地位、航空运输责任及航空安全等问题的各类原则、规则和制度。《巴黎航空公约》《国际民用航空公约》《国际航空运输协定》《百慕大协定》等国际法律文件规定了国际民用航空运输法律制度。外层空间法起源于20世纪50年代,经一系列相关国际法的发展,最终确立了外空不得据为己有、各国平等自由探索和利用、必须为全人类谋福利和利益的法律地位。

第一节 领空及其界限问题

一、领空的内涵与相关立法

领空(territorial airspace)是指一国领陆和领水上空一定高度的空间。现代国际法确认,领空作为国家领土的一部分,处于国家主权之下。

20世纪以前,关于国家对领陆和领水的上空是否拥有完全的主权,曾有以下四种不同的主张:(1)认为整个空间如公海一样,自由、不可占有,国家对其国土的上空不拥有主权。(2)认为离地面一定高度以下的空间为领空,其上为公共空间(公空),公空如公海一样,完全自由的,不属于任何国家。(3)承认国家对领空的主权,但如领海一样,允许外国飞机无害通过。(4)认为国家对领陆和领水以上的空气空间具有完全的主权。

到1909年,英国帝国总参谋部(Imperial General Staff)还建议英国政府,飞机用途不大,按照领海的方式采取无害通过规范并无害处。然而,在第一次世界大战期间,飞机开始成为战争的工具,显示了强大的作战潜力。① 故而交战国为了巩固国防,中立国着眼于维持中立,都禁止外

---

① Jan Klabbers, *International Law* (3rd ed., Cambridge University Press, 2021), p. 273.

国飞机不经允许飞越其国土的上空。就国内规范而言,一些国家开始立法对其国土上空行使管辖的法律,另一些国家划定某些地区的上空为禁区,不许外国飞机飞入。

第一次世界大战结束以后,1919 年缔结了国际上第一个关于空中立法的《巴黎航空公约》(The Paris Aviation Covenant),该条约于 1922 年生效。条约承认"每一国家对其领土上的空气空间具有完全的和排他的主权"。同时,缔约国承诺对民用航空器在和平时期相互给予无害通过的自由。1944 年在芝加哥缔结的《国际民用航空公约》遵循了《巴黎航空公约》的航空主权原则并代替了《巴黎航空公约》,对国际民航活动制定了一系列原则和规定,同时还缔结了《国际航空运输协定》和《国际航班过境协定》。

随着人造卫星的上天,外层空间法律制度逐步形成,关于国家的空中主权(即领空)只限于空气空间而不能扩展到外层空间这一法律原则,已日益为国际上所普遍接受(见外层空间)。

中华人民共和国于 1974 年承认了 1944 年芝加哥《国际民用航空公约》,并在同年当选为国际民用航空组织(International Civil Aviation Organization)的理事国,同时还在平等互利的基础上同许多国家缔结了双边协定,以促进国际民用航空事业的发展。《中华人民共和国民用航空法》[1]第 2 条规定:"中华人民共和国的领陆和领水之上的空域为中华人民共和国领空。中华人民共和国对领空享有完全的、排他的主权。"这意味着,外国飞机非经许可不得进入我国领空,领海的无害通过不能适用于领空。

二、空气空间和外层空间的界限

空气空间,是指地球表面的上空,它既包括了国家领土的上空即领空部分,也包括了不属于任何国家领土的上空部分,如公海、南极的上空。空气空间的上部是外层空间。从法律的角度来看,最值得关心的是领空的垂直界限,也就是领空自地球表面向上扩展的外缘。对此国际社会有多种主张,主要包括空间论和功能论两派。

---

[1] 1995 年 10 月 30 日第八届全国人民代表大会常务委员会第十六次会议通过,1995 年 10 月 30 日中华人民共和国主席令第五十六号公布,1996 年 3 月 1 日起施行。

1. 空间论(spatial approach),主张应该而且也可能划定空间的某一高度为领空和外空的界限。他们提出了包括空气空间或大气层标准、卡曼线、卫星轨道最低点、航空器飞行最高点等划定方法。就空间论而言,关于确定外层空间的下部界限大致又有以下四种意见:

(1)航空器上升的最高限度说。以航空器向上飞行的最高高度为限,即离地面 30—40 公里。

(2)空气构成说。以不同的空气构成为依据来划分界线。由于从地球表面至数万公里高度都有空气,因而出现以几十、几百、几千公里为界的不同主张,甚至有人认为凡发现有空气的地方均为空气空间,应属领空范围。

(3)人造地球卫星近地轨道最低限度说。以人造卫星离地面的最低高度(100—110 公里)为外层空间的最低界限。

(4)有效控制说。即以领空所属国在高度上所能达到的最高有效控制位置作为领空的最外边界。

2. 功能论(functional approach),即不支持划定界限的观点,主张应从功能上区分航空器或航天器两类不同性质的航行器,以及相应地区分相关的国家活动性质,进而据此确定其所适用的法律规范。如果是航天器,则其活动为航天活动,应适用外空法;如果是航空器,则其活动为航空活动,应受航空法的管辖。完善各种具体的规则应基于目前解决问题的途径,而不必急于划界。

1976 年,巴西、哥伦比亚、刚果、厄瓜多尔、印度尼西亚、肯尼亚、乌干达和扎伊尔八个赤道国家发表《波哥大宣言》。主张各赤道国家上空的那一段地球静止轨道(离地面 35871 公里)属于各该国的主权范围。上述主权要求使外空划界问题进一步复杂化。近些年来,一些持空间论者逐渐趋向于接受上述第三种意见,即离地面 100 公里左右为外层空间的下部界限。1975 年,意大利在外空委员会提出以海拔 90 公里为领空(空气空间)的最高界限。1976 年,阿根廷、比利时和意大利支持以海拔 100 公里为界。1979 年,苏联建议离海平面 100—110 公里以上为外层空间,同时各国空间物体为到达轨道和返回发射国领土,有飞越其他国家领空(空气空间)的权利。但另外一些国家,如美国、英国、日本等,则认为从空间科技现状来看,仍然无法规定一定高度作为领空(空气空间)和外层空间的界限。它们强调划定外层空间的条件和时机还不成熟。

外空的定义和界限以及地球静止轨道的法律地位问题尚在联合国和平利用外层空间委员会审议之中。外空委员会正在审议卫星直接电视广播、卫星遥感地球,以及在外空使用核动力源等问题,以便草拟有关的法律原则。

迄今,国际社会尚未就领空与外空的具体界限达成一致的法律划定标准。

三、领空的水平界限

一国领空从与地球表面平行方向来看,止于其领土边界线的上方,即领土边界线向上立体延伸构成领空的水平扩展界限。国家对于领空享有主权,已为国际条约和法律实践所广泛认可。

与领空处于地球大气同一环层,并在各国领空水平界限以外的部分,主要包括专属经济区、公海和南极的上空,就其整体的法律地位而言,国际法上还没有一项专门的条约来规定,比如《海洋法公约》仅规定了专属经济区和公海上空的飞越自由。一般认为,该领空外部分不属于任何国家的主权之下,对所有国家都是开放和自由的。

第二节 国际航空法体系

国际航空法是空气空间法的主要部分,是调整国家之间利用空气空间,进行民用交通航空所产生的各种法律规范的总称。它是随着飞机的发明和民用而产生的。一方面,飞机本身在民用运输中的大量优势体现在长途跨国性的航线上,因此民用航空一开始就伴随着国际合作的需要。另一方面,飞机的高技术特性,使许多技术标准和航行规则具有某种通用性。上述特点使各国在国际民用航空领域迅速达成了一系列条约以规范其相关活动。这些条约构成了现代国际民用航空法律体系,它主要包括三个部分:(1)围绕《芝加哥公约》形成的国际民用航空基本制度;(2)围绕《华沙公约》形成的国际航空民事责任制度;(3)围绕《东京公约》《海牙公约》《蒙特利尔公约》三个反劫机公约构成的国际民航安全制度。第二部分属于国际民商法的范围,本书不进行阐述。

一、国际航空的基本规范

1944年的《国际民用航空公约》(《芝加哥公约》)是构成当今国际民航法律制度的基本条约,包括空中航行、国际民航组织、国际航空运输等部分,规定了国际航空法的基本规则,构建了国际民航制度的框架。根据该公约成立的国际民用航空组织,是当今民航领域最权威和最广泛的全球性组织,也是联合国的专门机构之一。以《芝加哥公约》为中心的国际航空法确立了主要原则和制度。

(一)领空主权原则

国家对其领空拥有完全的和排他的主权。《芝加哥公约》第1条规定:"缔约各国承认每一国家对其领土之上的空气空间具有完全的和排他的主权。"这表明:(1)领空主权是每一个国家享有的,无论其是否是缔约国;领空主权不是国际条约法,而是国际习惯法,具有普遍法律约束力。(2)国家享有的领空主权是完全、排他、充分的。(3)领空主权限于空气空间。

一国的领空主权具体包括以下五种权利:

1. 自保权,即外国航空器未经一国许可不得擅自侵入该国领空,否则就构成侵犯国家主权的国际违法行为。对于非法入境的外国民用航空器,地面国根据主权,可以采取符合国际法有关规则的任何适当手段,包括要求其终止此类侵犯立即离境或要求其在指定地点降落等。

2015年3月13日,缅甸军机炸弹落入中方境内,造成云南省临沧市耿马县孟定镇大水桑树村正在甘蔗地作业的无辜平民5死8伤。3月13日晚,外交部副部长刘振民紧急召见缅甸驻华大使帝林翁,就缅军机炸弹造成中方人员死伤提出严正交涉。刘振民指出,中方对此表示严厉谴责,敦促缅方对事件进行彻底调查并向中方通报结果,严惩肇事者,妥当处理善后事宜,并立即采取有效措施,杜绝类似事件再次发生,切实维护中缅边境地区安全稳定。4月2日,缅甸总统特使、外交部部长吴温纳貌伦专程来华商谈处理中国边民伤亡事件,同中国外交部长王毅举行会谈。吴温纳貌伦代表缅甸政府、缅甸军队正式向中方表示歉意,对遇难者家属和受伤人员表示深切慰问。缅方愿就赔偿事宜同中方保持沟通,并作出妥善安排。缅方还将依法追究、惩处有关责任人,并加强内部管理,不让类似事件再次发生。缅方愿同中方加强合作,共同维护缅中边境地区稳定,推动两国关系进一步向前发展。王毅表示,希望缅方认真对待,妥善处理,以维护中缅边境稳定和中缅关系大局。

2. 管辖权。领空是国家领土的组成部分,外国航空器进入国家领空须经该国许可并遵守领空国的有关法律。

3. 管理权。一国有权完全禁止外国航空器进入其领空,或在一定条件下进入或通过其领空,根据一定条件,相互给予民用航空器以进入或通过其领空的便利。

4. 国家对领空享有完全排他的主权,国家有权拒绝他国航空器的通过,但不得危及航空器内人员的生命和航空器的安全,避免使用武器。

5. 支配权。包括对领空资源的占有、使用、处分的权利,具体包含国家有权制定有关规章制度,规范领空资源的开发利用、外国航空器入境离境和在境内飞行的行为,各国可以指定外国航空器降停的设关机场。国家保留国内航线专属权,一国为安全及军事需要有权在其领空中划定某些禁区。

公海以及非国家领土的上空被称为"公空"。由于公海和非国家领土与国家领土的法律地位不同,因此,公海和非国家领土上空同国家领土上空的法律地位当然也不相同。公空不归属任何国家的主权管辖,因而是对一切国家自由开放的,任何国家的航空器都可以自由飞越。但这种自由飞行权的行使要遵守国际法律规则,包括国际航空法的规定和公海自由制度、专属经济区制度和南极法律制度等。

(二) 国际航空自由

国际航空自由亦称为"航权"(traffic rights)或"空中自由"(freedoms of the air),是指国际航空运输中的过境权利和运输业务权利,也称国际航空运输的业务或空中自由权。它是国家主权权益的一部分,在国际航空运输中交换这些权益时,一般采取对等原则,有时候某一方也会提出较高的交换条件或收取补偿费以适当保护本国航空企业的权益。航权的概念起源于1944年芝加哥会议,更为明确的法律根据是1944年的《国际航班过境协定》(因只有过境权的两种自由,通称《两大自由协定》)和《国际航空运输协定》(通称《五大自由协定》)。在《国际航空运输协定》中规定了五种关于定期国际航班的空中自由,通称为"空中五大自由"或"五大航

权":

第一航权,领空飞越权,在不着陆的情况下,本国航机可以在协议国领空上飞过,前往其他国家目的地。

第二航权,技术经停权,非运输业务性降停的权利;本国航机可以因技术需要(如添加燃料、飞机故障或气象原因备降)在协议国降落、经停,但不得作任何业务性工作如上下旅客、货物、邮件。

第三航权,目的地下客和货权,指一个国家或地区的航空公司自其登记国或地区载运旅客、货物、邮件至另一协议国或地区并卸下的权利。

第四航权,目的地上客和货权,指一个国家或地区的航空公司自另一协议国家或地区载运旅客、货物、邮件返回其登记国或地区的权利。

第五航权,中间点权或延远权。一个国家或地区的航空公司取得权利,在其登记国或地区以外的两国或地区间载运客货,但其航班的起点与终点必须为其登记国或地区。此种航权比较复杂,要和两个或两个以上的国家进行谈判,涉及多个双边协定,并且在不同的协定中意味着不同种类的航权。

前两种自由被称为"过境权",后三种自由被称为"商业性运输业务权"。

此外,还有几种较新的航权:

第六航权,桥梁权。某国或地区的航空公司在境外两国或地区间载运客货且中经其登记国或地区(此为第三及第四航权的结合)的权利。例如,伦敦—北京—汉城,国航将源自英国的旅客运经北京后再运到韩国。

第七航权,完全第三国运输权。某国或地区的航空公司完全在其本国或地区领域以外经营独立的航线,在境外两国或地区间载运客货的权利。例如,由德国汉莎航空公司承运的伦敦—巴黎航线即属于此种航权的体现。

第八航权,(连续的)国内运输权(cabotage)。某国或地区的航空公司在他国或地区领域内两地间载运客货的权利(境内经营权),此种航权只能是从自己国家的一条航线在别国的延长。例如:北京—成都,由日本航空公司承运,作为东京—北京航线的延续。

第九航权,(非连续的)国内运输权(full cabotage)。本国航机可以到协议国运营国内航线。此种航权是完全在另外一个国家开设的航线,而非国际航线的延续。

新加坡航空公司承运英国—澳大利亚之间的客人,这些客人并不是要到新加坡去,但是新加坡航空公司通过其在樟宜机场的中枢,将欧洲的客人拉过来,再运到澳洲。同样,在中美航线上,日本、韩国的航空公司将第六航权运用得很好,抢占了中美承运人大量的市场。它们把美国的客源先运到日本,再作中转,然后运到中国来。

(三)防空识别区(Air Defense Identification Zone, ADIZ)

防空识别区是在一国的领陆、内水或领海或者邻接海岸的专属经济区(EEZ)或公海之上建立起来的、在空气空间中要求民用航空器被识别身份的一部分区域。1950年,美国颁布行政命令,对飞机的自由通行作出了一些限制,要求在美国领土和公海上划界区飞行的所有外国飞机都严格遵守。尽管此种规范违反礼节,不符合当时的国际法,但是许多受到影响的国家都予以遵守。加拿大政府仿效美国,也以法规的方式建立了空中识别区,建立了北美洲在太平洋和大西洋海岸线以外的、跨越加拿大毗邻南极洲以及阿拉斯加海岸的空中识别区。防空识别区的目的是维护国家安全。所有飞临该区域的飞机在离海岸线很远的地方即被主动识别。为了此目的,法规要求所有飞机在进入该区域以前将自己的身份通过无线电告知有关国家航空设施。而身份不明的飞机则被雷达网检测到,并派遣飞机进行拦截,以保证该身份不明的飞机的友好性。半个多世纪以来,防空识别区已经在加拿大、法国、澳大利亚、韩国、日本、印度尼西亚等20多个国家和地区得到实践。目前并未确立规范防空识别区的设立及其行为的条约。上述单方面的宣告并未受到反对,因此可以认定宣告防空识别区已经成为国际法上的习惯权利。

1944年《芝加哥公约》第12条规定了飞越公海上空的航空器所适用的规则应为根据该公约所指定的规则。1958年《领海及毗连区公约》第1条和第2条规定,沿岸国的主权及于其陆地领土及其内水以外邻接的一带海域(即领海)。同时,此项主权及于领海之上的空气空间。1982年《联合国海洋法公约》第2条确认了这一规定,同时确认了在群岛国情况下,主权及于群岛水域上空。在以上这两个条约的体系下,航空器并不享有在领海上空无害通过的权利。根据1958年《公海公约》第2条第1款第4项的规定,所有国家享有飞越公海的自由。《联合国海洋法公约》第87条第1款b项也确认,公海对沿海国和内陆国而言均享有飞越自由。

这两个公约还规定,一国在行使飞越公海的自由的同时,应适当顾及其他国家行使公海自由的利益。根据《联合国海洋法公约》第58条第1款的规定,所有国家享有飞越专属经济区的自由;第3款规定了和第87条相同的适当顾及他国利益的义务。

根据航空法规,所有航班都须沿特定路线飞行。由于飞机是通过设备而非通过观察地面导航的,它们都必须在起飞之前提交基本飞行数据,如机型、打算飞行线路、建议高度和速度、油量等;在飞行开始后,飞机不时通过无线通信设施与航路上各国的航空设施取得联系,这些设施均通过国际民航组织代理机构合作运行。通过这些程序,地面控制就能给每架飞机一条排他性的空中通道,使其在交通密集的地区飞行而避免碰撞。地面代理机构也不时地得到这些飞机飞行位置的信息,以便将天气和交通变化情况通知这些飞机。一旦飞机未能向计划单上的某个检测点发出报告,就能够较为精确地启动搜索与营救行动。飞行员发送这些信息是为了自己的利益;因而,即使在飞行规范不作任何要求时(如在良好天气状况下作低空短途飞行),许多飞行员都愿意利用这些不同的地面设施。可见,这些基本法规的目的是飞行安全。不同的是,向防空识别区发送信息的目的不是飞机自身的利益,而是国家领土安全。

2013年11月23日,中华人民共和国政府根据1997年3月14日《中华人民共和国国防法》、1995年10月30日《中华人民共和国民用航空法》和2001年7月27日《中华人民共和国飞行基本规则》,宣布划设东海防空识别区。中华人民共和国东海防空识别区具体范围为以下六点连线与中国领海线之间空域范围:北纬33°11′、东经121°47′,北纬33°11′、东经125°00′,北纬31°00′、东经128°20′,北纬25°38′、东经125°00′,北纬24°45′、东经123°00′,北纬26°44′、东经120°58′。

(四)关于航空的特殊区域

国家还可以根据需要设置禁区(prohibited area)、限制区(restricted area)和危险区(danger area)。禁区是在一个国家的领陆或领水上空,禁止航空器飞行的划定区域。《芝加哥公约》第9条规定,缔约国为了军事需要和公共安全的理由,得指其领陆或领水的上空为禁区,禁止其他缔约国的航空器飞过。因而,任何航空器未经特许,都不得进入禁区;任何航空器非法进入禁区,都将承担严重的法律后果。限制区是在一个国家的领陆或领水上空,根据某些规定的条件,限制航空器飞行的划定区域。限制区与禁区一样,非经许可,任何航空器都不得进入。但是,符合限制区规定的特定条件的航空器不在此限。危险区是在规定时间内存在对飞行有危险活动的规定区域。国家设置禁区或限制区只能在其领空之内;而划定危险区,按照国际习惯,则可根据需要扩伸到临近的公海上空。国家设置特殊区域时,应当遵循国际航空法规定的要求。特殊区域的范围和说明应当合理,以免空中航行受到不必要的阻碍。特殊区域的说明及其变更应当公布,尽快通知各缔约国及国际民用航空组织。关于禁区的规定,对本国和外国从事同样性质的飞行的民用航空器不得有区别对待。在非常情况下或在紧急时期内,一国关于暂时限制或禁止航空器在其全部或部分领土上空飞行的禁令,应不分国籍适用于所有其他国家的航空器。

(五)航空器国籍制度

《芝加哥公约》第3条将航空器分为国家航空器和民用航空器,公约的制度仅适用于民用航空器,而不适用于国家航空器。国家航空器是指用于军队、海关和警察部门的航空器。一国的国家航空器未经特别协定或其他方式的许可,不得在其他国家的领空飞行或领土上降落。民用航空器须在一国登记并因此而取得登记国国籍。登记按照一国相关的国内法规定进行。航空器在两个或两个以上国家重复进行的登记被认为均无效,但其登记可以由一国转移到另一国。航空器的登记国对航空器上的事件或事故拥有管辖权。民用航空器大多通过航空公司标志显示国籍,也有少数直接有本国国旗的标志。

(六)航班分类

国际航空飞行可被分为定期航班飞行和不定期航班飞行,并可据此作出一些相应的规定。公约规定定期航班飞行须经领空国许可,不定期航班飞行则可以不经领空国许可。但一些国家对后者作出了保留,要求所有飞行都须经过领空国的许可方能进入其领空。以后的国际实践中,国家间通常是通过双边航空协定具体规定其间与民用航空有关的事项和规则。

(七)《中华人民共和国民用航空法》

1995年10月30日,第八届全国人大常委会第十六次会议通过了《中华人民共和国民用航空法》，并于 1996 年 3 月 1 日起施行。① 主要内容有：

1. 中华人民共和国领陆和领水上空为中国领空，享有完全排他的主权；

2. 经中华人民共和国国务院民用航空主管部门依法进行国籍登记的民用航空器，具有中国国籍；自境外租赁的民用航空器，可以申请登记中国国籍，但是必须先行注销该民用航空器的原国籍登记；民用航空器不得具有双重国籍，未注销外国国籍的民用航空器不得在中国申请国籍登记；

3. 外国民用航空器根据其国籍登记国政府与中国政府签订的协定、协议，或者经中国国务院民用航空主管部门批准或接受，方可飞入、飞出中国领空和在中国境内飞行降落。对于不符合这一规定，擅自飞入中国领空的外国民用航空器，中国有关机关有权采取必要措施，令其在指定的机场降落；

4. 外国民用航空器应当按照中国国务院民用航空主管部门批准的班期时刻或者飞行计划飞行；变更班期时刻或飞行计划的，也应当获得中国主管部门批准；因故变更或者取消飞行计划的，其经营人应当及时报告中国主管部门；

5. 外国民用航空器的经营人，不得经营中国境内两点之间的航空运输。这是国际航空法允许的缔约国保留其"国内运载权"的体现。所谓的国内运载权，是指在一国境内的一个地点用航空器载运旅客、货物和邮件前往该国境内的另一地点的权利。一国的国内载运权只给予本国的航空公司，这是保护本国航空权益的重要措施。《国际民用航空公约》承认，这

---

① 2009 年 8 月 27 日第十一届全国人民代表大会常务委员会第十次会议通过《全国人民代表大会常务委员会关于修改部分法律的决定》，对该法与刑法、治安管理处罚法进行了相应修改（涉及第 194、196、198、199、191、192、193、195、197、200 条）；2015 年 4 月 24 日第十二届全国人民代表大会常务委员会第十四次会议《关于修改〈中华人民共和国计量法〉等五部法律的决定》第二次修正（涉及第 68、92、93、97、211 条）；2016 年 11 月 7 日第十二届全国人民代表大会常务委员会第二十四次会议《全国人民代表大会常务委员会关于修改〈中华人民共和国对外贸易法〉等十二部法律的决定》第三次修正（涉及第 39 条）；2017 年 11 月 4 日第十二届全国人民代表大会常务委员会第三十次会议《全国人民代表大会常务委员会关于修改〈中华人民共和国会计法〉等十一部法律的决定》第四次修正（涉及第 147 条）；2018 年 12 月 29 日第十三届全国人民代表大会常务委员会第七次会议《关于修改〈中华人民共和国劳动法〉等七部法律的决定》第五次修正（涉及第 62、103、213、214 条）；2021 年 4 月 29 日第十三届全国人民代表大会常务委员会第二十八次会议《关于修改〈中华人民共和国道路交通安全法〉等八部法律的决定》第六次修正（涉及第 64、147、211 条）。

种权利为各国所专有,但要求对外国航空公司不得有任何差别待遇。

二、国际民航安全制度

国际民航安全制度建立在 1963 年《关于在航空器内犯罪和其他某些行为的公约》(《东京公约》)、1970 年《关于制止非法劫持航空器的公约》(《海牙公约》)和 1971 年《关于制止危害民用航空安全的非法行为的公约》(《蒙特利尔公约》)三个公约的基础上。

(一)国际民航安全国际立法的历史发展

为了统一国际飞行中在飞机上发生劫持等非法暴力行为的处理原则,国际民航组织召集外交会议,并于 1963 年 9 月 14 日在东京签订了《关于在航空器内犯罪和其他某些行为的公约》(Convention on Offences and Certain Other Acts Committed on Board Aircraft,简称 1963 年《东京公约》)。该公约 1969 年 12 月 4 日生效,已有 100 多个国家参加这个公约。公约对航空器内的犯罪行动,包括对航空器内违反刑法的罪行以及危害航空器及其所载人员或财产的安全、危害良好秩序和纪律的行为管辖问题作了规定。《东京公约》并不是专门规定劫机犯罪的,因为在当时,劫机事件还只是在局部搜索区域内发生,劫机犯罪问题并不十分突出,因而未能引起国际社会的重视。缔结《东京公约》的主要目的是解决航空器内犯罪的刑事管辖权、机长的责任以及各缔约国相互协助的责任等问题。因此,公约早期的草案中并无关于劫机问题的专项规定。之后,在美国和委内瑞拉代表的强烈要求下,公约在第四章设立专章规定了"非法劫持航空器"。尽管如此,《东京公约》中规定的所谓犯罪和行为是一种相当笼统的概念,并没有给公约的适用或针对犯罪下一个规范性的定义。《东京公约》为制止劫持航空器的犯罪奠定了基础,使劫持航空器的概念第一次出现在国际条约中,但没有对惩治劫机犯罪规定出一套切实可行的规则体系。中国于 1978 年 11 月 14 日交存《东京公约》加入书,1979 年 2 月 12 日该公约对中国生效。

鉴于对航空器安全及机上人员、财产安全的关切和对遏止机上非循规与扰乱行为的关注,经数年努力,修订 1963 年《东京公约》的《蒙特利尔议定书》于 2014 年 4 月在国际民航组织主持召开的国际航空法外交会议上审议通过。该议定书在适用范围规则、刑事管辖权规则与飞行安保员规则三个方面对《东京公约》作出重要变更。①

《东京公约》开放签字以后,劫机犯罪仍然逐年增加,特别是20世纪60年代末,劫机事件蔓延到全世界,引起了国际社会的普遍关注。世界各国都感到《东京公约》的不足。于是,在联合国的敦促下,1970年12月1日,国际民用航空组织在海牙召开了有77个国家代表参加的外交会议,并于12月16日签订了《关于制止非法劫持航空器的公约》(Convention for the Suppression of Unlawful Seizure of Aircraft,简称《海牙公约》)。

《海牙公约》惩治的犯罪主要针对非法劫持或控制正在飞行中的航空器,但是,危害国际航空安全的犯罪无处不在,世界各地还经常发生直接破坏航空器的犯罪,甚至发生破坏机场地面上正在使用中的航空器及其航行设施等犯罪。基于犯罪行为的多样性,《海牙公约》显然不足以维护国际民用航空运输的安全。1970年2月初,正当国际民航组织法律委员会举行第17次会议讨论草拟海牙公约时,在2月21日连续发生了两起在飞机上秘密放置炸弹引起空中爆炸的事件,震撼了整个国际社会。于是,国际民航组织准备起草一个非法干扰国际民用航空(非法劫机之外)的公约草案,即后来的《关于制止危害民用航空安全的非法行为的公约》(Convention for the Suppression of Unlawful Acts Against the Safety of Civil Aviation),1971年9月23日在蒙特利尔签署,1973年1月26日生效。简称为1971年《蒙特利尔公约》(The Montreal Convention)。《蒙特利尔公约》的目的是通过国际合作,惩治从地面破坏航空运输安全的犯罪行为。我国于1980年9月10日加入《蒙特利尔公约》,同时声明中国政府将不受关于将争端提交国际法院的规定的约束,同年10月10日对中国生效。

1988年2月24日在蒙特利尔签订的《补充1971年9月23日在蒙特利尔制定的关于制止危害民用航空安全的非法行为的公约的制止在为国际民用航空服务的机场上的非法暴力行为的议定书》(简称《蒙特利尔公约补充议定书》)。该议定书补充了《蒙特利尔公约》的不足,规定了危害国际机场内的人员、设备及其未使用的航空器的犯罪,然而,由于批准及加入的国家不够法定数而没有生效。

---

① 郑派:《论2014年〈蒙特利尔议定书〉对1963年〈东京公约〉的修订》,载《北京理工大学学报(社会科学版)》2015年第2期。

鉴于恐怖主义的行为对世界安全有严重影响,国际社会对使用软叶状或富于弹性的塑性炸药摧毁航空器或其他运输工具的恐怖行为深感忧虑,而塑性炸药难于探测,所以国际社会于1991年3月1日签署了《关于注标塑性炸药以便探测的公约》(Convention on the Marking of Plastic Explosives for the Purpose of Detection,简称1991年《蒙特利尔公约》)。该公约目前已经生效,旨在防止使用塑性炸药危害航空器的非法行为。公约要求各国制造塑性炸药时加添"可探测物质",使之成为"注标塑性炸药"(marking of plastic explosive),具有可探测性。1991年《蒙特利尔公约》规定,各缔约国应采取必要和有效的措施,在其领土上禁止和阻止生产、进口或出口非注标塑性炸药,对于储存和交换非注标塑性炸药应采取必要措施予以严格和有效的管理,以防止恐怖分子利用难以探测的塑性炸药进行恐怖活动,而危及民用航空以及生命、财产的安全。

2010年8至9月,国际民航组织在北京举行了航空保安外交会议,目的是更新1971年《蒙特利尔公约》、1988年《蒙特利尔公约补充议定书》和1970年《海牙公约》。通过了《制止与国际民用航空有关的非法行为的公约》(《北京公约》)和《制止非法劫持航空器公约的补充议定书》(《北京议定书》)。《北京公约》和《北京议定书》的主要发展包括:(1)将使用民用航空器作为武器、使用危险材料攻击航空器或其他地面目标定为犯罪行为。(2)非法运输生物、化学和核武器及其相关材料,被定为应受惩罚的行为。(3)专门涵盖了条约范围内的犯罪行为的指挥者和组织者的刑事责任。(4)规定了威胁施行条约范围内的犯罪行为,如果情况表明该威胁是可信的话,也会引起刑事责任。(5)在特定情况下,同意或协助犯罪行为,不论该犯罪是否实际实施,也可能受到惩罚。

(二)国际民航安全国际法的核心内容

《东京公约》《海牙公约》《蒙特利尔公约》三份文件在处理的事务上有相同之处,但范围和处理方式上等存在差异。

1.适用范围,三个国际公约的适用范围存在差异。

《东京公约》在整体上而言,不论是国内航班还是国际航班,只要航空器在飞行中或在公海海面上或在不属于任何国家领土的其他地区的(水)面上,均适用。

《海牙公约》不仅适用于国际航空,而且也适用于国内航空。但要求发生劫机罪行的航空器的起飞地或实际降落地不是航空器登记国的领土。不仅适用于在飞行中的航空器内的罪犯，而且适用于共犯或企图犯罪的人。

《蒙特利尔公约》关于适用范围的规定与《海牙公约》相同，即对国际、国内航班均可适用，但航空器的起飞地和降落地(包括预定降落地和实际降落地)须位于航空器登记国的领土以外，而且罪行应在不属于航空器登记国的其他国家领土上发生。关于破坏航行设施和在机场施行暴力行为的犯罪，只有当航行设施和机场用于国际民用航空时才予以适用。

2. 适用期间，综观三个国际公约，对于国际航空安全的规制原则经历了从"飞行中"到"使用中"的扩展过程。

1963 年的《东京公约》是国际上第一个试图对航空器内的犯罪问题加以解决的国际公约，其目的是对"正在飞行中"的航空器上的犯罪行使管辖权，犯罪的界定依主权国家法律确定。

1970 年的《海牙公约》是国际上第一个专门处理空中劫持的国际公约。该公约第 1 条规定："凡在飞行中的航空器内的任何人：(甲)用暴力或使用暴力威胁，或用任何其他恐吓方式，非法劫持或控制该航空器，或企图从事任何这种行为，或(乙)是从事或企图从事任何这种行为的人的同犯，即是犯有罪行。"这一定义显然扩大了《东京公约》中的相关规定。同时，该公约还扩大了"飞行中"的概念，在该公约中，"飞行中"是指"航空器从装载完毕、机仓外部各门均已关闭时起，直至打开任一机仓门以便卸载时为止"。

1971 年《蒙特利尔公约》和 1988 年《蒙特利尔公约补充议定书》再次扩大了危害国际民用航空安全行为的概念。它们将《东京公约》和《海牙公约》所规定的"飞行中"扩大为"使用中"。据 1971 年《蒙特利尔公约》第 2 条，具体包含：(1) 航空器从装载完毕、机舱外部各门均已关闭时起，直至打开任一机舱门以便卸载时为止，应被认为是在飞行中；航空器强迫降落时，在主管当局接管对该航空器及其所载人员和财产的责任前，应被认为仍在飞行中。(2) 从地面人员或机组为某一特定飞行而对航空器进行飞行前的准备时起，直到降落后 24 小时止，该航空器应被认为是在使用中；在任何情况下，使用的期间应包括航空器在飞行中的整个时间。

3.危害国际民用航空安全的行为,三个公约的具体规定如下：

《东京公约》规定,它适用于"违反刑法的罪行"和"危害航空器或其所载人员或财产的安全,或危害航空器上的良好秩序和纪律的行为,无论此种行为是否构成罪行"。

《海牙公约》作了较详细的规定,任何人(1)用武力或武力威胁,或用任何其他恐吓方式,非法劫持或控制航空器或从事任何这种行为,或(2)从事上述行为或从事上述行为而未遂的人的同犯,都是犯了劫持航空器的罪行。

《蒙特利尔公约》第1条详细而具体地规定了犯罪的行为方式,弥补了《东京公约》和《海牙公约》的不足：(1)对飞行中的航空器内的人从事暴力行为,如该行为将会危及该航空器的安全;或(2)破坏使用中的航空器或对该航空器造成损坏,使其不能飞行或将会危及其飞行安全;或(3)用任何方法在使用中的航空器内放置或使别人放置一种将会破坏该航空器或对其造成损坏使其不能飞行或对其造成损坏而将会危及其飞行安全的装置或物质;或(4)破坏或损坏航行设备或妨碍其工作,如任何此种行为将会危及飞行中航空器的安全;或(5)传送他明知是虚假的情报,从而危及飞行中的航空器的安全。与此同时,任何人如果企图犯本条第1款所指的任何罪行或是犯有或企图犯任何此种罪行的人的同犯,也视为犯有罪行。

4.对于危害民航安全罪行的管辖权,三个公约的具体规定如下：

根据《东京公约》的规定,拥有对于危害民航安全罪行管辖权的主要为登记国。

《海牙公约》规定的管辖权则拓展到：(1)航空器的登记国;(2)如罪犯仍在该航空器内,可以为航空器的降落地国;(3)承租人的主要营业地国或永久居所地所在国(适用在租来时不带机组的航空器);(4)当被指称的罪犯(嫌疑人)在一国领土内,而发现罪犯的国家未将此人引渡给上述任一国时,该国应采取必要的措施,对罪行实施管辖权。

《蒙特利尔公约》及其补充议定书规定的管辖权与《海牙公约》基本相同,但增加了罪行发生地国的管辖权。这样,其管辖权就归属于：(1)罪行发生行为地国;(2)罪行针对的航空器的登记国;(3)发生犯罪行为的飞机降落地国;(4)罪行的发现地国;(5)承租人主要营业地国;(6)根据本国法行使管辖权的其他国家。

同时,嫌疑人国籍国或永久居所国根据属人管辖权、罪行后果涉及国,包括受害人国籍国或永久居所国;后果涉及领土国、罪行危及其安全的国家根据保护管辖原则和被动人格原则,均有管辖权。

5. 或引渡或起诉的问题。三个公约规定,危害民航安全罪行是一种可引渡的罪行,但引渡是任意性法律规范,各国没有强制引渡的义务,国家可以依据引渡协议或国内法决定是否予以引渡。

1970年《海牙公约》和1971年《蒙特利尔公约》第7条采用了"或引渡或起诉"的原则。"在其境内发现被指称的罪犯的缔约国,如不将此人引渡,则不论犯罪是否在其境内发生,应无例外地将此案件提交其主管当局以便起诉。该当局应当按照本国法律,以对待任何严重性质的普通罪行案件的同样方式作出决定。"

此种规定意味着如果嫌疑人所在国没有相关协议规定其负有引渡义务。如不将其引渡,则不论罪行是否在其境内发生,一律应将案件提交主管当局以便起诉。该主管当局应按照本国法律,以对待任何严重性质的普通罪行案件的同样方式予以审判。也就是说,对劫机等犯罪不得以政治罪论处。

(三) 中国在民航安全方面的规范

我国已经于1978年11月14日加入了《东京公约》,除对该公约第24条第1款声明保留外,该公约已经于1979年2月12日起对我国生效。1980年9月10日,我国又加入了《海牙公约》和1971年《蒙特利尔公约》,除对《海牙公约》第12条第1款和1971年《蒙特利尔公约》第14条第1款声明保留外,这两个公约从1980年10月10日起对我国生效。1989年8月6日,我国政府代表又签署了《蒙特利尔公约补充议定书》。

《中华人民共和国民用航空法》第15章法律责任中,非常详细和具体地规定了劫持航空器和危害国际航空运输安全的行为方式,并规定对这些行为追究刑事责任。第191条涉及劫持航空器;第192条、195条、196条、197条涉及危害航空器飞行安全;第198条规定了破坏国际航空机场安全的问题;第193条、194条、199条,涉及其他危害国际航空安全运输的规定。

考虑到在飞行中的航空器内使用暴力对航空器的安全将构成极大威胁,同时,我国参加的保证民用航空器安全的国际公约规定,应将在飞行中的航空器上使用暴力的行为在国内法中规定为犯罪,因此,《中华人民

共和国刑法》规定了危害国际航空安全犯罪的罪名及其刑事责任,具体包括:

(1)破坏航空器罪。根据《刑法》第116条,破坏航空器,足以使航空器发生倾覆、毁坏危险,尚未造成严重后果的,处3年以上10年以下有期徒刑。

(2)破坏航空设施罪。根据《刑法》第117条,破坏机场、航道、灯塔、标志或者进行其他破坏活动,足以使航空器发生倾覆、毁坏危险,尚未造成严重后果的,处3年以上10年以下有期徒刑。

(3)劫持航空器罪。《刑法》第121条规定,以暴力、胁迫或者其他方法劫持航空器的,处10年以上有期徒刑或者无期徒刑;致人重伤、死亡或者使航空器遭受严重破坏的,处死刑。

(4)危害飞行安全罪。《刑法》第123条规定,对飞行中的航空器上的人员使用暴力,危及飞行安全,尚未造成严重后果的,处5年以下有期徒刑或者拘役;造成严重后果的,处5年以上有期徒刑。

(5)重大飞行事故罪。《刑法》第131条规定,航空人员违反规章制度,致使发生重大飞行事故,造成严重后果的,处3年以下有期徒刑或者拘役;造成飞机坠毁或者人员死亡的,处3年以上7年以下有期徒刑。本罪的主体是特殊主体,即航空人员。

(6)聚众扰乱公共场所秩序、交通秩序罪。《刑法》第291条规定,聚众扰乱车站、码头、民用航空站……或者其他公共场所秩序,聚众堵塞交通或者破坏交通秩序,抗拒、阻碍国家治安管理工作人员依法执行职务,情节严重的,对首要分子,处5年以下有期徒刑、拘役或者管制。

在历史上,我国曾处理过多次劫机案件。其中,下文介绍的张振海劫机案是在与日本在没有引渡协定的前提下所进行的处理。另一个有名的案件是卓长仁劫机案,飞机落在当时与我国没有建交的韩国,韩国政府高度重视、认真处理,与中国政府磋商之后,迅速将机组人员和乘客送回中国,并打开了与中国联系的大门。① 劫机犯卓长仁在被韩国法院判刑释放后逃往我国台湾地区,在台湾地区先是基于政治理由受到了欢迎和追捧,但其嗣后又进行人质劫持活动,充分证明破坏民航安全的犯罪并不是

---

① 进一步的研究,参见王仪轩、许光建等口述,阮虹访谈、整理:《中韩"劫机外交":卓长仁劫机案与汉城谈判内幕》,当代中国出版社2009年版,第4—100页。

"政治犯",而是"刑事犯"。

【典型案例：张振海劫机案】

张振海,别名张莹,男,中国公民,生于1954年1月10日,系中国河北省邯郸市丛台区四季青乡四季青村人。

1987年10月至12月,在他担任邯郸市丛台区四季青乡四季青村棉机配件厂厂长期间,曾单独或伙同他人贪污公款9639元,他本人分得5505元。邯郸市丛台区人民检察院认定张振海的行为已构成贪污罪,鉴于他能坦白罪行、积极退赔赃款,故于1989年12月2日决定对他免予起诉。但张振海却对人民检察院的审查不满,蓄意劫机外逃。

1989年12月16日,张振海携其妻张××、子张××登上了从北京经由上海、旧金山飞往纽约的中国国际航空公司 CA 901 航班 B2448 号飞机(机上共有乘客和机组人员223名。张振海及其妻和子买的是去上海的机票)。

飞机起飞约20分钟后,张振海将他在背面写有"飞行员请把飞机降落在南朝鲜,3分钟不答应我就把飞机炸了"的壹角人民币纸币递给机组乘务员转交机长。继而又对乘务员和机长威胁说:"我要去南朝鲜,我带了300克 TNT 炸药""我们全家都来了,不想活了""你别骗我,你要是骗我,落地后我也把飞机炸掉"。同时,他还用右手食指拉着一根尼龙引线作出随时引爆腰间爆炸装置的姿态来威胁机组人员。

鉴于此种情形,机长为了保护飞机和乘客的安全,不得不同意将飞机飞往韩国。由于韩国的机场拒绝飞机降落,飞机在油料不足的情况下,被迫降落在日本福冈市的福冈机场(降落时间是1989年12月16日14时52分)。

事发后,中国驻日本使、领馆非常重视,派人亲临现场处理有关事宜。日本当局也给予了合作,使被劫持的飞机和机上人员包括张振海的妻和子顺利返回中国。

对于劫机嫌疑犯张振海,中国要求日本将其引渡回国处理。按照日本的《逃犯引渡法》,在决定是否引渡时须经法院审理。故中方首先向日方提交了请求日方将张振海临时拘留的照会和中国有关机关签发的逮捕令。日方收到照会和中方的逮捕令后,其法院于12月末将张振海临时拘留,并将其从福冈转移到东京关押。后又应日方要求,中国派出了一个由有关机关派员组成的小组于1990年1月赴日就引渡张振海一事进行商谈。2月,中方正式提交了请求引渡的照会和对解释中国法律的一份法律意见书,以及证明张振海犯有劫机罪行和有关证据。其后又提交了补充照会。

中国在照会中指出:张振海非法劫持中国民航班机,严重威胁了飞机、机上人员和财产的安全,并直接损害了世界人民对民用航空安全的信任,根据《中华人民共和国刑法》第10条、第79条、第107条和中日双方均为缔约国的1970年订于海牙的《关于制止非法劫持航空器的公约》第1条,已构成劫持飞机罪。中方还明确表示,为对张振海的犯罪行为依法进行制裁,请求日本政府将张振海引渡给中国,中国司法机关将就其劫机犯罪行为对他依法进行审判,而不对他以劫机罪以外的罪行进行处罚。

日本法院经过审查决定同意引渡张振海,1990年4月28日将张振海引渡给中国。张振海被引渡回中国后,北京市人民检察院分院以张振海的行为已经构成劫机罪为由,于1990年6月30日对他提起诉讼。

北京市中级人民法院于1990年7月18日对本案依法进行公开审理后认为,被告人张振海以爆炸飞机威胁乘客生命安全的危险方法劫持飞机,危害公共安全,其行为已构成犯罪。依照《中华人民共和国刑法》第3条(凡在中华人民共和国领域内犯罪的,除法律有特别规定的以外,都适用本法。凡在中华人民共和国船舶或者飞机内犯罪的,也适用本法。罪犯行为或者结果有一项发生在中华人民共和国领域内的,就认为是在中华人民共和国领域内犯罪)、第10条、第79条、第52条(……对于严重破坏社会秩序的犯罪分子,在必要时候,也可以附加剥夺政治权利)及第60条(犯罪分子违法所得的一切财物,应当予以追缴或者责令退赔;违禁品和供犯罪所用的本人财物,应予以没收),比照第107条,对张振海的罪行类推定为劫持飞机罪,并宣布判处张振海有期徒刑8年,剥夺政治权利2年。

张振海对该判决不上诉。此案经移交北京市高级人民法院审核后依法上报最高人民法院,最高人民法院核准了北京市中级人民法院对张振海劫机案的判决。

第三节 外层空间法律体系

外层空间,又称为太空、宇宙空间、星际空间,是指大气层以外,即空气空间以外的整个空间。国际法中的外层空间的概念来源于自然科学,但与自然科学中外层空间的概念是有区别的。它不仅涵盖了自然科学中的外层空间,还涵盖了自然科学中空气空间的部分区域。尽管外层空间的准确界限尚未确定,还特别包括外层空间中的任何天体。作为调整人类探测和利用外层空间活动的国际法规范的总体,外层空间法是国际法的一个新分支。当前,除了在本节介绍的一些基本规范,外空环境、外空商业利用、外空争端解决也进入了法学研究者的视野。

一、人类的外空活动与外空法的发展

(一)外空探索

人类对外空的兴趣和探索从未停止。从古代将粗浅观察与想象相结合,到近代利用光学设备进行分析,直至20世纪中叶以后通过宇宙飞船完成外空探索,外空活动承载着人类的求知欲与梦想。

当前,人类太空活动的主要领域是商业化使用,关切的问题包括此种使用的权利与利益,还包括外空军控。①

(二)外空法

外空活动需要法律规范予以指引,外层空间法应运而生。外层空间法律制度随着20世纪50年代人类活动进入外空而产生并迅速发展。

1957年10月4日苏联发射第一颗人造地球卫星之后,联合国大会通过了一系列有关外层空间的探索和利用的宣言和决议,国际间缔结了许多有关外层空间活动的条约和协定,形成了外层空间法。

外层空间法的主要法律渊源是国际条约。1966年12月19日,第21

---

① 参见本书第十三章第三节。

届联合国大会通过了《关于各国探索和利用包括月球和其他天体在内的外层空间活动的原则条约》(简称《外空条约》,也被称为《外空宪章》),1967年1月27日在伦敦、莫斯科、华盛顿开放签署,10月10日生效。该条约是迄今为止外空法领域的第一个成文法,它所确立的有关外空活动的原则对于指导各国和平探索和利用外空有一定的作用。

此后,又出现了1968年《营救宇宙航行员、送回宇宙航行员和归还发射到外层空间的物体的协定》(简称《营救协定》)、1972年《空间物体造成损害的国际责任公约》(简称《责任公约》)、1974年《关于登记射入外层空间物体的公约》(简称《登记公约》)以及1979年《指导各国在月球和其他天体上活动的协定》(简称《月球协定》)等。这些公约与协定奠定了外层空间法的基础,以其为核心形成了外层空间法律体系。

外层空间法还包括在联合国主持之下制定的一系列的决议和宣言。联合国和平利用外层空间委员会是联合国在这一领域的行动中心。

二、外空活动的主要原则

根据《外空条约》及相关外空国际文件的规定,国家从事外空活动应遵循以下基本原则:

(一)共同利益原则

任何国家对外层空间,包括月球和其他天体的探索、利用和开发,都应该造福于所有国家和有利于所有国家,必须为全体人类谋取福利和利益。月球及其自然资源均为全人类的共同财产。该原则包括不得损害其他国家的权利和利益,也包括不得仅为获取自己片面私利利用外空。

(二)自由探索和利用原则

现有国际法框架认为,月球或其他天体上的所有台站、装置设备和空间交通工具应在相互的基础上向全人类开放,供一切国家在平等基础上自由探测和利用;所有国家不论其经济或科学发展水平如何,都有权在平等不受任何歧视的基础上自由探索和利用外层空间。

(三)不得据为己有原则

任何国家不得通过主权要求,使用或占领的方法,或采取其他任何措施、任何方式将外空据为己有。这项原则包括外空不得被任何国家占有,也包括不许任何自然人或团体占有。国家不得依据主权要求,通过利用或占领或以其他任何方式将月球据为己有,月球和表面或表面下层或其任何部分或其中的自然资源均不应成为任何国家、国际组织、实体或自然人的财产。外层空间不是任何国家的主权管辖范围,它只能是对所有国家自由和开放的。这也等于是否定了"领空无限"的主张。2013 年 7 月 8 日,美国国会讨论的将阿波罗号登月遗址及美国留在月球上的设备建设成为国家公园,用以保护阿波罗号登月着陆点的法案,就违背了此项原则。

(四) 和平利用原则

各国有权在平等的基础上,按照国际法探索和利用月球等天体和外太空。这包括对外空军事化的限制和禁止。外空、天体探索和利用应遵守国际法和《联合国宪章》,各国不得在绕地球的轨道上放置任何携带核武器或其他大规模毁灭性武器的物体,不得在天体上配置这种武器,也不得以任何其他方式在外层空间部署这种武器;各国必须把月球和其他天体专门用于和平目的,禁止在天体建立军事基地和设施,禁止在天体试验任何类型的武器以及进行军事演习。

(五) 救援宇航员原则

各国应将宇航员视为人类派往外空的使者,在宇航员发生意外、遇难或在另一国境内或公海紧急降落的情况下,各国应进行一切可能的援助,并尽快安全地将他们送回该航天器的登记国家。在外层空间活动的任何国家的宇航员都应向其他国家的宇航员提供一切可能的援助。

(六) 外空物体登记和管辖原则

外空物体的发射国家应对该物体进行登记。该登记国对该外空物体及其所载人员保持管辖及控制权。

(七) 国际责任原则

对本国政府或非政府团体的外空活动或物体对其他国家造成的损害,国家应承担责任。国家还对其参加的国际组织的外空活动承担共同责任。

(八) 保护空间环境原则

国家从事外空活动时,应采取适当措施,避免使外空遭受有害污染,或使地球环境受到不利的影响。

(九) 国际合作原则

由于空间活动的特点,各国在外空领域的活动应彼此合作互助。这一原则体现在外空活动和制度的各个方面。

上述这些原则确立了外空作为国际公域的法律地位。

三、外空物体与宇航员的法律地位

外空物体是指由人类创造的、用以探测和利用外层空间的技术装置和物体,包括人造卫星、宇宙飞船、航天飞机、空间站、月球和其他天体上的建筑物、星际自动装置等,还包括一个外空物体的组成部分以及外空物体的发射载器及其零件。

外空物体的登记国对该物体具有管辖权和所有权;寻获外空物体返还登记国;外空物体互惠开放利用。

外空物体的发射当局必须将外空物体在本国和联合国秘书处进行登记,并向联合国秘书处提供物体的基本情况。

《外空条约》第5条第1款规定,宇航员是人类派往外空的使节。在宇航员发生意外、遇难或在另一缔约国境内或公海紧急降落时,各缔约国应提供一切可能的援助。他们降落后,应立即、安全地被送回登记国。

对因意外事故而降落的宇航员,降落地国应立即予以援救并提供一切帮助,宇航员若在公海或不属于任何国家的地方降落,凡力所能及的缔约国均应协助寻找和营救。宇航员无论在何地降落或被发现,均应保证其安全并立即送往发射当局。

欧盟委员会2008年12月通过了关于《外空活动行为准则》(Code of Conduct for Outer Space Activities)草案的决议。

四、外空活动的主要法律制度

(一) 登记制度

1. 发射国应对其发射的空间物体进行登记,包括将该空间物体载入其所保存的适当内容的国内登记册,同时在切实可行的范围内尽快将有关情报报告联合国秘书长,以便在其保存的总登记册里进行登记。

2. 空间物体若由两个以上发射国发射,应由其共同决定其中的一个国家进行登记。

3. 外空物体的登记国对该外空物体拥有所有权和管辖控制权。

4. 若登记国切实知道其所登记的物体已不复在轨道上存在,也应尽快通知联合国秘书长。

(二) 营救制度

1. 各国在获悉或发现航天器上的人员在其管辖区域、公海或不属于国家管辖的任何地方,发生意外、遇难或紧急降落时,应立即通知其发射国及联合国秘书长。

2. 对获悉或发现在一国领土内的宇航员,领土国应立即采取一切可能的措施,营救宇航员,并给予他们一切必要的帮助。对获悉或发现宇航员在国家管辖范围以外的区域,必要时凡力所能及的缔约国,均应协助寻找和救援。对于发现的宇航员,应立即安全地送回发射国。

3. 对于发生意外的空间物体应送还其发射国。在一国管辖区域内发现的空间物体或其组成部分,应根据发射国的要求,采取切实的措施对该空间物体进行保护。同时,这种保护行动可以请求发射国的协助,并且发射国应支付他国有关保护和归还行动的费用。

4. 如果一国有理由认为在其境内发现的空间物体是具有危险和有害性质的,则可通知发射国在该国的领导和监督下,立即采取有效措施,消除这种危险。

(三) 责任制度

外空物体造成损害的国际责任是指一国因发射外空物体失败而发生意外事故或者在外空物体返还地球的过程中造成的对其他地面国的损害而引起的国际责任。此种责任属于国际法律责任的一种形式,但规范成型比较早。1972年《责任公约》是用以调整因外空物体造成损失而产生的国际责任的专门国际法文件。

1. 责任主体。国家对其外空活动承担国际责任,并应保证本国活动的实施符合相关国际法规范。不论这种活动是其政府部门或非政府实体所从事。非政府实体的外空活动,应得到其国家的批准和连续监督。《外空条约》第7条规定,凡进行发射或促进把航天物体射入外空(包括月球和其他天体)的缔约国,以及为发射航天物体提供领土或设备的缔约国,对该物体及其组成部分在地球、天空或外空使另一缔约国或其自然人或法人受到损害,应负国际责任。《外空条约》第9条规定,各缔约国在从事研究探测外空时,应避免使其遭受有害的污染,避免使地球环境发生不利的变化。1979年《月球协定》也有类似的规定。

《责任公约》对空间物体造成损失的赔偿责任制度作出了具体的规定。根据公约的规定,损害赔偿应由该物体的发射国承担。这里的发射国包括发射或促使发射空间物体的国家以及从其领土或设施发射空间物体的国家。"发射"还包括未成功的发射。两个或两个以上的国家共同发射空间物体时,对所造成的损害应承担共同或单独的责任。

2. 归责原则。根据《责任公约》的规定:(1)发射国的空间实体在地球表面造成损害或对飞行中的飞机造成损害,应负赔偿的绝对责任。(2)发射国对于其空间物体在地球表面以外的其他任何地方,对于另一发射国空间实体或所载人员或财产造成损害时,负有赔偿的过错责任,即只有损害是因为前者或其负责人的过失而造成的条件下,该国才负责任。(3)一发射国的空间实体在地球表面以外的其他地方,对另一发射国的空间实体造成损害,并因此对第三国及其自然人或法人造成损害时,前两国共同和单独对第三国负有绝对责任。其中,若对第三国的地球表面或飞行中的飞机造成损害,前两国负绝对责任;如果对地球表面以外的其他地方的第三国外空物体或所载人员财产造成损害,则前两国依各自的过错承担相应的责任。发射国若能证明损害是因为要求赔偿国方面造成时,应依证明的程度免除绝对责任,但损害若是发射国进行不符合《联合国宪章》《外空条约》和其他国际法规范的活动而造成时,其责任不能免除。

发射国空间物体对于下面两种人员造成的损害不适用《责任公约》:该国的国民;以及在空间物体从发射至降落的任何阶段内参加操作的,或者应发射国的邀请而留在紧接预定发射或回收区的外国公民。

此外,由于外空及相关技术的迅速发展带来的关于卫星遥感、广播电视的卫星直播、外空使用核动力、空间碎片、地球静止轨道、无线电频率分配、空间站以及空间活动商业化等方面的问题,国际社会都正在形成或完善相关的制度。

五、外空争端解决机制

(一)现有外空争端解决机制

联合国通过的外空方面的条约中,对解决外空争端做出具体规定的只有《外空条约》《责任公约》《月球协定》。另外,联合国大会通过的有关外空应用原则的决议中也有相关规定。①

1.《外空条约》。《外空条约》是外空活动的宪章。该条约第9条规定了国际外空争端的解决办法,即通过国际磋商进行解决。第6条及第7条则明确规定了各国应对其在外层空间的活动承担国际责任原则,排除了对私人实体、国际组织作为外空争端一方直接承担责任的适用情形。而且,《外空条约》是个框架性条约,缺乏统一的标准和客观的尺度,其软性用词给各国的不同解释留有余地。另外,条约缺乏有效的监督机构、实施细则和保证措施。

2.《责任公约》。《责任公约》规定了空间物体损害赔偿制度,针对外空活动中损害的概念、发射国的责任、求偿的程序、适用的法律等一系列问题作出了较为详细的规定。但随着外空技术的进步和外空活动的发展,国家已经不再是外空活动的唯一主体,《责任公约》规定的国家责任已经不能满足当前外空活动多主体的现实状况。另外,《责任公约》虽然规定了赔偿委员会制度帮助解决争端,但公约第19条也明确指出,赔偿委员会的决定是建议性的,因此其决定的实际执行只能依赖争端方的良好意愿。可见,《责任公约》并没有关于解决赔偿实体问题争端的具有约束力的程序,这样的非强制性的规定导致了部分国际外空争端在实践中根本无法得以解决。

3.《月球协定》。《月球协定》中规定的争端方协商制度具有一定的强制性,但并未将相关争端提交这一争端解决程序作为强制义务进行规定。协定中的争端解决程序只是对联合国秘书长参与下的谈判和调解进行了限制,并不意味任何争端缔约国都有接受联合国秘书长作出的解决建议的义务。另外,《月球协定》是外空五条约中参加国最少的一个,且都是在外空活动中不太重要的国家。美国、俄罗斯、中国以及一些西方空间大国都没有参加。正是由于此协定的缔约国为数甚少,且缺乏空间活动大国的支持,其争端解决制度的规定在实践中的适用效果不尽如人意。

4.联合国大会通过的有关决议。关于外空活动联合国大会通过了一系列决议,其中关于各国探索和利用外空活动的法律原则的宣言、关于

---

① 夏春利:《外空国际法治:现状与前景》,载《北京航空航天大学学报(社会科学版)》2014年第1期。

从外层空间遥感地球的原则、关于在外层空间使用核动力源的原则,强调要通过和平的方式解决国际争端。但这些联大决议只不过是在重申一般国际法中的解决国际争端的基本方法,并没有针对外空争端规定新的专门的解决途径。而且上述联大决议缺乏具有强制性的实施机制作为保障,其规定对主权国家缺乏有效的约束力。

5. 外空活动争端解决草案。考虑到在外空活动的商业化过程中,国家之外的国际组织、私人实体对外空活动的参与所产生的法律影响,空间法委员会于1984年正式起草了外空活动争端解决草案,该草案在1998年于台北召开的第68届国际法协会上又得到进一步的修订,形成了修改解决外空活动争端公约的最终草案。草案提出建立国际外空法院,作为其有约束力的争端解决程序中的一部分。虽然草案目前只是国际法协会提出的空间法学者们的提议与设想,但是其反映了外层空间法发展的趋势及空间法学者们针对完善外空争端解决机制所做出的努力。

(二)外空争端解决实践

目前,外空争端基本都是通过政治手段进行解决的。最典型的即是苏联宇宙954号卫星损害事件。但是,争端当事国在依靠政治手段解决外空争端时,对于是否通过和平争端解决方式解决有较大的自主决定权,争端结果的公正性在很大程度上就会受到争端当事国间实力对比关系的影响。

国际外空争端还可以通过法律方法解决,可以诉诸的法律途径包括仲裁机构和司法机构。理论上,现有的常设国际仲裁院、国际航空与空间仲裁庭、国际法院等机构都可以受理外空争端案件。其中,国际航空与空间仲裁庭是法国航空航天协会于1994年建立的解决国际空间争端的常设仲裁庭,接受一切与空间直接或者间接相关的争端。但实践中,并没有任何一起外空争端诉诸过上述机构。[①]

六、中国与外空法律制度

中国是航天大国。1970年4月24日21时35分,中国发射了第一颗人造卫星"东方红一号"(Dong Fang Hong I/The East is Red 1),开创了中

---

① 付晓蕾:《建立国际外空法院的必要性》,载《黑龙江省政法管理干部学院学报》2011年第2期。

国航天史的新纪元。中国是世界上继苏、美、法、日之后第五个用自制火箭发射国产卫星的国家。此后，中国的航天事业稳步发展。2011年9月29日21时16分3秒，中国在酒泉卫星发射中心发射了第一个目标飞行器和空间实验室"天宫一号"，标志着中国航天"三步走"战略迈入了第二步。2011年11月1日5时58分10秒，中国"长征二号F"遥八运载火箭将"神舟八号"飞船发射升空，11月3日1时43分，"神舟八号"飞船和"天宫一号"目标飞行器成功实施了刚性连接，形成组合体，这是中国载人航天首次空间交会对接。2012年6月16日18时37分，"神舟九号"飞船在酒泉卫星发射中心发射升空，6月18日11时左右转入自主控制飞行，14时14分与"天宫一号"实施自动交会对接，并于2012年6月29日10点00分安全返回。2013年6月11日17时38分02秒，在酒泉卫星发射中心由"长征二号F"改进型运载火箭（遥十）"神箭"成功发射第五艘载人飞船"神舟十号"，6月13日13时18分与"天宫一号"完成自动交会对接。在轨飞行15天，并首次开展中国航天员太空授课活动，6月26日，"神舟十号"载人飞船返回舱返回地面。

在登月努力方面，中国2007年10月发射了绕月人造探测卫星"嫦娥一号"，2010年发射了"嫦娥二号"，使中国成为世界上第三个造访拉格朗日点、第四个开展小行星探测的国家。2013年12月，月球上开展科学探测工作的"嫦娥三号"成功降落在月球虹湾地区，我国首次实现地外天体软着陆和巡视探测，成为世界上第三个成功实现地外天体软着陆和巡视的国家；2019年1月，"嫦娥四号"实现人类航天器首次在月球背面软着陆和巡视勘察，率先在月球背面刻上中国足迹，首次实现月球背面同地球的中继通信；2020年，"嫦娥五号"携带月壤样品返回地球。我国探月工程"绕、落、回"三期顺利完成。2021年5月，"天问一号"探测器着陆火星，次月祝融号火星车拍摄的着陆点全景、火星地形地貌等影像图公布。

2020年7月31日，"北斗三号"全球卫星导航系统正式开通，标志着我国建成了独立自主、开放兼容的全球卫星导航系统。

中国积极参与了有关外空国际立法，1983年12月30日加入《外空条约》，而后又加入了《营救协定》《责任公约》《登记公约》。《2021中国的航天》白皮书的数据显示，2016年以来，中国与19个国家和地区、4个国际组织，签署46项空间合作协定或谅解备忘录。中国认为，外空作为全球公共空间，是人类的共同财富。外空的持久和平与世界各国的安全、发展和繁荣密切相关。与此同时，随着人类对外空依赖日益加深，外空武器化和外空军备竞赛的风险不断上升，外空安全的不确定因素也在同步增加。确保外空的和平利用、防止外空武器化和军备竞赛，符合各国共同利益，也是各国肩负的共同责任。① 现行外空法律文书在防止外空军事化方面还存在明显不足，如没有全面禁止外空武器化，核武器和其他大规模毁灭性武器以外的常规武器正在被研制和发展，严重威胁世界和平和人类安全。因此，缔结有关防止外空军事化的新条约，加强对现有条约的监督执行，是摆在我们面前的一项艰巨任务。② 中国政府一直坚决反对外空武器化和外空军备竞赛，积极致力于维护外空和平与安全。中国是联大"防止外空军备竞赛"决议共提国，并积极在裁军谈判会议（裁谈会）推动决议的落实。2017 年以来，中国倡导的人类命运共同体理念写入联合国大会裁军与国际安全委员会"不首先在外空放置武器"决议，中国表示将继续同各国一道积极参与外空全球治理，维护外空安全，促进外空活动长期可持续发展。

思考题

1. 为什么要划分空气空间与外层空间的界限？为什么国家之间对空气空间与外层空间的界限难以达成一致？
2. 国际民航安全制度取得了哪些成就？还存在什么问题？
3. 中国在领空和航空的法律制度有何发展？有何不足？

拓展阅读

联合国外层空间事务厅：《联合国关于外层空间的条约和原则、大会有关决议以及其他文件》【http://www.unoosa.org/pdf/publications/ST_SPACE_51C.pdf】

陈善广主编：《空间法概要》，中国宇航出版社 2007 年版。

董杜骄、顾琳华主编：《航空法教程》，对外经济贸易大学 2007 年版。

高国柱主编：《中国空间政策与法律文件汇编(1997—2008)》，法律出版社 2010 年版。

黄卉主编：《航空法律汇编》，法律出版社 2009 年版。

---

① 中国代表团团长、中国裁军大使王群 2011 年 10 月 17 日在第 66 届联大第一委员会会议上就外空问题的发言。

② 中国代表在联合国外空委法律小组委员会第 45 届会议上的发言。

黄卉主编:《航空法律前沿问题研究》,法律出版社 2010 年版。

李昊:《航空运输与服务法律问题研究》,法律出版社 2010 年版。

李寿平、赵云:《外层空间法专论》,光明日报出版社 2009 年版。

李寿平主编:《中国空间法年刊》(2008—),世界知识出版社出版(2009 年开始)。

聂明岩:《"总体国家安全观"指导下外空安全国际法治研究》,法律出版社 2018 年版。

杨彩霞、高国柱主编:《欧洲空间政策与法律问题研究》,法律出版社 2011 年版。

杨惠、郝秀辉编著:《航空法通论》,中国政法大学出版社 2009 年版。

杨惠、郝秀辉:《航空法学原理与实例》,法律出版社 2011 年版。

杨惠、郝秀辉主编:《航空法评论(第 1 辑—第 10 辑)》,法律出版社 2011 年—2022 年版。

[意]Marco Pedrazzi、[中]赵海峰:《国际空间法教程》,吴晓丹译,黑龙江人民出版社 2006 年版。

赵海峰主编:《空间法评论(第 1—4 卷)》,哈尔滨工业大学出版社 2008—2011 年版。

赵林主编:《航空法规》,化学工业出版社 2014 年版。

赵旭望、秦永红主编:《民用航空法基础》,科学出版社 2013 年版。

[英]郑斌:《国际航空运输法》,徐克继译,中国民航出版社 1996 年版。

F.G. von der Dunk and M.M.T.A. Brus (eds.). *The International Space Station: Commercial Utilisation from a European Legal Perspective* (Martinus Nijhoff Publishers, 2006).

Gérardine Meishan Goh. *Dispute Settlement in International Space Law: A Multi-Door Courthouse for Outer Space* (Martinus Nijhoff Publishers, 2007).

Francis Lyall and Paul B. Larsen. *Space Law: A Treatise* (Ashgate, 2009).

Fabio Tronchetti. *Fundamentals of Space Law and Policy* (Springer, 2013).

Detlev Wolter. *Common Security in Outer Space and International Law* (United Nations Institute for Disarmament Research, 2006).

第四编　国际法律行为

第九章　保护人权

保护人权是当代国际法的重要关切,基于此而形成的国际人权法是国际公法的一个重要分支。本章的内容主要涉及人权国际保护的历史发展,国际人权法律保护的依据和新法律文件及其内容,特别是全球性的人权保护体制和区域人权保护体制的发展及现状。通常认为国际人权法所保护的对象是个人不是国家。国际监督机制包括联合国体系内人权保护机构和国际人权条约机构。我国在国际人权领域的基本立场可以概括为促进人权、尊重主权、反对霸权。

第一节　国际人权保护的发展进程

人权原来只是国内制度。虽然资产阶级的启蒙思想家在提出人权学说、呼吁人权制度之时就宣称这种权利含有普适性因素、属于所有人,[1]但在相当长时期内,人权只涉及一国国内政治治理体系时的参考因素。第二次世界大战使人权制度大踏步地走向全球化。[2]

从总体趋势上看,通过全球化的不断发展,人权的机制在不断地兴盛和强化,而不是逐渐地衰微和减弱。但人权方面的国际组织方兴未艾,政府间机构、非政府间机构纷纷成立,人权方面的国际文献逐渐增多,既有的人权机构管理机制逐渐完善,所具权限逐渐扩大。从历史上看,人权在

---

[1]　在更早的时段,文艺复兴早期意大利的政治家、思想家、作家但丁就曾经设想,人类要追求神圣的幸福、实现和平与正义、充分发挥每个人的智慧就必须建立一个世界帝国;尤其谈到人权(ius humanum)是这个世界帝国的基石,帝国不能做任何违反人权的事。参见[意]但丁:《论世界帝国》,朱虹译,商务印书馆1985年版,第4、10、18、75—76页。

[2]　参见王运祥、刘杰:《联合国与人权保障国际化》,中山大学出版社2002年版,第32—51页。

全球化的进程中至少经历了以下阶段：①

一、第一次世界大战以前：人权全球化的萌芽阶段

本书第二章第二节已经提到，自然法观念催生了国际法。以自然法观念的持有者维多利亚、格劳秀斯和法泰尔为代表的国际法的奠基者们认为，所有的人都享有某些天赋权利，因此，他们都强调给予外国人以公平待遇的重要性。当然，从制度上看，直到19世纪初，国际上对各国国民的权利的积极关注才真正显现出来，早在1815年，英国曾试图劝说美国签订制止贩卖奴隶的条约；②而比较引人注目的则是19世纪和20世纪初期发生的以"人道主义干涉"③为名的军事行动，以及许多以此为名的外交谈判。与这些行动相并行的是，1814—1815年维也纳和会签订了一系列旨在保护中欧、东欧和中东的某些在种族、宗教和语言方面的少数人群体的条约和国际宣言，保证了在瑞士和德国的传教自由与宗教平等。当时还展开了轰轰烈烈的废除奴隶制度和禁止贩卖奴隶的运动。1814年的《巴黎和约》开始禁止奴隶制和奴隶买卖，嗣后的一些活动基本上取消了奴隶制度。从19世纪后半叶到第二次世界大战以前，主要在一些与现在所称的国际红十字运动有联系的人士的推动下，国际社会制定了有关战争的人道法律。此外，制定国际社会和劳工问题章程的提议也得到响应，1905年到1906年，在伯尔尼签订了两个多边的劳工公约，这两个公约为后来国际劳工组织（ILO）的工作奠定了基础，而且是世界上最早的人身安全公约。

二、两次世界大战期间：人权全球化的创始阶段

1919年《国际联盟盟约》包含了一些有助于在国际范围内承认人权的条款，使联盟的成员国承担达到某些人权目标的义务，特别是履行有关少数者待遇的义务，比如，对中欧和东欧的一些少数民族给予公平待遇，提供公平和人道的劳动条件，公平对待殖民地土著居民，将有关拐卖妇女儿童的协

---

① 对于人权全球化问题的深入讨论，参见何志鹏：《人权的全球化：现实与对策》，载《学习与探索》2006年第1期；何志鹏：《人权全球化与联合国的进程》，载《当代法学》2005年第5期；何志鹏：《人权的全球化：概念与维度》，载《法制与社会发展》2004年第4期。

② Peter Malanczuk, *Akehurst's Modern Introduction to International Law* (7th ed., Routledge, 1997), p. 209.

③ 参见本书第十三章第一节。

定的监督权交给联盟,以及预防和控制危及国际的疾病等。① 在两次世界大战之间,少数民族保护措施得以贯彻,旨在保护中欧、东欧和中东某些少数民族成员的生命和自由,不得以种族、宗教和语言为理由歧视这些少数群体的条约和国际宣言在原有基础上进一步强化。② 在国际联盟的主持之下,劳工权利的保护成为在今天看来该时期人权保护最为成功之处。1919年成立的国际劳工组织作为一个具有改革精神的国际组织,采取了一系列国际合作措施,促进人权,这一组织的建立为推进全世界公认的工作环境做出了重要贡献。

"二战"期间,德、意、日法西斯对生命和自由的极端蔑视和肆意践踏,使各国意识到单靠一国的力量保障自己人民的权利已经不现实,以国际社会的共同努力来处理共同的人权事务成为当务之急。③ 同时,由于战争使国家之间的关系日益紧密并形成了互相依存的势态,所以各国在二战的进程中就开始商讨建立维护人权的和平体制的重要性。以美国总统罗斯福(Franklin Delano Roosevelt,1933—1945年在任)1941年1月致国会的咨文以作为其外交政策目标而列举的四大自由(言论与表达自由、信仰自由、不虞匮乏、免于恐惧)为先驱,以《大西洋宪章》作为起点,战争后期,各国将保障世界人权置入战后建立国际秩序的构想之中,并作为整个国际社会的重要原则。④

三、第二次世界大战之后:人权全球化的兴盛阶段

二战以后,国际社会对人权积极关注。1945年4—6月召开的联合国制宪会议将国际合作和保护人权推向了第一个高潮,《联合国宪章》首先

---

① 这种安排后来转变为联合国的托管制度,而且,由于委任南非对西南非洲(现为纳米比亚)进行委任统治而在半个多世纪以后遭受严重的挫败。有关情况参见埃塞俄比亚和利比亚诉南非、西南非洲案(South West Africa: Ethiopia v. South Africa; Liberia v. South Africa, ICJ Reports, 1961, p. 3; 1962, p. 319; 1963, p. 6; 1964, p. 3, p. 171; 1965, p. 3; 1966, p. 6 ff)。

② 参见[英]伊恩·布朗利:《国际公法原理》,曾令良等译,法律出版社2003年版,第625—626页。

③ 参见刘杰:《国际人权体制——历史的逻辑与比较》,上海社会科学院出版社2000年版,第295—296页。

④ 其中最主要的是1941年英美两国签署的《大西洋宪章》,1942年英、美、苏三国起草的《联合国家宣言》,1943年英、美、苏、中联合发表的《普遍安全宣言》,1943年苏、英、美发表的《德黑兰宣言》,1945年的《雅尔塔公报》和《关于被解放的欧洲的宣言》。

宣告了基本人权的信念,而后东京、纽伦堡审判为世界人权铺平了道路;①1948年的《世界人权宣言》吸纳了包括中国智慧在内的世界文化,使整体人权在全球的角度上得以加强。而后,联合国人权两公约以及其他相关公约相继签署,各区域的国际人权合作也体现出强劲的态势,国际人权的规定及其实施发展到了一个崭新的阶段。二战之后人权体制国际化发展迅速,除战争中诸法西斯国家暴行的促动外,更主要的是国际相互依赖的事态已经形成,国际分工、国际商路、国际资本、国际交通和通信等一系列客观条件促进了人权的国际化发展。现在,人权已经成为全球道德语言的中心而被具有不同宗教传统与文化的人们所论证、完善和支持,世界上绝大多数的国家在宪法中规定了对人权的保护②。人权的理念与制度跨越了欧、亚、非、美、澳各大洲的地理界限,超越了社会制度与意识形态的界限,超越了社会发展水平的界限,也超越了宗教传统的界限。③

四、国际人权发展的概括性认知

人权的权利内容随着国际人权法的发展而不断丰富。从分类的角度来看,人们总体上认可瓦萨克(Karel Vasak,生于捷克斯洛伐克,后赴法国学习,并留在法国)依据法国大革命的"自由、平等、博爱"三大主张而在1979年倡导的分类方式(他在更早的文献中已经提出了这一观点)④,即将人权分为三代:

第一代是公民权利和政治权利,主要包括人身自由和安全权、选举与被选举权、言论、出版、集会、结社自由以及思想、良心和宗教自由、公正审判权、尊重隐私和家庭生活权等,其理论基础是资产阶级的"自然权利说/天赋人权论"(natural rights),一般把这类权利看作"消极权利",强调只要国家不去干涉个人的自由和权利,就可以使权利得到实现。

---

① 参见何勤华:《纽伦堡审判与现代国际法的发展》,载《江海学刊》2006年第4期。
② 2004年3月14日《中华人民共和国宪法修正案》第24条在《中华人民共和国宪法》第33条增加了第3款:"国家尊重和保障人权"。
③ Robert Traer, *Faith in Human Rights*, Washington, 1991, p. 216; Cf. David P. Forsythe, *The Internationalization of Human Rights* (Lexington Books, 1991), chapter 7.
④ Karel Vasak, "Human Rights: A Thirty-Year Struggle: the Sustained Efforts to give Force of law to the Universal Declaration of Human Rights", *UNESCO Courier* 30:11, Paris: United Nations Educational, Scientific, and Cultural Organization, November 1977.

第二代是经济、社会和文化权利,赋予个人从政府获得保护的权利,要求政府承担社会整体状况的义务。主要包括劳动权、同工同酬权、社会保障权、健康权和受教育权等,形成于19世纪末20世纪初,被认为是受马列主义和西方福利国家的影响,一般被看作是"积极权利",意指需要国家的积极干预采取措施通过社会的发展和进步实现人的经济、社会和文化权利;对第一代和第二代人权的"消极权利"和"积极权利"的指称,只是从国家对个人权利的实现方式角度的描述,不能做绝对化理解。

第三代人权是集体人权,包括和平权、自决权、发展权、环境权等。集体人权的产生与民族解放运动紧密相联,形成于二战后兴起的非殖民化运动,一般认为是第三世界国家对于人权内容发展的贡献。除了《非洲人权与人民权宪章》,很少有国际人权文件提到集体人权。自决权在18世纪的民族独立和20世纪的反殖民地运动中成为一项重要的权利,但是殖民时代结束后,自决权变成了新独立国家治理国家的自主权。然而,2008年科索沃单方宣布独立、2014年克里米亚宣布独立之后,自决权的问题开始变得具有很强的政治斗争意味。发展问题在后殖民时代兴起,与自决问题紧密相连,最初体现为争取经济主权、建立国际经济新秩序的斗争,1986年联大通过的《发展权利宣言》。和平虽然久为国际社会所关切,但长期并没有作为一项人权被考虑。21世纪之初,和平权问题进入联合国人权事务的关注范围。在集体人权中,环境权是认可度最高的一项权利,不仅有国际软法的支持,而且已经形成了一系列的国际实践。

表9-1 三代人权

人权的代	第一代	第二代	第三代
出现的历史时期	上溯至18世纪	19世纪,回应工业革命所导致的大面积贫困	20世纪后半叶出现于国际法律体系之中
主要的目标	保护个人免受国家/政府的干涉	禁止政府拒绝扶助	要求国际社会普遍关注一些国家和人民的状况

(续表)

人权的代	第一代	第二代	第三代
	公民权与政治权	经济、社会文化权利	集体人权
具体内容	选举权 结社权 表达自由 公平审判权 免予酷刑、虐待 法律面前的平等保护	受教育权 居住权 健康权 劳动权 公平报酬权 社会保障权	(经济)发展权 繁荣权 受益于经济增长的权利 社会和谐权 环境权

三代人权的划分并不意味着后代人权超越或者取代前代人权①，更不是对人权的内容进行等级划分，而仅仅是基于权利产生的观念基础和分类的一种便利说法。

第二节 人权国际保护的法律渊源

人权国际保护的法律依据就是国际人权法的渊源。国际人权法的依据呈现了一个从"软法"到"硬法"演进的格局。

一、人权方面的"软法"

人权在进入规范与法律的领域之前首先是宣示性的。在联合国层面最早出现的都是一些促进人权的联合国大会宣言和决议。在理论上，它们对成员国并没有约束力，但是，由于其宣示了重要和严肃的原则，在国际社会中形成了一种较高的权威和控制力。

(一)《世界人权宣言》(UDHR)

联合国成立以后，为了制定人权方面的单独法律文件，人权委员会建立起一个起草委员会，起草了 UDHR。该宣言由联合国大会于 1948 年 12

---

① 有学者质疑三代人权的学说，认为，"代"的比喻是令人困惑的：生物学上的上一代产生下一代，因此上一代必须先于下一代而存在……技术上的"代"的比喻更加令人困惑，新一代技术代替过时的上一代技术，并且执行过时的上一代的功能。[美]杰克·唐纳利：《普遍人权的理论与实践》，王浦劬等译，中国社会科学出版社 2001 年版，第 170 页。

月 10 日一致通过。① 该宣言主张不歧视的原则,并较为全面地归纳、列举了人权的内容,既包括各国宪法和法律所规定的一切传统的政治权利和公民权利,也规定了一些经济、社会和文化权利。作为国际人权法的基础和重要组成部分,UDHR 直接影响并决定了联合国及其成员国的人权立法与实践,是后来联合国制定的众多国际人权公约的基础,促进了区域性人权立法活动,对战后各国宪法的制定和修正产生了重大影响。② 所以,UDHR 为当代国际人权法的发展奠定了法律基础。③

（二）《儿童权利宣言》(U.N. Declaration of the Rights of the Child)

联合国成立以来,始终关心儿童的幸福和权利问题。1946 年 12 月 11 日设立了联合国儿童基金会。1948 年,联合国大会通过的《世界人权宣言》承认儿童必须受到特殊的照顾和协助。以后,联合国在一般性的国际条约(如国际人权公约)和专门针对儿童权利的文件(即 1959 年 11 月 20 日的《儿童权利宣言》)中都始终强调保护儿童的权利。该宣言旨在使"儿童能有幸福的童年,为其自身的和社会的利益而得享宣言中所说明的各项权利和自由,并号召所有父母和一切男女个人以及各自愿组织、地方当局和各国政府确认这些权利",并采取立法和其他措施力求这些权利得以实行。《儿童权利宣言》为此规定了保护儿童权利的 10 项原则。

（三）《美洲人权和义务宣言》(The American Declaration of the Rights and Duties of Man)

其于 1948 年 5 月 2 日由泛美会议通过,被称为第一个国际人权协议,是人权方面最早的"软法"。《美洲人权和义务宣言》列举了大约 27 种人权和相应的义务。人权包含了公民权、政治权利以及经济、社会和文化权利,其列举的义务包括对社会的义务、对子女和父母的义务、接受教育的义务、选举的义务、遵守法律的义务、为社会和国家服务的义务、纳税和工作的义务、社会保障和社会福利方面的义务,以及在外国不得从事政治活动的义务。虽然参与起草该宣言的人都不认为它具备法律效力,在

---

① 对于这一宣言的批评,见 Hersch Lauterpacht, "The Universal Declaration of Human Rights", 25 *British Yearbook of InternationalLaw* 354, 371–372(1948).

② 该宣言的英文名称是 *Universal Declaration of Human Rights*,似乎更能体现"普遍人权"的现代思想。

③ 参见白桂梅、龚刃韧、李鸣等:《国际法上的人权》,北京大学出版社 1996 年版,第 68—157 页。

通过时也仅作为无约束力的会议决议,但通过长期法律实践,《美洲人权和义务宣言》已被公认为规范性的文件,在美洲国家组织及其成员国的人权实践中认定其含有对《美洲国家组织宪章》第3条第10款所宣布的"个人基本权利"的权威解释。①

(四)《欧洲联盟基本权利宪章》

欧盟理事会、执委会及欧洲议会三个机构的首长于2000年12月7日至9日在尼斯共同签署并公布了《欧洲联盟基本权利宪章》。该宪章条文尽可能简短而易于了解,绝大多数条文均在3项以下。此外,《欧洲联盟基本权利宪章》在最后一章的一般规定中设有关于基本权限制的规定。② 该《宪章》后来被命名为《欧洲联盟基本权利宪章》(Charter of Fundamental Rights of the European Union),并通过《里斯本条约》第6条赋予其效力。随着《里斯本条约》2009年12月1日生效,该宪章也同时具有拘束欧盟成员国的效力。由于英国、波兰行使了《里斯本条约》所赋予的退出选择权(Opt-out),宪章在这两国境内无拘束力。

除上述宣言之外,还包括阿拉伯国家联盟1990年8月通过的《开罗伊斯兰世界人权宣言》(强调伊斯兰传统人权是伊斯兰教的组成部分)、阿拉伯国家联盟1994年通过的《阿拉伯人权宪章》,以及国际人权会议1993年通过的《维也纳宣言和行动纲领》、联合国教科文组织1978年通过的《种族与种族偏见问题宣言》、联合国大会1960年通过的《关于自然资源永久主权宣言》《关于殖民地国家和人民独立宣言》《关于各国依联合国宪章建立友好关系及合作的国际法原则宣言》,1974年通过的《关于建立国际经济新秩序的宣言》《各国经济权利义务宪章》,1999年通过的《关于个人、群体和社会机构在促进和保护普遍公认的基本人权和基本自由方面的权利和义务宣言》等,虽然其中有些宣言并不是专门为人权问题而制定的,但是对于不同方面的人权体制的进步具有深远的影响。

---

① 参见谷盛开:《〈美洲人的权利和义务宣言〉及其法律地位的演化》,载《人权》2005年第6期;关于这一宣言对国际人权法律体制的促进作用,参见喻名峰:《论拉美对国际普遍主义人权观念形成之影响》,载《理论前沿》2006年第21期。

② For details, see Council of the European Union, *Charter of Fundamental Rights of the Eropean Union-Explanations relating to the complete text of the Charter*, Office for Officail Publications of the European Communities, 2001.

二、与人权有关的国际条约

国际人权条约可以分为在联合国主持下缔结的一系列全球性人权问题公约和各区域国际组织制定的区域性人权公约。以下条约在为数众多的国际人权文件中,较为引人注目且在实践中起着核心和关键作用。

(一)《联合国宪章》中的人权条款

联合国制宪会议1945年通过的《联合国宪章》体现了高度的人权精神。《联合国宪章》开宗明义地宣布"重申基本人权,人格尊严与价值,以及男女与大小各国平等权利之信念",并规定联合国宗旨之一为"发展国家间以尊重人民平等权利及自决原则为根据之友好关系……(以及)促成国际合作……不分种族、性别、语言或宗教,增进并激励对于全体人类之人权及基本自由之尊重"(第1条,另参第76条),并且申明,所有的成员国都"担允采取共同及个别行动与本组织合作"(第56条),以达成上述和有关的目的。《联合国宪章》还规定了联合国各机构在各自职权范围内促进人权的实现,并明确地把尊重人权定为一项国际法原则。当然,宪章中关于人权的规定与宪章的起草过程所表现的妥协性,以及它的"国内管辖"条款,使其在人权条款以及其他一些方面出人意料的一般化和晦涩含混。①

(二)全球性人权条约

全球性人权条约大多由联合国主持或者参与。这些人权条约以国际组织为制定主体,国家、争取独立的民族等为缔结主体;个人和集体为保障对象;在保障人权的同时,也会注意到犯罪的预防;这些人权条约既有实体性规范,也有程序性规范。② 这些条约对于人权国际保护的制度有着建设性作用。③ 当前已经生效和正在开放批准的全球性人权条约主要包括:

---

① 参见许光建主编:《联合国宪章解释》,山西教育出版社1999年版;刘杰:前引书,第304—308页。
② 参见谭世贵主编:《国际人权公约与中国法制建设》,武汉大学出版社2007年版,第6—12页;有关分析参见张爱宁:《国际人权公约特点评述》,载《比较法研究》2006年第6期。唐健飞:《国际人权公约:人权价值和制度的普适化》,载《国际关系学院学报》2007年第4期。
③ 参见唐健飞:《国际人权公约:人权价值和制度的普适化》,载《国际关系学院学报》2007年第4期。

1.《公民及政治权利国际公约》(ICCPR)及其任择议定书。

ICCPR 由第 21 届联合国大会于 1966 年通过,1966 年 12 月 19 日开放签字,1976 年 3 月 23 日正式生效。ICCPR 对个人的各项公民和政治权利作了具体规定。ICCPR 所保障的公民权利与政治权利细化了 UDHR 的相关规定,具体包括:(1)生命权(第 6 条);(2)禁止酷刑(第 7 条);(3)禁止奴役(第 8 条);(4)人身自由(第 9 条);(5)人格尊严(第 10 条);(6)不得因债务而被监禁(第 11 条);(7)迁徙自由(第 12 条);(8)不得非法驱逐外侨(第 13 条);(9)公正审判权(第 14、15 条);(10)承认人人有法律人格(第 16 条);(11)私生活自由与名誉权(第 17 条);(12)信仰自由(第 18 条);(13)表达自由(第 19 条),但是禁止鼓吹战争、煽动民族仇恨(第 20 条);(14)集会结社自由(第 21、22 条);(15)保护家庭、婚姻、儿童(第 23、24 条);(16)政治参与权(第 25 条);(17)不歧视(第 26 条);(18)保护少数(第 27 条)。[①]

ICCPR 的第 12 条、14 条、18 条和 21 条对某些权利的享受作了限制。公约允许缔约国在社会紧急状态威胁到国家生存并经正式宣布时,采取措施克减(derogation)其在公约下所承担的义务,但克减的程度须"以紧急情势所严格需要者为限",并不得与缔约国根据其他有效的国际法规范所负有的其他义务相矛盾,而且不得包含纯粹基于种族、肤色、性别、语言、宗教或社会出身的理由的歧视。但公约强调,有些权利如生命权、免受酷刑权、禁止奴隶制和不得被强迫役使等,即使在紧急状态下也不得克减(第 4 条)。

2.《经济、社会及文化权利国际公约》(ICESCR)及其任择议定书。

ICESCR 和 ICCPR 一样,由第 21 届联合国大会于 1966 年通过,1966 年 12 月 16 日开放签字,1976 年 3 月 23 日正式生效。这两个公约成为继 UDHR 之后,国际人权法案体系的基石性文件。UDHR、ICCPR 和 ICE-SCR 以及后两个公约的任择议定书经常被合称为国际人权法案(Interna-

---

[①] 对于 ICCPR 较为全面的解读,参见[奥]曼弗雷德·诺瓦克:《〈公民权利和政治权利国际公约〉评注(修订第 2 版)》,毕晓青、孙世彦主译,生活·读书·新知三联书店 2008 年版;孙世彦:《公民及政治权利国际公约缔约国的义务》,社会科学文献出版社 2012 年版;杨宇冠:《人权法——公民权利和政治权利国际公约研究》,中国人民公安大学出版社 2003 年版;邓成明、杨松才主编:《〈公民权利和政治权利国际公约〉若干问题研究》,湖南人民出版社 2007 年版。

tional Bill of Human Rights)。①

ICESCR 以 UDHR 所规定的大多数经济、社会和文化权利为基础而制定,包括序言及五个部分,共 31 条。规定各缔约国应保障个人的下列权利:(1)工作权(第 6 条);(2)享良好工作条件权(第 7 条);(3)组织和参加工会权(第 8 条);(4)罢工权(第 8 条);(5)享受包括社会保险的社会保障的权利(第 9 条);(6)保护家庭(第 10 条);(7)适当生活水准权(第 11 条);(8)健康权(第 12 条);(9)受教育权(第 13 条、14 条);(10)文化生活权(第 15 条)。

与 ICCPR 不同,ICESCR 除不歧视原则(禁止以种族、肤色、性别、语言、宗教、政见或其他主张、民族本源或社会阶级、财产、出生或其他身份为由而对公约所定权利的享有进行歧视)②之外,还要求缔约国尽最大能力逐渐地实现公约所承认的权利。

ICCPR 和 ICESCR 二者互为补充,被称为联合国范围国际人权保护的"姊妹"公约。这两个公约不仅在形式上极为相似,而且一些内容也是相同的。比如,两个公约都在序言中重申,权利源于人身的固有尊严以及《联合国宪章》和 UDHR 的原则,只有在创造了使人可以享有其经济、社会、文化权利以及公民和政治权利条件的情况下,才能实现使人类享有免于恐惧和匮乏的自由的理想。各国有义务促进对人的权利和自由的普遍尊重和遵行;个人对他人及其所属的社会负有义务。两个公约的第 1 条都规定了人民的自决权和天然资源主权,他们凭这种权利自由决定自己的政治地位,并自由谋求经济、社会和文化的发展,并为自己的目的自由处置他们的天然财富和资源。两个公约都体现了权利应予普遍行使的原则。两个公约都强调各缔约国应保证男女平权。ICESCR 第 4 条中的权利限制表达了与 ICCPR 第 4 条的"克减"原则同样的精神实质。两公约都制定有保留条款。③

---

① 很多国内学者将 International Bill of Human Rights 译为国际人权宪章,如果按照语源,这个术语的基础显然是"Bill of Rights",一般称为"权利法案"或者"人权法案"。所以本书采取了国际人权法案这种具有继承性的说法。

② 有关禁止歧视的讨论,参见李薇薇:《论国际人权法中的平等与不歧视》,载《环球法律评论》2004 年第 2 期。

③ 参见何鹰:《ICCPR 及其任择议定书的保留、限制和克减》,载《社会科学研究》2005年第 3 期;赵建文:《〈公民权利和政治权利国际公约〉的保留和解释性声明》,载《法学研究》2004 年第 5 期。

3.《消除对妇女一切形式歧视公约》(Convention on the Elimination of All Forms of Discrimination Against Women, CEDAW)及其任择议定书。1967年的《消除对妇女歧视宣言》及其基础上的1979年《消除对妇女一切形式歧视公约》在消除对妇女的歧视方面作了更为详细和具体的规定。《消除对妇女歧视宣言》指出,对妇女的歧视,其作用为否认或限制妇女与男子的平等权利,实属根本不公平而且构成对人格尊严的侵犯。《消除对妇女一切形式歧视公约》第1条规定:"'对妇女的歧视'一词指基于性别而作的任何区别、排斥或限制,其影响或其目的均足以妨碍或否认妇女不论已婚未婚在男女平等的基础上认识、享有或行使在政治、经济、社会、文化、公民或任何其他方面的人权和基本自由。"公约要求缔约各国"谴责对妇女一切形式的歧视,协议立即用一切适当办法,推行消除对妇女歧视的政策",特别是"男女平等的原则如尚未列入本国宪法或其他有关法律者,应将其列入,并以法律或其他适当方法"或措施,"包括在适当情况下采取制裁,以禁止对妇女的一切歧视"等。公约还要求在政治和公众生活中给予妇女非歧视的待遇,在教育、就业、保健、社会、经济和法律方面给予非歧视的待遇。①

4.《禁止酷刑和其他残忍、不人道或有辱人格的待遇或处罚公约》(Convention against Torture and Other Cruel, Inhuman or Degrading Treatment or Punishment, CAT,《禁止酷刑公约》)及其任择议定书、相关规则。CAT是在 UDHR、ICCPR 及《保护人人不受酷刑和其他残忍、不人道或有辱人格待遇或处罚宣言》等的基础上制定的。酷刑或残忍、不人道或有辱人格的待遇,是联合国创立后就开始详细深入审查的问题之一。1955年的《囚犯待遇最低限度标准规则》及1979年的《执法人员行为守则》同样也禁止酷刑和其他残忍的待遇。1975年,联合国大会根据第5次预防犯罪和罪犯待遇大会的建议,通过了《保护人人不受酷刑和其他残忍、不人道或有辱人格待遇或处罚宣言》。根据该宣言的原则,由联合国人权委员会设立的工作组着手

---

① 当然,妇女权利的问题在实施的过程中还是存在着很多的问题,特别是文化传统方面的问题。See, e.g., Kristin J. Miller, "Human Rights of Women in Iran: The Universalist Approach and the Relativist Response", 10 *Emory Int'L. Rev.* 779 (1996); Angela Thompson, "International Protection of Women's Rights: An Analysis of Open Door Counselling Ltd. and Dublin Well Woman Centre V. Ireland", 12 *B.U. Int'l L.J.* 371(1994); 孙璐:《妇女权利的国际法保护:现状与问题》,载《当代法学》2007年第4期;刘萍:《妇女人权国际保护的缺陷与完善》,载《广西社会科学》2006年第10期。

起草禁止酷刑国际公约,以防止和惩罚由公职人员或以官方身份的其他人员所犯的酷刑。1984 年 12 月 10 日联合国大会第 39/46 号决议通过,该公约并开放供各国签署、批准和加入。其于 1987 年 6 月 26 日生效。

5.《儿童权利公约》(Convention on the Rights of the Child, CRC)及其任择议定书。《儿童权利公约》是在《儿童权利宣言》基础上制定的。鉴于《儿童权利宣言》不具有条约法的效力,1978 年联合国人权委员会会议倡议起草《儿童权利公约》,1979—1989 年的 10 年间,人权委员会详尽研究了公约草案,1989 年 11 月 20 日第四十四届联合国大会以第 25 号决议通过,并于 1990 年 9 月 2 日生效。《儿童权利公约》是世界上签署和批准国家最多的国际条约之一。但是,该条约的执行情况却远不如文件被接受的程度这么高。无论在发展中国家还是在发达国家,都存在着大量的问题。①

6.《保护所有移徙工人及其家庭成员权利国际公约》(International Convention on the Protection of the Rights of All Migrant Workers and Members of Their Families, ICMW)。该公约是专门针对移居人员所设定的国际法律文件。移居人员包括移徙工人、难民、寻求庇护者、长久移民等,生活和工作在不是本人出生地或自己没有公民资格的国家,其中许多人是移徙工人。据统计,现在世界上有 1.75 亿以上的移居人口。移徙工人的权利是关涉社会整体稳定和发展的重要问题。②《保护所有移徙工人及其家庭成员权利国际公约》第 2 条第 1 款给"移徙工人"一词下的定义是:"在其非国民的国家将要、正在或已经从事有报酬的活动的人。"在阐明适用于某些类移徙工人及其家庭的权利方面,公约采用了一些新名称:"边境工人、季节性工人、海员、近海装置上的工人、行旅工人、从事特定项目工作的移徙工人和自营职业工人。"

该公约规定了有关有证件和无证件移徙者的待遇、福利和人权以及派出国和接受国的义务和责任的一系列具有约束力的国际准则。《保护所有移徙工人及其家庭成员权利国际公约》于 2003 年 7 月 1 日生效。人们预期公约在防止和消除在整个移徙过程中对所有移徙工人及其家庭成员的剥削方面将发挥一定作用。

---

① Roger J.R. Levesque, "The Internationalization of Children's Human Rights: Too Radical for American Adolescents?", 9 *Conn. J. Int'l L.* 237 (Spring, 1994).

② 参见李雪平:《国际人权法上的迁徙自由和移徙工人的权利保护——以中国农民工为例》,载《法律科学》2004 年第 3 期。

7.《消除一切形式种族歧视国际公约》(International Convention on the Elimination of All Forms of Racial Discrimination, ICERD)。1963年11月20日联合国大会第1904号决议通过了《联合国消除一切形式种族歧视宣言》。为了实施该宣言所规定的原则,1965年12月21日联合国大会第2106A号决议通过了《消除一切形式种族歧视国际公约》,并于1969年1月4日生效。该公约共25条。第1条第1款规定,种族歧视是"基于种族、肤色、世系或民族或人种的任何区别、排斥、限制或优惠,其目的或效果为取消或损害政治、经济、社会、文化或公共生活任何其他方面人权及基本自由在平等地位上的承认、享受或行使"。第2条规定,缔约国负有不实施种族歧视的行为或习惯的义务,负有"采取一切适当方法,包括依情况需要制定法律,禁止并终止任何人、任何团体或任何组织所施行的种族歧视"。第5条规定,禁止并消除一切形式种族歧视,保证人人有不分种族、肤色或民族或人种在法律上一律平等的权利,尤其得享有在法庭上及其他一切司法裁判机关中平等待遇的权利,人身安全及国家保护的权利,政治权利,公民权利,经济、社会及文化权利,以及进入或利用任何供公众使用的地方或服务的权利。此外,应保证人人均能经由国内主管法庭及其他国家机关对违反公约侵害其人权及基本自由的任何种族歧视行为,获得有效保护与救济,并有权就因这种歧视而遭受的任何损失向国内主管法庭请求公允充分的赔偿或补偿。

8.《残疾人权利国际公约》(Convention on the Rights of Persons with Disabilities, CRPD)及其任择议定书。20世纪90年代初期,联合国人权委员会意识到国际社会应当建立一套法律框架以保护残疾人的权益。在很多国家和国际社会,对于残疾人的关注被作为社会福利手段的一部分。① 联合国特别委员会于2006年8月25日通过了《残疾人权利国际公约》草案。② 2006年12月13日,《残疾人权利国际公约》在第61届联合

---

① Persons with Disabilities: a Treaty Seeks to Break New Groundin Ensuring Equality, http://www.un.org/events/tenstories_2006/story.asp? storyID=1000. 实际上这种说法也是需要进一步斟酌的。中国的残疾人保护方面还是有目共睹的;美国的残疾人保护法案也有相当可观的积极后果。而在欧洲的很多国家如北欧诸国和荷兰,对于残疾人所提供的便利是十分全面的。

② 这个公约的绝大部分条款都获得了一致通过,但由于意见相左,其中有个别的条款在通过时不得不采取表决的方式,如涉及外国占领的国家和地区应保护残疾人权益的条款,特委会就采取了表决的方式,尽管澳大利亚、加拿大、以色列、日本和美国5个国家投了反对票,这个条款还是获得绝大多数国家的支持被纳入该公约。

国大会以协商一致的方式通过,2007年3月30日起向各成员国开放签字。①《残疾人权利国际公约》包括序言和50条正文,此外还有一份《任择议定书》。

9.《保护所有人免遭强迫失踪的国际公约》(International Convention for the Protection of all Persons against Enforced Disappearances, CPED)。根据1992年联大《保护所有人不遭受强迫失踪宣言》(Declaration on the Protection of All Persons from Enforced Disappearance)的定义,强迫失踪是指国家当局违反当事人意愿予以逮捕、拘留或绑架或剥夺其自由,随后又拒绝透露其命运或下落或拒绝承认剥夺了其自由,结果将当事人置于法律保护之外的行为。2001年第57届联合国人权委员会通过2001/46号决议,决定设立一个工作组,负责起草"关于保护所有人不遭受强迫失踪的具有法律拘束力的规范性文书"。2006年12月13日,61届联大通过了《强迫失踪问题国际公约》。公约文本包括在以往的任何人权条约中都未曾出现过的一些新的约束规范。

以上9项条约及其议定书被称为核心人权条约,在联合国内都有其监督机构。具体情况可参见本章第三节表9-2。

10.《禁止并惩治种族隔离罪行国际公约》(International Convention on the Suppression and Punishment of the Crime of Apartheid)。联合国大会和安全理事会一直关注南非人民不可剥夺的权利和自由,并且断言,种族隔离习俗,即南非政府强加给其本国居民及独立前的纳米比亚的种族分离和歧视政策,是危害人类的罪行,这些政策是与《联合国宪章》的宗旨和原则背道而驰的。自1948年以来,联合国大会通过了许多决议,谴责种族隔离的政策和做法为危害人类的罪行。安全理事会也曾强调,种族隔离及其继续加剧和扩大,严重地扰乱并威胁国际和平与安全。为在国际和国家范围能够采取更有效的措施,禁止和惩治种族隔离罪行,1973年11月30日联合国大会第3068号决议通过该公约。

11.《防止及惩治灭绝种族罪公约》(Convention on the Prevention and Punishment of Genocide)。禁止并惩治灭绝种族罪行是联合国大会最先

---

① 参见"61届联大通过《残疾人权利公约》",联合国网站新闻中心,http://www.un.org/chinese/News/fullstorynews.asp? newsID=6945,访问日期:2022年10月22日;伊怀杰:《联大通过〈残疾人权利公约〉:首部具有法律约束力的保护残疾人国际公约签约国达20个时即生效》,载《法制日报》2006年12月15日,第4版。

处理的问题之一。1946年12月11日,联合国大会即在其第一次会议上通过第96(I)号决议,确认灭绝种族是文明世界所谴责的违反国际法的一种罪行,并指出,无论何人以何种理由犯有灭绝种族罪,一律在惩治之列。为了防止和惩治战时或平时所犯的灭种罪行,联合国大会呼吁国际合作,并请求经济及社会理事会拟定《防止及惩治灭绝种族罪公约》草案。1948年12月9日,联合国大会第260A号决议通过了这个公约,1951年1月12日生效。公约将灭绝种族视为种族歧视的极端表现,构成"国际法上的一种罪行",对于提升国际法的人道主义精神具有重要的作用。

12.《关于难民地位的公约》(Convention relating to the Status of Refugees)。根据《联合国宪章》和 UDHR 所确认的人人享有基本权利和自由而不受歧视的原则,为保证难民可以最广泛地行使此项基本权利和自由,并考虑到难民地位问题需要通过国际合作才能得到满意的解决而不致成为国家之间紧张的原则,联合国大会于1951年7月在日内瓦召开了难民和无国籍人地位全权代表会议,并于7月28日通过了《关于难民地位的公约》,1954年4月22日生效。1967年颁布的《关于难民地位的议定书》对本公约的难民定义作了修正。① 与此同时,缔约国承诺与联合国难民事务高级专员公署或接替该办事处的联合国任何其他机关合作,以利其执行职务,保证以适当方式向其提供有关难民状况、本议定书实施情形和现行或以后生效的有关难民的法律、条例及命令的资料与统计数据。②

13.《减少无国籍状态公约》(Convention relating to the Status of Stateless Persons)。《减少无国籍状态公约》第1条第1款规定:"缔约国对在其领土出生,非取得该国国籍即无国籍者,应给予该国国籍。此项国籍应(甲)依法于出生时给予,或(乙)于关系人或其代表依国内法所规定的方式向有关当局提出申请给予。"该公约还规定,凡在缔约国领土出生的婚生子,非取得该国国籍即无国籍而其母具有该国国籍者,应于出生时取得该国国籍等,旨在减少无国籍的人。《关于无国籍人地位的公约》规定,"无国籍人"一词是指任何国家根据它的法律不认为是它的国民的人,要求缔约各国应对无国籍人不分种族、宗教或原籍适用公约的规定;对在其领土内的无国籍人,关于举行宗教仪式的自由以及对其子女施加宗教教

---

① 关于难民公约及议定书的具体规定,参见本书第五章第四节。

② James C. Hathaway / Anne K. Cusick, "Refugee Rights Are Not Negotiable", 14 *Geo. Immigr. L.J.* 481 (2000).

育的自由方面,应至少给予其本国国民所获得的待遇。该公约与《关于难民地位的公约》是相互补充的。

14.《禁奴公约》(Convention on the Abolition of Slavery, the Slave Trade, and Institutions and Practices Similar to Slavery)、《强迫劳动公约》(Convention Concerning Forced Labor)和《废止强迫劳动公约》(Convention Concerning the Abolition of Forced Labor)。1926年订于日内瓦的《禁奴公约》意在防止和惩罚奴隶的买卖、消灭奴隶制。但是,奴隶制度并未绝迹。所以,1956年《废止奴隶制、奴隶贩卖及类似奴隶制的制度与习俗补充公约》规定,各缔约国均应采取一切实际而必要的立法和其他措施,逐渐并尽速达成完全之废止或废弃奴隶制及与奴隶制类似的某些习俗;各缔约国应规定某些附属于奴隶制度和奴役的行为为刑事犯罪。另外,《禁止贩卖人口及取缔意图营利使人卖淫的公约》旨在禁止以卖淫为目的而贩卖妇女和儿童这一特殊的与奴隶制制度相类似的做法。

15.《男女工人同工同酬公约》(Convention concerning Equal Remuneration for Men and Women workers for Work of equal value)。联合国始终坚持男女平等的原则。《联合国宪章》宣布各会员国决心重申男女平等权利的信念。为保障男女平等的权利,尤其是保证男女工人同工同酬的基本原则,1951年6月29日国际劳工组织大会第三十四届会议通过了该公约。该公约是国际劳工组织第100号公约,简称《同酬公约》(Equal Remuneration Convention),于1953年5月23日生效。

(三) 区域性人权条约

区域性的人权文件主要出现在欧洲、美洲和非洲,其中以欧洲的最为复杂和成熟。

1.《欧洲保护人权及基本自由公约》(European Convention for Protection of Human Rights and Fundamental Freedoms,《欧洲人权公约》)①及其议定书。第二次世界大战结束后,欧洲开始了一体化运动。其中,在政治方面起着重要作用的是欧洲理事会(Council of Europe)②。根据其基本文

---

① 312 U.N.T.S. 221.
② 1949年5月5日,西欧10国在伦敦签订《欧洲理事会规约》(Statue of the Council of Europe),该规约于1949年8月3日生效,欧洲理事会即告成立。现在欧洲理事会有成员国46个。该机构与欧盟的理事会(European Council)有很大区别。

件,欧洲理事会的目的之一即促进人权与基本自由及进一步实践。欧洲理事会各成员国必须接受法治原则,并确保其管辖范围内所有人民均享有人权及基本自由。为避免法西斯暴行再现,阻止专制在西欧复活,提倡国际人权,同时也为了抵触共产主义的扩张,欧洲理事会各国于1950年11月4日在罗马签订了《欧洲人权公约》,于1953年9月3日生效。

其后欧洲理事会各国共签订16个《欧洲人权公约》的附加议定书。其中第一、四、七议定书扩充所保障权利及自由的范畴;第二议定书赋予欧洲人权法院对于解释公约及各议定书的相关法律问题提出咨询意见的权力;第三和第八议定书主要目的为修改欧洲人权委员会的组织机构;第五议定书调整欧洲人权委员会委员及欧洲人权法院法官之任期;第六议定书限制实施死刑;第九议定书则赋予个人、非政府组织或个人团体将案件提交欧洲人权法院的权利;第十议定书将部长理事会(Committee of Ministers)的决议由2/3多数通过改为普通多数通过。第十一议定书的修改最为重要,废除了第九和第十议定书,并将第二、三、五、八议定书并入公约本文中,将原公约修改为51个条文,废止原欧洲人权委员会及欧洲人权法院,设立永久性的欧洲人权法院。第十二议定书将欧洲人权公约第14条之禁止歧视原则明确规范唯一独立之平等权规定;第十三议定书之最主要目的是全面废除死刑;第十四议定书的目的在于改革欧洲理事会中的人权监督机制[1],第十五议定书引入补充性原则(principle of subsidiarity)和自由判断余地(margin of appreciation)原则[2];第十六议定书允许成员国的最高法院向欧洲人权法院提起咨询,以确定欧洲人权公约的解释和适用问题。

《欧洲人权公约》是最早提供国际司法救济的国际人权条约,深受世人重视。

2.《欧洲社会宪章》(European Social Charter)及其议定书。《欧洲社会宪章》在1961年为欧洲理事会的13个成员国签署通过,并正式生效。在《欧洲社会宪章》生效之后,欧洲理事会的9个成员国在1988年5月5

---

[1] 关于第十四议定书的主要内容,参见赵海峰、窦玉前:《保护人权与提高效率的平衡——欧洲人权法院2004年改革评析》,载《法律适用》2006年第1、2期合刊。
[2] 对于此原则的分析,参见孙世彦:《欧洲人权制度中的"自由判断余地原则"述评》,载《环球法律评论》2005年第3期;王玉叶:《欧洲人权法院审理原则——国家裁量馀地原则》,载《欧美研究》(台北)第37卷第3期,第485—511页(2007)。

日共同签署了《欧洲社会宪章附加议定书》,包含了 4 项原《欧洲社会宪章》中没有的权利。1991 年 10 月在意大利都灵举行欧洲部长会议,通过了《欧洲社会宪章变更议定书》,旨在有效地变更监督各国执行宪章规定的机制。

3.《美洲人权公约》(The American Convention on Human Rights, ACHR)①及其议定书。ACHR 于 1969 年 11 月 20 日由美洲国家外交会议在哥斯达黎加的圣何塞通过,1978 年 7 月 18 日生效。ACHR 保障了大约 20 多种公民和政治权利,还附有一个广泛的非歧视条款。ACHR 第 27 条允许缔约国"在战争、公共危险或其他威胁(其)独立和安全的紧急情况下"克减其义务。② 1988 年 11 月 7 日,美洲国家组织大会一致通过了《美洲人权公约附加议定书》,即《圣萨尔瓦多议定书》(Additional Protocol to the American Convention on Human Rights in the Area of Economic, Social and Cultural Rights, "Protocol of San Salvador"),议定书由序言、第 22 条规定和建议组成,充实了公约在经济、社会和文化权利方面的规定。该议定书于 1999 年 11 月 16 日第 11 个国家交存批准书时生效。③ 此外,《美洲人权公约》还有一个《废除死刑议定书》(Protocol to the American Convention on Human Rights to Abolish the Death Penalty),该议定书一般性地禁止死刑(第 1 条),但允许国家在战争情事和国际法所禁止的严重犯罪的情况下在签署条约之时作出保留(第 2 条)。④

4.《非洲人权与人民权宪章》(The African Charter on Human Rights and People's Rights)。⑤ 在联合国人权委员会、有关的国家、各非政府组织和其他人士始自 1961 年的多次敦促下,1981 年由非洲统一组织(OAU)国家元首和政府首脑第 18 次全体会议在肯尼亚内罗毕通过,1986 年 10 月 21 日生效。由于出现得较晚,《非洲人权与人民权宪章》的条款既反映了联合国人权文件的影响,也体现出了对非洲传统的尊重。对发展权的强调(这是

---

① 也称《哥斯达黎加圣约瑟公约》,9 I.L.M.673.
② Thomas Buergenthal and Sean D. Murphy, *Public International Law* (3rd ed., West Group, 2002), pp. 146-147.
③ 议定书文本,见 www.oas.org/juridico/English/Treaties/a-52.html;议定书签署批准情况,见 www.oas.org/juridico/English/sigs/a-52.html,访问日期:2022 年 10 月 22 日。
④ 议定书文本,见 www.oas.org/juridico/English/treaties/a-53.html;议定书签署批准情况,见 http://www.oas.org/juridico/English/treaties/a-53.html,访问日期:2022 年 10 月 22 日。
⑤ 21 I.L.M.59.

一种人民的权利),以及用发展权这一概念把不同类型的个人权利结合在一起,其思想上的来源是联合国建立人权标准的一系列实践。

《非洲人权与人民权宪章》宣布和规定了家庭、社会、国家和非洲国际社会的权利与义务,是目前唯一的既规定权利又规定义务的条约文件。①

三、习惯人权法

虽然联合国人权委员会在 1977 年的一份文件中认为关于国际人权方面的法律规范都是协议性的②,但实际上越来越多的人认识到,大范围的国际人权合作已经进行了半个多世纪,相应的规则必然是多样化的,因而习惯人权法具有不可忽视的重要性。由于国际人权条约在清晰规定义务的同时具有局限性③,包括有的国家没有批准相关的公约等情况,因此习惯国际法可以起到相应的补充作用。与此同时,从第二章讨论的条约与习惯的动态关系出发,也可以看出,一些国际人权条约的内容是可能转化成为国际习惯,并成为各国所共同接受的国际法原则和内容的。④⑤ 一般而言,国际习惯的确定需要客观上的反复实践和主观上的法律确信两部分,因此,如何明确习惯国际人权法的内容是一个问题。国际判决、国家实践和学者的认识在这一点上尚未达成一致,但是随着国际人权合作的实践,越来越多的不成文规范会沉淀为习惯人权法,却是可以肯定的估计。⑥ 很多人认为,禁止贩卖和使用奴隶、禁止酷刑,应当属于习惯人

---

① 参见白桂梅、龚刃韧、李鸣等:《国际法上的人权》,北京大学出版社 1996 年版,第 247—262 页;刘杰:《国际人权体制——历史的逻辑与比较》,上海社会科学院出版社 2000 年版,第 263—274 页。Thomas Buergenthal and Sean D. Murphy, *Public International Law* (3rd ed., West Group, 2002), pp. 152-153.

② [1977]2 YBILC (part 2) p. 46, UN Doc. A/CN. 4/Ser. A/1977/Add. 1(part 2).

③ 参见李道刚:《从〈公民与政治权利国际盟约任择议定书〉看国际人权保护的局限性》,载《甘肃理论学刊》1998 年第 4 期。

④ N. K. Hevener and S. A. Mosher, "General Principles of Law and the UN Covenant on Civil and Political Rights", 27 *International and Comparative Law Quarterly* 596(1978).

⑤ Anthony D'Amato, "Human Rights as Part of Customary International Law: A Plea for Change of Paradigms", 25 *Ga. J. Int'l Comp. L.*47 (1995/96).

⑥ 参见 Elizabeth Stubbins Bates, "From Assertion to Solid Methodology in Customary International Human Rights Law", 103 *Proceedings of the Annual Meeting* (American Society of International Law) 492 (2009);孙世彦:《国际人权习惯法研究》,载夏勇编:《公法》第二卷,法律出版社 2000 年版,第 508—588 页;孙世彦:《论习惯国际人权法的重要性》,载《法制与社会发展》2000 年第 2 期。

权法。

有人进一步主张,"人权"应当已经成为国际习惯法的一部分,并呼唤主权范式向中立范式的转化。这种"世界公民主义"的国际法和国际关系思想很符合康德、罗尔斯所代表的理想主义的主张,但在相当长的时间内还都无法实现。

第三节 国际人权机构

前文所述的法律或者准法律规范本身是不能运作的,最多只能是人们认识的一种表述而已。为了使这些规则真正具有约束力,首先需要建立起一系列的组织机构,由这些机构来监督和执行有关条约的实施。

一、全球性的人权保护机构

全球性的人权保护机构,就是那些不以特定的区域为针对目标的,本意在于在全球范围内保护和提升人权的机构。其中,以联合国框架下的人权机构最为突出。在联合国的框架下,联合国本身的各个机构以及联合国下属的专门机构,都专门或非专门地肩负有推进和保障人权的职责。① 而通过经社理事会与联合国相联系的联合国专门机构,如国际劳工组织等,也为国际人权合作进行了大量的努力,还有一些机构是为了监督和执行某项国际人权条约专门建立的。在联合国的框架之外,也存在一些不以人权为本职,但宗旨目标和所涉事项与人权关系很大的组织机构。②

（一）联合国的主要机构

基于两次世界大战的历史经验,联合国的创始者们认为,保障人权与

---

① 参见邱桂荣:《联合国人权领域改革及其影响》,载《现代国际关系》2007年第7期;李薇薇:《论联合国经济制裁中的人权保护——兼评联合国对朝鲜的经济制裁》,载《法律科学(西北政法学院学报)》2007年第2期。关于联合国改革在人权方面的影响,参见何志鹏:《人权全球化与联合国的进程》,载《当代法学》2005年第5期;钟河石:《联合国人权工作走上新起点》,载《瞭望新闻周刊》2006年第20期;张劲松:《联合国与人权保障的国际化》,载《学习月刊》2006年第6期;贺鉴、赖建云:《论冷战后联合国人权保障机制》,载《河北法学》2005年第5期。

② 关于联合国人权体制的介绍,参见联合国人权事务高级专员办事处:《联合国人权条约体系:核心人权条约及条约机构介绍》,概况介绍第30号,日内瓦,2005年版;王运祥、刘杰:《联合国与人权保障的国际化》,中山大学出版社2002年版,第98—202页。

维护世界和平具有直接的联系。因此,他们在《联合国宪章》中表示决心"欲免后世再遭今代人类两度身历惨不堪言之战祸""重申基本人权,人格尊严与价值,以及男女与大小各国平等权利之信念",把促进和保护人权规定为联合国的宗旨与原则,责成各会员国采取共同及个别行动,与联合国合作,以实现联合国的这一宗旨。联合国设立六个主要机构都具有人权保护方面的职能。

1. 联合国大会。联合国大会是联合国的主要代表机构,除全体会议外,设有6个主要委员会。联大关于人权的议题绝大部分由第三委员会(社会、人道与文化委员会)处理,有些也由大会直接审议。根据《联合国宪章》的规定,大会"得讨论本宪章范围内之任何问题或事项",故在人权问题上有广泛的职权。该宪章第13条规定,大会应发动研究并做成建议,"以促进经济、社会、文化、教育及卫生各部门之国际合作,且不分种族、性别、语言或宗教,助成全体人类之人权及基本自由之实现"。大会在人权领域的职能主要有:对人权问题进行讨论、研究、提出建议;进行国际人权立法;联合国大会数度发动促进普遍尊重人权的运动。大会有关人权的附属机构有:《给予殖民地国家和人民独立宣言》执行情况特别委员会(又称非殖民化特别委员会);联合国纳米比亚理事会;反对种族隔离特别委员会①;调查以色列侵害占领区居民人权的行为特别委员会;巴勒斯坦人民行使不可剥夺权利委员会。

2. 安全理事会(简称安理会)。安全理事会是联合国系统内唯一有权根据《宪章》规定做出全体会员国都有义务接受并执行的决议的机构。如果有涉及国际和平与安全问题的人权问题,则安理会有权处理。具体表现在对于威胁国际和平与安全的严重侵犯人权事件,安理会有权采取措施予以制止;在执行国际托管制度中负有尊重人权及基本自由的职责;对于违反国际人道主义法的行为可采取必要的措施。

3. 经济及社会理事会。在联合国的人权事务处理方面,经济及社会理事会扮演着十分重要的角色。该理事会是在联合国大会权力之下,协调联合国及各专门机构的经济和社会工作的主要机构。经社理事会在人权方面的重要作用表现在:促进实现《联合国宪章》所规定的有关人权的

---

① 该委员会于1962年创设时称为"关于南非共和国政府种族隔离政策特别委员会",1970年更名为"关于种族隔离特别委员会",1975年改为现名。委员会由19个成员国组成,下设两个小组委员会和三个工作组。

宗旨;召开国际会议,草拟、通过、核准国际人权文件等。《联合国宪章》将人权事务交由经社理事会协调管理,经社理事会为了切实履行这方面的职责,根据《联合国宪章》第 68 条的规定,于 1946 年设立了人权委员会(现被替换,详见后文介绍)和妇女地位委员会,1947 年设立了防止歧视和保护少数小组委员会等。另外,与经社理事会有关的机构、计划署及专门机关中,联合国难民事务高级专员公署、联合国儿童基金会、世界粮食计划署、联合国环境规划署、国际劳工组织、联合国教科文组织、世界卫生组织和粮农组织等与人权问题也密切相关。①

4. 托管理事会。托管理事会是负责监督联合国托管制度下的领土的管理机构。《联合国宪章》第 76 条规定托管制度的基本目的是促进国际和平及安全,增进托管领土居民之政治、经济、社会、教育之进展并增进其趋向自治或独立之逐渐发展,以及"不分种族、性别、语言或宗教,提倡全体人类之人权及基本自由之尊重,并激发世界人民互相维系之意识"②。事实上,托管理事会为保护托管领土内居民的人权,发挥过重要作用,先后使 11 块托管领土结束了托管,其中,大部分建立新的国家,少数则加入了邻近的独立国家。这使"约两千万人基本上摆脱了外国的控制,为实现他们的人权创设了一个基本前提条件"③。

5. 国际法院。国际法院是联合国的主要司法机关。虽然《联合国宪章》和《国际法院规约》都未明确规定国际法院审理人权案件的问题,但 1948 年的《防止及惩治灭绝种族罪公约》第 9 条规定:"缔约国间关于本公约的解释、适用或实施的争端,包括关于某一国家对于灭绝种族罪或第 3 条所列任何其他行为的责任的争端,经争端一方的请求,应提交国际法院。"这就是说,国际法院在一定意义上也享有这方面的管辖权。类似规定也体现在 1965 年《消除一切形式种族歧视国际公约》第 22 条和 1984 年《禁止酷刑和其他残忍、不人道或有辱人格的待遇或处罚公约》第 30 条第 1 款之中。④

---

① Louis B. Sohn, "United Nations Machinery for Implementing Human Rights", 63 *The American Journal of International Law* 909-912 (1968).
② 许光建主编:《联合国宪章诠释》,山西教育出版社 1999 年版,第 700 页;王铁崖、田如萱编:《国际法资料选编》,法律出版社 1986 年第 2 版,第 882 页。
③ 富学哲:《从国际法看人权》,新华出版社 1998 年版,第 34 页。
④ 参见朱利江:《国际法院对国际人权法的贡献》,载《外交评论(外交学院学报)》2006 年第 5 期。

6. 秘书处。秘书处是联合国的行政管理机构。秘书长为本组织的行政首长,由联合国大会根据安理会的推荐而任命,任期5年,可连选连任。秘书处和秘书长具有多方面的职权,在人权方面的职权主要是:秘书长可以出席联合国主要机构涉及人权问题的会议,可以秘书长的身份发表意见,受托执行有关人权方面的职务;在世界任何地区发生严重侵犯人权的事件以致危及国际和平与安全时,可以将此类事件提请安全理事会注意;授权人权事务高级专员①来协调人权领域的活动等。在联合国秘书处内有一副秘书长主管人权事务,负责协调人权方案与秘书处和联合国系统内的有关活动;代表秘书长出席人权机构会议,参加其他人权活动;促进批准和实施各项国际人权公约;协助秘书长进行人道主义斡旋;确保人权委员会和其他人权机构得到实质性服务。

秘书处曾经在联合国日内瓦办事处下设联合国人权中心,由主管人权事务的联合国副秘书长兼任其主任。该中心在联合国秘书处中处于最关注人权的地位,主要负责协助或协调联合国各机构(包括大会及其第三委员会、经济及社会理事会及其社会委员会、人权委员会、防止歧视及保护少数小组委员会及其附属机构、消除种族歧视委员会、人权事务委员会、禁止酷刑委员会等)的关注人权工作并提供服务,应有关机构的要求就人权问题从事研究工作,密切注意人权的执行情况并编写研究报告和出版物,向各国政府提供咨询服务和技术援助,负责实施人权咨询服务项目和技术援助方案,并处理联合国的指控有关国家侵犯人权的来文,经秘书长授权与一些国家政府进行非官方接触等。现在,该中心的职责已经由联合国人权事务高级专员办事处接替。

(二)设立于联合国之下的专门人权机构

1. 从人权委员会到人权理事会

(1)人权委员会(Commission on Human Rights)。人权委员会由经社理事会依据《联合国宪章》第68条②的规定于1946年2月设立,作为联合国经社理事会9个职司委员会之一,是联合国审议人权问题的主要专门

---

① 现在,联合国人权事务高级专员(United Nations High Commissioner for Human Rights)在联合机构中对于人权的作用越来越明显,联合国与中国的人权合作多由其牵头。有关材料和最新动态,参见 http://www.unhchr.ch/,访问日期:2022年10月22日。

② 《联合国宪章》第68条:经济及社会理事会应设立经济与社会部门及以提倡人权为目的之各种委员会,并得设立于行使职务所必需之其他委员会。

机构。联合国人权委员会的职责有:根据《联合国宪章》宗旨和原则,在人权领域进行专题研究、提出建议和起草国际人权文书并提交联合国大会;就有关国家的人权问题进行公开或秘密的审议,其中包括调查有关侵犯人权的指控,处理有关侵犯人权的来文,就有关国家的人权局势发表意见并通过决议。长期以来,该委员会将由于种族隔离、种族主义、殖民主义、外国统治、侵略与占领造成的大规模侵犯人权的问题作为其优先审议的重点。在实际操作中,人权委员会的会议经常成为国家之间互相指责、互相攻击的场所。从本质上讲,人权是为了给人民谋利益,而这种人权外交却使本来很美好的人权这一概念蒙上了阴影,这不能不说是一件很值得遗憾的事。

人权委员会的实践,特别是针对某些特定国家的人权问题展开的工作,加快了人权问题全球化的步伐。但是,人权委员会在处理人权问题上,只能提出问题,调查问题,审议问题,建议解决问题的办法,而不能对任何局势采取强制性行动,而且,人权委员会委员的政府代表性,使人权政治化。由于各国在人权问题上的分歧,人权委员会的工作效率也低于人们的预期。在联合国改革的呼声中,人权委员会也在改革的目标之列。① 该委员会由于工作效率低下、人权会议意义不显著饱受批评,2006年6月16日终止,并被人权理事会取代。

(2)人权理事会(Human Rights Council)。在2005年联合国进行改革的进程中,提出了撤销人权委员会、建立人权理事会的建议。该建议于2006年3月15日依第60届联合国大会决议通过。② 人权理事会是联大的下属机构。人权理事会由47个成员国组成,席位遵循公平地域分配原则,亚太组13国、非洲组13国、拉美组8国、东欧组6国、西方组7国。理事会成员由联大秘密投票选举产生,必须获半数以上会员国支持才能当选,任期3年,只能连选连任一届。

理事会的宗旨是:促进对所有人人权与基本自由的普遍尊重;处理侵犯人权情况并提出建议;推动各国全面履行人权义务;推动联合国系统人权主流化;在与会员国协商同意后,帮助会员国加强人权能力建设,促进

---

① 参见何志鹏:《人权全球化与联合国的进程》,载《当代法学》2005年第5期。
② 美国、以色列、马绍尔群岛和帕劳投了反对票,委内瑞拉、伊朗和白俄罗斯在表决中弃权。当时联大共191个成员国,但7个成员国因拖欠联合国会费被取消了表决权,另有几个成员国未参加投票。

人权教育并提供技术援助;提供讨论人权专题平台;向联大提出进一步发展国际人权法的建议;向联大提交年度报告等。

人权理事会的最主要职能是:负责对联合国所有成员国作出阶段性人权状况回顾报告;理事会成员在任期内必须接受定期普遍审查机制的审查。此外,人权理事会所承担的任务还包括特别程序(special procedures,针对某些国家或者某种情况的调查)、成立并运作一系列针对专门问题或者起草专门法律文件的工作组、实施建立在 1503 程序基础之上的申诉程序等。①

理事会每年召开三次届会,其中一次为主会,会期总计不少于 10 周。此外,应理事会成员要求,获至少 1/3 成员(16 国)支持,理事会可就紧急人权状况举行特别会议。迄今,理事会共召开 47 次届会,并就被占巴勒斯坦领土问题、苏丹达尔富尔、粮食安全等问题举行 30 次特别会议。

人权委员会的主要下属机构促进和保护人权小组委员会(Sub-Commission on the Promotion and Protection of Human Rights)曾经进行了很多有益的工作,转由新成立的人权理事会负责,由人权理事会咨询委员会所取代。②

2. 联合国人权事务高级专员和联合国人权事务高级专员办事处

联合国人权事务高级专员(UN High Commissioner for Human Rights,简称人权高专)是根据联合国大会第 48 届会议于 1993 年 12 月 20 日通过的第 48/141 号决议设立的,是联合国系统内负责人权事务的最高行政长官。根据这一决议,人权事务高级专员应由联合国秘书长任命,经联合国大会核准产生,任期 4 年,可连任一届。联合国人权事务高级专员是联合国副秘书长级别的官员,直接对联合国秘书长负责,担负推动和发展联合国的人权活动,协调联合国系统内的各种促进和保障人权的事宜。1997 年 10 月,第 52 届联大通过联合国秘书长安南提出的对联合国人权秘书处进行改组的方案,将原联合国人权中心(UN Center for Human Rights)与联合国人权高专办公室合并,称为"联合国人权事务高级专员办事处"(office of the High Commissioner for Human Rights, OHCHR),负责处理联合国人权事务,总

---

① Details and up to date news, see http://www.ohchr.org/english/bodies/hrcouncil/. 关于 1503 程序,见本章第四节。

② "人权委员会,包括小组委员会的所有任务、机制、职能和职责,自 2006 年 6 月 19 日起由人权理事会承担。"联合国大会 2006 年 3 月 25 日,第 60/251 号决议。

部设在日内瓦,并在纽约联合国总部设办事处。①

人权事务高级专员主要职责包括:促进和保护人权;对要求援助的国家提供人权领域的咨询、技术和财政支持;在人权领域的联合国教育和公共信息计划方面进行协调;消除全面实现人权的障碍;在保障对人权的尊重方面与政府对话;为促进和保护人权加强国际合作;通过联合国系统协调、促进和保护人权的各项活动;进一步简化、完善和强化联合国人权领域的机制,以提高其效率和效能;对联合国人权中心的工作进行全面监督。人权事务高级专员应根据对他的授权,就其活动每年向联合国人权委员会并通过经济及社会理事会向联合国大会提交年度报告。②

3. 联合国难民事务高级专员公署

联合国难民事务高级专员公署(联合国难民署)是联合国大会附属机构之一。其于1951年1月在日内瓦成立,原为处理第二次世界大战期间遗留下来的欧洲难民问题的临时机构。后因世界各地陆续出现难民问题,工作范围逐步扩大,故一直延存至今。总部设在日内瓦。

联合国难民事务高级专员公署的职能是:在联合国领导下,通过下列途径向属于其职权范围内的难民提供国际保护,促进缔结和批准保护难民的国际公约,监督其实施并对此提出修正案;通过与各政府达成特别协定,推动执行措施以改善难民处境和减少需要保护的人数;协助政府和私人在促进自愿遣返或与新国家社会同化方面的努力;促使各国收容难民;努力使难民获准转移其财产,特别是他们重新定居所必需的财产;从各国政府获得有关其领土内难民人数和条件以及涉及难民的法律和规章的情报;与各国政府和有关政府间组织保持密切联系;与处理难民问题的私人组织建立联系;促进协调关注难民的私人组织的努力。此外,根据联合国大会的要求,办事处可以参与难民遣返和重新定居活动,并按《减少无国籍状态公约》,在帮助无国籍人方面发挥某些作用。

联合国难民事务高级专员公署在1954年和1981年两度荣获诺贝尔和平奖。出版物有《难民》月刊,以英、法、西文出版,从1985年起不定期出版中文版。

---

① http://www.ohchr.org/EN/AboutUs/Pages/WhoWeAre.aspx,访问日期:2022年10月22日。

② Further discussions, see: Janet E. Lord, "The United Nations High Commissioner for Human Rights: Challenges and Opportunities", 17 *Loy. L.A. Int'l & Comp. L.J.* 329 (1995).

(三)依据人权公约而设立于联合国之下的人权条约机构

联合国通过的一些人权公约,在规定相关权利时,还规定了设立相应的机构,以便审议缔约国定期提交的履约报告,提出结论性意见,发表对公约条款内容的一般性评论,处理有关国家或个人的来文,从而监督和审查这些人权公约的履行与实施情况。这些机构被称为联合国人权条约机构(Treaty Bodies)。到目前为止,根据国际人权公约设立的人权条约机构有10个:

1. 人权事务委员会(HRC),是监督缔约国对《公民及政治权利国际公约》落实情况的独立专家机构。所有缔约国都有义务向委员会提交有关其如何落实相关权利的定期报告。各国必须在加入公约一年后提交初次报告,之后应委员会要求随时提交报告(通常每四年一次)。委员会对每份报告进行审议,并以"结论性意见"的形式提出对缔约国的关切和建议。除报告程序外,《公民及政治权利国际公约》第41条规定,委员会可以审议国家间投诉。另外,公约第一任择议定书还授权委员会审议指称议定书缔约国违反公约规定的个人投诉。委员会的完整职能还延伸至公约第二任择议定书,即在接受议定书的国家中废除死刑。委员会通常每年在纽约或日内瓦召开三次会议。委员会还发布其对人权规定内容的解释,被称为有关专题问题的一般性意见或其工作方法。

2. 经济、社会和文化权利委员会(CESCR),是监督缔约国落实《经济、社会及文化权利国际公约》情况的独立专家机构。ICESCR最初没有设立专门的公约执行机构,而由经济及社会理事会以及联合国的有关机构审议由联合国秘书长转交的成员国报告,提出建议。1985年5月28日,经济及社会理事会通过第1985/17号决议成立CESCR,以发挥公约第四部分规定的经济及社会理事会的监控职能。所有缔约国有义务定期向委员会提交关于权利落实情况的报告。各国必须在加入公约后的两年内进行首次报告,随后每五年进行报告。委员会审议每一份报告,并以"结论性意见"的形式对缔约国提出委员会的关注问题及建议。除了报告程序,于2013年5月5日生效的《经济、社会及文化权利国际公约任择议定书》规定委员会有权接受并审议个人关于指控其公约所规定权利被侵犯的来文/投诉。委员会也可以在特定情况下对公约所规定经济、社会及文化权利的严重或系统的侵犯行为进行调查并审议国家间投诉。委员会在日内瓦召开会议,通常每年举行两次会议,每次会议包括为期三周的全体会议和为期一周的会前工作组。委员会也会发布《公约》规定的解读,被称作一般性意见。

3. 消除种族歧视委员会(CERD),是监督缔约国落实《消除一切形式种族歧视国际公约》情况的独立专家机构。所有缔约国有义务定期向委员会提交关于权利落实情况的报告。各国必须在加入公约后的一年内进行报告,随后每两年报告一次。委员会审议每一份报告,并以"结论性意见"的形式对缔约国提出委员会的关注问题及建议。除了报告程序,《消除一切形式种族歧视国际公约》设立了让委员会履行其监督职能的另外三项机制:早期预警程序、审议国家间投诉以及个人投诉。委员会通常每年在日内瓦召开两次届会,每届会议持续三周。委员会还发布其对人权规定内容的理解,被称作关于专题问题的一般性建议(或一般性意见)并组织专题讨论。

4. 消除对妇女歧视委员会(CEDAW),是监督缔约国落实《消除对妇女一切形式歧视公约》情况的独立专家机构。成为条约缔约方的国家(缔约国)应该定期向委员会提交关于公约规定权利落实情况的报告。委员会在每次届会上审议各个缔约国的报告,并以结论性意见的形式向缔约国提出委员会关注的问题及建议。委员会还制定了一般性建议和意见。一般性建议面向各国,并涉及公约条款或专题。

根据《消除对妇女一切形式歧视公约任择议定书》,委员会有权接收向委员会投诉公约规定权利被侵犯的个人或个人团体的来文/投诉,以及对妇女权利严重或系统性的侵犯状况展开调查。这些为任择程序,并只在相关国家接受的情况下方可适用。

5. 禁止酷刑委员会(CAT),负责监督《禁止酷刑和其他残忍、不人道或有辱人格的待遇或处罚公约》缔约国落实公约的情况。所有缔约国有义务定期向委员会提交关于权利落实情况的报告。各国必须在加入公约后的一年内进行报告,随后每四年报告一次。委员会审议每一份报告,并以"结论性意见"的形式对缔约国提出委员会的关注问题及建议。除了报告程序,委员会还可以在特定情况下审议声称其《消除对妇女一切形式歧视公约》所规定权利被侵犯的个人投诉或来文,进行调查并审议国家间投诉。委员会也会发布对《公约》规定内容的解读,被称作专题问题的一般性意见。

6. 防范酷刑小组委员会(SPT),依据 2006 年 6 月生效的《禁止酷刑公约任择议定书》设立。小组委员会有权查访缔约国内个人自由受到剥夺的地区。根据《禁止酷刑公约任择议定书》，缔约国应设立独立的国家机制，以防范国内的酷刑，该机制也有权检查拘留场所以防止酷刑和其他残忍、不人道或有辱人格的待遇情况发生。

7. 儿童权利委员会（CRC），负责监督《儿童权利公约》及其任择议定书的实施，在所有关心促进儿童权利的各方之间开展持久对话；在其他国际组织的帮助下，找出威胁全世界儿童幸福的危险、对具体问题寻找切实可行的答案、调动解决这些问题所需的人力和财政资源、提高公众对保护和促进儿童权利的意识和关心。其职能是：监督批准或加入公约的缔约国在履行责任方面取得的进展；接受并审查各缔约国就实施公约所采取的措施和关于儿童享受权利方面所取得的进展向委员会定期提交的报告。委员会有权要求缔约国对其报告内所提供的资料加以补充和向该缔约国政府及联合国大会提出意见。

8. 移徙工人委员会（CMW），是监督《保护所有移徙工人及其家庭成员权利国际公约》实施的机构，委员会负责审议缔约国的报告，并确保缔约国的报告、问题单及缔约国对问题单的答复得以公布。

9. 残疾人权利委员会（CRPD），负责监督各缔约国执行《残疾人权利国际公约》的情况。所有缔约国都有义务定期向委员会提交权利落实情况的报告。缔约国须在接受公约的头两年内向委员会提交首次报告，以后则每四年提交一次报告。委员会将对每一份报告进行审议，作出认为适当的意见和一般性建议，并且将这些建议转交给有关的缔约国。公约的任择议定书授权该委员会审查有关指称任择议定书缔约国违反公约的个人申诉。该委员会通常每年在日内瓦举行两次会议。

10. 强迫失踪问题委员会（CED），负责监督各缔约国执行《保护所有人免遭强迫失踪的国际公约》情况，所有缔约国有义务就权利如何落实向委员会提交定期报告。各国必须在接受公约后的最初两年内提交初次报告。该委员会审议每一份报告，并就报告适当提出建议和一般性意见，并送交给相关缔约国。公约第 31 条规定，缔约国可在批准本公约时，或在批准之后的任何时候宣布，承认委员会有权接受和审议受该国管辖、声称是该缔约国违反本公约规定之受害者本人或其代理人提交的举报和申诉。委员会通常每年在日内瓦举行两次会议。

各人权条约机构由在人权领域具有公认能力的独立专家组成，由各缔约国提名、经缔约国大会选举产生,以个人名义任职,任期为4年。人权条约机构根据相关条约和任择议定书的授权工作,包括审议缔约国的定期报告,审议个人投诉,开展国家调查,通过解释条约规定的一般性意见并组织与条约相关的专题讨论。人权条约机构的首要任务是通过审查缔约国根据条约规定定期提交的报告对相关条约的执行情况进行监督。人权条约机构与宪章机构的相同之处是,它们所做出的决定或提出的建议不具有法律拘束力。

表9-2 联合国核心人权条约及其机构列表

条约名称	英文缩写/中文简称	通过日期	监督机构
《消除一切形式种族歧视国际公约》(International Convention on the Elimination of All Forms of Racial Discrimination)	《消除种族歧视公约》(ICERD)	1965.12.21	消除种族歧视委员会(CERD)
《公民及政治权利国际公约》(International Covenant on Civil and Political Rights)	《公民及政治权利公约》(ICCPR)	1966.12.16	人权事务委员会(CCPR)
《公民及政治权利国际公约任择议定书》(Optional Protocol to the International Covenant on Civil and Political Rights)	《公民及政治权利公约任择议定书一》(ICCPR-OP1)	1966.12.16	
《旨在废除死刑的公民权利和政治权利国际公约第二项任择议定书》(Second Optional Protocol to the International Covenant on Civil and Political Rights, aiming at the abolition of the death penalty)	《公民及政治权利公约任择议定书二》(ICCPR-OP2)	1989.12.15	
《经济、社会及文化权利国际公约》(International Covenant on Economic, Social and Cultural Rights)	《经社文权利公约》(ICESCR)	1966.12.16	经济、社会和文化权利委员会(CESCR)
《经济、社会及文化权利国际公约任择议定书》(Optional Protocol to the Covenant on Economic, Social and Cultural Rights)	《经社文权利公约任择议定书》(ICESCR-OP)	2008.12.10	

(续表)

条约名称	英文缩写/中文简称	通过日期	监督机构
《消除对妇女一切形式歧视公约》(Convention on the Elimination of All Forms of Discrimination against Women)	《消除妇女歧视公约》(CEDAW)	1979.12.18	消除对妇女歧视委员会 CEDAW
《消除对妇女一切形式歧视公约任择议定书》(Optional Protocol to the Convention on the Elimination of Discrimination against Women)	《消除妇女歧视公约任择议定书》(OP-CEDAW)	1999.12.10	
《禁止酷刑和其他残忍、不人道或有辱人格的待遇或处罚公约》(Convention against Torture and Other Cruel, Inhuman or Degrading Treatment or Punishment)	《禁止酷刑公约》(CAT)	1984.12.10	禁止酷刑委员会 CAT
《禁止酷刑和其他残忍、不人道或有辱人格的待遇或处罚公约任择议定书》(Optional Protocol to the Convention against Torture and Other Cruel, Inhuman or Degrading Treatment or Punishment)	《禁止酷刑公约任择议定书》(OP-CAT)	2002.12.18	预防酷刑小组委员会 SPT
《儿童权利公约》(Convention on the Rights of the Child)	《儿童权利公约》(CRC)	1989.11.20	儿童权利委员会 (CRC)
《〈儿童权利公约〉关于儿童卷入武装冲突问题的任择议定书》(Optional protocol to the Convention on the Rights of the Child on the involvement of children in armed conflict)	《〈儿童权利公约〉武装冲突问题任择议定书》(OP-CRC-AC)	2000.5.25	

(续表)

条约名称	英文缩写/中文简称	通过日期	监督机构
《〈儿童权利公约〉关于买卖儿童、儿童卖淫和儿童色情制品问题的任择议定书》(Optional protocol to the Convention on the Rights of the Child on the sale of children, child prostitution and child pornography)	《儿童权利公约买卖儿童等问题任择议定书》(OP-CRC-SC)	2000.5.25	儿童权利委员会（CRC）
《儿童权利公约关于设定来文程序的任择议定书》(Optional Protocol to the Convention on the Rights of the Child on a communications procedure)	《儿童权利公约来文程序任择议定书》(OP-CRC-IC)	2014.4.14	
《保护所有移徙工人及其家庭成员权利国际公约》(International Convention on the Protection of the Rights of All Migrant Workers and Members of Their Families)	《移徙工人权利公约》(ICMW)	1990.12.18	移徙工人委员会（CMW）
《保护所有人免遭强迫失踪的国际公约》(International Convention for the Protection of All Persons from Enforced Disappearance)	《免遭失踪公约》(CPED)	2006.12.20	强迫失踪问题委员会（CED）
《残疾人权利国际公约》(Convention on the Rights of Persons with Disabilities)	《残疾人权利公约》(CRPD)	2006.12.13	残疾人权利委员会（CRPD）
《残疾人权利公约任择议定书》(Optional Protocol to the Convention on the Rights of Persons with Disabilities)	《残疾人权利公约任择议定书》(OP-CRPD)	2006.12.12	

(四) 与人权有关的其他专门机构

联合国专门机构是依照《联合国宪章》第 57 条和第 63 条的规定,并根据特别协定同联合国建立关系的政府间组织。这种专门机构有国际劳工组织、联合国粮食及农业组织、联合国教科文组织、世界卫生组织、世界银行集团、世界知识产权组织、世界旅游组织等 15 个。联合国系统的上述政府间组织都在不同的侧面关注人权问题。与此同时,在联合国框架之外的世界贸易组织与国际刑事法院也与人权有着极为密切的关系。

1. 国际劳工组织。国际劳工组织的宗旨是:"促进充分就业和提高生活水平;促进劳资双方合作;扩大社会保障措施;保护工人生活与健康"等。它的箴言是:"任何地方的贫穷均构成对一切地方繁荣的威胁。"国际劳工组织主张通过劳工立法来改善劳工状况,从而获得世界持久和平,建立社会正义。自联合国成立以来,国际劳工组织主持制定了许多有关人权的国际文件,其中,重要的文件有:《歧视(就业及职业)公约》《同酬公约》《废止强迫劳动公约》《结社自由及保护组织权公约》《就业政策公约》《劳资关系(公共事业)公约》《集体谈判公约》《职业安全与保健公约》等。①

2. 联合国粮食及农业组织。其工作目的是:消灭影响到发展中国家中千百万人民的饥饿和贫困,实现世界粮食安全。1961 年,根据联合国大会和粮农组织大会的决议,联合国和粮农组织共同成立了"世界粮食计划署",并于 1963 年起正式办公。该计划署的宗旨是:以粮食为手段帮助受援国在粮农方面达到生产自救和粮食自给的目标。②

3. 联合国教育、科学及文化组织。联合国教育、科学及文化组织通过了一些保障人权的国际文件,如《取缔教育歧视公约》《设立一个和解及斡旋委员会负责对取缔教育歧视公约各缔约国间可能发生的任何事端寻求解决办法的议定书》《关于新闻工具为加强和平与国际谅解、促进人权、反对种族主义、种族隔离及战争煽动作出贡献的基本原则宣言》《种族与

---

① 见联合国新闻部:《联合国手册》第 10 版,中国对外翻译出版公司 1987 年版,第 68、75 页。有关最新情况可见于 http://www.ilo.org/,访问日期:2022 年 10 月 22 日。

② 关于该组织的活动及进展,参见该组织网站 http://www.fao.org/,访问日期:2022 年 10 月 22 日。

种族偏见问题宣言》等。①

4. 世界卫生组织。WHO 的宗旨是使各民族获得最高可能水平的健康,还帮助各国通过为个人、家庭和社区提供服务,建立卫生保健机构和查询系统以及提供常用药、其他物资和设备,加强其卫生保健系统。② 2020 年新冠肺炎疫情爆发以后,WHO 针对疫情防控做了很多工作,增进了世界人民的健康权。

5. 世界贸易组织。WTO 的宗旨是:提高人民生活水平、保证充分就业,大幅度和稳定地增加实际收入和有效需求,扩大货物和服务的生产与贸易,有效运用世界资源,实现可持续发展,保护和维护环境,并以不同经济发展水平下各自需要的方式,加强采取各种相应的措施。③ 虽然世界贸易组织的宗旨和原则并不直接显露人权的内容,但是由于贸易与发展问题紧密相连,发展既是人权的一部分,又对人权的很多内容有直接的保障作用,所以,在世界贸易组织之内提倡人权已经成为近来学术界关注的热点。④ WTO 与环境权、健康权、劳动权的联系成为贸易体制和人权体制连接的关键方面。⑤

6. 国际刑事法院。国际刑事法院的出现是对于传统国际法的又一次突破。虽然至今还存在着很多的理论和实践问题,但是《罗马规约》的创制过程以及法院的存在本身就意味着国际法的重要发展,也意味着国际

---

① 关于联合国教科文组织的基本情况及最新动态,参见 http://www.unesco.org/general/chi/。该组织在文化多样性方面的努力尤其值得关注,同时其对健康问题也给予了很大努力,参见 Allyn L. Taylor, "Globalization and Biotechnology: UNESCO and an International Strategy to Advance Human Rights and Public Health", 25 *Am. J. L. and Med.*479(1999).

② 世界卫生组织的具体情况,参见世界卫生组织的官网 http://www.who.org,访问日期:2022 年 10 月 22 日。2003 年的 SARS 事件以及 2004 年初在亚洲风行的禽流感使人们对作为人权一部分的公共健康分外重视,此中 WHO 功不可没。

③ 世界贸易组织的概略介绍,参见网站 http://www.chinesewto.net/jianjie.asp,访问日期:2022 年 10 月 22 日,以及世界贸易组织官网 http://www.wto.org,访问日期:2022 年 10 月 22 日;中文最权威的介绍见[美]约翰·H. 杰克逊:《GATT/WTO 法理与实践》(中译本),新华出版社 2002 年版。

④ 参见莫世健:《试论 WTO 和人权的可协调性》,载《政法论坛》2004 年第 2 期;郑远民:《国际人权保护:WTO 争端解决机制所面临的新问题及其对策》,载《时代法学》2004 年第 6 期。

⑤ See Ernst-Ulrich Petersmann, The WTO Constitution and Human Rights, 3 *EJIL* (2000) 19; Petersmann, Human Rights and International Economic Law in the 21st Century, 4 *EJIL* (2001) 3; Petersmann, Taking Human Rights, Poverty and Empowerment of Individuals More Seriously: Rejoinder to Alston, 4 *EJIL* (2002) 845.

社会对于人权保障的进一步重视。①

二、区域性的人权保护机构

人权的保护在有些区域取得了很大的进展②,其中最值得关注的是欧洲理事会的组织和规范,美洲、非洲也作出了可观的努力。

(一) 欧洲理事会

1949 年 5 月 5 日,爱尔兰、比利时、丹麦、法国、荷兰、卢森堡、挪威、瑞典、意大利和英国在伦敦签订《欧洲理事会规约》,欧洲理事会(Council of Europe, CoE)③正式成立。其宗旨是保护和加强多元化的民主及人权、法治,寻求解决社会重大问题的办法以及促进实现欧洲文化的同一性。依据第 8 条,已严重违反了该规约第 3 条的某一成员国可以被中止其代表权利,并且被部长人权委员会要求按照第 7 条退出欧洲理事会;如果该国不遵守这一要求的话,则可以被开除。总部设于法国斯特拉斯堡。在巴黎设有办事处。

欧洲理事会通过了大量与人权相关的法律文件,包括 1950 年《欧洲人权公约》、1961 年《欧洲社会宪章》、1977 年《欧洲文化公约》、1987 年《欧洲防止酷刑、不人道和有辱人格的待遇或惩罚公约》、1990 年《保护人类免受生物医学损害的框架公约》、1991 年关于移民本地化问题的《法兰克福宣言》、1992 年《欧洲区域或少数民族语言宪章》、1994 年《关于保护少数民族的框架公约》、1996 年《生物及医学应用的人权与人性尊严保护公约》(CETS 164)及其 1998 年的《关于禁止克隆人的附加议定书》(CETS 168)等。

---

① See. E.g., Cassese, Antonio, Paola Gaeta and John R. W. D. Jones (eds.), *The Rome Statute of the International Criminal Court: A Commentary* (Oxford University Press, 2002); Dörmann, Knut, *Elements of War Crimes under the Rome Statute of the International Criminal Court: Sources and Commentary* (Cambridge University Press, 2003); 刘健:《论国际刑事法院管辖权与国家主权》,载《法律科学(西北政法学院学报)》2004 年第 5 期;高铭暄、王秀梅:《论建立国际刑事法院的法律意义》,载《吉林大学社会科学学报》2004 年第 3 期;曾令良:《国际法发展的历史性突破——〈国际刑事法院规约〉述评》,载《中国社会科学》1999 年第 2 期。

② 对于区域化人权保护体制的论述,参见杨成铭:《人权保护区域化的尝试》,中国法制出版社 2000 年版。

③ 很多中文阐述都将这一组织的名称定为"欧洲委员会",简称"欧委会"。本书的称呼根据该组织提供的《欧洲人权公约》中文本。

(二) 美洲国家组织(The Organization of American States, OAS)

美洲国家组织中主持人权工作的是美洲国家间人权委员会和美洲国家间人权法院。① 美洲国家间人权委员会(Inter-American Commission on Human Rights)于 1959 年第 5 次美洲国家外长协商会议决定建立,其职责是促进对《关于人的权利与义务的美洲宣言》所提出的人权的尊重。美洲人权委员会的权力包括筹划调研和撰写报告,向各成员国政府提出改进人权的建议,筹划调研(国家研究),以及在特定情况下"向各成员国政府提出建议"以便在其国内立法范围内为人权采取更进一步的措施。1965 年,第二次美洲特别会议授权委员会接受指控美洲国家组织成员国侵犯《美洲人的权利和义务宣言》所规定的一些人权的个人投诉,并对这些投诉采取行动。1970 年以后,人权委员会的职能是继续负责促进对人权状况的遵守和保护,并充任美洲国家组织在这些事务方面的咨询机构。人权委员会在内战和国际武装冲突和扣留人质等场合为斡旋和保护人权起了重大作用。

美洲国家间人权法院(Inter-American Court of Human Rights)是根据 ACHR 设立的,院址在哥斯达黎加的圣何塞。ACHR 第 61—62 条规定了法院对争议的管辖权。一般而言,只有各缔约国和人权委员会有权向法院提交案件。② 根据 ACHR 第 64 条的规定,美国人权法院还有权就美洲国家组织成员国和有关美洲机构可以就 ACHR 或其他保护人权条约在美洲国家的解释问题提出咨询意见,但其咨询意见仅供参考,并没有法律约束力。

(三) 非洲人权和人民权委员会及法院

《非洲人权与人民权宪章》第 2 部分"保护措施"的第 1 章规定设立一个非洲人权和人民权委员会(African Commission on Human and Peoples' Rights, ACHPR),该委员会作为非洲统一组织(现为非洲联盟)的机构之一,其宗旨是"在非洲促进人权和人民的权利并保证对它们的保护"。该委员会具有促进的和准司法的职能。其促进权力包括进行研究、

---

① http://www.oas.org/en/iachr/,访问日期:2022 年 10 月 22 日。
② 不过,这并不意味着一个由个人申诉的案件就不可能进入美洲国家间人权法院的诉讼程序,而只是说此类案件要由美洲国家间人权委员会或公约缔约国提交给法院。如 Honduras: Velasquez Rodriguez 案就是如此。

召开会议、倡议出版计划、传播消息、向政府提出看法和建议以及同关心人与人民的权利的国家和地方机构合作。

1998年6月9日,非洲统一组织通过了《关于建立非洲人权和人民权法院的议定书》①,该议定书2003年12月26日达到生效条件。非洲人权和人民权(也有的文件译为"民族权")法院(African Court of Human and Peoples' Rights, AfCHPR)的目的是保护人权,在非洲大陆上推进人道主义行动。实际上,非洲人权和人民权法院成立的步履比较艰难。2006年1月,选出了非洲人权与人民权法院的11名法官;7月,进入第一次开庭。2009年12月15日,法院作出第一份判决。②

第四节 国际人权监督机制

人权的国际立法所规定的内容,要能得到切实有效地实施,不仅要有相关的机构、组织,还必须要有相应的实施制度。

一、全球人权法律体制

全球范围的人权体制整合主要是在联合国的引领和主导下完成的。联合国系统内的人权实施制度对于世界上的多数国家而言更为具有切身关系,而且就其本身而言,也最为复杂。③ 其主要的运作机制包括以下五个方面:

(一)普遍定期审议制度

2006年3月15日通过的第60/251号决议建立了报告审查(Universal Periodic Review, UPR)制度。联合国理事会负责对所有联合国会员国履行人权义务和承诺的情况进行普遍定期审议评估。人权理事会成立之初的建章立制方案规定,所有联合国会员国每四年都要受到人权理事会的

---

① OAU/LEG/EXP/AFCHPR/PROT(Ⅲ).

② 相关讨论,参见 Malcolm D. Evans and Rachel Murray, *The African Charter on Human and Peoples' Rights: The System in Practice* (Cambridge University Press, 2002), pp. 1986-2000;朱利江:《简评即将成立的非洲人权和民族权法院》,载《人权》2005年第4期;洪永红、贺鉴:《非洲人权法院对欧美人权法院的借鉴——个体和非政府组织参与人权诉讼》,载《法学杂志》2002年第6期。关于非洲人权问题的网上资料汇集,见 http://library.stanford.edu/africa/hurights.html。

③ 关于国际人权公约的实施,参见谭世贵主编:《国际人权公约与中国法制建设》,武汉大学出版社2007年版,第74—111页。

审查,普遍审查制度的目的是改善各国人权状况并指出任何对人权的侵犯。这一机制的目的是改善各国人权状况,并设法解决在任何地方发生的侵犯人权的事件。

2009年2月,中国首次参加国别人权审议;2013年10月,中国参加第二轮国别人权审议;2018年11月中国参加第三轮国别人权审议。

(二)履约报告的提交与审查

该制度是由有关国际人权条约设立的人权机构审议各个缔约国提交的履约报告,并提出评议与建议的一种制度。所有的报告都由人权条约机构公开审议,一般会有有关国家的代表在场,人权条约机构审议报告以建设性对话为基础,充分听取有关国家代表的陈述,在审议后的结论性意见中,采取温和措辞,维护良好的对话关系。

国家报告制度是国际人权条约执行机制中唯一的具有强制性的制度,国家只要参加了相关的人权条约,就承担提交报告并接受人权条约机构审议的义务。国家报告制度是到目前为止比较有效的一种监督国家履行人权义务的制度。

(三)缔约国之间指控的处理

联合国的人权文件中,有些还规定了其监督机构有权受理某一缔约国对另一缔约国未履行公约规定义务的指控。但这一程序从未被使用过。《禁止酷刑和其他残忍、不人道或有辱人格的待遇或处罚公约》第21条和《保护所有移徙工人及其家庭成员权利国际公约》第76条规定了一项程序,由相关的委员会本身来审议一个缔约国认为另一个缔约国没有执行公约条款而提出的投诉。《消除一切形式种族歧视国际公约》第11条至第13条和《公民及政治权利国际公约》第41条至第43条规定了更加详细的程序,通过设立特设调解委员会来解决缔约国之间关于国家是否履行其根据相关条约所承担的义务的争端,前提是要先用尽国内救济办法,国家对国家的指控制度一般为任择性质,即在人权条约中规定缔约国可以随时自由做出声明接受这一制度,该程序对于已经做出接受声明的缔约国发生效力。但是《消除一切形式种族歧视国际公约》不是任择性质的,所有批准该公约的缔约国都自动适用这一程序,而且原则上是不能进行保留的。①

(四)个人申诉

个人申诉制度是根据国际人权条约的规定,个人在一定条件下享有的对国家提出申诉的权利的制度。一般要求以条约的任择性条款为根据,而且还要求用尽国内救济措施。

个人申诉制度由《消除一切形式种族歧视国际公约》首先确立。《公民及政治权利公约任择议定书》也规定了个人申诉制度,这是一个准司法程序。根据该议定书第1条和第2条的规定,只有个人可以向委员会提出申诉,团体或非政府组织以及其他实体均不得向委员会提出申诉。个人申诉要求不能是匿名的,不能滥用申诉权或违反任择议定书的规定,以及要求用尽国内救济。根据议定书第4条的规定,一旦委员会决定申诉是可以接受的,来文的情况将通知给被控告的国家,要求国家在接到通知6个月内书面向委员会解释或声明,说明原委。如果该国已经采取了救济办法,也一并做出说明。委员会审查时根据个人和国家提供的一切书面材料进行,审查是秘密进行的。审查后提出解决意见,意见是公布的,但意见没有法律拘束力,即使不执行也没有任何制裁的强制措施。

2007年6月18日,人权理事会通过了题为《联合国人权理事会的体制建设》的第5/1号决议,该决议设立的新申诉程序(complaint procedure)旨在处理世界任何地方在任何情况下发生的一贯严重侵犯所有人权和基本自由且得到可靠证实的情况。申诉程序受理由个人、团体或声称为人权侵犯受害者或掌握与该类侵犯相关的直接可靠信息的非政府组织提交来文。与之前的1503程序相似,新申诉程序是保密的,旨在加强与相关国家间的合作。新申诉程序在必要之处作了改进,以确保程序公正、客观、高效、注重受害者且能及时启动。

(五)特别程序(1235号与1503号决议)

1966年,联合国大会要求经济及社会理事会紧急地考虑改进联合国制止违反人权的方式方法。1967年经社理事会第1235(XLII)号决议授权人权委员会审议、研究、报告任何国家内严重侵犯人权的问题,由此发展出了人权委员会的特别程序,即国别任务(country mandates)和专题任

---

① 《消除一切形式种族歧视国际公约》第20条第2款。

务(thematic mandates),对特定国家或地区的人权状况,或者世界范围内的重大侵犯人权行为,进行调查、监督、咨询和公开报告。1235 程序是使人权机构能够主动采取行动的发端。① 1970 年 5 月 27 日,经社理事会通过了第 1503(XLVIII)号决议②,规定防止歧视和保护少数小组委员会不用依据条约,在经证明确系一贯和严重地侵害基本人权的情形下即有权受理个人的来文。该决议授权小组委员会建立一个小型工作组审查联合国收到的来文,以查明来文中"明显暴露出具有某种持续不断的大规模的和证据确凿的侵犯了小组委员会职权范围内的人权和基本自由的典型情况"。小组委员会可决定将具有一贯侵犯人权特点的情况提交人权委员会审议。人权委员会可以自行研究并向经社理事会提出报告和建议,如对海地的案件的处理;委员会也可以在征得有关国家同意的情况下任命一个特设委员会去进行调查,如对赤道几内亚案件的做法。③ 经济及社会理事会以及大会有权通过适当的决议,要求有关政府纠正形势和遵守其对《联合国宪章》的义务,不得侵犯人权。最近几年来,在处理极端恶劣的情况时,人权委员会已倾向于使用经济及社会理事会第 2535 号决议而不使用第 1503 号决议。第 2535 号决议"使委员会成员有可能将对大规模侵犯人权的指控置于该委员会议程上,并把这种指控放在公开性会议上进行讨论,而第 1503 号决议则不允许这样做"。

直接调查就是在发现某缔约国大规模侵犯人权时,指派人员去该国进行调查。目前,《禁止酷刑和其他残忍、不人道或有辱人格的待遇或处罚公约》,是唯一的可以自己决定进行调查的人权公约。该公约第 20 条第 2 款、第 3 款规定:"委员会考虑到有关缔约国可能提出的任何说明以及可能得到的其他有关情报,如果认为有正当理由,可以指派一名或几名成员进行秘密调查并立即向委员会提出报告。"并且,"在该缔约国的同意下,这种调查可以包括到该国境内访问"。委员会审查其成员所提交的调

---

① Cf: Henning Boekle, "Western states, the UN Commission on Human Rights, and the '1235 procedure': the 'question of bias' revisited", 13:4 *Netherlands Quarterly of Human Rights* 367-402 (1995).

② Procedure for dealing with communications relating to violations of human rights and fundamental freedoms, http://www.unhchr.ch/huridocda/huridoca.nsf(Symbol)/1970.1503.En? OpenDocument,访问日期:2022 年 10 月 22 日。

③ 以上情况分别见人权委员会:《第 40 届全体会议报告》,联合国文件 E/1984/14,E/CN 4/1984N7,第 16、106 页;第 86、9 页。

查结果后,应将这些结果连同根据情况似乎适当的任何意见或建议一并转交该有关缔约国。根据消除种族歧视委员会公布的材料,只有土耳其和埃及受到调查。

2006年人权理事会取代了人权委员会,人权理事会接管了上述职能和程序,人权理事会特别程序(Special Procedures of the Human Rights Council)是旨在从专题角度(thematic mandates)或具体国别角度(country mandates)对人权问题提供建议和报告的独立人权专家机制。特别程序系统是联合国人权机制的重要组成部分,涵盖公民、文化、经济、政治和社会等多方面的人权问题。特别程序由特别报告员、独立专家、特别代表和工作组组成,对具体国家或专题问题的人权方面的状况进行监督、审查、建议和公开报告。

当然,联合国的其他人权机构也可以对有关缔约国进行调查,如人权委员会就曾设立一个临时工作组,调查智利的人权状况。但由于人权委员会早在1947年就已决定它"对关于人权的任何指控无权采取任何行动"。从总的情况来看,联合国系统内的人权实施制度中,法律监督(报告的提交与审查)制度的效果是最好的,因为它既尊重了国家主权,避免了对抗,强调了对话,又促进了国际人权合作。而缔约国之间指控的处理、个人申诉以及直接调查,却因对抗性较强而使其实施效果不甚理想。这需要国际社会共同努力,以促进国际人权事业的健康发展。①

二、区域人权法律机制

国际上促进和保护人权的行动,已经扩展到欧洲、美洲、非洲和中东等地区一级。但是,只有前3个地区走到制定人权宪章并且建立宪章执行机构的阶段。阿拉伯国家联盟理事会在1968年建立了阿拉伯常设人权委员会,但是以后由于忙于处理以色列占领区上阿拉伯居民的权利问题而没有完成拟议的阿拉伯人权公约的制定工作,委员会目前更多的是起促进人权而不是保护人权的作用。总体看来,区域人权体制为促进人权保护、推进全球人权的发展做出了重要贡献。②

---

① 参见白桂梅、龚刃韧、李鸣等:《国际法上的人权》,北京大学出版社1996年版,第158—196页。

② 参见朱陆民:《区域性人权保护对国际人权保护的贡献》,载《湘潭大学学报(哲学社会科学版)》2004年第4期。

(一) 欧洲的人权保护机制

欧洲的人权保护制度随着欧洲一体化的进程而日益完善。① 欧洲人权制度主要体现在欧洲理事会的框架之下,虽然欧洲共同体(以及作为继承者的欧洲联盟)也一直为了促进和保障某些人权而进行努力。②

1.欧洲理事会框架下的人权保护。根据原《欧洲人权公约》规定而设立的欧洲人权委员会和欧洲人权法院及相关制度,使"欧洲理事会最终成功地建立了一个超民族、超国家的机制来捍卫人权"。③

在《欧洲人权公约第十一议定书》生效之前,欧洲理事会的人权职责由欧洲人权委员会和欧洲人权法院分别承担。欧洲人权委员会是隶属于欧洲理事会的人权保护机构,于1959年设立。该委员会由与理事会成员国相同数量的委员组成,由部长委员会从咨询秘书处提出的名单中以绝对多数票选出;委员以个人的能力和才干当选。任期6年,他们以个人身份任职,不代表本国政府。委员会的宗旨是保证《欧洲人权公约》缔约国遵守公约所规定的义务。④ 1958年9月3日成立的欧洲人权法院是常设司法机构。它由同欧洲理事会成员相等数目的法官组成。法官由咨询议会从欧洲理事会委员所提名的人员中以多数票选出。法官候选人应具有高尚的道德品质并具有高级司法职位的任命资格或为公认的法学家。法官任期9年,可以连选连任。人权法院起初只有争议管辖权,后来,第二议定书赋予它有限的咨询管辖权。第十一议定书生效后,新的人权法院吸纳了原委员会的职能,使程序显得更为简洁。法院对争端是否有管

---

① 相关著述,参见 R. St. J. Macdonald, F. Matscher and H. Petzold (ed.), *The European System for the Protection of Human Rights*, Martinus Nijhoff Publishers, 1993;朱晓青:《欧洲人权法律制度比较研究》,法律出版社2003年版;[英]克莱尔·奥维、[英]罗宾·怀特:《欧洲人权法:原则与判例(第三版)》,何志鹏、孙璐译,北京大学出版社2006年版。

② 关于欧洲共同体与人权联系的情况及其评论,参见 Nanette A. Newall and Alan Rosas, eds., *The European Union and Human Rights*, Dordrecht, Kluwer International, 1995; Joseph H. H. Weiler and Nickolas Lockhart, "'Taking Rights Seriously' Seriously: The European Court of Justice and Its Fundamental Rights Jurisprudence", 32 *Common Market Law Review* 51-92 and 579-627 (1995); Gabriel Toggenburg, "A Rough Orientation Through a Delicate Relationship: The European Union's Endeavors for (its) Minorities", 4 *European Integration Online Papers* 16 (2000).

③ 斯瓦德(Fred E. Schrader)、陈丰:《欧洲人权和公民权法律的历史和问题》,载《欧洲》1998年第4期。

④ See http://www.commissioner.coe.int,访问日期:2022年10月22日。

辖权,应由法院通过判决解决。① 欧洲人权法院自成立以来,进行了较为有效的工作,产生了一些典型的国际人权判例②,已被视为西欧公民自由的宪法法院。③ 欧洲人权法院及其一部分的前身欧洲人权委员会在人权方面的实践对于丰富人权的内容、确立人权的基本操作方式和原则作出了重要的贡献。④

2. 欧洲联盟框架下的人权。现在,欧洲联盟(其前身为欧洲共同体)越来越多地参加到人权事务之中,并且有可能建立起一个后国家时代的人权体制。⑤ 欧盟的设立目的侧重于经济与政治领域的区域合作,因此,欧洲一体化早期出现了"人权赤字"。1991年《欧洲联盟条约》重申和强化了人权法律原则。1997年《阿姆斯特丹条约》对《欧洲联盟条约》确定的人权原则和权利的内容作了重要修改和补充:一是引入非歧视原则;二是增加了保护个人关于个人数据的处理和自动移动的权利;三是强调了欧盟公民资格的补充性;四是增加了对成员国违反欧洲确立的人权原则的行为的处罚措施。⑥ 根据欧盟法,所有欧盟成员国都必须批准《欧洲人权公约》并适用个人申诉等制度。欧盟在其通过的一系列法律文件中规定了大量的保护人权的条款,其中,《欧洲联盟基本权利宪章》规定了公民权利、政治权利和经济、社会与文化权利,还规定了生物伦理标准和与欧盟公民资格相对应的欧盟公民权利,完全超出了传统意义上的自由民主的人权范畴。随着《里斯本条约》的生效,《欧洲联盟基本权利宪章》取得了法律拘束力,除此之外,《里斯本条约》使欧洲人权法院取得了审查欧

---

① See http://www.echr.coe.int,访问日期:2022年10月22日。
② 有关案例见[英]克莱尔·奥维、[英]罗宾·怀特:《欧洲人权法原则与判例(第三版)》,何志鹏、孙璐译,北京大学出版社2006年版;万鄂湘、石磊、杨成铭主编:《欧洲人权法院判例评述》,湖北人民出版社1999年版。
③ 关于欧洲理事会的最新动态,见其官方网站http://www.coe.int/portalT.asp,访问日期:2022年10月22日。有关评论,见Georg Ress, The European Court and the European Convention of Human Rights,《东吴政治学报》第十四期(2002)。
④ Antonio Cassese, "Current Development: A New Approach to Human Rights: The European Convention for the Prevention of Torture", 83 *The American Journal International Law* 128 (1989); Thomas Buergenthal and Sean D. Murphy, *Public International Law* (3rd ed., West Group, 2002), p. 142.
⑤ Samantha Besson, "The European Union and Human Rights: TowardsA Post-National HumanRights Institution?", 6 *Human Rights Law Review* 323 (2006).
⑥ 参见杨成铭:《〈欧盟宪法条约〉对欧盟人权保护的影响》,载《法学杂志》2006年第1期;朱力宇:《欧盟人权机构:〈巴黎原则〉的一种尝试》,载《法学》2007年第6期。

盟立法的权能。

(二)美洲国家的人权保护机制

尽管《美洲人权公约》通过得较早,美洲的人权机构却建立得较晚。在《美洲人权公约》之下,建立起了一套美洲国家间的人权监督制度。① 从事这种监督工作的机构有两个:一个是依据《美洲人权公约》而设立的美洲国家间人权法院;另一个是在《美洲人权公约》之前就已经存在的美洲国家间人权委员会。根据《美洲人权公约》第 44 条规定,任何人或群体,或经美洲国家组织一个或几个成员国合法承认的任何非政府的实体,均可向委员会递交内容包括谴责或控诉某一缔约国破坏本公约的请愿书。任何一个缔约国都可以声明其承认委员会有权接受和审查某一缔约国提出的关于另一缔约国侵犯了本公约所载的人权的通知书,但是以来文所控诉的缔约国自己也作了这样的声明为限。委员会应审查这种控诉,并力求友好地解决这个问题。② 美洲人权法院可以裁决缔约国间有关违反公约指控的争端。③

(三)非洲的人权保护机制

非洲人权和人民权利委员会具有促进和保护两种职能,而且对向委员会申诉的人不作限制(因此,签字国、个人、团体和非政府组织,不论是否被说成是侵犯人权行为的受害者,均可提出申诉)。但是,由于非洲的文化传统强调调停、和解和达成一致,而不像西方法律制度那样采取对抗和审判程序,所以公约鼓励有关国家友好解决,尽量避免正式通过委员会调查和调解程序。非洲人和人民权利委员会享有准立法和准司法权力,包括在人权方面制定指导非洲各国立法的原则与规则、相当广泛的对《非洲人权与人民权宪章》的解释权力和解决涉及侵犯人权的争议的权力等。委员会可以诉诸任何适当的调查方法。它可以接受非洲统一组织秘

---

① See David P. Forsythe, *The Internationalization of Human Rights* (D.C. Heath and Company, 1991), pp. 87—118.
② 这种个人投诉制度有两个严重弱点,其一,在投诉针对非《美洲人权公约》缔约国时,美洲人权法院没有进行审理的争议管辖权;其二,虽然委员会把它对这些案件的决定递交给大会,但是大会对处理个人投诉兴趣甚微,各国不遵守委员会有关决定的行为引不起什么注意,这就使这种制度丧失了其有效性。
③ 参见白桂梅、龚刃韧、李鸣等:《国际法上的人权》,北京大学出版社 1996 年版,第 230—246 页;刘杰:《国际人权体制——历史的逻辑与比较》,上海社会科学院出版社 2000 年版,第 251—262 页。

书长或任何其他能够给委员会以指导的人的来信。每次会议之前,委员会秘书应对除宪章各缔约国来文之外的各种来信编出名单,并呈送给委员会委员,由他们指示哪些来信将由委员会审议。如果委员会过半数的委员认为必要,来信将由委员会加以审议。非洲人权与人民权法院建立起来之后,会处理委员会转交的案件。该法院有权通过对成员国有约束力的裁定。① 非洲人权司法的步履比起欧洲和美洲都要艰难一些,主要原因是人民的总体发展状态较缓和参与人权诉讼成本过高。

(四)酝酿中的亚洲人权体制

亚太地区是世界仅有的仍无地区性协定保护和促进人权的地区。② 1993年4月2日通过的《曼谷人权宣言》重点强调了探讨在亚洲建立地区性或亚太地区性人权协定的必要性。其第26条明确规定:"重申有必要探讨是否可能在亚洲设立关于促进和保护人权的区域安排。"随着对地区人权问题认识的加深,诸如儿童性剥削问题,亚洲地区各国越来越重视并积极地准备建立一个区域性的人权机制。1998年2月28日至3月2日,联合国第六次亚太地区人权促进与保护地区协定研讨会在德黑兰举行。36个国家政府与非政府机构的代表参加了会议。研讨会制定的方案决定,各国将重点就国家人权机构,行动计

---

① 参见朱利江:《非洲人权法院:区域人权保护机制的重要进展》,载《国际论坛》2005年第2期。

② 参见刘杰:《国际人权体制——历史的逻辑与比较》,上海社会科学院出版社2000年版,第278—293页。现在亚洲的一些政府和非政府组织在为构建亚洲人权体制而努力,但是由于各种冲突的存在,前景不甚乐观。亚洲人权是一个讨论已久的话题。有的学者认为,亚洲有独特的文化和价值,所以难以与世界其他地区同步;另外的学者则认为,所谓亚洲价值观(Asian values)的概念是不准确的。有关讨论参见:信春鹰:《亚洲价值观与人权:一场没有结语的对话》,载夏勇主编:《公法》,法律出版社1999年版,第167—181页;关雪彤:《亚洲的人权观》,载《法域纵横》(澳门)2000年第2期; Lee Wei-Chin, "Heaven Can Wait? Rethinking the Chinese Notion of Human Rights", 16:46 *Asian Thought and Society* 28 (1991); Karen Engle, "Culture and Human Rights: The Asian Values Debate in Context", 32 *NYU Journal of International Law & Politics* 291 (2000); Daniel A. Bell, "The East Asian Challenge to Human Rights: Reflections on an East West Dialogue", 18 *Human Rights Quarterly* 641-67 (1996); Amartya Sen, "Human Rights and Asian Values", *The New Republic*, July 14-July 21(1997); 1999; Yash Ghai, "Human Rights and Governance: the Asia Debate", 15 *Austral. Y. Bk. Int. L.*1 (1994), a-bridged version also in: Henry J. Steiner and Philip Alston, *International Huamn Rights in Context: Law, Politics, Morals* (Oxford University Press, 2000), pp. 550-552; Joseph Chan, "Thick and Thin Accounts of Human Rights", in Michael Jacobsen and Ole Bruun (eds.), *Differentiated Identities: The Human Rights and Asian values Debate* (Rowman & Littlefield, 1999).

划,人权教育,经济、社会和文化权利等进行技术上的合作。自1996年7月在达尔文举行第1届亚太国家人权机构研讨会以后,建立起亚太国家人权机构论坛,以加强地区性的人权合作;第2届亚太国家人权机构研讨会于1997年9月在新德里举行;第8届亚太人权研讨会于2000年11月在北京举行。2005年亚洲议会和平协会(AAPP)第六届年会通过了《亚洲国家人权宪章》,该宪章充分肯定了人权的普遍性与不可分性,充分考虑了亚洲国家的特色人权观和目前人权保护现状,在共享价值、相互尊重、彼此谅解的基础上,推动区域人权合作,探索建立本区域人权保护机制的可能。2012年东盟10国家领导人在第21届东盟峰会上共同签署了《东盟人权宣言》,以推动保护和解决地区人权问题,减少非法逮捕和滥用酷刑等侵犯人权的行为。

三、非区域性的人权合作

非区域性的人权合作,一般是不属于一个地理区域的国家或者具有特殊性的地区之间,在人权问题上进行的双边或多边对话、磋商、协助,签署涉及人权的条约等。其中既包括发达国家之间的人权交流也包括发达国家与发展中国家之间的人权往来。在这方面,欧盟的倾向较为明显。比如,欧盟(包括以前的欧洲经济共同体、欧洲共同体)在与非洲、加勒比海、太平洋地区(非加太地区,英文称为 ACP)诸国签订的伙伴关系协定(即以前的《洛美协定》和现在的《科托努协定》)之时,就将实行宪政、保障民主、保护人权作为给予该地区国家经济援助的条件;[1]欧盟还一直保持着与中国进行人权对话并建立了欧盟—中国人权网络。这些活动多数没有形成固定的监督和执行机制,也没有具有强制约束力的规则,多处在松散的状态之下;如果在这种非区域的人权合作制中没有威逼和胁迫的成分,那么这种方式本身是无可厚非的。

四、单边人权措施

单边人权措施是指一国政府独立对他国的人权事项所采取的行动。

---

[1] 有关协定的内容可从网上获取:http://europa.eu.int/comm/development/cotonou/index_en.htm,访问日期:2022年10月22日。

在单边措施中,最为突出的是美国的人权报告与人权外交制度。① 作为美国外交机构的国务院每年发表大量的报告,对全球主要国家、地区的人权状况进行列举和评论,常常是洋洋成千数万言,观其报告,对西欧诸国一般褒奖有加,对其他资本主义国家褒贬兼之,而对第三世界诸国特别是社会主义国家基本上都持否定态度。② 其初衷是为了给美国政府的外交政策提供一个参照,以此来决定美国采取何种外交手法。③ 在历史上,美国曾经以人权为尺度决定对外援助④;而迄今为止,美国仍然以人权为衡量标准考虑经济贸易领域的态度。这种行为招致了以中国为首的第三世界国家的不满,中国政府连年发表"美国的人权纪录"的报告,阐述美国在人权政策上特别是实践中的巨大漏洞。⑤

除美国之外,欧洲的一些国家和加拿大也在国际关系中非常强调人权。这些国家或者国家集团各自有着不同的背景和目标,但是基本上都出于提高本身的国际地位或者增强国际影响等考虑。⑥ 欧洲诸国也曾经

---

① See, e.g., David Carleton and Michael Stohl, "The Foreign Policy of Human Rights: Rhetoric and Reality from Jimmy Carter to Ronald Reagan", 7: 2 *Human Rights Quarterly* 205–229 (1985); Michael Stohl, David Carleton and Steven E. Johnson, "Human Rights and U. S. Foreign Assistance from Nixon to Carter", 21:3 *Journal of Peace Research* 215–226 (1984).

② 美国各年度的国别人权报告(Country Reports on Human Rights Practices)均可在因特网上直接获取。其网址为:http://www.state.gov/www/global/human_rights/hrp_reports_main-hp.html (1993–1999); http://www.state.gov/j/drl/rls/hrrpt/index.htm (1999–),访问日期:2022年10月22日。

③ See David P. Forsythe, *The Internationalization of Human Rights* (D.C. Heath and Company, 1991), pp. 119 ff.

④ Steven Poe, Suzanne Pilatovsky, Brian Miller and Ayo Ogundele, "Human Rights and US Foreign Aid Revisited: The Latin American Region", 16:3 *Human Rights Quarterly* 539–558 (1994); Clair Apodaca& Michael Stohl, "United States Human Rights Policy and Foreign Assistance", 43:1 *International Studies Quarterly* 185–198 (1999).

⑤ 中国国务院新闻办公室从1998年开始,连年在美国的国别人权报告公布之后发表前一年度的《美国的人权纪录》,引用美国的报章杂志对美国国内的人权问题,比如暴力事件频仍、妇女人身受到伤害、妇女就业困难、劳动保护水平低下、儿童贫困、受到虐待、种族歧视严重等问题进行揭露。具体内容详见中国主要媒体《人民日报》、人民网(http://www.people.com)、新华网(http://www.xinhua.com)。值得注意的是,中国政府从不"首先"发布相关纪录,这体现了中国在国际关系中的理念。

⑥ 关于加拿大的人权外交政策,参见道格拉斯·桑德斯(Douglas Sanders):《国际人权条约在加拿大的实施》,载王家福、刘海年、李林主编:《人权与21世纪》,中国法制出版社2000年版,第177—201页,特别是第178页;Robert O. Matthews and Cranford Pratt, *Human Rights in Canadian Foreign Policy* (McGill-Queen's University Press, 1988); Robert Matthews& Cranford Pratt, "Human Rights and Foreign Policy: Principles and Canadian Practice", (转下页)

采取过类似美国的人权报告行为,同样招致了中国反对。①

某些西方人士基于谋求特殊政治利益的考虑或文化自我中心的优越感,去评论那些有着不同文化传统和现实条件、选择了不同的社会制度和发展道路的国家和人民,这种做法会妨碍国际社会在人权标准上达成可能的基本共识。② 因此,对他国的、国际的人权事务进行单边运作,无论从成本上分析还是从效果上判断,都不是明智之举。在东方和西方之间,人权的对立关系曾经长期困扰着人们,甚至成为冷战时期的主要问题之一;在后冷战阶段继续进行人权的对立似乎不甚明智。③

五、非政府组织的人权监督与促进

在国际人权的舞台上,不仅有政府之间的协议、政府间国际组织的行为,也有非政府组织(NGOs)的努力。过去数十年来,国际人权体制受到重视并逐渐健全化,以期全球公民皆能享有基本人权,并受各国家政府的立法保障。非政府组织在这一过程中扮演着越来越重要的角色,具有了越来越突出的功能,其独立运作、超越国界的影响力,能有效地监督政府并促进人权的提升。这些国际组织为了在国际的层面上保护人权作出了不少积极的贡献。④

(接上页)7: 2 *Human Rights Quarterly* 159-188 (1985); Cathal J. Nolan, "The Influence of Parliament on Human Rights in Canadian Foreign Policy", 7: 3 *Human Rights Quarterly* 373-390 (1985).

① 国外学者的观点,可以参见 Andrew J. Nathan, "Human Rights in Chinese Foreign Policy", 139 *The China Quarterly* 622-643 (1994).

② 徐卫东、申政武、郑成良:《论人权的意识形态标准与法律标准》,载《中国法学》1992年第1期。

③ Cf., R. J. Vincent, *Human Rights and International Relations* (Cambridge University Press, 1976); Henry Shue, *Basic Rights: Subsistence, Affluence, and U.S. Foreign Policy* (2nd ed., Princeton University Press, 1996).

④ Kiyoteru Tsutsuiand Christine Min Wotipka, "Mobilization and Social Movements: Global Civil Society and the International Human Rights Movement: Citizen Participation in Human Rights International Nongovernmental Organizations", 83 *Social Forces* 587-620 (2004);蔡拓、刘贞晔:《人权非政府组织与联合国》,载《国际观察》2005年第1期;彭锡华:《非政府组织对国际人权的保护》,载《法学》2006年第6期;毛俊响、彭芩萱:《非政府组织向联合国人权理事会提交涉华疫情来文的法律分析》,载《武大国际法评论》2020年第3期;赵洋:《非政府组织对国家行为的影响——以国际人权事务为例》,载《教学与研究》2015年第2期。

(一) 大赦国际

大赦国际(Amnesty International,AI,该组织的官方中文名称为"国际特赦组织")是受到广泛关注的国际性的非政府人权组织,1961年5月28日成立于伦敦。其宗旨是动员公众舆论,促使国际机构保障人权宣言中提出的言论和宗教自由;致力于为释放由于政治、宗教和其他思想信仰而被监禁的人,即那些在各地因个人的信仰、肤色、性别、种族、语言和宗教在没有使用或鼓吹暴力的情况下而被拘禁的人,以及给他们的家庭发放救济等方面的工作;为所有政治犯争取公平、迅速的审判,并为那些被指控有罪或审判而被拘禁的人代言;反对对任何囚犯施行拷打和其他残忍、不人道或侮辱性的待遇或惩罚,提倡废除死刑,促进各国实施联合国有关对犯人的最基本待遇准则。AI认为尊重人权是和平进程的一环,而和平与人权的连结,也是民间团体未来亟需努力的方向。该组织在纪念《世界人权宣言》30周年时获联合国人权奖、1977年获诺贝尔和平奖。① 但是,该组织2006年以来多次发表抨击我国人权状况的不实报告,2021年5月13日该组织被我国外交部批为反华机构。

(二) 人权观察

人权观察(Human Rights Watch)始于1978年,当时叫"赫尔辛基观察",目的是监察苏联阵营中各国的人权情况是否符合《赫尔辛基协定》的要求。20世纪80年代,美洲观察成立。此后组织不断地向世界其他地区扩展,直至1988年,各观察委员会联合起来,组成了人权观察。人权观察成功地组织国际力量,使禁止使用儿童兵的公约得到采纳;并与国际禁雷组织共同协作,展开反对使用滥杀无辜的地雷的运动,并于1997年赢得诺贝尔和平奖。为确保人权观察的独立性,人权观察不接受任何政府或政府资助机构的经济援助。②

(三) 国际权利

作为人权推动与服务方面的非政府组织,国际权利(INTERIGHTS)的主要工作在区域项目、主题项目、信息资源三个方面推进各个区域的法律发

---

① 有关大赦国际的具体情况和最新进展,参见其网站 http://www.amnesty.org,访问日期:2022年10月22日。

② 有关人权观察的最新情况,可登陆其网站:www.hrw.org,访问日期:2022年10月22日。

展,通过发展法学、强化相关机制建设并提供教育与培训来提高对于某些关键权利的保护水平。INTERIGHTS 的目标是设计和制做一个包括所有的国际和区域的判决摘要的季刊公告、一个英联邦人权法律文摘和数据库(Commonwealth Human Rights Law Digest and Database),网站和其他的不定期出版物。① 该组织因无法支持雇员而于运行 32 年后关闭。

(四)国际法学家协会

1952 年设立于柏林的国际法学家协会(International Commission of Jurists,ICJ),由代表世界不同法律体系的 60 名卓越的法学家组成。国际法学家协会致力于国际法和推进人权的原则的至高地位及其合作和落实。国际法学家协会在推进与保护人权方面所作的贡献得到了广泛的承认,该组织 1980 年获得了欧洲理事会的第一个欧洲人权奖,1984 年获得卡耐基国际和平基金会的维特勒和平奖(Wateler Peace Prize),1989 年获得伊拉斯谟奖(Erasmus Prize)②,1993 年获得联合国人权奖。

(五)国际人权联盟

国际人权联盟(International League for Human Rights,ILHR)于 1941 年成立。总部设立在纽约,在日内瓦有代表处,在全球有数十个分支机构和合作者。其渊源可以追溯到 1902 年建立的法国人权联盟和 1922 年在欧洲成立的国际人权协会。联盟在联合国、联合国教科文组织、美洲国家组织、欧洲理事会和国际的劳工组织有特别的咨议地位,并对非洲委员会(Africa Commission)以及欧洲安全与合作组织(Organization for Security and Cooperation in Europe,OSCE)做出贡献;拥有 3500 个个人和团体会员,并在 40 多个国家设有分支机构。国际人权联盟在国际事务的前沿为维护人权而工作,并对于国际人权条约中所信奉的人权价值赋予意义和效果。

(六)国际人权联合会

作为国际非政府组织,国际人权联合会(International Federation for Human Rights)在联合国经济及社会理事会、欧洲理事会享有咨商地位。

---

① INTERIGHTS 的地址:Lancaster House, 33 Islington High Street, London N1 9LH, UK;网址:http://www.interights.org,访问日期:2022 年 10 月 22 日。
② 由荷兰皇家在 1958 年设立的伊拉斯谟奖(Erasmus Prize)是一个在人文领域(Humanities)内几乎与诺贝尔奖齐名的奖项。伊拉斯谟奖是以荷兰著名人文学者伊拉斯谟(Desiderrius Erasmus,1466—1536)的名字命名的。

其成立于1922年,宗旨是促进尊重人权和普及人权思想,并援助全世界反对侵犯人权的斗争。1927年,联合会提出了《世界人权宣言》,将公民和政治权利与经济和社会权利视为一体。1948年以来,联合会鼓励并寻求执行《世界人权宣言》。各会员负有以下三个方面职责:保护因专制政府侵犯公民人权而受害的个人;为实现在政府尊重人权方面的进步采取公开行动(如干预);研究人权问题,特别是人权与特定民族背景之间的关系。①

(七)保护人权反奴役协会

保护人权反奴役协会(Anti-Slavery Society for the Protection of Human Rights)在联合国经济及社会理事会享有乙级咨商地位,还为国际劳工组织和联合国教育、科学及文化组织提供咨询服务。有110多个会员,在4个国家中有分支机构。由1839年英国的反奴役协会和1909年成立的保护土著居民协会合并而成。反奴役协会的目的是,消除包括强迫劳动在内的所有奴隶制形式,以促进幸福和保护被压迫和威胁的土著居民及其他人的利益,促进《世界人权宣言》规定的人权的实现。为此,它积极推动各国禁奴公约联盟(1926年)和根据联合国《禁奴公约》(1926年)成立当代奴隶制工作组。协会出版物有《反奴役报告者年刊》,定期年度研究报告,还就儿童劳动、土著人人权问题提供系列信息。

(八)人权网络

人权网络(Human Rights Internet)成立于1976年,在世界人权共同体中是信息交换的领袖。该网络创办于美国,现在其总部位于加拿大的渥太华。国际人权网络的使命是:收集和发布世界各地人权状况、人权组织的工作情况、国际法及国际组织的发展情况等信息;在人权问题和民间社会的角色问题上,对人权活动者和组织提供便利条件,向政府与政府间机构和官员以及其他公共和私人性质的组织及公众的活动者提供教育;促进人权团体的交流与合作。②

(九)人权情报文献系统

人权情报文献系统(Human Rights Information and Documentation Systems, International, HURIDOCS)建立于1982年,是意图为人权的目的而更有

---

① http://www.fidh.org/,访问日期:2022年10月22日。
② http://www.hri.ca/about/intro.shtml,访问日期:2022年10月22日。

效地利用信息全球组织网络。HURIDOCS 的想法来自于 1979 年国际人权组织中的工作人员的非正式协商。他们意识到信息和交流技术为商业企业和政府机关所使用,有的时候帮助了对于人权的侵犯活动。他们认为政府的人权组织也应当熟悉这些工具,并妥当地使用这些工具取得最大的成效。

HURIDOCS 是一个非中心化的体系。该组织创建或者辅助建立了几个主要为了提升信息处理技巧以及交换其各自领域内的人权信息的区域和主题网络。HURIDOCS 提供可能导致更有效的信息工作的多种服务,比如监控、信息处理和文件控制的基本工具、信息处理标准的开发、教学和培训、建立或强化信息系统的建议、软件和技术开发的建议、加强各文献中心的合作。①

(十)人权倡导者国际

作为保护人权的国际非政府组织,人权倡导者国际(Human Rights Advocates International, HRAI)于 1979 年由一些关心宪法和人权的律师、学者建立。宗旨是通过提供法律服务、咨询和调查侵犯人权的情况,促进人权。该组织还进行研究,并举办有关人权法的研讨会。其成员为流亡者、联合国会员国的个体公民和美籍亚洲人的越南老兵的未成年子女提供代理人。负责编辑《世界各国宪法》和《未独立的特殊主权国家宪法》,同时还发表研究报告等。

除此之外,涉及人权的国际组织还包括国际人权联合会(International Federation for Human Rights)、国际人权学会(International Institute of Human Rights)和各种教会团体等。

六、中国对国际人权机制的立场及参与

中国政府积极参与人权的保护和建设。中国共产党在革命时期就始终高举人权旗帜,为争取民众的自由与民主而不懈呐喊。中华人民共和国成立以来,在人权方面持续改进,并取得了很多值得关注的进步。

(一)中国在国际人权事务上的立场

中国政府认为,最重要的人权就是生存权和发展权。中国信守《联合

---

① 更为详尽的情况,可登陆该组织网站:https://www.huridocs.org/,访问日期:2022 年 10 月 22 日。

国宪章》的宗旨和原则,一贯尊重基本人权。1991年11月1日,中国国务院新闻办公室发表了《中国的人权状况》白皮书,首次以政府文件的形式系统地阐述了中国的人权状况及中国政府对人权问题的基本立场,明确主张生存权是首要的人权。1995年12月,国务院新闻办公室又发表了《中国人权事业的进展》白皮书,说明中国的人权状况改善显著。1997年3月31日国务院新闻办公室发表了《1996年中国人权事业的进展》白皮书,再次以政府文件的形式说明中国人权状况继续保持并进一步呈现出不断改善的良好态势。此后,每隔一两年,中国政府都会对于人权进步发表白皮书。这些文件介绍了中国的人权状况和中国人权事业的进展,表明了中国尊重和维护人权的诚意,有助于国际社会较全面地了解中国人权的真实情况。中国国家领导人1998年为纪念联合国发表《世界人权宣言》50周年致贺词,表示中国承认"人权具有普遍性"。

  中国政府赞赏和支持联合国对普遍促进人权和基本自由的努力,尊重和保护基本人权,但反对任何国家利用人权问题干涉别国内政。中国政府认为,"人权无国界""人权问题不属于一国内政"等主张,抹杀了人权问题的特殊性,不符合公认的国际法准则。中国政府反对某些国家将联合国人权讲坛作为进行冷战的场所,将人权作为推行强权政治的手段,干涉基本上属于他国国内管辖的事务;反对任何国家利用人权问题推行自己的价值观念、意识形态、政治标准和发展模式。中国政府认为,某些国家在人权问题上美化自己,攻击别人,不顾国际公约和各国的具体情况,只以自己的好恶作为人权的标准。国际社会的这些不正常现象,不但违背了《联合国宪章》的宗旨和原则,而且严重损害了人权领域中正常的国际合作,阻碍了全人类人权和基本自由的普遍实现。中国政府认为,由于历史背景、文化传统和社会经济发展水平不同,各国在进行人权保护时,从内容到形式,从方法到步骤都会有所不同。因而,要求不同国家套用同一模式,沿用同样方法,采用同等步骤是行不通的。要有效地保障和促进整个人类的人权和基本自由的普遍实现,就应该尊重文化多样性,即不同政治、经济、社会制度和不同历史、宗教和文化背景的国家的特点。只有将人权的普遍性原则与各国的具体情况相结合,在尊重国家主权和不干涉内政原则的基础上,国际人权保护问题才可能获得解决。所以,各国在人权方面应在尊重国家主权和互不干涉内政的基础上,增进相互理解,求同存异,以正常的国家合作代替冷战。①

(二)中国积极参与国际人权法律体系

中国非常重视重要的国际人权法律文件。自 1971 年恢复联合国的合法席位后,中国一直派团出席联大、经济及社会理事会的历届会议,积极参与有关人权议题的审议,为人权内涵的不断丰富做出了贡献。中国积极参与了联合国系统内人权法律文书的起草和制定工作,多次派代表参与国际人权法律文书的起草工作组,在工作组会议上中国提出的意见和修正案受到各方面的重视。例如,1981 年开始,中国就派员参加联合国人权委员会组织起草《发展权利宣言》的历届会议;1986 年第 41 届联合国大会通过该文件时,中国表示赞同。

中国政府自 1980 年起先后签署、批准并加入了《防止及惩治灭绝种族罪公约》《禁止并惩治种族隔离罪行国际公约》《消除对妇女一切形式歧视公约》《关于难民地位的公约》《关于难民地位的议定书》《禁止酷刑和其他残忍、不人道或有辱人格的待遇或处罚公约》《儿童权利公约》等国际人权公约,一贯按照规定提交执行有关公约情况的报告,严肃认真地履行所承担的义务。1997 年 10 月 28 日,中国政府签署了《经济、社会及文化权利国际公约》,2001 年 2 月 28 日,第九届全国人民代表大会第二十次会议审议并批准了《经济、社会及文化权利国际公约》。1998 年 10 月,中国政府签署《公民及政治权利国际公约》。中国已经加入近 30 项国际人权公约,充分显示了中国开展国际人权合作的积极态度,也表明了中国促进人权、保护人权的坚定信心和决心。2004 年 3 月,第十届全国人民代表大会第二次会议通过了对《中华人民共和国宪法》(1982 年)的第四次修正案,对于基本人权予以法律上的正式认可。②

中国共产党尊重和保障人权的伟大实践

……

(二)积极参与国际人权事务

中国先后批准或加入了 26 项国际人权文书,其中包括 6 项联合国核

---

① 徐显明:《世界人权的发展与中国人权的进步——关于人权法律史的理论思考》,载《中共中央党校学报》2008 年第 2 期;倪学伟:《中国与人权的国际保护》,载《重庆社会科学》1998 年第 1 期。

② 常健:《中国在国际人权领域的学习、交流与合作》,载《人权》2013 年第 1 期。

心人权条约。中国信守所承担的人权条约义务,积极将国内法律和政策与条约义务相衔接,及时提交履约报告,全面客观反映中国在履约过程中取得的进展、遇到的问题与困难因素,切实履行国际人权条约义务。中国积极参加各条约机构对中国履约报告的审议,注重与相关人权条约机构开展建设性对话,结合国情积极采纳建议。自 2009 年以来,中国 3 次接受联合国人权理事会普遍定期审议并顺利通过核可,中国对各国所提建议均给予认真、负责任的反馈。绝大多数国家肯定中国人权发展成就和中国对世界人权事业作出的贡献。

自 1971 年中国恢复在联合国合法席位后,便积极参与国际人权机制。自 1982 年起,中国正式担任人权委员会成员国并一直连选连任。2006 年人权理事会成立以来,中国已五度当选理事会成员,有近 20 名中国籍专家担任联合国多个多边人权机构或专门委员会的委员。中国同联合国人权事务高级专员及其办公室保持建设性接触,先后 8 次接待人权高专访华,多次邀请高专办官员来华交流访问。截至 2021 年 4 月,中国先后邀请宗教信仰自由特别报告员、任意拘留问题工作组、教育权特别报告员、酷刑问题特别报告员、粮食权特别报告员、消除对妇女歧视问题工作组、外债对人权影响问题独立专家、极端贫困与人权问题特别报告员、老年人权利问题独立专家等 9 个特别机制 11 次访华。中国认真对待人权理事会特别机制来函,在认真调查的基础上及时予以答复。

中国参与制定国际人权规范,参加了《禁止酷刑和其他残忍、不人道或有辱人格的待遇或处罚公约》《儿童权利公约》《残疾人权利国际公约》《保护所有移徙工人及其家庭成员权利国际公约》,以及《经济、社会及文化权利国际公约》任择议定书等重要人权文件的制定工作组会议。中国作为主要推动者之一,参与了《发展权利宣言》起草工作。中国推动亚洲国家通过《曼谷宣言》,作为第二届世界人权大会副主席国参与起草《维也纳宣言和行动纲领》。中国积极参与劳工保护、人道主义、社会责任等领域国际规则制定。中国是《联合国气候变化框架公约》首批缔约方之一,全程参与并有效推动气候变化多边进程,为推动达成《巴黎协定》作出积极贡献。

中国积极推动国际人权机构改革朝着更加公正合理包容方向发展。在设立联合国人权理事会过程中,中国主张会员国公平地域分配,提升发展中国家在人权理事会中的代表性;中国主张扭转将人权问题政治化的现状,不搞双重标准,减少和避免对抗,促进合作,推动人权理事会以公正客观、非选择性、普遍性等方式审议人权问题。中国支持联合国人权理事会设立安全饮用水、文化权、残疾人权利等专题性特别机制;倡导召开关于粮食安全、国际金融机制等议题的特别会议,积极推动完善国际人权机制。中国支持对人权条约机构进行必要改革,促进条约机构依据条约授权履职并与缔约国在相互尊重的基础上开展对话与合作。

自1990年以来,中国与美国、澳大利亚、加拿大、英国、挪威、德国、荷兰、瑞士、新西兰以及欧盟等西方国家和国际组织进行人权对话和交流,与俄罗斯、埃及、南非、巴西、马来西亚、巴基斯坦、白俄罗斯、古巴以及非盟等发展中国家或国际组织开展人权磋商。中国人权研究会、中国人权发展基金会等社会组织积极参与联合国人权理事会会议和活动,组团赴亚洲、北美、南美、欧洲、大洋洲、非洲的数十个国家交流访问,并邀请多国人权领域的政府官员和专家学者访华,增进了理解与互信。中国通过"北京人权论坛""南南人权论坛""中欧人权研讨会""中美司法与人权研讨会"等国际人权交流活动,拓展了国际人权交流合作,增进了在人权问题上与各国的相互了解。[①]

……

表9-3 中国加入和批准的国际人权文书

公约名称	签署时间	批准/加入时间	保留与说明
《改善战地武装部队伤者病者境遇之日内瓦公约》		1956年12月28日交存批准书	对第4条作了保留
《改善海上武装部队伤者病者及遇船难者境遇之日内瓦公约》		1956年12月28日交存批准书	对第10条作了保留
《关于战俘待遇之日内瓦公约》		1956年12月28日交存批准书	对第10、12、85条作了保留
《关于战时保护平民之日内瓦公约》		1956年12月28日交存批准书	对第11、45条作了保留
《消除对妇女一切形式歧视公约》		1980年11月4日加入	对第29条第1款作了保留

[①] 中华人民共和国国务院新闻办公室:《中国共产党尊重和保障人权的伟大实践》(2021年6月),载《人民日报》2021年6月25日,第6版。

(续表)

公约名称	签署时间	批准/加入时间	保留与说明
《消除一切形式种族歧视国际公约》		1981年12月29日加入	
《关于难民地位的公约》		1982年9月24日交存加入书	
《关于难民地位的议定书》		1982年9月24日加入	对第四条作了保留
《1949年8月12日日内瓦四公约关于保护国际性武装冲突受难者的附加议定书》(第一议定书)		1983年9月14日加入	对第88条第2款作了保留
《1949年8月12日日内瓦四公约关于保护非国际性武装冲突受难者的附加议定书》(第二议定书)		1983年9月14日加入	对第88条第2款作了保留
《防止及惩治灭绝种族罪公约》		1983年3月5日批准	对第9条作了保留
《禁止并惩治种族隔离罪行国际公约》		1983年4月18日加入	
《禁止酷刑和其他残忍、不人道或有辱人格的待遇或处罚公约》	1986年12月12日	1988年9月5日批准	对第20条和第30条第1款作了保留
《反对体育领域种族隔离国际公约》	1987年10月21日	1988年4月3日对中国生效	
《残疾人职业康复和就业公约》		1987年9月5日批准	
《男女工人同工同酬公约》		1990年9月7日批准	
《儿童权利公约》		1992年1月31日批准	对第6条作了保留
《经济、社会及文化权利国际公约》	1997年10月28日	2001年3月27日批准	对第8条第1款(甲)项等提出了3项声明

(续表)

公约名称	签署时间	批准/加入时间	保留与说明
《就业政策公约》		1997年12月17日交存批准书	
《最低就业年龄公约》		1998年12月29日批准	同时声明不适用于香港特别行政区
《〈儿童权利公约〉关于儿童卷入武装冲突问题的任择议定书》	2001年3月15日	2007年12月29日批准	对征兵年龄作出声明
《〈儿童权利公约〉关于买卖儿童、儿童卖淫和儿童色情制品问题的任择议定书》		2002年12月3日交存批准书	
《禁止和立即行动消除最有害的童工形式公约》		2002年8月8日交存批准书	
《联合国人员和有关人员安全公约》		2004年8月28日加入	声明对第22条第1款予以保留，不受约束
《消除就业和职业歧视公约》		2005年8月28日批准	声明不适用于香港特别行政区
《残疾人权利国际公约》	2007年3月30日	2008年6月26日批准	
《〈联合国打击跨国有组织犯罪公约〉关于预防、禁止和惩治贩运人口特别是妇女和儿童行为的补充议定书》		2009年12月26日批准	声明不受第15条第2款规定的约束；暂不适用于香港特别行政区
《〈经修正的1974年国际海上人命安全公约〉的修正案》(附件2)		2010年7月1日默认接受	适用于香港和澳门特别行政区
《〈经修正的1974年国际海上人命安全公约〉的修正案》		2010年7月1日默认接受	适用于香港和澳门特别行政区
《〈1974年国际海上人命安全公约1988年议定书〉的修正案》		2010年7月1日默认接受	适用于香港和澳门特别行政区

在劳工权利方面,中国政府于 1984 年承认了国民党政府在 1930—1947 年间批准的 14 个国际劳工公约。① 中国政府还于 1990 年批准了《三方协商促进贯彻国际劳工标准公约》,2001 年批准了《劳动行政管理公约》。

(三) 中国不断提升人权承诺

中国始终遵循《联合国宪章》和《世界人权宣言》精神,坚持把人权普遍性同中国实际结合起来,走出了一条符合时代潮流、具有中国特色的人权发展道路,为中国人权进步和国际人权事业作出了重大贡献。②

2009 年 4 月 13 日,国务院新闻办公室发表了《国家人权行动计划(2009—2010 年)》,明确了未来两年中国政府在促进和保护人权方面的工作目标和具体措施。这是我国第一次制定国家人权行动计划,国内外对此广泛关注。2011 年 7 月 14 日公布《〈国家人权行动计划(2009—2010 年)〉评估报告》。报告认为,"中国政府将尊重和保障人权作为治国理政的重要原则,将贯彻落实《行动计划》贯穿于改革发展稳定的各项工作中,妥善应对国际金融危机的巨大冲击,战胜重大自然灾害的严峻挑战,大力推进改革开放和现代化建设,全面完成了《行动计划》确立的目标任务,推动中国人权事业取得了重大进展"。2012 年 6 月 11 日公布《国家人权行动计划(2012—2015 年)》,特别强调认真落实联合国人权理事会对中国首次国别审查的有关合理建议,筹备并积极参加第二次国别审查工作;深入参与联合国人权机制工作,推动联合国人权理事会以公正、客观和非选择方式处理人权问题;根据接待能力并兼顾各类人权平衡的原则,视情况考虑邀请特别报告员访华;继续在平等和相互尊重的基础上与有关国家开展人权对话与交流,与发展中国家加强人权领域磋商与合作;继续参与亚欧非正式人权研讨会等亚太地区、次区域框架下的人权活动。2014 年中共十八届四中全会通过的中共中央《关于全面推进依法治国若

---

① 具体为:《确定准许儿童在海上工作的最低年龄公约》《农业工人的集会结社权公约》《工业企业中实行每周休息公约》《确定准许使用未成年为扒炭工或司炉工的最低年龄公约》《在海上工作的儿童及未成年人的强制检查公约》《本国工人与外国工人关于事故赔偿的同等待遇公约》《海员协议条款公约》《海员遣返公约》《制订最低工资确定办法公约》《航运的重大包裹标明重量公约》《船舶装卸工人伤害防护公约》《各种矿场井下劳动使用妇女公约》《确定准许使用儿童于工业工作的最低年龄公约》《最后条款修正公约》。

② 习近平:《在中华人民共和国恢复联合国合法席位 50 周年纪念会议上的讲话》(2021 年 10 月 25 日),载《人民日报》2021 年 10 月 26 日,第 2 版。

干重大问题的决定》明确提出:"人民是依法治国的主体和力量源泉,人民代表大会制度是保障人民当家作主的根本政治制度。必须坚持法治建设为了人民、依靠人民、造福人民、保护人民,以保障人民根本权益为出发点和落脚点,保证人民依法享有广泛的权利和自由、承担应尽的义务,维护社会公平正义,促进共同富裕。"决议还对民主、人权司法保障提出了要求。未来中国的法治之路,必然要在充分结合国际人权法律标准的前提下,不断提升人权的保护水平,在与国际人权法律体制的合作过程中提升自身的人权观念和能力。

思考题

1. 人权问题为什么能从一个国内法的问题进入到国际法的视野,并且在20世纪中叶以后获得迅速发展?
2. 国际人权规范是否已经形成体系?
3. 你认为是否存在着建立亚洲区域人权机制的必要和可能?为什么?
4. 如何认识中国在遵行国际人权标准方面的成就?

拓展阅读

白桂梅主编:《人权法学》(第二版),北京大学出版社2015年版。

白桂梅、刘骁编:《人权法教学参考资料选编》(第二版),北京大学出版社2021年版。

戴瑞君:《国际人权条约的国内适用研究:全球视野》,社会科学文献出版社2013年版。

何志鹏:《人权全球化基本理论研究》,科学出版社2008年版。

何志鹏:《权利基本理论:反思与构建》,北京大学出版社2012年版。

孙世彦:《公民及政治权利国际公约缔约国的义务》,社会科学文献出版社2012年版。

徐显明主编:《国际人权法》,法律出版社2004年版。

张文显:《张文显法学文选(卷三):权利与人权》,法律出版社2011年版。

[奥]曼弗雷德·诺瓦克:《国际人权制度导论》,柳华文译,北京大学出版社2010年版。

[美]托马斯·伯根索尔、[美]黛娜·谢尔顿、[美]戴维·斯图尔特:《国际人权法精要(第4版)》,黎作恒译,法律出版社2010年版。

Philip Alston and Ryan Goodman. *International Human Rights* (Oxford University Press, 2012).

Oliver de Schutter. *International Human Rights Law* (Cambridge University Press, 2010).

Louis Henkin, Sarah H. Cleveland, Laurence R. Helfer, Gerald L. Neuman, and Diane F. Orentlicher. *Human Rights* (2nd ed., Foundation Press, 2009).

Rhona K. M. Smith. *Texts and Materials on International Human Rights* (3rd ed., Routledge-Cavendish, 2013).

第十章 外交法

广义的外交法,包括外交关系和领事关系,又称外交与领事关系法,是适用于外交关系和领事关系的国际法原则、规则和制度的总体。本章从广义的角度解读外交法。外交关系是国际关系之中历史较为悠久的交往关系,外交法也是国际法中传统的重要分支。外交法的多数原则都是在国家的外交实践之中形成的,故而外交法的主要渊源是习惯国际法。这些渊源经过联合国国际法委员会的努力,已经编纂并发展为1961年的《维也纳外交关系公约》和1963年的《维也纳领事关系公约》,这两个条约构成了现代外交法的重要基石。

第一节 概 述

外交和使节制度的兴起使外交职业产生,外交是运用智力和机制处理各种独立国家的政府间的官方关系,有时也推广到独立国家和附庸国之间的关系,或者更简单地说,是以和平手段处理国与国之间的事务。因而外交是文明的产物,是避免国际关系被武力单独控制的最好手段。外交与和平解决国际争端有着必然的联系,因为外交(包括谈判、协商、斡旋等)与国际争端的司法解决同样都是解决国际问题的手段和方法。

一、外交和领事关系的概念和性质

广义的外交关系是指国家之间通过国家对外关系机关进行各种官方交往所形成的双边和多边关系,包括国家元首和政府首脑的相互访问、参加国际组织和国际会议、谈判缔约等。狭义的外交关系是指国家之间通过协议,相互在对方的首都建立使馆并派遣常驻使节而形成的官方双边关系。在外交实践中,通常说的建立外交关系就是指此种狭义的关系。

与多边外交不同,双边外交关系的建立需要得到两个国家的同意,并以平等和互惠为基础。对等是国与国之间外交关系的重要特征,1961年

《维也纳外交关系公约》第 2 条规定:"国与国间外交关系及常设使馆之建立,以协议为之。"

领事关系是指国与国之间根据相互之间的协议,通过在对方一定地区设立领事馆并派遣执行领事职务的常驻官员而形成的官方双边关系。与外交关系相同,国家之间的领事关系也需要得到两个国家的同意。1963 年《维也纳领事关系公约》第 2 条第 1 款规定,国与国间领事关系之建立以协议为之。

外交关系与领事关系之间联系密切,二者都是国家之间的双边官方关系,其建立均以国家之间的协议为基础。从二者的联系来看,一般情况下,两国建立外交关系就意味着同时建立起了领事关系。除了个别例外情形,不需要在建立外交关系之后单独协商建立领事关系。1963 年《维也纳领事关系公约》第 2 条第 2 款规定,除另有声明外,两国同意建立外交关系亦即同意建立领事关系。

但外交关系与领事关系之间也存在一些不同。外交关系是国与国之间包括政治、经济、军事、科技、文化、体育领域等全面的关系;领事关系主要涉及国与国之间限于领事辖区之内的商业贸易,以及与本国侨民相关的权利和利益的保护等具体事项。

二、外交和领事关系法的概念

外交关系法主要指调整国家之间外交关系的国际法律原则、规则和制度,涉及外交代表的派遣和接受、外交使节的职务、接受国的义务、使馆和外交代表的特权和豁免等问题。

领事关系法是指调整国家之间领事关系的国际法原则、规则和制度,涉及领事馆及其职务、领事的特权和豁免等问题。

由于外交和领事关系法是国家之间在外交和领事关系的实践之中形成的,因此,它们都体现着国际社会发展的基本进程和旋律。当代外交具有平等和互惠的特点。可以更明确地说,对等性是当代外交和领事关系的重要特征。此外,虽然国际组织或国际机构与国家之间的相互关系不属于严格意义上的外交关系,但是国际组织的机构及其代表在相关国家的地位特权和豁免也在某种程度上构成外交关系法的一部分。不过,这部分内容在性质上与严格意义上的外交关系法存在着不同,它不具有外交关系法的对等性,国际组织的特权和豁免也不是通过对等原则来予以保障的。

就国际外交、领事法律渊源而言,除 1961 年的《维也纳外交关系公约》和 1963 年的《维也纳领事关系公约》之外,还有一些其他的涉及外交问题的公约,如 1969 年《特别使团公约》、1973 年《关于防止和惩处侵害应受国际保护人员包括外交代表的罪行的公约》、1946 年《联合国特权与豁免公约》、1947 年《联合国专门机构特权与豁免公约》、1975 年《维也纳关于国家在其对普遍性国际组织关系上的代表权公约》等。

三、使节的源头与发展

互派使节的现象产生于古代,在两河流域和古埃及、古罗马、古希腊、古中国、古印度,早就存在了互派使节的现象。当时的使节和现在的使节有诸多的不同,但是,也有很多实质上的联系。最初的使节都是临时处理专项任务的特使或使团,至 15 世纪,出现常驻使节,即意大利各个共和国特别是威尼斯共和国派驻西班牙、德国、法国和英国的常驻代表。在 17 世纪后半叶以前,常驻使节并非普遍的实践。经过数百年发展,使节制度现已高度发达。当前,除了主权国家之间常态性地派驻使节,在国际组织与国家之间、国际组织之间、争取解放的民族与国家之间,都有派驻和接受使节的广泛实践。此外,一些非政府组织也可能在有关国家派驻代表。

四、使节制度与使节权

(一) 使节制度

使节制度是关于派遣和接受使节、使节在外国的法律地位和待遇的制度,它并不涉及使节所从事的外交和领事活动的具体内容,如谈判或为侨民提供各种服务等行为,而仅涉及外交和领事活动相关的法律问题。无论是临时的还是常驻的使节,也无论是在古代还是在现代,他们在接受国处于什么地位,受到何种待遇,都是普遍的重要问题。因此,使节的法律地位以及使节的特权和豁免是使节制度的主要内容。例如,在古希腊各个城邦之间,使节们在执行其使命时享有不可侵犯的权利,这是一条公认的准则。违反这一准则会被认为是极端敌对行动。使节如果受到了侮辱或者攻击,派遣国有权要求引渡肇事者。经过数个世纪的发展,在国际实践中形成了各种关于外交使节和领事官员的地位、待遇、特权和豁免等方面的国际礼仪和国际习惯规则。这些规则有的是基于国家主权和平等原则,有的是为了国际秩序的需要,还有的是出于为执行职务之便利的考虑。

(二)使节权

使节权(legation)是指接受和派遣使节的权利。派遣使节的权利称为积极使节权,接受使节的权利称为消极使节权。从国际法律权利和义务的角度来分析,这两个方面的使节权可否作为严格意义上的国际法权利,仍然值得进一步探讨。由于任何国家都没有接受使节的义务,也没有任何国家必须承担派遣使节的义务。在理论上,如果另一国家没有相应义务,积极使节权和消极使节权似乎没有法律意义。然而问题在于,从国家之间关系的角度来看,如果一国主张派出使节,另一国又同意接受使节,则相关的权利义务即告设立。这在很大程度上类似于契约义务或者建立合伙的义务。

由于国际法上的使节权存在着理论分歧,1961年《维也纳条约法公约》起草第2条时最大的疑问就是该条款是否包括使节权的内容。当时的特别报告员提出,条款草案包括了使节权,但是在联合国国际委员会成员中有两种反对意见:一种认为如果不对使节权作出界定,即使文本中包括此项权利,也没有在实践中落实的意义;另一种认为,所谓的使节权没有实际意义或者无法执行,因为接受国没有相应的义务。最后,因为无法达成一致,这一条被删除。

实际上,国家在国际事务之中有很多权利是找不到对应义务的。例如,每一个国家都有与其他国家缔约的权利,然而同时任何其他国家都没有必须与其缔约的义务。不能因为存在这样的实际情况,就否定其他国家的缔约权。在很大程度上,这种权利就是一种潜在的资格,而不是必须的要求。故而,应当承认使节权现实存在。但是,使节权的实现,需要满足一定的条件,即另一国家的同意。而另一国此种同意也是国家的权利,即接受使节的权利。从这种意义上讲,使节权有两个方面,即派遣使节的权利和接受使节的权利,使节权这两个方面均以另一国的相应行为为其实现条件,但另一国是否做出这种行为,不是它们的义务,同样是它们的权利。

第二节　国家对外关系机关

国家的对外关系机关解决的是"谁是国家代表者"的问题。既然国家不是一个自然生命体,它就必须有一些组织机构(虽然有时体现为自然人,但仍然是以机构的身份出现)代替它在各种国际交往场合发表立场,提出主张,参与活动,由此产生了国家代表这一问题。国家元首、政府首脑、外交部部长和驻外外交机关是公认的有权利代表国家的机构。

一、国家元首和政府首脑

国家元首是国家的最高对外关系机关,国家元首可以是个人,如美国总统、法国总统或中国国家主席,也可以是集体,如瑞士的联邦委员会。国家元首是个人还是集体,或者是个人与集体的结合,是一个国内宪法层面的事项。这就意味着国内以宪法的方式确立的国家元首,会被国际法认为拥有某些对外事务上的权利和义务。

自19世纪以来,越来越多的国家元首仅仅只是在宪法上具有象征性的权利,实质的权利在政府的手中。政府首脑一般被称为总理,也有的国家称为首相,英国和日本即是如此。

在国际法上,国家元首有权在国际关系中代表国家采取行动,而且国家元首在法律上有意义的所有行为都被视为其所代表的国家的行为。国家元首的职权主要包括派遣、接受外交使节和领事,缔结条约,参加国际会议等。

政府首脑作为国家最高行政机关的首长,有权代表政府与外国政府进行谈判、出席会议、签订条约或协定等。

作为国家的代表,国家元首和政府首脑在外国享有某些尊荣、特权和豁免。第一,礼节性的尊敬,如在正式通信中的公认称谓。第二,人身安全的特别保护,如果发生了侵犯其人权安全的行为,必须严厉惩罚肇事者。第三,他们的寓所,包括其旅行时的宾馆房间、个人行李、交通工具,以及他们携带的财产不可侵犯。第四,国家元首和政府首脑享有免除外国的民事刑事管辖的权利,即司法豁免。第五,在外国访问时,国家元首的随从人员及其家属也享有基本相同的尊荣、特权和豁免。豁免的具体事项类似于外交特权和豁免。

针对国家元首以私人身份在外国访问时所享有的地位和待遇,国际法上没有明确的要求。一般实践是,为了不打扰其处理国家事务,他们享有与官方访问时同样的不可侵犯的特权和豁免。当然,国家元首和政府首脑在外国享受特权和豁免的同时,必须尊重接受国的领土主权。如果他们滥用其特权,做出侵犯外国主权或干涉其内政的行为,该外国有权终止其访问。1967年,法国总统戴高乐在访问加拿大期间,由于其演讲包含了给人以支持魁北克分离独立运动的印象的内容,而且他也没有在随后的公开场合纠正有可能带来的误解,所以,出现了强烈的负面效果,迫使戴高乐不得不终止他的访问。

二、外交部部长

外交部部长是国家政府内专门负责外交事务的外交部门的首长,是代表本国政府与外国政府交往的负责人。各国外交部门及其负责人的职权和称呼均由本国的国内法律规范确立。美国的外交部门称国务院,首长称为国务卿;英国的外交部门称为外交和联邦事务部,负责人称为联邦和外交大臣,简称为外交大臣。多数国家的外交部门一般都称为外交部,首脑称为外交部部长。

外交部的主职权主要包括:领导和监督临时和常驻使节的各种工作和活动,与驻本国的外国使馆保持联系进行必要的交涉,以本国政府的名义与外国政府建立外交联系等。此外,本国政府各部门与外国政府各相关部门的联系也以外交部为枢纽进行展开。由于外交部在国家对外关系上的特殊职权,外交部部长也具有特殊的法律地位。首先,在条约法上,外交部部长在代表本国与外国进行谈判或签署条约时,无须出示全权证书。其次,外交部部长享有完全的外交特权和豁免,随行人员和家属受同样的特别保护。最后,外交部部长作出的声明,在适当情况下具有法律约束力,所属国家要为外交部部长的行为负责。

三、驻外外交机关

国家驻外外交机关是指国家向外国或国际组织派出的长期驻在该国或该组织的代表机关。派驻外国的机关一般被称为使馆,派驻国际组织的外交机关一般被称为外交使团,如中国派驻在纽约和日内瓦的联合国外交使团。欧洲联盟作为一个具有一定超国家性质的国际组织,在布鲁塞尔总部也有很多国家派驻的外交代表机关。

国家驻外外交机关的主要特点是它的固定性、稳定性、长期性。固定性,即无论派驻在各国的使馆,还是在国际组织的外交使团,都是固定派驻对象和固定馆舍的机关。稳定性,即驻外外交机关有稳定的职务,在国际法允许的范围之内,由不同等级的外交代表执行各种外交使命。长期性,即除非两个国家的外交关系发生变化,如因战争而断交,驻外机关具有长期性,不会无故撤销。在很多时候,外交使团并不是国家的驻外外交机关,但是作为国家临时派往国外执行外交使命的机关,属于国家外交使团的一种形式。

第三节 外交使节

一、外交使节的种类

一个国家派到另一国家或国际组织的正式代表称为外交使节。外交使节代表本国与驻在国(国际组织)办理各种交涉、联系和保护本国侨民利益。外交使节有常驻和临时之分,常驻外交使节就是使馆的馆长或外交使团的团长,临时外交使节就是特别使团的团长。根据《维也纳外交关系公约》第14条第1款,外交使节还可以分为国家派遣的使节和教廷派遣的使节。与此同时,在法兰西共同体成员之间,以及英联邦国家之间,互相派遣的外交代表与一般的外交使节有所不同,前者称为国家高级代表,后者称为高级专员。在普通关系的国家之间,外交使节均由一国元首和另一国元首派遣,而根据英国1964年的《外交豁免法》,英国联邦国家和爱尔兰共和国并没有区分英联邦外交代表和外国外交代表,以英国国王为元首的联邦成员国(如澳大利亚、斐济)之间的高级专员由一国总理向另一国总理派遣,若英联邦成员国本身另有元首(如印度和坦桑尼亚等),则高级专员为元首之间派出。

二、外交使节的等级

外交使节的等级主要是指使馆馆长的级别。使馆馆长的级别同时标志着国家之间外交关系的级别。1961年《维也纳外交关系公约》第14条将使馆馆长分为三个等级:大使、公使和代办。教廷使节有两个等级,教廷大使和教廷公使。

外交使节的等级制度始于16世纪,当时有两个等级:特命使节和普通使节;前者称为大使,后者称为主使。1961年《维也纳外交关系公约》所确定的三个等级早在1815年的维也纳规则第1条就已经作出了规定。1961年《维也纳外交关系公约》只是做了三处修改,基本延续了1815年维也纳规则的规定。由于只有享有王室尊荣的国家才有权派遣和接受大使的实践早已经成为历史,国家无论大小,都有权派遣和接受大使。所以,是否有必要继续保留公使这个级别,曾几度成为争议的焦点。在1961年外交关系公约起草的过程中,这一问题又引起了国家之间的争论。一些国家提出,将使馆馆长的等级减为两个,即大使和代办。但是另一些国家表示反对,认为消除公使的时机可能还不成熟,可能会给一些国家加入公约带来障碍。最后,为了使公约得到广泛的接受,《维也纳外交关系公约》第14条沿用了保留公使的三等级制。第14条第2款特别规定,除关于优先地位及礼仪等事项外,各使馆馆长不应因其所属等级而有任何差别。

使馆馆长的等级标志着国家之间外交关系的级别。当代国际实践表明,建立大使级外交关系是普遍现象,只有在国家之间外交关系发生问题之时,权利和利益受到损害的国家可能将外交关系降格为代办级,这是一种反措施。待违背国际义务的行为停止之后,可以恢复至原来的等级。例如,2021年立陶宛在处理尊重一个中国的问题上出现了一些不当做法,中国即宣布中国与立陶宛之间的关系降级为代办级。

三、外交团

外交团有广义和狭义两种。狭义的外交团是指驻在一国首都的所有使馆馆长组成的团体。广义的外交团是指驻在一国首都的、包括使馆馆长在内的所有外交人员及其家属组成的团体。外交团并非一个正式的法律组织,所以不具有法律职能,只是在与驻在国关系上发挥一些外交礼仪方面的作用。

外交团的团长由资历最深的大使担当。在天主教国家,这一职位由教廷大使担当,无论该大使到任日期如何。外交团团长是驻在一国的所有外交使节的总代表,可以在驻在国举行的典礼或宴会上代表外交团致辞。外交团中的使馆馆长在驻在国的优先地位,按照他们的等级排列,即大使优于公使,公使优于代办(《维也纳外交关系公约》第 14 条第 2 款)。按照《维也纳外交关系公约》第 16 条,同一等级的使馆馆长中,优先地位根据其开始执行任务的日期及时间先后决定。但是该公约第 16 条第 3 款规定,本条规定不妨碍接受国所采行关于教廷代表优先地位之任何办法。

四、外交使节的派遣、接受及其职务

(一)外交使节的派遣

国家之间按照主权平等原则,应该互派同一等级的使节。无论大小强弱,如果 A 国向 B 国派驻大使,B 国也应向 A 国派驻大使。但是,19 世纪之前的习惯国际法充满帝国意味,享有皇室尊荣的国家有资格派驻大使,即英、俄、法有资格派遣和接受大使。这样就导致只有地位相当或发展水平相近的国家之间,方可派驻同一级别的使节。后来。由于新的大国出现,打破了只有几个国家有权派驻大使的局面。但是这些大国、强国并不向小国派遣大使,这种情况进入 20 世纪之后才改变。其中,苏联在互派使节、体现国家平等方面做出了诸多的努力。当前,所有国家不分大小强弱,一般都互派大使及使节。国家有时会向一个国家派遣不止一个等级的外交代表,即在派遣大使的同时还派遣一个或多个公使等级的外交官员。此时,公使并非使馆馆长,也不代表两国之间的外交关系级别。

(二)派遣使节的程序和证书

在互派使节的等级确定以后,派遣国应将派遣使节的人选以书面或口头方式征得接受国的同意。在接受国同意所确定的人选之后,应以国书的方式通知接受国。国书是国家元首为了向另一国派遣大使或公使而向接受国发出的正式文件。国书由国家元首签署,外交部部长副署。大使通常在赴任时要携带一份加封的国书和未加封的国书副本。到达后,首先将副本递交接受国的外交部,并通过拜会外交部部长时以口头方式请求或向其提出书面请求要求作出向接受国国家元首呈递国书的安排。

代办的派遣也需要递交国书,但是因为代办是一国外交部部长向另一国外交部部长派遣的,他的国书由外交部部长签署,国书也仅向接受国外交部部长递交。

(三) 兼任使节的情形

1961年《维也纳外交关系公约》第5条第1款规定,派遣到另一国的使馆馆长可以在一个或者更多的第三国兼任使馆馆长,即A国驻B国大使兼任A国驻C国大使。例如,在一些太平洋的岛国,外交事务不多,涉及的人口也较少,很多国家派驻一个国家的大使通常会兼理另外国家的事务。国家以经济利益为考虑因素,派一个使节兼任两个国家以上大使是较为常见的。但是应当注意:首先,这种兼职的情况应当向相关国家进行通知;如果有任何国家反对,则不得兼任(《维也纳外交关系公约》第5条第1款)。其次,派遣国应在不长期驻在的国家之内设立以临时代办为馆长的使馆(《维也纳外交关系公约》第5条第2款)。此外,使馆馆长或使馆的任何外交职员还可以兼任派驻国驻国际组织的代表(第5条第3款)。例如,2005年前,中国驻欧盟使团团长兼任驻比利时大使。兼任使节的另一个情况是两个以上国家联合向一个国家派遣一个使馆馆长,即X国驻Y国大使兼任Z国驻Y国大使,但是以接受国事先同意为条件。《维也纳外交关系公约》第6条规定,两个以上国家得合派同一人为驻另一国之使馆馆长,但接受国表示反对者不在此限。与一个人在几个国家当大使的情况相比,几个国家派一个人在另一个国家当几个国家大使的情况要复杂得多。因为涉及档案文件的保密、管舍的分配、所有权问题,所以此类问题必须通过妥善协商方可有效处理。此种情况尽管在条约中有规定,实践中并不多见。

(四) 使馆外交代表的派遣

使馆外交代表是指使馆馆长和使馆中所有具有外交官职衔的职员,如政治、文化等各种参赞,陆海空军武官,各种秘书和随员等。根据1961年《维也纳外交关系公约》第7条的规定,除陆海空军武官需要接受国事先同意,其他均可自由委派。

(五) 外交使节的接受

外交使节只有被接受进入接受国方可履行职务,故其被接受的实体因素和程序因素对其正常工作均十分重要。

1. 接受使节的实体规则。由于任何国家都只有接受使节的权利,没有此项义务,因此使节的接受是通过国家之间的协议而进行的。如果接受国未予同意,任何国家不能强迫另一国接受其使节。接受国同意是派遣使节的必要前提。《维也纳外交关系公约》第4条规定，派遣国对于拟派驻接受国之使馆馆长人选务须查明其确已获得接受国之同意（第1款）。接受国如果对派遣国提出的人选不同意，无须向派遣国说明不同意的具体理由（第2款）。《维也纳外交关系公约》第5—9条有相应的关于接受国同意接受使节的规定，其中包括兼任使馆馆长、联合派遣使馆馆长、陆海空军武官的人选等事项。如果接受国不同意派遣国所提出的人选，可以拒绝接受，且无须说明拒绝的理由。在实践中，多数国家都拒绝接受本国国民担任外国使节。

2. 接受使节的程序规则。关于使节接受的程序，并未确立多边国际法规则，故均遵循习惯。实践上，在使节抵达接受国之后，接受国按不同的等级以适当的方式予以接受。在使节是大使和公使的情况下，一般是使节携带国书副本会见接受国外交部部长，并请求安排接受国国家元首接国书；接受国国家元首应按照通常的礼节接见外国大使或公使，并接受其国书。接受国书一般有隆重的仪式，由于此种仪式准备复杂，而国家元首的工作安排较为繁重，现代实践一般是多国使节合并接受。

五、不受欢迎的人

对于接受国而言，一个其不能接受的外交使节或外交代表可以被称为不受欢迎的人。接受国没有义务继续允许其在本国行动，这是长期形成的外交实践。在外交关系的早期，人们认为，接受国可以立即将不受欢迎的人驱逐出境；但是并不认为接受国可以对其所犯罪行进行审判。1961年《维也纳外交关系公约》第9条第1款对此进行了进一步的规定："接受国得随时不具解释通知派遣国宣告使馆馆长或使馆任何外交职员为不受欢迎人员或使馆任何其他职员为不能接受。遇此情形，派遣国应斟酌情况召回该员或终止其在使馆中之职务。任何人员得于其到达接受国国境前，被宣告为不受欢迎或不能接受。"

这一规定实际包含两种情况：一种情况是外国使节没有进入接受国国境之时，即宣布其不受欢迎或不可接受；另一种情况是在接受国履行职务的过程中，由于某些行为被接受国宣布为不受欢迎的人。这一般是由于使节或使馆工作人员从事了间谍活动，或干涉接受国内政。此时，派遣国有义务酌情将该人召回或停止其职务。如果派遣国没有履行，或者在相当期间内不履行此项义务，根据《维也纳外交关系公约》第9条第2款的规定，接受国得拒绝承认该员为使馆人员，也就是从享有特权和豁免的特殊人员变成一般外国人。尽管接受国对于不受欢迎的人无须说明理由，但一般国际实践都将不受欢迎的人或不能接受的人解读为从事间谍行为、卷入恐怖主义或颠覆接受国政府，或从事其他刑事犯罪行为。

冷战期间，间谍是宣布外国使节为不受欢迎的人或被召回最为普遍的情况。2013年5月，俄罗斯外交部宣布美国外交官瑞安·福格尔为不受欢迎的人，要求其立即回国。原因即是福格尔是美国驻俄罗斯大使馆政治处三秘，执行美国中情局的间谍工作，在试图招募俄罗斯特工部门工作人员时被抓获，并在其身上查获从事间谍活动的技术装备、钱款、假发等用品。

实践中还存在相互要求召回外交官的行为，即被宣布为不受欢迎的人的外交官的派遣国，作为报复，也在境内宣布接受国的外交官为不受欢迎的人。例如，德国驻俄罗斯的一名女外交官于2014年被宣布为不受欢迎的人，理由是在此之前一名俄罗斯驻德外交官因涉嫌从事间谍活动，被德国反间谍机构追踪数月后抓获，并被宣布为不受欢迎的人。

第四节　使馆的职务

一、使馆的核心职务

由于派遣使节是国际法长期的传统，所以使馆的职务也是长期形成的，在国际社会有着大体相似的理解。一般来说，使馆的职能主要是保护派遣国利益、交涉和观察。《维也纳外交关系公约》第3条第1款规定，

除其他事项外，使馆之职务如下：
（甲）在接受国中代表派遣国；
（乙）于国际法许可之限度内，在接受国中保护派遣国及其国民之利益；
（丙）与接受国政府办理交涉；
（丁）以一切合法手段调查接受国之状况及发展情形，向派遣国政府具报；
（戊）促进派遣国与接受国间之友好关系，及发展两国间之

经济、文化与科学关系。

根据这一规定可看出,使馆的职务主要包括代表、保护、交涉、调查、促进五个方面。同时,由于使馆代行领事职务是普遍的国际实践,因而该条第 2 款规定:"本公约任何规定不得解释为禁止使馆执行领事职务。"

1. 代表。代表是国际法委员会在传统的三项使馆职务基础上增加的内容。因为代表派遣国是外交使节的全部特征。与领事职务形成鲜明对比,使馆的职务首先是在接受国全国范围内代表派遣国,这是外交使节的基本职务,也是使馆及其职权享有特权和豁免的基础。

2. 保护。保护派遣国及其国民的利益是外交使节的传统职务之一。历史上,西方国家曾以保护本国及侨民的利益为由,干涉接受国内政,甚至对接受国使用武力。故而在 1961 年《维也纳外交关系公约》第 3 条起草过程中,一些国家提出在规定保护职务时,应包括不能违反该公约关于不干涉接受国内政的规定(第 41 条第 1 款),或关于用尽当地救济的国际法规则。尽管第 3 条没有直接反映这些建议,但是在关于保护职务的乙项中,加上了"于国际法许可之限度之内",暗含了这些国家想要表达的意思。

3. 交涉。交涉和谈判也是外交使节的传统任务,由于外交使节在接受国全面代表派遣国,是派遣国国家元首、外交部部长向接受国传达信息、立场的"喉舌",也是把接受国的信息传达给派遣国的重要媒介,如一国有意与另一国签订技术合作条约,或一国期待与另一国合作进行军事演习。尽管现代社会国家之间的交往有更多的途径,但是,通过大使传递信息是最为正式、最受重视的方式。

4. 调查。调查和了解接受国的情况,并将此项情况报告给派遣国,是外交使节的传统职务之一。在信息、科学、交通和大众传媒都极为发达的当今时代,完成这项任务对外交人员并不困难。但是调查的手段受国际法的限制。《维也纳外交关系公约》第 3 条第 1 款丁项明确规定"要以一切合法手段",这就意味着从事间谍活动是非法的。

5. 促进。促进两国的友好关系是可以从代表职责中推理出来的。由于联合国具有促动国家之间合作的职能,故而国家之间的交流和合作也是使节重要的职务。国际法委员会在起草《维也纳外交关系公约》之时,就接受了一些国家提出的建议,在第 3 条中加入了促进友好关系这一职责。

二、使馆的其他职务

国际法除不禁止使馆从事领事职务以外，也不禁止受托保护第三国及其国民利益，但须经过接受国的同意。《维也纳外交关系公约》第45条丙项规定在派遣国与接受国断绝外交关系或遇使馆馆长长期或暂时撤退时，派遣国得委托接受国认可之第三国代为保护派遣国及其国民之利益，根据第46条的规定在接受国事先同意的情况下，使馆还可以应邀为未在接受国国内有代表之第三国负责暂时保护该第三国及其国民之利益。当代国际实践反映出使馆受托执行保护第三国及其国民利益的职责较为普遍，接受国一般也会予以同意，接受国的同意是由接受国自主决定的。在历史上，中国政府曾处理过很多驻中国的外国使馆受第三国及其侨民委托而保护其在中国领土范围内利益的问题。

第五节 外交特权和豁免

根据传统的外交法，派遣国的外交代表在接受国享有一系列的特权和豁免。

一、外交特权和豁免的理论解释

外交特权和豁免是习惯国际法的一部分，对于享有此种特权和豁免的理由有着不同的学说。

(一) 治外法权说

关于外交特权和豁免的理论，在传统上较早的是治外法权说 (exterritoriality, exterritorial theory)。治外法权的观念首先由格劳秀斯作为虚拟说法而提出，并形成一种学说，后来这种学说得到了几乎所有国际法学家的认可，这种学说认为既然外交使节是代表派遣国的，他们在接受国领土上就被视为如在派遣国自己的领土上，故而不受接受国法律的约束，这种学说显然不符合现代国际法的精神，所以在20世纪即被彻底抛弃。第二种学说是代表说，即外交代表之所以在接受国享有一定的特权和豁免，是因为他们是派遣国的代表，当他们的代表职务终止之时，他们的特权和豁免也随之停止。

(二) 职务需要说

在实践中,没有外交职衔的外交代表家属和使馆人员也享有豁免,治外法权说在这个问题上难以给出有效的解释。职务需要说(functional necessity theory)应运而生。这一学说主张,外交代表之所以享有特权和豁免,是因为执行其职务所必需。如果把他们作为一般的外国人同样对待,外交工作就会由于各种干扰而不能顺利进行。这种学说接近于当代国际关系的实践,所以被1961年《维也纳外交关系公约》所接受。当然这种学说也有其不合理之处,因为外交代表的某些并非代表国家的公务行为,也享有豁免,而且这种学说也难以解释外交代表的家属所享有的特权、豁免问题。但是与代表说相比,这种学说得到了更加广泛的接受。学者认为,区分外交代表的公务行为和私人行为并不对后者适用豁免的理论,就是以职务说为基础的。

(三)《维也纳外交关系公约》的规定

由于代表说和职务说都不足以充分地解释现实中的问题,彼此有互补性,《维也纳外交关系公约》起草时期就有学者倡导将两种学说结合起来。杰拉德·菲茨莫里斯(Gerald Fitzmaurice,1901—1982)表达了对职务需要说的支持,认为这一理论是正确的,尽管有学者对此表示批评,但是由于它比较紧密地贴合现实,所以得到了总体的认可。菲茨莫里斯表示,如果不能给外交代表以特权和豁免,他们就无法执行任务。《维也纳外交关系公约》在序言中接受了此种学说,申明"确认此等特权与豁免之目的不在于给予个人以利益,而在于确保代表国家之使馆能有效执行职务"。

二、使馆的特权和豁免

作为外交法的核心内容,外交特权和豁免包括使馆和使馆人员两大方面,在使馆的特权和豁免方面主要包括以下四种。

(一) 使馆馆舍不可侵犯

根据《维也纳外交关系公约》第1条的规定,使馆馆舍是供使馆使用及使馆馆长寓邸之用之建筑物之各部分,以及其所附属之土地;第22条第1款规定使馆馆舍不得侵犯,这包括两个方面:首先,接受国官员非经使馆馆长许可,不得进入使馆馆舍,据此接受国有不作为的义务。其次,接受国负有特殊责任,采取一切适当步骤保护使馆馆舍免受侵入或损害,并防止一切扰乱使馆安宁或有损使馆尊严之情事。因而为保证外国使馆馆舍不受侵犯,接受国要保证其官员不擅自进入属于使馆馆舍的任何部分,同时也要采取积极保障措施,包括安排安保人员进行执勤保卫等工作。需要说明的是,使馆馆舍不可侵犯带有绝对性,即使发生火灾、瘟疫未得使馆馆长允许仍不得进入。1961年《维也纳外交关系公约》曾在起草阶段对此问题进行讨论,很多国家坚持使馆馆舍在任何情况下不得受到侵犯的原则,因为一旦认为使馆馆舍在紧急情况下,可以由接受国进入,则对于何为紧急状况接受国可能具有判断的自由,这就给使馆馆舍带来了潜在的风险。如果使馆馆舍自身遇到了风险,使馆馆长可能向接受国提出请求;如果是外在风险对使馆馆舍造成威胁,则接受国的介入很可能使此种威胁加重。国际实践表明,如果发生了火灾或动乱,使馆一般会自行保护或销毁档案,而不希望接受国进行援救。其理由当然是担心在援救过程中造成机密文件和其他物品的损害、遗失或其他风险。在历史上,美国驻莫斯科使馆曾经失火,接受国的救火人员中就混有特工。

(二) 使馆档案和文件不可侵犯

瑞士学者瓦泰尔在其著作中即提出,大使的文件不可侵犯。他认为,如果不对大使文件进行保护,就无法安全地执行活动。在国际实践中,大使的档案和文件在绝大多数情况下被尊重,但也可能遭到接受国的没收,如两国断交,或者在断交的风险非常迫近的时候。一般来说,即使没有断交,大使的档案和文件被没收,派遣国也会表示抗议,并提出断交。在派遣国不干预或不提出抗议之时,国际实践并不禁止接受国法院使用使馆文件作为法庭证明。1961年《维也纳外交关系公约》第24条规定,使馆档案及文件无论何时亦无论处于何处,均不得侵犯。该公约并没有对档案和文件进行界定。国际实践一般参考1963年《维也纳领事关系公约》第1条第1款第11项为领馆档案所下的定义,称"领馆档案"者,谓领馆之一切文书、文件、函电、簿籍、胶片、胶带及登记册,以及明密电码、记录卡片及供保护或保管此等文卷之用之任何器具。

上述规定在三个方面与以往的国际习惯有一定的差异:首先,"不得侵犯"一词是由国际法委员会精心选择的。一方面,表示接受国当局不得干预使馆的档案和文件,并且接受国有义务保护这些档案和文件免受他人的干预;另一方面,在时间上,使馆的档案和文件不得侵犯,不存在例外,无论是在关系正常之时,还是在断交之后。《维也纳外交关系公约》第45条还规定,接受国有义务尊重并保护这些档案和文件,并授权派遣国委托第三国予以保管。其次,在空间上,使馆的档案和文件不得侵犯,既然没有要求仅在使馆之内,这就意味着尽管文件和档案在使馆之外,如果有明显标记显示其属于使馆文件,则不得侵犯。最后,使馆人员的行动自由。《维也纳外交关系公约》第25条规定,接受国应给予使馆执行职务之充分便利,允许使馆外交代表在接受国整个领土范围内的行动自由,是他们执行使馆职务,尤其是保护派遣国国民利益和调查接受国情况、向派遣国报告职务所必需的基本条件。因而第26条规定,除接受国为国家安全设定禁止或限制进入区域另订法律规章外,接受国应确保所有使馆人员在其境内行动及旅行之自由。在实践中,在相当长的一段时间之内,使馆人员行动自由是受到限制的。比如,11世纪的拜占庭作为系统从事外交活动的帝国,接受使节之时,就在边界派部队迎接并护送其到达首都,到达之后就禁闭在一个专门的城堡之内。所有的预料活动就是观看阅兵式。至16世纪,此种对待使节的方式都被其他帝国所效仿。中国在清代要求所有外国人在中国国内旅行必须经过允许,外交官也不例外。欧洲国家的实践逐渐允许外交使节拥有行动自由,这一观点受到了各国的认可并成为国际习惯。冷战期间,苏联曾对外国使馆人员的行动自由进行限制,超出莫斯科方圆五十公里范围内的旅行需得到批准,其他东欧国家也纷纷效仿西方国家也采取了对等限制的方式,当时美国、英国、加拿大、比利时、法国、荷兰、希腊等国都采取了限制措施。冷战结束后,此种限制在对等的条件下被取消。1986年《中华人民共和国外交特权与豁免条例》第7条规定,使馆人员在中国境内有行动和旅行的自由,中国政府规定禁止或限制进入的区域除外。

(三)使馆的通讯自由

使馆与其派遣国自由秘密通讯是外交法所有外交特权和豁免中最重要的方面,如果不享有通讯自由,则使馆无法完成基本的工作任务。通讯自由包括以下几个方面:第一,根据《维也纳外交关系公约》第27条第1款,使馆可以用一切适当方法与派遣国政府以及派遣国在所有其他地方的使馆和领事馆通讯。通讯的方法包括使用外交信差以及明密电信。但是在使馆安装和使用无线电发报机,需要经过接受国同意。第二,《维也纳外交关系公约》第 27 条第 2 款规定,使馆之来往公文不得侵犯。来往公文,指有关使馆及其职务的一切来往文件。在该条起草阶段,特别报告员接受了巴拿马籍国际法委员会委员阿尔法罗先生提出的关于使馆的公文应理解为从使馆发出的邮件的建议。在维也纳会议上,澳大利亚代表建议补充一个公文的定义并被接受。不过这个补充定义并没有解答下述问题,即公文是指仅从使馆发出的文件,还是也包括派遣国政府发给使馆的文件。值得注意的是,这个问题在公约的中文文本中似乎并不存在,因为使馆之来往公文中"来往"一词的意思,非常清楚地表明公文包括来自和发往使馆的文件,无论如何,各国使馆在实践中往往使用密封的外交邮袋发送和接收秘密文件,因此很少发生与第 27 条第 2 款相关的国际争端。第三,外交邮袋不得予以开拆或扣留(第 27 条第 3 款)。使馆的这项特权没有任何例外,不过外交邮袋必须具有可以识别的标记,并且外交邮袋只能装载外交文件或公共事务用品(第 27 条第 4 款)。此项规定发展了公约起草时的习惯国际法。习惯国际法的基本内容是,如果接受国认为外交邮袋中含有不应装载的物品,有权要求对邮袋进行检查。此时,派遣国可以选择把外交邮袋原封不动地退回,或者在派遣国使馆人员在场的情况下拆开检查。由于通过无线电通信、电话和以公共设施邮寄的信件容易被截获,凸显出外交邮袋不可开拆的重要性。故而,《维也纳外交关系公约》对此未规定任何例外。不过,国际实践仍然表明,既坚持外交邮袋绝对不可开拆,又避免外交邮袋被使馆或派遣国滥用,是一件很困难的事。

与此同时,针对外交邮袋的形状、体积、构成都没有明确的规定。这时常会导致派遣国和接受国产生不同理解。中华人民共和国外交部礼宾司 2013 年照会各国驻华使馆,通知他们关于航空运输外交邮袋的免检具体方法。该方法要求,免于安检的外交信使携带运送的外交邮袋和作为航空运输的外交邮袋必须携带有效证件和齐全的证明信,并且外部封志完好。

由于有时一个国家会直接将一个集装箱作为外交邮袋发送至使馆或由使馆发出,给接受国带来很多的困扰。因而,有些情况下接受国会对外交邮袋的尺寸作出规定,如中国外交部规定,外交邮袋的尺寸不得超过 1

立方米。

最后,外交信使人身不可侵犯。《维也纳外交关系公约》第27条第5—7款规定,外交信差应持有官方文件以证明其身份,外交信差在执行职务时应受到接受国的保护,外交信差享有人身不可侵犯的权利,不受任何形式的逮捕和拘禁。外交信差既有专职的也有临时的,后者称为特别外交信差。特别外交信差享有的特权和豁免,在其将携带之外交邮袋送交收件人之后,即不复享有(第27条第6款)。此外,商业飞机的机长可以代为负责送递外交邮袋,但机长不得视为外交信差,使馆有权派使馆人员自由向机长取得外交邮袋(第27条第7款)。

(四)免纳一切捐税

《维也纳外交关系公约》第28条规定,使馆办理公务所收之规费及手续费,免征一切捐税。使馆享有的这项豁免符合普遍的国际实践,而且使馆收受费用的业务一般都属于执行领事职务的范围,如办理签证和护照等,这就意味着使馆不存在营业收入。

三、外交代表的特权和豁免

外交代表是指包括使馆馆长和其他具有外交职衔的外交人员在内的所有使馆人员。外交特权与豁免一般都合一使用,具体包括人身不可侵犯、寓所和财产不可侵犯、管辖豁免、作证义务豁免、免纳一切关税等。

(一)人身不可侵犯

外交代表的人身不可侵犯是最古老的外交特权。其根源可追溯到古希腊给予使者的宗教保护,古代中国和古代印度也会给予使节以特权和豁免。古代各文明古国一致的实践是,交战国家的使者、为了完成和平使命的使节都享有不可侵犯的权利。尊重使节的人身、不侵犯使节的生命是普遍的人类文明实践。16世纪末,使节不可侵犯的权利已经成为广泛接受、毫无疑问的国际法规范。1961年《维也纳外交关系公约》第29条规定,外交代表人身不得侵犯,外交代表不受任何方式之逮捕和拘禁,接受国对外交代表应特示尊重,并应采取一切适当步骤,以防止其人身自由或尊严受到任何侵犯。根据这条规定,接受国负有两个方面的义务:一方面,接受国本身应尊重外交人员的人身不可侵犯的权利,不能对他们实施任何形式的逮捕和拘禁,这是接受国的消极义务,也是以不作为的方式保证外交代表人身不可侵犯的权利。接受国有关当局不能为了行使主权,尤其不能为了执法而使外交代表受到任何人身侵犯。另一方面,接受国还必须采取一切适当措施防止其他人侵犯外交代表的人身自由和尊严,这是接受国的积极义务,即通过主动采取适当措施,包括在使馆周围设置执勤岗哨,在使馆大门安排安保人员等,保障外交代表的人身不受其他人的侵犯。由于为政治或经济目的而绑架外交代表做人质的情况日益增多,除上述义务以外,在外交代表的安全受到威胁的情况下,接受国还承担向其提供武装保卫的义务。但是经验证明,此种特殊的武装保护对于强硬的恐怖分子所起的作用并不明显。如果外交代表被扣为人质,《维也纳外交关系公约》第29条所规定的接受国采取适当步骤的范围,是否包括向劫持者支付酬金以便解救外交代表,或不惜违反本国法律,为救出被劫持的外交代表而接受恐怖分子的要求以及释放罪犯的交换条件,仍然是存有疑问的。

1970年,在危地马拉发生了联邦德国大使被劫持的事件。事发之后由于两国对上述规定理解不同,导致两国断绝外交关系。劫持者要求危地马拉释放罪犯并提交赎金,否则杀死人质。危地马拉政府认为,《维也纳外交关系公约》第29条并不包括以违反本国宪法或威胁其国家安全的方式向劫持者屈服,导致德国大使被害。联邦德国政府谴责危地马拉违反了公约第29条的规定,认为危地马拉应尽一切努力解救人质。

相反的事件是1969年美国驻巴西大使被巴西某组织劫持,在巴西当局答应释放被关押的15名罪犯并允许发表其政治宣言之后,人质获得释放。1970年,该组织又劫持了德国大使,并以巴西当局释放他们的40名在押犯作为交换条件。同年,又劫持了瑞士大使,交换条件是释放他们的70名在押犯。1970年一年之内连续发生了一系列以西方国家外交代表为目标的劫持事件,这些事件使相关国家政府认识到向劫持者屈服的政策并非第29条规定所固有的要求,也就不再坚持此种政策。

1971年美洲国家组织通过《防止和惩治以侵害个人罪行和相关勒索形式进行的具有国际影响的恐怖主义行为公约》,1973年联合国大会通过的《关于防止和惩处侵害应受国际保护人员包括外交代表的罪行的公约》即是在此种形势下制定的。需要说明的是,与使馆的不可侵犯权相同,外交代表的人身不可侵犯权也是绝对的,因而不存在例外。当然,外交代表人身不可侵犯的绝对性也存在避免权利滥用与权利平衡的问题。

一些国家的外交代表利用特权长期从事间谍活动,干涉接受国的内政,甚至参与颠覆接受国政府的阴谋活动等,由此引发接受国与派遣国的争端。为此,1961年《维也纳外交关系公约》第41条第1款规定,在不妨碍外交特权与豁免的情形下,享有此项特权与豁免的人员均负有尊重接受国法律规章之义务,此等人员并负有不干涉该国内政之义务。

(二)管辖豁免

外交代表在接受国享有刑事、民事和行政方面的管辖豁免。刑事管辖豁免可以追溯到16—17世纪,民事管辖豁免产生于18世纪。《维也纳外交关系公约》对各方面的管辖豁免都作出了规定。

1. 刑事管辖豁免。由于外交代表的刑事管辖豁免与人身不可侵犯的权利紧紧联系在一起,所以在公约第31条第1款下只一句话涉及刑事管辖豁免,即外交代表对接受国之刑事管辖享有豁免。这就意味着如果外交代表犯罪,接受国只能通过外交途径而非司法途径予以解决。具体体现为接受国外交部出面与派遣国进行交涉,根据犯罪情节的严重程度进行处理,或者宣布相关外交代表为不受欢迎的人,或将其驱逐出境,外交代表的刑事管辖豁免是绝对的,没有例外。

2. 民事和行政管辖豁免。《维也纳外交关系公约》第31条第1款规定,外交代表对接受国的民事和行政管辖也享有豁免,但包括三个例外:第一,关于接受国境内私有不动产之物权诉讼,但其代表派遣国为使馆用途置有之不动产不在此列。第二,关于外交代表以私人身份并不代表派遣国而为遗嘱执行人、遗产管理人、继承人或受遗赠人之继承事件之诉讼。第三,关于外交代表于接受国内在公务范围以外所从事之专业或商务活动之诉讼。

外交人员享有豁免权,但亦可放弃豁免权,服从驻在国的管辖。凡外交人员放弃管辖豁免的,得由派遣国或其外交代表机关明确表示后,方可确认。豁免的放弃常见的有以下两种情况:(1)如果外交人员或其配偶在驻在国为私人利益从事某种职业或经商,则意味着他们在相关诉讼中不再享有外交特权与豁免。(2)享有管辖豁免的外交人员主动向当地法院提起诉讼,这表明他使自己负有服从法院规章的义务。当外交代表主动提起诉讼时,对于与主诉直接相关的反诉也不享有豁免(《维也纳外交关系公约》第32条第3款)。

国际实践中,关于外交代表的民事和行政管辖豁免尚存在一些问题,《维也纳外交关系公约》没有予以规定。例如,外交代表在接受国非正常死亡的情况下,接受国可否对死亡原因进行调查?在这方面一般的做法是,如果派遣国未予同意,接受国不应进行调查。再如,外交代表在接受国因驾驶汽车、船舶和飞机引起事故,保险公司是否可因特权和豁免而拒绝理赔?英美的法律实践表明,受害者可以直接向保险公司提起民事诉讼,保险公司不能以受保人的外交特权和豁免作为保护伞。加拿大对外事务部 1966 年规定,用行政措施保证外交代表遵守关于汽车保险的当地规章,保险公司在任何情况下都不得在因车祸引起的诉讼中将外交豁免作为考虑因素。《中华人民共和国外交特权与豁免条例》第 14 条规定,外交代表在中国享有民事管辖豁免和行政管辖豁免,例外是:以私人身份进行的遗产继承的诉讼,以及违反第 25 条第 3 项规定在中国境内从事公务以外的职业或商业活动的诉讼。

(三) 作证义务的豁免

外交代表没有以证人身份作证的义务(《维也纳外交关系公约》第 31 条第 2 款)。但是这种作证义务的豁免,在 19 世纪仍然没有成为习惯国际法。1856 年,一个关于美国和荷兰之间的事件证明,19 世纪中叶尚无作证义务豁免的规则。在这个事件中,荷兰公使目击了一起杀人案件,美国政府虽然承认按照国际惯例和美国法律,该公使有权拒绝作证,但是要求他出于正义到庭作证。该要求被荷兰政府拒绝,但荷兰政府允许公使提供书面证据,由于书面证词没有任何价值,美国区检察长拒绝了这种做法。虽然美国政府没有继续坚持要求该公使出庭作证,却宣布他为不受欢迎的人,要求荷兰政府将其召回。《维也纳外交关系公约》第 31 条第 2 款没有规定任何例外。但是,这并不意味着外交人员在任何情况下都要拒绝作证,只要派遣国政府同意,外交人员也可为某一案件作证,作证的方式一般是提供书面证词或要求法院派人到使馆听取证词,当然也可以亲自出庭作证。但是,有的国家法院根据国内法随意下令要求使馆人员出庭作证,这是不能接受的。

(四) 捐税豁免

外交代表享有各种对人或对物课征的国家区域或地方性捐税的豁免。捐税豁免是一个复杂的技术问题。由于社会制度和国情不同,各国在具体做法上颇不相同。税收历来是国家财政收入的来源之一。不同制度的国家,税种各不相同。捐税大体可分直接税和间接税,对纳税人的收入或财产征收的捐税和对消费者直接征收的捐税,统称直接税;附加在商品或服务价格中的捐税称为间接税。国际上一般公认的原则是外交人员可以免纳直接税,不能免纳间接税。

《维也纳外交关系公约》仅确定了若干条原则性的规定,归纳起来有:外交代表机关公用物品和外交人员及其家属私人用品入境免纳关税;外交代表机关在驻在国拥有或租赁的供使馆使用的房舍免纳国家、区域或地方性捐税等。在实践中,可免纳的直接税大体有:个人所得税、公用房地产税、汽油税、娱乐税、印花税、购买税以及外交代表机关和外交人员本身不受益的当地政府征收的地方附加等。但使馆本身受益部分,如用于路政、防火等措施的捐税或地方附加等,则不能免除。

根据《维也纳外交关系公约》第 34 条的规定,此种豁免有六个方面的例外:(1)通常计入商品或劳务价格内之间接税;(2)对于接受国境内私有不动产课征之捐税,但其代表派遣国为使馆用途而置有之不动产,不在此列;(3)接受国课征之遗产税、遗产取得税或继承税,但以不抵触第 39 条第 4 项之规定为限;(4)对于自接受国内获致之私人所得课征之捐税,以及对于在接受国内商务事业上所为投资课征之资本税;(5)为供给特定服务所收费用;(6)关于不动产之登记费、法院手续费或记录费、抵押税及印花税;但对供给特定服务应纳之费,与派遣国或使馆馆长订立承办契约者依接受国法律应纳之捐税(第 23 条),不在此列。在某些国家,外交人员可免纳包含在商品价格中已由商家缴付过的间接税或进口关税。由于各国税收的规定和税目颇不相同,因此,许多国家要求在免税问题上达成互惠双边协议。

(五) 关税、行李检验的豁免

1. 免纳关税。通常外交人员及其家属进出驻在国或路过第三国时,其随身携带的行李(包括附载于同一交通工具上的行李)享有免税优待。外交人员分离寄运(包括邮寄)的自用物品和外交代表机关办公用品进出口,在驻在国海关规定的许可范围内免纳关税和免除进出口许可手续,但申报手续一般仍不可免。超出许可范围的部分则须办理许可证。

尽管外交代表免纳关税及其私人行李免受海关检验是各国通例,但是国际法学界和各国政府似乎并不认为给予外交代表海关方面的特权和豁免是习惯国际法。换言之，国家在免除外交代表的关税和行李检验时，并不认为它们是出于法律义务，而仅仅认为是出于国家之间的礼让。此种情形的根本原因是，海关方面的豁免是外交代表享有的特权和豁免中最容易被滥用的。为了维护本国的政治和经济利益，各国根据各自情况确定立法或行政措施，对外交代表机关和外交人员公私物品进出口有所限制，在数量、品种、出售、转让等方面都进行了详细规定。1961年《维也纳外交关系公约》第36条的规定原则上反映了各国实践，仅对使馆办公用品和外交代表或与其构成同一户口的家属的私人用品，其中包括其定居之用的物品，给予关税豁免。

（1）在数量上，各国一般都划定一个合理的数量范围，对超出部分则要求纳税甚至禁止进出口。有些国家用税额加以限制，每次进口物品由海关估税登记入册，每年结算一次。有的国家限制具体数量。

（2）在品种上，各国一般都规定不准携带或寄运违禁品，如军火、毒品、珍贵文物、敌视驻在国的宣传品等。对携带的金银、外币须办申报手续。我国海关列入禁止进口的物品有：各种武器、弹药、无线电收发报机和器材（如需进出口上述物品须办申报手续）、爆炸物品、人民币，对中国政治、经济、文化、道德有害的手稿、印刷品、胶卷、照片、影片、录音带、录像带等，毒药、能使人成瘾癖的麻醉药品和鸦片、吗啡、海洛因等。禁止出口的除上述物品外，还有未经核准的外国货币、内容涉及国家机密的各种材料、珍贵文物、贵重金属、珍宝、图书等。为防止病疫的传染，各国还规定了各种检疫条例，如新西兰、日本、美国等对动植物检疫管制很严，各种肉类、动植物制品甚至草类等被列为违禁品，不得进口，对旅客带有泥土的鞋袜都得经过消毒处理。

（3）出售和转让。当前的国际实践是，国家立法规定外交代表机关和外交人员免税进口的物品不得任意转让，并须事先经过海关批准。① 如转让给享有豁免关税待遇的人，可予免税，否则应照章纳税。我国在这方面

---

① 1856年，法国一位具有灵光商业头脑的立法议会长德莫尼公爵受本国指派，前往圣彼得堡作为特命大使出席沙皇亚历山大二世的加冕典礼。他带了一长列华丽的车辆和一大批大大小小的箱笼，装满了花边奢侈品和女人的服装，因为他是大使，无须缴纳关税，他在圣彼得堡居留地几天之内顺利卖掉了这些东西，赚了80万卢布。这个例子说明，外交代表的关税免除如果被视为是接受国的义务，可能会使使节变成跨国贸易商人。

也有具体规定。

2. 外交机关托运、寄运的公用品和外交人员的随身行李、托运、寄运的私用物品，一般享受免检的待遇。外交代表机关的公用物品一般指国旗、国徽、馆牌、办公文具、表册等。对于汽车、烟、酒之类的物品，在许多国家则被认为是私人物品，一般均予以免税放行，但规定有一定的限额。对于有争议的物品，各国一般掌握两个处理原则：一是尊重驻在国的规定，二是要求互惠对等。

外交代表的私人行李免受检验，但是有重大理由推定其行李中装有不在免税之列的物品或接受国法律禁止进出口或有检疫条例加以管制的物品，可以在外交代表在场的情况下对行李进行检验。我国1986年《外交特权与豁免条例》第18条的规定与公约的规定相同。第19条作出了关于携运枪支的专门规定，使馆和使馆人员携带自用的枪支子弹入境，必须经中国政府批准并且按中国政府的有关规定办理。免验只是一种优遇，是出于国际交往的礼貌。各国海关法令都订有保留在必要时对行李物品进行检查的权利，但实际上，非在绝对必要的情况下，不行使这种权利，检查时，须有行李物品所有人或其授权的代理人在场。

四、非外交代表的特权和豁免

非外交代表，或称使馆其他人员，是指使馆外交代表以外的所有人员，其中包括与外交代表构成同一户口的家属，行政及技术人员，为使馆仆役的职员、使馆人员的私人仆役等。1961年《维也纳外交关系公约》第37条规定，上述非外交代表只要不是接受国国民，且不在接受国永久居留，也在不同程度上享有各项特权与豁免。应当注意的是，公约在外交代表的家属、使馆行政和技术人员的家属、使馆私人仆役三种人员之间进行了区分。

（一）外交代表的家属

外交代表的家属，包括与其共同生活的配偶和未成年子女享有的特权和豁免与外交代表完全相同（《维也纳外交关系公约》第37条第1款），上述人员享有外交特权与豁免是国际社会的通例。但是，关于哪些人构成外交人员的家属，这个问题在各国实践上有不同的做法，国际法委员会采用了"与外交代表构成同一户口"来表述各国对这种亲密关系的一般理解。我国 1986 年《外交特权与豁免条例》第 20 条规定,与外交代表共同生活的配偶及未成年子女,如果不是中国公民,享有与外国外交代表相同的特权和豁免。其他国家的规定和做法各不相同,具体应结合实践进行理解。

(二) 其他非外交代表

使馆行政和技术职员及其家属,以及使馆事务职员和使馆人员的私人仆役,在使馆中占使馆人员比例最大。他们对使馆的正常运行起着重要作用,同时人数众多,在接受国容易卷入各种事件或引起事端。历史上这些人员在何种程度上享有特权和豁免存在着国家之间的差异,有些国家给予上述人员完全的特权与豁免,有的则仅给予公务行为以豁免,多数国家在二者之间。根据《维也纳外交关系公约》第 37 条第 2 款的规定,使馆的行政和技术人员及其家属,如果不是接受国国民或永久居民,享有有限的特权和豁免,其限制在于:第一,只针对最初定居时所携入的物品享有关税豁免;第二,不享有海关检验的货币;第三,仅就执行职务的行为享有民事和行政管辖豁免。第 37 条第 3 款规定,使馆事务职员如果不是接受国国民或永久居民,就其执行职务的行为享有豁免,受雇所得报酬免纳捐税。第 37 条第 4 款规定,使馆人员的私人仆役如果不是接受国国民或永久居民,受雇所得报酬免纳捐税,其他方面仅享有接受国许可的特权和豁免,但是接受国对此等人员的管辖以不能对使馆职务之执行造成不当妨碍为条件。

(三) 作为接受国国民或永久居民的使馆人员

《维也纳外交关系公约》第 38 条规定,接受国国民或永久居民作为外国使馆人员被划分为两类:外交代表和非外交代表,外交代表执行公务行为,享有管辖豁免和不可侵犯的权利;非外交代表是否以及在何种程度上享有特权和豁免,取决于接受国的同意,并且以不妨碍使馆职务的执行为条件。中国 1986 年《外交特权与豁免条例》第 21 条也规定,中国公民充任外国使节,仅就其执行公务的行为享有管辖豁免和不可侵犯权。

五、特权和豁免的开始和终止

《维也纳外交关系公约》第 39 条第 1 款规定,享有外交特权和豁免的人从其进入接受国国境前往就任之时开始享有特权和豁免,如果在就任前已经在接受国境内,则在其委派通知到达接受国外交部门之时开始。第 39 条第 2 款规定,特权和豁免的终止,对于享有外交特权和豁免的人而言,如果其职务因到期或被召回等其他原因而终止,其特权豁免一般于离境之时或听任其离境的合理期间终了之时终止,即使两个国家断交或发生武装冲突,也应在此时间段内享有特权和豁免,如果使馆人员以外交人员的资格执行职务行为,则豁免始终有效。这就是说,在他们失去了使馆人员资格以后的任何时候,接受国都不能对他们过去以使馆人员资格执行公务的行为行使管辖权。使馆人员死亡之后,家属应当继续享有作为家属所拥有的特权和豁免,直到听任其离境的合理期间终止。

六、外国使节在第三国的地位

外国使节的法律地位主要是派遣国与接受国之间的问题。不过当外交使节前往就任或从接受国回国需要经过第三国时,就会产生他们在第三国的地位的问题。外交使节在第三国的地位涉及两个方面:第一,在第三国过境。第二,在第三国的特权和豁免。当外交使节在第三国进行私人旅行与度假之时,他们与处在第三国的外国人没有区别,除非第三国出于礼让给他们以某种特殊的待遇。外交使节前往就任或从接受国回国途中经过一个或数个第三国,此时,他们在第三国的过境与在接受国执行外交职务联系在一起,因而可能产生特权和豁免的问题。根据 1961 年《维也纳外交关系公约》第 40 条的规定,外交代表前往就任或返任或返回本国时,经过第三国或在第三国境内,而且该国曾发给所需之护照签证时,他们在第三国享有人身不可侵犯权、确保其过境或返回所需之其他豁免。这项规定同样适用于与外交代表同行或单独旅行前往会聚或返回本国的家属。19 世纪形成的国际法习惯是,外交使节在第三国享有无害通过权,条件是第三国与派遣国和接受国之间没有发生战争。当代国际实践不承认外交使节的此种过境权,因为第三国有权拒绝他们入境,所以,《维也纳外交关系公约》采用了曾发给他们所需之护照签证时应给予不得侵犯权及确保其过境或返回所需之其他豁免各项规定,反映了第三国的主动权,《维也纳外交关系公约》第 40 条第 3 款规定,外交使节在接受国享有通信自由,包括明码、密码电信在内,同样适用于第三国;第 27 条规定的关于外交信差和外交邮袋的规定,也适用于第三国。《维也纳外交关系公约》第 40 条第 1—3 款关于外交使节在第三国的地位的各项规定以第三国的事先同意为基础,但是在不可抗力的情况下,如飞机迫降或被劫持,第三国依据上述各项规定对外交使节承担的义务同样适用,且无需事先同意(第40条第4款)。

【典型案例:德黑兰美国外交和领事人员案】①

1979年11月4日,在美国驻德黑兰大使馆外面组织游行示威过程中,示威者袭击大使馆馆舍,并占领使馆。使馆内50多人,包括领事、非美籍人员以及当时在大使馆的来宾,被扣为人质,使馆内的档案和文件也被示威群众捣毁。翌日,驻在伊朗的两个美国领事馆也发生了同样事件。事件发生后,美国使馆曾多次请求伊朗当局给予援救,但伊朗的保安部队并没有干预或解除这种局势,也没能制止事态发展。11月5日,伊朗外交部部长在记者招待会上表示美国应对此事件负责,同日,伊朗总理也在记者招待会上宣称美国使馆是间谍中心;应当继续扣留人质,直到美国将前伊朗国王及其财产归还伊朗;11月9日,美国请求联合国安理会召开紧急会议解决这一问题;11月29日美国向国际法院起诉。

美国诉称,伊朗政府不仅未能制止上述事件,而且有明确的证据表明,它参与并认可这些事件。美国政府声称,伊朗政府已经违反并且正在违反1961年《维也纳外交关系公约》、1963年《维也纳领事关系公约》、1975年《美伊友好、发展经济关系及领事权利条约》、1973年《关于防止和惩处侵害应受国际保护人员包括外交代表的罪行的公约》、《联合国宪章》和国际惯例等法律义务。

美国政府要求国际法院裁决并宣布:

(1)伊朗政府容许、放纵及不制止和惩罚上述列举的行为,根据有关条约的规定,违反它对美国的国际法义务。

(2)根据上述国际法义务,伊朗政府有特别义务立即保证释放目前扣押在美国大使馆内的全部美国侨民,并保证准许所有上述人员及在德黑兰的全部美国侨民安全离开伊朗。

---

① United States Diplomatic and Consular Staff in Tehram, Judgment, I. C. J. Reports 1980, P. 3.

(3) 伊朗政府应对其不法行为向美国赔偿损失，金额由法院判定。

(4) 伊朗政府应将对美国大使馆馆舍及人员和领事馆馆舍犯罪者提交有关主管机关进行追诉。

美国政府要求国际法院对此案作出终局判决以前采取临时救援措施，即要求伊朗政府：

(1) 立即释放全部美籍人质，并对这些人员及所有其他美国官员维护尊严及人道的情况下，立即安全离开伊朗提供方便。

(2) 立即清除未经美国驻伊朗代办批准而出现在美国大使馆、办事处及领事馆中的全部人员，并恢复美国对这些馆舍的控制。

(3) 保证对美国大使馆及领事馆全体人员予以保护，并保证其在大使馆及办事处内的完全自由和伊朗境内进行必要的外交及领事活动的自由。

(4) 不得提审美国大使馆及领事馆的任何人员，并应制止进行这种审讯的任何行为。

(5) 保证不采取可能损害美国执行国际法院依法所作的任何判决的权利和行动，特别是不得采取或容许任何威胁人质生命安全和安宁的行为。

伊朗政府于1980年2月16日向法院表示，国际法院不能也不应该如此郑重其事地受理美国提出的所谓"美国驻德黑兰大使馆人质"问题的案件。由于这个问题仅代表一个全面问题的非中心的、次要的侧面，不应该将全面的问题分割开来研究，其中特别是25年来，美国一直在干涉伊朗内政，无耻地剥削伊朗国家，对伊朗人民犯下无数违反一切国际准则和人道主义准则的罪行。伊美冲突中所包括的问题不是美国申诉书所根据的条约的解释和应用的问题，而是包含着许多基本和更复杂的整个局势所产生的问题。因此，国际法院不能在审理美国的申诉书时，分割其固有的前后联系，即过去25年中伊美关系的政治记录。这些记录特别是包括美国政府对伊朗犯下的罪行，尤其是中央情报局挑起和进行的1953年的政变，推翻摩萨德格合法的国民政府，复辟受美国利益控制的伊朗王朝，还有直接干涉伊朗内政所引起的社会、经济、文化和政治后果,美国在伊明所进行的对一切国际准则的严重的、公开的和持续的侵犯。至于美国所提出的要求采取临时措施,实际上意味着法院对本案的实质问题进行判决。法院如这样做,必然会破坏关于管辖权的规定。此外,既然临时措施是旨在维护双方的利益,它们就不能像美国政府所提出的申请那样,是单方的性质。伊朗提请国际法院注意伊的伊斯兰革命的由来和特点,即一个被压迫的民族反对其压迫者及其主子的革命,对由此所产生的种种反响的任何审查,实质上都是属于直接干涉伊朗主权的性质,故而反对国际法院受理此案,拒绝出庭。

1980年5月24日,国际法院在伊朗缺席的情况下作出判决,认为伊朗政府在许多方面违反了其根据国际条约和长期确立的国际法规则所承担的义务,伊朗应当为其违反国际义务的行为承担国际责任,伊朗政府必须立即采取一切行动缓和由1979年10月4日及其后发生的事情所引起的局势。为此,双方应达成协议。

由于伊朗拒不接受国际法院管辖,判决不能得到执行。美伊之间的人质争端最终在阿尔及利亚的斡旋之下以协议解决。人质在被关押444天之后,1981年1月20日全部获得释放。

第六节 特别使团

一、特别使团的概念

使节制度最初体现为临时使节。常驻使节开始于16世纪,而且与临时使节并存,二者执行的职务几乎相同。随着常驻使节的逐渐普及,临时使节的使命与常驻使节开始区分。临时使节专门处理特别事宜,常驻使节主要负责日常外交事务。特别使团或临时使团在含义上是一致的,是指一个国家经另一个国家的同意,为了就特别问题同该另一国进行交涉,或为了执行同该另一国有关的特别任务,而派驻该国的代表其本国的临时使团(《特别使团公约》第1条第1款)。在国际实践中,特别使团还包括国家和国际组织之间以及不同国际组织之间相互派遣的这类临时使团。

二、特别使团与常驻使节之异同

特别使团与常驻使节的区别点主要有三个方面:第一,特别使团具有临时性,一旦特定使命完成回国,使团即随之解散;常驻使节长期驻在国外,除非发生意外,如派遣国与接受国之间发生战争或断绝外交关系,一般会持续存在。第二,特别使团是为了完成特殊使命而派往另一国的,因此它仅为某一特殊任务而存在,如参加国庆典礼、签署条约;常驻使节则是在接受国执行各种日常外交事务的机构。第三,特别使团的派遣不以外交或领事关系为必要前提;常驻使节则要求双方之间必须存在外交或领事关系。

特别使团与常驻使节的共同点包括四个方面:(1)派遣和接受特别使团、常驻使节皆为国家之权利。也就是说,派遣、接受特别使团、常驻使节,都不是国家的义务。因而,经另一国家同意是派遣和接受使团、使节的前提。1969年《特别使团公约》第2条规定,一国事先通过外交途径或其他双方同意或共同接受的途径取得一国同意后,可以向另一国派遣特别使团。(2)特别使团和常驻使节都是代表国家的外交机关,特别使团不是议会代表,不是访问外国的乐队或足球队,而是代表国家发言的使者。(3)特别使团和常驻使节都由外交代表和其他人员包括技术行政人员服务人员组成。(4)他们的成员都按照等级和职务的不同而在接受国享有不同程度的特权和豁免。

三、特别使团的特权和豁免

关于特别使团的特权和豁免问题,在发达国家与发展中国家之间存在着争议。发达国家认为,因为已有众多的常驻使节在它们的国家享有特权和豁免,如果再给予不同名目的临时特别使团以完全的特权和豁免,将不可侵犯的权利扩展到其居住的宾馆房间,甚至把免纳关税、捐税的特权也给予那些大量来来往往的外交官员,在行政上较为困难。而对于诸多发展中国家而言,特别使团在某种程度上是贫困国家典型的外交方式。如果给予其临时代表的地位低于富国的常驻大使,就构成了一种歧视。国际法委员会的建议是,给予特别使团及成员同样的特权和豁免。1969年《特别使团公约》基本上延续了1961年《维也纳外交关系公约》之中关于特别使团派遣和接受、机构组成、团长及其成员的等级和分工、特权和豁免等方面的内容。但是，由于特别使团的团长有可能是一国国家元首、政府首脑和外交部部长，或其他高级人员，所以需要进行适当的调整。故《特别使团公约》第21条第1款规定，派遣国国家元首率领特别使团时，在接受国或第三国内应享受国际法赋予正式访问的国家元首的便利、特权和豁免。

第七节　领事制度

一、领事制度的历史发展

领事制度萌芽于古希腊城邦时期。当时，人们实行了一种在外国人中选择代表充当他们与地方当局交涉的中间人的制度。中世纪后期，商业自治城市兴起于意大利、西班牙、法兰西等地，故而出现了仲裁领事或商人领事，主要解决商务争执。各国由官方派遣领事，而不是仅从当地商人中选任领事的实践始于16世纪。由于外交使馆制度的发展，领事很快不再具有国家代表的身份。在16—18世纪之间，随着工业和贸易的发展，领事的职能逐渐清晰，尤其是西方发达国家为了维护其海外商业利益，通过双边条约和国内法确定和完善了领事事务。19世纪中叶，领事职能随着西方列强将所谓"领事裁判权"强加于东方国家而得到进一步发展。此时，领事不仅能够保护派遣国侨民的权利利益，还享有对本国侨民的民事和刑事管辖权。因为领事裁判权的做法违背了国际法上公认的国家主权平等原则，20世纪中叶以后被彻底废除。

在现代国际法的意义上，领事是国家派驻在其他国家一定区域内执行职务，尤其是保护商务和侨民利益的人员。领事的派驻、职能和领事权利义务主要基于与驻在国之间的协定确定。

领事与外交代表最大的不同在于，其职务不是在派遣国代表本国，而是在其所负责的区域（一般称为领事辖区）保护派遣国的商务及国民利益。领事不是外交使节，所以与外交使节享有的特权和豁免不同。一般情况下，两国建立外交关系的同时即建立了领事关系，但是断绝外交关系并不当然意味着领事关系也随之断绝（《维也纳领事关系公约》第2条第2款、第3款）。不建立外交关系而只建立领事关系的情况较为罕见，仅有一些小国存在不派遣外交使节而仅在另一国派驻领事的情况。在此种情况下,履行领事职务的官员同时可能履行外交职责。

调整国家之间领事关系,包括领事的派遣和接受、领事的特权和豁免等方面的国际法律规范总体被称为领事关系法。领事关系法的主要渊源是国际习惯和条约,其中有大量的双边条约,即领事条约。1963年《维也纳领事关系公约》对领事关系的习惯法进行了较为全面的编纂。

二、领事的种类和等级

(一)领事的分类

领事可以分为两大类:职业领事和名誉领事。

职业领事也叫专业领事,一般是派遣国的国民,从政府领取薪金。名誉领事也叫商人领事或非职业领事,通常由派遣国在接受国的侨民中选任,也有一些国家允许接受国或第三国国民担任名誉领事,但名誉领事的委任需得到接受国政府的同意。

职业领事以领事为专业工作,一般在接受国不能再受雇于私人企业或有其他的带薪私人职业;而名誉领事则不从派遣国获得报酬,领事仅为其本职之外的兼职。职业领事与名誉领事享有的特权和豁免不同。《维也纳领事关系公约》第58—68条专门规定了适用于名誉领事的特权和豁免。过去,中国不派遣也不接受名誉领事,但1997年香港回归之后,基于"一国两制"的安排,开始接受名誉领事。1999年,中国接受了来自瓦努阿图的名誉领事。

(二)领事的等级

领事分为不同的等级。根据《维也纳领事关系公约》第9条的规定,领事分为总领事(consuls-general)、领事(consuls)、副领事(vice-consuls)和领事代理人(consular agents)四个等级。该条第2款规定,本条第1项之规定并不限制任何缔约国对馆长以外之领事官员设定衔名之权。总领事可能是负责管理几个领事辖区的长官,也可能是负责一个较大的领事辖区的领馆馆长。领事是一个较小辖区的领馆馆长,副领事是总领事或领事的助手,因其本人具有领事身份,所以可以代替领事执行一切领事职责。领事代理人是由总领事或领事任命,并经派遣国批准在该领事辖区代替执行部分领事职务的人。

三、领事的派遣和接受

《维也纳领事关系公约》第 2 条第 1 款规定，国与国之间领事关系之建立，以协议为之。两个国家建立领事关系的协议，一般称为领事条约或领事专约。协议签订以后，两国相互设立领馆并派遣领事。领事设立的地点、类别、领事辖区均由派遣国决定，并得到接受国的同意。《维也纳领事关系公约》第 11 条规定，领馆馆长一般通过颁发委任文凭或类似的文书进行派遣，派遣国通过外交途径将此等委任文凭或文书转送到接受国政府，如接受国同意并允许其执行职务，再由接受国向其颁发证书，称为领事证书。

如果接受国拒绝向其颁发领事证书，即说明接受国不同意此领事之委任。拒绝颁发领事证书效果等同于宣布为不受欢迎的人。接受国也不需要说明理由。一般情况下，在没有获得领事证书之时，领馆馆长不能执行职务。但是如果仅仅是领事证书的颁发受到拖延，领馆馆长可以在得到证书之前暂时执行职务，在此种情况下，领事特权和豁免各项规定同时予以适用。领馆馆员的委派，通过派遣国通知接受国。其决定的人选名单实现名单，包括领馆馆员的全名、职类和等级，接受国也会通过颁发领事证书来表示接受。如果不予接受，可随时通知派遣国宣告某一领馆馆员为不受欢迎的人，或任何其他领馆馆员为不能接受(《维也纳领事关系公约》第 23 条)。

四、领事的职务

领事执行外交代表的事务以外的各方面职务。《维也纳领事关系公约》确立的领事职务，包括以下四个方面：

第一，保护。在国际法许可的范围之内，接受国保护派遣国及其国民的利益，这里的国民既包括自然人也包括法人。为此目的在接受国法律允许的范围之内，领事负责办理民事登记，包括结婚离婚、出生死亡等等。向派遣国国民发放护照和旅行证件，向赴派遣国的人员发放签证和其他文件。保护派遣国未成年人，在死亡事件中保护派遣国国民的利益，在派遣国国民不能为自己辩护时，担任派遣国国民的辩护人或为其安排辩护人，参与接受国法院的诉讼程序。

第二，增进。在商业、经济、文化、科学等方面增进派遣国与接受国之间的关系,并在其他方面促进两国之间的友好合作,此外领事还可以根据国际协定或以符合接受国法律的其他方式转送司法书状以及其他文件或文书。

第三,调查。以一切合法手段调查接受国国内商业、经济、文化、科学活动的状况和发展,向派遣国政府报告并向关心此项事务的人士提供资料。

第四,办理公证。领事可以担任公证或类似职务。《维也纳领事关系公约》并没有规定负责公证的具体事项,对此一般由各国签订的领事专约或其他国际协定予以规定。中国参加的领事条约之中,领事负责公证的文书包括派遣国官方文件上的签字印章、货物产地证明、遗嘱和其他法律文书等。此外,领事还可以在接受国同意或不反对的情况下,执行派遣国责成办理的其他职务、在另一国国内执行领事职务或代替第三国执行领事职务。捷克共和国驻华大使馆网站在签证与领事信息一栏中曾通知,自 2014 年 4 月 1 日开始,户籍所在地为云南、广西、广东、福建以及海南的申请人,或者准许目的地状态的团队可以在比利时驻广州总领事馆申请赴捷克共和国的短期签证;另外一则通知则说明,2013 年 5 月 1 日起,四川、云南、贵州、甘肃及陕西户籍地申请赴捷克共和国的人,可以通过匈牙利驻重庆总领事馆递交签证申请。① 这都属于领事委托。

五、领事特权和豁免

尽管领事并非派遣国的外交代表,但是他们同样由派遣国委派,并从接受国获得领事证书。作为派遣国的官员,他们显然具有官方身份,但是在地位和职能上,领事不是外交官员,不能同接受国政府直接交涉,而是派遣到接受国一定区域之内执行某些特定职务的官员。他们的地位低于外交代表,在接受国享有有限的特权和豁免。

第一,一定限度的不可侵犯权。"接受国官吏非经领馆馆长或其指定人员或派遣国使馆馆长同意,不得进入领馆馆舍中专供领馆工作之用之部分。惟遇火灾或其他灾害须迅速采取保护行动时,得推定领馆馆长已表示同意。"(《维也纳领事关系公约》第 31 条第 2 款)这是与使馆不可侵犯权相比差异最大的部分。由此可见,不可侵犯权,适用范围限于领馆馆

---

① 白桂梅:《国际法》(第三版),北京大学出版社 2015 年版,第 499 页。

舍中关于领馆工作之用的部分,而且遇到火灾和其他灾害,包括地震、水灾、瘟疫,无须征得同意即可进入帮助脱险。此外,接受国为国防或公用目的确需要征用领馆馆舍设备和财产之时可以实施征用,但不得妨碍领馆执行职务,并应对派遣国予以迅速、充分、有效的赔偿。

第二,领馆档案和文件不可侵犯。这方面的规定与使馆的特权和豁免是一致的。

第三,通讯与行动自由。在行动和通讯自由方面,领馆的特权与使馆基本相同,但领馆邮袋不可开拆是存在例外的;如果接受国主管当局有重大理由认为邮件中装有公文及公用文件物品以外的物品,可在派遣国授权的代表面前开拆检查;如果派遣国拒绝开拆邮袋,应退回至发出地(《维也纳领事关系公约》第35条第3款)。

第四,领事通知的权利和义务。《维也纳领事关系公约》第36、37条规定,为了便于领事执行保护其派遣国国民利益的职务,领事官员享有与派遣国国民通讯和会见的自由,派遣国国民同样享有与领事官员通讯和会见的自由,此即领事通知的权利。相应地,接受国承担领事通知义务,即在领馆辖区内如果有派遣国国民受逮捕、监禁、羁押候审或受任何其他方式拘禁的情况,经当事人本人请求,接受国当局有义务迅即通知派遣国领馆,此等当事人给领馆的信件也应迅速提交。特别需要注意的是,接受国当局有义务将领事通知权利通知此等当事人(《维也纳领事关系公约》第36条第1款第1项、第2项)。

国际法院受理过关于领事通知权利的案件,如1999年的拉格朗案。1999年3月2日,德国就美国亚利桑那州司法机关逮捕德国兄弟Walter和Karl La Grand,认定他们犯谋杀罪并判处死刑而未及时通知他们享有领馆协助权利等事宜,在国际法院对美国提起诉讼。德国认为美国违反了《维也纳领事关系公约》对德国承担的领事通知义务。国际法院最后作出了有利于德国的判决,判定由于美国在逮捕之后没有及时通知拉格朗兄弟基于《维也纳领事关系公约》第36条第1款第2项的权利,造成了德国不能及时提供领事保护,因此美国违反了对德国的国际法义务。同样,在印度和巴基斯坦之间也有类似的案件,即贾达夫(Kulbhushan Jadhav)案,国际法院同样对领事保护给予充分的支持。为了便于领事执行其保护派遣国国民利益的职务,如果当事人未明示反对,领事有权探访受监禁、羁押、拘禁的派遣国国民,领事在行使上述权利时,应遵守接受国相关的法律和规章。但领事行使这些权利的前提是领事通知的有效履行。中国与一些国家签订的领事协定对领事通知义务予以明确规定,如2002年中国与尼日利亚之间的领事协定第14条第1款规定,遇有派遣国国民在领区内被拘留、逮捕,或以任何其他方式剥夺自由时,接受国主管当局应尽快通知领馆。2015年4月12日生效的中韩领事协定做出了类似的规定。

第五,其他特权和豁免。领馆馆舍和领馆馆长寓所免纳国家区域或地方性一切捐税,但对于为此等馆舍和寓所提供特别服务的收费,则不在豁免之列。

六、领事官员的特权和豁免

第一,人身不可侵犯。领事官员的人身不可侵犯,表现在两个方面:首先,接受国对领事官员表达适当的尊重。其次,接受国须采取一切适当步骤防止领事人身自由或尊严受到任何侵犯(《维也纳领事关系公约》第40条)。根据《维也纳领事关系公约》第41条的规定,并与外交人员人身不可侵犯作比较可以看出,领事官员的人身不可侵犯权受到以下三个方面的限制:(1)对领事官员一般不得逮捕或羁押候审,但如果他们犯下了严重罪行,则不享有此项豁免(《维也纳领事关系公约》第41条第1款);(2)对领事官员不得适用监禁或任何方式限制其人身自由,但如为了执行有效的司法判决,则领事官员不享有此项豁免(《维也纳领事关系公约》第41条第2款);(3)领事官员非为执行领事职务而实施之行为,不享有刑事豁免。如果对领事提起刑事诉讼,领事须出庭受审,除非他们犯有严重罪行,在进行诉讼程序时应顾及其所在职位,并予以适当尊重。同时,应尽力避免妨害领事职务的执行(《维也纳领事关系公约》第41条第3款)。

第二,管辖豁免。领事官员及领事雇员仅就其为执行领事职务所实施的行为,在接受国享受司法或行政机关的管辖豁免。但下列民事诉讼除外:因领事官员或领馆雇员并未明示或默示以派遣国代表身份而订契约所生之诉讼;第三者因车辆船舶或航空机在接受国内所造成之意外事故而要求损害赔偿之诉讼(《维也纳领事关系公约》第43条第2款)。

第三,作证义务豁免。领事官员不享有作证义务豁免,但是就其执行职务所涉及的事项以及以鉴定人身份就派遣国的法律作证,领事官员有权拒绝。除上述例外,领事官员或服务人员不得拒绝作证(第44条第1款)。同时,如果领事官员拒绝作证,不得对其实施强制措施或处罚。第44条第2款规定,领事官员作证应避免妨害其执行职务,可能的话,可在其寓所或领馆录取证言或接受其书面陈述。

第四,免纳捐税关税及免受查验。《维也纳领事关系公约》第49条至第50条规定,领事官员在捐税、关税及海关查验方面所享受的特权和豁免与外交代表类似。

名誉领事的特权和豁免。名誉领事的特权和豁免比领事更少。1963年《维也纳领事关系公约》对二者分别加以规定。名誉领事的特权和豁免规定于公约第3章。以名誉领事为馆长的领事馆舍即名誉领馆,不享有不可侵犯权。但是《维也纳领事公约》第59条规定,接受国应采取必要步骤保护以名誉领事官员为馆长之领馆馆舍不受侵入或损害,并防止任何扰乱领馆安宁或有损领馆尊严之情事。领馆为了执行领事职务而享有的其他特权和豁免,如行动和通讯自由、与派遣国国民通讯及联络、领事通知的权利等,同样适用于名誉领馆(《维也纳领事关系公约》第58条)。

名誉领事官员的特权和豁免规定于《维也纳领事关系公约》第64条。接受国有义务对名誉领事官员给予因其所任职位关系而需要的保护,他们因执行领事职务向派遣国领取的薪酬,可免纳一切捐税。此外,名誉领事应免除一切个人劳务及所有公共服务,并免除类似征用、军事捐献及屯宿等之军事义务。1997年前,中国不接受名誉领事,因而1990年的《中华人民共和国领事特权和豁免条例》并未涉及名誉领事的特权与豁免问题。但是,根据该条例第27条规定,中国缔结或参加的国际条约对领事特权与豁免另有规定的,按照国际条约的规定办理,但中国保留的条款除外。中国在加入《维也纳领事关系公约》时,未提出保留,故而《维也纳领事关系公约》之中关于名誉领事的特权和豁免,中国可以参照执行。

思考题

1. 外交对于国际关系的法治化有何贡献?
2. 外交特权与豁免和领事特权与豁免为什么会存在区别?可否统一采用外交特权与豁免的范围?
3. 如何理解外交与领事关系之间的关系?

拓展阅读

G. R. Berridge. *Diplomacy: Theory and Practice* (6th ed., Palgrave Macmillan, 2022).

Andrew F. Cooper, Jorge Heine, and Ramesh Thakur (eds.). *The Oxford Handbook of Modern Diplomacy* (Oxford University Press, 2013).

Eileen Denza. *Diplomatic Law: Commentary on the Vienna Convention on Diplomatic Relations* (4th ed., Oxford University Press, 2016).

Joanne Foakes. *The Position of Heads of State and Senior Officials in International Law* (Oxford University Press, 2014).

John P. Grant and J.Craig Barker, *Parry and Grant Encyclopaedic Dictionary of International Law* (3rd ed., Oxford University Press, 2009).

Ivor Roberts. *Satow's Diplomatic Practice* (7th ed., Oxford University Press, 2018).

黄德明:《现代外交特权与豁免问题研究》,武汉大学出版社2005年版。

第十一章 条约法

条约是国家之间、政府间国际组织之间、国家与政府间国际组织之间缔结的国际协议。国家之间的条约行为是国际法律行为、国际法律关系之中特别关键和重要的方面。条约的发展与国际法的发展息息相关,贯穿了国际法发展的历史,国际条约在国际法的渊源中有着非常重要的地位。条约法是国际法律行为中不可忽视的关键方面,国家之间缔结条约、修订条约、履行条约和以条约为基础进入国际争端解决程序,都是条约法所要调整的内容。《维也纳条约法公约》《关于国家和国际组织间或国际组织相互间条约法的维也纳公约》提供了条约的概念和结构,界定了条约的特征,规定了条约的缔结、保留、生效、暂时适用、适用、解释、终止、无效等内容。

第一节 条约的界定

一、条约的概念

条约是确立国际法主体之间权利义务的书面协定,是国际法渊源最主要体现。根据1969年《维也纳条约法公约》的第2条第1款,条约是国家之间缔结的以国际法为准的书面协定。该款还进一步载明,条约既可以是一份单独的文书,也可以是两项以上有关的文书,而且特定的名称也可以有比较大的选择范围。这一界定确立了国际法中条约的几个基本要素:

第一,条约的缔结者以国家为主,同时也包括国际组织以及争取独立的民族。凡是国际社会的法律人格者都具有缔结条约的行为能力。1969年《维也纳条约法公约》仅仅规定了国家之间的条约,而1986年《关于国家和国际组织间或国际组织相互间条约法的维也纳公约》对缔结者予以补充和扩大。一般认为,国家与个人或国家与公司之间签订的协定,以及跨越国界的个人与个人之间签订的承诺,都不属于国际法上的条约。这也就意味着当一个国家与个人签订关于投资的文件之时,国家是作为一个交易者的身份从事活动,而并未提升到国家主权者的高度。在条约主体方面,一个值得思考的问题是,除了国家、国际组织和争取独立的民族,在联邦国家之下的成员(如美国的州、德国的州、瑞士的各个州)都有权利在一定的范围之内缔结条约。根据《中华人民共和国香港特别行政区基本法》和《中华人民共和国澳门特别行政区基本法》的规定,港澳两个特别行政区可以在国家法律规定的范围之内,以中国香港和中国澳门的名义签订和履行有关协议。

第二,以国际法为准,也就是条约确立的是国际权利义务,故而相关的条约要符合一般的国际法基本原则和规范,而不能超越国际法的范围。与此同时,以国际法为准也意味着国家之间或者其他相关的行为体制之间签订书面协定的目标是处理国际法层次的问题,而不涉及在一国内部要处理的问题。

第三,创设权利和义务,也就是作为法律的一个方面,一种渊源条约也必然涉及主体的权利和义务,所以条约以规定相关方的权利和义务为核心和基础。这也就意味着如果仅仅是表达一种愿望,却没有确立权利和义务,就仅属于软法而不是条约。

第四,以书面的形式缔结。传统的书面形式是书写在纸上,双方可能还要很正式地签字和批准。现在则有可能通过电子数据交换的方式完成。有的时候,条约是一项单独的文件,相关方面在文件上进行签署,一份文件即规定了所有当事方的权利义务;有的时候一项条约由数个有联系的文件组成,尤其是当一国提交一份照会,另一国回复照会表示同意之时,两份照会共同组成一项条约。条约采取书面方式,一方面是显得庄重,具有仪式感;另一方面也是为了确保规范的确定、明确、准确。《维也纳条约法公约》的第2条确定了条约应当以书面的形式签订。由于国际法并非对于国际社会各主体之间行为方式的穷尽性列表,也就是国际法采取"法无明文禁止即为国家之自由"的基本原则,这一规定并不意味着条约不可以采取口头的方式签订。然而,从国际关系的实践不难推出,国家之间,或者国家与国际组织、其他的相关行为体之间签订条约的目标是确立权利义务的依据,也就是在出现争议的时候确保具备明确的规则和庄重的形式。对于很多条约而言,单纯的签署都不足以表达此种郑重,还需要进行批准。这就意味着在国际实践之中,以口头的方式确立条约的情形很少出现,影响也必然不够广泛和持久。

二、条约的历史

条约是国际法的主要渊源之一,也是国家之间最早确定的行为方式。近代国际法产生之前,条约早已出现在国际关系之中,如公元前1283年,埃及第19朝法老拉美西斯二世与赫梯国王哈图西里三世缔结的一项具有军事同盟性质的条约,被认为是最早的条约。1648年《威斯特伐利亚和约》被认为开创了多边条约的新纪元,1815年《维也纳公会最后文件》是第一个具有普遍性意义的重要造法性条约。随着国际交往的日益频繁,交往领域不断扩大,条约准确地记录了国际社会的发展和变化的情势,因而具有重要性的作用。

三、条约法的形式与编纂

条约法在历史上长期体现为习惯法。后来在国际法委员会的努力之下对于习惯法进行了编纂,形成了1969年《维也纳条约法公约》,以及1986年《关于国家和国际组织之间或国际组织相互间条约法的维也纳公约》。前一公约已经生效,后一公约尚未生效。尽管上述公约的签署和加入方数量不同,然而,从国际关系的实践来看,即使是那些没有签署批准相关公约的国家,也不会忽视这些公约的规定,它们会把公约的规定视为条约领域的习惯国际法。

四、条约的名称

条约可以有不同的称呼。在国际关系实践之中,针对不同的参与者、讨论不同的事项以及协定文本自身的庄重承诺,参与方会赋予条约不同的名称。名称虽然具有一定的指向意义,然而更重要的还是在实质上是否确定了各方的权利与义务。《维也纳条约法公约》中对"条约"进行定义时,就特别提到"无论其特定名称为何"。在国际实践之中,类似的国际文书所包括的名字有:

1. 条约。通常用于比较重要的,特别是涉及政治、军事、法律问题的协议,一般需要比较烦琐的缔约程序,有效期较长。狭义的条约就是国家之间签订的协议,如1959年《南极条约》、1967年《关于各国探索和利用包括月球和其他天体在内的外层空间活动的原则条约》、1968年《不扩散核武器条约》等。当双边条约和多边条约都采用条约的名字时,表达比较庄严、重要的政治意义。尤其是通商航海条约、和平友好条约、引渡条约、边界条约、领事条约、中立条约、防务条约、航行条约、商务条约。

2. 公约。公约所涉及的范围要狭窄一些,通常是许多国家或在国际组织的主持下为解决某个或某些重大问题举行国际会议,通过多边谈判方式缔结的多边条约,一般采取多边的方式达成,所涉及的问题也具有一般性,这就意味着很多公约都是立法性文件,其内容多是立法性的,规定国际法的原则、规则和制度,如1944年《芝加哥公约》、1961年《维也纳外交关系公约》、1982年《联合国海洋法公约》。

3. 协定。国家之间签订的条约也会采用协定这个概念,多指缔约方为解决某一方面的具体问题而达成的协议,往往用于行政、技术性或临时性事项,有时由几个当事国政府部门签署,可不经过批准,如《关税与贸易总协定》《国际货币基金组织协定》等。具体可分为多边协定(1987年《国际天然胶协定》)、双边协定(1987年《中华人民共和国和法兰西共和国关于民事、商事司法协助的协定》、1972年《中华人民共和国政府和意大利共和国政府海运协定》)。协定有时也称协议,英文均为 Agreement。

4. 专约。双边国际协议有时也称为专约或专条,通常指有关专门事项的协议,如双边的通商专约、领事专约。

5. 议定书。议定书这一概念有两种用法:(1)对于条约进行补充解释或者为执行而确立的辅助性国际文件,即作为一个主条约的辅助性法律文件,以补充说明、解释或改变主条约的规定,如一系列国际人权条约的议定书。议定书构成主条约的组成部分或构成独立文件,解释问题比协定更具体一些。通常有两种情况:第一,"连带协议书"或"任择议定书",作为条约的附件,来补充、说明、修改或限制已签订的主条约,如:1965年《中华人民共和国政府和阿富汗王国政府关于两国边界的议定书》是1963年《中华人民共和国和阿富汗王国边界条约》的附件。第二,作为公约的附件,同时又具有一定的独立性,如《关于无国籍情况的议定书》是《关于国籍法冲突的若干问题的公约》的附件,但也是独立的条约。(2)作为专门独立的条约的名称,作为某个重要问题的多边协议,如1925年《关于禁用毒气或类似毒品及细菌方法作战议定书》,1928年《和平解决国际争端的日内瓦总议定书》。

6. 最后议定书,是为制定国际公约而召开的国际会议的最后文件,用来记录国际会议的情况以及通过的决议或建议，由参加会议的各国代表签署，无须批准。

7. 宪章、规约、盟约。通常用于建立有关国际组织或机构的协议，是多边条约的一种。作为国际组织的约章，很多时候在国际会议上通过，会采用宪章的概念，有的时候也会称为盟约，如《联合国宪章》《国际联盟盟约》。规约这一概念一般用于特定的司法机构，如国际法院的《国际法院规约》，国际刑事法院的《罗马规约》。

8. 换文。两个国家之间外交照会的交换也会构成条约，一般目的是解决某些具体事项，通过外交照会的方式表达双方的观念、观点、立场和意图，照会之间相互对应并构成一份条约。一般是由一个文件作出明确的要约，另一个文件对此要约作出明确的承诺。因为程序极简单，所涉问题具有具体性，一般照会换文都不需要经过批准的程序。在联合国登记的条约中有1/3以上是换文，如1955年《中、印尼关于双重国籍问题的条约的目的和实施办法的换文》。

9. 宣言或声明，指两个或两个以上国家就某一重大问题举行会谈或会议，在会谈或会议后公开发表的文件，其能否构成条约，应从对方的意思表示和文件措辞中作出判断。具体分为3种情况：(1)两国或数国政府举行会议后，就重大问题发表政策性声明，往往不规定具体的权利和义务，不属严格意义的宣言或声明。(2)在宣言中规定了某种权利或义务。有些时候宣言还可以用来表示各国首脑之间达成的具有法律约束力的协议，如1943年中国、美国、英国三国首脑签署的《开罗宣言》。此种文件有时也可以采用公告的名称，如1945年中美英三国发布的《波茨坦公告》。(3)宣言本身就是条约。一些直接规定行为规则的国际条约也会用宣言来命名，如1856年《巴黎会议关于海上若干原则的宣言》，1899年在海牙会议通过的《禁止从气球上或用其他新的类似方法投掷投射物和爆炸物宣言》《禁止使用专用于散布窒息性或有毒性气体的投射物的宣言》《禁止使用在人体内易于膨胀或变形的投射物，如外壳坚硬而未完全包住弹心或外壳上刻有裂纹的子弹的宣言》。

10. 联合公报、联合声明。通常是两个或两个以上国家的政府代表在会谈或会议之后就会谈或会议所发表的涉及各方权利义务内容的正式文件。有的联合公报也不构成条约，但中国一直将与美国的三个《联合公报》作为权利义务的基础来对待。在中国的努力之下，两国之间所做出的联合声明也会成为一种条约,被国际社会所关注的1984年《中华人民共和国政府和大不列颠及北爱尔兰联合王国政府关于香港问题的联合声明》、1987年《中华人民共和国政府和葡萄牙共和国关于澳门问题的联合声明》都属于国际条约。

11. 备忘录。通常指国家间通报比较小或次要的事项的文件,单方发出的备忘录不具条约意义,除非对方表示同意,如1984年《中英关于香港问题备忘录》、1986年《中英关于"香港身份证明书"问题的备忘录》。

五、条约的结构

根据现有的国际条约实践,某些条约如引渡、税收,会有示范文本存在;而在大多数国际条约上没有现成的范本,由各缔约方自行选择适当的方式。一般而言,一份条约包括序言、正文和最后条款三个部分。

序言表达的是各缔约方缔结条约的目的、宗旨、愿望。有时也会表达缔约各方签订条约的文化背景或国际法规范的背景。如果参读《联合国宪章》的序言,就能感受到条约的序言所呈现的缔约各方意愿的特点。序言之中一般都会列举若干"鉴于"条款以说明此项条约所产生的背景和预期达到的社会目标、法律目标。

正文是条约的主要与核心内容。复杂的条约在正文上会分若干部分,从大到小分为编、章、节,在节之下可能有目,目以下则分为不同的条,条之下为款,款之下为项,项之下还可能有分项。条文的每一段都具有独立的意义,在解决争端的时候会直接援引到某一段、某一条、某一款、某一项,甚至细致到前半句、后半句。

条约的最后条款涉及条约的签署批准、加入、生效、退出、终止、保留、作准文本、文本的保存或保管机关之类的内容。有些最后条款是在条约生效之后对于该条约适用的那些规定,还有一些是在条约约文通过之后、条约本身生效之前就具有约束力的条款。一些条约在最后条款之中还会规定本条约与先前条约的关系、争端解决的方式,以及战争期间条约的效力等内容。最后条款属于条约的程序条款,因而对于判断条约权利义务的指向和状态具有非常重要的意义。

六、条约的分类

如同所有事物一样,对于条约可以依照不同的标准进行分类:

双边条约和多边条约,系按照缔约方的数量划分。由两个国际法主体签订的条约即为双边条约,而由多个国际法主体共同签订的条约即为多边条约。值得说明的是,双边条约只是表明有两方参与,签署每一方自身的数量可以是一个国家,也可以是多个国家。1852年,关于规定丹麦王位继承的条约是双边条约,一方为丹麦,另一方为普鲁士、英国、俄国、法国、奥地利和瑞典。多边条约有开放性和封闭性的条约,开放性条约是指所有国际法主体都有机会参与的条约,也称为一般性条约;封闭性条约则是指只对有限的国际化行为体开放的条约,如石油输出国参加的条约或协定。除专门的条约之外,国际社会的大多数多边条约是开放性的。

契约性条约和造法性条约,系按照条约的内容划分。仅仅规定国家之间具体事务、国家之间针对特定问题的权利义务的条约被视为契约性条约,例如,两国约定开设使馆或领馆,两国约定接受国际援助。而那些创造可复制的权利义务,而且相关的权利义务并非一次性履行完毕的条约,被视为造法性条约。这就意味着造法性条约确立一些具有普遍指导意义并涉及国家的行为方式的权利义务。在国际法律实践之中,无论是契约性条约还是造法性条约,实际上都可以确立国家的权利和义务,都可以用来衡量相关国际法行为体的行为的合法性。因而,二者的分别仅仅在于造法性条约被援引的可能性和概率会更高,而契约性条约被援引的机会相对较少。

政治条约和非政治条约。涉及国家之间身份的条约被称为政治条约,包括和平友好条约、安全同盟条约等;而涉及经济贸易文化交往、科学技术交流、交通运输合作等方面的条约,属于非政治性条约。在继承和承认方面,政治性条约一般被认为是不能继承的,而非政治条约则可以继承。条约的程序问题包括修改、终止,均与条约是否属于政治性没有关系。

简易条约和通过繁复程序缔结的条约。根据缔结条约所经历的过程,有些条约需要全过程双方磋商、议定、签字、批准;有一些条约则相对简洁。这些程序也与条约的效力和约束力没有关系。

第二节 条约的缔结

条约的缔结涉及哪些人有权利去缔结条约,条约缔结需要经历哪些手续,在签署之后条约还可以进行哪些改动等方面。

一、缔约权与全权证书

在缔结条约方面有两个资格问题需要分清楚。首先,在国际社会,哪些行为体之间可以缔结条约?一般来说,主权国家、国际组织和争取独立的民族是具有缔约资格的;其次,在具有缔约资格的行为体中,哪些具体的人有缔约的权利?也就是哪些人被视为可以代表相关的行为体,进行谈判?

第二层次的缔约权是一个国内法层面的问题。例如,在中国,通过《缔结条约程序法》确立了缔结条约的权利人。在中国,缔约权属于国家主席,而缔约权的行使要根据全国人民代表大会常务委员会的决定。中国《宪法》第67条第15项规定,全国人民代表大会常务委员会决定同外国缔结的条约和重要协定的批准和废除;第81条规定,中华人民共和国主席代表中华人民共和国进行国事活动,接受外国使节,根据全国人民代表大会常务委员会的决定,派遣和召回驻外全权代表,批准和废除同外国缔结的条约和重要协定。根据现有的国际法习惯,国家元首、政府首脑和外交部部长被称为三大显要,他们无须任何授权即可直接参加缔约。这一点被《维也纳条约法公约》第7条所认可。我国《缔结条约程序法》第6条规定,国务院总理和外交部部长谈判、签署条约、协定,无须出具全权证书,除非各方另有约定;谈判、签署与驻在国缔结条约、协定的使馆馆长,谈判、签署以本部门名义缔结协定的政府部门首长,无须出具全权证书,除非各方另有约定。此外,中国派往国际会议或者派驻国际组织并在该会议或者组织内参加条约、协定谈判的代表,也无须出示全权证书,除非该会议或组织章程另有规定。

全权证书是经由国家有权机关颁发的,证明持有人有权作为该国代表议定或认证条约约文,或表示该国同意接受条约约束力的文件。《维也纳条约法公约》第7条规定,除无须授权的国家元首、政府首脑和外交部部长之外,代表国家缔约的人需要出示适当的全权证书。全权证书的颁发机关以及格式也属于国内法问题,不受国际法约束。中国《缔结条约程序法》第6条规定,由外交部或者国务院有关部门委派的代表,全权证书由国务院总理签署,也可以由外交部部长签署;政府部门委派的代表授权证书,由部门首长签署;部门首长签署以本部门名义缔结的协定,各方约定出具全权证书的,全权证书由国务院总理签署,也可以由外交部部长签署。

全权证书上需要载明全权代表的身份和权限。授权范围有时限于谈判和认证约文,有时仅限于签署条约。未经授权的缔约行为,国家可以事后予以追认,如果未经追认则不会发生法律效果。参加双边条约谈判的代表需要通过交换全权证书的方式来相互审查对方代表全权证书的真实性和发证机关的权威性,特别要核实其授权范围。在谈判缔结多边条约之时,全权证书的审查一般由一个专门的机构来进行,这一机构一般叫做全权证书审查委员会。

二、双边条约的缔结程序

由于在缔约方数量上不同,双边条约和多边条约的缔结程序略有差异。双边条约的缔结过程是条约缔结的基础程序,故而可以作为了解条约签订、缔结的范本。

(一)谈判、约文的通过和认证

缔结条约之前需要进行谈判。不同的条约性质对于谈判的进程和内容要求会有所不同,但谈判的目标都是一致的,即就相关问题达成共识。参与条约谈判的代表在谈判过程中一般都会与政府保持联系,随时接受政府的指令,并且对其他缔约方保密。谈判的方式没有统一的习惯国际法,所以不同的条约在谈判的过程中都可能呈现出不同的特色。

经过谈判之后的约文要获得双方的同意,并且有正式的通过和认证过程。通过和认证意味着对于文本具体内容达成了一致,一般通过草签签字或带核准的签字方式表示。多边条约在通过和认证的时候,一般按照事先拟定的程序进行。

(二)条约的签署

签署,即参与条约缔结的国际法主体的代表在条约的约文上签字。签署具有以下三个方面的功能:首先,代表对条约约文的正式认可。其次,表示签字方初步同意接受条约的约束,但这只是初步意向,需要在正式批准之后,才对接受方产生效力。最后,在简易条约缔结程序中,签署意味着发生法律约束力(《维也纳条约法公约》第12条)。

签署可以作为国家的认可,有三个条件:(1)条约自身条文有规定;

(2)参与谈判方认定签署具有约束力;(3)在全权证书之中所载有相关的意思或者在谈判之时已明确表示。

(三)条约的批准与核准

批准是指一国据以在国际上确定其同意受条约约束的国际法行为(《维也纳条约法公约》第2条第1款)。批准首先是一个国内法上的程序,具体的批准方式、批准程序根据各国自身的宪法或相关法律规定予以实施,进而在批准之后产生国际法上的效果,也就是条约对该国具有约束力。根据中国《宪法》第67条和《缔结条约程序法》第7条,中国条约批准的程序是,条约和重要协定的批准由全国人民代表大会常务委员会决定。条约和重要协定签署之后,由外交部或国务院有关部门会同外交部报请国务院审核,由国务院提请全国人民代表大会常务委员会决定批准。中华人民共和国主席根据全国人民代表大会常务委员会的决定予以批准。双边条约和重要协定经批准之后,由外交部办理与缔约另一方互换批准书的程序;多边条约和重要协定经批准之后,由外交部办理向条约协定的保存国或国际组织交存批准书的手续。批准书由中华人民共和国主席签署,外交部部长副署。

在历史上,条约之所以要进行批准,是因为交通通信不便,外交代表在谈判缔结条约之时,国家政府很可能并不了解具体的内容,所以需要在签署之后经历一个立法机关予以肯定的程序。而现在,从签署到批准,实际上是一个立法机关对于条约的效力、内容、影响进行审慎考量的过程。有很多国家签署条约之后会不予批准,或者在签署相当长时间之后才予以批准。20世纪中叶以来,一些国家实践发展起一种比批准条约更为便捷的条约核准程序,即不需要通过立法机关,而是由政府或行政机关核准并通知另一缔约方,条约即发生效力。1969年《维也纳条约法公约》认为,核准和与其意思相同的接受都是国家表示愿意受条约约束的方式。国家与国际组织之间签订的条约较多使用核准的方式。在条约中有明文规定或者缔约双方明确表示了此种意思,则缔约方可以采取核准的方式。在全权证书上的授权,也可以确立核准方式的有效性。

中国《缔结条约程序法》第8条规定,条约和重要协议以外的国务院规定须经核准或者缔约各方议定须经核准的协定和其他具有条约性质的文件签署后,由外交部或者国务院有关部门会同外交部,报请国务院核准。协定和其他具有条约性质的文件经核准后,属于双边的,由外交部办理与缔约另一方互换核准书或者以外交照会方式相互通知业已核准的手续;属于多边的,由外交部办理向有关保存国或者国际组织交存该核准书的手续。核准书由国务院总理签署,也可以由外交部部长签署。

(四)交换批准书、核准书

在条约签署完成之后,国内有权机关制作出表示同意接受这一条约约束力的文书,即为批准书。批准属于国内程序,如何让这种国内程序在国际法上发生效果,就需要将批准书通知给相关方面,一般需要在双边条约的框架下进行交换,缔约各方在国内批准行为完成之后通知对方。这种交换的具体程序,既可以在条约中载明也可以在条约签署之时另行约定。交换批准书除了意味着本国的批准行为被通知到其他签署国,还同时意味着条约开始发生效力。交换批准书的行为一般没有溯及力,双边条约自交换批准书之日开始生效。

三、多边条约的特别缔结程序

很多多边条约是通过召开国际会议的方式缔结的,尤其是那些被称为造法性条约的多边条约,如1969年《维也纳条约法公约》、1982年《联合国海洋法公约》。条约缔结过程是国际法编纂的过程。一般来说参加国数量多,会议规模大,涉及很多方面的利益,缔结条约的环节会显得更加复杂,然而主要的程序与双边条约是一致的。

多边条约较为特别的问题包括:

第一,约文的谈判及议定。约文谈判大多有很多国家参与,然而,现代国际法立法一般采取两种由少数扩及多数的方式:(1)少数国家首先准备作为谈判基础的约文;(2)委托一个专业委员会起草初步约文,供各国开会讨论。多边条约约文一般在国际组织机构或者专门国际会议上通过,故而约文议定涉及组织机构或会议的表决程序。这种表决一般采用普通多数,即半数以上;或特别多数,包括2/3多数。在欧盟的立法框架下,多数决的方式较为特别。有些条约和组织推行协商一致原则,没有反对意见即视为通过,不需要投票。

第二,多边条约的签署。在条约约文议定后,谈判国和条约面向开放的其他国家可以在条约上签字。一些条约会在最后条款中载明开放签字的期限和地点,一些条约会规定开放签字的终止日期,而另外一些条约则没有规定开放签字的结束日期。

四、条约的加入

一般是指条约已经生效之后,那些没有在条约上签字或完成批准程序的国家通过一定的手续,在国际社会表明其愿意接受条约的约束。双边条约一般不涉及加入的问题。在19世纪之前,多边条约采取全体一致同意原则,所以加入一项条约需要得到条约缔约国的一致同意。19世纪以后,程序变得简便,条约中规定允许加入,则相关国家可按照条约规定的程序加入条约,无须得到原缔约国的同意。20世纪以后的一些实践使加入制度进一步扩展,对一些尚未生效的条约也可加入,此时,加入与开放签署之间即可能造成混同。

第三节 条约的保留

一、条约保留的含义

对于多边条约,参加国可能对于其中的一些条款主张不能接受或希望排除适用,此种情况即构成保留。保留可以在认证条约约文或表示接受条约约束的时候提出。保留的目的是保护保留国,使其避免多边条约中本方不能同意和接受的条文对自己产生约束力。保留所采取的方式是单边的声明,其具体的表达方式既可以称为"保留",也可以称为"声明""谅解""澄清",只要在目的上是排除条约条款的约束力,即构成保留。

二、条约禁止保留的情况

在以下情况下,条约是禁止保留的:首先,条约自身禁止对某些条款进行保留。其次,条约允许保留某些条款,而一方试图对于允许范围之外的事项提出保留。最后,尽管在条约中没有明确的规定,但是保留会导致条约的宗旨和目的受到根本影响。(《维也纳条约法公约》第19条)

1951年国际法院在其"关于防止及惩治灭绝种族罪公约保留问题"的咨询意见中,对这一问题进行了进一步的澄清。对国际人权法方面的条约进行保留是国际法中条约保留问题的重要方面,很多国家都对人权条约提出了一系列的保留,导致人权条款在事实上经常处于约束力很弱的状态。

三、条约保留的影响

因为条约本身是缔约方意思表示一致的产物,所以保留会使这种意思一致受到影响。这样,保留者、接受保留者、反对保留者之间就形成了复杂的相对关系。根据《维也纳条约法公约》第23条的规定,保留、接受保留、反对保留,都需要以书面的方式提交缔约国及有权成为条约当事国的其他国家;如果在签字之时即遇到一方提出保留,而此种签字须经批准接受或赞同,保留国必须在正式表示同意接受条约约束时,对签字时的保留予以确认,该项保留被视为在确认之日提出。但是对保留的接受或反对无须确认。《维也纳条约法公约》第20条第5款规定:"除条约另有规定外,倘一国在接获关于保留之通知后十二个月期间届满时或至其表示同意承受条约拘束之日为止,两者中以较后之日期为准,迄未对保留提出反对,此项保留即视为业经该国接受。"

根据1951年国际法院"关于防止及惩治灭绝种族罪公约保留问题"的咨询意见,如果一国提出一项保留,此种保留被一个或者多个缔约国所反对,但其他缔约国并不反对,则该项保留并不使该国失去条约缔约国的身份。这在很大程度上修正了传统国际法的主张。传统习惯国际法的共识是,如果一项保留没有得到全体缔约国毫无例外的接受,均属无效。

四、保留对于保留国所参加条约的效果

如果条约明文规定允许保留,缔约国已经同意,则无须事后得到它们的接受,保留即生效。在条约的谈判、缔约国数目非常有限,以及根据条约的宗旨和目的,条约规定需要所有当事方共同遵守之时,不宜提出保留。如果不得不提出保留,需要得到全体当事国的接受(《维也纳条约法公约》第20条第2款)。

当一国针对一项多边条约提出保留,另一国反对保留之时,两国之间出现条约互不适用的情况,即条约在这两个国家的相互的行为和关系上不发生效力。但保留国和反对国有相反意思的除外。

对于保留条款所产生的效果,也需要按照不同国家的态度予以甄别。在保留国与接受保留国之间,保留国不受声明保留的条款的约束。在保留

国与反对保留国之间,既可能因反对保留国的整体反对态度而导致两国的条约互不适用,也可能因反对国仅仅反对保留本身,而不反对保留国参与的条约,而导致双方之间仅互不适用保留的条款。在保留国与其他当事国之间,默认接受保留国的保留,在保留之外的国家之间,视为不存在保留,条约完整适用(《维也纳条约法公约》第21条第1款、第2款、第3款)。

关于条约保留,随着实践的发展,还有很多需要在法律上予以进一步澄清和探究的问题。

第四节 条约的登记

一、条约登记的含义

条约登记是使条约在国际社会具有公信力的一种形式,具体表现为将缔结的条约向某些机关登记并予以公布。这一做法始于国际联盟时期,《国际联盟盟约》第18条规定,未在国际联盟登记的条约,不具有任何法律约束力。《联合国宪章》第102条作出了类似的规定,但并没有否定未登记条约的法律约束力,而仅仅规定,未经登记的条约不得在联合国机关引用,特别是不能在国际法院作为条约依据。国际原子能机构、国际民用航空组织、阿拉伯国家联盟、泛美联盟等国际组织也要求其成员国将某种类型的条约在制定机关进行登记。

二、条约登记的效果

1969年《维也纳条约法公约》第80条第1款规定:"条约应于生效后送请联合国秘书处登记或存案及纪录,并公布之。"登记条约的意义在于使条约获得国际社会的普遍认知,从而使条约更加庄严郑重。但因为条约的本质是国家之间关于权利义务的约定,所以登记本身并不会使条约具有法律效力,不登记也不会使条约失去法律效力。只要国家之间形成了此种意思表示的一致,则条约已经存在并具有效力。

三、条约保管机关及其职责

条约保管机关是由谈判国在条约中约定或者以其他方式指定的执行保管条约文本,并接收条约的签署及有关条约的文书等职务的机关。保管机关以条约的具体规定和需要为准。有些条约由一个或数个国家保管，有的条约由国际组织机构保管。《维也纳条约法公约》第77条规定：

> 保管机关之职务主要为：
> （甲）保管条约约文之正本及任何送交保管机关之全权证书；
> （乙）备就约文正本之正式副本及条约所规定之条约其他语文本，并将其分送当事国及有权成为条约当事国之国家；
> （丙）接收条约之签署及接收并保管有关条约之文书，通知及公文；
> （丁）审查条约之签署及有关条约之任何文书、通知或公文是否妥善，如有必要并将此事提请关系国家注意；
> （戊）将有关条约之行为，通知及公文转告条约当事国及有权成为条约当事国之国家；
> （己）于条约生效所需数目之签署或批准书、接受书、赞同书或加入书已收到或交存时，转告有权成为条约当事国之国家；
> （庚）向联合国秘书处登记条约；
> （辛）担任本公约其他规定所订明之职务。

第五节 条约的适用

《维也纳条约法公约》第26条规定："凡有效之条约对其各当事国有拘束力，必须由各该国善意履行。"这一规定体现了条约必须遵守的国际法基本原则。第27条规定："一当事国不得援引其国内法规定为理由而不履行条约。"这也是国际法长期认可"约定必须信守"原则的体现。遵守和履行条约是国家的国际法义务，也是国际社会存在良好秩序的基础。

一、条约的生效

条约本身会对条约的生效方式和日期作出明确的规定，如果条约没有此种规定，谈判国可以通过协定予以确定。一些无须批准的条约，在签署之日生效。多边条约在批准之后一定时期内生效。例如，1966年的《公民及政治权利国际公约》第49条规定，公约在第35件批准书或加入书交给联合国秘书长存放之日起三个月后发生效力。

某些最后条款如涉及条约的生效方式、国家同意接受条约约束的约定、条约的保留、保管机关的职务等问题,在条约约文确立之后就开始运行。这种运行可以视为缔约过程中的程序性权利义务。

二、条约的暂时适用

条约的暂时适用是指条约生效之前,条约的整体或一部分内容暂时对某些国家适用。《维也纳条约法公约》第 25 条规定:

一、条约或条约之一部分于条约生效前在下列情形下暂时适用:
(甲)条约本身如此规定;或
(乙)谈判国以其他方式协议如此办理。
二、除条约另有规定或谈判国另有协议外,条约或条约一部分对一国暂时适用,于该国将其不欲成为条约当事国之意思通知已暂时适用条约之其他各国时终止。

条约的暂时适用一般适用于需要批准的多边条约,尤其是需要交存数量很多的批准书或加入书之后方能生效的条约。为了使条约中的部分规定尽早执行,采取了暂时适用的方式。例如,1984 年《关于国际民用航空公约修正案的议定书》、1994 年《关于执行 1982 年 12 月 10 日〈联合国海洋法公约〉第十一部分的协定》都采取了暂时适用的方式。暂时适用的适用日期,既可以是通过或签署条约的日期,也可以是谈判时另外约定的日期。在这一领域最有名的例证即是 1947 年《关税与贸易总协定》的暂时适用,至 1994 年世界贸易组织成立之时方结束。

三、条约适用的时间范围

一般条约都会规定自身的有效日期。有的会规定数年、数 10 年,有的则可能规定无限期生效。有些条约会规定在终止之时自动失效,有些条约会规定终止之前若干时间内由双方议定是否延期。美国和俄罗斯 2010 年在布拉格签署了《新削减战略武器条约》(Strategic Arms Reduction Treaty, New START,俄文:CHB-Ⅲ),旨在限制俄美两国保有的核弹头数量,2011年2月5日生效,有效期10年,2021年2月5日该条约到期。2021年2月3日,俄美外交部门发布声明,双方同意延长《新削减战略武器条约》5年,有效期至2026年2月5日。

有些条约进一步规定,如果双方约定延期,则按延期处理,双方没有相反的意思表示,则条约终止。还有的条约规定,如果双方没有提出终止的主张,则条约自动续展。

条约一般没有溯及力。《维也纳条约法公约》第28条规定,除条约表示不同意思,或另经确定外,关于条约对一当事国生效之日以前所发生之任何行为或事实或已不存在之任何情势,条约之规定不对该当事国发生拘束力。这种观点符合国际法中的"时际法"观念,即为确定事件的性质和权利义务关系,应适用当时有效的法律规则,而不能用日后确立的法律规则。

四、条约的冲突

条约之间、条约与习惯之间、条约与一般法律原则之间都可能存在冲突。这种冲突被国际法学者所关注,并为此撰写了一些相关的著作。条约的冲突主要存在于以下两种状况:第一,两个条约的当事方完全相同,如果条约存在着先后顺序,则按"后法优于先法"(lex posterior derogat priori)的原则予以处理。后法是指条约的通过日期,而非生效日期。第二,两个条约的当事国不同,采取以国家参与条约的具体情况进行划分的原则,即如果A、B两国同为两条约的当事国,则按后法优于先法原则处理;如A、B两国仅有一项共同条约,则按相同的条约处理。这里暗含的原则就是条约对于非成员国没有约束力。在按上述原则处理问题之时,不能违背《联合国宪章》第103条的规定,即不能影响联合国会员国在宪章之下的义务。同时,如果条约本身包含了优先地位条款,则以条约规定为准。另外,很多学者主张条约冲突的处理不应违反国际强行法。

五、条约适用的空间范围

《维也纳条约法公约》第29条规定:"除条约表示不同意思,或另经确定外,条约对每一当事国之拘束力及于其全部领土。"全部领土包括国家领土的各个部分,也意味着国家主权范围内的所有地域。过去的多边条约往往会包含殖民地条款,解决拥有海外属地的国家的条约适用问题。

现代的多边条约一般含有领土条款或联邦条款。有一些条约专门涉及国际公共区域，包括公海、极地、外层空间。在空间方面具体的适用必须依照条约文本，而不能依凭抽象的逻辑推理。

第六节 条约与第三国的关系

一、条约对第三国无损、无益的基本原则

条约作为相对法律行为，在缔约方之间确立权利义务，而一般不应涉及第三方。《维也纳条约法公约》第26条确立了条约仅约束当事国的原则，对第三国既不有损也不有益，第34条更进一步确定了条约不约束第三国的一般原则。

二、条约对第三国产生影响的情况与要求

大多数条约都没有涉及第三国权利义务的规则。但是在某些特殊情况下，条约可能涉及第三国。例如，《联合国宪章》第2条第6项规定："本组织在维护国际和平及安全之必要范围内，应保证非联合国会员国遵行上述原则。"

同时，一些确立面向国际社会的公共制度的条约，对于第三国也具有影响，如开放国际河流或通洋运河。《维也纳条约法公约》第35—38条对于可能对第三国创设权利和义务的情况作了规定。

根据第35条的规定，为第三国创设义务需要满足两个条件：第一，条约当事国有意将条约的某项规定作为确立第三国义务的方法；第二，第三国以书面形式明示接受此项义务。

根据第36条的规定，条约为第三国创设权利不需要第三国书面的明示同意。即除非第三国明示反对，为第三国设立的权利即已确立。第三国在接受相关权利的时候，也应遵守条约所规定或依照条约所规定的条件。

根据第37条的规定，条约为第三国创设的义务，必须经过各当事国与相关第三国的同意方能取消或变更。为第三国创设的权利，则无须第三国同意即可取消。

第38条的规定涉及条约中的习惯对第三国的影响。条约中的习惯

国际法对第三国的效力有两种情况：首先，缔约时条约确认的现存习惯国际法规则；其次，创设的新规则后来发展成为习惯国际法。习惯国际法对第三国有约束力，并非基于条约，而是源于规范自身的性质。

第七节 条约的解释

一、条约解释的内涵和意义

条约解释，即对条约中的概念、规范的具体含义给出解读，是条约法中特别重要的方面。由于条约缔结时主观上的原因，或者在条约谈判时技术上的疏漏，甚至是语言上的障碍，条约在实施过程中非常可能出现不同的理解。尤其值得关注的是，在国家之间针对履行条约义务发生争议的时候，经常需要对条约进行解释。所以有学者说，国际法的规范是国际法研究和应用的重要方面，这个重要方面的重点则是国际法规范的适用与解释。

二、有权解释与无权解释

条约在进行解释的时候，分为有权解释和无权解释。前者是具有权威和约束力的解释，后者是没有权威和约束力的学理解释。从进行解释的主体而言，出现争议的当事国或者其他缔约方共同认可的机构（如缔约方大会、司法仲裁机构）所做出的解释属于有权解释。《维也纳条约法公约》第2条对于一些基本术语进行了界定，主要包括条约批准、加入这些核心词汇，此种界定对当事方使用这些术语进行解释带来了便利。缔约各方如果能通过解释性宣言或议定书的方式，对条约中模糊的规定作出解释，是最可取的方案。有时，条约各方在发生争议时，可以约定将争端交由司法或仲裁解决，或者规定某些机关的解释具有约束力。在形成这种约定的情况下，相关被指定机构的解释属于有权解释。而缔约一方所作出的解释，或者多边条约的部分缔约方所作出的解释，乃至于学者著述中的解释，研究团体所作出的解释，都属于无权解释。学术研究者所作出的解释一般被称为学理解释，在相关国家援引之后可能成为国际法渊源中的权威公法学家学说，是国际法渊源的参考。

三、条约解释的不同观点

关于条约解释的具体方法,现在存在着不同的学说。一种学说被称为意思学派,或主观解释学派,即以缔约方的共同意思为基础,对条约进行解释。这种追求真意的解释方式固然有可能符合缔约方的内心期待,但是由于心理活动的不可捉摸性,想要确定条约的真义,在操作上十分困难,很多时候这种解释很可能是"强作解人"。另一种学说是表示学派,或客观解释学派,也就是按照条约的文本或者按照缔约者的表示予以解释。如果说意思学派注重的是内心的想法,表示学派则注重约文的文本,前者注重主观,后者注重客观。还有一种学说被称为目的解释学派,即按照条约的宗旨和目的对条约进行解释。这种解释方法的优点是不至于离条约本身的目标太远,但问题是,对于很多技术性的争议或者与条约的宗旨没有直接联系的问题,试图以解释的方式达到解决争议的目标,几乎是不可能完成的任务。

四、《维也纳条约法公约》确定的条约解释基本规则

《维也纳条约法公约》的第 31 条、第 32 条、第 33 条是关于条约解释的著名条款。这些条款以客观解释学派为基础,在一定程度上参照了目的解释学派的观点。第 31 条第 1 款规定:"条约应依其用语,按其上下文并参照条约之目的及宗旨所具有之通常意义善意解释之。"这句话看起来不长,但是包含的因素很多。所以把这句话拆分开来,可以得到至少五个方面的要求:

第一,解释条约应秉持善意原则,即不能恶意地解释条约。例如,A 方应归还 B 方船只数目的一半,A 方不应将每一艘船都切割一半归还 B 方。

第二,条约解释的基础是双方议定的文字。

第三,在按照原文进行解释之时,应当按照相关词汇术语的通常意义。

第四,在适当的时候,要考虑条约的上下文。

第五,在解释条约时,应参照条约的宗旨和目的。

由于在这一款中提及了上下文,第 31 条的第 2 款和第 3 款进一步展开了上下文的含义:第一,序言和附件;第二,全体当事国间因缔结条约所订与条约有关的任何协定;第三,一个以上当事国因缔结条约所订并经其

他当事国接受为条约的有关文书的任何文书;第四,当事国事后所订关于条约的解释和其规定的适用之任何协定;第五,事后在条约适用方面确定各当事国对条约解释的协定之任何惯例;第六,适用于当事国间关系的任何有关国际规则。

第31条确定了术语应按约文的通常意义予以解释的通则,但是第31条第4款规定,如经确定,条约各当事国意在某用语的特殊意义,则应按此种特殊意义来解释条约。在这种情况下,主张适用特殊意义的当事国负有举证责任。

五、辅助性解释

尽管有文义解释的基本方法,《维也纳条约法公约》第32条还是规定了可以使用解释性的补充材料。使用补充材料的前提是按第31条的各项规则不能解释,或者难以解释条约的通常意义,或者解释出来的意思明显荒谬或不合理。此种补充资料包括条约的准备工作及缔约时的情况。这条规定意味着,如果条约用语的通常意义已经清楚,则无需使用补充材料。

六、多种文字条约的解释

大多数双边和多边条约会使用两种以上的文字。使用一种文字的条约有两种情况:第一种是缔约双方都以同一文字作为工作语言;第二种是缔约双方约定采取第三国文字作为工作语言。当条约采用两种以上文字的时候,条约本身会明确规定,何种语言是该条约的作准语言;如无此种规定,则经认证的每一种文字的文本都是条约作准文本。1945年《联合国宪章》规定中、法、俄、英、西各文本同一作准(第111条)。在欧洲联盟之内,很多法律文件都用欧盟各成员国的官方文字做成,20多种文字同一作准。《维也纳条约法公约》第33条第1款规定,条约约文经以两种以上文字认证作准者,除依条约之规定或当事国之协议遇意义分歧时应以某种约文为根据外,每种文字之约文应同一作准。

除了条约的作准文本,有时条约还会译成某种语言的文本,如《关税与贸易总协定》会译成中文本,中文本的《关税与贸易总协定》不是作准文本。根据《维也纳条约法公约》第33条第2款,以认证作准文字以外之他种文字作成之条约译本,仅于条约有此规定或当事国有此协议时,始得视为作准约文;第 3 款规定,条约用语推定在各作准约文内意义相同。这就意味着,在针对一项条约出现争端时,如果一国以该国语言解释包含该国语言文本作为作准文本的条约,而另一国家按照另一种语言进行解释,视为两种解释具有同样的效力,这实际上容易引起解释的纷争。第 4 款规定,除依第 1 项应以某种约文为根据之情形外,倘比较作准约文后发现意义有差别而非适用第 31 条及第 32 条所能消除时,应采用顾及条约目的及宗旨之最能调和各约文之意义。

第八节 条约的修订

一、条约修订的含义

国际关系处于变局之中。条约的修订是成文国际法规范在运行的过程中进行变革的需要。条约在执行的过程中,尤其是如果一份条约经历的时间很长,国际社会的格局变化非常迅速,很多原来规定的内容就可能存在着不适应或不适用的情况,此时就需要对条约进行修订。

在以往的实践之中,大多修订的是已经生效的条约,但是在国家之间分歧很大的情况下,针对未生效的条约也可以进行修订。根据《维也纳条约法公约》,在全体条约当事国之间对条约的内容进行更改,被称为修正;在若干条约当事国之间进行的调整,称为修改。但这只是公约用语的差异,在实践中二者并无明显不同。

二、条约修订的规范

《维也纳条约法公约》第 39 条规定了条约修正的一般规则:"条约得以当事国之协议修正之,除条约可能另有规定者外,此种协议适用第二编所订之规则。"根据这个一般规定,无论双边还是多边条约,都可以通过在条约当事国之间另外缔结一个协定的方式,予以修正。除原条约另有规定,缔结修正条约协定的程序与原条约的缔结程序相同。双边条约的修正需要当事国一致同意;多边条约的修正,有时不要求条约所有当事国全体一致同意。如果原条约中未规定修正条约的具体规则,则应按照《维也纳条约法公约》第 40 条和第 41 条的规定修正条约。

多边条约修正的程序规定于第 40 条第 2 款,即在全体当事国之间修正多边条约的任何提议,必须通知全体缔约国,各缔约国均有权参加包括关于此种提议采取行动的决定以及修正条约的任何协定的谈判和协定的缔结。第3款规定,凡是有权成为条约当事国的国家,也都有权成为修正后条约的当事国。修正条约的协定对于已经成为条约的当事国、但未成为该修正协定当事国的国家没有约束力。这些国家之间,以及这些国家与修正协定的当事国之间,仅适用未修订的原条约(《维也纳条约法公约》第40条第4款)。修正条约的协定生效之后,加入条约的国家如果未明确表示不同意修正协定,则视为接受了修订后的条约。在其余不接受修正条约的当事国的关系上,视为共同适用未修正的条约。此项规定反映了联合国秘书长保管多边条约的实践。

根据《维也纳条约法公约》第41条第1款,多边条约可以在若干当事国之间进行修改,但是有以下限制条件:第一,条约中允许若干当事国之间进行修改;第二,所修改的内容不为条约所禁止;第三,修改结果不影响其他当事国享有条约上的权利或履行其义务;第四,修改不能与条约的目的和宗旨不符。对条约进行修改的当事国应将其缔结修改条约的协议以及所规定的修改,通知其他当事国,如条约另有其他规定,则不在此限(《维也纳条约法公约》第41条第2款)。

第九节 条约的无效、终止或暂停实施

一、条约的无效

(一)条约有效的要件与条约的无效

一个符合习惯国际法所确立的缔约程序的条约,在形式上即为有效的条约。但是,符合缔约程序只是条约有效的一个要件,而且仅仅属于形式上的要件。除了形式要件,还要考虑实质有效要件。从缔约国的角度来看,条约基本的实质有效要件是"真实意思",即通过签字、批准、加入等方式同意接受条约的约束。此种同意在意思表达上应当是真实有效的,在缔约心态上应当是平等自愿的,否则就可能出现自始无效的状况。从国际法逻辑的角度来看,条约的另一个实质有效要件是符合强行法。理论上说,如果一个条约违背了强行法,就可能无效。

(二)条约的相对无效与绝对无效

条约相对无效是指有受害的缔约国主张条约无效,理由是同意受该条约约束并非在平等自愿的基础上作出的真正的意思表示。这也就意味着如果受害国不去主张条约无效,或者在条约签订之后用明示或默示的方式同意,该条约可能具有法律效力。

条约的绝对无效,是指包括第三国在内的整个国际社会都有权主张条约无效,而且不能通过受害国事后明示或默示的同意而使其有效。

(三)条约的整体无效与部分无效

根据1969年《维也纳条约法公约》第44条的规定,条约无效分为条约整体无效和部分条文无效或者局部无效;第44条第2款规定,除一些特定的情况之外,条约无效即指条约整体上无效;第44条第5款进一步规定,由于对一国谈判代表采取了强迫的方式,对一国采用武力或以武力相威胁,以及由于违反强行法而无效的条约,条约作为一个整体,所有条文都归于无效。

与此相对应,根据《维也纳条约法公约》第44条第2款、第3款的规定,在特定情况下,条约无效的理由仅与特定条文有关,且条约允许部分条文或局部无效,此时条约呈现部分无效的状况。部分无效应符合三个条件:(1)条约的不同条文之间可以分割;(2)条约自身规定或另行规定,与条约无效有关的特定条文不是其他条约当事国同意接受整个条约约束的必要根据;(3)条约其他部分继续实施不会导致有失公平的状况。根据《维也纳条约法公约》第44条第4款的规定,由于诈欺和贿赂主张条约无效的国家,可以在整个条约无效和部分或局部无效之间作出选择;如果选择部分或局部无效,则应符合上述要求。

(四)条约无效的原因

第一,违反国内法关于缔约权限的规定。违反缔约权限有两种情况:一种是明显地违反具有基本重要性的国内法,如宪法或缔结条约程序法的规定;另一种是缔约谈判代表违反特定权限的情况。关于明显违反国内法的情况,规定于1969年《维也纳条约法公约》第46条第1款,一般情况下,国家不能以其代表的缔约行为违反国内法规定而使其接受的条约归于无效,不过,如果违反之情事显明且涉及具有基本重要性之国内法之一项规则者,国家就可以此为由主张条约无效。1969年《维也纳条约法公约》第46条第2款对于明显违反作出了解释:"违反情事倘由对此事依通常惯例并秉善意处理之任何国家客观视之为显然可见者,即系显明违反。"换言之,由一个理性、客观、善意的第三国的标准判断违反是否成立。例如,根据现行中国《宪法》第67条和第81条规定,国家主席有权依据全国人民代表大会常务委员会的决定批准同外国缔结的条约和重要协定,没有经过全国人民代表大会常务委员会的决定及批准的条约属于无效条约。对于谈判代表违反特定权限的情况,《维也纳条约法公约》第47条作出了规定,如果一国谈判代表表示同意条约约束是在超出其所代表的国家授权的特定限制情况下作出的,并且在表示同意之前已经把这种特定限制通知其他谈判国,该国可主张该条约由于越权而无效。这就意味着尽管一国的全权代表之授权被设定了特定限制,却未能通知其他参加国,则该国不得以越权为由主张条约无效。

第二,错误。国家可以把条约中的错误作为主张条约对其无效的理由,然而不是任何错误都可以成为条约无效的原因。《维也纳条约法公约》第48条第1款规定,此种错误必须以关涉该国于缔结条约时假定为存在,且构成其同意承受条约拘束之必要根据之事实或情势者为限。即使如此,如果错误是国家自身的行为所致,或者当时的情况足以使该国知悉有错误的可能,则国家不能以条约中的此种错误为由主张条约无效(第48条第2款)。在实践中,常见的以错误为由主张条约无效的情况是边界条约中涉及地图的错误。条约中出现的文字错误不足以构成条约无效的理由。在这种情况下,国家可以按照条约中规定的更正条约约文或正式副本错误的方式将错误更正过来。如果条约本身未规定更正文字错误的具体方式,可依据《维也纳条约法公约》第79条规定的方式,即通知条约保管机关的方式处理。

第三,诈欺。如果一国与另一国缔结条约是由于后者的诈欺行为所致,则该国可以主张该条约无效(《维也纳条约法公约》第49条)。故意制造一些现象或者作出虚假声明的行为,都属于诈欺。不过现代国际实践少有以诈欺手段诱导另一国同意接受条约的例子。

第四,贿赂。根据《维也纳条约法公约》第50条的规定,如果一国同意接受条约约束是另一国贿赂其代表的结果,该国可以主张条约无效。对谈判代表构成重大影响的行为属于贿赂,否则只是一般意义上的友好表示。现代国际实践之中尚无以贿赂为由主张条约无效的例子。

第五,强迫。条约因强迫而无效有两种情况:一种情况是直接强迫另一国谈判代表,如对其实施暴力或以武力威逼,迫使谈判代表在条约上签字。《维也纳条约法公约》第51条规定,如果国家同意接受条约约束是另一国对其代表实施胁迫或威胁所致,该国可主张条约无效。另外一种情况是直接针对一国使用武力或武力威胁强迫该国接受条约约束。《维也纳条约法公约》第52条规定,如果条约的缔结是违反《联合国宪章》所含国际法原则以武力或武力相威胁的结果,则条约无效。

第六,违背强行法。1969年《维也纳条约法公约》第53条规定,条约在缔结时与一般国际法强制规律(强行法)抵触者无效。第44条第5款规定,即使仅仅是条约部分条文或条约局部与强行法相冲突,也会导致条约整体无效。需要说明的是,只有在缔结条约时与国际强行法相抵触的条约才是自始无效的。这意味着国际强行法不具溯及力。一个先前签订的条约,如果与后来出现的强行法相冲突,该条约仍然有效,具有约束力。这可以从以往以武力的方式获得领土或者那些违背基本人权要求的条约仍然具有效力予以证明。但是《维也纳条约法公约》第64条规定,与新的强行法规则相抵触的现有条约会成为无效条约,终止适用。

(五)条约无效的后果

1.一般条约无效的后果。对于双边条约而言,无论是部分无效还是整体无效,相关规定始终不具有任何法律约束力。但是,如果条约当事国已经信赖被宣称为无效的条约,并且予以实施,则条约当事国都可以要求在彼此关系上尽可能恢复到实施以前的状况,并且在主张条约无效之前善意实施的行为不应视为不合法。

根据《维也纳条约法公约》第69条的规定,涉及其他条约当事国的多边条约有两种情况:首先,因无效的同意,即除违反强行法以外的条约无效理由而接受的条约,仅对该相关国家产生后果,在其他条约当事国之间条约仍然有效(《维也纳条约法公约》第69条第4款);其次,在因无效的同意而接受条约约束的当事国与其他当事国的关系上,适用上述关于双边条约无效后果的规定,即自始无效。

2.因违反强行法而无效的后果。《维也纳条约法公约》第71条规定了条约因违反强行法而无效所产生的后果,并且将条约在缔结时因违反强行法而无效,与条约在缔结后因违反新的强行法规则而无效作了区别。

在缔结时违反强行法而无效产生的后果是:(1)当事国应尽量消除依据这种无效条约的规定所实施的行为带来的后果;(2)当事国应该使它们彼此的关系符合强行法规则。

条约因新强行法的产生而无效产生的后果是:(1)根据强行法的内容解除当事国继续履行条约的义务(《维也纳条约法公约》第71条第2款甲项);(2)不影响条约在新的强行法规则产生之前由于实施条约而产生的任何权利义务或法律情势,但是事后这些权利义务或情势的继续保持不能与新的强行法规则相抵触(《维也纳条约法公约》第71条第2款乙项)。

(六)不平等条约

不平等条约是学术界和不同国家之间争论很久的问题。在相当长的时间之内,强大的国家及其学者都不愿接受不平等条约的概念,他们认为,两个国家之间永远都不可能绝对平等。允许一国以不平等为理由规避条约义务,可能损害条约关系的稳定性。比较弱小的国家、殖民地或半殖民地国家则对不平等条约持鲜明的反对立场。王铁崖先生认为,在中国存在不平等条约制度。此种制度始于1842年《南京条约》,终于1949年中华人民共和国成立。对于不平等条约的认识反映了第三世界国家对于自身主体性和国际法公正性的不懈追求,是努力促进国际法治的表现。

二、条约终止或暂停实施

尽管法律的存在以提升可预期为目标,但也不能回避不可预期情况的广泛存在。

条约的终止或暂停实施是针对一个有效的条约所采取的停止其效力的行为,具体指称因为出现了某些法定的原因而使条约不能继续实施,或暂时不能继续实施的状况。

条约的终止与暂停实施存在的区别主要是时间上的。终止之后条约即不再恢复,暂停实施在停止实施之后还有可能恢复条约的效力。使条约暂时失去效力的原因与后果二者基本相同。对于双边条约和多边条约而言,终止或暂停实施的后果存在差异。对于双边条约而言,条约一方当事国单方面废止条约可能造成条约彻底终止;在多边条约之中,一个当事国退出条约仅使该条约对该当事国终止,在其他当事国之间条约依然继续有效。一种例外的情况是,按照条约的规定退出条约,导致当事国的数量已经达到了无法使条约继续实施的"门槛"。在理论上,还存在着一种情况,即多边条约的一系列缔约国先后退出,最后使条约仅剩两个缔约国,即多边条约变成双边条约。更为极端的情况是,多边条约变成只有一个缔约方的条约。在此种情况下,条约效力应当如何认定,尚无足够的实践予以支撑。

多边条约或双边条约的终止或暂停实施都是针对全部条约来讨论的。不过,理论上当然也允许对于部分条文或条约局部终止或暂停实施。

终止或暂停实施的原因通常包括两种情况:一种是条约之中已经规定了一些原因;另一种是当事国之间另行约定终止或暂停实施的原因。还有其他一些特别的原因。就条约之中规定的使条约暂时或永久不发生效力的原因而言,主要包括三个方面:第一,条约规定了有效期限,条约期满缔约方之间未达成继续续约的约定,则条约终止。第二,条约规定了解除条件。有的条约规定,当参加国保持一定数目时条约有效,如果因为退约使条约的参加国减少,不再满足条约继续有效的数目,则条约终止。第三,单方解约或退约。很多条约规定,条约当事国有权在任何时候单方面解除条约的约束或者退出条约。根据"荷花号案"原则,如果条约未规定退约的权利,应默认国家享有退约权,这意味着即使条约自身规定无限期生效,也不能阻止一些国家退出条约。美国 2019 年 8 月 2 日单方面宣布退出《中导条约》,这是苏联和美国于 1987 年 12 月签署、1988 年开始生效的有利于维护地区和平与稳定的军控条约,美国的单方退约使条约失效。一般情况下,解约或退出条约的宣布和生效有一段间隔,在解约或退约发生效力之前,条约所规定的权利和义务,缔约国仍有承担与履行之必要。1998 年的《国际刑事法院罗马规约》第 127 条规定:

(一)缔约国得以书面通知联合国秘书长退出本规约。退约在通知收到之日起一年后生效,除非通知指明另一较晚日期。

(二)一国在作为本规约缔约国期间根据本规约所承担的义务,包括可能承担的任何财政义务,不因退约而解除。退约不影响退约国原有的合作义务,就退约生效之日以前开始的刑事调查与诉讼同本法院进行合作,也不妨碍本法院继续审理退约生效之日以前,本法院已在审理中的任何事项。

例如,在 1984 年尼加拉瓜诉美国非法使用武力和以武力相威胁案件之时，美国宣布退出国际法院的任择强制管辖条款，但是国际法院认为此种退出并不妨碍该案的继续审理。

在当事国约定的原因之中，一般都是当事国在缔约之后以明示或默示的方式共同作出的终止或暂停实施其缔结条约的情况。比较常见的做法是，当事国之间另行制定一个条约覆盖原来的条约，或者在另外一个条约之中包含一个确认原有条约无效的条款，即使原条约暂停生效或永久失效。当事国在缔约之后明示同意终止或暂停实施条约，一般采用这种方式。根据1969年《维也纳条约法公约》第54条乙项和第57条乙项，全体当事国还必须与其他缔约国咨商并经其同意，才能终止或暂停实施条约。这主要是针对多边条约所确立的规范。在默示共同同意终止或暂停实施条约方面，当事国一般通过自身的行为表示条约已经终止或暂停实施，如全体当事国就同一事项缔结新的条约，尽管未规定旧条约的相关问题，但是旧条约仍然被替代。如果多边条约的若干当事国协议，在彼此之间暂停实施条约，与在数个当事国之间修改多边条约所采取的步骤和达到的效果类似。

除条约规定和当事国约定的原因之外，还有几种情况可以导致条约终止或暂停适用：

第一，违约。对于双边条约而言，如果条约缔约一方存在着对条约的根本违反，则另一方有权以此为由终止这一条约，或者全面或者局部地停止该条约的实施。对于多边条约而言，如果条约当事国一方存在重大违约，其他当事国可以一致协定，在它们各自与违约国之间的关系之中，停止或局部停止实施条约或终止条约，也可以约定全体条约当事国之间均停止或暂停实施该条约或该条约之一部分。除此之外，如果违约行为使某些当事国受到更加明显的影响，这些国家有权以违约为由在本国与违约国之间全部或局部停止条约的实施。如果条约的性质决定了一当事方对条约有重大违反造成各当事方继续履行条约义务所处的地位发生根本改变，条约的任何当事方均可以违约为由，全部或部分停止条约对本国的实施。总体而言，由于一方违约，他方有权主张终止或暂停实施条约。这一规则与国家责任制度中的反措施有密切联系。根据《维也纳条约法公约》第60条第5款的规定，这一规则不能适用于"各人道性质之条约内所载关于保护人身之各项规定，尤其关于禁止对受此种条约保护之人采取任何方式之报复之规定"。也就是说，即使对方存在着违反条约的情况,本方也不能以任何理由主张对对方进行有违人道的反措施。

第二,条约事后履行之不可能。也就是由于发生意外,条约必不可少的标的物永久性消失或暂时性不复存在。条约当事方可以不能履行为理由,主张停止实施条约。客体灭失、标的灭失出现的例子包括:A、B两国签订条约,建造岛屿设施,但因气候变暖、海平面上升,使条约权利义务所针对的岛屿消失;C、D两国签订条约在河流上建造桥梁,由于连年大旱导致河流永久干涸,或者飓风来临使河流改道,都可能使与履约直接相关的条件不复存在。如果条约不可能履行仅仅是暂时性的,如火山爆发使运输条约无法按期履行,则当事国只能将此作为暂停施行条约的理由(《维也纳条约法公约》第61条第1款)。但是,如果条约不可能履行是条约当事国自己违反条约义务,或违反对条约任何其他当事国所负任何其他国际义务的结果,则该当事国不得适用此项规定,也就是一方不能从本方的行为中获利。

第三,情势变迁(fundamental change of circumstances, *rebus sit stantibus*)。由于情势变迁规则(即情况的根本改变)容易被滥用,1969年《维也纳条约法公约》第62条的规定限制了该原则的使用范围。该公约严格规定了援引情势变迁的条件:一是所改变的必须是缔结条约时存在的情势;二是这种情势的存在必须是当事国同意接受条约约束的必要依据;三是改变必须是根本的;四是改变是条约当事国在缔结条约时不能预料的;五是改变的影响将根本改变尚待履行的条约义务的范围。只有同时满足上述限定条件,条约当事国方可以情势变迁改变为由,终止、退出条约或者停止实施条约,否则不得以情势变迁为由终止或退出条约。此外,对于确定边界的条约,不能适用情势变迁规则。如果情势变迁是条约当事国自己违反条约义务或违反对条约任何其他当事国所负任何其他国际义务的结果,当事国不得引用该规则(《维也纳条约法公约》第62条第2款)。这一条件的规定与事后履行不可能及标的灭失的要求是一致的。

第四,断绝外交或领事关系。一般而言,条约当事国之间断绝外交或领事关系不影响彼此建立的条约法律关系,但是根据《维也纳条约法公约》第63条的规定,如果条约的实施以外交或领事关系的存续为前提条件,则条约效力亦受影响。实践表明,断交对于条约适用并无实质影响。1990年海湾战争爆发,英国与伊拉克断绝外交关系,但是1930年的《伊拉克-英国引渡条约》依然适用。尽管伊拉克根据该条约提出的三度引渡要求,都遭到了英国的拒绝,但拒绝的理由都不是该条约已经停止,每一次都因为引渡的提出与拒绝均通过第三国进行。

第五,与新的国际强行法相抵触。根据《维也纳条约法公约》第64条的规定,如果条约与新出现的强行法规则相抵触,条约即因无效而终止。

第六,战争。条约当事方之间爆发战争或敌对行为,首先会导致外交或领事关系的断绝,进而可能会影响彼此的条约关系。断绝外交或领事关系并不都是战争或敌对行为而引起,但发生战争却必定会导致外交、领事关系的终止。故而,《维也纳条约法公约》在断绝外交、领事关系之外并未列举战争行为。需要说明的是,有些条约不受战争和武装冲突的影响:(1)规定战争法规的条约不仅不受影响,而且会强化使用,或者说会开始发挥作用;(2)那些创设对世义务的条约,尤其是人权条约不受影响;(3)如果条约中有明文规定,即使发生战争也不影响,则此种条约不受影响;(4)建立客观制度、确定边界的条约不受影响。受影响的条约即包括当事国之间政治关系的条约如友好同盟条约。继而,商务条约因武装冲突或战争而中止,但是保护当事国国民投资或商标的协定不受影响。进而,因战事使条约履行不可能的情况会导致条约暂停实施。对此,联合国国际法委员会在2000年开始专门探讨武装冲突对条约影响的专题,有关专家作出了报告,2011年通过了《关于武装冲突对条约影响的条款》草案,并通过了对该草案的评注。

思考题

1. 如何判断一项协议是否是条约?
2. 如何理解我国国家主席的缔约权?
3. 人权条约的保留有何特别之处?
4. 如何确保条约义务得到有效履行?
5. 如何解决条约的冲突?
6. 如何评价条约解释的不同方法?
7. 如何理解联合国宪章体制下条约与第三国之间的关系?
8. 如何理解不平等条约的效力?
9. 如何理解情况根本改变对于条约效力的影响?

拓展阅读

韩燕煦:《条约解释的要素与结构》,北京大学出版社2015年版。

李浩培:《条约法概论》(第二版),法律出版社 2003 年版。
廖诗评:《条约冲突基础问题研究》,法律出版社 2008 年版。
鲁洋:《条约仲裁权的边界研究》,中国政法大学出版社 2021 年版。
万鄂湘、石磊、杨成铭、邓洪武:《国际条约法》,武汉大学出版社 1998 年版。
王勇:《条约在中国适用之基本理论问题研究》,北京大学出版社 2007 年版。
王勇:《中华人民共和国条约法问题研究(1949—2009 年)》,法律出版社 2012 年版。
吴卡:《国际条约演化解释理论与实践》,法律出版社 2016 年版。
张乃根:《条约解释的国际法》,上海人民出版社 2019 年版。
朱文奇、李强:《国际条约法》,中国人民大学出版社 2008 年版。

Anthony Aust. *Modern Treaty Law and Practice* (3rd ed., Cambridge University Press, 2013).

Jill Barrett, Robert Beckman. *Handbook on Good Treaty Practice* (Cambridge University Press, 2020)

Michael J. Bowman and Dino Kritsiotis (eds.). *Conceptual and Contextual Perspectives on the Modern Law of Treaties* (Cambridge University Press, 2018).

Olivier Corten and Pierre Klein (eds.). *The Vienna Conventions on the Law of Treaties: A Commentary* (Oxford University Press, 2011).

Scott Davidson (ed.). *The Law of Treaties* (Routledge, 2004).

Christian Djeffal. *Static and Evolutive Treaty Interpretation: A Functional Reconstruction* (Cambridge University Press, 2016).

Richard K. Gardiner. *Treaty Interpretation* (2nd ed., Oxford University Press, 2015).

Duncan B. Hollis (ed.). *The Oxford Guide to Treaties* (Oxford University Press, 2012).

Georg Nolte. *Treaties and their Practice—Symptoms of their Rise or Decline* (Brill | Nijhoff, 2019).

1969 年《维也纳条约法公约》
2011 年联合国国际法委员会《条约保留实践指南》

第十二章　国际经济法

国家之间经济交往的频繁和复杂导致国际社会形成了一系列管制和调控经济交往的法律规范。在国家单边调整的基础上，逐渐确立了双边、区域和全球性的国际经济法律制度。其中以货物贸易方面的制度最为传统和丰富，在投资、金融、税收等领域也陆续出现了一系列国际条约、软法文件、国际组织机构。中国作为全球化的积极参与者，在国际经济法领域的地位越来越显著。

第一节　国际经济法的内涵

一、国际经济法的界定

在国际法的语境下，国际经济法可以被理解为对所有国际法主体（包括国际组织，从经济角度来看，类似国家的主体如单独关税区、私人如跨国公司等）之间协调国际经济关系、配置国际经济利益以及从事国际经济交往等行为起到调整作用的条约、习惯、一般法律原则等制度的总体。如果超越国际法的语境，国际经济法还包括国际商事法律制度（国际商法）和各国的涉外经济法。[1] 国际商法是跨国商事行为所遵循的规范。[2] 涉外经济法是各国政府对于跨国商事行为进行管理和调控的规范，[3]以及国家之间在这一领域的协调规范[4]。

与国际法的其他分支一样，国际经济法不是一个静态的"规则手册"，而是一个始终处于变化中的动态进程；国际经济法内容广泛，是一个在某种程度上不成体系的杂合系统。国际经济法试图达成的是公正合

---

[1] 本书作者所理解的国际经济法概念，已在第一章阐述。
[2] 参见左海聪主编：《国际商法》（第二版），法律出版社2013年版，第1—3页。
[3] 参见车丕照：《国际经济交往的政府控制》，长春出版社1996年版，第1—20页。
[4] 参见车丕照：《国际经济法概要》，清华大学出版社2003年版，第13页。

理、高效顺畅的国际经济法律秩序①,实现国际经济法治②。

从主体上看,国际经济涉及国际组织、国家和私人。这些主体围绕着相关国际条约、惯例以及国家宏观经济调控政策等创立法律规则、参与法律关系、从事法律行为。从涉及的领域来看,它包括国际贸易(货物贸易、技术贸易、服务贸易)、国际投资、国际金融等,其交往方式包括平等协商、准入措施、税收征管、数量限制等。从经历的环节来看,它包括国家之间成立国际组织的规则、国际组织的运作规则、国家的管理调控规则和国家、国际组织及私人之间的交易、管制、争端解决规则等。就法律的来源而言,它包括国内的涉外经济调控立法、涉及经济交往或管理的国际条约、公约、政府间国际组织(包括全球性的、区域性的,经济性的、非经济性的)的有关法律规则、私人(民间)的惯例或通常做法等。从法律规范的性质来看,它既包括实体规范也包括程序规范,前者如国家给予外国商品、投资的待遇,关税税率;后者如反倾销、反补贴的调查程序,ICSID 的投资争端解决程序和 WTO 的争端解决程序等。

二、国际经济交往及相关法律的发展

国际经济法作为一个明确的概念兴起于 20 世纪,但不同国家和地区间的经济交往却历史久远,最早可以追溯到希腊古风时代,中国著名的"丝绸之路"也是中华民族古代对外经济交往的重要通道,与之相应,一些对外贸易政策、惯例、条约等也随之开始产生并发展。

近现代以来,各国对本国对外贸易以及其他涉外经济领域的法律调整日益增加。从重商主义时代的严格限制贸易、提高关税、建立贸易壁垒,到工业革命后自由市场和自由贸易的兴起,再到 19 世纪末开始各国有意识地转向国内保护主义,实施高关税、货币贬值等法律和政策措施——此时反垄断、反补贴、保障措施、反货币贬值、知识产权保护、国家安全例外、数量限制、进口许可等各种立法和政策纷纷兴起;"二战"以后,在市场自由占据主导地位的基础上,各国涉外经济干预方面的立法、执法和司法更加趋向细化和一致。

---

① 参见车丕照:《法学视野中的国际经济秩序》,清华大学出版社 2021 年版,第 8—17 页。
② 参见何志鹏:《国际经济法治:全球变革与中国立场》,高等教育出版社 2015 年版,第 34—38 页。

各国之间签订经济协定的做法同样久已产生。在古代就有不同国家之间签订商业条约的例子。近代以来,欧洲各国相互间纷纷缔结通商航海条约,形成了一个规模庞大的双边商业条约网络。由此逐渐形成和发展起了古典国际经济法的条约实践和待遇标准。① 从 19 世纪末开始,国际贸易形势渐趋复杂、商业条约的不足渐趋明显之际,私人国际卡特尔协议在许多工业领域纷纷兴起,力图控制价格、市场、供应和技术变化等。随着金本位制的解体和外汇管制的兴起,各国间纷纷缔结双边清算协定和支付协定。此外各国还缔结了一些重要的技术行政性质的多边专题条约,如万国邮政联盟、万国电信联盟、万国度量衡联盟等,以及《保护工业产权巴黎公约》《伯尔尼公约》等多边知识产权保护协定。另外,自 20 世纪 30 年代起,一些国际商品的主要生产国与主要进口国之间缔结了不少多边专项商品协定。而"二战"之前一些市场经济发达的国家还对外签订了一些促进自由贸易的双边协定,如美国以 1934 年《互惠贸易协定法》为基础对外缔结了 30 多个削减进口商品关税的双边贸易协定;英国也与一些欧洲国家和拉美国家缔结了相互降低关税和保证购买对方货物的双边协定。

第二次世界大战以后,关税与贸易总协定(GATT)、国际复兴开发银行协定(IBRD)和国际货币基金协定(IMF)等多边条约的出现成为现代国际经济法的标志。围绕着这些多边条约,西方国家相互间及对外大量签订双边商业条约②,如从 1959 年德国与巴基斯坦缔结了世界上第一个专门的双边投资保护协定以后,欧洲各国和美国开始大量缔结双边投资

---

① See Georg Schwarzenberger," The Principles and Standards of International Economic Law", 117 *Recueil Des Cours* 18 – 22 (1966); John Shijian Mo, *International Commercial Law* (Butterworths, 1997), pp. 10–12; Michael J. Trebilcock and Shiva K. Giri, *The National Treatment in International Trade Law*, in E. Kwan Choi and James C. Hartigan (eds.), *Handbook of International Trade: Economic and Legal Analyses of Trade Policy and Institutions* (Blackwell Publishing, 2004), p.186; Markus Lampe, "Explaining Nineteenth-Century Bilateralism: Economic and Political Determinants of the Cobden–Chevalier Network", 64 *Economic History Review* 644–668 (2010).

② Herman Walker, Jr.,"The Post-war Commercial Treaty Program of the United States", 73 *Political Science Quarterly* 57–81(1958); Eric V. Youngquist, "United States Commercial Treaties: Their Role in Foreign Economic Policy", 2 *Studies in Law and Economic Development* 72–90(1967); Edward M. Melillo, "Post-War Friendship, Commerce and Navigation Treaties–Interpreting the Right of Foreign Employers in the United States to Engage in Selective Employment Discrimination of Their Choice: Is It Justified", 6 *DePaul Business Law Journal* 101–158(1994).

保护协定。在世界银行框架下,促成了国际投资争端解决和投资政治风险担保的多边公约,设立了相应的多边机构;与此相应,贸易、投资、税收、知识产权、技术合作等方面专门性的双边商业条约日益复杂细化,自由贸易区、关税联盟、共同市场、货币联盟等区域经济一体化的协定组织也陆续出现。此外,20世纪50年代至80年代初,在联合国和联合国贸易和发展会议框架下,发展中国家开展了争取建立新国际经济秩序(New International Economic Order, NIEO)的运动。此时西方国家主导下的多边贸易、发展和货币协定体系则在不断发展演进。

20世纪80年代末,随着冷战结束,自由主义观念逐渐成为国际经济的主导旋律,推崇市场、倡导私有化、主张去除管制等成为"全球化"的主流声音。这一段时期内自由市场取得了长足进步,以1995年WTO的诞生和发展作为标志。但自由市场固有的问题仍难以彻底解决,20世纪末的亚洲金融危机、21世纪初的美国次贷危机、欧洲债务危机就凸显了全球市场自由化理论存在的漏洞以及现有国际经济法体系显露的缺陷。① 国际社会关于TPP(CPTPP)、CAI的推动就是应对新环境的尝试;而中国推进的"一带一路"倡议、金砖国家合作则体现了中国期待的全球化体系。

总体来看,国际经济法不仅已经成为各国对外事务和国际关系的日益重要的组成部分,也越来越深刻地影响着各国人民的经济、社会、文化生活、自然环境和日常生活的方方面面。

第二节 国际经济法的渊源

一、国际经济法渊源的概念

所谓国际经济法的渊源(sources of international economic law)也就是国际经济法的表现形式,或者说是国际经济法规则的产生方式。也就是说,当人们需要了解国际经济法、运用国际经济法的时候,哪些可以作为最基本的依据和材料。探讨国际经济法的渊源问题,就是要认清国际经济法有哪些渊源,各自有什么作用,其位阶和效力如何等。

---

① 何志鹏:《全球化经济的法律调控》,清华大学出版社2006年版,第185—186页。

国际经济法的渊源问题本来并不复杂。究其根本,就是哪些可以作为国际经济法的规范,它们是什么样的;哪些规范不属于国际经济法,为什么?当前在理论界存在的争论,如联合国大会决议、国际商事惯例等是否可以作为法的渊源,其争论焦点其实在于:什么是法的渊源、什么是国际经济法。在国际法领域,对法的渊源的界定与国内法稍有不同,这是因为国际法的强制力远远不能与国内法相比,所有的规范都不如国内法那样属于"硬性规则"。在现代国际社会,仍然随处可见强权政治的影子,可以这样说,如果把现代的世界称为"社会",并以国内社会的标准进行衡量的话,那它还远远算不上是一个"法治社会"。在这种情况下,国际法规范的形式就可能不像国内法那样可以清晰明确地、可预期地,由一个权威的机关制定或认可,并由公认的权威机关来执行和监督。

二、国际经济法的主要渊源

从国际法的角度来观察国际经济法,其渊源应当包括以下几个方面:第一,国家之间所达成的与经济有关的国家据以直接享有权利、承担义务的国际条约。① 第二,各国国内涉及对外经济交往的宏观调控性质的立法,简称涉外经济法,被接受为国际经济交往习惯法的部分,这是国际经济法中数量众多、内容繁杂的部分。第三,国际组织(包括经济组织和非经济组织)通过的具有法律约束力的与经济有关的法律文件。第四,相关的司法裁判判决和重要的学说。其中有些方面属于国际法渊源,有些方面属于国内(涉外)法渊源。

(一)国际经济条约

在国际经济法的框架下,相关条约多为国家或政府间国际组织与国家或政府之间订立的以国际法为准则的、规定相互之间具有经济内容或影响的权利义务关系的书面协议。这些条约具有下述特点:

1.条约主体,即缔结者仅限于国家和政府间国际组织,这是所有条约的共同点,也是条约区别于特许协议的关键。

---

① 需要注意的是,国家之间有时会签订权利义务直接归属于私人的国际条约。这种条约一般被称为"私法性条约",应当归属于国际私法中的"国际统一民商实体法",是民商立法的国际化,为国际私法、国际商法的渊源,而由于不直接涉及国家的主权、管理,不属于国际经济法的范畴。

2.条约内容,涉及缔约国间具有经济意义的权利义务关系。

3.条约缔结,不得与国际强行法(Jus Cogens)相抵触。虽然国际条约本身也是国际法规范,但在这种规范之上,还存在着更高效力层次的法律规范,即国际强行法。

4.条约形式,为使所载权利义务更为确定和严肃,必须采用书面形式。当然,随着时代的发展,"书面形式"的含义是多样的。

作为国际经济法的渊源的国际条约可以根据不同的分类标准进行划分。依国际条约所设定的权利义务的内容和性质是否具有普适性可以分为造法性条约与契约性条约。契约性条约,是指以设定参加国特定事实或非经常性往来之权利义务为内容的双边或多边协议,比如几个国家签署的借贷协议、物资援助协议、工程建设协定等。一般而言,契约性条约就一时一事约束当事国,主体虽为国家,其实质与民事合同无异。尽管一项契约性条约并不存在对类似事件和关系的普遍约束力,在相关的国际裁判中仍然必须把它作为国际法律的渊源。造法性条约是指以设定参加国非特定事实或经常性往来之权利义务为内容的双边或多边协议,比如两国关于贸易往来的换文、关于保护相互间投资的协定等。造法性条约具有更为长期的、普遍的约束力,有些可能被直接视为缔约国的法律而予以实施,因而拥有法律的效力,有些则通过缔约国的某种程序①成为国内法的一个部分,故而是更具有普适性的国际经济法渊源。

依据国际经济条约调整对象的不同可分为公法性条约与私法性条约。其中公法性条约是指那些直接涉及国家的主权及利益的条约。依公法性条约与经济内容的关联程度,还可以具体分为两种:(1)专门以国家间的经济关系作为其调整对象的国际条约。此类国际条约专门以国家间的经济关系为其调整对象,它们在本质上与可以作为国际公法渊源的其他国际条约并无不同,因而其既可以作为国际经济法的渊源,也可以作为国际公法的渊源。(2)部分以国家间经济关系作为其调整对象的国际条约。这一类国际条约是在其调整的各类关系中包含有国家间的经济关系,如《联合国海洋法公约》既调整国家在海洋区域的划界关系,也调整国际海底开发关系,因而在法律渊源方面同前一类的国际条约具有同一属

---

① 例如,缔约国可以在国内立法中概括地表明,本国参加和缔结的条约具有和国内立法同等的效力,或优于国内法的效力;也可以对于某一项国际条约单独通过议会表决等方式使其并入国内法。

性,它们既可以作为国际经济法的渊源,也可以作为国际公法的渊源。私法性条约则是指直接涉及从事交易的商事主体利益,而不直接关系到国家的主权和利益的条约,也就是以不同国家的私人间经济关系作为其调整对象的国际条约。这一类国际条约与前两类的国际条约有所区别,比如关于国际货物买卖或运输有关当事人权利义务分配的条约①,尽管也是由国家所缔结,但却以不同国家的私人间经济关系作为其调整对象。由于国际经济交往主要是私人之间的交往,许多以国际经济交往为规制对象的国际条约,如《联合国国际货物销售合同公约》等,其目的就是为私人设立行为规则,只是这种国际条约采取通过约束缔约国再约束私人的方式。应当认为,私法性条约属于辅助性的国际经济法渊源。

当然,从主体数目上,国际条约还可以分为双边条约(由两个国家签订的条约)与多边条约(由三个或三个以上的国家签订的条约)。但由于主体数目与条约的性质和归属没有直接的关系,所以在这里不予讨论。

从条约的具体内容来看,还可以分为概括约束国家行为的条约和具体约束国家行为的条约。前者抽象地为国家行为提供指引,为国家关系的发展提供宏观的方向,但不涉及国家具体如何行动,采取何种措施;后者则具体规定了国家及其政府机关所应为、不应为的行为,以及如何操作等。现代国际公约趋向于规则具体化、明晰化,所以后一种条约居多。

从国际经济条约所涉及的领域来看,包括概括性构设国家间经济关系的国际经济条约、国际贸易领域的条约、国际投资领域的条约、国际金融领域的条约、国际税务领域的条约、国际经济争端解决方面的条约等。

(二)国际组织有效力的法律文件

在国际经济交往的语境下,国际组织法律文件,是指政府间国际组织及其特定机构在运作过程中所产生的意图影响国际经济关系的规范性文件。"二战"结束之后,政府间国际组织广泛出现并且对国际事务产生着

---

① 其实这样的国际条约并不多,但由于联合国国际贸易法委员会的努力,这种条约会逐渐增加。现在具有较广泛影响的《联合国国际货物销售合同公约》《关于统一提单若干法律规则的国际公约》(《海牙规则》)《联合国海上货物运输公约》(《汉堡规则》)等涉及具体贸易的过程的国际条约均属此类。

日益重要的影响。国际组织影响国际事务的一个重要途径就是制定和实施一些规范性文件。有些国际组织的法律文件属于条约,如作为其成立基础的多边条约,以及在组织运作过程中出现的多边、双边条约等。在条约之外,国际组织还出现了很多调整组织内部事务的法律规则,对所有或部分成员国有拘束力的法律文件,表明该组织内部各成员国的共同认识和主张的宣言、决议、建议等。① 其中,为国家创制国际经济方面的权利义务,指导国家及其政府机关与国际经济有关的立法、执法、司法行为,对国家及其政府机关的相关立法、执法、司法行为作出肯定或否定的评价之类的文件均可作为国际经济法的渊源。

(三) 习惯国际经济法

习惯国际法是"作为通例之证明而经接受为法律者",国际习惯的形成须具备两个条件:一是各国的反复的类似行为(一般实践);二是各国认为其具有法的约束力(法律确信)②。作为国际经济法的渊源,国际习惯除符合上述构成条件之外,还应含有经济性权利义务的内容。国际习惯的适用主体只能是国家和国际组织。作为国际法最古老、最原始的渊源,国际经济交往自然也是从习惯开始的。当国家进行与国际经济交往有关的活动时,国家所遵行的国际惯例为经济性国际习惯。此种国际习惯至少在三种情况下可能对国家具有约束力:一是在国家相互交往时,国家可依据国际习惯来约定彼此的权利义务关系,并通过条约予以确认。二是在一国对其涉外经济活动实施管理时,可参照国际习惯来制定有关的国内法律,使其与世界上多数国家的实践相一致;各个国家的制定法、行政规章、地方规章、判例等,在涉及国际经济关系时,都可以成为国际经济法的规范。特别是当这些立法文件被视为习惯之后,就成了重要的国际法渊源。三是当国家之间出现经济争端时,争端当事国之间可以依据国际习惯或国际机构解决争端。国际习惯可以用来解释条约,当国际习惯包含国际强行法规则时则可以裁断、否定有关条约的合法性。③

---

① L. Oppenheim, *Oppenheim's International Law* (9th ed., Robert Jennings and Arthur Watts eds., Longman, 1992), pp. 45–50.

② L. Oppenheim, *Oppenheim's International Law* (9th ed., Robert Jennings and Arthur Watts eds., Longman, 1992), pp. 25–31.

③ L. Oppenheim, *Oppenheim's International Law* (9th ed., Robert Jennings and Arthur Watts eds., Longman, 1992), p. 25.

绝大多数国际习惯和条约一样并不具有普遍约束力。所以,国际法理论界长期坚信,国际法规范从总体上说属于国家之间的约定法。也就是说,在国际社会中不存在超越国家之上的世界性立法机构和国家一体遵行的国际法规范,任何一项国际习惯都可因为某一国家反对而对其不予适用(持续反对者原则)。但自《维也纳条约法公约》正式提出了国际强行法的概念之后,就形成了这样的一种理念:如果一项国际习惯在内容上反映的是国际强行法,它就可以对所有国家毫无例外地适用,无论一个国家反对与否,这一国际习惯对其都应予以适用。

不过,在国际经济领域,属于强行法的国际习惯为数甚少。这是因为在国际经济领域,各国经济利益存在着尖锐的矛盾与冲突,致使对一项国际习惯的广泛确认难以达成,因此,具有国际强行规范性质的国际习惯的确认就尤为困难。例如,关于一国对外国投资进行国有化的补偿标准问题,尽管广大发展中国家都认为应适用适当补偿原则,并把该项原则视为国际习惯,但发达国家却宁愿将其看作是国际贸易惯例;发达国家还进一步指出,即使适当补偿原则是一项国际习惯,也不能约束反对它的国家,因为不能证明它是一项国际强行法。而且,由于现代社会已经超越了出现和建立习惯的阶段①,所以今后出现强行性国际经济习惯法的可能性不大。当然,从理论上不能断然排除此种国际经济习惯法的出现。

国际经贸惯例(或称国际商务惯例)是经过国际经济交往的当事人的反复实践所形成的、通常须经当事人的明示同意而适用的、通行的国际商事习惯规则或习惯做法,其适用主体主要是私人,在国家以私人身份从事国际贸易活动时亦可对其适用。

(四)一般法律原则

在国际经济法律关系的处理过程中,经常会出现没有明确的条约和习惯的情况。在这种情况发生的时候,一般来说,国际司法裁判机构并不会认为这个问题因缺乏现有法律而无法解决,大多会倾向于从既有的法律文献或者相关实践中总结出一些简明而概括的基本原则来给出一个解

---

① 显而易见,当今国际社会具有强烈的国际法律成文化的热情和浓厚的国际法律成文化的氛围。官方和非官方的国际组织的法律编纂工作已经将以往作为国际惯例的东西成文化了,因此今后的趋势是不待一项规则成为国际习惯,它已经被作为国际公约或国际组织的生效法律文件固定下来。

决的方案。当然,这种做法与国际裁判机构对于案件的整体态度是相关的。如果裁判机构认为这一类事务不宜作出裁决,它们还是会采取相对模糊的态度来阐释问题。① 除去这种不愿阐明或者不宜阐明的情况,国际司法机构会阐释和利用相关的一般法律原则。

从"北海大陆架案"的审理可以看出,在没有确定的国际习惯和国际条约可供参考和适用的情况下,国际法院的法官们可以利用已有的一系列资料来总结相关的法律原则,以求得公平的结果。这样既能充分发挥法官的自由裁量权,又可以获得国际认同,为未来可能的同类情形提供参考依据。

国际经济法中的一般法律原则,应当被理解为和国际法中的一般法律原则意义一致。其中,司法经济,也就是一事不再理的原则是各国通行、同样也被国际司法机构所接受的。在国际法的领域内被普遍认可的原则,则包括主权原则、公平原则,在国际经济法中经常被表述为国际经济主权原则、经济公平原则等。

(五)司法判决

相关国际审判、仲裁或其他争端解决机构的审判、裁决文件属于国际经济法不具有约束力、但具有参考价值的渊源,或者法律规范发展趋势的证明资料者。国际司法机构在判决中所表述的规则对于国际范围内的国际经济法规范可能产生影响,不仅表现为国际条约、国内立法对这种规则的吸收,也可以将这种规则作为某项国际惯例存在的证明资料。②

国内判例有时也会被视为一国法律的一部分。众所周知,英美法系采取判例法方式,在相当长的历史时期里,英美法系国家的国内法的主要渊源是判例法,而成文法属于次要渊源。当然,从法的效力的角度来看,成文法的效力优于判例法。但是,迄今为止,如果在英美法系国家评价某一国际经济关系而又缺乏成文法的依据时,判例法就会发挥其作用。英美法系国家的判例法同各法系国家的成文法在调整国际经济关系方面具有同样的适用范围,即无论是一国的成文法还是判例法,只能用于

---

① 例如,国际法院审理使用和威胁使用核武器案的咨询意见,就得出了在涉及国家生死存亡的境况下,无法断定使用和威胁使用核武器是否违背国际法的结论。Legality of the Threat or Use of Nuclear Weapons, Advisory Opinion, I.C.J. Reports 1996, p. 226, para. 105 (E).

② 参见韦经建、刘世元、车丕照主编:《国际经济法概论》,吉林大学出版社 2000 年版,第 19—20 页。

调整不同国家的私人之间的国际经济关系。

（六）国际经济"软法"

如同在国际法的其他领域一样，对于国际组织非约束性法律文件作为国际经济法渊源的地位，还存在不同的观点。对于联合国大会决议的效力，有的学者（主要是发展中国家的学者）主张联大决议具有法律约束力，而另外一些学者（如发达国家的一些学者）则认为联大决议不具有法律约束力。笔者认为，国际组织不具约束力的决议是一种"软法"。可以以联大无约束力的决议为例来认识这一问题：

一方面，联大决议在本质属性上不属于具有约束力的国际法规范。车丕照认为，从理论上讲，判断某一国际组织所制定或通过的决议是否具有法的性质，应考察该国际组织或该组织的特定机构是否具有立法权。如果该组织或该组织的特定机构具有立法权，那么它所制定的规范性文件自然属于法律性文件，也就具有了法的拘束力；反之则不具备法的约束力。[1] 确认国际组织或该组织的特定机构的立法权可以通过审查该国际组织据以设立的宪章性文件，即成员国为设立这一国际组织所制定的国际公约。例如，《联合国宪章》即为宪章性文件，其具有法的拘束力就是毋庸置疑的。如果按宪章性文件的规定，某一国际组织或该组织特定机构所制定的规范性文件具有法律性文件的效力，并对该组织的成员国具有约束力，那么它就具有立法权。这里有两层含义：第一，该组织或该机构所制定的规范性文件具有法律性文件的效力，其对于各成员国均有约束力，而不论某一成员国是否赞成该项文件。第二，该组织或该机构所制定的规范性文件即使具有法律性文件的效力，但其仍然不能约束非成员国，除非该文件所设立的规则具有国际强行法的效力。

另一方面，从效果上看，联大决议表述了国际社会主流的或者多数国家的意志或情感倾向，可以归属于国际法渊源的辅助材料。即使诸如联合国大会这类国际组织、机构不具有立法权，它们所通过的具有规范性文件形式的决议，仍然具有一定的效力。原因在于：首先，虽然应当承认，联大决议在没有通过条约的缔结程序使其"上升"为法律性文件之时，不具备法的约束力，但是对于赞成该项决议的成员国而言，它们在该决议中以书面的形式、清晰明确地表达了"建议"创设某种规范的共同意志，因

---

[1] 参见车丕照：《国际经济法原理》，吉林大学出版社1999年版，第39—45页。

此,该决议对这些国家具有国际道义性的约束力。其次,从理论上讲,对于不赞成该项决议的成员国而言,由于它并未同意决议所"建议"创设的规范的内容,不能强制它遵守这些决议。再次,从发展的角度分析,国际组织所制定的决议对某些国际经济法规范的最终形成可能具有推动的作用;最后,应当认为,国际法从本质上讲本来就是一种"软法"。在一个强国既不愿意遵守约定、又违背国际公认道德的情况下,并没有任何国际法措施能够对其加以制裁。从这个意义上讲,国际组织所制定的决议从效力上看并不次于"一般法律原则"。因而,就这些规范的意义而言,其已经具备了国际经济法渊源的资格。

通过对《联合国宪章》的分析可知,在联合国大会上,采取的是一国一票制,这样在世界上占大多数的发展中国家就可以通过一些反映发展中国家意志的、对自己相对有利而对发达国家相对不利的决议。所以在联大决议的效力问题上发达国家和发展中国家的学者才会产生分歧。需要承认一个客观现实:在当今的国际法律秩序中,还没有形成"多数裁决"这一国内法上较为普遍采用的立法规则。因此,如果通过一项决议的国际组织或机构不具有立法权,那么,无论这一决议如何反映国际社会的发展前景,也无论赞成这一决议的国家如何对该项决议"具有法的确信",该项决议终究不会在事实上产生法的约束力量。不能盲目认为联大决议就是国际法规范;但联大决议的约束力量至少不应当比权威公法学家学说的约束力量要弱,所以认定联大决议作为国际法渊源的辅助应当是较为中肯的看法。当前,这些文件确实越来越广泛地影响着国际经济法律秩序。

第三节 国际经济法的基础与目的

法律通过分配权利与义务来调整社会关系,最后达到实现某种社会秩序的目的。现在的国际经济领域需要调整哪些权利义务,需要调整哪些社会关系,从而达到一种什么样的社会秩序,是国际经济法本身构建体系的基本前提,也是国际经济法本身存在的意义所在。

一、国际经济法以全球化国际社会为基础

(一)全球化现象

在对一个社会进行定性时,基于不同的观察角度来看,使用不同的理

论工具,可能会得到不同的结果。对于20世纪以后的国际社会而言,可以用"全球化"这个众所熟知、简洁明了的词汇来概括它的本质特征。经济全球化具体表现为下列存在着连锁因果关系的6个环节:

1. 商品的自由流动发展为资本的自由流动,全球经济进行融合;
2. 无论是何种发展程度的国家,都鼓励经济因素的全球流动;
3. 区域一体化是世界一体化的前奏,为其他区域的一体化提供范例和指引,并随着区域机制的强化和扩大而逐渐增加其影响;
4. 人类共同的环境问题使各国必须站在全球的高度来寻求对策;
5. 在人权领域,区域组织和国际机构的努力使人权呈现国际化的趋势和样态,保障了基本人权;
6. 由于经济因素的跨国流动,尤其是跨国公司的影响,使娱乐消闲、食品口味、货币使用等逐渐在国家之间减少差异,各国人民的生活方式逐步趋同。①

(二)全球化的后果

1. 积极后果。全球化的发展,资本、信息、人力、思想观念等的跨国流动可以带来很多积极效应。在经济生产和消费过程中,将各种因素在全球的范围内进行组合,可以保证资源的最佳配置,从而产生最大的效益,避免资源的浪费。人类的生活方式会随着全球化的推进而逐渐扬弃和开放,生活内容也会随着全球化的进程而逐渐丰富。人类的思想观念会逐渐从狭隘变得宽容,从单一走向多元。人类的关注范围将从本地拓展到全球,从目前拓展到未来,从本地、本代的局限系统发展观念拓展为全球、代际的可持续发展观念。

2. 消极后果。关于全球化的消极效应,各国的思想家都作过一些归纳,而对于全球化的忧虑,尤以发展中国家为甚。具体来看,其消极后果包含以下几个方面:第一,全球化造成了全球经济等级化②。笔者通过分析看出,占据市场优势的一方可以用其价值观念来左右价格的制定。在国际经济全球化的时代,经济要素在全球范围内流动,而占据国际市场优

---

① 参见薛荣久:《经济全球化的影响与挑战》,载《世界经济》1998年第4期;刘志彪、刘晓昶:《垂直专业化:经济全球化中的贸易和生产模式》,载《经济理论与经济管理》2001年第10期。

② 参见杨雪冬:《全球化进程中的权力与等级》,载《欧洲》2000年第4期;王建民:《空间与等级秩序——齐格蒙特·鲍曼的全球化思想》,载《黑龙江社会科学》2010年第2期。

势的是发达国家,它们可以(以跨国公司为主体)操纵国际市场的定价标准。这样一来,发展中国家在进出口的过程中物质的和货币的财富都在减少,这种减少促使其进一步采掘资源,以赚取外汇。与此相应,发达国家却可以利用发展中国家的资源,利用自身的机器和智力成果生产出成品,销售到包括发展中国家在内的世界各地。现代的国际社会仍然是以国家为基本单位的社会,国家是利益划分的基本单位,虽然将来可能对国家的存在及其合理性提出质疑,但现在它还是十分必要的。因此,如果任由这种分化现象持续下去,最终受害的将不只是发展中国家。第二,全球化等同于欧美化。欧美在经济上控制发展中国家的同时,也通过娱乐、消费、文化传播等手段将其自己的思想观念传扬到整个世界,同时贬低、忽视或者无视发展中国家传统的思想文化的价值,并且在政治上采取各种合法与非法的手段排除异己①,最后导致文化多样化的消失,只剩下欧美的价值观来统领世界,使世界成为"欧美人的乐园"。第三,由于上述经济两极化和文化趋同化的过程会引起弱势国家或民族的反对,所以会导致冲突和矛盾。弱势国家会将发达国家的行为视为经济和文化侵略,进行大规模的反抗,最后导致经济的制裁、文化的冲突和暴动。第四,产品成本外部化导致环境恶化。资源在全球范围内寻求配置会使生产者忽视资源所在地的环境后果,而这种后果是要由人类来承担的,这就是经济学中谈到的"产品成本外部性"。生产者单纯的经济效益观念加上资源所在国缺乏良好的环境资源管理手段,就会导致环境水平下降,污染加剧,最终对本国的甚至全球的生存条件造成不可挽回的恶果。第五,在跨国公司大幅度全球化的时候,一些亚社会结构和违法行为也借此在全球范围内铺开。这就会导致黑社会组织大范围活动,贩卖毒品和武器、利用高新科技手段实施跨国犯罪等大幅度增加。

二、全球化的客观存在及人类的目标

(一)全球化是人类参与和主导的客观存在

无论如何去看待全球化的过程,无论如何对其进行价值判断,它都是一种客观存在,不同之处仅在于不同地区全球化的程度有所不同。全球

---

① 参见马峰:《全球化与不平等:欧美国家民粹浪潮成因分析》,载《社会主义研究》2017年第1期。

化的浪潮之所以是不可阻挡的、客观的,主要是缘于两个方面的原因:

1. 全球化的主观动力。企业作为"经济人"的目的是取得最大的利益,而经济学发现,资本在全球的范围内进行活动会带来更大的利益,同时也会给资本所在地带来更大的活力。经济的内在规律说明了全球化的不可逆转。

2. 全球化的客观条件。在物质上,人类的科学技术为全球化提供了必要的媒介和条件,物资可以运送到全球的各个角落。这样的条件为满足人类心理上的好奇和探索新知以及经济上获得财富的需要提供了便利。

(二)全球化背景下的人类目标

人类是有理性的。实践表明,国际领域的问题都在朝着理性化的方向发展,其主要标志是在政治上成立国际联盟、联合国、北约、华约等机构制约军事力量,促使国际争端和平解决;在经济上构建关税与贸易总协定、IMF、世界银行等组织,协调贸易政策、避免贸易纠纷、解决经济矛盾。这样一来,整个国际政治、经济关系实际上就处于一种理性化的状态之中。

前文的分析表明:全球化并不是一种完全恶的现象,实际上它是能给世界带来某种新的力量、新的起色的一种现象。全球化的积极作用和消极影响是相互交融、相互渗透的。全球化这种现象看起来虽然可能有各种各样的缺陷和负面作用,但同样可以预期全球化将给整个世界带来更好的变化。既然已经认定全球化是一种不能逆转的世界趋势,就只能通过努力使其向好的方面发展,抑制其坏的方面。这就意味着在全球化浪潮扑面而来的时候,人类必须因势利导,避免其冲突,引导其为人类创造利益。人类的理性要求在全球化的背景下呈现出一种健康、和谐、正义、高效、充分尊重自由的世界秩序。

这就意味着在全球化的进程中,国家始终处于主动的状态,而不完全处于一个消极、被卷入的地位。因而,像中国这样的发展中大国,就有机会与巴西、印度、俄罗斯、南非等国组成"金砖国家",在这样一个体系之中形成新的国际经济结构和规范,提出与以往的国际经济体制不同的新理念、新原则、新做法。

三、国际经济法以理性的全球化为使命

(一)发扬全球化的优势和呼唤国际经济法的规制

全球化的国际现象和人类理性的发展现状结合起来告诉我们:如果试图发扬全球化的优势,扩大和推广其积极后果,抑制全球化的弊端,消除和避免其负面效应和消极后果,要实现一种健康的、向上的、共同富裕的全球化,而不希望实现一种病态的、分散的、贫富分化的全球化,就不能放任市场主体的行为,就要求法律对于全球化进行引导,即必须采取一定的手段进行调整。在国际社会走向理性化的阶段,法律这种明确、可预见的行为规范体系和机制是最佳的选择。这种对全球化进行法律管制的背景与国家对国内市场进行法律管制的背景是一致的。

而在浩大庞杂的法律体系之中,能够对全球化进行基础的、总括的、提纲挈领而又广泛有效的调控的体制首要存在于经济领域。因为政治、军事、文化等各方面的后果都是由经济因素的流动带来的,经济因素是基础、是关键、是纽带。可以说经济是全球化的起源点和目标,也是控制全球化的枢纽,它能够实质改变全球化的方向和进程。引导全球化理性发展的经济领域的法律规则主要体现在以下三个互相关联的层次:

1. 在全球的层面上设计出国际经济全球化的总发展方向。各个国家都已经认识到,当经济因素在全球范围内进行配置之时,当市场在全球范围内寻找最优组合之时,国际社会应当给予步调统一的、目的一致的、互不冲突的密切关注。如果延续以国家为单位的传统的市场分割式的管理和规制,整个国际社会只能处于各自孤立的、互不协调的状态,不利于全球化的发展。实现对全球化的宏观目标设定的主要途径,是通过全球性、综合性的经济公约、宪章和宣言。就现期而言,构建全球化的总体目标应当定位在倾斜于发展中国家,承认其经济地位、确认其经济权利、保障其经济利益、对其提供经济援助、鼓励其经济发展,实现国际经济新秩序。

2. 在具体的领域(如贸易、投资、金融、税收等)和具体的区域(如欧洲、美洲等)设定本领域、本区域关于全球化的进一步细化的目标,并规定一些具体措施,要求国家去遵循和实际执行。其主要方式是:国家和国家之间采取双边或者多边的手段,在经济领域进行磋商,在国家之间寻求权利和利益的平衡,构建国际经济的一些法律,从而为创立国际经济秩序而

制定一套框架。在国际组织风起云涌的时代,更多地表现为 WTO、EU、NAFTA、IMF 等全球性、区域性的国际组织通过一系列关系到国际经济交往的法律文件,要求各个成员国遵守。

3. 国家对涉及本国的经济活动进行调整。每个国家都有必要不断健全经济法体系,适当控制国内市场,合理限制交易者的自由,对本国的经济秩序进行国家保障,具体落实国际社会对全球化的方向所提出的目标,从而实现国际经济秩序。各个国家应当认识到世界经济体系中的相互依赖性,理性地采取规制全球化的法律手段。[1] 具体措施包括:制定国家发展战略,规划经济发展的长远的、总体的、宏观的目标;确定引入资本的行业和规模,鼓励对本国的经济、社会、文化发展有益的产业在本国落脚,同时鼓励和引导本国资本的外投;确定征收所得税、营业税的数额和方式;确定关税的税种和税目,以吸引于本国有益的产品,阻挡于本国不利的产品;确定海关管理办法,把危害本国人民生命健康和动植物安全的商品、技术等拒于国门之外;通过数量限制、反倾销、反补贴等规则保证国内市场的平稳发展、保护国内产业的成熟化;等等。国家的涉外经济立法可以是直接贯彻和执行国际条约或者国际组织的法律文件,也可以是在国际社会对世界秩序达成共识的基础之上进行立法,但是不能为所欲为。一个国家,即使是强国,如果不从全球化的角度制定经济法律政策,也会遭到世界各国的反对、抵制。[2]

上述三个层次是相辅相成、互相衔接、互为表里的。国家对于涉及本国的国际经济活动的调整实际上是建立在本国的条约义务的基础之上的;在没有条约的情况下,需要遵从国际法律的基本原则。国内的法律规范和法律行为依靠国际规范而得以统一和协调;国际公约通过国内的具体落实和法律执行而达到目的。这三个层次的规则结合起来就有助于实现对全球化的全球监控,构建一种全球化的秩序。这种法律基本上站在国家利益和社会公共利益的角度,是对国际市场的自由竞争的一种适度

---

[1] 参见郭玉军:《经济全球化与法律协调化、统一化》,载《武汉大学学报(哲学社会科学版)》2001 年第 2 期。

[2] 比如,美国数次采取不利于国际社会有关全球化方向的共识的法律行动,如拒不批准《京都议定书》,违背了环境保护和可持续发展的共识;对于中国钢铁出口施用"201 条款",违背了自由贸易和国际经济新秩序的共识,这些都受到国际社会的谴责。

限制,它与以宏观调控和市场管理为己任的国内经济法[①]目的相近,不同之处主要在于其视角比国内经济法更为广阔。

(二)国际经济法的独特性

为了实现对全球化的法律规制,需要建立一个新的法律体系,这个体系就是国际经济法。而实际上国际经济法这一概念早已存在。全球化的分析理路不失为对国际经济法的概念与体系进行重构的一个理想途径。国际经济法作为法的体系,应当以人类的未来命运为终极关怀和目标,以国家和国际社会的整体利益和前途命运为基本起点的规则的总和;是国家通过宏观调控和市场管理、确认和调整主体地位和权利义务关系等方式,去指引、理顺、保障、监督国际经济活动的机制,首先有助于在各个国家内部实现一种经济秩序(涉外的经济秩序),最终致力于在国际范围实现一种宏观的全球经济秩序。

为了调控全球化,需要一套在国际社会统一协调之下的法规范,这样的法规范互相结合构成国际经济法体系的主体部分。它在调整平等交易主体之间的权利义务关系的法律规范的辅助下,主要调整国家与国家之间、国家与私人之间宏观的经济关系,为实现人类的理性、健康、可持续地发展而发挥作用。

第四节　国际经济法各领域

一、国际贸易法

(一)国际贸易法的界定

国际贸易法(International Trade law)是调整国家之间货物、服务、知识产权交易关系及附属于这种交易关系的其他关系,如国际商品货物运输、保险、支付与结算、调解与仲裁等关系的法律规范的总体。

(二)对外贸易管制

为管控对外贸易期间的一些产品质量和税收问题,各国会采取一系

[①] 关于经济法的基础和目的,参见邱本:《论经济法的共识》,载《现代法学》2013 年第 4 期;竺效:《论经济法之法律目的》,载《西南政法大学学报》2002 年第 3 期。

列对外贸易管制措施。

1. 关税制度。关税制度是进出口商品经过一国关境时,由政府设置的海关对其征收税赋的一种制度。主要包括:(1)财政关税,以增加国家财政收入为目的;(2)保护关税,主要以保护本国相关产业为目的。中国主要实行财政关税,对部分商品实行保护关税政策,主要从保护本国产品与外国产品的竞争目的出发,通过海关税则政策、海关税则予以体现。

2. 对外贸易经营者的资格管理制度。国家设立制度管理从事对外贸易经营活动的法人和其他组织。《中华人民共和国对外贸易法》以及相关法律规定,中国实行统一的对外贸易管理制度。为了鼓励对外经济贸易的发展,发挥各方面的积极性,保障对外贸易经营者的对外自主权,国务院对外经济主管部门和相关部门制定了一系列法律、法规,对对外贸易经营活动中涉及的相应内容作出了规范,对外贸易经营者在进出口经营活动中必须遵守相应的法律、法规。

3. 货物进出口许可制度。进出口许可是国家对进出口的一种行政管理程序,既包括进出口许可证制度本身的程序,也包括国家以许可为前提条件的其他行政管理手续。作为一项非关税措施,货物进出口许可制度在国际贸易中被各国广泛运用。

4. 出入境检验检疫制度。出入境检验检疫制度是由国家出入境检验检疫部门依据国家缔结或者参加的国际条约协定、国家有关法律和行政法规对出入国境的货物及其包装物、物品及其包装物、交通运输工具、运输设备和进出境人员实施检验、检疫监督管理的法律规范和行政规定、程序的总体。中国实行出入境检验检疫目录管理,国家市场监督管理总局根据对外贸易需要公布并调整《出入境检验检疫机构实施检验检疫的进出境商品目录》。

5. 进出口货物收付汇管理制度。进出口货物收付汇管理是国家实施外汇管理的主要手段,主要体现在对经营项目外汇、资本项目外汇、金融机构外汇业务、汇率的生成机制和外汇市场等领域实施监督管理。《中华人民共和国对外贸易法》第34条规定,对外贸易经营者在对外贸易经营活动中,应当遵守国家有关外汇管理的规定。中国国家外汇管理总局、中国人民银行以及国务院其他有关部门依据《中华人民共和国对外贸易法》、国务院《外汇管理条例》及其他有关规定实施具体管理。

(三)世界贸易组织

世界贸易组织(World Trade Organization, WTO),是当代最重要的国际经济组织之一,其成员之间的贸易额占世界贸易总额的大部分,为独立于联合国的永久性国际组织。总部位于瑞士日内瓦。

WTO前身是基于1947年10月30日签订的《关税与贸易总协定》临时生效而形成的组织(GATT)[①];1947—1993年,在GATT框架下进行了8轮多边谈判,其中第五轮称为"狄龙回合",第六轮称为"肯尼迪回合",第七轮称为"东京回合",第八轮谈判(1986年至1993年12月15日)称为"乌拉圭回合"。乌拉圭回合启动后,欧共体和加拿大于分别于1990年提出成立世界贸易组织的议案。1994年4月15日,关贸总协定乌拉圭回合马拉喀什部长会议决定成立更具全球性的世界贸易组织,取代《关税与贸易总协定》。1995年1月1日,世界贸易组织正式开始运作,与GATT并行一年,1996年1月1日,GATT被完全取代。2003年8月30日,世贸组织总理事会一致通过了关于实施专利药品强制许可制度的最后文件。

WTO的目标是建立一个完整的包括货物、服务、与贸易有关的投资及知识产权等更具活力、更持久的多边贸易体系,与GATT相比,WTO管辖的范围除传统的和乌拉圭回合确定的货物贸易外,还包括长期游离于关贸总协定外的知识产权、投资措施和非货物贸易(服务贸易)等领域。WTO的宗旨包括:提高生活水平,保证充分就业和大幅度、稳步提高实际收入和有效需求;扩大货物和服务的生产与贸易;坚持走可持续发展之路,各成员方应促进对世界资源的最优利用、保护和维护环境,并以符合不同经济发展水平下各成员需要的方式,加强采取各种相应的措施;积极努力确保发展中国家,尤其是最不发达国家在国际贸易增长中获得与其经济发展水平相适应的份额和利益;建立一体化的多边贸易体制;通过实质性削减关税等措施,建立一个完整的、更具活力的、持久的多边贸易体制;以开放、平等、互惠的原则,逐步调降各成员关税与非关税贸易障碍,并消除各成员在国际贸易上的歧视待遇。在处理该组织成员之间的贸易和经济事业的关系方面,以提高生活水平、保证充分就业、保障实际

[①] 1947年,联合国贸易及就业会议签署的《哈瓦那宪章》同意成立国际贸易组织,后来由于美国的反对,国际贸易组织未能成立。同年,各国拟订了作为推行贸易自由化临时条约的《关税与贸易总协定》。

收入和有效需求的巨大持续增长,扩大世界资源的充分利用以及发展商品生产与交换为目的,努力达成互惠互利协议,大幅度削减关税及其他贸易障碍和国际贸易中的政治歧视待遇。

WTO 的主要职能为:(1)制定监督、管理和执行共同构成 WTO 的多边及诸边贸易协定;(2)监督各成员贸易政策;(3)为成员提供处理各项协定和协议有关事务的谈判场所;(4)寻求解决贸易争端;(5)与国际货币基金组织和世界银行等其他同制定全球经济政策有关的国际机构进行合作,保障全球经济决策的一致性和凝聚力。

WTO 有一个庞大而复杂的规则体系,包括《关税与贸易总协定》《服务贸易总协定》《与贸易有关的知识产权协定》《关于建立世界贸易组织的马拉喀什协定》《货物贸易多边协定》《关于争端解决规则与程序的谅解》《贸易政策审议机制》《相互认可安排(MRA)》等正式协定,还有《巴厘部长宣言》《新加坡部长宣言》《坎昆宣言》《投资便利化联合声明》等文件。

WTO 的基本原则包括非歧视性原则(包括最惠国待遇和国民待遇)、互惠原则(成员之间在国际贸易中相互给予对方贸易上的优惠待遇)、透明度原则(WTO 成员应公布所制定和实施的贸易措施及其变化情况,未公布的措施不得实施,这些贸易措施及其变化情况、所参加的有关影响国际贸易政策的国际协定,还应通知 WTO)、可见的和不断增长的市场准入(要求各成员以开放市场为目的,有计划、有步骤、分阶段实现最大限度的贸易自由化)、促进公平竞争原则(不允许成员以倾销、补贴等不公正的贸易手段进行不公平竞争)、经济发展原则(帮助和促进发展中国家的经济迅速发展)。

WTO 的机构包括作为最高权力机构的部长级会议、作为常设机构的总理事会(下设货物贸易理事会、服务贸易理事会、知识产权理事会等)、专门委员会、秘书处与总干事。WTO 曾经具有一个包括专家组和上诉机构在内的争端解决机制。这一机制在刚刚成立之时被很多国际法学者所关注,因为它可以授权交叉报复,被视为"长牙齿的国际法机制"。不过,2019 年 12 月 11 日,因美国阻碍,WTO 上诉机构成员只剩一位,低于有效运行的人数下限,WTO 争端解决机制上诉机构在运行了 20 多年后正式停摆。

世界贸易组织现有成员164个[1],成员分四类:发达成员、发展中成员、转轨经济体成员和最不发达成员。

2001年12月11日,中国正式加入世界贸易组织;2021年12月10日,WTO和中国常驻代表团在日内瓦共同举办中国加入世贸组织二十周年高级别论坛,体现中国加入多边贸易体系的重要意义。

二、国际投资法

(一)国际投资法的概念

国际投资法是调整国际私人直接投资关系的法律规范。直接投资是投资者拥有一定数量的股权、直接参与经营管理、对投资企业有较大控制力的投资方式。围绕国际私人直接投资问题所产生的国内立法及国际法规范,已使国际投资法形成一个独立的体系。

(二)国际投资法的特点

国际投资法的特点表现在:第一,限于海外私人投资。国际投资有多种形式,如国际组织贷款、外国政府贷款、发行公债、出口信贷、补偿贸易、租赁贸易、合资经营、合作开发等,其中以私人直接投资最为典型。国际投资法所规范的投资者,仅仅包括外国的自然人或法人,而接受投资者则可以是资本输入国的自然人、法人或政府,但不包括政府间的投资、信贷等关系。第二,限于私人直接投资。私人直接投资的内容,包括股份资本、技术、设备、专利权等投资,其形式有独资经营(外国企业)、合资经营(合营企业)、合作开发、合作经营等。由于间接投资或称证券投资则指投资者仅仅持有能提供一定收益的股票或证券,并不对企业资产或其经营有直接的所有权或控制权,故而参与投资企业的特征不明显。第三,国际投资法可以有效调整投资气候。私人资本的国际流动以有利的投资气候为前提。投资气候指特定国家对外国投资的一般态度,其中包括政治的、经济的、社会的、文化的乃至心理的因素,而以法律因素为主导,如税收、外汇管理、特定营业行为的限制、征用、国有化等政策和法令。利用法律手段是改善或改变投资气候的重要方式。

---

[1] 参见世界贸易组织官网 https://www.wto.org/english/thewto_e/whatis_e/tif_e/org6_e.htm,访问日期:2022年10月22日。

(三) 国际投资法的渊源

国际投资法的渊源包括国内立法,即资本输出国为保护本国国民海外投资的海外投资保险法,以及资本输入国为保护、鼓励与限制引进外资和技术的外国投资法以及有关的外汇管理法、涉外税法等;也包括国际法规范,即调整两国间或多国间私人投资关系的保护外国投资的国际法制度,如双边投资保护协定、处理投资争议的国际公约和国际惯例等。

资本输入国法制被称为外国投资法,是一国政府为引进外国资本和技术以促进本国经济的发展而制定的关于引进外资的基本原则、外国资本的法律地位及鼓励、保护与限制措施等法律规范,又称关于投资及外国资本保护法或外国资本保护法。各国政治、经济和社会条件不同,输入资本的立法导向也不同。广大发展中国家一方面鼓励外国投资以促进本国经济发展;另一方面为维护国家主权及本国经济独立自主的发展,也对外资施以严格限制。

资本输出国法制一般名为海外投资法,主要体现为海外投资保险(保证)制度,即资本输出国依国内立法对本国私人海外投资者予以鼓励和保护的制度,主要包括允诺政府保证、界定保险范围、限定保险标的、明确保险关系的当事人、形成损失补偿办法、确立代位权等。

调整国际投资的国际法制度包括双边的和多边的投资保护协定以及处理投资争议的国际公约、有关国际投资的国际习惯、国际投资指南等,后者属于国际投资"软法"。

三、国际货币金融法

国际货币金融法是调整国际货币关系和金融服务的法律规范总体。鉴于各国在建立本国涉外货币法律制度方面享有排他的主权,国际货币法的中心内容包括对本国货币性质的确定、汇率制度的选择以及外汇管制的实施等。关于金融服务,在世界贸易组织的相关规范中对其进行了列举和界定。《服务贸易总协定》的金融服务附件规定,金融服务是由成员方金融服务提供者提供的具有金融性质的任何服务,包括所有的保险和与保险有关的服务、所有的银行和其他金融服务,包括跨境提供、境外消费、商业存在和自然人移动四种服务提供方式。

(一)国际货币体系

1944年7月,国际社会建立了第一个国际货币体系,即"布雷顿森林体系"。1973年2月"布雷顿森林体系"崩溃。

现行的《国际货币基金组织协定》,主要包括汇率安排、外汇管制以及金融资助等方面的内容:(1)在汇率安排上,IMF取消了原来的固定汇率制度、会员国货币与黄金挂钩的要求,黄金成为单纯的商品。会员国自由选择汇率制度,固定汇率制和浮动汇率制并存。基金组织有权对会员国汇率政策实行严密监督,如果会员国面临货币汇率短期变动造成的混乱的风险,基金组织可以命令该国干预外汇市场;会员国在实施干预政策时,应考虑其他会员国的利益。(2)在外汇管制上,《国际货币基金组织协定》第8条规定,未经IMF核准,会员国不得对贸易和非贸易等国际收支经常性交易项目的支付和清算施加限制;一会员国接受此项义务、取消外汇管制后,成为"第8条会员国",该国货币即被IMF视为"可自由兑换货币"。在必要时,会员国可维持和施行各种外汇限制措施,但必须每年与IMF进行磋商("第14条磋商")。(3)在金融资助方面,为使会员国有信心调整其国际收支不平衡,而不致有害于本身或国际繁荣,IMF以资金暂时供给提供金融资助,其资金的来源包括会员国认缴的份额、借款、资金营运业务收入、成员国的捐赠等。

(二)特别提款权

IMF1969年8月创立了特别提款权(Special Drawing Right,SDR),是在普通提款权(原有的普通贷款)之外,按各会员国认缴份额的比例分配的一种资金使用权利,旨在补充黄金及可自由兑换货币以保持外汇市场的稳定。SDR属于账户上用数字表示的人为资产,最初发行时每一单位等于0.888671克纯金。当前,其价值由美元、欧元、人民币、日元和英镑组成的一篮子储备货币决定。2022年8月1日起生效的权重为美元43.38%,欧元29.31%,人民币12.28%,日元7.59%,英镑7.44%。

(三)跨国银行监管

跨国银行是在一些不同国家和地区经营存放款、投资及其他业务的国际银行,由设在母国的总行和设在东道国的诸多分支机构组成。

跨国银行的母国会对跨国银行采取管制措施。除适用有关国内银行的管理规定外,还包括对国外分支机构设立和经营的法律管制。

跨国银行的东道国对跨国银行的法律管制更加全面细致,包括:(1)对跨国银行进入形式、条件的法律管制,很多国家只允许跨国银行在本国设立代表处,不允许开设分行,禁止跨国银行控制本国银行,或者限制跨国银行在本国银行的参股比例。要求申请进入的跨国银行在法律上必须合格,人员必须具有良好的从业素质和经验,拨付最低限额的营运资本。国家对跨国银行的进入多实行对等原则,同时实施公共利益保留。(2)对跨国银行经营的法律管制,包括增加跨国银行的营业成本、限制跨国银行的业务范围等。

(四)对跨国银行法律管制的国际协调

母国和东道国分别根据属人管辖原则和属地管辖原则对跨国银行设立的分支机构实施法律管制,可能形成法律管制之间的积极冲突(重复管制)或者消极冲突(管制空白)。1975年2月,国际清算银行发起并成立银行管制和监督常设委员会(Basel Committee on Banking Supervision,简称"巴塞尔委员会"),加强各国银行当局之间的联系与接触,制定了广泛的统一管理规则;改进跨国银行管理的统计标准,对国际银行业务及监管产生了深远的影响。

四、国际税法

国际税法(International Tax Law)是对国际税收关系进行法律调整,协调国际税收法律关系的国际法律原则、规则、规范和规章制度的总体。

国与国之间因跨国纳税人的所得会产生国际税收分配关系。各国政府从本国的整体(综合)利益出发,为协调与国际经济活动有关的流转税、所得税和财产税,两个或两个以上的国家与跨国纳税人或征税对象(商品)之间会形成征纳关系的条约、习惯和一般法律原则。

国际税法体系由国际税收协定和其他国际条约中有关税收的规定、国际税收惯例以及各国涉外税法组成。具体而言,国际税法的渊源包括:(1)一国所缔结或参加的国际税收协定或其他国际条约中有关税收的条款;(2)一国所承认并接受的国际税收惯例;(3)一国的涉外税法;(4)其他国家与该国有关的涉外税法。调整国际税收分配关系与涉外税收征纳关系,不仅局限于直接税还包括间接税。国际税法的客体主要是跨国纳税人的跨国所得,有时还包括跨国纳税人在居住国国外的财产和遗产。

国际税法的作用包括:(1)避免和消除国际双重征税;(2)防止逃税和避税;(3)协调国家间的税收分配关系。

五、区域国际经济合作法

无论在单独的经济领域,还是在全面的经济事务上,国家都可能采取双边行动、参与全球合作,或者参与区域合作。当今世界上有很多区域经济合作机制,构成了区域国际经济法。当前对于中国而言,最重要的是"一带一路"倡议,中国比较关注的则是CPTPP。

(一)"一带一路"倡议

"一带一路"(The Belt and Road)是"丝绸之路经济带"和"21世纪海上丝绸之路"的简称,2013年9月和10月由中国国家主席习近平分别提出建设"新丝绸之路经济带"和"21世纪海上丝绸之路"的合作倡议。靠中国与有关国家既有的双多边机制,借助既有的、行之有效的区域合作平台,"一带一路"旨在借用古代丝绸之路的历史符号,高举和平发展的旗帜,积极发展与沿线国家的经济合作伙伴关系,共同打造政治互信、经济融合、文化包容的利益共同体、命运共同体和责任共同体。

2015年3月28日,国家发展改革委、外交部、商务部联合发布了《推动共建丝绸之路经济带和21世纪海上丝绸之路的愿景与行动》。"一带一路"建设秉承共商、共享、共建原则,特别强调:(1)恪守《联合国宪章》的宗旨和原则,遵守和平共处五项原则。(2)坚持开放合作。"一带一路"相关的国家基于但不限于古代丝绸之路的范围,各国和国际、地区组织均可参与,让共建成果惠及更广泛的区域。(3)坚持和谐包容。倡导文明宽容,尊重各国发展道路和模式的选择,加强不同文明之间的对话,求同存异、兼容并蓄、和平共处、共生共荣。(4)坚持市场运作。遵循市场规律和国际通行规则,充分发挥市场在资源配置中的决定性作用和各类企业的主体作用,同时发挥好政府的作用。(5)坚持互利共赢。兼顾各方利益和关切,寻求利益契合点和合作最大公约数,体现各方智慧和创意,各施所长,各尽所能,把各方优势和潜力充分发挥出来。

截至2022年5月27日,中国已与149个国家、32个国际组织签署200多份共建"一带一路"合作文件,建立了90多个双边合作机制。[①]

---

① 参见李嘉宝:《一带一路 中国贡献》,载《人民日报海外版》2022年10月21日,第7版。

2020年以来,新冠疫情全球流行,世界经济发展中的不稳定、不确定因素增多,对推动共建"一带一路"带来新的挑战。2020年8月24日澜沧江—湄公河合作(简称"澜湄合作"),领导人举行第三次视频会议,发布《万象宣言》,宣布推动澜湄合作与东盟共同体建设和中国-东盟合作优先领域相互补充,对接"一带一路"倡议等现有合作机制。2021年6月23日,在"一带一路"亚太区域国际合作高级别会议期间,29国共同发起《"一带一路"绿色发展伙伴关系倡议》《"一带一路"疫苗合作伙伴关系倡议》。

(二)全面与进步跨太平洋伙伴关系协定

全面与进步跨太平洋伙伴关系协定(Comprehensive and Progressive Agreement for Trans-Pacific Partnership, CPTPP),是亚太国家组成的自由贸易区。2015年10月,美国、日本及加拿大等12个国家达成跨太平洋伙伴关系协定(Agreement for Trans-Pacific Partnership, TPP);2017年1月23日,美国总统特朗普上任后签署行政令,正式宣布美国退出TPP。11月11日,启动TPP谈判的11个亚太国家①共同发布联合声明,宣布已经就继续推进TPP正式达成一致,对新的协议达成了基础性的重要共识,并决定协定改名为"全面与进步的跨太平洋伙伴关系全面进展协定"(Comprehensive and Progressive Agreement for Trans-Pacific Partnership, CPTPP)。这一协定于2018年3月8日签字。

2020年11月20日,中国领导人表示,将积极考虑加入CPTPP。2021年9月16日,中国向CPTPP保存方新西兰提交了中国正式申请加入CPTPP的书面信函。11月4日,中国国家主席习近平强调,中国将深度参与绿色低碳、数字经济等国际合作,积极推进加入全面与进步跨太平洋伙伴关系协定。

思考题

1. 在出现了一个国际经济法领域的案件之后,如何查找相关的法律?
2. 国际经济法对于国家、国际社会能起到什么作用?
3. 如何评价WTO的形成与发展?
4. 如何认识"一带一路"倡议的重要意义?

---

① 具体为日本、加拿大、澳大利亚、智利、新西兰、新加坡、文莱、马来西亚、越南、墨西哥和秘鲁。

拓展阅读

车丕照:《国际经济交往的政府控制》,长春出版社1996年版。
车丕照:《国际经济法原理》,吉林大学出版社1999年版。
陈安主编:《国际经济法总论》,法律出版社1991年版。
何志鹏:《全球化经济的法律调控》,清华大学出版社2006年版。
何志鹏:《国际经济法的基本理论》,社会科学文献出版社2010年版。
王彦志:《国际经济法总论:公法原理与裁判方法》,华中科技大学出版社2013年版。
曾华群:《国际经济法总论》,法律出版社1991年版。

John H. Jackson, William J. Davey, Alan O. Sykes. *Legal Problems of International Economic Relations: Cases, Materials and Text* (6th ed.,West Group, 2013).

Andreas F. Lowenfeld. *International Economic Law* (2nd ed., Oxford University Press, 2008).

Asif H. Qureshi and Andreas R. Ziegler. *International Economic Law* (2nd ed., Sweet & Maxwell, 2007).

第十三章 武力使用

传统的国际法包括战争与和平两个方面,因而关于武力使用的规则在传统的国际法中占据相当大的比重。虽然20世纪下半叶以后,和平与发展成了世界秩序的主题,但是区域的、非国际的武装冲突仍然持续存在。在这种背景下,了解武力使用的正当性问题,了解武力使用中的具体规范,仍然是国际法的重要部分。国际人道法是适用于战争或武装冲突的法律规则,保护未参与或不再参与敌对行动的人员,并且限制作战手段和方法的使用。关于武力使用的国际法包括关于武力使用的规则(jus ad bellum)、战争和武装冲突的规则(jus in bello)、反战规则(jus countra bellum)和战后秩序重建规则(jus post bellum)等方面,除战争罪等罪行的国际审判未在本章阐述,其他方面均在本章中述及。

第一节 关于武力使用的规则

关于武力使用的规则,即一个国家在什么时候可以采用武力手段,在传统国际法上作为战争权的内容加以讨论,或称为诉诸战争权。传统国际法将战争认可为国家解决国际争端的强制手段之一,战争权意味着行使战争的绝对权利。进入20世纪后,国际社会开始以制度和法律形式对战争权予以限制。

一、1945年之前的武力使用战争权

(一)战争权

战争权是指国家、组织对外发动战争或决定对外宣战、参战的一种权力。根据传统国际法的理论与实践,战争作为推行国家政策和解决国际争端的强制手段,是被承认的、是合法的,国家有诉诸战争权,使用武力是国家毋庸置疑的绝对权利。克劳塞维茨(Carl von Clausewitz,1780—1831)认

为,战争是一种常规的外交手段,是政治的继续。在相当长的时间内,西方流行着正义战争理论(just war doctrine),该理论源于基督教的思想传统,以道义准则为正当理由,允许国家适当地使用武力。奥古斯丁(Augustine of Hippo,354—430)和托马斯·阿奎那(Thomas Aquinas,1225—1274)是这一传统的重要历史人物。奥古斯丁认为,基督徒并非完全不能参与战争,战争可以为着伸张正义与重建和平的缘故而进行。正义战争理论的主要内容有两个方面:第一,使用武力的正当性(jus ad bellum)原则,界定道义上允许使用武力的条件,关注正当原因、正当动机、合法权威、最后手段、获胜机会几个因素。第二,进行战争手段的正当性(jus in bello)原则,界定如何使用武力才符合道义,形成了迄今仍被广泛认可的遵守战争法、坚持适当性、不伤害非战斗人员(禁止杀戮无辜平民)等几个基本原则。当代著名政治哲学家迈克尔·沃尔泽(Michael Walzer,1935—)仍然阐发着正义战争的思想。① 直至第一次世界大战结束时,诉诸武力还不被视作违法行为,而被视为一种解决纷争的可接受的方法。

然而,20世纪以来,战争的巨大成本和不够明显的效果被人们深刻反思,其在国际法上的地位也慢慢发生变化。1899年海牙和平会议缔结的《和平解决国际争端公约》规定,各国应尽力于免除诉诸武力,尽力于国际纷争的和平解决。1907年的《海牙公约》进一步对战争权利的限制以及对斡旋和调停作为和平解决国际争端的方法作出较具体的规定,对缔约国所谓诉诸战争的绝对权利加以限制,并要求承担一定的义务。

第一次世界大战以后,世界各国人民反对战争的要求进一步高涨,在和平运动思潮影响下制定的《国际联盟盟约》进一步限制了战争权。《国际联盟盟约》序言指出:"为增进国际间合作,并使其和平与安定起见,特允承受不从事战争之义务。"并规定会员国应承担义务以和平方法解决它们之间的争端。1928年的《巴黎非战公约》(Pact of Paris),亦称《白里

---

① 迈克尔·沃尔泽在《正义与非正义战争:通过历史实例的道德论证》一书中提出了四种可以进行战争的例外情况:第一,先发制人的干涉,即当一个国家受到迫在眉睫的威胁时,或者在后动手就没有机会时,发动先发制人的打击是有道理的;第二,必须平衡在先的干涉,即进行反干涉是有道理的:人民有权决定自己的命运,如果有干涉阻止当地人民决定他们自己的命运,那么能够抵制这种干涉的反干涉就是有道理的;第三,当必须拯救受到屠杀或威胁的人民时,进行干涉是有道理的,理由是如果这样的人民没有从总体的破坏中被拯救出来,以不干涉作为尊重其自治和权利的标志是没有意义的;第四,当拯救分离主义运动时,干涉是有道理的。

安—凯洛格公约》(Kellogg-Briand Pact),全称《关于废弃战争作为国家政策工具的一般条约》(General Treaty for Renunciation of War as an Instrument of National Policy),是国际社会第一次禁止以战争作为推行国家政策工具的法律文件。该公约第 1 条宣称:"缔约各方以它们各国人民的名义郑重声明,它们斥责用战争来解决国际纠纷,并在它们的相互关系上废弃战争作为实行国家政策的工具。"并指出:"缔约各方同意,它们之间可能发生的一切争端和冲突,不论性质或起因如何,只能用和平方法加以处理或解决。"这些国际法文件虽然并未起到禁止国家挑起战争的效果,但是表达了避免使用武力的意愿。

(二)"人道主义干涉"

人道主义干涉,是基于一般的人道主义理由而进行的军事行动。近代"人道主义干涉"的概念始于 19 世纪。从国际关系的历史来看,在 19 世纪的国际实践中曾经出现过大量人道主义干涉的事例。[①] 例如,被援引为最早的人道主义干涉的案例是 1827 年英、俄、法三国对奥斯曼土耳其帝国的干涉:当革命的希腊和土耳其之间进行战争所发生的残暴行为使舆论为之震骇时,英、俄、法三国进行了干涉。后有 1876 年至 1878 年俄国干涉波斯尼亚—黑塞哥维那和保加利亚,1898 年美国干涉古巴等。[②] 对于这些事件历史上向来有争议,包括伊恩·布朗利(Ian Brownlie, 1932—2010)在内的国际法学家对此表示反对。

二、1945 年之后的武力使用

(一)联合国体系

在当代的国际关系体系中,相对和平的状态是得到广泛认同的国际秩序;诉诸武力的权利更主要基于国际机制而存在。1945 年通过的《联合国宪章》对战争的发动进行了进一步限制,《联合国宪章》第 2 条第 4 项规定:"各会员国在其国际关系上不得使用威胁或武力"。在以《联合国宪章》为核心的反映国际关系的国际法文献中,使用武力的权利被局限于

[①] 关于干涉的问题,参见本书第十六章第一节。
[②] 参见黄海涛:《人道主义干涉的历史进程评析》,载《国际论坛》2012 年第 4 期;李红云:《人道主义干涉的发展与联合国》,载《北大国际法与比较法评论》(第一卷),北京大学出版社 2002 年版,第 1—29 页。

以下三种情况：

1. 自卫。根据《联合国宪章》第 51 条规定，当一国或一些国家受到了另一国或另一些国家的武力侵犯时，有单独或集体自卫的权利。值得注意的是，《联合国宪章》明确界定，自卫不是由国际法所赋予的权利，而是国家所具有的天然、固有权利，实际上也就是在国际社会没有提供公力救济的状态下的必要权利。自卫的前提条件必须是面临迫在眉睫、压倒一切、没有其他选择办法和没有时间来考虑的情形。① 关于"先发制人"的自卫(preemptive self-defense，或称预防性自卫)的合法性问题，是晚近以来国际社会非常关注的一个问题。其中的典型实例是 2003 年美国对伊拉克发动的先发制人的军事打击。这场战争是新世纪美国首次绕开安理会，以所谓的"大规模杀伤性武器"为理由对另一主权国家使用武力的事件，在国际上激起了强烈的反对。从国际法的现有规则而言，并没有禁止预防性自卫；从现代武器的实际力量而言，从当代恐怖主义发展的情势而言，完全否定预防性自卫的合理性也是不妥当的。② 但是，预防性自卫必须在具有充分可靠证据的前提下采取，必须以正当的程序实施。③ 如《联合国宪章》第 51 条所言，需要立即向安理会报告，且不影响安理会采取的必要行动。从这个意义上讲，美国对伊拉克的打击，主要错误不在于预防性自卫，而在于没有任何可靠的证据。

2. 集体安全体系。《联合国宪章》第七章为"对于和平之威胁、和平之破坏及侵略行为之应付办法"。从第 39 条到第 51 条规定了联合国安理会决定集体使用武力的具体程序。

(1)情势认定。第 39 条规定，安理会有权断定"任何对和平之威胁、和平之破坏、或侵略行为之是否存在"，并可采取三项不同作法：一是对于会员国或当事国作出"建议"(recommendations)，这项建议对于会员国的拘束力不具有强制性；二是作出"决定"(decide)，依第 41 条采取非军事

---

① J. B. Moore, *A Digest of International Law as Embodied in Diplomatic Discussions, Treaties and other International Agreements*, Vol. 3, Washington, Government printing office, 1906, p. 920; R.Y. Jennings, *The Caroline and McLeod Cases*, 32 *American Journal of International Law* 82-99(1938).

② 参见易平：《国际法视野下的预防性自卫》，载《厦门大学法律评论》第 15 辑(2008 年)，第 92—156 页；罗国强：《自卫权国际法理论与实践的可能趋向——围绕美国"先发制人"口号的分析》，载《广东行政学院学报》2010 年第 3 期。

③ 龚向前：《论国际法上的自卫》，载《武汉大学学报(哲学社会科学版)》2004 年第 3 期。

性的制裁行动；三是决定依第42条规定采取军事性行动。

(2) 临时措施。第40条规定，在安理会能够依第39条作成建议或决定办法之前，为避免情势恶化，可以对当事国作成安理会所认为合适的"临时办法"(provisional measures)。

(3) 非军事行动。安理会在认定情势为影响国际和平与安全后，可依第41条决定采取武力之外的办法，这些办法可以包括局部或全部停止"经济关系、铁路、海运、航空、邮、电、无线电、及其他交通工具，以及外交关系的断绝"。《联合国宪章》起草人士希望能够以非军事行动阻止情势的发展，而在这些非军事制裁手段中，经济制裁和武器禁运是最常被使用的方法。

(4) 军事行动。《联合国宪章》第42条赋予安理会采取必要的陆海空军行动的权利，包括示威、封锁、及其他军事行动。第42条明文指出，如安理会认为第41条所规定之办法为不足或已经证明为不足时，可采取军事行动，因而此项行动并不必然与第41条的非军事行动有次序上的关系。但在依据第42条采取联合军事行动前，安理会必须先与各会员国协商成立联合国编制部队。

(5) 联合国编制部队。为了执行《联合国宪章》第42条的军事行动，第43条规定，会员国与安理会应签订特别协议(special agreements)，供给为维持国际和平及安全时所必需的军队和协助。因此，基于这些条约，当安理会决定依据《联合国宪章》第42条采取军事行动时，安理会可直接动员指挥这些军队，而不需要再获得会员国的同意。但是，除了在联合国刚成立的最初两年，安理会曾尝试与会员国沟通如何签订此类特别协议，但因为美国与苏联彼此对于部队的数量和部署的争执，使磋商在1947年终止，至今尚未有任何此类的协议产生。联合国永久部队(Permanent United Nations Force)，仅处于想象阶段，因而联合国安理会尚无法依据《联合国宪章》第42条采取军事行动。

(6) 军事参谋团。《联合国宪章》第47条筹划设立军事参谋团(Military Staff Committee)协助安理会处理军事需要问题、对于受该会所支配军队之使用及统率问题、对于军备之管制及可能的裁军问题，或提供意见。军事参谋团虽然成立了，但并没有有效地发挥功能。

(7) 成员国义务。《联合国宪章》第48条规定，安理会基于《联合国宪章》第41条和第42条所作的决定办法，对于成员国均有拘束力，全体成员国应以行动遵行。

联合国安理会维持国际和平与安全的功能,在冷战期间因为常任理事国之间的相互牵制而受到影响。20世纪90年代以来,安理会维护和平的功能不再仅限于国际层面,在人道救援、维护民主、打击恐怖主义等领域都有发展,联合国军队在1991年出兵波斯湾,制止了伊拉克对科威特的侵略,其在索马里、海地、波斯尼亚等事件中的参与也是值得关注的发展。

3. 基于自决权使用武力的合法性及其限度。战争权隐含着一种使用武力的合理性,即限定在人们享有自决权的框架内。在1965年通过的第2105(XX)号决议中,联合国大会"确认受殖民地统治各民族,为行使其自决及独立权利而进行斗争,系属合法"。当然,这种情况由于殖民地时代的结束,已经不复存在了。而一国内部的分离自决,迄今还没有获得国际法规范和实践的支持。

(二)"人道主义干涉"的新形式:"保护的责任"

20世纪以后,随着国际关系的发展,国际法发生了一些变化。特别是"一战"结束和国联诞生后,国家诉诸武力的权利开始受到特别的限制。"二战"后,《联合国宪章》更是完全禁止国家单方面使用武力。但是在国际实践中,以人道主义为名的军事行动仍大量存在。例如,1948年阿拉伯国家对以色列的军事行动,1960年比利时对刚果的干涉,1965年美国对多米尼加共和国的干涉,1971年印度对巴基斯坦的干涉,1975年印度尼西亚对东帝汶的干涉,1975年南非对安哥拉的干涉,1978年越南对柬埔寨的干涉,1979年德国干涉中非共和国以及1983年美国干涉格林纳达等等。[1] 20世纪末,一些学者提出了"新干涉主义"的概念。20世纪90年代出现的卢旺达大屠杀和科索沃危机,使国际社会再度关注和争论人道主义干涉的问题。

21世纪初,国际关系与国际法领域出现了保护的责任的新理论。国家保护责任理论通过对安理会作用的扩张解释,赋予了国际社会解决人道主义危机的责任。保护的责任是国际社会针对类似索马里、卢旺达、波黑、科索沃、达尔富尔、苏丹等地的种族灭绝和种族清洗事件而对国际法既有制度和观念进行反思而出现的理论。[2] 早在1996年,联合国就已经

---

[1] Christine Gray, *International Law and the Use of Force* (3rd ed., Oxford University Press, 2008), pp. 33-34.

[2] Gareth Evans, From Humanitarian Intervention to the Responsibility to Protect, 24 *Wisconsin International Law Journal* 703 (2006).

提出了将主权看作是对人民承担的义务的观点。① 2000年成立的干预和国家主权国际委员会（International Commission on Intervention and State Sovereignty, ICISS）提出了《保护的责任》的报告②，提出以下核心观点：(1) 主权国家有保护本国公民免遭可以避免的灾难的责任；(2) 当主权国家不愿或无力使本国公民免遭可避免的灾难时，国际社会要承担起保护公民的责任。这种论断被称为保护的责任。将国家主权理解为保护人民责任、国际社会可以在国家怠于保护之时进行替代的观念。根据报告，保护的责任包括三项具体的责任：(1) 预防的责任，即消除使人民处于危险境地的内部冲突和其他人为危机的根本原因和直接原因。(2) 做出反应的责任，即采取适当措施对涉及人类紧迫需要的局势作出反应，其中包括禁运、国际公诉以及在极端情况下进行军事干预等强制性措施。(3) 重建的责任，即在军事干预之后提供恢复、重建和和解的全面援助，消除造成伤害的原因，因为干预的目的就在于制止或避免这类伤害。

2004年12月，联合国秘书长安南（Kofi Atta Annan, 1938—2018）任命的"威胁、挑战和改革问题高级别名人小组"向第59届联大提交名为《一个更安全的世界：我们的共同责任》的报告，报告明确表示："我们赞同新的规范，即发生灭绝种族和其他大规模杀戮时，国际社会集体负有提供保护的责任。"这意味着国际社会开始接受和确认保护的责任这一概念。③

---

① Francis Mading Deng, Sadikiel Kimaro, Terrence Lyons, Donald Rothchild, and I. William Zartman, *Sovereignty as Responsibility: Conflict Management in Africa* (Brookings Institution Press, 1996), pp. 29-33.

② International Commission on Intervention and State Sovereignty, *The Responsibility to Protect*, International Development Research Centre, December 2001.

③ 报告认为，国家主权的概念"显然含有国家保护其人民福祉之义务，以及向国际社会履行义务之义务。新的准则正在形成：保护公民免受人道灾难的涂炭被明确界定为各国政府应尽之责任，如当事国无力或不愿履行，则经由联合国安理会授权，国际社会得采取集体保护反应。""名人小组"报告重新界定了当今世界面临的威胁，提出更为广泛的"人的安全"概念，超越了联合国肇立时传统军事意义上的安全范畴。在报告划定的六类安全威胁中，国内冲突（包括内战、种族灭绝及其他大规模暴行）被指定为第三类威胁。在这种情况下，综合考虑五项准则（威胁严重、目的正当、最终手段、措施相称、权衡后果），联合国可使用武力手段，承担起保护一国的人民的责任。"名人小组"报告认为，保护人民免受大规模暴力的责任，既是主权国家的责任，也是国际社会的责任，当前者不能善尽其责，就应当考虑强制进行国际武力干预。报告主张将《联合国宪章》第七章有关授权干预的规定加以引申，提供新的国际法基础，并敦促安理会采取行动的效率。United Nations High-Level Panel on Threats, Challenges and Change (ed.), *More Secure World: Our Shared Responsibility*, United Nations, 2004.

2005年3月,联合国秘书长的报告《大自由:实现人人共享的发展、安全与人权》重申了主权国家所具有的保护公民权利、使其免受暴力和侵略危害的责任,以及集体所负有的提供保护的道义与政治责任。报告提出:"我们必须承担起保护的责任,并且在必要时采取行动。"2005年9月的世界首脑会议成果则进一步提出,保护的责任原则对于促使国家履行保护人民免遭种族灭绝、战争罪、族裔清洗和危害人类罪之害的责任,促使国际社会履行国际援助并且及时果断反应的责任提供了重要的依据。继而,联合国秘书长通过《履行保护的责任》《预警、评估及保护的责任》《区域与次区域安排对履行保护的责任的作用》和《保护责任:及时果断的反应》等一系列报告,使保护的责任的内容渐趋丰富和充实。①

保护的责任的含义是,国家有责任保护本国国民免受可以避免的大规模屠杀、强奸、饥饿等灾难,如果这个国家没有能力或者不愿意履行它的这种责任,那么国际社会就应当对此进行干预,从而代替这个国家向处在危险中的人民提供生命支持、保护及援助,履行预防责任、做出反应责任以及重建责任。据此,保护的责任有三个支柱:(1)每一国家都具有保护其人民免受种族灭绝、战争犯罪、族裔清洗和反人类罪侵害之责任;(2)国际共同体应当援助有关国家保护其人民免受上述犯罪侵害,包括援助那些处于压力之中、危机出现或冲突爆发之前的国家;(3)如果和平手段不敷使用,国内当局明显不能保护其人民免受种族灭绝、战争犯罪、祖裔清洗和反人类罪侵害,则可通过安理会根据《联合国宪章》(包括其第七章),以具体问题具体对待的方式与适当的区域组织相合作,采取及时而决断的集体行动,也就是国家的保护责任、国际援助和能力建设、及时果断的反应。保护的责任体现了国际法向国内事务的渗透,体现了对于各国境内人道问题的关注,但在目前的实践中,由于国际程序机制的欠缺,保护的责任很容易落入大国霸权的陷阱。

---

① 关于联合国在保护的责任方面的文件,参见 http://www.unric.org/en/unric-library/26580,访问日期:2022年10月22日。

第二节 战争与武装冲突法

一、战争与武装冲突法的概念、分类及适用

战争与武装冲突法是关于战争或武装冲突中可接受行为的法律。传统的战争法可以分为两个部分:第一部分是关于战争的开始和结束,以及在此期间调整交战国之间、交战国与中立国或非交战国之间法律关系的原则、规则和规章制度;第二部分是关于作战中的规则,即关于武器、其他作战手段和作战方法以及保护平民、交战人员和战争受难者的原则、规则和规章制度(国际人道法)。其作用在于保护中立国、非交战国和交战国的合法权益,保护平民,并使交战人员和战争受难者免遭不必要的非法的伤害。

由于非战争的武装冲突并非法律上战争状态,传统战争法的第一部分内容,即关于宣战、媾和、中立等规则和制度,一般不能适用。传统战争法的第二部分内容,即对作战手段的限制规则以及对人员的保护规则,不但在法律上的战争状态中适用,而且一般也被适用于非战争的武装冲突中,其中有些内容甚至被适用于非国际性武装冲突中。

虽然国际法禁止在国际关系中使用武力或武力威胁,但在战争实际存在的情况下,限制和约束作战手段和方法,以减少战争的残酷性,具有现实的重要意义。鉴于二战后出现的国际武装冲突中,大多数都没有被宣布或认为是法律上的战争状态,并且基于减少残酷性和人道的考虑,为了尽可能地减轻军事行动对各方造成的破坏,国际实践中已将许多的传统战争法规和规则也适用于这种非战争的武装冲突中。为此,在一些国际文件和学者著作中,越来越多地出现了"武装冲突法"一词,或者将战争法扩展称为战争与武装冲突法。

战争法中的规则有许多是古老的国际习惯法规则,国际社会对战争法进行的官方大规模编纂开始于19世纪中叶,目前已编纂完成了几十个条约。这些条约和习惯规则,构成了当代战争与武装冲突法体系的框架。

二、传统的战争过程

(一)国际法上战争的概念

国际法上的战争是指两个或两个以上的国家,使用武力引起的敌对

或武装冲突及由此引起的法律状态。战争主要在国家之间进行，也可能在国家和国际法其他主体之间进行。但一般而言，内战并不在传统国际法的关注范围之内。因此，并非所有的武装冲突都是国际法上的战争。

国际法上的战争或法律上的战争状态既要有事实的要素，也要有意识的要素。事实上的要素是指武装冲突的实际存在，通常是具有一定的规模、持续一定时间、波及范围较广的武装冲突。意识上的要素是指交战双方或一方有明显的"交战意思"（animo belligerendi），即交战各方对于已经发生或即将发生的武装冲突，具有明确的意识或认识，认为这是战争的一种表示。只要冲突中的一方有明确的交战意向的表示，冲突就变为法律上的战争。① 从这个意义上说，也不是所有国际法上的战争都必然以存在实际的武装冲突的事实为前提。作为一种法律状态的战争，可能并没有实际的武装争斗发生。

武装冲突和战争的主要区别在于：

（1）战争的主体主要是国家，而武装冲突则不限于国家，还包括民族、宗教团体和叛乱团体。

（2）战争是由武装冲突造成的法律状态，武装冲突只是由于使用武力而产生的事实状态。

（3）战争中交战双方与第三国存在明显的中立关系，适用中立法。但武装冲突双方与第三国的关系不是明确的，中立法不一定能够适用。

（二）战争开始

1. 战争开始意味着交战国之间从和平状态进入敌对战争状态。通常当交战一方或双方宣战（declaration of war，或宣布战争状态），或一方使用武力而他方确认为战争行为时，战争状态即开始存在。作为一项法律程序，宣战意味着一个国家正式通知另一个国家它们之间的和平关系终止，进入战争状态，并可使中立国获悉战争状态的存在。

宣战的方式主要有两种：一种是说明理由的宣战声明；另一种是附条件最后通牒。它的作用旨在说明进行战争的理由，使对方和中立国获悉战争状态开始存在，战争法和中立法由此适用。宣战声明代表该等国家互相承认处于敌对状态，并规范各自的军队的行为。《海牙公约》是影响

---

① 李广民：《与"宣战"有关的国际法问题研究》，载《山西师大学报（社会科学版）》2003年第1期。

这些声明的主要多边条约。

1907年《海牙第3公约》,即《关于战争开始的公约》规定开战前须经宣战。其第1条规定:"缔约各国承认,除非有预先而明确无误的警告,彼此间不应开始敌对行为。警告的形式应是说明理由的宣战声明或是有条件宣战的最后通牒"。

不论是公约缔结前还是缔结后,特别是在现代战争中,这一规定并未得到普遍承认和严格遵守。帝国主义和霸权主义者在发动侵略战争时,为了取得军事上的优势和政治上的利益,并且规避发动战争的法律责任,往往突然袭击,不宣而战。例如,1931年和1937年日本对中国的侵略,1939年德国对波兰和1941年德国对苏联的进攻,1941年日本袭击珍珠港,1978年越军入侵柬埔寨,1979年苏军入侵阿富汗等,都是如此。第二次世界大战结束不久,欧洲和远东国际军事法庭在判决书中,曾判定德国和日本所发动的一系列突然袭击为违反国际条约和国际法的罪行,并据此对责任者判罪。

1937年7月7日"卢沟桥事变"爆发以后,中国放弃了自1931年"九一八事变"后奉行6年的"攘外必先安内"政策,武力抵抗日本帝国的侵略。1941年12月珍珠港被炸,美国放弃中立政策打击日本。1941年中华民国正式对日宣战。

在大部分国家,须立法部门通过后方可进行宣战。美国宪法只说明"国会有权力……宣告战争……",而没有提及宣战声明的形式,故一些人认为经国会通过并授权的军事行为是"宣战声明"。《中华人民共和国宪法》第62条规定,"全国人民代表大会行使下列职权:……(十五)决定战争和和平的问题"。

迄今为止,一些宣战声明仍然生效。它们虽然不代表敌对状态,但也没有签订和平条约。例如,韩国与朝鲜在朝鲜战争后,仅仅是停战,法律上战争仍未结束。叙利亚和以色列在赎罪日战争后的状态,伊拉克与以色列之间由于前者拒绝签署第一次中东战争的停战协定,1982年英国和阿根廷的马尔维纳斯群岛战争之后,这些均未在法律上结束战争。2012年4月18日,苏丹总统巴希尔宣布向南苏丹正式宣战,这是目前世界上最新的宣战声明。

2. 战争开始的法律后果。战争开始后,两国的正常交往关系断绝,战争法条规开始生效,交战国人民及其财产带有敌性。

(1)外交与领事关系的断绝。战争开始后,交战国之间的外交关系和领事关系将自动断绝。交战双方将召回其驻在敌国的外交代表、领事官员以及其他使领馆工作人员,关闭其在敌国的使领馆,同时要求对方也关闭其使领馆,召回其使领馆人员。但需要注意的是,对方使领馆人员在正常离境之前仍享受外交特权及豁免,作为当初接受国的敌国,仍有义务协助对方的使领馆人员安全离境并保护使领馆的馆舍、财产和公文档案不受侵犯。作为派遣国,可以委托对方(敌国)认可的第三国来保管其在敌国的馆舍、财产和公文档案,并保护其滞留敌国的侨民。

(2)条约关系的变化。战争开始后,两国间的双边政治、经济贸易条约,如友好同盟条约、引渡条约、领事条约和商务条约、贸易协定等,均因战争而失效(invalidation)或终止(termination),而多边条约则因战争状态的出现,仅在交战国之间暂停施行(suspension)。但关于领土和边界的条约一般不因战争而失效。与此同时,有关战争的法规和公约则在交战国之间自动生效。

(3)民间的经济贸易关系的中断。在交战国之间的私人商业关系受到严令禁止。从民法的角度来看,战争属于不可抗力事件,由此而导致的契约无法履行属于法律所接受的正当事由。英美法系的观点一般是,战争开始以后与敌国公民所签订的契约一律失效;战争开始之前与敌国公民所签订的契约则依契约的种类,或丧失其效力,或停止其效力,丧失效力的契约如合作契约、委任契约、租船契约、海上保险契约等。《凡尔赛和约》第 299 条第 1 款及附属议定书一般规定 2 和关于特种契约的规定 4、24 也表明,凡敌国间的契约,除个别的特殊契约外,不论缔结时的情况如何,作为原则,自当事人成为敌人起,该契约便失去效力。

(4)战争开始后,交战国对敌国财产可以根据不同性质和不同类型加以没收、扣押、征用。开战后,交战双方认为对方的国民及财产均带有敌性,在交战国境内的敌国财产,如果是公产、不动产(除使领馆外)可以没收和使用,但不能加以变卖。动产可加以没收,敌国军事性质的财产,可以没收或破坏。敌国的私人财产,原则上不加侵犯,但可以加以限制(如禁止转移、冻结)或征用。敌国的公司法人,如系国有公司,则视同敌国财产;如是私人公司,则视作敌国公民的私人财产。敌国在公海上的商船(包括船上的货物)亦可拘留、征用。

(5)战争开始以后,一般允许处于敌国领土上的交战国公民在一定期限内离境,或被允许继续居留。但一般情况下,交战国有权对居留在其境内的敌国公民施以各种限制,诸如就地登记、集中居住,甚至予以拘留。国际法虽然有关于战时保护平民的规定,但也有在必要时可以施加拘禁或安置于指定的居所的规定。而且还规定,军事当局对占领区的平民,可以在一定范围内行使军事管辖权,可以对占领区包括第三国在内的平民施加种种限制。

(三)战争的结束

战争状态的结束通常包含两个内容:一是停止敌对行动;二是结束战争状态。

1. 敌对行动的停止。不存在法律状态上战争状态的武装冲突,在国际实践和西方国际法著作中,有些称为武装冲突状态或战斗状态。它没有正式的开始方式,没有宣告或通知,只有实际的战斗行动。它是随着敌对行动的结束而结束的。具体而言,战争和武装冲突中的敌对行动可因下列三种情况而停止:

(1)停火与休战。停火只是交战过程的一种暂时性或局部性的行动。停火(cease-fire)是联合国安理会在实践中经常使用的停止军事行动的方式。停火的效力是在规定的期限内,在命令或协定规定的地区内,绝对停止敌对行动。

(2)停战。停战是双方通过协议实行的。停战可能像停火那样短暂,也可能时间比较长,可能约定期限,期限届满后,军事行动就恢复;也可能没有期限,军事行动随时可能恢复。停战可能是全面的,也可能是局部的,全面的停战也可能导致军事行动的长期结束。

(3)无条件投降。投降是交战一方承认战败而要求停止战斗的行为。投降可能是全面的也可能是局部的。无条件投降(unconditional surrender)是指在作战结束时战败的一方允许战胜方完全控制其政治和社会,对其中的事务进行任何处理。无条件投降,意味着战败国被彻底击败。在战争法上是交战双方停止敌对行动(即停战)的一种方式,是走向结束战争状态的一个阶段。它是以战败国接受战胜国向它宣布的"无条件投降"的命令,并在无条件投降书上签字来实现停战的。在无条件投降书中,对战胜国的行动自由不作任何法律上的限制,只对战败国的行动自由作法律上的限制,即战败国对战胜国的一切条件和命令完全遵办,敌对行动方可不再恢复。

2.战争状态的结束。单纯的敌对行动的终止并不等于法律意义上的战争状态的结束。战争状态的结束是交战国间一切战争行动的终止和与战争有关的一切政治、经济、领土及其他问题的全面的和最终的解决,通常是通过缔结和约、战胜国单方面或同战败国联合发表声明宣布战争状态结束而实现的。结束战争状态的方式通常有三种:

(1)缔结和平条约。和平条约,简称和约,是结束战争状态的最通常和最正式的一种形式。和约一般由交战各国(含战胜国和战败国)在和平会议或外交会议上签订,是结束战争的重要国际文件。

(2)由交战双方发表联合声明,宣布结束战争状态。例如,1956年10月《苏日联合宣言》声明:自宣言生效之日起,结束两国战争状态。因此,苏(俄)日战争状态已结束(但仍未缔结和平条约)。

(3)单方面宣布结束战争。一般是由战胜国宣布。

3.战争结束的法律后果

(1)外交关系恢复。两国派遣外交代表,恢复正常的外交关系。

(2)条约关系恢复。战争发生后,两国的政治、经济条约已失效或终止。战争结束后,政治性条约可能经重订而恢复效力,经济性条约可能恢复效力。原交战双方所参加的多边条约又重新对它们发生效力。同时,双方还可能在正常的外交关系上签订新的条约。

(3)国际交往全面恢复。战争时期,交战国间的政治、经济、文化、军事等联系已中断了,随着战争状态结束,这些关系又重新恢复。

(四)战时中立

1.战时中立的内涵。传统国际法上的中立,指战争中非交战国选择的不参与战争的任何一方、对交战双方不偏不倚的法律地位,即战时中立。战时中立与永久中立不同:战时中立是非交战国在战争时期选择的态度和立场,非交战国随时可以宣布中立,也可以宣布取消中立;但永久中立则不同,永久中立国是根据条约而承担永久中立义务,永远不参加任何战争,不与任何国家结成军事同盟,永久中立地位经他国保障,不能单方面废除。

战时中立又与和平时期的中立政策(中立主义)不同:前者是一种法律地位;后者只是和平时期某些国家所奉行的政策,这种中立政策没有产生法律权利和义务。

宣布中立是非交战国的权利，除非有条约义务约束。战时中立可以通过明示表示（如发表声明），也可以默示方式表示（如事实上遵守中立）。一旦非交战国采取了中立的地位，在交战国和中立国之间就开始适用有关中立方面的法规和惯例。

2. 战时中立法。战时中立法（War Neutrality Law）在交战国与一般第三国之间生效。这里所谓的一般第三国，是指不愿参加到战争任何一方的第三国。在战争开始或战争进行中，它们可以通过明示或默示的方式表明自己的中立立场。明示的方式主要是通过宣言、声明，甚至条约的形式向交战各国通告自己对交战双方采取不偏不倚、同等对待的立场；默示的方式则是通过事实上遵守战时中立义务而向交战各国表明自己的态度。战时中立的一般第三国因自觉放弃了自己在平时可以享受的一些权利，因此它们也可以从交战国那里得到一些保证，即最大限度地保护中立国的权益不再受到损害。

（1）中立国的义务。在战争时期，中立国应保持不偏不倚的中立立场。任何违反行为都构成违反中立义务的行为，行为者应对此承担国际责任。中立国和交战国都承担着不作为、防止和容忍三种义务。①自我约束（不作为）的义务。不作为即自我制约，不从事或介入交战任何一方的行为。根据1901年《中立国和人民在陆战中的权利和义务公约》和《关于中立国在海战中的权利和义务公约》的规定，战时中立国不仅不能直接参加任何一方的战斗，而且也不能向交战国任何一方提供军队，供给武器弹药及其他军用物资；不得向任何一方提供补助金和贷款，不得替任何一方承购公债；不得用军舰或国家船舶为交战任何一方进行军事运输；不得向任何一方提供情报。战时中立法也禁止平等地向交战双方提供上述援助。②防止的义务。防止就是防止利用其领土和资源、防止违反中立义务的行为发生。战时中立国有义务采取措施，防止在其领土或管辖范围内为交战国准备作战行动，如招募兵员、备战、在其领土或领水内设置军事设施。防止任一交战国在其领陆、领水、领海、领空内或利用其资源以从事敌对行动，防止交战国在其领域内武装或改装船舶。战时中立国应采取一切措施防止和阻止交战国利用自己的船只进行作战，或捕获对方船只及其战斗人员，建立作战基地、通信设备，或运输军队和军需品。③容忍的义务。容忍就是容忍对方加于自己造成一定损害的行为。战时中立国对于交战国因进行战争而依据战争法所采取的行动,应在一定范围内予以容忍。对于交战国的战时封锁以及有关战时禁制品的规定,战时中立国有义务严格执行。这里所谓的封锁是指交战国为了切断敌国的对外联系,削弱敌国经济和持续作战的能力,运用军舰阻挡一切国家的船舶和飞机进入敌国的港口和海岸。一切国家,当然包括战时中立国。而战时禁制品是指交战国禁止第三国运送给敌国的货物。禁制品的清单,可以事先由国家以条约的形式确定,也可以由交战国在战争开始时用法令或宣言公布。中立国应容忍交战国对其船舶临检和搜索,对其船上载运的战时禁制品加以拿捕、审判和处罚。交战国容忍中立国与他方交战国保持外交和商务关系,容忍中立国把其港口提供给他方交战国为临时庇护或维修船舶之用。

(2)中立国权利。战时中立国的权利即交战国应保护中立国的利益所负的义务,具体包括:①战时中立国的主权应获得尊重。交战国必须自我约束(不作为),不得侵犯战时中立国领土,破坏中立。交战国不得在战时中立国的领土及其管辖区域内进行战斗行动,不得在上述区域建立军事基地、设置通信设备,交战国军队或其供给品运输不得通过战时中立国领土。交战国不得在战时中立国领土、领水内改装商船为军舰或武装商船,不得在战时中立国的领水内捕获敌船。②中立国人员的权益应得到保护,交战国有义务采取一切措施,防止虐待其占领区内的战时中立国的使节和侨民,防止其军队和人民从事任何侵犯战时中立国及其人民的合法权益的行为。③中立国与交战国任一方有权保持正常外交和商务关系,交战国应该容忍,并容忍其他不违背战时中立法的行为。

3.战时中立的销蚀。随着战争作为推行国家政策的工具的废弃,传统的中立制度发生了根本的变化。《联合国宪章》第2条第5项规定:"各会员国对于联合国依本宪章规定而采取之行动,应尽力予以协助,联合国对于任何国家正在采取防止或执行行动时,各会员国对该国不得给予协助。"在未构成法律上战争状态的武装冲突中,由于不存在法律上的战争状态,因而也无严格意义上的中立。

三、国际人道法

(一)国际人道法的内涵与发展

国际人道法(international humanitarian law),中文也称国际人道主义

法或人道主义法,是在国际和非国际武装冲突中限制作战手段和方法,保护已经或可能受武装冲突危害的人员及财产,以最大限度地满足武装冲突中人道要求的统一的国际法规则体系。

国际人道法的这个界定,包含了以下四个要点:(1)国际人道法是国际法规则体系的一部分,以条约和习惯为渊源;(2)国际人道法以存在武装冲突(包括国际性的和非国际性)为适用条件;(3)以解决武装冲突直接引起的人道问题为目的,满足人类在武装冲突条件下的人道要求;(4)国际人道法的基本内容是限制作战的方法和手段,保护受到或可能受到武装冲突不必要危害的人员和财产。

1859年6月,瑞士银行家亨利·杜南(Jean Henri Dunant,1828—1910)偶经意大利北方的索弗利诺镇,恰逢拿破仑三世指挥的法兰西—撒丁岛联军与奥地利军队战斗的最后阶段,死伤人数高达两万人,他目睹无数伤员在尸横遍野的战场上呻吟、叫喊,由于缺少医护人员,大部分伤兵得不到应有的护理。杜南立即到镇上动员和组织居民,建立紧急救护小组,有条理、有效率地救护这些伤兵。1862年11月,杜南在日内瓦发表了他根据这次亲身经历写成的《索弗利诺的回忆》一书,他在书中强烈呼吁在战时有必要不分你我,向敌对双方派出救护团体。1863年2月,在他的倡议下,一个伤兵救护国际委员会在日内瓦成立,此即红十字国际委员会。1863年10月,欧洲十六国的代表在日内瓦举行国际会议,决定在各国成立红十字组织。会议决定以白底红十字作为红十字会的通用标志,这与瑞士国旗的红底白十字图案相同,颜色相反,以表达对杜南及其祖国的敬意。1864年8月,红十字会在日内瓦举行会议,签署了《改善战地武装部队伤者病者境遇之日内瓦公约》,即《红十字会公约》。这是国际人道法的创始阶段,也是国际人道法规则的观念基础。1901年,亨利·杜南被授予第一届诺贝尔和平奖。

虽然有关国际人道法的条约早在一个半世纪以前即已出现,但"国际人道法"的概念出现较晚。1949年日内瓦四公约缔结之时,公约文本仅提及"人道主义组织"和"人道主义活动",而并无"国际人道法"的术语。但在日内瓦四公约的召唤下,"国际人道法"的概念于20世纪50年代初开始使用。红十字国际委员会(ICRC)在1956年提交给第19次国际红十字会议的文件《关于限制战时平民居民所遭受的危险的规则草案》中使用了"国际人道法"的术语,并初步定义为从日内瓦和海牙会议的文件派生出来的特别国际法规则。1968年在德黑兰举行的国际人权会议通过的关于"武装冲突中的人权"的XXIII号决议也使用了这一术语,并明确了该术语包括的公约。1971年国际红十字会召开的"重申和发展适用于武装冲突的国际人道法政府专家会议",标志着国际社会完全接受了"国际人道法"的术语,并在此后被普遍使用。

(二) 国际人道法的两大体系及其合流

从历史发展与关注对象的角度来说,国际人道法的规定和源流包括日内瓦和海牙两大体系。

1. 日内瓦体系。日内瓦体系包括1864年、1906年、1929年和1949年在日内瓦签订的一系列公约。这些公约的宗旨,都在于保护战争或武装冲突中的受难者。其中1949年8月12日签订的关于保护战争受难者的日内瓦公约包括4个公约,即:

《改善战地武装部队伤者病者境遇之日内瓦公约》(第1公约)《改善海上武装部队伤者病者及遇船难者境遇之日内瓦公约》(第2公约)《关于战俘待遇之日内瓦公约》(第3公约)《关于战时保护平民之日内瓦公约》(第4公约)。

改善战地伤病员境遇公约最初签订于1864年,经1906、1929年两次修订补充,1949年又作第3次修订补充。《改善海上武装部队伤者病者及遇船难者境遇之日内瓦公约》是对1907年海牙第10公约的修订和补充。《关于战俘待遇之日内瓦公约》是对1929年《战俘待遇公约》的修订和补充。《关于战时保护平民之公约》是一个新的公约。

1974年至1977年,日内瓦外交会议通过了补充和更新1949年日内瓦四公约的《第一附加议定书》、保护非国际性武装冲突受难者的《第二附加议定书》和关于采纳一个新增特殊标志的《第三附加议定书》。

2. 海牙公约体系。海牙体系是在1868年《圣彼得堡宣言》和1874年布鲁塞尔会议的基础上,于海牙编纂的战争法规和惯例,特别是1899年和1907年两次海牙会议制定的关于战争的一系列条约和宣言。这些文件的主体部分,是对作战手段和方法进行限制。

1899年第一次海牙会议(26个国家参加)签订了3个公约和3个宣言,其中关于战争法的是:

《陆战法规和惯例公约》,附《陆战法规和惯例章程》;《关于1864年8

月22日日内瓦公约原则适用于海战的公约》;《禁止从气球上或用其他新的类似方法投掷投射物和爆炸物宣言》;《禁止使用专用于散布窒息性或有毒气体的投射物的宣言》;《禁止使用在人体内易于膨胀或变形的投射物,如外壳坚硬而未完全包住弹心或外壳上刻有裂纹的子弹的宣言》。

1907年举行了第二次海牙会议,44个国家参加,通过了13个公约和1个宣言,补充和代替1899年的公约和宣言。其中关于战争法的是:

《关于战争开始公约》(第3公约);《陆战法规和惯例公约》(第4公约),附《陆战法规和惯例章程》;《中立国和人民在陆战中的权利和义务公约》(第5公约);《关于战争开始时敌国商船之地位公约》(第6公约);《关于商船改充军舰公约》(第7公约);《关于敷设机器自动触发水雷公约》(第8公约);《关于战时海军轰击公约》(第9公约);《关于1906年7月6日日内瓦公约原则适用于海战的公约》(第10公约);《关于海战中限制行使捕获权公约》(第11公约);《关于设立国际捕获法院公约》(第12公约,未生效);《关于中立国在海战中的权利和义务公约》(第13公约);《禁止从气球上投掷投射物和爆炸物宣言》(第14公约)。

1907年海牙诸公约编纂了许多重要惯例,是限制作战手段和方法的重要条约,在法律上至今仍然有效。但是,其中许多规定不能适应军事科学技术的发展,已经过时,迫切需要缔结新公约或对旧约进行修改和补充。

3. 两个体系的合流。当代的国际人道法是在日内瓦法和海牙法的基础上发展起来的,是包括和融合了日内瓦法和海牙法的统一的法律体系。红十字国际委员会不仅把战争法中关于保护人员的规则即日内瓦法归入国际人道法,还把限制作战方法和手段的海牙法也归入了国际人道法。红十字国际委员会在1956年提交给第19次国际红十字会议的《关于限制战时平民居民所遭受的危险的规则草案》中就明确地将国际人道法界定为"特别地从日内瓦和海牙会议的文件中派生出来的国际法规则"。1968年在德黑兰举行的国际人权会议通过的关于"武装冲突中的人权"的决议,就规定了"国际人道法"的术语适用于1899年和1907年的海牙公约、1925年的《关于禁用毒气或类似毒品及细菌方法作战议定书》和1949年日内瓦四公约。1974年联大第29次会议通过的《武装冲突中对人权的尊重》的决议,就特别把遵守适用1899年和1907年的海牙公约,作为武装冲突各方遵行国际人道法的义务。

1996年,国际法院在其就联合国大会要求提供的关于以核武器相威胁和使用核武器的合法性问题的咨询意见中,对国际人道法作了权威阐述。该咨询意见第78段指出:"传统国际法上所称'战争法规惯例'部分地以1868年《圣彼得堡宣言》和1874年布鲁塞尔会议为基础,是人们在海牙进行编纂(包括1899年和1907年海牙公约)的结果。'海牙体系',更准确地说,《陆战法规和惯例章程》规定交战各方行为的权利与义务,并限制其在国际武装冲突中杀伤敌方人员所使用的手段和方法。除此以外,还有旨在保护作战部队的伤病员和不参加敌对行为,即战争受难者的'日内瓦法体系'(1864年、1906年、1929年和1949年公约)。这两个在武装冲突中适用的法律体系互相紧密地联系在一起,并逐渐发展成为今天被称为'国际人道主义法'的统一的、复合的法律体系。"①

国际法院的这一阐释,强调了原来的"海牙法系统"和"日内瓦法系统"这两个武装冲突中适用的法律体系互相紧密地联系在一起,逐渐发展而成的统一的、复合的"国际人道法"体系。② 当然,国际人道法并不包括"海牙法"中关于战争程序的规则、开战与结束战争的法律后果、交战国与中立国之间的某些权利和义务的规定等。

21世纪初以来,随着恐怖主义形势严峻、危害加剧,如何在与恐怖主义斗争的过程中贯彻国际人道法是一个重要的问题。

(三)国际人道法的主体:交战者与平民

1. 交战者的内涵。交战者是指交战双方的武装部队,包括正规军和非正规军。

正规军包括该交战国的全部战斗员和非战斗员。战斗员概念主要来自1907年《陆战法规和惯例公约》。根据1977年《第一附加议定书》的规定,武装部队应有三个特征:(1)由向政府或当局负责的司令部统率;(2)受内部纪律制度制约;(3)应强制遵守国际法规则。

武装部队的人员,除医生、牧师外,都是战斗员,有权直接参加战斗,战斗中如被敌方俘虏,就成为战俘,享受战俘待遇。

---

① *Legality of the Threat or Use of Nuclear Weapons, Advisory Opinion, I.C.J. Reports 1996*, p. 226, para. 78.

② 具体文件参见 https://www.icrc.org/chi/resources/ihl-databases/index.jsp,访问日期:2022年10月22日。

非正规武装部队,包括民兵、志愿军和游击队等战斗力量。民兵和志愿军是由人民自发临时组织的,一般不是由国家法令组织,不受国家任命的指挥官统率,没有统一的制服和标志。但根据1907年的《陆战法规和惯例章程》的规定,民兵和志愿军应具有下列特征:(1)由对部下负责的指挥官领导;(2)使用可以在一定距离内识别的和固定的标志;(3)公开携带武器;(4)遵守战争法规和惯例。非正规武装部队只要具备上述特点,在交战中便与正规武装部队一样享受战争法的保护和人道主义待遇。游击队主要是指在敌占区内活动的战斗人员,只要他们在对方看得见的期间和范围内公开携带武器和遵守战争法规,就是合法的战斗人员,享受战争法的保护。志愿军是外籍人员自愿参加战斗并受所在国政府和最高司令部统一指挥的武装人员。根据国际惯例,志愿军享有与被支援国正规武装部队同样的合法地位,享受同样的待遇。

在非国际性武装冲突中在一国内部出现的反政府武装力量(如起义军等),根据1977年的《第二附加议定书》,他们享受同样的人道主义待遇。

军使是奉交战一方的命令,前往敌方进行谈判的代表。1907年的《陆战法规和惯例章程》第32条规定:军使以白旗为标志。军使及其随员(翻译、号手、鼓手等)享有不可侵犯权。但如果军使滥用其职权,便丧失其不可侵犯权,敌方的司令官有权加以暂时扣留。为防备军使利用其使命刺探军情,敌方有权采取必要的保护措施。派军使进行谈判,是交战一方的权利,但对方没有接待军使的义务。

侦察兵是指交战国派到敌方或敌占区侦察军情的人员。侦察兵必须穿军服,这是侦察兵的基本特点,也是侦察兵和间谍的基本区别。侦察兵是合法的战斗人员,如果被俘,享受战俘待遇,但间谍是没有这个待遇的。

合法交战人员不是以个人身份,而是以交战国武装部队成员的身份参加战斗。

根据各有关公约规定,符合交战人员条件的人在作战中应遵守战争法,同时受战争法的保护,如果被俘,有享受战俘待遇的权利。间谍和雇佣兵不具有合法交战人员的地位,如果被俘,不享受战俘的待遇,但如果对他们处刑,也要经过军事法庭的审判。

2.平民的内涵。国际人道法没有直接确定平民的含义,而是通过排除战斗员的形式间接定义平民。例如,在武装冲突地区担任危险职业任务的新闻记者,应视为平民。日内瓦公约《第一附加议定书》有关战斗员和平民的规定影响巨大,其第 50 条第 1 款采用了排除法间接定义平民,而且特别强调"遇有对任何人是否是平民的问题存有怀疑时,这样的人应视为平民"。但此种绝对的、非黑即白的分类方式无法应对国家和非国家主体之间的武装冲突。当前,进行战争和武装冲突的方式已经发生了重大改变,越来越多的平民实际参加战事,战斗员和平民的界限越来越模糊。有观点认为,直接参加敌对行动的平民是"非法战斗员"。但是,迄今为止的国际法律还没有建立"非法战斗员"的条约与国际习惯法。《第一附加议定书》第 51 条第 3 款规定:"平民除直接参加敌对行动并在直接参加敌对行动时外,应享受本编所给予的保护。"据此,平民可能在享有和失去免受直接攻击之一般保护的状态中切换,"白天是农夫,晚上是战士",产生了所谓"旋转门"现象。① 红十字国际委员会在 2009 年 5 月发布的《国际人道法中直接参加敌对行动定义的解释性指南》中试图通过完善战斗员的实质要件以更好地界定平民②,但在理论和实践上均存在一定瑕疵。③

---

① 国际人道法意义上的"旋转门"一词最初出现在 1990 年的一篇文章中,作者在对《第一附加议定书》关于直接参加敌对行动的规定进行负面评价时,认为"确定战斗员或平民地位的最初问题在于《第一附加议定书》为某些'平民'提供的新旋转门"。参见 Hays Parks, "Air War and the Law of War," 32 *Air Force Law Review* 118 (1990).

② 该《解释性指南》依然沿用了排除法定义平民,并分为国际性武装冲突和非国际性武装冲突两种情况。在国际性武装冲突中,平民是"既非冲突一方武装部队成员又未参加民众抵抗者"。国际性武装冲突中的平民,所有表现出足够的军事组织程度并且属于冲突一方的武装人员也都必须被视为冲突一方武装部队的一部分,在国际性武装冲突中有组织的武装团体并不"属于"冲突一方,那么根据《海牙章程》、日内瓦四公约和《第一附加议定书》则被视为平民。在成员身份的判定上,《解释性指南》为正规武装部队和非正规武装部队设定了截然不同的标准。正规武装部队的成员身份"一般由国内法调整,表现为正式加入可以凭借制服、徽章和装备加以辨别的常备战斗单位",无论其实施了哪些个人行为或在武装部队中担任何职,正规部队的成员都不是平民,除非脱离现役重返平民生活;而非正规武装部队的成员身份"一般不由国内法调整,而只能基于功能性标准来确定,如那些适用于非国际性武装冲突中的有组织武装团体的标准"。

③ 有学者分析,该标准存在两个问题:一是判断正规武装部队和非正规武装部队成员的标准不一致缺乏合理解释,而且导致后者比前者享有更多保护(后者如无"持续作战职责"将被视为平民)。二是有组织武装团体成员身份在国际性武装冲突和非国际性武装冲突中可能完全不同,在国际性武装冲突中,可能因不属于冲突一方而被视为平民,而同样的情况下在非国际性武装冲突中,又可能因"持续作战职责"被视为冲突一方的成员而不是平民,这也不符合逻辑。参见朱路:《论国际人道法中的平民概念——兼评红十字国际委员会〈解释性指南〉》,载《暨南学报(哲学社会科学版)》2013 年第 6 期。

(四) 对作战手段和方法的限制

1. 限制作战手段和方法的基本原则

(1)"条约无规定"不解除当事国义务。1899年《海牙公约》和1907年《海牙公约》的序文都载明一项重要条款:在本公约中所没有包括的情况下,平民和战斗员仍受那些"来源于文明国家间制定的惯例、人道主义法规和公众良知的要求"的国际法原则的保护和管辖。这就是著名的"马尔顿斯条款"(Martens Clause),它意味着交战国的行为不仅要受到国际条约的约束,而且受国际习惯、人道原则和公众良心要求的调整。① 后来许多战争法条约都重申了这一内容,1977年日内瓦公约《第一议定书》的第1条第2款重新阐述了这一原则。这一规范已经成为现代武装冲突法中的重要原则。在就威胁或使用核武器的合法性问题作出的咨询意见中,国际法院认为,马尔顿斯条款已"被证明是解决军事技术快速发展的一个有效手段"。②

(2)"军事必要"不解除当事国义务。任何交战国都必须遵守战争法条约上规定的国际法义务。作战行为必须恪守战争法规,"军事必要"和"条约无规定"均不能作为免除其义务之理由。

(3)区分原则。在战争和武装冲突中,对平民与武装部队、战斗员与非战斗员、战斗员与战争受难者等不同对象应加以区别对待。

(4)保护原则。战争中不仅应保护非战斗员、战争受难者和平民,对战斗员亦应给予人道待遇。

2. 对作战手段和方法限制的主要内容,即战争或武装冲突中对于作战武器、工具和方法的限制。综合有关的国际条约和惯例,禁止使用的战争手段主要有:

(1)禁止使用具有过分伤害和滥杀滥伤作用的武器,具体包括:

第一,极度残酷武器,即超过使战斗员丧失战斗能力的程度、使受害

---

① 这一条款得名于俄国出席1899年第一次海牙和平会议的代表。马尔顿斯在会上发表的声明被载入1907年海牙《陆战法规和惯例公约》的序言,强调了法律未明文规定事项,人道原则与良心要求的重要意义。相关讨论,参见:Theodor Meron, "The Martens Clause, Principles of Humanity, and Dictates of Public Conscience," 94 *American Journal of International Law* 78, 78–89 (2000); Rupert Ticehurst, "The Martens Clause and the Laws of Armed Conflict, " 317 *International Review of the Red Cross* (1997).

② See *Legality of the Threat or Use of Nuclear Weapons, Advisory Opinion, I.C.J. Reports 1996*, p. 226, para. 78.

者受到极度痛苦甚至不可避免地死亡的武器。这类武器是战争法规所严格禁止使用的。例如,1868年《圣彼得堡宣言》禁止使用"轻于四百克的爆炸性弹丸或是装有爆炸性或易燃物质的弹丸";1907年海牙《陆战法规和惯例章程》第23条禁止使用"足以引起不必要痛苦的武器、投射物或物质";1899年《海牙第三宣言》禁止使用"在人体内易于膨胀或变形的投射物";1980年《联合国禁止或限制使用某些可被认为具有过分伤害力或滥杀滥伤作用的常规武器公约》禁止使用无法检测的碎片、地雷(水雷)、饵雷以及燃烧性武器、高速小口径轻武器。当前,燃料空气炸弹、凝固汽油弹、白磷弹、集束炸弹、达姆弹、跳雷等,属于此类。

第二,有毒、化学和生物武器。1899年和1907年的《海牙公约》都明文规定禁止使用毒气和有毒武器。在1925年缔结的《关于禁用毒气或类似毒品及细菌方法作战议定书》规定将此项禁止扩大到细菌武器。1972年签订《禁止细菌(生物)及毒素武器的发展、生产及储存以及销毁这类武器的公约》进一步规定"永远禁止在任何情况下发展、生产、贮存、取得和保留"这类武器。1993年《关于禁止发展、生产、储存和使用化学武器以及销毁此种武器的公约》在全世界范围内禁止研制、生产、贮存和使用化学武器,规定缔约国必须在公约规定的期限内销毁各自的化学武器及其生产设施。

第三,大规模毁灭人类的武器,主要是核武器,包括以核裂变和核聚变为作用基础的核武器都是极度残酷的大规模屠杀人类的武器。现行国际法并没有规范明确禁止使用核武器[1];如果根据国际社会的实践,对于生物武器和化学武器均有禁止的国际文件,似乎可以符合逻辑地推理出,核武器应当是在多数情况下都可能触犯国际人道法基本原则的武器。然而,鉴于核武器对于国家防御的特别重要意义,故而,现代国际法对核武器的态度是非常审慎的,并未完全禁止。

(2)禁止不分皂白的战争手段和作战方法,指不能区分平民与交战人员、军事目标与非军事目标的武器和作战方法。为了保证平民、居民的安全和民用物体的免受破坏,战争法规强调冲突各方无论何时均应遵守区别原则,在普通居民和战斗员之间,民用物体和军事目标之间加以区

---

[1] See *Legality of the Threat or Use of Nuclear Weapons, Advisory Opinion, I.C.J. Reports 1996*, p. 226, para. 105 (E).

别,禁止使用波及平民的不分皂白的作战手段和作战方法。1907年海牙《陆战法规和惯例章程》第25条规定:禁止轰击不设防城镇、住所和建筑物;1977年日内瓦《第一附加议定书》第51条规定:"不分皂白的攻击"包括:①不以特定军事目标为对象的攻击;②使用不能以特定军事目标为对象的作战方法或手段;③使用其效果不能按照本议定书的要求加以限制的作战方法或手段;④以平民或民用物体集中的城镇、乡村作为军事目标进行攻击,附带使平民生命受损害的攻击,作为报复对平民进行攻击,均属于不分皂白的攻击。

(3)禁止改变环境的作战手段和方法。现代武装冲突法不允许使用改变环境的战争武器,即改变气候、引起地震或海啸、破坏生态平衡、破坏臭氧层等大规模毁灭人类的战争手段。1976年签署的《禁止为军事或任何其他敌对目的使用改变环境的技术的公约》第1条第1款明确规定,禁止使用具有广泛、持久或严重后果的改变环境的技术作为摧毁、破坏或伤害任何其他缔约国的手段。所谓"改变环境的技术",是指通过蓄意操纵自然过程改变地球(包括其生物群、岩石圈、地水层和大气层)或外层空间的动态、组成或结构的技术。1977年的日内瓦《第一附加议定书》第35条第3款规定:"禁止使用旨在或可能对自然环境引起广泛、长期而严重损害的作战方法或手段。"

(4)禁止背信弃义的战争手段和作战方法,指利用对方遵守战争法或信义以达到自己目的所采用的手段。1907年海牙《陆战法规和惯例公约》规定禁止"以背信弃义的方式杀、伤属于敌国或敌军的人员"。按照1977年的日内瓦《第一附加议定书》第37条第1款的规定,它指的是"以背弃敌人的信任为目的而诱取敌人的信任,使敌人相信其有权享受或有义务给予适用于武装冲突的国际法规则所规定的保护的行为。"

此外,虐杀俘虏、伤病员,攻击医疗队、医疗所、医疗机构的建筑物和运输工具、医院船和医务飞机以及医务人员等,也是被禁止的战争手段。

(五)对战争受难者的保护

1. 对交战国境内敌国平民的保护。对于在战争或武装冲突发生时位于交战国境内的敌国平民一般应允许离境。对未离境者,应保障其基本权利,不得将他们作为军事攻击的对象,禁止对他们实施报复,保障他们的合法权益,不得强迫他们提供情报,不得施以体刑和酷刑,禁止进行集体惩罚和扣作人质,给以维持生活的机会,对妇女、儿童给予特别的保护,防止施暴和给予必要的援助。

2. 对占领区内被占领国平民的保护。军事占领指战争或武装冲突中交战一方以军队占领敌方领土的一部分或全部,暂时行使统治的状态。军事占领是临时性的,不涉及领土主权的归属问题。它以存在战争或武装冲突和占领的事实以及确保统治的意图为条件。暂时的入侵不构成军事占领。1907年海牙《陆战法规和惯例章程》与1949年《关于战时保护平民之日内瓦公约》对此作了比较详细的规定。

占领方只能在占领区行使军事管辖权,应对占领地的平民给予人道主义的待遇。根据1907年的海牙《陆战法规和惯例公约》和1949年的《关于战时保护平民之日内瓦公约》和1977年的两个附加议定书,不得剥夺平民的生存权;尊重平民的人格、尊严、家庭、宗教信仰;不得对平民施以暴行、恐吓和侮辱;不得把平民扣作人质,进行集体惩罚或谋杀;不得驱逐平民,不得强迫提供情报或为其军队服务;不得侵占平民的粮食和医药供应,不得废除被占领国的法律等。

3. 伤病员待遇。对战时伤者病者要求予以无区别的人道待遇和照顾。有关伤病员和战争受害者的待遇的国际公约主要有1864年、1906年、1929年和1949年先后签订的关于改善战争中武装部队伤者病者境遇的公约。这些公约对战争中伤者病者和受难者的待遇作了详细的规定,其主要内容是:

(1)凡军队所属的军人及其他正式随军服务人员因伤、病或其他原因丧失战斗力者,收容他们的交战国应不分国籍、性别、种族、宗教和政治主张一律给予尊重、保护和治疗,不得加以歧视,严禁施以暴力或杀害。凡交战国不得已而丢弃伤者病者于敌军时,应在军事考虑许可的范围内,留下一部分医疗人员及器材。

(2)交战国的伤病员陷入敌手后,享受医疗保护和战俘待遇。

(3)每次战斗后冲突各方设法搜寻伤者病者,予以照顾和保护。对落在其手中的敌国伤病员或死者的情况应通过情报局转达所属国。

(4)对固定医疗队和医务所,在任何情况下均不得加以攻击,除非该医疗队或医务所被利用进行军事行动。

4. 战俘待遇。战俘自其被俘至其丧失战俘身份前应享受一系列的待遇和权利。战俘是指在战斗或武装冲突中落在敌方权力之下的合法交战人员。交战国拘捕和扣留被俘人员,不是因为他们个人作了违法行为(如果有破坏战争法的罪行,则失去战俘地位),而是为了防止他们再次参加作战。因此,对他们不应加以惩罚、虐待,更不应加以杀害;相反,应给予适当的待遇和保护。

1949 年的《关于战俘待遇之日内瓦公约》和 1977 年的《第一附加议定书》重申和发展了传统国际法的相关规则,对战俘的待遇作了详细的规定。主要内容是:

(1)战俘不应受侮辱、虐待、报复和杀害;
(2)战俘的衣、食、住应能维持在保障其健康的水平;
(3)战俘的医疗应有保障;
(4)战俘的宗教信仰应受尊重;
(5)战俘保有其被俘时的衣物、财产和民事权利;
(6)战俘应被允许和家庭通信;
(7)战俘拘留所应设在比较安全的地方;
(8)战事停止后战俘应立即释放和遣返。

第三节 军备控制

一、军备控制的内涵与历史发展

军备控制是国际社会对各国军事装备的发展、试验、部署和使用的限制,目的在于减轻军事存在的危险性和一旦战争爆发时进行相对的克制。军备控制一般是通过国际协定来完成的。国际军控、裁军与防扩散领域取得一些积极进展,但大规模杀伤性武器及其运载工具的扩散等问题日益成为影响国际安全局势的重要因素。

根据《联合国宪章》,联合国大会在 1946 年 1 月 24 日通过的第一项决议即为裁军问题,决议谋求消灭核武器和其他武器。1962 年联合国成立国际多边裁军机构"十八国裁军委员会"。为推动全球规模的全面裁军,联合国于 1978 年、1982 年和 1988 年召开了三届联大裁军特别会议,第三届会议有 100 多个国家政府代表团参加,但各国之间未取得一致意见。在联合国机构之外的国际裁军行动,有 33 个欧洲国家和加拿大、美国参加的赫尔辛基欧洲安全与合作会议,以及北大西洋公约组织和华沙条约组织之间举行的"中欧关于共同裁减军队和军备及相关措施的维也纳会谈"等。20世纪70年代后,东西方就军备控制问题进行了数百次谈判,双方分歧较大,没有实质性进展。直到90年代初,由于美苏战略的调整、东西方关系的缓和、世界维护和平力量的不断增强,军备控制谈判出现了转机。北约与华约终于在1990年11月19日签署了《欧洲常规裁军条约》。条约规定各方最多允许保留2万辆坦克、3万辆装甲车、2万门火炮和2000架作战直升机,超额的武器必须在核查下销毁或解除作战能力。这是第二次世界大战后两大军事集团签署的第一个常规裁军条约。

军备控制在冷战结束前后一度形成高潮,美苏(俄)双边军备控制和全球多边军备控制都进展迅速,成果丰富。在这段时间,建立了一系列的双边军备控制条约,如《中程导弹条约》《削减战略武器条约》《进一步削减战略武器条约》;达成了各种多边的军备控制条约,如《欧洲常规力量条约》《化学武器公约》《全面禁止核试验条约》;缔结了建立信任和消除危机的条约,如《开放天空条约》《美苏建立降低核风险中心的协议》;组织了一些新的防扩散机制,如《导弹技术控制体制》等。在此期间,《核不扩散条约》得到无限期延长。在1996年《全面禁止核试验条约》开放供签署之后,军备控制就逐渐进入低潮。

在常规武器控制方面,2013年4月2日在联合国大会上通过的《武器贸易条约》(Arms Trade Treaty, ATT)是一个值得关注的努力。该条约是联合国为监管坦克、装甲战车、大口径大炮、战斗机、攻击直升机、战舰、导弹与导弹发射器,以及小型军火等八类常规武器的国际贸易制定的共同国际标准。遵守条约的缔约国将设立管制武器出口的机制,以确保所输出的武器不被用于种族灭绝、战争罪行,或落入恐怖分子和犯罪团伙手中。①

二、裁军谈判会议

1984年成立的日内瓦裁军谈判会议(Conference on Disarmament in Geneva,简称裁谈会),是当前国际社会唯一的多边裁军谈判论坛。它根据1978年举行的联合国大会裁军第一届特别会议建议而成立,前身可追

---

① 《条约》通过时有154票赞成,朝鲜、伊朗和叙利亚共3票反对,中国、俄罗斯、印度和埃及等23票弃权。关于该条约的进一步讨论,参见李雪平:《联合国集体安全体制发展的重要里程碑——〈武器贸易条约〉述评》,载《国际法研究》2014年第1期。

溯到十国裁军委员会(1959年)、十八国裁军委员会(1962—1969年),以及裁军委员会会议(1969—1978年)。

裁谈会总部设在瑞士日内瓦,正式成员国包括了所有拥有核武器的国家。裁谈会成员国分为西方集团、东欧集团和21国集团(又称不结盟国家集团)三大集团,以及作为独立一方的中国。各集团由其协调员组织内部磋商,有时以集团名义提出建议或制定工作文件。

裁谈会不是联合国的直属机构,但与联合国有特殊关系。裁谈会秘书长由联合国秘书长指派,并为联合国秘书长在裁谈会的私人代表。裁谈会每年举行三期会议,时间分别为10周、7周和7周,会议从每年1月的倒数第二周开始。裁谈会的主席由其成员国轮流担任,任期为4周。裁谈会有自己的议事规则和议程,同时参考联大的建议和会员国的提案,并且每年向联大提交年度工作报告,或根据需要随时报告。

裁谈会的职权范围几乎包括所有多边军控和裁军问题。目前的议题主要包括:停止核军备竞赛和核裁军;防止核战争及一切相关事项;防止外层空间的军备竞赛;有效的国际协议以保证不对无核国家使用或威胁使用核武器;新型大规模毁灭性武器和包括放射性武器在内的武器新系统;综合裁军方案和军备透明度。近半个世纪以来,裁谈会及其前身经过谈判先后达成了《不扩散核武器条约》《禁止生物武器公约》《禁止化学武器公约》等一系列重要国际条约。

三、核军备控制

核武器具有空前巨大的破坏力,并能造成不分国界的大范围持久危害。因此,核军备控制被置于国际军备控制活动的首要地位而备受重视。核军备控制是指国际上对核武器的研制、试验、生产、部署、使用及其技术扩散等加以限制或禁止的活动。核军备控制的主要方式是美苏(俄)服从服务于双方的国家战略利益,围绕核裁军和核军控进行政府间谈判博弈,签署了一系列重要的双边条约,形成了特殊的法律机制。此外,也包括联合国大会及其所属机构就核军备控制问题进行辩论及作出各种决议,还包括科学家和非政府组织就核军备控制问题进行研究和咨询,推动核军备控制谈判。

(一)核军备控制的发展进程

关于核裁军谈判,美、英、苏于1963年签署了《部分禁止核试验条约》，但未禁止地下核试验；1967年签订《外层空间条约》，禁止把天体用作军事用途；1968年签订了"防止核扩散条约"；1971年签订了《禁止在海床洋底安置核武器条约》等。由于战后世界核武器总数的97%为美、苏所拥有，因此重大的核裁军谈判主要在美、苏之间进行。20世纪60年代以来，美、苏核裁军谈判大体经历了三个阶段：

第一阶段(1969年11月至1972年5月)。为了保持双方的战略稳定，美、苏双方共举行了123次会谈，最后于1972年签订了《限制反弹道导弹系统条约》(Treaty on the Limitation of Anti-Ballistic Missile Systems, ABM，简称《反弹道导弹条约》)和为期5年的《关于限制进攻性战略武器的某些措施的临时协定》。前者规定双方各自可拥有2个基地，每个基地内可部署100枚反弹道导弹；后者规定双方各拥有1054枚和1618枚潜艇发射战略导弹。但协定未限制战略轰炸机和进攻性核武器的质量。因此美、苏军备竞赛便由数量转移到质量方面。

第二阶段(1972年11月至1979年6月)。中心议题为拟订一项限制进攻性战略武器的条约取代上述临时协定。双方在7年中先后举行了300次会议，最后达成第二阶段《限制进攻性战略武器条约》。该公约规定，双方战略核运载工具为2250件，其中分导式多弹头导弹和运载工具不得超过1320件。但该条约仍然是限制数量而未限制质量。因苏军入侵阿富汗，该条约未被美国国会最后批准。R.W.里根(Ronald Wilson Reagan, 1911—2004)入主白宫后则认为该条约某些条款可在相互保证下受其约束。

第三阶段(1982年3月以后)。最初两年进行了欧洲中程核武器和战略核武器谈判。1983年年底由于北约方面实施"双重决议"，在欧洲部署新式中程导弹，苏联退出谈判。戈尔巴乔夫(Mikhail Sergeyevich Gorbachev, 1931—2022)执政后，美、苏关系出现转机，20世纪80年代中期起，核军备控制步伐加快，开始取得一些进展。美、苏(俄)两国开始大幅度裁减其部署的核武器。1985年3月起美、苏双方又在日内瓦开始新一轮的军控谈判，涉及太空武器、战略武器和中程导弹诸方面。经过艰苦的谈判，1987年12月8日双方在华盛顿订立了《中程导弹条约》。这一成果推动了战略核武器谈判的发展。接着又达成了关于削减50%战略核武器的原则协议。布什于1989年6月出任美国总统后，经过一年的谈判，美、苏在战略核武器问题上取得了新的进展。1991年7月美、苏首脑在莫斯科签署了《削减战略武器条约》。10月美国又提出单方面削减军备的计划。

美、苏在进行长期、大规模的军备竞赛之后,常规军备与核武器均已达到超饱和状态。军备控制谈判达成初步协议,反映了20世纪80年代末至90年代初国际局势的变化,东西方关系趋向缓和的大背景,也是美、苏双方实行战略转换,摆脱沉重军费负担的需要,它受到了世界爱好和平、反对军备竞赛的国家和人民的欢迎。但这只是开端,距离全面裁军和彻底销毁核武器还相去甚远。1991年年底,苏联解体,苏、美两大国之间的军备竞赛消失了,但超级大国加强军备、推行霸权主义的现象仍继续存在。

(二)限制和禁止的内容

核军备限制和禁止的内容包括:

1. 禁止核武器的使用。禁止使用核武器、消除核战争危险是核军备控制中最重要的任务。1961年11月,联合国大会曾通过《禁止使用核及热核武器宣言》。2007年,一些国家向联合国提交提案,希望"禁止核武器的拥有、研发、储存、试验或威胁使用",试图使核武器完全非法化。2017年,联合国启动禁止核武器条约的谈判,并公布条约草案。2018年10月,中俄英美法签署联合声明,表明不会签署这一条约。2021年1月22日,《禁止核武器公约》得到50国批准,之后90天达到生效条件。有核国家和潜在有核国家均未签署此公约。

2. 限制和裁减核力量。美、苏两国拥有世界约95%的核武器,应率先开展核裁军,逐步销毁已有核武器。美、苏两国已签订了一些条约,如《限制进攻性战略武器条约》(1979年)、《中程导弹条约》(1987年)、《削减战略武器条约》(Strategic Arms Reduction Treaty, START, 1991年、2010年)等。早期签订的条约对限制美、苏双方核军备竞赛起了一些作用,而实际的裁减始于中导条约。START等条约对如何处置裁减后的核弹并无具体规定。1972年《反弹道导弹条约》规定各方只允许建立两个反弹道导弹防区。1974年,又修改为只允许建立一个反弹道导弹防区。

3. 禁止核试验。禁止核试验有利于阻止发展新型核武器,有利于防止核扩散。《部分禁止核试验条约》(1963年)禁止在大气层、外层空间、水下进行核试验,已有120多个国家签署;《美苏限制地下核武器试验条约》(1974年)禁止进行威力大于15万吨TNT当量的地下核试验。

《全面禁止核试验条约》(Comprehensive Nuclear Test Ban Treaty, CNTBT)是一项旨在促进全面防止核武器扩散、促进核裁军进程,从而增进国际和平与安全的条约。1954年,印度领导人贾瓦哈拉尔·尼赫鲁(Jawaharlal Nehru,1889—1964)首次在联合国大会上提出缔结一项禁止核试验国际协议的建议。1994年1月,日内瓦裁军谈判会议正式开始CNTBT的谈判。1996年8月22日,谈判结束。9月10日,第五十届联大续会以158票赞成、3票反对(印度、不丹和利比亚)、5票弃权(古巴、黎巴嫩、叙利亚、坦桑尼亚和毛里求斯)的压倒多数通过决议。9月24日,CNTBT在纽约联合国总部开放签署。中国自始至终参加了CNTBT谈判,并在开放签署当天继东道国美国之后签署条约,同时发表了中国政府声明,重申了中国一贯主张全面禁止和彻底销毁核武器,并为早日实现这一目标继续努力奋斗的原则立场。由于CNTBT附件二中所列44国中有美国、中国等多个有核国家尚未批准该条约,不满足CNTBT第14条第4款的生效条件,CNTBT尚未生效。

4. 防止核武器扩散。建立无核区也是防止核扩散的一种有效形式,已建立拉丁美洲、南太平洋等无核区。虽然防止核武器扩散已经取得了不少进展,但核扩散的危险仍然存在。

1968年7月1日,联合国大会通过《不扩散核武器条约》(Treaty on the Non-Proliferation of Nuclear Weapons, NPT,又称"防止核扩散条约"或"核不扩散条约"),分别在华盛顿、莫斯科、伦敦开放签字,当时有59个国家签约加入,有效期25年。1995年,联合国召开缔约国大会通过了条约的无限期延长,条约成员国已扩大到190个。[①] 该条约的宗旨是防止核扩散,推动核裁军和促进和平利用核能的国际合作,1970年3月正式生效。NPT共11条,主要内容是:有核国家不得向任何无核国家直接或间接转让核武器或核爆炸装置,不帮助无核国家制造核武器;无核国保证不研制、不接受和不谋求获取核武器;停止核军备竞赛,推动核裁军;把和平核设施置于国际原子能机构的国际保障之下,并在和平使用核能方面提供技术合作。根据规定,每5年举行一次会议,审议条约的执行情况。

---

① 参见 http://www.un.org/disarmament/WMD/Nuclear/NPT.shtml,访问日期:2022年10月22日。

1995年4月,NPT缔约国在联合国总部召开的审议和延长该条约大会上,决定无限期延长这个条约。为了更有效地防止核扩散,1997年5月15日,国际原子能机构(International Atomic Energy Agency,IAEA)理事会核准了保障协定附加议定书。这是自1970年通过第一批依照NPT与无核武器国家缔结的全面保障协定实施细则以来,对机构保障体系所作的最重要修订。附加议定书的标准文本由序言、18条正文和2个附件组成,内容包括:有关国家提供有关核燃料循环的一切信息,以及视察员进入这些场所的权利;有关一国核场址上的一切建筑物的信息及视察员临时通知进入这些建筑物的权利;改进视察员指派过程的行政安排,发放多次入境签证和国际原子能机构利用现代通信手段的权利;国际原子能机构遵守实施的卫生、安全、实物和其他安保方面的规定及尊重个人权利,并采取一切预防措施保护由此得知的商业、技术和工业秘密及其他机密信息等。

1985年12月12日,朝鲜加入NPT(但未按NPT要求在1年半内同国际原子能机构签订全面保障监督协定)。1992年1月30日,朝鲜签订全面保障监督协定,4月协定生效,5月4日向IAEA提交了关于其所有核材料及相关设施的初始申报。1993年3月12日,朝鲜宣布退出NPT,3个月后正式生效。1993年6月2日至11日,朝鲜与美国举行第一次正式会谈,会后,朝鲜宣布暂不退出NPT。2003年1月10日朝鲜宣称,国际原子能机构和NPT已成为美国执行反对政策的工具,再次宣布退出NPT,成为首个退出此条约的国家。

5. 禁止生产和控制核武器用裂变材料。全面禁止核试验和禁止生产核武器用裂变材料已提上议事日程。禁止生产和有效控制高浓铀和武器级钚,可以限制核武器增加和防止核武器扩散。2006年5月18日,美国在日内瓦举行的有65个成员国参与的裁军大会上公布了一份旨在结束可用于制造核武器的易裂变材料的生产的《禁止生产核武器用裂变材料公约》草案。

(三)核军备控制的核查监督

核查监督核军备控制条约、协议的执行,发现和制止违约行为,起保证条约实施的作用。核查活动涉及缔约国的权益和安全,因此,关于核查条款的谈判不仅是技术和经费问题,也是政治问题。核军备控制的核查需要根据核查对象选择有针对性的、技术上可行、经济上可以承受的方法,核查方法既要有足够的探测灵敏度和识别能力,又要防止误警,并避免涉及被查方的重要机密。针对可能的违约行为,应建立尽可能严格的核查方法和操作机制并采用先进的技术。

核查方式可以分为全球监测和现场视察(含质疑视察)两大方式。核查手段可以分为国际核查手段和国家核查手段。国际核查手段是由国际组织控制信息获取技术,并由缔约国共享信息的方式,在多边条约中采用。国家核查手段指由核查国自己控制的获取和使用信息的方式,主要手段之一是卫星侦察,START 等条约规定了配合国家核查手段核查的合作措施条款。质疑视察是一方发现对方某场所有可疑的违约活动时,按条约规定对该地及时进行的现场视察。

冷战期间的大国角力,核武器的军备竞赛愈演愈烈,与核武器有关的裁军和军备控制问题成为了美苏之间开展政治、外交斗争的主要议题,逐步形成了一个以国际法原则为基础,双边和多边国际条约为核心,以核军控为纽带的特殊而重要的国际法律体系。冷战结束,特别是进入 21 世纪以来,世界多极化格局不断演变,核裁军和核军控问题已发展成为一个涉及国际法、国际政治和核技术等多领域的复杂的国际问题。

(四)中国与核军备控制

中国在核武器的规模和发展方面始终采取极为克制的态度,不在别国部署核武器,从不参加任何形式的核军备竞赛,将继续把自身核力量维持在国家安全需要的最低水平。中国于 1991 年 12 月 29 日决定加入 NPT,1992 年 3 月 9 日递交加入书,同时对中国生效。中国于 1998 年 12 月 31 日签署了附加议定书。

中国一贯主张并积极倡导全面禁止和彻底销毁核武器。中国坚定奉行自卫防御的核战略,始终恪守在任何时候、任何情况下不首先使用核武器,无条件不对无核武器国家和无核武器区使用或威胁使用核武器的承诺。中国支持日内瓦裁谈会尽快达成全面平衡的工作计划,早日开展实质性工作。中方坚定维护多边裁军机制的权威性和有效性,支持裁谈会尽早启动"禁产条约"谈判,始终认为裁谈会是谈判该条约的唯一适当场所,并一直为推动裁谈会各方凝聚共识、弥合分歧作出积极努力。中国坚定支持《全面禁止核试验条约》,并积极推动条约早日生效。

中国始终认为,《不扩散核武器条约》是国际核不扩散机制的基石,希望各方共同努力,认真落实 2010 年审议大会最后文件。当前形势下,各方应继续维护和加强条约的普遍性、权威性和有效性,使条约在防止核武器扩散、推动核裁军和促进和平利用核能方面发挥更大作用。中国重视核安全问题,反对核恐怖主义,支持加强相关国际合作,愿与各方共同努力,推动核安全谈判取得积极成果。

中国认为,核能利用必须以安全为前提。中国支持国际社会采取切实措施加强核能安全,积极开展相关国际合作,以促进核能的健康、可持续发展。①

四、禁止生物武器公约(BWC)

生物技术在改善人类健康及生存环境等方面,发挥着日益重要的作用。然而,生物科技的滥用和误用可能造成的潜在危害也呈上升趋势。

(一) 生物武器与毒素武器

生物武器旧称细菌武器。生物武器是生物战剂及其施放装置的总称,它的杀伤破坏作用依靠生物战剂。生物武器的施放装置包括炮弹、航空炸弹、火箭弹、导弹弹头、航空布撒器和喷雾器等。以生物战剂杀死有生力量和毁坏植物的武器统称为生物武器。

毒素武器(toxin weapon)亦称毒素战剂(toxin warfare agent),是用于敌对目的的毒素,是由细菌、动物、植物和真菌等生物产生的有毒化学物质,其毒性极大,可直接对人畜产生伤害或致其死亡。早期人们曾把毒素归为或误认为生物武器,但它与生物武器有本质的不同,它不是活性的生物,而是生物的特殊代谢物或分泌物,应属于化学武器(化学战剂)的范畴。与化学战剂一样,不论是来源于生物还是化学合成,本身都是无生命和不会繁殖、传染的化学物质。由于它们处于生物科学和化学科学的重叠交叉的边缘,故又称生物化学武器(biochemical weapon)。

(二)《禁止细菌(生物)及毒素武器的发展、生产及储存以及销毁这类武器的公约》的发展与基本内容

《禁止细菌(生物)及毒素武器的发展、生产及储存以及销毁这类武

---

① 参见《第 65 届联合国大会中国立场文件》。

器的公约》(Biological Weapons Convention, BWC)的草案于 1971 年 9 月 28 日由美国、英国、苏联等 12 个国家向第 26 届联大联合提出,经联大通过决议,决定推荐此公约。1972 年 4 月 10 日分别在华盛顿、伦敦和莫斯科签署。BWC 于 1975 年 3 月 26 日生效。各方在自愿的基础上遵守该公约。截至 2022 年 10 月,该条约已有 183 个缔约方。①

BWC 共 15 条,主要内容是:缔约方在任何情况下不发展、不生产、不储存、不取得除和平用途外的微生物制剂、毒素及其武器;也不协助、鼓励或引导他方取得这类制剂、毒素及其武器;缔约方在公约生效后 9 个月内销毁一切这类制剂、毒素及其武器;缔约方可向联合国安理会控诉其他国家违反该公约的行为。

由于缺乏必要的核查机制,加上一些措辞有不严谨之处,公约的执行与监督困难重重。为此,公约签字方曾于 1980 年、1986 年、1991 年、1996 年、2001 年和 2006 年就该公约举行过六次审议会议。BWC 成员方在 1994 年的特别会议上决定成立特别工作组,制定一份对于成员国具有法律约束力的协议草案。但是在 2001 年 12 月的第五次审议会议因美国要求会议"明确终止"特殊工作组的使命,反对就进一步加强 BWC 的措施进行谈判而被迫休会。2002 年 11 月 11 日,BWC 第五次审议会议在日内瓦复会。

在相当长的时期内,BWC 没有像《核不扩散条约》和《禁止化学武器公约》等禁止大规模杀伤性武器公约那样,由专门的机构负责协定的执行和实施。联合国 BWC 执行协助机构于 2007 年 8 月 23 日在瑞士日内瓦宣告成立,各缔约国从此拥有了一个国际组织协助其更有效地应对生物武器造成的威胁,并帮助其执行公约所规定的条款。公约执行协助机构的成立是 BWC 历史上非常重要的一步。该协助执行机构任务繁重,将负责推动公约缔约方之间以及缔约方与学术研究机构和非政府组织之间的交流,为缔约方提供行政支持,促使缔约方全面履行禁止生物武器的承诺,并敦促尚未加入公约的国家尽早成为其成员。《核不扩散条约》和《禁止化学武器公约》的执行机构分别为国际原子能机构和禁止化学武器组织,与这两个组织相比,BWC 执行协助机构的规模和工作侧重点是不

---

① 参见 https://legal.un.org/avl/ha/cpdpsbbtwd/cpdpsbbtwd.html,访问日期:2022 年 10 月 22 日。

同的。国际原子能机构和禁止化学武器组织规模较大,拥有自己的实验室和核查人员,能够依据需要派遣核查人员进行监督和核查工作,而 BWC 执行协助机构只有 3 名工作人员,工作以促进和协调成员国加强自身对于生物武器的控制为主。

(三) 中国与 BWC

中国政府 1984 年 9 月 20 日加入 BWC。台湾当局曾于 1972 年 4 月以中国名义在华盛顿签署了公约,并于 1973 年 2 月 9 日批准。中国在加入公约时声明台湾当局的签署和批准是非法的、无效的。1984 年 11 月 15 日,中国政府分别向英、美、苏政府交存加入书,该公约于同日对中国生效。中国认为,BWC 生效以来,在禁止和彻底销毁生物武器、防止生物武器扩散方面发挥了不可替代的重要作用。在新形势下,通过多边努力切实加强公约的权威性、普遍性和有效性,促进生物裁军和军控进程,防止和应对生物安全威胁,仍是各缔约国肩负的共同历史使命。在立法方面,中国政府颁布和实施了一系列法律法规,内容涵盖公约禁止条款、出口管制、生物安全及安全保卫、公共卫生、传染病监控等领域,形成了较为完备的履约法律体系,并不断加以完善和更新。在执法方面,中国政府严格执法,依法惩处违反行为。中国呼吁各方高度重视,探讨并制订可行的计划,加大投入,使各国特别是发展中国家能真正从国际合作中受益。

五、《关于禁止发展、生产、储存和使用化学武器以及销毁此种武器的公约》

《关于禁止发展、生产、储存和使用化学武器以及销毁此种武器的公约》(Convention on the Prohibition of the Development, Production, Stockpiling and Use of Chemical Weapons and on Their Destruction, CWC,简称"禁止化学武器公约"),是第一个关于全面禁止、彻底销毁一整类大规模杀伤性武器并规定了严格核查制度和无限期有效的国际条约。其核心内容是在全球范围内尽早彻底销毁化学武器及其相关设施,确保《禁止化学武器公约》得到实施。该组织正在积极开展销毁叙利亚化学武器的工作。

《禁止化学武器公约》于 1993 年 1 月开放供签署,1997 年 4 月 29 日正式生效。目前全世界已有 190 个国家已经加入该公约。以色列和缅甸签署该公约但未由议会批准。安哥拉、埃及、朝鲜、南苏丹没有签署该公约。①

为确保《禁止化学武器公约》的各项规定包括对公约遵守情况进行核查的规定得到执行,并为各缔约国提供进行协商和合作的论坛,禁止化学武器组织于1997年5月23日成立。禁止化学武器组织旨在实现《禁止化学武器公约》的宗旨和目标,确保公约各项规定得到执行,每年举行一次缔约国大会,讨论重要问题并作出决策。

《禁止化学武器公约》的目标和宗旨是要彻底消除化学武器的危害,促进化学工业的国际合作和技术交流,使化学领域的成就完全用于造福人类,增进所有缔约国的经济和技术发展,对维护国际和平与安全具有重要意义。该公约包括24个条款和3个附件,主要内容是签约国禁止使用、生产、购买、储存和转移各类化学武器;所有化学武器生产设施拆除或转作他用;提供关于各自化学武器库、武器装备及销毁计划的详细信息;保证不把除莠剂、防暴剂等化学物质用于战争目的等。条约中还规定由设在海牙的一个机构经常进行核实。这一机构包括一个由所有成员国组成的会议、一个由41名成员组成的执行委员会和一个技术秘书处。公约规定所有缔约国应在2012年4月29日之前销毁其拥有的化学武器。

1997年4月,中国批准了《禁止化学武器公约》,成为该公约的原始缔约国。

六、导弹技术控制制度(MTCR)

导弹技术控制制度(Missile Technology Control Regime, MTCR)是当前国际多边导弹防扩散领域的核心机制,旨在防止可运载大规模杀伤性武器(WMD)的导弹和无人驾驶航空飞行器及相关技术的扩散。20世纪80年代,印度、巴西、埃及等国初步建立导弹工业,另有十几个国家也制定了导弹发展计划。美国等军事大国认为,如不及时制止导弹技术的扩散,势必危及美国及其盟国的安全。1982年5月,美国开始与英国磋商建立相关出口控制制度问题;7月,加、法、德、意、日、英、美七国举行会议,1985年7月,会议就制定MTCR达成一致意见。1987年,MTCR建

---

① 参见 http://www.opcw.org/about-opcw/non-member-states/,访问日期:2022年10月22日。

立。此后，MTCR 的准则和附件历经数次修改。

MTCR 由"准则"和"设备、软件和技术附件"组成。"准则"规定了 MTCR 的目标和导弹及相关物项的出口控制指导原则框架。"设备、软件和技术附件"罗列了应受控制的导弹及相关物项和技术。各成员国通过国家立法实施 MTCR 准则，并将附件所列物项纳入本国的出口管制体系。

"准则"规定，MTCR 通过对可能有助于 WMD 运载系统（有人驾驶飞机除外）发展计划的转让进行控制，以达到减少 WMD 扩散风险的目的。"准则"也试图防止受控物项和技术落入恐怖组织和个人之手。"准则"不妨碍各国开展空间计划或此类计划的国际合作。MTCR 附件所列一切项目的转让均应受到限制并适用逐项审批原则。在转让可能促进 WMD 运载系统研制的情况下，转让国政府必须要求接受国政府保证，未经同意不得改变项目的申明用途；不得将转让的项目或其仿制件、改型件再次转让。

MTCR 将受控物项分为两大类：(1) Ⅰ类项目是最敏感的项目，包括主要参数超过 300 公里射程/500 公斤载荷的完整火箭系统（包括弹道导弹、空间运载火箭和探空火箭）和无人驾驶航空飞行器系统（包括巡航导弹、靶机和侦察机），以及上述系统的生产设施、主要分系统（包括火箭各级）。Ⅰ类项目在转让时无论目的如何，均应加以特别限制，适用"强烈推定不予转让"原则；Ⅰ类项目生产设施的转让一般不应批准。(2) Ⅱ类项目包括可用于运载大规模杀伤性武器、但未包括在Ⅰ类项目中的完整火箭系统（包括弹道导弹、空间运载火箭和探空火箭）和无人驾驶航空飞行器系统（包括巡航导弹、靶机和侦察机），以及可用于Ⅰ类项目中各系统的设备、材料和技术。Ⅱ类项目在转让时应予逐案审批。

各成员国根据 MTCR 准则和附件，制定有关出口控制法规；由各成员国政府自行判断有关转让是否会被用于运载大规模杀伤性武器，并据此决定是否批准某一项出口。各成员国定期相互通报发放导弹相关出口许可证的情况，并对出口控制中的有关问题进行讨论。

中国认为，MTCR 作为导弹领域的多国出口控制机制，在延缓导弹及相关技术扩散方面发挥了一定积极作用，它所确立的准则和参数有一定科学性和借鉴意义。MTCR 成员国多次表示原则上欢迎中国加入。2003 年 9 月，中国外长李肇星在复函 MTCR 主席时明确表示，中方愿积极考虑加入 MTCR。2004 年 2 月和 6 月，中国与 MTCR 分别在巴黎和北京举行了两轮对话会。2004年9月中国正式申请加入该制度,虽然目前不是该制度的成员国,但作为该制度的遵守国,中国在制定导弹出口管制条例和清单时,充分借鉴了 MTCR 准则和技术附件,有关出口管制原则和范围已和 MTCR 基本一致。中国愿继续增进与 MTCR 的对话与交流,推动双方关系的进一步发展。①

中国为推进国际军控与裁军进程作出自己独特的贡献。中国政府一贯主张,国际社会应维护国际军控、裁军与防扩散条约体系,促进其普遍性,加强其有效性和权威性;坚持多边主义,发挥多边军控、裁军和防扩散条约机构的作用和影响;在现有国际法基础上,努力通过政治、外交手段应对大规模杀伤性武器扩散带来的挑战;采取标本兼治,综合治理的方法,既要关注大规模杀伤性武器扩散等安全威胁,又不忽视产生这些问题的社会和经济根源。1995年,中国发表了《中国的军备控制与裁军》白皮书,把防扩散与军控、裁军共同列入标题,表明中国对防扩散问题更加重视。同时,白皮书还表明,中国将以互信、互利、平等、协作为核心的新安全观作为促进共同安全的基本要素。这一新安全观,既是中国在维护国际安全方面的基本主张,也是中国在军控、裁军和防扩散努力方面所遵循的基本方针。中国积极支持多边军备控制进程,忠实地履行了《禁止化学武器公约》《禁止生物武器公约》等国际军控条约的义务。继2002年颁布实施防止导弹扩散出口控制有关法规后,中国在2003年制定《敏感物项出口审批原则及规程》,并加大了防扩散执法力度。2003年9月,中国宣布裁减军队员额20万人。2003年12月3日中国发表《中国的防扩散政策和措施》白皮书,重申中国坚决反对各类大规模毁伤性武器及其运载工具扩散的立场,表明中国政府防扩散的决心和诚意。在国际上,中国积极地推动和平解决朝鲜核问题的六方会谈和对话,发挥了独特的作用,赢得国际社会的赞誉。2005年9月,中国发表的《中国的军控、裁军与防扩散努力》白皮书,对中国军控基本主张与政策取向的介绍更为全面、客观、详细,而且充分体现了中国所倡导的以"互信、互利、平等、协作"为核心的新安全观。在联合国大会第一委员会、裁军谈判会议审议会议等各种会议上,中国继续为维护国际裁军法律体系,不断推进多边裁军进程作出不懈的努力。

---

① 参见赵通、李彬:《美国遵守 MTCR 规定吗?》,载《国际政治科学》2007年第2期。

七、外空军控

随着空间技术的飞速发展,外空武器化和外空军备竞赛的风险也进一步上升,这将阻碍和平利用外空,破坏各国在外空的安全互信,打破全球战略平衡与稳定,不利于核裁军进程。外空技术和外层空间的军事利用,特别是外空武器的发展,引起了国际社会的不安。与此同时,现有外空立法无法防止外空武器化,也不能有效防止对外空物体使用或威胁使用武力。绝大多数国家特别是发展中国家要求采取有效措施限制外空武器的发展,防止外空的军事化。① 面对这一形势,国际社会必须采取预防性措施,就防止外空军备竞赛尽早谈判缔结新的国际法律文书,从源头和法律机制上防止外空武器化。

长期以来,国际社会在外层空间军备控制方面作了许多努力。历届联大均以高票通过"防止外空军备竞赛"决议,要求裁谈会谈判缔结相关国际法律文书。早在1959年联合国就曾成立了旨在保证太空和平利用的联合国和平利用外层空间委员会。经过联合国和十八国裁军委员会的多年努力,1966年通过了《外空条约》。缔约国承诺:不在围绕地球的轨道上安置任何载有核武器或其他任何大规模杀伤性武器的物体;不在天体上安置这些武器,并不以任何其他方式在外层空间安置这些武器;月球和其他天体只能被用于和平目的;禁止在月球和其他天体上建立军事基地、军事装置和防御工事或试验任何类型的武器和进行军事演习。该条约是迄今为止外空法领域的第一个成文法,也是关于外层空间军备控制的最重要的国际条约,它所确立的有关外空活动的原则对于防止和限制外层空间的核军备竞赛、指导各国和平探索和利用外空有一定的作用。

其他与外层空间军备控制有关的国际条约包括1963年《部分禁止核试验条约》(禁止在外空进行核武器试验和其他任何核试验)和1972年《反弹道导弹条约》(禁止研制、试验、部署除固定的陆基系统以外的其他任何反导系统,包括海基、空基、天基或机动陆基反弹道导弹系统及其部件)。1982年起,日内瓦裁军谈判会议把防止外空军备竞赛问题列入议程,此后每届会议均有该项议程。1985年至1994年,裁军谈判会议还设

---

① See Major Robert A. Ramey, "Armed Conflict on the Final Frontier: The Law of War in Space," 48 *The Air Force Law Review* 1 (2000).

有防止外空军备竞赛特设委员会(简称外空特委会),专门审议外空问题。联合国大会也考虑过采取进一步措施防止外空军备竞赛。1993年,一项根据1990年联合国大会决议进行的关于在外层空间应用建立信任措施的研究完成,并提交给联合国大会。参加该项研究的一个由政府专家组成的小组得出的结论是:自《外空条约》生效以来,需要适时进一步强化法律标准,以应付空间技术的进一步发展以及应用这种技术的普遍兴趣的增加。在这种情况下,该研究报告认为,需要建立一种框架来促进国家间合作和建立信任措施。1993年联合国大会通过决议向全体会员国推荐注意该研究报告。1994年,联合国大会重申,需要加强和增强能应用于外层空间的法律体系;强调应在这方面采取进一步的措施,这种措施需要有适当的和有效的核查条款;要求裁军谈判会议加紧考虑在外层空间的所有方面防止军备竞赛的问题。1995年和1996年联合国大会又重申了强化外层空间法律体系的需要,并要求日内瓦裁军谈判会议重建防止外空军备竞赛特设委员会。1999年,第54届联合国大会再次以压倒多数通过了防止外空军备竞赛的决议。

　　禁止外空武器和禁止损害战略稳定的反导武器系统是外空军控的关键。冷战结束后,国际形势总体趋向缓和,外空军备竞赛和外空军事化活动本应相应地趋于减弱,然而,个别国家近年来加紧发展和试验外空武器系统,如国家导弹防御系统(NMD)和战区导弹防御计划(TMD),使外空军事化和军备竞赛的问题再次突显。例如,20世纪90年代下半期,美国为了部署、发展NMD,近年来一直阻挠日内瓦裁军谈判会议就防止外空军备竞赛而强化外层空间法律体系问题进行谈判,甚至企图修改、抛弃《反弹道导弹条约》。9·11事件后,美国国内对NMD的批评有所缓和。在阿富汗进行的反恐战争取得阶段性胜利的情况下,美国总统布什于2001年12月13日宣布,美国将在6个月后退出《反弹道导弹条约》。这种单方面退出国际军控体系中重要条约的做法不仅给国际战略平衡带来严重负面影响,而且刺激太空军备发展,甚至导致太空军备竞赛。正是这方面的严重事态阻止了核裁军进程,正在破坏防止核扩散的基础。美国的做法违背了《外空条约》所确立的和平利用外空原则,不利于维护世界和平与安全,引起了世界上广大爱好和平国家的关切和警惕。[1]

---

[1] 参见夏立平:《外层空间军备控制的进展与障碍》,载《当代亚太》2002年第6期。

中国一贯认为,外空资源是全人类的共同财产,外空探索和利用应基于和平的目的,服务于促进世界各国的经济、科学和文化的发展,造福于全人类。虽然就国际法发展的现状而言,尚未在法律上实现外空的完全非军事化,但外空完全非军事化无疑代表了空间法未来发展的方向,各国应为此继续努力。2014年6月10日,中国与俄罗斯在日内瓦共同向裁军谈判会议(裁谈会)全体会议提交"防止在外空放置武器、对外空物体使用或威胁使用武力条约"的更新草案,提出通过谈判达成一项新的国际法律文书,防止外空军备竞赛和外空武器化。

八、网络军控

(一)网络武力的可能性

网络武器改变了传统作战方式,引起了新的军备竞赛。早在20世纪90年代,俄罗斯就警告说,信息安全领域可能会出现军备竞赛。如今,网络军备竞赛已成为事实,而美、俄正是这场网络军备竞赛的主角。美军在1991年的海湾战争中就对伊拉克实施了网络战;在2007年爱沙尼亚政府网站被攻击瘫痪事件中,俄罗斯被西方冠以"第一个发动国家间网络战争的国家"之名,性质是政治攻击;而在2008年俄格战争中,格鲁吉亚政府遭受的网络攻击则被西方国家认定为军事打击。"震网"病毒的出现进一步彰显了网络武器的威慑力,推动了网络军备竞赛。为了争夺制网权,越来越多的国家将网络战纳入国家战略层面,制定了各自的网络军事力量发展规划,组建网络部队,扩充网络军备。2009年6月美国宣布组建网络司令部,整合三军的网络军事力量。美国还明确把网络空间作为新战场,提出要发展网络威慑力量。

2008年,北约在塔林成立了"协作网络防御卓越中心"和网络防御管理局。2010年,北约将网络攻击视为对北约安全的第三大威胁。在这种形势下,北约成立了由20多名国际法专家和网络战专家组成的专家组,历时3年编写网络战规则。2013年,"协作网络防御卓越中心"发布了《塔林手册:适用于网络战的国际法》①,该手册分为国际网络安全法和网络武装冲突法两部分,重点关注的是"利用网络发起对网络的行动";该

---

① Michael N. Schmitt(ed.), *Tallinn Manual on the International Law Applicable to Cyber Warfare* (Cambridge University Press, 2013).

手册认定,网络空间不是任何人都可以不受限制地开展敌意行动的"无法"真空地带,明确网络行动可以被视为武力使用,也就是将网络攻击纳入了"武力纷争"的一种形式;手册还容许网络恐怖导致人员伤亡或财产损失时可以动用实际军事力量。《塔林手册:适用于网络战的国际法》是第一份公开出版的系统化的国际性网络战争国际法规范建议,这是以美国为首的北约争夺网络战争规则制定权的重要举措,很多方面体现了美国政府和军方的惯例做法,着力为美军操纵网络空间寻找法理依据,体现了西方各国的利益诉求。

网络军事化的升级引起了国际社会的普遍担忧,网络军备竞赛不仅会侵蚀全球战略平衡与稳定,而且会破坏国际军控与裁军进程,引起或加剧其他领域的军备竞赛,从而严重威胁国际安全。因此,许多国家都呼吁国际社会进行网络军备控制谈判,并就此形成国际条约,约束网络军备发展。中国政府也高度重视网络军备控制,积极支持俄罗斯向联合国递交的网络军备控制决议草案。中国的一贯立场是,"信息安全问题已成为影响一国综合安全乃至全球安全与稳定的重要因素""妥善解决该问题,符合各国的共同利益,也是国际社会的共同责任""联合国是探讨解决信息安全问题的适当场所,支持联大和联合国信息安全问题政府专家组,继续从国际安全和军控角度入手,全面、深入地研究信息安全领域面临的威胁和挑战,并在此基础上提出合理可行的应对措施。"中国政府先后派代表参加了联合国于2004年和2009年组织的信息安全问题政府专家组的工作,并与俄罗斯等国共同向第66届联大提交了由俄起草的"信息安全国际行为准则",阐述了中国在网络军备控制问题上的明确立场。随着全球军事政治学说和网络技术的发展,国际间基于网络空间进行的攻击与防卫行动愈演愈烈。在短短十数年间,网络空间行动的顶级模式,已经由简单的泄愤式宣传和偷窥式窃密,进阶为某一国家主体/国际组织基于自身利益的考虑,对另一国家主体/国际组织的某种特定能力(经济、军事、行政等)进行破坏的军事行动。而这种攻击行动,在某种程度上已经造成了不亚于传统战争引起的破坏。在2010年1月28日召开的达沃斯世界经济论坛年会上,有专家称美、中、俄等20多个国家已处于网络空间军备竞赛状态,并且有160多个国家及组织正在从事网络武器的开发工作。若任由这种情况无序发展,就可能会造成敌对态势,造成网络安全局势从网络防御转向网络攻击的趋势更加明显。因此,在国际军政学界,越来越多的人倾向于将网络战这一概念正式引入传统国际法体系。①

(二) 联合国在网络空间军备控制方面的努力

虽然联合国认为网络战是战争行为,但直到今天,任何联合国成员国和条约都没有明文给出对"网络战"这一术语的定义。

2009年2月18日,联合国秘书长潘基文(반기문,1944—)称联合国将考虑网络战及其对国际安全的影响。有关专家认为联合国应该采取以下5个步骤:

1. 联合国需要定义什么是网络攻击,什么是网络战行为以及什么是网络恐怖主义行为和网络武器。

2. 联合国必须制定应对网络攻击威胁的公约,以及对违反公约的人采取何种措施;协定还必须要求所有成员国合作调查和起诉攻击者。

3. 要求所有国家用统一的方式按季报告符合网络攻击、网络战和网络恐怖主义定义的行为和事件。

4. 有关方面必须向联合国秘书长和联合国安理会提供与网络活动相关的独立保密年报,年报中需要包括网络攻击、网络战、与网络恐怖主义相关的计划、防御、费用和行为、事件等内容。

5. 为成员国制定更好的网络情报收集措施,这些措施将用来向成员国解释目前和潜在的威胁。此外,要通过这些情报来监视违反协定者,并在必要时采取行动。

思考题

1. 如何认识保护的责任?
2. 为什么会产生军备控制的国际法?效果如何?
3. 国际人道法在当代国际关系中有何作用?
4. 在当代环境下,如何保证国际人道法的妥善实施?

拓展阅读

贾兵兵:《国际公法·下卷:武装冲突中的解释与适用》,清华大学出版社2020年版。

贾兵兵:《国际人道法简明教程(英文版)》,清华大学出版社2008年版。

---

① 参见程群:《网络军备控制的困境与出路》,载《现代国际关系》2012年第2期。

王虎华主编:《国际公法学》(第四版),北京大学出版社 2015 年版,第 18 章。

邢广梅:《国际海上武装冲突法的历史演进》,法律出版社 2011 年版。

朱文奇:《国际人道法》,中国人民大学出版社 2007 年版。

Andrea Bianchi and Yasmin Naqvi. *International Humanitarian Law and Terrorism* (Hart Publishing, 2011).

Andrew Clapham and Paola Gaeta(eds.). *The Oxford Handbook of International Law in Armed Conflict* (Oxford University Press, 2014).

Christine Gray. *International Law and the Use of Force* (3rd ed., Oxford University Press, 2008).

Jean-Marie Henckaerts and Louise Doswald-Beck (eds.). *Customary International Humanitarian Law* (in 2 volumes, Cambridge University Press, 2005).

Dan Saxon. *International Humanitarian Law and the Changing Technology of War* (Martinus Nijhoff, 2013).

Marco Sassòli. Antoine A. Bouvier and Anne Quintin, *How does Law Protect in War? Outline of International Humanitarian Law* (3rd ed., in 3 volumes, International Committee of the Red Cross, 2011).

Gary D. Solis. *The Law of Armed Conflict: International Humanitarian Law in War* (Cambridge University Press, 2010).

第十四章　国际环境法

国际环境法是国际法的新分支,从 1972 年联合国人类环境大会在斯德哥尔摩召开后才正式发展起来。虽然关于它的适用范围、主体以及具体规则、原则等尚有很多争议,但是随着全球环境的日益恶化、自然资源的日益枯竭,国际社会对于环境问题的认识不断深化,对于环境法规的重要性逐渐肯定,国际环境法已经迅速发展成为当前最重要的国际法领域之一。

第一节　国际环境法的内涵与发展

一、国际环境法的概念与特征

国际环境法(International Environmental Law)是调整人类在开发利用、保护改善环境和自然资源过程中所产生国际关系的规范总体,是国际法的分支领域。① 综观国际社会认可的 1972 年《人类环境宣言》(《斯德哥尔摩宣言》)、1982 年《内罗毕宣言》、1992 年《里约宣言》等"软法",以及现代与国际环境保护有关的公约、条约或协定的规定,可以看出国际环境法主要具有如下五个特征。

(一)人权本位的环保宗旨

国际环境法与国际人权法本是国际法的两个不同分支,然而近些年

---

① 参见梁西主编:《国际法》(第三版),武汉大学出版社 2011 年版,第 209—233 页;白桂梅:《国际法》(第三版),北京大学出版社 2015 年版,第 421—449 页;周忠海主编:《国际法》(第三版),中国政法大学出版社 2017 年版,第 242—269 页;邵沙平主编:《国际法》(第四版),中国人民大学出版社 2020 年版,第 382—412 页;《国际公法学》编写组:《国际公法学》(第三版),高等教育出版社 2022 年版,第 325—359 页;Patricia Birnie, Alan Boyle and Catherine Redgwell, *International Law and the Environment* (3rd ed., Oxford University Press, 2009); Philippe Sands, Jacqueline Peel, Adriana Fabra and Ruth Mackenzie, *Principles of International Environmental Law* (3rd ed., Cambridge University Press, 2012).

来环境保护与人权相结合的趋势越来越明显。国际环境法所确立的两项权利——环境权和发展权,都与人权紧密相连。环境权是作为整个环境法得以产生和发展的基础性权利而存在的,有些学者认为环境权是一项基本人权,其核心是生存权;有些学者认为环境权是一项独立于人权之外的权利,但它与人权有密切关系。

环境权作为一项基本权利,已经获得了一系列国际法文件的肯定。许多国家的立法也直接或间接地规定了环境权。发展权是人权的基本内容,是衡量所有其他人权实现程度的标尺。各国和国际社会推动的可持续发展战略开始把环境保护和发展权相提并论,指出应在保护环境的前提下谋求发展,以保证后代人也享有平等的生存权和发展权。

(二)"软法"群集的规范体系

从国际环境法规范来看,其由综合性的国际环境法文件、单行的国际环境公约或协议以及其他国际公约中包含的环境条款组成,其中大部分是"软法"。这些软法规范虽然对各国不具有强制性的法律约束力,但对国际环境法的影响却是全面而深刻的,如《人类环境宣言》《人类环境行动计划》《内罗毕宣言》《里约宣言》《二十一世纪议程》《关于森林问题的原则声明》等一系列在国际上具有极大权威的国际环境软法,确定和重申了当今举世公认的国际环境法的基本原则,给国际环境法以及各国国内环境法的发展指明了目标和方向,为世界环境保护作出了巨大贡献。其中重要表现就是:这些软法规范所提出的可持续发展原则,已成为各国在21世纪的发展战略。由于目前世界上还没有对保护全球环境的基本原则和措施作出全面规定的综合性全球环保公约,软法在国际环境法规范中具有突出地位。①

(三)国际组织的核心角色

虽然在几乎所有的国际法领域,国际组织都是重要的行为者,但在国际环境法领域,国际组织的作用尤为突出。20世纪70年代以来,联合国及其专门机构环境规划署(United Nations Environment Programme, UNEP)制定了一系列广为承认和遵守的国际环境软法规范,充分体现了国际组织在国际环境法发展中的重要地位。此外,陆续出现了一些有关环保的

---

① 参见梁西主编:《国际法》(第三版),武汉大学出版社2011年版,第210页。

区域性国际组织或专门机构;一些全球性国际组织也成立了专门的环保机构,如世界贸易组织下设了贸易与环境委员会;联合国环发大会在联合国内设立了高层次的专门处理环境与发展事务的政府间委员会——可持续发展委员会。

环境保护方面的国际组织虽然扮演了越来越重要的角色,但至今尚未出现全球性的、权威性的环保机构。国际社会亟需由各国平等参与的对全球环境事务予以监督的国际环保机构,用以确保各国环保义务和责任的履行。可以由该机构或者其附设的专门机构来起草和强化国际环保规范,规划和管理世界环境和资源、解决国家及其他国际法主体之间有关环境问题的争端、对国际环境法规进行编纂等。

(四)非政府组织积极参与

在国际环保领域,由于所涉问题的全球性、整体性、综合性和公益性,非政府组织所起作用尤为突出。它们既不是负责环境立法和执法的国家政府,也不是在经济发展和环境污染之间必须进行选择的企业,所以既不会出于政治考虑或服从行政而放弃环境保护的意愿,也不会因为经济利益淡漠环境保护的观念。它们动机明确,行动统一,时刻以维持人类健康的生存环境为组织的根本目的,采取多种方式参与环境的治理。其行为方式包括组织和参加各类国际环保事务,参与制定和监督国际环境法的原则与规范,对政府和企业环保举措的监督,开展环境保护项目,通过宣传和教育传播环保理念,传达公众的环保要求,极大地促进了国际环境法的发展和实施。自20世纪末期以来,非政府组织作为国际环保事业的重要主体,在国际舞台上越发活跃和引人注目,对国际环境法的发展和实施起到了不可替代的、日益重要的作用。例如,绿色和平组织(Green Peace)有效地促进了1972年《防止倾倒废物及其他物质污染海洋的公约》的实施,世界自然保护联盟(International Union for Conservation of Nature, IUCN)在1984年之前为《濒危野生动植物种国际贸易公约》(CITES)公约提供了秘书处职能,世界自然基金会(World Wide Fund for Nature, WWF)、世界自然保护联盟等组成的野生动物贸易监督网络(TRAFFIC)与CITES公约秘书处密切合作,向其提供濒危野生动植物贸易数据,世界自然保护联盟单独或与其他机构合作履行《拉姆萨尔公约》秘书处的职能。

(五) 着眼全球的调整范围

作为国际法的分支,国际环境法的发展本应以国际法规则为基础,但现有国际法规则已不适应世界环保形势的需要,其某些原则或规则甚至遏制了国际环境保护。比如,现行的知识产权制度虽有利于技术创新和发展,却对全球环保形成了某些障碍;从环保角度来看,各国尤其是发展中国家应在不支付或少支付费用的情况下,广泛利用无害环境技术,而不是像现在这样被迫支付高额转让费。又如,海洋自由原则曾经有力地遏制了大国独霸海洋,但随着各国任意在海上倾倒和排放污染物和有毒物质,海洋生物资源受到毒害,渔业生产、人类生活及人体健康也受到威胁;而在海洋捕鱼自由原则之下,各国长期在海上滥渔滥捕,破坏了海洋生物的生态平衡,造成海洋渔业产量迅速下降,一些海洋生物已灭绝或濒临灭绝。因此,国际环境法若想得到发展,必须对原有国际法规则进行变革。

二、国际环境法的历史发展

虽然作为国际法较新的领域,国际环境法的历史并不算久远,但它已经历了丰富多彩的多个发展阶段。

(一) 国际环境法的雏形阶段

国际环境法的初步形成与西方发达国家环境法的肇始几乎步调一致。国际上最早出现的多边环境保护条约是 1900 年《保存非洲野生动物、候鸟和鱼类公约》,它在总则中提出应当停止对有益于人类和对人类无害的动物的残杀。1902 年国际社会又制定了《保护农业益鸟公约》。此后大约 10 年间,一些国家签署的有关边界河流的协定还专门规定了反对水污染,并且反对一国的行为对其邻国造成损害。除协定和公约之外,与环境有关的一些案例也对国际环境法的形成起到了推动作用,如 1938 年的特雷尔冶炼厂仲裁案(Trail Smelter Arbitration)[①]和 1957 年的拉努湖仲裁案中国际仲裁庭所作出的两个国际法裁决就为后来国际环境法的形成奠定了理论和实践基础。

(二) 国际环境法的产生阶段

从 20 世纪 50 年代起,随着国际经贸活动的发展与扩大,各国的环保

---

① 参见本书第十五章第二节。

措施也随着人类的活动范围而逐渐扩及国家领土以外的地区,如公海(the high seas)、外层空间(outer space)和南极(the South Pole)等地。由于当时最突出的国际环境问题来自海上石油运输导致的海洋石油污染,一些国家(主要是西方发达国家)于 1954 年在伦敦签署了《防止海洋油污国际公约》,这被公认为国际环境法产生的重要标志。

进入 20 世纪 60 年代,科技发展、工业进步所带来的环境副作用日益突出,能源危机逐渐显露,人类生存空间受到严重威胁,国内民众乃至国际社会防治污染的呼声也日益高涨。在此形势下,1966 年联合国大会以"人类环境问题"为题就环境问题的发展及对环境污染的国际控制进行了一般性的讨论,一致认为国际社会应当立即采取措施保护全球环境,以避免全球性的生态灾难。此后,区域性和国际的环境立法开始大量涌现,如 1968 年《欧洲控制大气污染原则宣言》、1969 年《国际油污损害民事责任公约》、《国际干预公海油污事故公约》、1971 年《关于特别是作为水禽栖息地的国际重要湿地公约》和 1972 年《防止倾倒废物及其他物质污染海洋的公约》等。

(三)国际环境法的发展阶段

在国际环境法历史上有四次重要会议,标志着国际环境法的正式形成与发展。

1. 1972 年的斯德哥尔摩联合国人类环境会议。会议的宗旨是"取得共同的看法和制定共同的原则以鼓舞和指导世界各国人民保持和改善人类环境"。该次会议形成了《人类环境宣言》《人类环境行动计划》等不具法律约束力的重要文件;大会刊行的《只有一个地球》也被译为多种文字,多数观点得到广泛认同。其中,《人类环境宣言》在联合国人类环境会议全体会议上获得通过,宣布了 7 项对人类环境问题的共同认识和 26 项指导人类环境保护事业的基本原则。这次会议被看作国际社会生态环境保护意识发展的重要里程碑,"它标志着全球的良心觉醒和真正生态时代的开始"。

2. 1992 年里约热内卢联合国环境与发展大会,也称"地球首脑会议"(Earth Summit),是国际环境法发展史上的第二座里程碑。会议的宗旨是"在加强各国和国际努力以促进所有各国的持久的无害环境发展的前提下,拟定各种战略和措施,终止和扭转环境恶化的影响"。会议通过了三份不具有法律约束力的文件——《里约热内卢环境与发展宣言》(简称《里约宣言》)、《二十一世纪议程》和《关于森林问题的原则声明》；还通过了两项条约——《联合国气候变化框架公约》和《生物多样性公约》。

《里约宣言》在《人类环境宣言》的基础上又向前迈进了一大步，体现了国际社会对环境问题的更高层次认识，承认环境与发展之间密不可分的联系；确定了各国在环境问题上"共同但有区别的责任"；倡导国际环境合作，推动各国以伙伴关系共同努力解决人类环境问题。

3. 2002年约翰内斯堡世界首脑可持续发展会议(World Summit on Sustainable Development)，是迄今为止在可持续发展领域召开的规模最大的会议，是国际环境法发展史上的第三座里程碑。此次会议通过了《约翰内斯堡可持续发展声明》(The Johannesburg Declaration on Sustainable Development)和《可持续发展问题世界首脑会议执行计划》。声明坚定重申："我们承诺建立一个崇尚人性的、公平和相互关怀的全球社会，这个社会认识到人人都必须享有人的尊严。"会议通过的一系列重要文件，有力推动了国际环境法深层发展。

4. 2012年联合国可持续发展大会(United Nations Conference on Sustainable Development, UNCSD)，于2012年6月20日至22日在巴西里约热内卢召开，简称"里约+20"峰会。本次会议有三个目标：(1)重拾各国对可持续发展的承诺；(2)找出目前在实现可持续发展过程中取得的成就与面临的不足；(3)继续面对不断出现的各类挑战。两个主题是：(1)绿色经济在可持续发展和消除贫困方面的作用；(2)可持续发展的体制框架。由于发达国家的领导人全部缺席本次峰会，显示了各国在环境问题上的观念分歧与合作困境。

国际环境法仍然很薄弱，不足以满足全球环境保护的客观需要。主要体现在：第一，国际环境法的规范发展严重不足。一些重要原则仍然只是软法，未形成习惯国际法。第二，国际环境条约相对零散、分散，互不协调，不成系统。条约法部门分割，未能形成统一协调的国际环境法体系。第三，尚未形成专门处理环境与发展事务的、具有强制执行力的国际机构。第四，发达国家与发展中国家出于利益考虑，争议重重，难以在环境保护问题上达成进一步的妥协和共识。面对日益严峻的全球环境和资源危机，国际社会需要进一步共同努力，推动国际环境法向更为完整、统一、协调、有效的方向发展。

三、国际环境法的渊源

作为国际法分支的国际环境法,其渊源与国际法的渊源基本相同,主要由国际条约、习惯国际法、一般法律原则、辅助性渊源和软法等组成。

(一)国际环境条约

作为国际环境法基本的、主要的渊源,国际环境条约涵盖了大气、水、海洋、生物资源、极地、世界文化和自然遗产、有害废弃物处理以及有毒化学品和放射性污染等涉及保护和合理利用自然环境的诸多领域,总数有900多项。这些条约的协商和签订,标志着国际环境法规范的形成和发展。近年来,国际环境条约出现了向"框架公约"(framework convention)发展的趋势,形成"框架公约+议定书(protocol)+附件(annexed documents)"模式。例如,在国际合作保护臭氧层方面,1985年制定了《保护臭氧层维也纳公约》,1987年又签署了《关于消耗臭氧层物质的蒙特利尔议定书》及其附件等。

(二)习惯国际法

虽然国际环境法历史并不悠久,尚未形成成熟的习惯国际法;但是目前环保条约中的一些原则却明显来自于习惯。例如,联合国《人类环境宣言》和《里约宣言》所确立的诸多原则,是在习惯国际法的基础上形成的;而各国通行的"污染者负担原则""环境影响评估"等习惯也已得到国际环境法确认。另外,正因国际环境法发展历史较短、相关国际条约的规定尚不完备,环保方面习惯国际法的作用就更显得重要,需要各国尽力遵守。

(三)一般法律原则

一般法律原则中如"诚信""善良"以及"约定必须信守"等原则也都是国际环境法的渊源。例如,1938年国际仲裁法庭就加拿大境内特雷尔冶炼厂发生的污染物越境造成美国农作物损害案件进行审理时,引用了"使用自己的财产时不应损害他人的财产"的古老原则。后来国际法院的判决也确认了这一原则,如在"科孚海峡案"中,国际法院就提出:"每个国家均有义务不故意地允许其领土被用来做出损害其他国家权利的行为"。

(四) 辅助性渊源

司法判例和公法学家的学说等构成国际环境法的辅助性渊源。其中,对国际环境法原则和规范的形成具有较大影响的是司法判例(precedents),如特雷尔冶炼厂仲裁案的裁决。

(五) 软法

前文已述,软法群集是国际环境法的重要特征。在国际环境法中,软法主要包括国际组织关于环境保护战略和方针的建议和决议,以及国际会议发表的有关全球环境保护的原则宣言和行动计划等。它们虽然缺乏关于权利义务的具体规定,没有法律约束力,但是灵活性较大,可以为各国共同接受,因此对于国际环境法规范的形成和发展起到了很大作用。实践中,软法常常是条约法形成的前奏。

第二节 国际环境法的基本原则

目前环境保护方面大量的国际协定、条约、决议和宣言等确定了保护人类环境的基本原则。这些原则从性质上看可以分为两类:一是直接适用于国际环境保护的现代国际法基本原则;二是从国际环境保护的特点出发而提出或演进的一些新原则。[①]

一、可持续发展原则

(一) 可持续发展原则的形成

可持续发展原则(principle of sustainable development)最早由美国世界观察研究所在20世纪70年代提出,后随该所所长莱斯特·布朗(Lester Brown,1934—)《建设一个可持续发展的社会》一书的出版而广为传播。1980年联合国大会向全世界呼吁:"必须研究自然的、社会的、生态的、经济的以及利用自然资源过程中的基本关系,确保全球的可持续发展。"其中首次正式提到了"可持续发展"的概念。1983年联合国授权成立独立的特别委员会即后来的世界环境与发展委员会,以"可持续发展"

---

① 参见秦天宝:《国际环境法基本原则初探——兼与潘抱存先生商榷》,载《法学》2001年第10期。

为基本纲领,制定"全球变革日程"。1987年世界环境与发展委员会发表了题为《我们共同的未来》的著名长篇报告,指出"可持续发展是既满足当代人的需要,又不对后代人满足其需要的能力构成危害的发展",首次对可持续发展的概念作出了规范。

可持续发展这一全新的发展理念一经提出,即受到国际社会广泛赞同。在1992年《里约宣言》和《二十一世纪议程》两个纲领性文件制定了可持续发展的行动方略,要求将可持续发展的战略思想贯穿于各国的国内立法、决策和国际环境立法活动,进一步丰富了可持续发展理论,标志着可持续发展原则的正式形成。有国际法学者认为,国际法中出现了可持续发展法这一新的分支。

(二)可持续发展原则的基本内涵

可持续发展原则作为国际环境法的基本原则已经获得国际社会广泛认同。它已经成为国际环境法的基本立足点。一般认为它由四个基本要素构成:代际公平、代内公平、可持续利用、环境与发展一体化。

1. 代际公平,包括三个方面的要求:首先,保存选择。每一代人既应为后代人保存自然和文化资源的多样性,以避免不适当地限制后代人在解决他们的问题和满足他们的价值时可得到的多种选择,又享有拥有可与他们前代人相比较的多样性的权利。其次,保存质量。每一代人应保持行星的质量(指地球生态环境质量)以便使它不比从前人手里接下来时更坏的状态传递给下一代人,又享有前代人所享有的那种行星质量的权利。再次,保持接触和使用原则。每一代人应对其成员提供平等地接触和使用前代人遗产的权利,并为后代人保持这项接触和使用权。

2. 代内公平,是指代内的所有人,无论国籍、种族、性别、经济发展水平和文化方面的差异,对于利用自然资源和享受清洁、良好的环境都享有平等的权利。要实现代内公平,就要推动建立国际经济新秩序和新的全球伙伴关系,处理好发达国家和发展中国家之间的利益分配和责任分担问题。

3. 可持续利用,是指以可持续的方式利用自然资源。对于再生资源,可持续利用指的是在保持它的最佳再生能力前提下的利用。而对于不可再生资源,可持续利用指的是保存和不以使其耗尽的方式的利用。为了实现可持续利用,各国必须着手调整生产和消费模式,摒弃当前生产者追求最大利润、消费者寻求最大功效的分割型社会模式,而是积极探索和推广循环型的生产消费模式。

4. 环境与发展一体化,是指把环境保护与经济和其他方面的发展有机地结合起来,协调共进。既不能以保护环境为理由而否定发展,也不能以发展经济为目的而牺牲环境。要实现环境与发展一体化,一方面要在制定经济和其他发展计划时充分考虑环境和资源保护的需要;另一方面也要在开展环境保护活动时,合理照顾经济、社会等领域谋求发展的需要。

可持续发展原则体现了国际环境法的本质特点并构成国际环境法的基本立足点,因此必将取得越来越多的国际法律文件的确认,最终获得国际社会的广泛承认。①

二、环境主权原则

环境主权原则(principle of environment sovereignty)是国际环境法的一项独特原则,它包括国家资源开发主权权利和不损害国外环境责任两个方面,是国家主权原则在国际环境法领域的延伸和演化。

根据传统国际法,国家主权是一项完全的排他的权利,国家因此享有对本国领空、领海和领土内各种资源任意开发使用的权利,而不管其对本国、他国或国际公域产生何种的后果。② 而随着以保护全球生态环境为宗旨的国际环境法的形成和发展,国家的上述行为必然与之发生冲突,这就要求对传统的国家主权原则作出适当改进和补充。这种改进和补充首先体现在 1972 年《人类环境宣言》中,其第 21 条规定:"按照联合国宪章和国际法原则,各国有按自己的环境政策开发自己资源的主权,并且负有责任保证在它们管辖或控制之内的活动不致损害其他国家的或国家管辖范围以外的地区的环境。"1992 年《里约宣言》重申了上述原则并在措辞中将"环境政策"改为"环境与发展政策",从而更加强调发展的重要性。此后,这项原则不仅获得世界上绝大多数国家的接受,而且还在许多重要国际环境法文件和司法判例中得以重申,逐渐发展为"国家资源开发主权权利和不损害国外环境责任原则"。这项原则的要义在于权利与义务的有机结合,一方面重申国家对其自然资源的主权权利;另一方面强调国家在

---

① 参见王曦:《论国际环境法的可持续发展原则》,载《法学评论》1998 年第 3 期。
② 参见 1962 年《关于天然资源之永久主权原则宣言》、1974 年《建立新的国际经济秩序宣言》第 4 条第 5 款、1974 年《各国经济权利和义务宪章》第 2 条第 1 项。

环境领域负有"适当注意"的义务。

三、污染者偿付原则

污染者偿付原则(polluter pays principle, 又称污染者负担、污染者付费等,简称 PPP)是国家资源开发主权权利和不损害国外环境责任原则的延伸,是对后一原则中责任方面的强调。根据污染者偿付原则,造成环境损害的国家有责任支付赔偿并承担弥补损害的费用。这一原则已经得到很多国际环境条约、公约或其他重要法律文件的确认。例如,1992 年《里约宣言》原则 16 就规定:"考虑到污染者原则上应承担污染费用的观点,国家当局应该努力促使内部负担环境费用,并且适当地照顾到公众利益,而不歪曲国际贸易和投资。"1990 年《国际油污防备、反应和合作公约》、1992 年《工业事故跨界影响公约》等都把污染者偿付原则规定为国际环境法的一般原则。[①]

四、损害预防原则

损害预防原则(principle of prevention)是国家资源开发主权权利和不损害国外环境责任原则的另一延伸。它强调国家为了在行使其资源开发主权权利时不损害国外环境,有责任在环境损害发生之前尽早采取措施以制止、限制或控制在其管辖范围内或控制下的可能引起环境损害的活动或行为。

损害预防原则强调科学根据,因为环境污染或损害一旦发生,往往具有不可逆转性,如重金属污染、地下水污染就很难消除。同时,损害预防的做法也符合经济原则,因为比较而言,当环境被污染或破坏后再进行治理,往往要耗费更加高额的资金,而预先采取防范措施则既经济又有效。

损害预防原则已经在许多国际环境法律文件中得到确立。例如,1982 年《联合国海洋法公约》第 12 章第 194 条第 1 款中就规定"各国应在适当情形下个别或联合地采取一切符合本公约的必要措施,防止、减少和控制任何来源的海洋环境污染"。又如,1992 年《生物多样性公约》在序言中也规定"注意到预测、预防和从根源上消除导致生物多样性严重减少或丧失的原因,至关重要"。2009 年哥本哈根会议通过的《哥本哈根协

---

① 参见白桂梅:《国际法》(第三版),北京大学出版社 2015 年版,第 440 页。

议》也提到"为最终达成会议目标,稳定温室气体在大气中的浓度以及防止全球气候继续恶化"。这些都充分体现了损害预防原则。

五、风险预防原则

风险预防原则(或称预警原则,precautionary principle)是指为了保护环境,各国应按照本国的能力广泛适用预防措施;遇有严重或不可逆转损害的威胁时,不得以缺乏科学、充分、确实的证据为理由,延迟采取符合成本效益的措施来防止环境恶化。

风险预防原则的提出是因为环境问题在时间和空间上的可变性很大,其形成与暴发具有一种缓发性和潜在性,同时囿于科学技术发展的局限,人类对可能损害环境的活动所造成的长远影响和最终后果又常难及时发现,如果坐等危害后果发生,则往往不可逆转。这就需要在严重的或者不可逆转的环境危害发生之前,及时采取预防措施,而不能等待科学的确定证明。

风险预防原则与损害预防原则的区别体现在:损害预防原则适用于科学上确定的情况,而风险预防原则适用于在科学上尚未得到明确证实、但如等到科学证实时再采取措施又为时已晚的环境损害威胁或风险;损害预防原则在采取预防措施时旨在制止或阻碍环境损害的发生,而风险预防原则在采取预防措施时旨在避免环境恶化的可能性;风险预防原则主要针对严重的或不可逆转的损害的威胁或风险,而损害预防原则在此之外还针对实际发生的或即将发生的环境损害。

风险预防原则在多项重要的国际环境法公约或其他法律文件中得到确认,成为国际环境法的一项重要原则,如 1992 年《生物多样性公约》、《联合国气候变化框架公约》都重申了这一原则,《里约宣言》也将这一原则列为第 15 条原则。

六、国际合作原则

在国际环境法体系中,国际合作原则(principle of international corporation)是指在国际环境保护领域,国际社会的全体成员应当通过广泛密切的合作,协调一致地保护和改善全球环境。

随着全球环境形势的日益严峻,国际合作原则在国际环境事务中所起的作用也日趋明显,已逐渐发展成为国际环境法的重要原则,获得一系列国际环境法律文件的承认。例如,1972年的《人类环境宣言》就提出:"为保护现代人和子孙后代并改善人类环境,国与国之间应进行广泛合作,以谋求共同的利益。"《里约宣言》提出要建立新的公平的全球伙伴关系,共同解决人类面临的环境与发展问题。《二十一世纪议程》要求国际社会尤其是发达国家对其提供额外援助,以帮助其提高立法能力。这都有助于环境保护方面新的、公平的全球伙伴关系的形成。2009年《哥本哈根协议》也强调了国际合作,其第2条再次强调:"我们应该合作起来以尽快实现全球和各国碳排放峰值。"

七、共同但有区别的责任原则

共同但有区别的责任原则(common but differentiated responsibilities principle,简称共区原则)是指由于地球生态系统的整体性和导致全球环境退化的各种不同因素,各国对保护全球环境应当负有共同但是又有区别的责任,即发展中国家应当承担保护全球环境的共同责任,而发达国家应当比发展中国家承担更大的或是主要的责任。

共区原则的雏形在1972年斯德哥尔摩《人类环境宣言》第一部分第12项原则中初次显露,1992年的《里约宣言》第一次正式提出了共区原则。这些规定对于全球环境保护实践具有重大的理论指导意义。除此之外,共区原则还体现在许多国际条约中,如1987年的《关于消耗臭氧层物质的蒙特利尔议定书》、1992年《联合国气候变化框架公约》、2001年5月通过并于2004年5月生效的《关于持久性有机污染物的斯德哥尔摩公约》以及《生物多样性公约》之《卡塔赫纳生物安全议定书》等对该原则都有一定体现。在2009年哥本哈根会议上,共区原则几乎成了本次气候变化大会的关键词,各国均从本国国情出发作出了"有区别"的减排承诺。①

第三节 国际环境的主要法律领域

一、危险废物越境转移治理

面对危险废物产生和越境转移的不断增长,国际社会亟需通过公约

---

① 参见徐以祥:《气候保护和环境正义——气候保护的国际法律框架和发展中国家的参与模式》,载《现代法学》2008年第1期,第187—193页。

和协定等进行监督和控制。在习惯国际法中,1938 年"特雷尔冶炼厂仲裁案"及 1949 年"科孚海峡案"的裁决就提出国家有"合理注意"的义务,即国家应确保自己的行为不损害其他国家的环境。1972 年《斯德哥尔摩宣言》第 21 条原则更是声明各国"有责任保证在他们管辖或控制之内的活动,不致损害其他国家的或在国家管辖范围以外地区的环境。"

为应对世界范围内日益加剧的危险废物国际运输问题,在联合国环境规划署执行理事会等相关国际组织的推动和努力下,最终产生了《巴塞尔公约》《巴马科公约》等关于控制废物越境转移的全球性或区域性公约。①

(一)《巴塞尔公约》

《巴塞尔公约》全称《控制危险废物越境转移及其处置巴塞尔公约》,1989 年 3 月 22 日在瑞士的巴塞尔通过,是目前为止控制危险废物及其越境转移的唯一全球性国际法律文件,不仅具有广泛的国际代表性,也是缔约方最多的国际公约之一。它的规定确保了对那些反对不受控制地倾倒危险废物的国家进行保护,同时也促进了环境无害处置和危险废物产生最小化。它对于有效控制危险废物在全球范围内的越境转移及其处置具有极其重要的意义。

《巴塞尔公约》的宗旨是将危险废物的越境转移减少至与环境无害管理相符合的最低程度,推进危险废物的源头削减以及环境无害管理。公约适用于其所界定的两大类废物。"废物"是指"处置的或打算予以处置的或按照国家法律规定必须加以处置的物质或物品"。第一类"危险废物",包括医疗、药品、涂料及摄影化学物品生产过程中产生的废物及含有铜或锌复合物、砷、铅或水银等物质的废物;第二类"其他废物",是从住家收集的废物以及焚烧住家废物产生的残余物。

《巴塞尔公约》第 4 条规定,每一缔约国均有权禁止危险废物及其他废物的进口,同样,其他缔约国有义务确保危险废物及其他废物不被出口至已经禁止此类废物进口的国家。公约也责成各缔约国方互相合作,以改善和获得危险废物及其他废物的环境无害管理,并防止其非法运输。公约也禁止缔约国将危险废物或其他废物出口至非缔约国或从非缔约国

---

① 参见陈维春:《论危险废物越境转移的法律控制——〈巴塞尔公约〉和〈巴马科公约〉比较研究》,载《华北电力大学学报(社会科学版)》2006 年第 1 期。

进口危险废物或其他废物,除非存在一项有关越境转移的双边、多边或区域协定。

公约为进出口国之间以及过境国危险废物的越境转移规定了详尽的程序,其核心就是"事先知情同意"制度,即在有协定的情况下,未经进口国指定的国家主管机关同意或违反其决定时,不得进行为保护人类健康和环境而被禁止或严格限制的危险废物的国际运输。

因危险废物越境转移造成损害的责任和补偿的规则和程序规定于1999年《巴塞尔责任和补偿议定书》中。该议定书规定通知者和处置者要对"危险废物越境转移过程中发生事故所导致的损害"承担严格责任。

(二)《巴马科公约》

《巴马科公约》全称《禁止向非洲进口危险废物并在非洲内管理和控制危险废物越境转移的巴马科公约》,1991年在马里首都巴马科通过,1998年生效。

《巴马科公约》对《巴塞尔公约》进行了补充和局部修订,全面禁止危险废物进口到非洲国家。危险废物的定义与范围与《巴塞尔公约》相近,但更为宽泛。《巴马科公约》第4条第3款(f)项规定:"每一缔约方努力采用和执行污染防治和风险预防的方法,除此之外,还应预防可能会引起人体健康和环境损害的危险物质泄漏进入环境,而不必等待有关这样的损害的科学证据。"这是它与《巴塞尔公约》最大的区别。

二、海洋污染治理

海洋保护在国际环境法中的地位尤为重要。现已存在众多国际性的或者区域性的海洋保护公约、条约,①1982年《联合国海洋法公约》规定了各国对海洋环境保护的一般义务,涉及陆源污染、船舶污染、空气污染等方面。②

(一)船舶源污染的治理

船舶源污染是指船舶逸漏或排放污染物于海洋,产生损害海洋生物资源、危害人体健康、妨害渔业和其他海上经济活动、损害海水使用质量、

---

① 参见王虎华主编:《国际法》(第四版),北京大学出版社2015年版,第302页。
② 参见马呈元主编:《国际法》(第五版),中国人民大学出版社2019年版,第158—160页。

破坏环境优美等有害影响。20世纪70年代开始,在国际海事组织等国际组织的推动下,陆续出现了一些有关防止船舶污染的国际公约。目前有关船舶污染的国际公约大致分为三类:第一类涉及防止污染的技术性内容;第二类着重规定污染肇事者的责任;第三类涉及污染事故发生后的防备、反应和合作。此外,国际上还产生了一些关于承担油污责任的民间协定。

1. 有关防止船舶海上污染的公约。这方面的国际海事立法主要是从技术角度对船舶的构造以及船舶排放油类或油水混合物的数量、时间、地点等提出相应要求,由缔约国通过海运行政立法对其所属的和进入其海域的船舶进行统一的监督和管理,以防止海上污染事故的发生。就性质而言此类公约属于公法的范畴,包括1954年《防止海洋油污国际公约》、1969年《国际干预公海油污事故公约》、1973年《国际防止船舶污染公约》等。

2. 有关海上污染民事责任与赔偿的公约。主要目的是解决海上事故引起污染损害的赔偿责任问题。此类公约在性质上属于私法规范,目前已经基本形成了海洋环境污染损害赔偿责任机制,主要包括1969年《国际油污损害民事责任公约》(International Convention on Civil Liability for Oil Pollution Damage,CLC公约)、1971年《设立国际油污损害赔偿基金的国际公约》(FUND公约)、1996年《关于国际海上运输有害有毒物质责任与赔偿国际公约》、2001年《国际燃油污染损害民事责任公约》。

3. 有关船舶油污损害赔偿的民间协定。在1967年"托利·堪庸"号油污事件所引发的巨大舆论压力下,油船船东和石油企业开始制定油污损害赔偿计划,并为行业内共同实施有关计划而通过了一系列民间协定,主要包括1969年《油船所有人自愿承担油污损害责任的协定》(TOVALOP)、1971年《油类油污损害责任的暂行补充协议》(CRISTAL)。

4. 反油污协助方面的国际公约。受1989年美国"埃克森·瓦尔迪兹(Exxon Valdez)"号油船溢油事故的影响,国际社会意识到,要减少重大油污事故并避免重大灾难,有必要建立国家、地区和全球性的有效油污防备、反应和合作体制。为此,国际海事组织于1990年在伦敦召开的外交大会上通过了《国际油污防备、反应和合作公约》(International Convention on Oil Pollution Preparedness, Response and Co-operation, OPRC)及其他决议,要求缔约国单独或联合对油污事故采取一切适当的防备和反应措施,以共同保护环境。

5. 1994年《国际海事委员会油污损害指南》。该指南于1994年在悉尼召开的第35届国际会议上通过,其目标是助力制定一套符合现代要求的统一的油污损害赔偿责任国际法规范。该指南与1969年CLC公约及其议定书相比具有两大特点:(1)明确规定对纯经济损失予以赔偿;(2)规定的赔偿种类既有基本的确定性又有足够的灵活性,从而使之具有较强的可操作性。

上述有关船舶污染的各项国际公约、协定、协议等共同构成了船舶源海洋环境污染防治方面尤其是损害赔偿责任方面的国际法机制。

(二)陆源污染的治理

陆源污染为最大的海洋污染源。为应对这一问题,20世纪70年代以来,国际社会采取了全球性合作的手段,为全球共同解决海洋陆源污染问题作出贡献。

1974年《防止陆源污染海洋巴黎公约》将陆源污染界定为:(1)通过水道;(2)源于海岸,包括通过地下水或其他管道的引入;(3)源于公约所适用区域内一缔约方管辖内所铺设的人造设施对海洋区域所造成的污染。1982年《联合国海洋法公约》未明确界定陆源污染,只在第207条对主要形式进行了列举。1995年《保护海洋环境免受陆源活动污染全球行动计划》则将海洋陆源污染源概括为九种:废水、持久性有机污染物、放射性物质、重金属、石油、营养物质、沉淀物转移、垃圾、物理变化与生境毁坏。面对日趋严重的陆源污染形势,国际社会从20世纪70年代起就对此问题予以关注和重视,从而陆续形成了有关陆源海洋污染防治的国际法律规范,其中包括相关习惯国际法、国际公约、议定书、准则与行动计划等。

《联合国海洋法公约》是目前唯一具体涉及海洋陆源污染及其他污染源的全球性公约。其中具体涉及海洋陆源污染的是公约第十二部分——"保护与保育海洋环境",它为各国共同行动起来减少陆源污染提供了基本法律框架,主要包括以下三个方面的内容:

第一,各国有义务采取一切符合公约的必要措施,以防止、减少和控制任何来源的海洋环境污染。这些措施应包括旨在最大可能范围内尽量减少从陆上来源、从大气层或通过大气层或由于倾倒而放出的有害健康的物质特别是持久不变的物质。

第二,缔约国在立法、规则制定上应采取其他必要的手段以防止、减少和控制这类污染;缔约国将在适当的区域层面尽力协调它们的政策;缔约国将通过国际组织或外交会议创设全球性与区域性机制(包括建议的办法及程序)以防止、减少和控制陆源污染,其间要考虑到区域特征、发展中国家的经济能力及它们发展经济的需求。

第三,各国应执行依照第 207 条所制定的法律和规章,应制定法律和规章并采取必要的措施以实施有关国际组织或外交会议为保护和保全海洋环境免受陆地来源的污染所制定的可适用的国际规则和标准。

为了更好地解决海洋陆源污染问题,108 个国家政府于 1995 年在华盛顿召开政府间大会,并通过了《保护海洋环境免受陆源活动污染全球行动计划》(GPA)。它通过识别陆源污染源或陆源有害活动、采取应对措施来减少它们的不利影响,主要在区域、次区域与国家一级处理陆源污染问题。

(三)海上事故源污染的治理

来自在海上航行或海洋勘探开发过程中发生事故的污染,前者主要包括油轮搁浅、触礁、船舶碰撞等,后者主要包括石油井喷、石油管道破裂等。造成这些海上事故源污染的物质与船舶源污染一样是石油。虽然事故源污染在数量看不如船舶源污染占整个海洋污染比例大,但因这些事故往往对局部海域造成重大污染,且事故多发生在沿海国港湾、海峡、沿海水域从而严重危及沿岸国及其国民,所以引起了国际社会尤其是沿海国的极大关注。

在海上事故源污染治理方面,最重要的国际公约是 1969 年《国际干预公海油污事故公约》。除了该公约,国际层面上还存在一些关于防止和处理海上事故污染的法律文件,如 1969 年《国际油污损害民事责任公约》、1989 年《国际救助公约》、1990 年《国际油污防备、反应和合作公约》及其 2000 年议定书等,都含有相关规定。此外,在区域层面上也存在一些关于处理海上油类或其他有害物质污染事故的协议,如 1969 年和 1983 年波恩协议以及联合国环境规划署区域海洋公约的 8 个议定书等。①

---

① 参见白桂梅:《国际法》(第三版),北京大学出版社 2015 年版,第 448—449 页。

(四)海洋倾倒源污染的治理

倾倒是指从船只、飞机、平台或其他人造海上结构故意处置废物或其他物质的行为,以及故意处置船只、飞机、平台或其他人造海上结构的行为,但是不包括在上述海上结构或装置上进行的正常操作所附带发生或产生的废物或物质或者其他物质的处置。海洋倾倒源污染问题日趋严重,远远超过了海洋的自净能力,使海洋生态环境遭受严重破坏。

为了保护海洋环境、促进世界各国共同防止倾倒废弃物造成的海洋环境污染,英国政府于1972年10月至11月在伦敦召开了关于海上倾废公约的政府间会议,会议通过了《防止倾倒废物及其他物质污染海洋的公约》。公约于1975年生效,国际海事组织承担有关公约的秘书处责任。这是第一个专门控制海洋倾倒源污染的国际公约,适用于沿海国内水以外的所有海域。公约后来又经过若干次修订。1978年第三次协商会议通过了关于"争议"和"焚烧"的两个修正案,于1979年生效。"焚烧"修正案涉及海上废物和其他物质的焚烧。"争议"修正案关系到不受默认程序支配的、需确实被2/3缔约国接受1年后才生效的公约条文。该公约的《1996年议定书》(2006年生效)对1972年的公约进行了全面修订,其新增的内容包括:前面提及的污染定义、缔约国的一般义务、禁止海上焚烧、关于内水、遵守程序、区域合作、国际合作、技术合作和援助、技术和科学研究、争端解决等。特别值得注意的是,议定书在一般义务中采用了预防原则,其第3条第1款规定:"各缔约当事国应应用保护环境不受倾倒和海上焚烧废物或其他物质危害的预防方法,即在有理由认为进入海洋环境中的废物或其他物质可能造成损害时采取适当预防措施,即使在没有确凿证据证明在输入物与其影响间有因果关系时亦然。"①

(五)海底开发活动源污染的治理

海底开发活动源污染,即海底开发活动造成的海洋环境污染,包括在领海、大陆架等国家管辖范围内的海底活动造成的污染和在国家管辖范围外的"区域"内活动造成的污染。20世纪60年代以来,各国竞相开展"蓝色圈地运动",无节制的开发活动给海洋环境带来相当大的危害。

深海区域及其海底资源是人类的共同财产,海洋环境更是与人类生

---

① 参见白桂梅:《国际法》(第三版),北京大学出版社2015年版,第449—450页。

活息息相关。各国在从事深海底资源勘探开发活动时必须以保护国际海底资源、防止海洋环境污染为己任,这就要切实遵守相关的国际法原则、规则和制度等。①《关于执行1982年12月10日〈联合国海洋法公约〉第十一部分的协定》第1节5h指出:"促进和鼓励进行关于'区域'内活动的海洋科学研究,以及收集和传播关于这些研究和分析的可以得到的结果,特别强调关于'区域'内活动的环境影响的研究"。《联合国海洋法公约》第208条要求各沿海国应制定法律和规章,以防止、减少和控制来自受其管辖的海底活动或与此种活动有关的对海洋环境的污染以及来自在其管辖下的人工岛屿、设施和结构对海洋环境的污染。关于在国家管辖范围外的"区域"内活动造成的污染,即国际海底区域内开发活动造成的污染,《联合国海洋法公约》第145条和第209条规定国际海底管理局应制定适当的规则、规章和程序,以防止、减少和控制对包括海岸在内的海洋环境的污染和其他危害,并防止干扰海洋环境的生态平衡。

三、大气环境的保护

国际社会迫切需要能控制跨国空气污染的国际法规范。虽然目前尚未通过全球性的国际公约,但已经产生了不少地区性条约。例如,1972年墨西哥的华雷斯城与美国的埃尔帕索城之间签订了共同解决边界大气污染的条约,成为城市之间签订防治大气污染条约的先导;欧洲国家1979年签订了《远距离跨界大气污染公约》②,后来又陆续通过了八项议定书,③从各方面完善了缔约国的具体义务。④ 大气污染还带来全球气候变化问题和臭氧层问题等。对于这些问题,国际社会都已经初步形成了用

---

① 参见江伟钰:《21世纪深海海底资源开发与海洋环境保护》,载《华东理工大学学报(社会科学版)》2002年第4期。
② Convention on Long-range Transboundary Air Pollution,又译作"远程跨界大气污染公约"或者"长程跨界大气污染公约"。
③ 关于监测和评估项目的1983年《日内瓦议定书》、规定缔约国减少至少30%的硫排放量和跨界流量的1985年《赫尔辛基议定书》、规定氮氧化合物的排放量和跨界流量的1988年《索菲亚议定书》、关于挥发性有机化合物排放和跨界流量的1991年《日内瓦议定书》、关于进一步减少硫排放量的1994年《奥斯陆议定书》、关于减少重金属(铅、汞和镉)排放量的1998年《奥胡斯议定书》、1998年《关于持久有机污染物奥胡斯议定书》和1999年《戈森堡议定书》。
④ 参见邵津主编:《国际法》(第五版),北京大学出版社、高等教育出版社2014年版,第249—251页;梁西主编:《国际法》(第三版),武汉大学出版社2011年版,第219—220页。

以规制的相关国际法规范。防止全球气候变化的国际法文件主要是《联合国气候变化框架公约》和《京都议定书》等,保护臭氧层的国际法文件主要是《保护臭氧层维也纳公约》等。①

(一)气候变化框架公约

《联合国气候变化框架公约》(United Nations Framework Convention on Climate Change, UNFCCC)是关于气候变化的国际性的公约,于1992年通过,1992年在里约热内卢联合国环境与发展会议期间开放签署,1994年生效。公约的宗旨是"将大气中温室气体的浓度稳定在防止气候系统受到危险的人为干扰的水平上。这一水平应当在足以使生态系统能够自然地适应气候变化、确保粮食生产免受威胁并使经济发展能够可持续地进行的时间范围内实现。"(第2条)。

公约根据共同但有区别的责任原则,将缔约方根据不同情况分为三类,分别规定了义务:(1)附件一缔约方(发达国家缔约方和其他缔约方),这些缔约方"应制定国家政策和采取相应的措施,通过限制其人为的温室气体排放以及保护和增强其温室气体:'库'和'汇',减缓气候变化"。(2)附件二缔约方(发达国家缔约方和其他发达缔约方),不承担具体削减义务,但承担为发展中国家提供资金、技术援助等的义务。(3)发展中国家缔约方,这些缔约方不承担削减义务,以免影响经济发展,可以接受发达国家的资金、技术援助,但不得出卖排放指标。"发展中国家缔约方能在多大程度上有效履行其在本公约下的承诺,将取决于发达国家缔约方对其在本公约下所承担的有关资金和技术转让的承诺的有效履行,并将充分考虑到经济和社会发展及消除贫困是发展中国家缔约方的首要和压倒一切的优先事项。"

公约没有对个别缔约方规定具体需要承担的义务,也并未规定实施机制。但公约规定了可在后续从属的议定书中设定强制排放限制,这就给其发挥更大作用提供了可能。该公约缔约方自1995年起每年召开缔约方会议以评估应对气候变化的进展。1997年《京都议定书》达成,使温室气体减排成为发达国家的法律义务。2007年《巴厘路线图》试图在2009年哥本哈根缔约方会议做出有效推进,实际上直到2015年《巴黎协定》才对此有进一步的推进。

---

① 周忠海主编:《国际法》(第三版),中国政法大学出版社2017年版,第252—257页。

(二)《京都议定书》及后续努力

1.《京都议定书》。《京都议定书》是《联合国气候变化框架公约》的补充条款,是 1997 年 12 月在日本京都召开的联合国气候变化框架公约参加国第三次会议制定并通过的,2005 年 2 月生效。议定书的目标是"将大气中的温室气体含量稳定在适当的水平,进而防止剧烈的气候改变对人类造成伤害"。发达国家都是主要的温室气体排放国,承担主要责任;发展中国家的排放控制应该和它们的社会发展水平相适应。中国、印度以及其他的发展中国家目前都被《京都议定书》豁免。

2. 巴厘路线图。在印度尼西亚巴厘岛召开的 2007 年联合国气候变化大会上,与会各国接受了巴厘路线图作为达致具有约束力的协议的进程。巴厘路线图主要组成部分是巴厘行动计划,后者得到联合国气候变化框架公约缔约方会议第十三届会议第 1/CP.13 号决定的采纳。该路线图还包括特设工作组关于根据《京都议定书》附件一缔约方的进一步承诺磋商和它们 2009 年的限期、启动调适基金、《京都议定书》第 9 条的范围和内容以及关于技术转让和减少毁林所致排放的决定等。2012 年在卡塔尔召开的第 18 届联合国气候变化大会上,本应于 2012 年到期的《京都议定书》被同意延长至 2020 年。[1]

3.《巴黎协定》。《巴黎协定》于 2015 年 12 月 12 日签订,2016 年 11 月 4 日生效。被认为是 2009 年哥本哈根全球气候治理新的里程碑。此后不到一年的时间里,就达到了协定生效的"双 55"标准,中国和美国是推动《巴黎协定》生效的重要力量,但美国政府对这一协定的态度出现反复。2020 年 11 月正式宣布退出,2021 年总统改选之后又决定重新加入。《巴黎协定》的主要目标是:努力将本世纪全球平均气温上升幅度控制在工业化前水平以上低于 2℃ 之内,并努力使气温上升幅度进一步限制在 1.5℃ 以下,加强对气候变化的全球应对措施。加强各国适应气候变化的能力,采用自下而上的自主贡献减排目标方式,通过建立适当的资金流动、新技术框架和能力建设框架,调动各国气候治理的积极性。

(三)《保护臭氧层维也纳公约》及蒙特利尔议定书

近年来,大气中臭氧层的破坏趋势已日益明显。臭氧层能吸收太阳

---

[1] 参见邵津主编:《国际法》(第五版),北京大学出版社、高等教育出版社 2014 年版,第 251—254 页;梁西主编:《国际法》(第三版),武汉大学出版社 2011 年版,第 217—218 页。

辐射中的紫外线,臭氧层破坏会导致到达地球表面的紫外线辐射强度增加,对地球生物具有杀伤力。比较公认的观点是,大气臭氧层破坏主要是因为人类过多地使用氯氟烃类化学物质。

为了防止臭氧层进一步耗损,联合国环境署组织协调各国制定了《保护臭氧层维也纳公约》(1987年通过),该公约只规定了交换有关臭氧层信息和数据,对控制消耗臭氧层物质约束力。《维也纳公约》采取了限制和管制消耗臭氧层物质的措施,将多种物质(包括氟氯烃、氟氯化碳、哈龙、甲基溴、乙溴乙氯甲烷等)列入管制名单,规定了报告制度、消费水平限制和淘汰时间表。

1987年制定、1989年通过的《关于消耗臭氧层物质的蒙特利尔议定书》规定,各缔约国分阶段停止生产和使用CFCs制冷剂(发达国家,1996年1月1日前;其他所有国家,2010年1月1日前)。随后又分别通过了《蒙特利尔议定书》的1990年伦敦修正案、1992年哥本哈根修正案、1997年蒙特利尔修正案和1999年北京修正案,从而确立了全球保护臭氧层国际合作的框架。

《维也纳公约》及其《蒙特利尔议定书》构成的臭氧层保护国际机制是参加国家较多、实施效果较好的国际法机制。臭氧层保护方面的国际合作可谓迄今为止人类最为成功的全球性合作,其成功的要素包括国际科学界的高度合作、循序渐进的国际立法进程等,都值得其他领域的国际合作借鉴。

中国政府于1989年和1991年分别签订了《维也纳公约》和《蒙特利尔议定书》,并加入了其伦敦修正案和哥本哈根修正案。1999年《蒙特利尔议定书》第十一次缔约方大会在北京召开。中国国务院1993年出台《中国消耗臭氧层物质逐步淘汰国家方案》。按照有关规定,中国已从1999年7月1日起冻结了CFCs制冷剂的生产和消费,在此基础上逐步削减并在2010年1月1日前完全淘汰CFCs制冷剂。这就为中国进一步的履约工作奠定了良好基础,为与世界各国联手拯救臭氧层作出了积极贡献。①

---

① 参见白桂梅:《国际法》(第三版),北京大学出版社2015年版,第443—445页。

四、生物多样性的维护

国际环境法所保护的生物资源是那些生存于两国或多国共有的大气、水域和公海之中以及流动于两国或多国之间的那些生物资源。生物多样性是指地球上陆地、水域、海洋中所有的生物(包括各种动物、植物、微生物)物种以及它们拥有的基因和它们所构成的生态系统的丰富性、多样化、变异性和复杂性的总称。①

生物多样性保护方面的国际法规范的发展经历了由慢到快、由简单变复杂、由零散到系统的过程,大体可以分为利用价值保护、内在价值保护和生态系统保护三个发展阶段。第一个阶段是从19世纪60年代开始,欧洲出现了早期的保护生物物种的国际条约,后来国际社会又通过了一些保护生物多样性的国际条约。这些野生物条约最初的目标是在缔约国之间分配资源,后来随着环境关注的日益增加而转变为实现可持续的开发水平。第二阶段出现的一系列国际文件侧重于保护生物的内在价值,包括1971年《关于特别是作为水禽栖息地的国际重要湿地公约》、1973年《濒危野生动植物种国际贸易公约》、1979年《野生动物迁徙物种保护公约》、1980年《南极海洋生物资源养护公约》、1986年《南太平洋地区自然资源和环境保护的公约》等。第三阶段从20世纪80年代开始,在可持续发展理念的影响下,国际社会开始努力通过保护生态系统的健康来保护生物多样性。1980年《世界自然保护战略》和1982年《世界自然宪章》是全球范围内最初体现这种思想的"软法"文件。1993年生效的《生物多样性公约》(Convention on Biological Diversity, CBD)是一部具有法律约束力且参加国众多的国际公约,它为世界环境保护领域中的植物、动物和微生物保护工作以及国际合作提供了法律依据和政策指南。

《生物多样性公约》的宗旨在于推动各签约国制定在国界范围内保护植物、动物和微生物及其生长栖息环境的战略,制定并实施对濒危物种施行保护的法律,扩大生物物种的自然保护区,努力恢复已遭到损害的动植物种群,提高公众对自然保护和维持生物资源必要性的认识。公约的核心原则有三项:(1)在实施环境保护政策的同时,各国在开发并利用资源方面享有主权;(2)相对富裕的国家在帮助相对贫穷的邻国遵循公约方面

---

① 周忠海主编:《国际法》(第三版),中国政法大学出版社2017年版,第257—262页。

负有义务,应该提供经济和技术援助;(3)物种资源丰富但经济状况不佳的国家可以分享以其生物资源为原料的制成品产生的利润。从公约内容来看,它对生物资源保护作了全面、广泛的规定,包括国家生物资源主权;国家对生物保护的查明与监测、就地保护、移地保护等方面的义务等。

《生物多样性公约》之后,生物多样性保护方面的国际法规范体现了新的保护理念,如1995年《地中海生物多样性特别保护区议定书》、1995年《跨界鱼类种群和高度洄游鱼类种群的养护与管理协定》、2000年《卡塔赫纳生物安全议定书》等。

此外,还有许多针对某一生物物种或某一特定区域的生物进行保护的国际条约,如1971年《关于特别是作为水禽栖息地的国际重要湿地公约》、1979年《野生动物迁徙物种保护公约》、1968年《保护自然和自然资源的非洲公约》、1940年《西半球自然保护和野生生物保护公约》、1979年《保护欧洲野生动物和自然栖所公约》、1973年《北极熊保护协定》、1916年的加、美《候鸟保护公约》等。以《濒危野生动植物种国际贸易公约》为代表的国际条约建立了在濒危物种清单基础上的许可证制度。对于附件中所列物种标本的贸易,必须按照公约规定进行。[①]

五、淡水环境保护

国际社会对淡水环境的保护主要是通过区域性和双边条约的方式,以及联合国环境规划署、经济与发展合作组织等国际机构制定的没有法律约束力的软法文件。前者如泰国、老挝、越南和柬埔寨四国间签订的1995年《关于湄公河盆地可持续性发展的合作协定》、印度与孟加拉之间1996年关于分享恒河水域的条约等。1997年联合国大会51/229号决议通过的联合国国际法委员会起草的《国际水道非航行使用法公约》,是第一个普遍性的保护国际水道环境的国际公约。该公约2014年8月17日生效,主要涉及国际水道及其水域除航行之外的各种利用的问题,其主要内容包括计划采取的措施,对生态的保护、养护和管理,有害条件与紧急情事,武装冲突、水道国之间的间接接触、特定数据的保密性等杂项以及

---

① 参见邵津主编:《国际法》(第五版),北京大学出版社、高等教育出版社2014年版,第259—262页;梁西主编:《国际法》(第三版),武汉大学出版社2011年版,第223—225页。

争端解决条款。①

我国注重与周边国家合作、开发、利用、管理国际水道,与蒙古国、哈萨克斯坦、俄罗斯等国签订双边协定,很多涉及环境问题。我国尚未加入《国际水道非航行使用法公约》,但相关影响已在分析研判中。

六、土壤和森林保护

除淡水之外,土壤和森林也是地球上亟需保护的领域。国际社会从20世纪80年代开始已经对这一问题予以关注,并在一些软法文件中提及了治理水土流失、防治荒漠化、保护森林等问题。例如,国际粮农组织1981年制定的《世界土地宪章》、联合国环境与发展大会1992年通过的《关于森林问题的原则声明》等文件就强调了保护土壤和森林的重要性。然而由于土壤和森林都是完全处于一国主权管辖范围内的自然资源,而且对它们的破坏所致损害的直接受害者一般是国家及其国民,因此这方面尚未产生具有法律约束力的国际法文件。②

七、危险物质和活动的控制

造成跨界环境危害的物质和活动也属于国际环境法调整的范围,除有毒有害废物的越界转移之外,比较重要的还有核活动和核材料的控制、化学品的管理等问题。③

在1986年切尔诺贝利核电站遗漏事故的刺激下,国际社会当年就通过了《及早通报核事故公约》和《核事故或辐射紧急情况援助公约》。这是以国际原子能机构制定的1984年《关于核事故或辐射紧急情况时相互援助安排的指南》和1985年《关于放射性材料跨界处置时进行通知、统一规则和交换信息的指南》为基础而起草的。

1986年《及早通报核事故公约》适用于已经造成或可能造成对另一国具有辐射安全影响的跨国界的国际性释放事故,包括核反应堆、核材

---

① 参见白桂梅:《国际法》(第三版),北京大学出版社2015年版,第453—455页;马呈元主编:《国际法》(第五版),中国人民大学出版社2019年版,第220—221页。
② 参见白桂梅:《国际法》(第二版),北京大学出版社2010年版,第455—456页。
③ 参见周忠海主编:《国际法》(第三版),中国政法大学出版社2017年版,第262—266页;邵津主编:《国际法》(第五版),北京大学出版社、高等教育出版社2014年版,第264—269页;梁西主编:《国际法》(第三版),武汉大学出版社2011年版,第229—232页。

料循环设施、放射性废物管理设施、核材料和放射性废物的运输和储存等活动发生的事故。为了减少辐射后果,公约要求发生核事故的缔约国在其他缔约国请求时与之进行协商,并鼓励缔约国之间签订与本公约主题事项相关的双边或多边协定。1986年《核事故或辐射紧急情况援助公约》要求缔约国为了在发生核事故或辐射紧急情况时迅速提供援助以便尽量减少其后果并保护生命、财产和环境免受放射性释放的影响,相互并与国际原子能机构进行合作。此外,国际社会形成了与核活动和核材料控制有关的国际法文件,如国际原子能机构通过的1980年《核材料实物保护公约》和1994年《核安全公约》等。①

  国际环境法对化学品的管理主要涉及化学品的登记和分类以及化学品的国际贸易。在化学品登记和分类方面,有联合国环境规划署、国际劳工组织、世界卫生组织等国际组织通过的一些指导性文件和公约。其中较重要的包括联合国环境规划署1989年制定的《国际潜在有毒化学品登记册》、世界卫生组织2000年制定的《按危险性分类的农药建议分类:分类指南》、国际劳工组织1990年主持制定的《关于工作中应用化学品的安全的公约》等。为了解决发达国家与发展中国家之间非法销售化学品的问题,联合国粮农组织1985年通过了《关于农药使用和分销的国际行为准则》,联合国环境规划署1987年通过了《关于化学品国际贸易资料交流的准则》,都要求化学品的进口国和出口国在化学品的国际贸易中互相交流信息以保护人类健康和环境并建立了通知制度,但是它们都不具有法律约束力。1998年联合国环境规划署和粮农组织主持通过的《关于在国际贸易中对某些危险化学品和农药采取事先知情同意程序的鹿特丹公约》具有约束力,其目标是"通过便利就国际贸易中的某些危险化学品的特征进行资料交流、为此类化学品的进出口规定一套国家决策程序并将这些决定通知缔约方,以促进缔约方在此类化学品的国际贸易中分担责任和开展合作,保护人类健康和环境免受此类化学品可能造成的危害,并推动以无害环境的方式加以使用"。它适用于"禁用或严格限用的化学品"和"极为危险的农药制剂",并对每一类化学品应遵行的相关程序作出了具体规定。②

---

  ① 参见白桂梅:《国际法》(第三版),北京大学出版社2015年版,第458—461页。
  ② 参见马呈元主编:《国际法》(第五版),中国人民大学出版社2019年版,第229—232页。

八、外空环境保护

由于外空的利用和危害影响人类活动的许多领域,国际社会对此日益关注。1963 年第 18 届联合国大会通过了《各国在探索与利用外层空间活动的法律原则的宣言》,确认了有关原则。目前已有很多国际法律文件涉及宇宙空间保护,如 1967 年签署的《关于各国探索和利用包括月球和其他天体在内的外层空间活动的原则条约》第 9 条就有相关的具体规定;1971 年通过的《外空物体所造成损害的国际责任公约》、1974 年通过的《关于登记射入外层空间物体的公约》、第 34 届联合国大会通过的《关于各国在月球和其他天体上活动的协定》等,也都与宇宙空间环境保护有关。

九、世界文化和自然遗产保护

《保护世界文化和自然遗产公约》是关涉自然遗产的国际法文件。它承认国家领土内的文化和自然遗产的确定、保存、保护、展出和传与后代主要是有关国家的责任。但是缔约国在充分尊重文化和自然遗产所在国的主权并不使所在国法律规定的财产权受到损害的同时,承认这类遗产是世界的一部分,整个国际社会有进行保护的责任。

公约中界定的文化遗产包括文物、建筑群和遗址三类。自然遗产则包括从审美和科学角度来看有突出普遍价值的自然景观、从科学和保护角度来看具有突出和普遍价值的地质及自然结构和动植物生态区、从科学保护和自然美角度来看具有突出普遍价值的天然名胜。目前列入世界文化和自然遗产名单的有几百项,其中包括我国长城、孔庙、黄山、布达拉宫等几十项。[①]

1940 年《美洲国家动植物和自然美景保护公约》、1969 年《保护考古遗产欧洲公约》、1979 年 9 月 19 日《保护欧洲野生动物和自然栖所公约》、1982 年 6 月《荷比卢自然养护和风景保护公约》、1985 年《保护欧洲建筑遗产的公约》和《关于欧洲文物犯罪的公约》、1976 年 6 月《南太平洋自然保护公约》、1991 年《阿尔卑斯山保护公约》是这个方面的区域国际

---

① 参见邵津主编:《国际法》(第五版),北京大学出版社、高等教育出版社 2014 年版,第 263 页;梁西主编:《国际法》(第三版),武汉大学出版社 2011 年版,第 223—224 页。

法文件。

思考题

1. 损害预防原则与风险预防原则有何不同?
2. 共同但有区别的原则在当代世界的环境保护体系中是否还有意义? 为什么?
3. 国际法如何处理环境保护与经济发展之间的关系?

拓展阅读

林灿铃:《国际环境法》(修订版),人民出版社2011年版。
汪劲:《环境法学》(第二版),北京大学出版社2011年版。
王曦编著:《国际环境法》(第二版),法律出版社2005年版。

Patricia Birnie, Alan Boyle, and Catherine Redgwell, *International Law and the Environment* (3rd ed., Oxford University Press, 2009).

Alexandre-Charles Kiss and Dinah Shelton. *International Environmental Law* (3rd ed., Transnational Publishers Inc., 2004).

Alexandre-Charles Kiss and Dinah Shelton. *Guide to International Environmental Law* (Martinus Nijhoff, 2007).

Philippe Sands, Jacqueline Peel, Adriana Fabra, and Ruth Mackenzie. *Principles of International Environmental Law* (3rd ed., Cambridge University Press, 2012).

第五编　国际法律责任与争端解决

第十五章　国际法律责任

国际法律责任是现代国际法上最为重要的制度之一,对于树立国际法的权威、强化国际法的约束力、促进国际秩序健康发展具有重要的意义。国际法律责任可分为国家责任(国际不法行为责任)、国际法不加禁止行为造成损害性后果责任两种。国家责任是需要当事国为自己的国际不法行为承担法律后果,其界定、特征、构成要件及免责事由已经初步达成国际共识。国际法不加禁止行为造成损害性后果的国际责任,在国际法委员会通过的《关于预防危险活动的越境损害的条款草案》和《关于危险活动造成的跨界损害案件中损失分配的原则草案》中对国际法主体应承担的国际责任范围作出了规范。国际刑事法律责任在20世纪得到了发展,通过一系列的国际司法活动确立了基本规则。

第一节　国际法律责任的内涵与发展

法律责任是法律的重要方面,也是法律运行中的重要环节。确立责任和追求责任是法律之所以为法律、法律能够实现公正的根本保障。国际法是初级法,因而关于国际法律责任的规范与实践还很不完善,系统的法律条文还没有成型,仅仅处于拟议和讨论的阶段。但是在国际交往中,国家之间对于法律责任的一些基本制度还是达成了一些基本共识,可以作为理解国际法律责任的基本参照。

国际法上的国家责任是国际法主体不遵守国际法律体系所施与的义务而导致的对另一国的责任,如国家对另一国造成损害,或者一国违背约定而给对方国家的国民或者财产造成损害。[①] 当国家政府的民主化程度

---

① See Rebecca M.M. Wallace and Olga Martin-Ortega, *International Law* (7th ed., Sweet & Maxwell, 2013), p. 199.

日益提高的时候,在全球治理的体系中出现的参与者开始增多,国际舞台不再被国家所垄断,国际组织、非政府组织、跨国公司、个人的地位开始进入国际法的体系之中,而阻碍国家作为国际法责任主体的国家豁免原则也受到了越来越多的拷问。相应地,关于国家责任的国际法规范则逐步建立起来,并获得了一定的认同。

在传统上,国际法律责任仅仅是国家责任,也就是国家违背国际法义务而招致的责任。但现代意义上的国际法律责任在很多方面都有拓展:

(1) 在行为主体上,不仅仅包括国家,还包含了国际组织、争取独立的民族、叛乱团体等。随着国际法律责任的理论与实践的发展,现在的国际责任也涉及对个人和国际组织地位的考虑,作为具有国际法人格的行为体,能够承担法律责任是其必要因素,所以非国家行为体同样有资格承担国际法律责任,正如它们可以在国际社会以法律的手段求偿一样。但由于国家是基本的国际法主体,从而国家责任在国际法律责任体系中占据了主导地位。1996年国际法委员会一读通过了《关于国家责任的条款草案》(简称1996年条款草案)的正文、两个附件及评注,由联合国秘书长提交各国,供讨论和提出意见。当前国际社会主要依据的是国际法委员会2001年通过的《国家对国际不法行为的责任条款草案》(简称2001年条款草案)①,这一编纂的国际法文件还不是国际条约,但被认为总结了很多国家的实践,在一些方面、一定程度上具有重述习惯国际法的地位。② 2000年开始,联合国国际法委员会着手编纂国际组织的责任规则,并于2009年一读通过了《国际组织的责任条款草案》,2011年11月联合国大会第六十六届会议二读通过了《国际组织的责任条款草案》,包括67个条文,涉及国际组织的概念、国际组织责任的构成、国际组织责任的主体、国际组织责任的形式、各种形式国际组织的责任等多项内容。

(2) 不仅由于触犯国际法的行为可以导致国际法律责任,未被国际法所禁止的一些行为,也同样会导致国际责任。这一进程与民法中的法律责任的发展是一样的:传统上只有违约责任、侵权责任,随着时代的发展则出现了无过错责任/严格责任。这种新的责任类型的出现是与国际社

---

① 联合国国际法委员会第53届会议通过 A/56/10。联合国大会在2001年12月12日第56/83号决议中,注意到本决议附件所载的关于国家对国际不法行为的责任的条款,并提请各国政府加以注意,但不妨碍它们将来获得通过的问题或对其采取其他适当行动。

② 参见黄瑶主编:《国际法》,北京大学出版社2007年版,第267页。

会的风险加剧相联系的。

(3)国际法律责任的法律依据越来越明晰。有关国家责任的制度,在国际法上长期处于空白的状态。在19世纪之前,一般的实践方式是,国家根据自身的判断,自行决定采取措施。特别是当战争可以作为国家的权利的时候,国家经常采取战争的手段来应对其他国家违反国际法的行为。第二次世界大战以后,国际社会开始更多地以和平与理性的方法解决争端、落实责任。

国际法律责任制度的实现,具有纠正国际主体的不当行为、维护国际法律秩序、使受损的国家获得补偿的作用。[①]

第二节 国家责任

自20世纪30年代开始,一些学者和研究机构开始对于国家责任法进行阐述和编纂,特别是哈佛国际法研究部起草了关于国家责任公约的草案,国际法委员会针对国际法上的责任问题进行了大量的研讨,数位特别报告员提出了很多有价值的报告,一些国际法专家也出版了一些著作。根据前述国际法编纂的成果,国家责任的构成需要两个基本条件:其一,该行为违背了国际法体系所施加的义务;其二,该行为可以被视为国家的行为。以下分别说明。

一、国际法上的不法行为

国际不法行为(internationally wrongful activity),在行为性质上要求违背国际法义务。根据2001年条款草案,违背国际法义务可以从以下三个方面来认识。

(一)违背国际法规范

国际法上的不法行为,既包含违背条约的行为,也包括违背一般的国际习惯而侵犯另一国际法主体的权益的行为。例如,纸浆厂一案的诉因就是条约;而庇护权案的基础则是习惯。判断国家行为违法的基础是国际法,而非国内法。一国不得以国内法为根据为其违背国际法的行为辩护。

在不法行为的认定上,还存在着是否需要具有故意或者过失这一主

[①] 参见王铁崖主编:《国际法》,法律出版社1995年版,第136—137页。

观要件的问题。有人认为,一定要证明该国故意或者过失地违反了国际法律义务,才能够构成国际责任;作为国家责任的前提,通常须表明国家在防止损害发生或惩治违法者方面未表现出相当的注意;同样,在条约规定中也载明须存在不同程度的过失。国际法院在"科孚海峡案"的判决中指出,一个国家不能仅仅因为外国所受损害发生在其领土内而对这种损害担负绝对责任。而另外的观点则认为,无须考虑行为主体的主观意志,只要行为本身或/及其造成的结果违背了国际法,就可以认定法律责任。现在的基本观点是,以相关法律的具体规定来判断行为的违法性。

一国所进行的违反国际法的行为既可以表现为作为,也可以表现为不作为。根据外交法,国家有义务保护外国外交使团的安全。如果使团驻在国没有尽到此项义务,使外国使团被骚扰、入侵,其安全受到威胁,则国家的行为违背了国际法。在英国与阿尔巴尼亚之间争讼的"科孚海峡案"中,国际法院认为,阿尔巴尼亚未能及时将本国海域布有水雷这一事实通知给过境的英国军舰,就构成了对国际法律义务的违反。有学者认为,国家不仅在参与恐怖主义活动的时候应当承担国家责任,而且在没有有效防止和惩治恐怖主义的时候也应当承担责任。①

(二)被违背的国际法规范处于有效状态

法治的一个基本原则是不能事后立法,也不能做事后的扩大或者缩小解释。国际法上非常重视"时际法"②,就是因为在不同的历史时期,规范的具体要求差异很大,判断一种行为是否违背国际法,必须回到当时的历史场景,对照当时有效的国际法。从这个意义上讲,俄罗斯占领中国黑龙江以北大片领土的行为,在今天看来是非法的,但当时的国际法就是允许的。讨论今天某种行为是否符合国际法,也必须根据现有的法律(lex lata),而不能根据未来的应有法律(lex ferenda)。

有些学者主张,国家既有可能根据有效的国际法规则而对另外一个国家负有义务,也可能根据某些普遍性的国际法规则对国际社会的整体负有义务。后一种义务被称为"对一切的义务"(obligations erga omnes),在国际

---

① See Kimberley N. Trapp, *State Responsibility for International Terrorism* (Oxford University Press, 2011).

② See Statement of Judge Huber in the *Island of Palmas* Case, R.I.A.A., vol. II, p. 829 [1949], p. 845.

法院审理的"巴塞罗那电车案"①中予以确认。根据国际法院在该案判决中的阐述,对一切的义务是由于侵略、种族灭绝等违法行为而产生的,也来源于涉及个人基本权利的规范,如防止奴役、种族歧视。② 由此而言,对一切的义务与强行法相关,所有的国家均应承担。但这一观点迄今未被国际实践所充分认可,特别是国际法院 2012 年针对豁免权案做出的判决,使人们对强行法究竟在多大程度上被国际法体制所接受提出疑问。

(三)违背国际义务的时间

根据行为是否具有持续性,2001 年条款草案提供了不同的时间判断标准:第一,非持续性地违背国际义务,也就是在行为周期比较短的情况下,如 1999 年美国发射导弹轰炸我国驻南联盟使馆,以行为发生之时作为违背国际法律义务的时间,而不以结果发生的时间判别。第二,持续性地违背国际义务,在通过作为的方式违背国际义务的情况下,如扣押外国的外交官员③、制定违背国际法律义务的国内规章、侵占他国领土,违背国际义务的时间则按照其行为的整个期间计算。还有一种情况,即国际法要求一国尽义务避免或者制止某种情况发生,如果该国没有尽到义务(不作为),导致某种情势持续出现,则该种违法行为从情势出现时起算。例如,两国之间有一条界河,两国约定共同维护界河的环境,及时通报,出现事故时充分合作。其中一个国家境内出现化工厂泄露,严重污染界河,该国却没有尽到通报与合作的义务。此种违法从污染事故发生、污染所在国知道情况可以通报之时起算,持续于其未能尽到此项义务的整个期间。

比较复杂的是复合违法行为的时间。很多违法行为并不是一个简单、孤立的行为,而是由一系列的行为连接在一起构成一个不法行为。2001 年条款草案第 15 条针对这种情况作了这样的规定:

1. 一国通过被一并定义为不法行为的一系列作为和不作为

---

① See *The Barcelona Traction Case, I.C.J. Reports (1970)*, p. 3.
② See *The Barcelona Traction Case, I.C.J. Reports (1970)*, p. 3, para. 34. See also, *East Timor (Portugal v. Australia) case, I.C.J. Reports (1995)*, p. 90; *Legality of the Threat or Use of Nuclear Weapons, I.C.J. Reports (1996)*, p. 226; *Application of the Convention on the Prevention and Punishment of the Crime of Genocide (Preliminary Objections), I.C.J. Reports (1996)*, p. 595.
③ See *United States Diplomatic and Consular Staff in Tehran, Judgment, I.C.J. Reports 1980*, p. 3, at para. 78.

违背国际义务的情事,发生于一系列作为和不作为发生的时刻,该作为和不作为连同其他的作为和不作为看待,足以构成不法行为。

2.在上述情况下,该违背义务行为持续的时间为一系列作为和不作为中的第一个开始发生到此类行为再次发生并且一直不遵守该国国际义务的整个期间。

这种规定将一系列有着内在关联的行为作为一个行为群看待,以第一行为出现的时间为起点,持续于整个违背义务的期间,实际上反映了对被侵害国利益的保护。

二、国际不法行为的归因性(Imputability)

确定行为可归因于(attributed to)国家,实际上是确立责任主体的恰当性。确立行为可归因性的法律依据是国际法,而非一国的国内法。依据2001年条款草案,国际不法行为在如下情况下可以成为单独归因于国家的行为。

(一)一国国家机关的行为

任何国家机关,不论其行使立法、行政、司法职能,还是行使任何其他职能;无论其在国家组织机构中具有何种地位;也无论其作为该国中央政府机关或一领土单位(地方)机关而具有何种特性,其行为均应被视为该国的国家行为。因而,无论一国是采取三权分立的方式,还是其他的方式,其广义的政府采取的行为均属国家行为。在采取联邦制的国家,每一"邦"或"州"作为国家地域的一个组成部分,与单一制国家的省一样,其政府机构采取的行为都会被视为国家行为,均可导致国家责任。国家机关并不一定总是指一个由很多人组成的群体,国家元首、政府首脑和外交使节这些代表国家行使职权的个人也一样属于国家机关,他们的行为也可归因于国家。同样,国家官员以官方身份所作的公务行为属于国家行为,而不论其为行政、立法和司法官员,还是高级或较低职位的官员。这一点在彩虹勇士仲裁案中表现得很清楚。[①] 国家官员的私人行为,如在

[①] 在该案中,两名法国特工人员炸毁了绿色和平组织的"彩虹勇士号"船,并未因特工职位低而回避法国的责任。The *Rainbow Warrior Case*, 26 *ILM* 1346 (1987). 另参见本书第五章第五节。

闲暇时间购物或者参与娱乐活动不应视为国家行为。①

(二)经授权行使政府权力要素的实体的行为

国家机关以外的其他组织如果经依法授权行使通常由国家机关行使的公共性质的职能并以该名义行事,如一国外交部委托该国的一家民间组织审查移民材料,则它们的行为应归于国家而成为国家行为。

(三)交由一国支配的机关的行为

这种情况类似于民法中的代理行为。一个国家如果将其某一机关交由另一个国家支配,并且该机关行使支配国的政府权力,则其行为应视为支配国的行为,而不能归于其所属国的行为。比如,一些欧洲的小国在某些国家没有驻外机构,委托其他国家代本国处理一些外交事务。这些机构以该委托国名义所为的行为,视为委托国的行为,而非其本国的行为。

(四)越权(ultra vires)或违背指示的行为

当国家机关、国家官员或经授权行使政府权力要素的个人或实体以其官方身份或以其官方名义行事的时候,如果他们逾越了权限或违背了指示,其行为仍应视为国家行为。当前,国家机关、机构越来越复杂,从外部而言,很难辨清其权限,所以,为了对被损害人负责,要求所有被授权者的行为均可归于国家。这种归因性的理由与民法中的表见代理是一样的,当对方无法了解行为人的授权权限,而仅仅知道其具有代表权的时候,即使行为人存有隐蔽的或不适当的私人动机,其行为也不能归为个人行为。此种规定的法理目标在于避免国家借口授权限度而逃避责任,使对方期待落空。

(五)叛乱运动或其他运动的行为

在出现无论何种名义的叛乱运动的时候,与叛乱地区相关的情况实际上有两个相对立的公权力:一种是叛乱运动出现之前控制该地区的国家政府;另一种是该叛乱团体。此时,因为局势还在变化之中,很难确定该地区的最终有效权力。为了在这种状况下保证受影响的一方的求偿,2001年条款草案第10条规定:

1.成为一国新政府的叛乱运动的行为应视为国际法所指的

---

① See ILC, "Report of the ILC on the Work of Its 25th Session", *UN Doc. A/CN/SER.A/1973/Add.1*, 192, para. 9.

该国的行为。

2. 在一个先已存在的国家的一部分领土或其管理下的某一领土内组成一个新的国家的叛乱运动或其他运动的行为,依国际法应视为该新国家的行为。

3. 本条不妨碍把不论以何种方式涉及有关运动的、按照第4条至第9条的规定应视为该国行为的任何行为归于该国。

这就意味着受害者实际上享有双重求偿权,虽然有些求偿行动可能最终因对象消灭而失效,但是向另外的一方面求偿的行为则可能成功。

(六)受到国家指挥或控制的行为

私人个人或群体的行为不能归于国家。但是,如果一人或一群人实际上是在按照国家的指示或在其指挥或控制下行事,其行为应视为国际法所指的一国的行为。例如,在清朝末期,美国驻华公使蒲安臣(Anson Burlingame,1820—1870)在卸任以后,受中国政府委托与美、英、法、普、俄等国谈判交涉,其行为就可以归于国家。

在一个国家不存在正式有效的政府、合法当局,或相关公权力机构未能履行职责之时,客观情况需要行使国家公共权力要素,如果私人个人或群体实际上正在行使政府权力要素,其行为应视为国际法所指的一国的行为。例如,一国因战乱或政变而陷入无政府状态,此时如果有个人或机构实际行使政府职责,其行为被视为国家行为。

(七)经一国确认并当作其本身行为的行为

即使一项行为按照前述各个标准均不能归于一国,如果该国承认并当作其本身的行为,现代国际法也将其视为该国的行为。这种确认包括两种形式:一是以明确的语言明示确认;二是以行动肯定地表示该行为的有效性(默示)。

三、一国对另一国不法行为的责任

国家作为国际责任的承担者,既有可能是基于一国独立的行为而须承担责任,也有可能是基于两个以上国家的共同行为而承担责任。这种情况非常类似于国内法上的共同犯罪或者共同侵权。2001年条款草案对于这样的情况也进行了规定。

（一）援助或协助的行为

如果一国援助或协助另一国实施其国际不法行为，不仅行为国要负主要责任，而且协助国也须对此负责。承担这种责任的前提有两个：其一，援助或者协助国知道该行为属于国际不法行为；其二，如果该行为由援助或者协助国自身采取，也是违法的。

（二）指挥或控制的行为

当一国指挥或控制另一国实施国际不法行为时，受指挥和支配的国家基于自身的直接行为当然要承担法律责任，进行指挥或控制的国家也要对其指挥支配的行为承担责任。指挥或者控制国构成违法的条件是：主观上，该国知道此种行为的非法性；客观上，该国自行采取此类行为也具有非法性。

（三）胁迫的行为

如果一国胁迫另一国实施国际不法行为，胁迫国则要对被胁迫国的该不法行为负责。需要说明的是，只有在胁迫做出的行为具有违法性的时候胁迫国才构成违法，仅仅胁迫而未作出进一步的违法行为，是不构成违法的。

四、解除行为不法性的情况

虽然国际不法行为引致国际法律责任是通则，但作为例外，在法律所认可的情况下，表面上的不法行为也可能没有责任，采取行为的国家可以基于这些理由而对抗要求其承担责任的主张。这种情况被称为解除行为不法性。① 根据2001年条款草案，此类情况包括：

---

① 有的学者将这种情况称为"国家责任的免除"，如王铁崖主编：《国际法》，法律出版社1981年版，第127—128页；王铁崖主编：《国际法》，法律出版社1995年版，第146页；白桂梅：《国际法》（第三版），北京大学出版社2015年版，第229—231页。实际上，按照严格的语义分析方式，排除行为不法性与免除责任是不同的。免除责任意味着行为可能具有不法的性质，但法律出于一些因素的考量，不追究责任。例如，关于海上货物运输的《海牙规则》规定的火灾免责、航海过失免责、管船过失免责，都属于行为本身具有违法性，但法律为了鼓励海上货物运输的从业者而免除责任的做法，这相当于一种特权。而排除行为不法性则意味着从法律认定的角度来看，这种行为就不具有违法的性质，因而就更不会导致责任。例如，刑法上的正当防卫和紧急避险，第一步界定行为具有正当性，不承担责任是由行为性质决定的。但是，从后果上看，二者的差异并不明显。

(一) 同意

一国以有效方式对另一国的某一特定行为表示同意(consent),并且该行为没有逾越该项同意的范围,即解除该行为在与该国关系上的不法性。例如,在一般情况下,A 国军队出现在 B 国领土上属于侵略行为,但如果 A 国军队是基于 B 国的请求或者同意进入的,该行为就不具有不法性。中国 1950 年的抗美援朝战争就是在朝鲜政府的要求下进入朝鲜领土的,所以当时联合国大会决议谴责中国的行动是没有根据的。在同意的问题上,需要注意三个方面:第一,行为基于有效的同意方式,而排除胁迫、提供虚假信息欺诈的方式。第二,行为应限于同意的范围。如果 B 国请求 A 国军队进入打击恐怖分子,B 国长期驻扎,干预 A 国的正常社会秩序,就属于超越同意范围的不法行为。第三,即使同意也不能使国际犯罪行为具有合法性。也就是说,同意可以理解为两国之间的条约,而条约不能违背强行性规范。例如,假设 B 国请求 A 国军队进入对于反对派进行种族灭绝,倘若 A 国果然采取了此种行为,则其行为仍系不法。

(二) 自卫

根据传统的国际法,自卫(self-defense)是国家的天然权利。在现代国际法上,自卫也是主权的重要表现,是《联合国宪章》所认可的使用武力的正当理由。国家可以此为依据,不履行国际法禁止使用武力威胁或使用武力的基本原则,如中国 1962 年对印度、1979 年对越南的自卫反击战均属于自卫性质。但自卫措施的采取必须符合《联合国宪章》的程序规定。①

(三) 反措施

国际不法行为的受害国针对他国所为之国际不法行为,不得不采取某种不符合自己对他国原已承担的国际义务的一种非武力报复行为。由于反措施(countermeasures)是因他国的先前不法行为引起的,其不法性可以解除。反措施属于国际责任承担的一种方式,见本节后文的进一步阐述。

(四) 不可抗力

不可抗力(force majeure)是国家无力控制、无法预料又不可抗拒、不

---

① 关于自卫合法性的问题,参见本书第十三章第一节。

能克服的自然或者社会事件。如果一国不履行其国际义务的行为起因于不可抗力,则该行为的不法性即告解除。例如,日本2011年3月11日发生的海啸给外国人民及财产带来的损失即属不可抗力。这种解除须符合两个条件:第一,不可抗力事件与国家不履行国际义务的行为之间具有直接的因果关系。第二,该不可抗力事件不是行为国自身的行为所引致的,该国也无法预见此种事件的风险。

(五) 危难

危难(distress)是危及生命和根本安全的极端危险。如果一国不遵守其国际义务的行为是国家行为者在遭遇极端危险的情况下,因别无其他合理方法挽救其生命或受其监护的其他人的生命时采取的,危难则可以作为排除该行为不法性的正当理由。因危难而解除行为的不法性,须注意三个方面:第一,从行为方式上看,危难状况下的行为是没有其他更合理选择状况下的迫不得已的行动。当然,考虑到周边状况的紧急性,并不要求所有的判断都极端冷静和理性,但必须确实经过合理审慎的考虑。第二,从原因上看,该危难情况不是行为国自身酿成的。如果行为国酿成了危难的情况,则具本节前文所述的时间判断标准,从其错误行为开始起算其责任。第三,从后果上看,危难情况下采取的行为不应当导致同样或者更大的灾难。

(六) 危急情况

根据2001年条款草案,危急情况(necessity)是指威胁国家的基本利益和严重迫切危险的状况。如果一国违反国际义务的行为是应对和解决此种危机情况的唯一办法时,则可以解除该行为的不法性。为了防止国家援引此项规则滥用其权力,2001年条款草案采用了排除性的规定方法,也就是将举证责任留给了国家,由行为国证明其行为的合法性。同时,须注意两个条件:第一,危难情况下采取的行为不得严重危害行为的相对国以及国际社会的整体利益。第二,如果危急情况是由责任国促成的,或如果有关国际义务排除了此种援引的可能性,则不得以危急情况作为解除其行为不法性的理由。

仅有解除行为不法性的情况存在时,国家行为的不法性才能排除。如果情况已经消失,国家应立即采取措施,使其行为归于常态化。这主要是为了避免国家权力的滥用。

五、国家责任的形式

根据国际法实践和2001年条款草案的规定,承担国家责任的形式有如下四种。

(一)限制主权

限制主权,即对于责任国的部分主权予以限制,其中包括在第二次世界大战以后同盟国以军事管制的方式对于德国和日本所进行的限制,以及1949年基于对意和约而对意大利进行的武装力量限制、1951年基于对日和约对日本军队进行的限制。① 这是国家责任承担最严重的形式,一些学者将这理解为国家承担刑事责任的一种方式。

(二)停止不法行为

当行为国从事持续性国际不法行为时,有义务停止该行为(cessation of wrongful act)。例如,A国侵占了B国的领土,承担责任的首要方式就是从该领土退出。停止不法行为的作用在于避免不法行为及其损害后果的继续,因为停止侵害是减少不法行为所引起的损害后果、恢复未被侵害时的国际秩序的必要前提。

(三)保证不重犯

国际不法行为的责任国在必要情况下应提供不重复该行为的适当承诺和保证(assurances and guarantees of non-repetition)。停止不法行为和保证不重犯相互联系,但也有区别。二者均针对不法行为本身,可以同时出现。但停止不法行为仅限于针对具有持续性的行为;而保证不重犯则可以针对持续性与非持续性的行为。停止不法行为面对已经发生的事实,重在确保损失不进一步扩大;保证不重犯面向未来,重在建立交往环境与信心。保证不重犯有单纯的外交保证②和采取相应措施保证③等不

---

① 参见 L. Oppenheim, R. Jennings and A. Watts (eds.), *Oppenheim's International Law*, (9th ed., Longman, 1992), pp. 535–536;王铁崖主编:《国际法》,法律出版社1981年版,第130—131页;白桂梅:《国际法》(第二版),北京大学出版社2010年版,第241页。

② 1966年中国驻印度尼西亚使馆遭到袭击,中国政府要求印尼政府保证不再发生类似的事件,同时要求采取措施、赔偿一切损失。

③ 1887年,美国传教士多恩(Edward T. Doane, 1820–1890)在加罗林群岛(Caroline Islands)的波纳佩(Ponape,后称Pohnpei)传教时,因西班牙占领加罗林群岛而被带(转下页)

同的形式。

(四) 赔偿

赔偿(reparation)包括了国家履行或者承担其责任的数种形式,核心是对于因不法行为而受到的损失予以弥补。赔偿可以作为独立的责任承担方式,也可以与其他方式并用。

1. 恢复原状(restitution)。作为一种赔偿方式,恢复原状是指加害方将被侵害的事物恢复到不法行为实施以前的状态,这是受害方首选的赔偿方式。根据违法行为的类型和所涉事项,恢复原状一般可分为物质上恢复原状和法律上恢复原状。前者包括返还财产、归还土地、释放人员;后者包括修改不当的法律规章,以恢复外国人、财产、商品受到的正当待遇。在 WTO 的争端解决机制中,具有违法情事的被申请国经常被要求修改相关法律。恢复原状以现实可行、成本适度为限,不能对已经灭失和严重损害的财物要求恢复原状,也不能使加害国承担过重的负担。

2. 补偿(compensation)。补偿是国际实践中最普遍采用的一种赔偿方式,以金钱的形式表现。补偿所弥补的是所涉案件在经济上可以评估的、包括可以确定的利润损失在内的任何损害。这种损害既包括国家本身遭受的损害,也包括国家在外交保护下提出的本国自然人或公司所遭受的损害。为确保充分赔偿,必要时还须支付利息。但是,补偿额不能同时包括利润损失和利息。补偿与恢复原状具有共同的目的,它们不是相互排斥的。但是,二者在性质或范围上完全不同。

3. 抵偿(satisfaction)。抵偿是对国家的非物质损害或精神损害的赔偿。最常见的抵偿形式是正式道歉、承认不法行为和表示遗憾。除此之外,抵偿还有许多其他形式。抵偿不同于补偿。但抵偿必须与损害成比例,并不得采取羞辱责任国的方式。

提供充分赔偿是国家作为实施国际不法行为的后果必须承担的一项一般义务,其主要方式有恢复原状、补偿和抵偿。赔偿的范围包括不法行为造成的任何损害,无论是物质损害还是非物质损害或精神损害。赔偿的范围是受限制的。充分赔偿是比例性或补偿性的,不具有惩罚、示范或警戒的性质。

(接上页)到菲律宾扣留。美国政府提出抗议,西班牙当局释放了多恩,恢复了他的工作场地,并保证对教会及其财产予以保护。

上述国家责任的形式可以单独采取,也可以合并采取,一般取决于国际不法行为的性质和程度以及受害者的要求。而且,责任国不得以其国内法的规定为理由拒绝承担任何形式的责任。

六、国家责任的承担

"无救济则无权利"。确立国家责任的实体规范是维护国际法律秩序、保障国际权利的重要方面,而使这些实体规范得以落实,从法律上的责任变成实践中的责任,也非常重要,甚至更加重要。这就涉及国家责任的承担(或称履行)。

(一)国家责任的援引

国家责任的援引,是指国际社会的成员向应当承担责任的主体主张或者追究责任的行为。

援引国家责任首先是受害国的一项权利。受害国即受到国际不法行为损害或影响的国家。受害国可以单独援引国家责任,数个受害国也可以分别援引国家责任。

受害国援引国家责任,必须符合以下条件:(1)国籍原则,即受害国必须提出受害者与该国具有实质联系的证据,也就是国籍;(2)用尽当地救济(exhaust local remedies)原则,即受害者应当按照受害地的规则,采取了所有可以采取的行政、司法救济途径,均无有效救济。

国家援引责任之时,援引责任的国家应将其要求通知责任国,并在通知中具体指明应承担停止侵害和赔偿的责任形式。

在某些情况下,受害国之外的国家,针对其他国家违背对整个国际社会承担的义务而出现的不法行为,也可以援引国家责任。特别是当这种行为影响了包括该国在内的国家集团的利益之时。受害国以外的国家要求的权利范围要比受害国要求的权利范围更为有限。2001年条款草案第42条规定:

一国有权在下列情况下作为受害国援引另一国的责任:
(a)被违背的义务是个别地对它承担的义务;
(b)被违背的义务是对包括该国在内的一国家集团或对整个国际社会承担的义务;而
(1)对此义务的违背特别影响该国;或

(2)彻底改变了由于该项义务被违背而受到影响的所有其他国家对进一步履行该项义务的立场。

这一规定说明,并非任一国家都可基于"对一切的义务"而要求另一国承担国际法律责任,而必须具有特别的利益。这一点也被国际法院的实践所认可。①

如果同一国际不法行为使数个国家受害,则每一个受害国可自行分别援引对实施了该国际不法行为的国家的责任。如果有数个国家应为同一国际不法行为负责任,每一个国家应分别对它造成的行为负责。但受害国所获补偿以不超过其损失为限。

(二)反措施

针对一国的国际不法行为,另一国可采取手段以促使责任国履行其义务,此种手段称反措施。反措施(countermeasures)是传统国际法上的"报复"手段②的发展,是一种反应行为,只能针对责任国而不得指向第三方。

根据2001年条款草案的规定,反措施不影响重要的国际法义务:(1)《联合国宪章》下的不得采取武力及以武力相威胁的义务;(2)保护基本人权的义务;(3)禁止报复等具有国际人道性质的义务;(4)国际强行法下的义务。

实施反措施也不应影响下述义务:尊重外交与领事的特权与豁免;采取任何现实可用的争端解决方式。

在程序上,采取反措施之前应予通知,要求责任国履行其责任并提议与责任国谈判。在程度与范围上,反措施必须具有相称性,即反措施必须和所遭受的损害相称,并应考虑到国际不法行为的严重程度和有关权利。在时限上,反措施仅限于不法行为持续期间,不应在不法行为停止后、进入有效的争端解决程序之时采取或延续。

---

① See *Questions relating to the Obligation to Prosecute or Extradite (Belgium v. Senegal)*, Judgment, I.C.J. Reports (2012),p. 422.

② 参见本书第十六章第一节。

第三节 国际赔偿责任

国际赔偿责任是随着现代科学技术的发展,民用核活动、航天航空活动、国际河流与共同水域的运用、远洋石油运输、海洋开发等国际法不加禁止的活动所引起的跨国界损害日趋严重,从而通过二战以来国际社会制定的一系列国际公约和文献所逐渐建立起来的新制度,在实践中已初步形成了一套较为稳定和完整体系的程度。当前,已经有一些多边和双边的国际条约和一些司法判例和实践对于此种国际法责任进行了确认。因而,现代国际法律责任制度已不仅仅指因国际不法行为而承担的国家责任,还包括国际法未加禁止行为所产生的损害性后果的国际赔偿责任。

一、国际赔偿责任的内涵

国际赔偿责任又称"国际法不加禁止的行为所产生的损害后果的法律责任",或称"危险活动引起跨界损害所造成损失的国际责任""国际赔偿责任",它"是指当一国和其他实体从事国际法不加禁止的行为而给他国造成损害性结果时所应承担的赔偿责任"。国际法不加禁止的行为即是国际法不加禁止的并可能以有形的后果造成重大跨界损害的活动。

(一)"国际法不加禁止行为"的含义

国际赔偿责任与传统的国际不法行为引起的国家责任相比有明显不同。国际赔偿责任的产生不是由于违反了国际法,只是由于这种活动对他国造成了重大的损害,所以才产生了这种责任。值得注意的是,国际法不加禁止的行为并不等同于合法行为。行为并不仅仅是划分为合法行为和违法行为的两类,还包括那些法律既不禁止也不提倡的行为。

根据国际法委员会下设的专门工作组于1996年提交给国际法委员会并于2001年通过的《关于预防危险活动的越境损害的条款草案》的第1条,"国际法不加禁止行为引起损害后果的国家责任"是指,国家在从事"国际法不加禁止的、其有形后果造成重大越境损害的危险的活动",从而"引起重大跨界损害"的情况下,对此损害所应承担的责任,以及给予的相应的"赔偿或其他救济"。在《国际法不加禁止之行为引起有害后果之国际责任条款草案》第1条规定:"本条款适用于:a.国际法不加禁止的、含有通过其物质后果而引起重大跨界损害的危险的活动。b.国际法不加禁止的、不含有 a 所指之风险,但引起该损害的其他活动。"从上述条款可以看出,"国际法不加禁止行为"包括两个方面的行为,其一是国际法不加禁止;其二,有引起重大跨界损害危险的行为,此种行为并未实际发生,而只是存在潜在、高度的跨界损害危险。

(二)国际法不加禁止行为的赔偿责任

国际法不加禁止行为的赔偿责任的国际法律责任分为国家责任、国际民事责任和国家赔偿责任三种。(1)跨界环境损害的国家责任以"特雷尔冶炼厂仲裁案"[①]和"乌拉圭纸浆厂案"[②]为模式,它以违背不损害国外环境的义务和私人活动归责于国家为构成要件,指国家为其管辖或控制下的私人活动所造成的损害他国环境的后果所承担的责任。(2)跨界环境损害国际民事责任,指国际社会通过条约规定的主要由经营者承担的对几类高度危险活动所致跨界环境损害后果的赔偿责任。[③] (3)跨界环境损害国际赔偿责任则以国际法委员会"国际法不加禁止的行为所产生的损害性后果的国际责任"专题和《空间实体造成损害的国际责任公约》为基础,指因国际法不加禁止的活动所产生的跨界环境损害后果所承担的赔偿责任(international liability)。这是本节讨论的重点。

二、国际赔偿责任的法律发展

众所周知,在民事法律责任领域,原有的规制原则是违约责任和侵权责任。随着环境保护、高危作业等情况出现,才出现了新的规制原则,即在某些领域,不基于先前法律义务,也须承担责任,这就是"严格责任""绝对责任"或者"无过错责任"。国际法的发展也一样经历了这样的过程。在传统国际法上,国家责任制度主要是指对外国人及财产造成损害的赔偿责任。二战后,尤其是 20 世纪 60 年代以来,随着生产力的发展和

---

① See *Trail Smelter arbitration*, 33 *AJIL* 182 (1939) and 35 *AJIL* 684 (1941).

② See *Pulp Mills on the River Uruguay (Argentina v. Uruguay), Judgment, I. C. J. Reports 2010*, p. 14.

③ See Lakshman D. Guruswamy, Burns H. Weston, Geoffrey W. R. Palmer, and Jonathan C. Carlson, *International Environmental Law and World Order: A Problem-Oriented Coursebook* (West Group, 1999), p. 336; Miriam Mafessanti, "Responsibility for Environmental Damage Under International Law: Can MNCs Bear The Burden?... And How?", 17 *Buffalo Environmental Law Journal* 87 (2009–2010).

科技的进步,以及人类对自然资源更广泛、更大规模的开发利用,在工业化进程加速、高科技为社会生活带来了更大的便利和更多的风险的时候,国家在其管辖范围内或各国管辖范围以外地区所从事的国际法不加禁止的行为,包括核能利用、外层空间探索、海底开发等大规模活动,这些活动并不违反国际法,却由于经济和生态的相关性、国家之间的逐渐增加的相互依赖,可能会给其他国家或整个国际社会带来巨大的威胁和损害,如果这些活动对他国造成严重损害而行为主体不需要承担任何法律责任的话,在实际中势必导致对领土主权的滥用,对受害国是不公平的。由此,国际法不加禁止的行为所产生损害性后果如何确定损害赔偿和相关责任的问题就落入了国际社会的关注视野。

(一) 国际环境立法对国际赔偿责任的关注

1972 年,联合国人类环境会议召开,大会通过的《人类环境宣言》共同原则第 21 条规定:"按照联合国宪章和国际法原则,各国有按自己的环境政策开发自己资源的主权;并且有责任保证在他们管辖或控制之内的活动,不致损害其他国家的或在国家管辖范围以外地区的环境。"此后,这一原则在一系列国际环境条约和其他国际法文件中不断被重申,成为一项公认的国际环境法基本原则。如果说这项原则及以之为基础的诸多国际环境条约证明了处理跨界环境损害问题的"初级规则"的巨大发展的话,那么关于跨界环境损害的"次级规则"——法律责任问题则呈现一种欠缺的状态。一个明显的例子是,就在共同原则第 21 条之后,《人类环境宣言》共同原则第 22 条接着向与会各国发出呼吁:"各国应进行合作,以进一步发展有关他们管辖或控制之内的活动对他们管辖以外的环境造成的污染和其他环境损害的受害者承担责任和赔偿问题的国际法。"国际环境法领域的国际法文件对法律责任的态度也充分体现了这一点。1979 年通过的《长程跨界空气污染公约》一个突出的特点就是不包括国际法责任的任何规定。1982 年《联合国海洋法公约》试图为海洋的环境保护建立一个全新且坚实的基础,为各缔约国规定了一系列控制各种污染源的行为规则和原则。但在规定法律责任的第 235 条却只笼统提到"各国应按照国际法承担责任"。此外,包括 1972 年《伦敦倾倒公约》(第 10 条)、1974 年《波罗的海海洋环境保护赫尔辛基公约》(第 17 条)、1976《保护地中海免受污染巴塞罗那公约》(第 12 条)、1979 年《月球公约》(第 14 条)、

1989年《控制危险废物跨界转移及其处置巴赛尔公约》（第12条）、1991年《禁止向非洲进口危险废物并在非洲内管理和控制危险废物越境转移的巴马科公约》（第12条）、1992年《跨界水道和国际湖泊保护和利用公约》（第7条）、1992年《工业事故跨界影响公约》（第13条）和1992年《生物多样性公约》（第14条）等在内的国际法律文件,都不断为法律责任问题向国际社会呼吁。直到1992年,联合国环境与发展大会召开,情况依然没有明显改观。大会通过的《里约宣言》原则十三不得不重复20年前《人类环境宣言》的呼吁,不过措辞更为急切,甚至无奈:"各国应制订有关对污染的受害者和其他环境损害承担责任和赔偿的国家法律。各国还应以一种迅速的和更果断的方式进行合作,以进一步制订有关对在它们管辖或控制范围之内的活动对它们管辖范围之外的地区造成的环境损害带来的不利影响承担责任和赔偿的国际法。"跨界环境损害的法律责任问题,成为国际社会一个力图解决但始终尚待实现的难题。①

（二）国际法委员会对国际赔偿责任法的编纂

联合国国际法委员会从1978年第30次会议开始,将"国际法不加禁止行为所产生的损害性后果的国际责任问题"列入工作计划,并任命了该专题的特别报告员,试图拟定一套统一的国际法规则,形成一种有别于国际不法行为责任制度的、相对独立的损害赔偿国际责任制度。自此,该议题成为国际法委员会每届会议重点讨论的内容之一。1996年国际法委员会以一读通过《国际法不加禁止之行为引起有害后果之国际责任条款草案》（以下简称《条款草案》）,但没有得到各国政府的完全接受,于是决定将跨界损害责任分为"预防"和"赔偿"两个部分分别编纂,并于1998年8月一读通过了《关于国际法不加禁止的行为所产生损害性后果的国际责任（预防危险活动的越界损害）》,2001年通过了《关于预防危险活动的越境损害的条款草案》（以下简称《预防草案》）;2006年通过了《关于危险活动造成的跨界损害案件中损失分配的原则草案》（以下简称《分配原则草案》）。

根据《预防草案》的规定,其适用范围是国际法不加禁止但其活动的实际后果存在引起重大跨界损害的活动的风险。缔约国都必须采取适当

---

① See Günther Handl, *The Environment: International Rights and Responsibilities*, 74 Am. J. Int'l L.222 (1980).

措施防止或减少引起重大跨界损害的风险,其中包括必要的立法、行政或其他措施(包括建立适当的监控机制)。缔约国要本着善意原则进行合作,特别是要事先通报。草案还规定了有关授权、影响评价、公众知情权、信息通报和磋商等内容。草案对国家在从事这类行为或活动时所应遵守的原则、规则和程序作了规范,尽管一般国际法并不禁止。草案对国际环境法的责任规则,特别相关习惯法的发展具有重要意义。

根据《分配原则草案》的规定,"跨界损害"是指在起源国以外的另一国领土上或在该国管辖或控制下的其他地方所造成的人身、财产或环境损害。

三、国际赔偿责任的法律规则

国际法委员会是将国际赔偿责任的法律规则议题分成两个部分进行编纂的,《预防草案》对于从事可能造成越境损害危险活动的国家应该履行的预防义务作了详细的规定,而且,根据国际法委员会的报告,"未能履行早先关于预防的条文草案中针对国家的预防义务就会给国家带来责任",但这并不表示活动本身是被国际法禁止的,此时援引国家责任不仅是为了履行国家自己的义务,也是为了履行经营者的民事责任或职责。

(一)重大跨界损害的界定

重大跨界损害,首先要指出的是有资格获得赔偿的损害应达到一定的严重程度,这是法律求偿的临界点,是为了防止滥诉情况的发生。"重大"被理解成是超过"可觉察的",但不必达到"严重"或"巨大"的程度。这种损害必须导致对其他国家诸如人的健康、工业、财产、环境或农业等真实的破坏作用,且必须能够按照事实和客观标准加以衡量。各国在其境内开展合法活动的时候会相互产生影响,只要尚未达到"重大"的程度,就可认为是可以容忍的。

"跨界"涉及领土、管辖、控制三个问题。活动必须在一国领土上或在受一国管辖或控制的其他地方进行,但在另一国领土上或受其管辖或控制的地方产生影响。

"损害"包括对人、财产、环境造成的重大损失。在发生对环境本身造成的损害时,有可能同时给人或财产造成损害,也可能没有,因此这种损害是独立于对人和财产的任何损害的。同时损害还包括合理恢复财产和环境的费用以及合理反应措施的费用。

有形后果即是将一国在贸易、货币、社会经济或类似领域的政策所引起的跨界损害排除在国际赔偿责任的范围之外。

(二)国际赔偿责任的主体

根据国际法委员会2006年《分配原则草案》原则四中的第2条规定"这些措施(即是对受害者及时有效赔偿的措施)应当包括要求经营者或酌情要求其他人或实体承担赔偿责任",第3条规定"这些措施也应包括要求经营者,或酌情要求其他个人或实体为偿付索赔建立并保持财政担保",这也就表明责任一般是指向导致跨界损害的活动的经营者的。因为是其为了谋求经济或其他利益制造高风险,造成了损害后果,理应由其承担赔偿的责任。而且在国际法、各国法律和实践中广泛采纳了向经营者施加主要赔偿责任的做法。

国际法委员会的《分配原则草案》中认为经营者是指发生跨界损害事件时指挥或控制有关活动的人。这是一个功能性的定义,经营者要基于有关时刻由谁使用、控制或指示有关活动的事实进行判断。但他不包括有关时刻工作或控制有关活动的雇员,控制暗指有权管理、指导、约束、经营监督、对活动的技术运作获得了决策权的人,包括持有开展这种活动的许可证的人,或登记这种活动的人,也包括母公司或其他相关主体,可以是公有实体,也可是私有实体。笔者认为,责任一般是指向活动的经营者,但是还存在其他的可能性。

(三)国际赔偿责任的求偿主体

国际法委员会2006年《分配原则草案》没有明确国际赔偿责任的求偿主体,但在其报告中有谈到受害人的定义与诉讼资格有关,因此可以从"受害人"即遭受损害的主体来分析国际赔偿责任的求偿主体。《分配原则草案》中"受害者"是指遭受损害的任何自然人、法人或国家,也就说自然人、法人当其人身、财产受到损害就可以请求赔偿。但是在有些情形下,对环境造成的损害可能并不损害任何个人的人身和财产,个人无法求偿,而且也很难确定谁可能遭受了生态或美学价值上的损失或因此受到了伤害。这种情况下国家可以信托的方式掌管这些财产,通过国内法指定负责维护这些资源的公共信托人,这些托管人因此具有法定的诉讼资格。

(四)国际赔偿责任的构成要件

国际赔偿责任是国家为其管辖或控制下的活动造成国家管辖或控制范围以外地区的环境损害而承担的赔偿责任。这一责任制度的特点是:损害发生以后,并不以行为者的过失作为其承担责任的依据,只要行为者所实施的行为与损害结果间存在一种因果关系,就可判定其承担损害赔偿责任。

根据《预防草案》第1条和《分配原则草案》原则1的规定,跨界损害责任的适用条件可以总结如下:(1)活动未受禁止性。跨界损害责任与传统国家责任最大的区别就在于引起损害的行为是国际法未加禁止的行为。国际赔偿责任是基于"使用自己的财产不得损及他人的财产"的行为准则,这一责任原则主要在国际环境污染损害方面被普遍接受。(2)活动存在重大风险性。存在重大风险是引起跨界损害的活动的最根本的性质,即必须是那些最初就具有引起重大跨界损害风险的活动。(3)损害具有跨界性。跨界损害责任适用于一国管辖或控制范围内从事的一切具有跨界损害的活动,包括个人和法人实体从事的活动。(4)活动后果有形性。产生跨界损害责任的活动应限于有关自然环境利用所造成的跨界有形后果。作为对国家责任制度的补充和发展,国际赔偿责任的生效要件只取决于域外损害事实的发生,只要行为造成了损害,行为国就负有赔偿责任;相反,行为虽违背了义务,但并未造成实际损害,受害国并无求偿权。因而,对于国际法未加禁止行为引起的法律后果,必须有损害结果的发生,才能追究其国家责任。在赔偿责任中,只要行为国对其所造成的损害给予合理、适当的赔偿,行为国的行动自由就不受限制,即只要行为造成了损害后果,行为国就要承担赔偿责任。

(五)国际赔偿责任的归责原则

国际不法行为国家责任的归责采取过错责任原则,该国实施了国际不法行为并且该行为可归于该国就要承担国家责任,而关于国际法未加禁止行为的国家责任,则存在不同的观点:一种观点认为,如果一国在从事这类活动时没有遵循国际法所规定的行为准则而造成损害,该国应承担国家责任,即责任是因为行为的不法性而产生;另一种观点认为,如果一国不得对他国造成损害是一条国际法原则,那么,一国造成损害就是违反该条原则所确定的国际义务,应承担国家责任,即责任因行为造成损害后果而产生。随着国际法理论和实践的发展,尤其是国际法未加禁止行为的国家责任制度确立后,严格责任原则已不能解决一些国际问题。国际法委员会中不少委员原则上主张严格责任可以作为"国际法未加禁止行为国家责任专题"编撰的基础之一,但不是唯一的依据,或者采用一种变通的严格责任更为合适。1996年的《条款草案》即采用了变通的严格责任,它在赔偿和救济方面规定了两条原则:一是利益平衡原则;二是受害者不应承担全部损失的原则。

法律上的归责原则是指行为人因其行为致使他人受损时,应依何种根据使其承担责任,即是根据当事人的过错、损害后果抑或是基于公平考虑来使行为人承担责任。在国际法委员会《分配原则草案》中,原则四规定了损害来源国对越界损害的受害者承担及时和充分赔偿的责任,第2条指出"这种赔偿责任不应当要求证明过失",这也就是说原则草案是把严格责任作为国际赔偿责任的归责原则的。

(六)国际赔偿责任分担机制

造成跨界损害的活动所要承担的赔偿义务通常数额会很高,这就有可能导致在发生损害时经营者无力赔偿,致使受害人得不到及时和充分的赔偿的情况发生。为了使受害人能得到赔偿,国际法委员会《分配原则草案》中规定了建立财政担保机制和建立补充基金的要求。

财政担保机制要求经营者,或者其他个人或实体为偿付索赔建立并保持诸如保险、保证金或其他财务保证。保险金越来越多地用于分担石油泄漏和其他危险活动产生的损害赔偿,主要是因为工业、消费者和政府方面日益承认应当为公共利益而保护危险工业所提供的产品和服务,为了维持这些产品服务,必须广泛地分配和分担这类活动引起的损失,保险和财政机制在这类风险分配机制中是必要的,它们都是具有风险管理专长的机构。财政担保也是最有效的风险分配途径,能够确保损害发生时按照污染者付费原则而实际开展复原工作,对于工业经营者来说,提供了一种分散危险和管理不确定情况的途径;对于保险业来说,它是一个相当大的市场。而且保险工业在世界市场的日益增长,在一些国家市场中取得的经验可以很快应用于其他市场。但是危险活动的保险和其他财务保证的有效性取决于很多因素,大部分取决于经营者辨认所涉风险的能力,风险的评估不仅应当考虑导致损害活动固有的风险,也应该考虑这类损害可能引起的求偿类型和求偿人数量。

从上述跨界损害责任的内涵可以看出,工业事故跨界影响无法适用跨界损害责任,理由如下:(1)二者的适用对象不同。跨界损害责任针对的是活动,是那些具有高度危险性的、但是对人类社会的生存和发展具有重要意义的活动;而工业事故跨界影响针对的是事故,是那些在生产经营活动范围之外的、由于无法控制的发展而导致的事件,基本上是一些突发性的污染事故。(2)二者的主体意识不同。跨界损害是人们有意识地进行的活动给国家管辖或控制以外的地区造成的环境损害。也就是说,人们在行为之前就会对这种行为将会产生的跨界损害有一个事先的认知和预测。而工业事故跨界影响是不以人的意志为转移的事件,工业事故的发生是行为者不能预见的,是包括国家在内也不愿其发生的意外事故。(3)二者的主体义务不同。在跨界损害发生之前,国家有义务对危险活动进行实际有效的监控、监督和管理,通过事先的预防措施以及持续的风险评估进行合理的规制;而工业事故跨界影响是工业生产过程中基于自然灾害、人为操作失误等原因而发生的意外事件,它是不以人的意志为转移的,国家能做的就是加强监管、制定应急预案,尽最大努力预防工业事故及其跨界影响。

四、国际赔偿责任的国际法实践

对跨界环境损害需要承担国家赔偿责任已经成了目前国际法学界的通行观点,正如一些国际法教科书所说的,国家责任和国家赔偿责任已作为两个不同的国际法概念被普遍接受。[1] 几乎国内所有的国际法教科书和有关跨界环境损害的文章中在论及国家责任时,都会将国家赔偿责任作为传统的国家责任的一个补充性的和并列性的责任加以论述。[2] 随着

---

[1] 参见邵津主编:《国际法》(第五版),北京大学出版社、高等教育出版社 2014 年版,第 238 页;王铁崖主编:《国际法》,法律出版社 1995 年版,第 118 页;李双元、黄惠康主编:《国际法》,中南工业大学出版社 2000 年版,第 192 页。

[2] 参见马骧聪主编:《国际环境法导论》,社会科学文献出版社 1994 年版,第 60—66 页;王铁崖主编:《国际法》,法律出版社 1995 年版,第 117—119 页;梁西主编:《国际法》(修订第二版),武汉大学出版社 2002 年版,第 135—139 页;周忠海主编:《国际法》(第三版),中国政法大学出版社 2017 年版,第 107—112 页;林灿铃主编:《国际环境法》,人民出版社 2004 年版,第 227—259 页;邵津主编:《国际法》(第五版),北京大学出版社、高等教育出版社 2014 年版,第 244 页;慕亚平主编:《国际法原理》,人民法院出版社 2005 年版,第 175—181 页;程晓霞主编:《国际法》,中国人民大学出版社 1999 年版,第 58—59 页;李双元、黄惠康主编:《国际法》,中南工业大学出版社 2000 年版,第 189—198 页;赵建文主编:《国际法新论》,法律出版社 2000 年版,第 578—585 页。

国际民事活动的日益频繁和处理国际环境事故的法律与实践的不断发展,在国际环境损害问题上,追究国家责任的不可行性逐渐显露出来,国际环境损害责任制度呈现出越来越明显的私法化趋势。国际环境损害赔偿中的私法化趋势指的就是通过追究一般民事责任来寻求环境损害赔偿。这一点在上述"樱桃角石油泄漏"案、"朱莉安娜油轮漏油"案、"波弗特海石油勘探"案以及"阿莫科·卡迪兹号事件"中都有所体现。在国际法委员会第三任报告人提交的"由国际法不加禁止的行为引起损害后果的国际责任——由极端危险活动引起越界损害损失分配的法律机制"报告中首次提出应当集中于损失分配模式的研究而不是国家责任的研究。① 这就给国际环境损害赔偿的私法化提供了理论支持。在传统国际法中,在国际环境保护方面,首先被采纳的解决损害赔偿责任的方法即是:由国家以国际责任为基础,提出国际诉求,并采取国际公法所常用的各种方式来解决争端。然而通过这种方式来承担环境责任有各种弊端,特别是在通过强制措施解决的情况下,弊端更为明显,如给相关国家间的关系带来负面影响,国际诉讼历时长、程序复杂、费用较多、举证困难。正因为如此,很少有国家在实践中通过由国家作为承担责任主体的方式来解决国际环境责任问题,绝大部分越界环境损害都是通过谈判或者采纳比较简便的双边协议来解决的。在"罗马尼亚氰化物泄漏"案"中石油爆炸事故"案"意大利军工厂爆炸"案"奥地利水电站泄洪污染"案"桑多兹化工厂爆炸"案中都有所体现。法院在解决环境问题上发挥的作用日渐式微。现在的国际环境管理体制的实质是国际合作,当下,环境领域已经采取了一些尝试性的步骤来建立具有超国家权威的国际机构。② 在这个方面意义最深远的建议可能是:赋予联合国安理会或者其他某个联合国机构以代表"生态安全"的利益而行事的权力并由其代表全人类和环境的利益制定具有普遍约束力的规则。③ 在国际环境损害问题上追究国家责任的不实际与不可行,使国际环境损害责任制度呈现出越来

---

① See Jutta Brunnee, "of Sense and Sensibility: Reflections on International Liability Regimes as Tools for Environment Protection," 53 *International and Comparative Law Quarterly* 351 (2004).

② 参见那力:《国际环境损害责任的两个重大变化》,载《法商研究》2006年第6期,第111页。

③ See Patricia Birnie and Alan Boyle, *International Law and the Environment* (2nd ed., Oxford University Press, 2002), p. 754.

越明显的私法化趋势。①

"特雷尔冶炼厂仲裁案"是国家承担环境损害赔偿责任的先例,此案因此被誉为国际法历史上有关跨界环境损害责任第一案。② 它明确宣布了国家应对其管辖范围内的私人所造成的跨界环境损害承担国家责任,这对此后国际环境法的孕育和发展产生了深远的影响,③但在跨界环境损害国家责任方面,"特雷尔冶炼厂仲裁案"的作用其实是很有限的。实际上,它对此其后跨界环境损害争端的解决影响甚微,对联合国国际法委员会《国家对国际不法行为的责任条款草案》也只有间接的影响。④ 之所以特雷尔冶炼厂仲裁案对此后类似的跨界环境纠纷没有产生实质性的影响,是因为它自身在程序上存在缺陷。因为缺少明确的国际法规则,两国政府最后同意以美国的法律为依据进行裁决。但这也存在问题,首先,以国内法为依据来裁决国际争端是很不寻常的。其次,国家之间的法律往往不同,因此在具体的法律规则的理解上存在很大的不确定性,这又会影响裁决的执行。⑤ 甚至,"如果该案发生在今天,一旦该案的跨界权利要求者的平等准入的权利得到保障,该案很有可能也通过跨界民事诉讼得到解决"。⑥ 特雷尔冶炼厂仲裁案所创造的解决跨界环境损害纠纷的模式在其后再也没有在国际环境法实践中被借鉴过,如"美国马绍尔群岛核试验案",对于给日本的赔偿美国特意强调是基于"恩惠",与任何法律义务和法律责任无关。"切尔贝利诺核电站案"在事故发生后,受害国并没有以不损害国外环境为基础来提起索赔。

---

① 参见那力:《国际环境损害责任的两个重大变化》,载《法商研究》2006年第6期。
② Philippe Sands, Jacqueline Peel, Adriana Fabra and Ruth MacKenzie, *Principles of International Environmental Law* (3rd ed., Cambridge University Press, 2012), pp. 26, 239.
③ 参见王曦编著:《国际环境法》(第二版),法律出版社2005年版,第21页。
④ See Mark A. Drumbl, "Trail Smelter and the International Law Commission's Work on State Responsibility for Internationally Wrongful Acts and State Liability", in Rebecca M. Bratspies, Russell A. Miller (eds.), *Transboundary Harm in International Law: Lessons from the Trail Smelter Arbitration* (Cambridge University Press, 2006), pp. 85-98.
⑤ See John H. Knox, "The Flawed Trail Smelter Procedure: The Wrong Tribunal, the Wrong Parties, and the Wrong Law", in Rebecca M. Bratspies, Russell A. Miller(eds.), *Transboundary Harm in International Law: Lessons from the Trail Smelter Arbitration* (Cambridge University Press, 2006), pp. 66-78.
⑥ Patricia Birnie and Alan Boyle, *International Law and the Environment* (2nd ed., Oxford University Press, 2002), p. 187.

"拉努湖(Lac Lanoux)仲裁案"①的仲裁法庭裁定法国的湖水分道工程没有违反条约义务,法庭认为"异常危险活动"本身足以构成问题的特殊性,并且,若西班牙能够证明拟议项目将会给自身带异常危害风险,法庭的裁决很可能有所不同。②

"乌拉圭河纸浆厂案"③由国际法院 2010 年 4 月 20 日作出判决。认定乌拉圭的行为已违反《乌拉圭河规约》第 7 条所规定的应事先通知乌拉圭河联合管理委员会(CARU)及阿根廷的程序义务,阿根廷对乌拉圭提出的恢复原状及损害赔偿的请求被国际法院驳回。④ 事先通知义务作为一项程序规则,是贯彻"公平合理利用原则"和"不造成重大损害原则"的重要手段,而且可以避免和减少因河流的开发利用引起的国家间争端。⑤ 该案对于环境影响评价、风险预防原则进行了进一步的阐释。

(一)承担跨境损害赔偿责任的法律基础

在环境损害领域,两个最基本的问题是:什么构成环境损害?何种程度的环境损害会导致责任?⑥ 国际实践表明,损害不仅限于经济损害。"彩虹勇士(Rainbow Warrior)仲裁案"表明,除物质或经济损害之外还可能有道义甚至法律损害。⑦ 与此同时,损害并非是跨境损害赔偿的先决条件。⑧ 承担国际义务和承诺种类繁多,包含许多领域,在其中对其他个别国家的损害是无法预先知道的,也难以证明,并且也不是义务的本质。

造成跨界环境损害的行为要承担国家责任,前提是符合国家责任的一般规则,也就是说该行为须满足国际不法行为的一个重要构成要件,即

---

① See 24 *Int'l L. Rep.* 101 (1957).
② See Philippe Sands, Jacqueline Peel, Adriana Fabra and Ruth MacKenzie, *Principles of International Environmental Law* (3rd ed., Cambridge University Press, 2012), pp. 307-308.
③ See Philippe Sands, Jacqueline Peel, Adriana Fabra and Ruth MacKenzie, *Principles of International Environmental Law* (3rd ed., Cambridge University Press, 2012), pp. 330-333.
④ For Comments, see Donald K. Anton, "Case Concerning 'Pulp Mills on the River Uruguay (Argentina v Uruguay)' (Judgment) [2010] ICJ Rep (20 April 2010)", 17 *Australian International Law Journal* 213 (2010).
⑤ 参见兰花:《跨界水资源利用的事先通知义务——乌拉圭河纸浆厂案为视角》,载《中国地质大学学报(社会科学版)》2011 年第 2 期。
⑥ See Philippe Sands, Jacqueline Peel, Adriana Fabra and Ruth MacKenzie, *Principles of International Environmental Law* (3rd ed., Cambridge University Press, 2012), p. 706.
⑦ See A/CN. 4/490/Add. 4, p. 8, para. 116.
⑧ See Marie-Louise Larsson, *The Law of Environmental Damage: Liability and Reparation* (Martinus Nijhoff Publishers, 1999).

该行为违背国际义务。特雷尔冶炼厂仲裁案所确立的跨界环境损害国家责任的观点,对此后国际环境法的产生和发展产生了深远的影响。① 在1949年的科孚海峡案判决中,国际法院指出"一国不得允许其领土被用于损害他国权利的行为";在1957年的拉努湖仲裁案中,仲裁庭认为"法国有权行使其权利,但它不得无视西班牙的利益;西班牙有权要求它的权利得到尊重和它的利益得到考虑";在1974年的核试验案中,国际法院法官卡斯特里在其反对意见中援引了特雷尔冶炼厂仲裁案的裁决,他说:"如果承认存在一项作为普通规则的关于要求禁止毗邻财产排放有害烟雾的权利的话,通过明显的类推,结论必然是申请人有权要求法院确认其关于法国应当停止引起在申请人领土上的放射性物质沉降的活动。"② 从条约上看,不损害国外环境义务得到了很多环境条约的确认。1951年《国际植物保护公约》在其序言中认为有必要防止植物病虫害越过国家边界;1968年《非洲自然保护公约》第16条第1款第6项要求有关国家在开发计划有可能影响其他国家的自然资源时进行协商和合作;1972年《保护世界文化和自然遗产公约》第6条第3款规定缔约国不得采取可能直接或间接损害位于其他缔约国领土上的自然和文化遗产的措施;1985年《东南亚国家联盟国家关于保护自然和自然资源的协定》第4条第6款中进一步承认不损害国外环境责任是"得到普遍接受的国际原则"。此外,1978年《亚马逊河区域合作条约》、1981年《保护东南太平洋海洋环境和沿海地区公约》、1982年《联合国海洋法公约》、1992年《联合国气候变化框架公约》和《生物多样性公约》等也规定了不损害国外环境的义务。

(二)跨界环境污染损害赔偿的赔偿主体及责任分配

根据责任主体归属的不同,可以将国际赔偿责任划分为国家赔偿责任和国际民事赔偿责任两类。国家赔偿责任,是指国家以自己的名义为国际法不加禁止之行为所造成的跨界损害承担的赔偿责任,国际民事赔偿责任是指私人或其他实体为其从事的国际法不加禁止之行为造成的跨界损害承担的赔偿责任。

1.将国家作为排他性赔偿主体的规范。从国际法的发展而言,《空间实体造成损害的国际责任公约》是人类历史上第一个明确规定由国家承

---

① 参见王曦编著:《国际环境法》(第二版),法律出版社2005年版,第21页。
② 参见王曦编著:《国际环境法》(第二版),法律出版社2005年版,第98页。

担排他性赔偿责任的专门性的国际条约,也是目前独有的一例。① 这种责任归属安排意味着,不论国家本身是否存在过错,国家都应为因从事国际法不加禁止的行为而造成的跨界损害承担赔偿责任。这种安排是20世纪美苏军事争霸的产物,其根本的目的是为其拓展军事力量,尤其是为太空空间的开发方面提供法律支撑而进行的政治策略,并不意味着国家愿意承担赔偿责任。根据《空间实体公约》的规定,对空间物体造成的损害承担赔偿责任的主体是该空间物体的发射国。依照条约的规定,发射国这一定义所涵盖的内容是广义的:一是进行发射的缔约国;二是促成把实体射入外层空间(包括月球和其他天体)的缔约国;三是为发射实体提供领土的缔约国;四是为发射实体提供设备的缔约国。②

2. 私人或其他实体作为赔偿主体。跨国污染损害的民事赔偿责任主体主要是指危险活动的经营者是跨国污染损害赔偿的首要民事责任主体。国际条约、软法文件、国内立法和实践中普遍将经营者归为首要赔偿责任者的原因,并不在于经营者总是负有赔偿责任,而是为了刺激经营者出于经济利益的驱使,在事件发生时能够采取最有效的措施控制危险。由经营者作为赔偿主体可以提高赔偿效率,使具有赔偿能力的经营者担负起主要的赔偿责任。

"经营者"是对在危险活动造成的跨界损害发生时控制或经营该危险活动者的笼统或统一称呼,经营、指挥或者控制的措辞,暗指有权使用、经营、管理、指导、约束或监督,比如对活动的技术运作获得了决策权,包括持有开展这种活动的许可证或批准书,或者登记或通知这种活动。因此,承担赔偿责任的经营者既可以是自然人、合伙、法人或其他团体等私主体,也可以是国家或国家机构等公主体。

一般而言,承担赔偿责任的经营者不包括在有关时刻工作或控制有关活动的雇员。但是根据部分条约的规定和有关的国内和国际实践,现今国际法上对于经营者外延的确定有扩大的趋势。例如,《国际燃油污染损害民事责任公约》相较之《油污责任公约》和《国际海上运输危险和有毒物质损害责任及赔偿公约》(以下简称《危险和有毒物质

---

① 参见陈赛:《从国际环境法的视角看跨国界污染的国家责任》,载《世界环境》2006年第1期,第41页。

② 参见《空间实体公约》第1条第3款。

公约》)就扩大了船舶所有人的外延,将船舶的登记所有人、光船承租人、船舶经营人和管理人都纳入船舶所有人的范畴,并且对燃油污染损害承担连带责任,以保证对受害者的赔偿。① 而美国自《综合环境反应、责任与赔偿法》②(以下简称《超级基金法》)生效以来,法院已经通过判例扩张了公司责任的范围,将所有人和经营者扩大到积极参与公司管理的股东、没有参与公司管理的股东和高级雇员、参与公司管理的雇员以及参与借款公司事务管理的贷款人。③

为了使赔偿责任归属制度切实起到预防损害的作用,也为了确保对受害者及时和充分地赔偿,现行法律体制和实践有必要将经营者的外延扩大到污染企业的股东、雇员或贷款人。这种必要性在罗马尼亚金矿污染多瑙河事件的善后处理中表现得非常突出。该事故中,澳大利亚和罗马尼亚合资公司开设了 Aural 矿物公司,并由该公司控股澳大利亚籍的 Esmeralda 开发有限公司。Esmeralda 开发有限公司拥有一家位于罗马尼亚的矿物公司的 50%的股份,罗马尼亚政府拥有 45%的股份,余下的 5%由外国投资者拥有。事故发生后,匈牙利向 Aural 矿物公司及其控股公司 Esmeralda 开发有限公司提出包括受污染河流沿岸居民的生计损失,由于鱼类的毁灭造成的匈牙利旅游业的损失,以及包括鱼类的灭绝在内的生态损害等损害赔偿请求,由于 Esmeralda 开发有限公司进入了宣告破产程序,无法作为直接责任人承担赔偿责任,匈牙利又向 Esmeralda 开发有限公司的接收者提出了赔偿要求。Esmeralda 公司的破产执行人认为公司的主要债权人 Rothschild 银行和 Dresdner 银行在清算程序中优先于匈牙利,因而拒绝承担赔偿。但匈牙利的非政府组织声称,向 Aural 矿物公司投资了 850 万美元的 Dresdner 银行对污染事故也须承担赔偿责任的主张却一直未得到支持。④

3. 国家与个人相结合的双重赔偿主体。从国际条约所建立的国际法

---

① 见《燃油公约》第 1 条第 3 款,《油污责任公约》第 4 条,《危险和有毒物质公约》第 1 条第 3 款。

② 法案由美国于 1980 年通过,并于 1996 年生效。《超级基金法》是对美国危险废物激增的反应,主要用于治理全国范围内的闲置不用或被抛弃的危险废物处理场,并对危险物品泄漏做出紧急反应。

③ See Valerie Ann Zondorak, "A New Face in Corperate Environmental Responsibility: The Valdez Principles", 18 *Boston College Environmental Affairs Law Review* 457 (1991).

④ See Julia Starr Ferguson, *Hazardous Materials and Energy: Cyanide Disaster in Romania pollutes Eastern European Fresh Water*, Colorado Journal of International Environmental Law and Policy, 2000 Yearbook, pp. 251-262.

律制度来考察,并结合现有的各种责任归属模式和国际实践的证实,除在外层空间活动方面,当私人实体开展的危险活动造成跨界损害的赔偿责任问题时,国际社会仍倾向于将完全的或主要的赔偿责任施加给危险活动的经营者,起源国不承担赔偿责任,或者只承担补充性赔偿责任。国际和国内法律体制普遍通过建立和适用国际私法层面的国际民事赔偿责任制度,为受害者提供赔偿。如此,就将国际公法中的国家责任问题转变为国际私法中的损害赔偿与法律适用问题。因而近些年来国际环境污染损害赔偿呈现出明显的私法化趋势,相对于国家责任,各国和国际社会都更倾向于采用民事责任解决跨国界损害问题,用私法手段解决一些国际环境责任问题已经成为了国际环境法发展的一种必然趋势。①

通过国内法让污染者直接承担责任,是进行损害赔偿的最好办法。② 而且从侵权法的因果关系原则出发,由造成损害的污染者独立承担责任也无可厚非。但出于给予受害者更多保护的意图,并结合全局性利益考虑,单纯由污染者独自承担赔偿责任,不能对受害者进行充分和及时的赔偿,也不能达到预防损害和修复环境的目的,同时还会对经济活动造成冲击,不利于社会稳定。故此,应当适当地强化国家对损害的补偿,发挥国家在民事赔偿责任体制中的补充性作用。尤其在以下两种情形中,更应当强化国家的辅助性赔偿作用:一是当民事责任主体没有能力负全部赔偿责任,致使受害方无法得到充分和及时的赔偿时,国家应当承担对剩余损害的补偿责任;二是当民事赔偿责任人无法确定,或者破产或倒闭或因免责事由而不予赔偿的情况下,国家应当承担对全部损害的补偿责任。以此为理论基础建立的民事赔偿为主、国家赔偿为辅的新型跨界环境污染损害责任赔偿模式也是最具有实践意义并被国际社会广泛采用的赔偿模式。

4. 专门性赔偿基金作为赔偿主体。专门性赔偿基金主要是由从危险活动中收益的行业缴纳或者直接由税收建立的一种补充性民事赔偿责任主体。国际海事组织于1971年在布鲁塞尔召开会议通过的《关于设立油污损害赔偿国际基金的国际条约》③(以下简称《油污基金公约》)增加了

---

① 参见林灿铃:《国际环境法的产生与发展》,人民法院出版社2006年版,第119页。
② 参见那力、张炀:《国际环境损害责任的私法化》,载《当代法学》2004年第4期。
③ 《油污基金公约》于1978年10月生效,2002年5月失效,该公约旨在设立国际油污赔偿基金,保证能对油污事件的受害者补偿其全部损失,同时又能解除《油污责任公约》施加给船舶所有人的额外经济负担。

国际油污赔偿基金这一责任主体,开创了由专门性赔偿基金作为一种补充性赔偿主体参与环境污染损害民事赔偿的先河。

设立专门性赔偿基金的主要目的,就是保证对受害者的充分和及时赔偿。《油污基金公约》和《危险和有毒物质公约》都在船舶所有人承担严格赔偿责任的基础上,设立了国际性的赔偿基金,以便在船舶所有人没有责任或能力提供赔偿,或者在损害数额超出了船舶所有人的赔偿限额时,可以从这些基金提取资金向受害人提供补充赔偿。虽然由非致害主体承担污染损害赔偿责任,超出了侵权法的范畴,但却是符合环境污染损害赔偿中"保护受害者"和"污染者付费"原则的。① 而且这一制度在实践中的优点是显而易见的:首先,其易于程序化和标准化,从而能够较快、较充分地解决赔偿案件。其次,专业的基金会的成员可以在事故发生后迅速到达事故现场调查取证,提出合理的赔偿数额,同时向事故国家有关当局建议最佳防护措施和清污方法,避免处理不当。最后,采用这种制度模式容易与致害人的保险机构建立密切合作,共同承担损害赔偿,保障对受害者给予及时有效的赔偿。正因为这种由第三者作为赔偿主体的赔偿模式具有不可比拟的优越性,已经被越来越多的国家所认可。

就我国的情况来说,我国是少数几个具有空间能力的国家之一,我国的卫星发射技术已进入国际市场。这样的活动一旦失误就可能对别国的人员和财产造成损害。我国的界河有八十条左右,一旦发生像松花江水污染那样的事件,给邻国造成损害就会产生国家责任。因此对国际赔偿责任的研究是必要也是非常重要的。2006年国际法委员会二读通过的《关于国际法不加禁止的行为产生的损害性后果之原则草案》虽然只有序言和八条原则,但提供了建立了解、研究国际赔偿责任制度的方向。根据我国的实践经验,加强对本身的研究同时关注相关公约、其他国家有关国际赔偿责任制度的规定,建立成熟的国际赔偿责任制度理论,应该是我们未来努力的方向。

5. 贯彻实施预防原则。区分评估风险、预防损害是国际环境法的重要原则。② 由于环境损害的日益严重,人们逐渐认识到,预防应该是优先政策,因为在损害发生后才去补充,往往无法复原到事件发生前的情形。

---

① 参见徐国平:《船舶油污损害赔偿法律制度研究》,北京大学出版社2006年版,第149页。

② 参见本书第十四章第二节。

人类预防控制危险活动的能力不断提高,追溯因果关系的能力也不断增强,因而人类更有必要履行预防义务,通过法律措施来遏制危险活动。国际法委员会的"国际法不加禁止行为产生损害性后果的国际责任"专题工作分解为"预防危险活动的跨界损害"和"损失分配",前者正是从预防角度来研究制定相关规则,以到达预防损害之目的。在环境领域,各国缔结了预防跨界环境损害的条约,从而创立了关于跨界环境损害的初级规则,一旦国家采取了违反这些义务的行为,将引发国家责任,除非存在免责情形。这些条约可能是多边条约,如联合国欧洲经济委员会于1992年通过的《工业事故跨界影响公约》(Convention on the Transboundary Effects of Industrial Accident),也可能是双边的,如阿根廷和乌拉圭于1975年就乌拉圭河开发和保护签订的《乌拉圭河规约》(Statute of the River Uruguay)。除条约外,预防危险活动引起跨界环境损害也是许多国际文件确认的原则和目标。《人类环境宣言》共同原则第21条和《里约宣言》原则二都确认和强调,各国拥有开发本国自然资源的主权权利,同时负有确保在其管辖或控制下的活动不致损害其他国家或在各国管辖之外地区的环境的责任。联合国环境规划署理事会1978年通过的《指导各国养护和协调利用两个或两个以上国家共有自然资源的环境方面行动守则草案》之守则3第3款规定:"各国必须尽量避免和尽量减少利用共有资源而在其管辖范围以外引起不良的环境影响,以便保护环境,特别是如果此种利用可能引起下列后果:(a)对环境造成损害,从而影响到另一个共有国家对此种资源的利用;(b)对一种共有可再生资源的养护造成危险;(c)危害另一国居民的健康。"①

因此,源自国家在其领土上适当注意的预防原则已经成为习惯规则。每个国家有义务利用各种方式,避免在其领土或管辖区域内的活动对他国环境造成重大损害。这个义务也成为与环境有关的国际法的实体组成部分。

---

① 参见王曦主编:《国际环境法资料选编》,民主与建设出版社1999年版,第691页。

第四节 国际刑事责任

一、国际刑事责任的承担者

就国际法发展现状而言,国家的刑事责任是一个颇有争论的问题。从现代国际法的发展来看,国家责任尚不包含国家的刑事责任。前文已述,当代国际法还没有确立国家的刑事法律责任,但是个人在国际法下的责任已经被广泛确认,并有着充分的实践。

（一）关于国家承担刑事责任可能性的争论

英国国际法学家劳特派特（Hersch Lauterpacht,1897—1960）修订的《奥本海国际法（第八版）》主张国家能够承担国际刑事责任,①英国国际法学家罗伯特·詹宁斯（C. Robert Y. Jennings,1913— ）爵士和阿瑟·瓦茨爵士（Arthus Watts,1931—2007）修订的《奥本海国际法（第九版）》,重述并强调了劳特派特主张的国家承担国际刑事责任的理论。② 国际刑法学家巴西奥尼（M. Cherif Bassiouni,1938—2017）认为国家的作为、不作为都可能引致国家责任。一部分中国学者认为,国家因为实施了国际犯罪行为而构成国际犯罪,成为国际犯罪的主体,从而使国家承担国际刑事责任。③

如果说在一般国家责任的领域,国家可以违约、侵权,可以承担各种形式的责任的话,那么符合逻辑的推理当然是国家可以犯罪,可以承担刑事责任;如果根据现行的国际实践,国家代表者的行为都可以归为国家承担的话,那么国家代表者所作的战争、侵略等行为都不是个人行为,而是国家行为,应当由国家承担责任。然而,在实践中,国家刑事责任的具体形态很难把握,迄今为止能够确立的只有国家责任。国家刑事责任理论贫乏的原因主要在于国家刑事责任的实践远远不足,以往对于国家的惩

---

① 参见［英］劳特派特修订:《奥本海国际法（第八版）》,王铁崖、陈体强译,商务印书馆 1989 年版,上卷第一分册,第 264—265 页。
② See L. Oppenheim, R. Jennings and A. Watts (eds.), *Oppenheim's International Law*, (9th ed., Longman, 1992), pp. 553-556.
③ 参见王铁崖主编:《国际法》,法律出版社 1981 年版,第 133—134 页;白桂梅:《国际法》（第三版）,北京大学出版社 2015 年版,第 236—242、221、591 页。

治性措施并未被明确解释为刑事责任,现在《联合国宪章》第七章的规定也并不被广泛地认为属于国家刑事责任。①

联合国国际法委员会 1979 年拟定的《关于国家责任的条款草案》中,规定了国家因其国际不当行为而构成国际犯罪的问题,国际法委员会"1996 年条款草案"区分了国家的民事责任和刑事责任。但是,由于国家之间在国家是否应当承担刑事责任方面争议很大,2011 年条款草案未涉及这一问题。其基本理由是,对一切的义务同样也就是对各国的义务,各国均可根据现有的责任规则追究;而严重违法的情事会导致更严重的后果,所以追究责任也就会更重。②

(二)个人承担刑事责任的法律规范

个人的刑事法律责任大略可以分为两类:一是在跨国的状态下违反一国国内法而导致的法律责任,如 A 国的犯罪团伙在 B 国贩卖毒品或者诈骗、X 国人在 Y 国注册 ID 通过网络针对 Z 国从事黑客活动。此种情况一般需要国家之间协调合作予以解决;有些国家还以公约或条约的方式处理可能以跨国形式出现的犯罪,如针对伪造货币、贩卖毒品、散布淫秽图画文字等行为,规定缔约国承担惩治这些罪行的义务,并相互提供司法协助,便利进行有效的追诉。二是个人以国家官员的名义违背国际法相关规范,构成国际犯罪。此种情况一般由国际司法机构追究责任。本节主要讨论第二类情况。

1949 年 8 月 12 日通过的《日内瓦保护战争受害者条约》、1973 年《禁止并惩治种族隔离罪行国际公约》、1984 年的《禁止酷刑和其他残忍、不人道或有辱人格的待遇或处罚公约》,以及国际法委员会通过的《危害人类和平及安全治罪法草案》等国际条约、国际法律文件都对于个人承担国际刑事责任的规范体系作出了重要贡献。

二、国际罪行

本节讨论的国际罪行(International Crimes)仅仅指违反国际义务以致

---

① 有学者评论道,国家的刑事法律责任问题正处在现有法和应有法的门槛上,See Nina H. B. Jørgensen, *The Responsibility of States for International Crimes* (Oxford University Press, 2001), pp. 6-7. 现在看来这个门槛还没有跨越过去。

② See ILC Commentaries, pp. 244-245.

构成国际犯罪的国家行为,而不涵盖一切国际犯罪行为。

国际罪行与其他国际犯罪的区别在于:第一,其他国际犯罪主要是由个人或犯罪组织实施的,而国际罪行是由国家/政府实施的。在这个意义上,国际罪行首先是一种国家行为。可以根据2001年《国家对国际不法行为的责任条款草案》的规定类推,它包括任何国家机关依照国内法赋予的权力所实施的行为、经授权行使政府权力要素的其他实体的行为、实际上代表国家行事的人的行为、别国或国际组织交由一国支配的机关为行使该国的政府权力要素而行事的行为等。第二,国际罪行还必须是违背国际义务的国际不当行为,即一国的行为不符合国际义务对它的要求,并且这种被违反的国际义务对于保护国际社会的根本利益至关紧要,以致整个国际社会公认违背该项义务是一种罪行。2001年《国家对国际不法行为的责任条款草案》第41条规定,对于严重违背依一般国际法强制性规范承担的义务,该文件不妨碍依国际法引起的其他后果。这一措辞隐含着国家违背义务的行为可能引致国际罪行的推论。

根据1979年、1996年联合国国际法委员会拟定的《关于国家责任的条款草案》第19条的规定,国际罪行的特点在于它所违背的不是一般的国际义务,而是对于保护国际社会的根本利益至关重要的,以致整个国际社会公认违背该项义务是一种罪行的国际义务。依据国际法律实践和联合国国际法委员会的总结,严重违反国际义务、构成国际罪行的行为主要有以下三种。

(一)严重破坏国际和平与安全而导致的犯罪

维持国际和平与安全是国际秩序得以保障、国际交往得以顺利进行的基础。因而,保障各国的独立与领土完整是具有根本重要性的国际义务。严重违背对维持国际和平与安全具有根本重要性的国际义务而采取的行为是国际社会最关注的情况如战争行为、侵略行为。联合国国际法委员会参照欧洲和远东两个国际军事法庭的宪章和判决,肯定为国际罪行的反和平罪、战争罪和反人道罪。

(二)大规模地侵犯基本人权而导致的犯罪

这是严重违反维护人类基本自由和尊严的国际义务的行为,如违反禁止奴隶制度、灭绝种族和种族隔离的义务,采取奴役行为、种族灭绝或种族隔离的行动。例如,联合国大会1948年通过的《防止及惩治灭绝种族罪公约》中所规定的灭种罪;国际联盟大会1926年通过的《禁奴公约》以及联合国大会1953年通过的《关于修正1926年9月25日在日内瓦签订的禁奴公约的议定书》和1956年通过的《废止奴隶制、奴隶贩卖及类似奴隶制的制度与习俗补充公约》中所规定的贩运和使用奴隶罪(见本书第四编保护人权);联合国大会1973年通过的《禁止并惩治种族隔离罪行国际公约》中所规定的种族隔离罪;联合国大会1965年通过的《消除一切形式种族歧视国际公约》中所规定的种族歧视罪。

严重侵犯各国人民的自决权利也可能构成国际罪行,当今国际法已经普遍禁止以武力建立或维持殖民统治。需要强调的是,国际法上的自决权,在殖民体系彻底结束之后,不包含一国之地方可以要求分离的权利。

某些在性质上不属国际罪行或跨国罪行的行为,由缔约国协议,采取某种刑事措施加以规定。例如,联合国大会1949年通过的《禁止贩卖人口及取缔意图营利使人卖淫的公约》、联合国大会1975年通过的《保护人人不受酷刑和其他残忍、不人道或有辱人格待遇或处罚宣言》、联合国经济及社会理事会1977年核准的《囚犯待遇最低限度标准规则》,以及联合国预防犯罪和罪犯待遇大会草拟中的《刑事审判原则和方针》等。

1998年7月17日通过的《罗马规约》采用事前立法的形式对反人道罪作出了详细的规定,该规约第7条规定为,在广泛或有系统的针对平民人口进行的攻击中,在明知这一攻击的情况下,作为攻击的一部分而实施的下列任何一种行为:(1)谋杀;(2)灭绝;(3)奴役;(4)驱逐出境或强行迁移人口;(5)违反国际法基本规则,监禁或以其他方式严重剥夺人身自由;(6)酷刑;(7)强奸、性奴役、强迫卖淫、强迫怀孕、强迫绝育或严重程度相当的任何其他形式的性暴力;(8)基于政治、种族、民族、族裔、文化、宗教、第3款所界定的性别或根据公认为与国际法不容的其他理由,对任何可以识别的团体或集体进行迫害,而且与任何一种本款提及的行为或任何一种本法院管辖权内的犯罪结合发生;(9)强迫人员失踪;(10)种族隔离;(11)故意造成重大痛苦,或对人体或心理健康造成严重伤害的其他性质相同的不人道行为。

(三)侵害国际交往安全的行为

在国家之间的交往过程中,要保障和平与稳定的基本秩序,对于国家代表、航空器的安全达成了国际共识。威胁和破坏此种安全的行为就构成了国际罪行。联合国大会1973年通过的《关于防止和惩处侵害应受国际保护人员包括外交代表的罪行的公约》中所规定的侵害外交人员罪；联合国大会1979年通过的《反对劫持人质国际公约》中所规定的劫持人质罪，以及1963年《东京公约》、1970年《海牙公约》和1971年《蒙特利尔公约》所规定的空中劫持罪等。国际上早已公认1958年日内瓦《公海公约》明确规定应予惩处的海盗罪，也属于这一范畴。1982年《联合国海洋法公约》第101条明确规定了海盗行为是国际罪行，同时赋予有关国家对海盗犯罪的刑事管辖权。

(四)威胁与破坏人类环境也可能带来国际罪行

违背国际法上公认的环境义务，如禁止大规模污染大气层或海洋的义务，造成或者可能造成严重的损害，可能被视为国际罪行。

三、追究个人刑事责任的经验：特别国际刑事审判

对国际犯罪进行惩治的历史可以追溯到1474年神圣罗马帝国的27名法官对于哈根巴赫(Peter von Hagenbach, 1420—1474)的审判，其罪名是纵容部下实施强奸、杀害无辜平民和恣意掠夺财产。[①] 美国南北战争期间林肯总统所颁布的《美国军队战场管理指要》(利伯法典)[②]在第33条、第40条规定了禁止强迫战俘劳动，并对军人抢夺、劫掠、强奸、伤害平民的行为处以死刑的条文。这虽然仅仅是国内法的规则，但是对于国际法的发展影响很大。1899年和1907年的两次海牙和平会议也试图对反人类罪进行规范。

第一次世界大战之后的巴黎和会成立了调查违反战争法行为、向协约国军事法庭提出报告、协助法庭起诉相关罪行的"战争发动者责任和罪责问题委员会"，[③]该委员会顶着国际压力，提供了相关的报告，并坚持认

---

① See Edoardo Greppi, "The Evolution of Individual Criminal Responsibility under International law", 835 *International Review of the Red Cross* 531-553 (1999).

② See "Instructions for the Government of Armies of the United States in the Field", *General Orders No. 100, US War Department, Government Printing Office, Washington DC*, 24 April 1863 (the Lieber Code).

③ See "Commission on the Responsibility of the Authors of the War and the Enforcement of Penalties", 14 *AJIL* 95 (1920).

为,对犯有国际罪行的国家领导人应当予以审判,使其承担国际刑事责任。其所具有的国家元首或政府部门负责官吏的身份,不得作为免除责任或减轻惩罚的理由。巴黎和会签订的《凡尔赛和约》第 227 条、第 228 条规定,对于德皇威廉二世应予审判,同时惩处违反战争规则的罪犯。但是,威廉二世逃亡荷兰寻求庇护,拟议对其采取的审判未能实施。协约国同意由位于莱比锡的德国最高法院依据国内审判程序来起诉其他战犯,由于国家对于莱比锡审判不够重视,所以该次审判流于形式,只有 12 名德国军官被起诉,判决刑期最多 4 年,很多罪犯成功越狱或被提前释放。强权政治对于国际刑事责任的影响使独立、公正的国际刑事审判无法实现。第二次世界大战以后,国际刑事审判才真正引起人们的重视,国际法的发展才获得广泛承认。

(一)纽伦堡审判

第二次世界大战期间,英、美、法、苏等国通过《莫斯科宣言》和《伦敦协定》等文件确立了建立国际军事法庭、对欧洲轴心国主要战犯进行审判的共识。这导致了 1945 年 11 月 21 日至 1946 年 10 月 1 日间的纽伦堡审判(Nuremberg Trials)。根据《欧洲国际军事法庭宪章》第 4 条规定的罪行起诉和定罪,即(1)策划、准备、发动或进行战争罪;(2)参与实施战争的共同计划罪(以上两条罪行合称破坏和平罪);(3)战争罪;(4)反人类罪。在这场审判中的被告共计 22 名,均为纳粹德国的军政首领。另外,包括德国内阁在内的 6 个组织也被调查和判决,其中 3 个判决为犯罪组织,另外 3 个则无罪。苏联首席检察官企图通过伪造的证据控告德国军队在斯摩棱斯克附近的卡廷森林中杀害了成千上万的波兰军官。然而,其他盟军检察官拒绝支持此项起诉。卡廷惨案未被起诉或被定罪。1990 年,苏联政府承认卡廷惨案是由苏联秘密警察制造。法庭对 24 名被告中的 22 人作了宣判,其中 12 人被判处绞刑,3 人被判处无期徒刑,2 人被判处 20 年徒刑,1 人被判处 15 年徒刑,1 人被判处 10 年徒刑,3 人被宣判无罪;德国政治领袖集团、秘密警察和保安勤务处、党卫队 3 个组织被宣判为犯罪组织,德国内阁、纳粹党冲锋队、参谋部、国防军最高统帅部等组织未被宣判为犯罪组织。被告里宾特洛甫、汉斯·弗兰克、赛伊斯·英夸特、巴尔杜·席腊赫、阿尔伯特·施佩尔、卡尔·邓尼茨 6 人先后上诉,要求减刑。被告戈林上诉,要求改绞刑为枪决。所有上诉均被驳回,一律维持法庭原判。纽伦堡审判为以后对破坏和平罪的审判奠定了基础,标志着国际法的重大发展。

(二) 东京审判

第二次世界大战结束后还在日本设立了审判战犯的远东国际军事法庭(International Military Tribunal for the Far East),又称东京审判。① 1946年1月19日,经盟国授权,驻日盟军最高统帅麦克阿瑟颁布了《特别通告》及《远东国际军事法庭宪章》,宣布远东国际军事法庭设立于东京,对日本战犯进行审判。1946年4月29日,远东国际军事法庭对东条英机等28名甲级战犯正式起诉。由美国、中华民国、英国、苏联、加拿大、法国、澳大利亚、荷兰、印度、新西兰和菲律宾这些胜利的同盟国共同任命法官审理。共有28个被告被审判,大部分是军事或政治的领导者。两个被告(永野修身、松冈洋右)于审判期间因自然因素死亡。大川周明在审判期间因为精神衰弱而没有被起诉。7人因为战争罪和违反人道罪而判决绞刑。16人被判决终身监禁。3人(小矶国昭、白鸟敏夫、梅津美治郎)死于狱中,而其他的战犯于1955年假释出狱。

对于纽伦堡审判和东京审判,存在着一些不同的观点。例如,认为这些国际审判仅仅是强权政治的司法外衣。远东军事法庭审判草率,证据不足就定罪、尚未审问重要问题就判刑。对日本战犯而言,有一些重要的犯罪者逍遥法外,而一些被处理的并非重要人物;还有人认为审判只处理了一方,而没有处理盟军的严重战争犯罪行为。纽伦堡审判和东京审判都是历史的进步,而不是退步。从国际关系的角度来讲,它们改变了战胜国与战败国签订条约、对战败国进行压榨和剥夺的长期国际习惯,建立了用法律的方式针对个人追究责任的新途径,此种做法把国家要承担的责任转化为个人责任,对于保障人民的权利和福利是非常重要的。它们确立了国际法处理国际犯罪的新规则,也发展了禁止侵略战争、禁止以武力

---

① 关于东京审判的文献和论述,参见余先予、何勤华、蔡东丽:《犯罪学大百科全书:东京审判》,中国方正出版社2005年版;上海交通大学东京审判研究中心编:《东京审判文集》,上海交通大学出版社2013年版;程兆奇、龚志伟、赵玉蕙:《东京审判研究手册》,上海交通大学出版社2013年版;梅小璈、梅小侃:《梅汝璈东京审判文稿》,上海交通大学出版社2013年版;[法]艾迪安·若代尔:《东京审判:被忘却的纽伦堡》,杨亚平译、程兆奇注,上海交通大学出版社2013年版;[日]田中利幸、[澳]蒂姆·麦科马克、[英]格里·辛普森:《超越胜者之正义:东京战罪审判再检讨》,梅小侃译,上海交通大学出版社2014年版。

相威胁的国际法原则。纽伦堡审判和东京审判确实存在政治化的倾向和不成熟的问题,但这些都是国际法进步中不完美的表现,不应以此攻击整体的进步性。两次审判为日后国际法刑事化的发展作出了奠基性的贡献。

中国积极参与了东京审判,为中国参与国际司法积累了一些经验。

(三)前南特别刑庭(International Criminal Tribunal for the former Yugoslavia, ICTY)

在20世纪90年代的波黑内战中,发生了斯列布列尼察大屠杀等人道灾难,多次停战协议均无法阻止蔓延的战火。1993年5月25日,根据联合国安理会827号决议,成立了"前南斯拉夫特别国际刑事法庭",审判发生在1991年之后的"前南境内的侵犯国际人权法和人道主义法"的行为,认定这些行为构成对国际和平与安全的严重威胁。前南特别刑庭是首次通过安理会决议而建立的追究违反战争罪与反人类罪人员的司法机构,与此前的国际法庭不同的是,前南刑庭处理的是非国际武装冲突中的罪行。在前南特别刑庭设立后、运作中的20年间,对该审判的正当性争论从未停止,但它在客观上开创了"国际人道审判"的先河,设立法庭被认为是实施国际人道法机制发展过程中的重要事件。

中国也向前南特别刑庭选派了法官,即李浩培、王铁崖、刘大群。

(四)卢旺达特别刑庭(International Criminal Tribunal for Rwanda, ICTR)

1994年4月6日至1994年6月中旬,在卢旺达发生了胡图族(Hutus)对图西族(Tutsis)及胡图族温和派有组织的种族灭绝大屠杀,共造成50万—100万人死亡,死亡人数占当时全国总人口1/9以上。大屠杀得到了卢旺达政府、军队、官员和大量当地媒体的支持。大屠杀发生之初,国际社会普遍漠然,有的国家为推卸责任,极力将其描述为非洲国家惯常的流血事件。但事态的急速升温,让联合国不得不出面设立特别刑事法庭,惩处种族灭绝事件负责者。1994年11月8日,联合国安全理事会通过第955号决议,决定成立国际法庭,审理1994年1月1日至1994年12月31日期间于卢旺达境内从事种族灭绝和其他严重违反国际人道行为之人以及于这一期间于邻国境内从事种族灭绝和其他此类违法行为的卢旺达公民。1995年的第977号决议决定将卢旺达国际刑事法庭设置于坦桑尼亚的阿鲁沙(Arusha)。卢旺达特别刑庭的法律地位高于第三国国内法和国家法庭,并有可要求强制交出被告的权力,不论被审判者是否为卢旺达公民,也不论其身处卢旺达或其他第三国。卢旺达特别刑庭的运作方式与前南特别刑庭基本相同,但在政权崩溃的情况下,卢旺达特别刑庭实际上是由国际社会代行该国的很多刑事司法活动。①

(五)塞拉利昂问题特别法庭(Special Court for Sierra Leone)

特设国际法庭花费大、工作效率相对较低,对主权国家的操作构成了影响,混合型的特别法庭便应运而生。1991年3月23日,塞拉利昂革命联合阵线发动反政府政变,爆发长达11年的塞拉利昂内战。内战期间,发生了许多严重侵犯人权的行为。2000年,联合国安理会通过决议,决定在塞拉利昂首都弗里敦设立塞拉利昂问题特别法庭,负责审判在塞拉利昂内战中犯有战争罪、反人类罪以及其他严重违反国际法的嫌疑人。通过塞拉利昂政府与联合国间的协定设立的特别法庭是一个"混合法庭",它融合了国际和国家两个方面的机制、工作人员、调查员、法官、检察官和法律。到2001年年底,各国为法庭的设立和运作提供了足够资源,2002年1月派往弗里敦的规划团同塞拉利昂政府讨论了设立特别法庭的具体措施,2002年5月,联合国秘书长任命了特别法庭一名代理书记官长和一名检察官,特别法庭管理委员会审议并暂行通过特别法庭《财务条例》和《工作人员条例》。7月,塞拉利昂政府和秘书长任命了审判分庭和上诉分庭的法官。该法庭于2002年7月1日开始运作,凡是对塞拉利昂境内严重侵犯国际人道主义法的行为和塞拉利昂有关法律定为犯罪的行为负最大责任的人,特别法庭都要问罪。2012年5月30日,塞拉利昂问题特别法庭判处利比里亚前总统查尔斯·泰勒50年监禁。② 法庭在2013年的最后一天宣告关闭,从2014年1月1日开始,"塞拉利昂余留特别法庭"(Residual Special Court for Sierra Leone)开始运作,继续处理原特别法庭的余留任务。③

---

① 关于前南刑庭、卢旺达刑庭的案件,参见 http://unmict.org/cld.html;卢旺达刑庭的资料,参见 http://www.ictrcaselaw.org,访问日期:2022年10月22日。
② 参见 http://www.sc-sl.org/,访问日期:2022年10月22日。
③ 参见联合国网站:news.ccn.org,访问日期:2022年10月22日。

(六)红色高棉特别法庭(Extraordinary Chambers in the Courts of Cambodia, ECCC)

2003年6月,为处理1975年4月到1979年1月红色高棉(Khmaey Krahom)统治柬埔寨期间所犯下的种族灭绝罪、战争罪及反人类罪等,联合国与柬埔寨政府签署协议,决定成立法庭,进行审判。与基本上由国际社会主导的前南特别刑庭不同,红色高棉特别法庭的审判由柬埔寨本国法官和国际法官共同主持,由柬埔寨国内主导。所有外国籍法官均由柬埔寨最高法院长官从联合国秘书长的提名名单中挑选和任命,2006年接受柬埔寨王室任命的29人,就包括了17个柬埔寨法官和检察官。法庭同时适用柬埔寨国内法和相关国际法。红色高棉特别法庭权力有限,在对象上,只审判"最高级别和最负有责任的人";在期间上,只审判在1975年4月17日至1979年1月7日犯下罪的红色高棉领导人。对于其他时间段的罪行,则由现存柬埔寨法庭来审理。2009年2月审判活动正式开始运行。

(七)黎巴嫩问题特别法庭(Special Tribunal for Lebanon)

2005年2月14日,黎巴嫩前总理拉菲克·哈里里的车队在首都贝鲁特遭到汽车炸弹袭击,拉菲克·哈里里和另外22人遇难。12月13日,黎巴嫩共和国政府请求联合国设立一个具有国际性质的特别法庭,以对被指控导致前总理拉菲克·哈里里和其他22人遇害的2005年2月14日贝鲁特袭击事件的所有负责者进行审判。根据安全理事会第1664(2006)号决议,联合国和黎巴嫩共和国通过谈判达成了设立黎巴嫩问题特别法庭协定。根据安全理事会第1757(2007)号决议,该决议所附文件的规定和《特别法庭章程》自2007年6月10日起生效。黎巴嫩问题特别法庭的任务,是对造成前总理拉菲克·哈里里遇害和他人伤亡的2005年2月14日袭击事件负责者提起诉讼。法庭的管辖权可追溯至2005年2月14日爆炸事件之前,如果法庭认定2004年10月1日至2005年12月12日期间在黎巴嫩发生的其他袭击事件根据刑事司法原则存在关联,这种关联包括但不限于以下要件的组合:犯罪意图(动机)、攻击目的、被攻击者的身份、攻击模式(作案手法)和行为人。同2005年2月14日袭击事件具有类似性质和严重性。2005年12月12日后发生的犯罪行为,也可根据同一标准纳入法庭管辖权,但黎巴嫩共和国政府和联合国作出这种决定需要得到安全理事会的同意。该法庭已经认命了法官、检察官、书记官长、辩护方办公室主任,荷兰方面也提供了法庭大楼,各方通过捐助等方式为法庭准备了预算。2009年3月,法庭正式启动,2011年6月,黎巴嫩问题特别法庭向黎巴嫩检察机关起诉4名黎巴嫩真主党成员。但真主党拒绝黎巴嫩问题特别法庭的指控,宣称该法庭已被政治化。2014年1月,黎巴嫩问题特别法庭对被控在2005年谋杀黎巴嫩前总理拉菲克·哈里里的4名真主党成员进行缺席审判。①

此外,联合国在东帝汶也参与了追究个人国际刑事责任的活动。1999年9月在东帝汶人民就自决问题进行投票后,爆发了一连串的暴力事件,约200000名东帝汶人民被迫逃离家园。联合国东帝汶国际调查委员会曾建议安理会建立国际人权法庭来处理东帝汶违反基本人权和国际人道法的行为,但由于印度尼西亚政府不予配合,仅仅在联合国东帝汶过渡行政当局(UNTAET)根据安理会第1272号决议建立了重罪股(Serious Crime Unit),审理相关犯罪。

四、国际刑事法院

国际刑事法院(英语:International Criminal Court,ICC或ICCt;法语:Cour Pénale Internationale,)虽然是国际司法机关,但它与国际法院不同,它并不是处理国家之间争端的机构,而只负责追究个人的刑事责任。ICC依据2002年7月1日开始生效的《国际刑事法院罗马规约》成立于荷兰海牙,工作语言为英语和法语,主要功能是对犯有灭绝种族罪、危害人类罪、战争罪、侵略罪的个人进行起诉和审判。但是实际上,国际刑事法院暂时还不能对侵略罪行使管辖权。到2013年6月,已经有122个国家签署并批准了《国际刑事法院罗马规约》,成为国际刑事法院的成员国,虽然国家数量不菲,但是在人口上讲,这些国家人口数占世界人口总数的少部分。另外,有31个国家签署了该规约,但是并未得到各自国家立法机构的批准。根据《维也纳条约法公约》,这些国家有义务不从事有悖于《国际刑事法院罗马规约》宗旨和目的的行为。值得注意的是,作为联合国安全理事会常任理事国的中国、俄罗斯和美国均未批准该规约,美国和以色列取消了对该规约的签署,说明它们不再意图成为国际刑事法

---

① 参见http://www.stl-tsl.org/,访问日期:2022年10月22日。

院成员国,也不再因以前对该规约的签署而承担法律义务。

(一)国际刑事法院的历史

国际刑事法院的建立渊源已久,几乎从联合国成立以来,人们就提出设立国际刑事法院的设想。1948年纽伦堡审判和东京审判之后,联合国大会认识到国际社会需要一个常设法院,来处理类似"二战"暴行的国际犯罪。联合国大会在1948年12月9日第260号决议中:"认为有史以来,灭绝种族行为殃祸人类至为惨烈;深信欲免人类再遭此类狞恶之浩劫,国际合作实所必需",为此通过了《防止及惩治灭绝种族罪公约》。公约第1条将灭绝种族定性为"国际法上的一种罪行";第6条则规定,凡被诉犯灭绝种族罪者,"应交由行为发生地国家的主管法院或……(具有)管辖权的国际刑事法庭审理"。在该决议中,大会还请国际法委员会"研究宜否及可否设立一个国际司法机构以审判被控犯灭绝种族罪的人……"。在联合国大会的要求下,在20世纪50年代早期国际法委员会拟制了两份规约草案,但是鉴于当时冷战的局面致使成立国际刑事法院成为不可能的梦想,这两份草案也被束之高阁。由于特别法庭不是一种常设的制度,在管辖地域和管辖时期上都有限制,因此无法做到震慑世界其他国家和非管辖时间内的审判。历史上,每设立一个特设法庭,立即就引来"选择性正义"的问题,只有常设的法院,才能保证运作的前后一致。1989年,时任特立尼达和多巴哥共和国总理A.N.R.罗宾逊(Arthur Napoleon Raymond Robinson, 1926—2014)再次提出建立国际刑事法院的想法。在准备《国际刑事法院罗马规约》草案的时候,前南特别刑庭和卢旺达特别刑庭成立,更加突出了常设国际刑事法院的必要性。

国际法委员会1994年将起草的《国际刑事法院罗马规约》草案提交给联大。联大设立了"设立国际刑事法院问题特设委员会",审议规约草案所涉及的重大实质性问题。联大在审议了特设委员会的报告后,又设立了"设立国际刑事法院预备委员会",为将要举行的外交会议拟订一份能够得到广泛接受的综合案文草案。预备委员会于1998年4月完成了案文起草工作。1998年7月,联合国在罗马召开拟定及通过设立国际刑事法院公约条文的外交全权代表会议。1998年7月18日,《国际刑事法院罗马规约》以120票赞成、7票反对和21票弃权的结果获得通过。投反对票的国家为中国、美国、伊拉克、以色列、利比亚、卡塔尔和也门。2002

年 4 月 11 日,批准签署《国际刑事法院罗马规约》的国家达到了 60 个,符合条约要求的生效条件,条约于 2002 年 7 月 1 日生效,国际刑事法院成立于荷兰海牙。2003 年 2 月由成员国大会选任产生了国际刑事法院的第一批法官,3 月 1 日,法官宣誓就职。法院的第一份逮捕令在 2005 年 7 月 8 日签发,2006 年举行了第一次审前听证。

(二)国际刑事法院的机构设置

国际刑事法院设有 4 个部门:院长会议;法庭(分成上诉法庭、审判法庭和预审法庭);检察官办公室;书记官处。其中起专业作用的是法官和检察官,书记官是重要的日常工作官员。

1.法官由缔约国提名,不必是本国人,但必须是缔约国之公民。提名后在缔约国大会会议上,以无记名方式选举法官,以得到出席缔约国 2/3 多数票的 18 名票数最高者当选为法官。18 名法官不得有两名为同一国的国民。第一次选出的法官由抽签决定,1/3 任期 3 年,1/3 任期 6 年,其余的任期 9 年。任期 3 年的法官,可连选连任一次,任期 9 年。院长和第一及第二副院长由法官互选并以绝对多数选出。法官分配在审判分庭至少 6 名和预审分庭至少 6 名,上诉分庭 4 名及院长。上诉分庭由全体法官组成,审判分庭由该庭的 3 名法官组成,预审分庭由该庭的 3 名法官组成或由 1 名法官单独履行。上诉分庭的法官仅可在上诉庭任职,审判分庭的法官可被临时指派至预审分庭,预审分庭的法官可被临时指派至审判分庭,但不得参与预审分庭所审理之案件。预审分庭和审判分庭应由主要具备刑事审判经验的法官组成。法官的免职是由本院其他法官 2/3 通过后,由缔约国 2/3 之多数作出决定。

2.《国际刑事法院罗马规约》第 42 条规定了检察官的权责。检察官办公室是一个独立行事的机关,负责接受和审查提交的情势以及关于本法院管辖权内的犯罪的任何事实根据的资料,进行调查并在本法院进行起诉。检察官办公室成员不得寻求任何外来指示,或按外来指示行事。检察官办公室由检察官领导,并由 1 名或多名副检察官协助,若有必要也可再聘任其他人员。检察官在缔约国大会会议上,以无记名方式绝对多数选出。检察官为每一个副检察官的缺员提 3 名候选人,再以同样的方式选出。检察官与副检察官的任期均为 9 年,不得连任。

上诉分庭在两种情况下可以决定检察官和副检察官的回避:(1)被调

查或起诉的人可以根据《国际刑事法院罗马规约》第 42 条规定事项,要求检察官或副检察官回避;(2)检察官或副检察官本人有权就该事项作出评论,由缔约国多数作出决定。副检察官的免职是根据检察官的建议由缔约国多数作出决定。其他有关于检察官的行事,在《国际刑事法院罗马规约》第 15 条另有列出。

3. 书记官处负责非司法方面的行政管理和服务。书记官长为法院之主要行政官员,在院长的权力下行事,指挥书记官处的工作。书记官长是由法官参考缔约国的建议,以无记名绝对多数的方式选出。必要时,经书记官长的建议,法官得以同样的方式选出副书记官长 1 名。书记官长和副书记官长的任期皆为 5 年,限连任 1 次。书记官处设被害人和证人股,负责与检察官办公室协商,提供保护办法与安全措施给予证人、出庭作证的被害人,以及由于这些证人作证而面临危险的其他人。

(三) 国际刑事法院的管辖权限

《罗马规约》非常审慎地阐明了国际刑事法院的管辖权。其第 1 条"法院职能"即开宗明义"本法院……对国家刑事管辖权起补充作用"。国际刑事法院对于主权国家或地区国内法院具有补充地位,无意替代或者排除国内法院管辖权。这种补充性管辖权不仅适用于对案件具有管辖权的缔约国①,而且在一定情况下还可适用于对案件具有管辖权的非缔约国。

根据《罗马规约》第 11 条的规定,国际刑事法院只对《罗马规约》生效后实施的犯罪有管辖权,而且对于在此之后加入《罗马规约》的缔约国而言,国际刑事法院对与其有关联的案件的管辖权,只能从该缔约国加入《罗马规约》的时间起算,除非该缔约国自愿提出声明,向国际刑事法院提交在其加入《罗马规约》之前发生的有关案件。

根据《罗马规约》第 16 条"推迟调查或起诉"的规定,安理会根据《联合国宪章》第七章通过决议,要求国际刑事法院在其后 12 个月内,不得根据本规约开始或进行调查或起诉;安理会也可以根据同样条件延长该项请求。在此情形下,国际刑事法院自然就不会有管辖权一说。在现实中最鲜明的例子就是,在 2002 年国际刑事法院开始正式运转后,美国为避

---

① 《罗马规约》第 12 条规定:"一国成为本规约缔约国,即接受本法院对第 5 条所述犯罪的管辖权。"

免其筹划的伊拉克战争在日后可能会被提交到国际刑事法院审理,于是在联合国以撤出维和行动相威胁,强迫安理会先是在 2002 年通过 1422 号决议,赋予联合国维和人员 12 个月的豁免权,后在 2003 年通过 1487 号决议,延续 1422 号决议的效力。

根据《罗马规约》第 12 条的规定,行使管辖权的先决条件是:(1)一国成为规约缔约国;(2)当缔约国向检察官提交情势,或者检察官依职权进行调查犯罪;如果行为发生国、犯罪所在船舶或飞行器的注册国、被告人的国籍国中之一个或多个国家是规约缔约国,或接受了法院管辖权,法院可以行使管辖权。

从此可知,针对一国国民在本国境内的国际罪行,若该国此前没有声明自愿接受国际刑事法院管辖权的,则国际刑事法院对该类案件的管辖权自然受到限制。例如,苏丹总统巴希尔被国际刑事法院指控为在苏丹达尔富尔地区犯下种族大屠杀罪,但苏丹政府却不认为国际刑事法院具有管辖权。

《国际刑事法院罗马规约》第 13 条规定,若安全理事会根据《联合国宪章》第七章行事,向检察官提交显示灭绝种族罪(genocide)、危害人类罪(crimes against humanity)、战争罪(war crimes)、侵略罪(aggression)中的一项或多项已经发生的情势,法院可以依照规约的规定,就此类犯罪行使管辖权。

自 2002 年成立以来,已经有三个缔约国(刚果民主共和国、乌干达和中非共和国)主动向国际刑事法院提交案件,一个非缔约国(科特迪瓦)自愿就其境内有关情势接受法院的管辖,联合国安理会也于 2005 年 3 月就苏丹达尔富尔情势通过第 1593 号决议首次向法院提交案件。此外,国际刑事法院的检察官除正对刚果民主共和国、乌干达和苏丹达尔富尔情势进行调查外,还密切跟踪包括中非共和国和科特迪瓦在内的 8 个情势。

(四)中国与国际刑事法院

中国虽然积极参加了国际刑事法院建立的整个谈判过程,但对国际刑事法院持谨慎态度,在 1998 年罗马会议上《国际刑事法院罗马规约》最后通过时投了反对票,并提出了中国对该法院的关切和忧虑,主要是:

第一,中国政府不能接受《国际刑事法院罗马规约》近乎确立的普遍管辖权。《国际刑事法院罗马规约》规定国际刑事法院应当是对国内刑事管辖权的补充,这意味着国际刑事法院不可以凌驾于甚至代替国家的国内法院,而只能在特定条件下行使管辖权。但《国际刑事法院罗马规约》规定一国成为其缔约国就意味着接受国际刑事法院对该规约第 5 条所规定的犯罪的管辖权,这一规定本身等于赋予国际刑事法院对上述第 5 条所列犯罪的固有管辖权。同时,《国际刑事法院罗马规约》的一些规定实质上导致在非缔约国未同意的情况下给非缔约国施加义务,非缔约国可能不得不承担多于缔约国的义务。这种规定不是以自愿接受为基础,而是在不经国家同意的情况下对非缔约国的义务作出规定。这是对国家主权原则和国家同意原则的严重违背,不符合《维也纳条约法公约》关于条约效力不及于第三方的基本原则,必然导致一些国家对国家主权可能受到损害的疑虑,不利于更多国家接受《国际刑事法院罗马规约》和与国际刑事法院进行合作,从而削弱了国际刑事法院的普遍性。

  第二,中国政府对于《国际刑事法院罗马规约》将国内武装冲突中的战争罪纳入国际刑事法院的管辖具有严重保留。中国认为,法制健全的国家有能力惩处国内武装冲突中的战争罪,在惩治这类犯罪方面比国际刑事法院占有明显的优势;而且,目前《国际刑事法院罗马规约》有关国内武装冲突中的战争罪的定义,超出了习惯国际法,甚至超出了 1949 年日内瓦《第二附加议定书》的规定。鉴于此,中国一直主张,国家应有权选择接受法院对这一罪行的管辖。目前,《罗马规约》的有关规定虽对选择接受管辖作出了临时安排,但却从原则上否定这一接受管辖的方式,将会使许多国家对法院望而却步。

  第三,中国对反人类罪的定义持保留立场。中国政府认为,根据习惯国际法,反人类罪应发生在战时或与战时有关的非常时期。从目前已有的成文法来看,纽伦堡宪章、前南特别刑庭规约均明确规定,此罪适用于战时。但《罗马规约》在反人类罪定义中删去了战时这一重要标准。此外,在反人类罪具体犯罪行为的列举上,远远超过了习惯国际法和现有的成文法。许多列举的行为实际是人权法的内容。中国认为,增加人权的内容,背离了建立国际刑事法院的真正目的。国际社会要建立的不是人权法院,而是惩治国际上最严重犯罪的刑事法院。

  第四,中国对《罗马规约》中有关安理会作用的规定持保留意见。《罗马规约》允许法院在安理会没有作出是否存在侵略行为的判定之前就行使对"侵略罪"的管辖,不利于安理会履行《联合国宪章》所赋予它的维护国际和平与安全的责任。侵略罪是一种国家行为,且尚没有法律上的定义,为防止政治上的滥诉,在具体追究个人刑事责任之前由安理会首先判定是否存在着侵略行为是必要的,也是《联合国宪章》第39条的规定。但《罗马规约》没有对此作出明确规定。另外,《罗马规约》对安理会为维持国际和平与安全履行职能而要求法院中止运作,规定了12个月的期限。这明显不利于安理会履行《联合国宪章》所赋予的职能。

第五,中国对《罗马规约》关于检察官执行调查权的规定持有严重保留。按照《罗马规约》规定,检察官执行调查权不仅赋予个人、非政府组织、各种机构指控国家公务员和军人的权利,而且可能使检察官或法院因权力过大而可能成为干涉国家内政的工具。此外,检察官的自行调查权不仅会使法院面临来自于个人或非政府组织过多的指控,无法使其集中人力或物力来对付国际上最严重的犯罪,同时也会使检察官面对大量指控而须不断做出是否调查与起诉的政治决策,不得不置身于政治的漩涡,从而根本无法做到真正的独立与公正。

2013年10月31日,中国代表在第68届联大全会审议国际刑事法院报告时强调指出,中国支持国际社会惩治严重国际罪行、促进实现司法正义的努力,同时希望国际刑事法院确保其维护司法正义的努力有利于促进和平,避免影响有关国家或地区局势和政治解决进程,确保其工作真正服务于当地人民的福祉。中国代表团注意到,近来国际刑事法院有关部分非洲国家的案件引发了较多争议,引起当事国及一些非洲国家的不满和忧虑,中国对此高度关注。中方将持续关注法院的工作,并希望其通过实践赢得更广泛的信任和支持。

思考题

1. 国家是否有可能承担刑事责任,为什么?

2. 为什么在某些情况下,个人的行为可以被认为属于国家的行为而由国家承担责任?

3. 国际刑事法院的成就和问题是什么?

拓展阅读

贺其治:《国家责任法及案例浅析》,法律出版社2003年版。

贾宇:《国际刑法学(第二版)》,法律出版社2019年版。

李寿平:《现代国际责任法律制度》,武汉大学出版社2003年版。

李伟芳:《跨界环境损害国家责任研究》,知识产权出版社2013年版。
马呈元:《国际刑法论》(增订版),中国政法大学出版社2013年版。
王虎华:《国家刑事责任的国际法批判》,《上海社会科学院学术季刊》2002年第4期。
王秀梅:《国际刑事法院研究》,中国人民大学出版社2002年版。
卫跃宁、宋振策:《国家责任视角下的被害人权利保护研究》,中国人民公安大学出版社2018年版。
伍亚荣:《国际环境保护领域内的国家责任及其实现》,法律出版社2011年版。
张智辉:《国际刑法通论》(增补本),中国政法大学出版社1999年版。
张旭:《国际刑法要论》,吉林大学出版社2000年版,第321页。
张旭:《国际犯罪刑事责任再探》,载《吉林大学社会科学学报》2001年第2期。
张智辉:《国际刑法通论》(第三版),中国政法大学出版社2009年版。
朱文奇:《国际刑法》(第二版),中国人民大学出版社2014年版。

James Crawford. *State Responsibility: The General Part* (Cambridge University Press, 2014).

Nina H. B. Jørgensen. *The Responsibility of States for International Crimes* (Oxford University Press, 2001).

Kimberley N. Trapp. *State Responsibility for International Terrorism* (Oxford University Press, 2011).

第十六章 国际争端解决

由于利益冲突或对某种特定时事观点不一致,国家间的纷争和争端是不可避免的,国际争端对国际和平与安全构成风险和威胁。解决国际争端主要分为非和平解决方法与和平解决方法。非和平的争端解决方法主要为强制方法,包括战争、平时封锁、干涉、制裁等手段,以及报复、反报等传统自助方法;和平解决争端的方法包含政治与法律两大类型。

第一节 概 述

一、国际争端的概念

在国际法上,国际争端是指国际法主体之间发生的争端,主要是两个国家或两个以上的国家之间发生的争端。

国际争端不同于某种国际形势或国际事态,也不同于一个国家内部的个人与另一个国家内部的个人或者一个国家内部的个人与另一个国家之间发生的争端。

根据发生争端的内容的不同,可以将国际争端分为政治争端、法律争端和事实争端。

二、国际争端的解决方法

在以往和现代的国际关系中,解决国际争端的方法基本上有三种:

1. 和平解决方法,包括和平地通过政治和法律的方法解决国际争端,如谈判、协商、调查、和解、斡旋、仲裁、诉讼等。

2. 强制的方法,即争端一方对另一方采取的对被强制方而言是非自愿的且非应得的争端解决方法。传统的强制方法有:报复或反报、制裁、平时封锁等。

3. 武力或战争的方法,在传统的国际法中,国家是具有战争权的,因此,国家之间如果出现争端,通过战争的手段予以解决也是合法的途径。但是,现代国际法否认了国家具有战争权,因此,国家通过战争解决有关争端是非法的。现代国际法承认国家在遭到攻击的情况下有权进行武力自卫,因此出现的自卫战争并不是通过战争解决有关争端的方法。

三、和平解决国际争端的原则

虽然世界上早有关于和平的理念和愿望,然而将和平解决国际争端作为国际关系的原则和国际法的目标,是在1899年第一次海牙和平会议和1907年第二次海牙和平会议上提出的,在海牙和平会议上通过了《和平解决国际争端公约》。该公约第1条就阐明,"在各国关系中尽可能防止诉诸武力,各缔约国同意竭尽全力以保证和平解决国际争端"。"二战"之后,和平解决国际争端原则成为现代国际法的一项基本原则。

首先,也是最为重要的国际法文件是《联合国宪章》。《联合国宪章》第2条第3项明确规定,"各会员国应以和平方法解决其国际争端,俾免危及国际和平、安全及正义"是本组织及其会员国应遵守的一项原则。

其次,1970年10月24日联合国大会通过的《国际法原则宣言》中对和平解决国际争端作了进一步的阐释。

再次,许多区域性国际组织的章程中都规定了和平解决国际争端的原则。

最后,在《联合国宪章》之后联合国会员国之间缔结的条约以及联合国主持制定的各项规范性的国际公约都规定了和平解决国际争端的原则。

中国推动以和平方式解决国际争端,为维护国际和地区和平提供建设性方案。中方一贯奉行"与邻为善,以邻为伴"的周边外交方针,全面发展与周边各国的友好合作关系,致力于通过和平方式解决领土主权和海洋权益争端。中国积极推动政治解决国际和地区热点问题,在伊朗核问题、朝鲜半岛核问题、巴以冲突、叙利亚问题、阿富汗问题中发挥建设性作用。

第二节 和平解决国际争端的方法

一、解决国际争端的政治方法

(一)和平解决国际争端的政治方法的概念

政治方法又称为外交方法,是指法律方法之外的和平解决国际争端的方法,一般包括谈判或协商、调查、斡旋或调停、和解。

1.谈判或协商。谈判或协商是和平解决国际争端中通过政治手段解决国际争端的首要方法,是指两个或两个以上的国家为了有关冲突、矛盾或争端得到谅解或求得解决而进行的直接交涉,包括澄清事实、阐明观点等,消除隔阂和误会,增进相互了解和信任,以寻求双方都能够接受的解决办法。

谈判或协商的特点有:(1)当事国之间交换意见,始终参与谈判过程;(2)适用于各种类型的国际争端;(3)在实践中,谈判或协商解决了大多数国际争端;(4)在谈判过程中,双方都处于平等的地位;(5)除另有协商外,在任何时候当事国都可以选择其他的解决途径。

2.调查。调查又称查询或实况调查,是指在特别涉及对事实问题发生分歧的国际争端中,有关争议当事国同意由一个与争端没有任何关系的第三方,为解决争端而通过一定的方式调查有争议的事实,查明是否有争端当事国所声称的情势存在,以最终解决争端的一种方法。其特点包括:(1)结合外交和法律、技术的各种优点;(2)进行调查的机构和程序等一般由条约规定;(3)其调查报告的内容一般对当事国没有法律拘束力。

3.斡旋或调停。是指争端当事国不能通过谈判或协商解决争端时,第三国善意地主动或应争端当事国的邀请进行有助于促进争端当事国直接谈判的行动,协助争端当事国解决争端的方法。斡旋的特点是,第三方主动进行有助于促成争端当事国之间直接谈判的行动,但斡旋者本身不参加谈判;调停的特点是,第三方以中间人的身份推动争端当事国采取和平方法解决它们之间的争端。无论是斡旋还是调停,争端当事国均对争端的解决保持完全的自由,不因斡旋和调停而承担任何责任;第三方不得将自己的意见强加于争端当事国,也不承担任何法律义务。

4.和解。有时也称为调解,是指争端当事国通过条约或其他形式同意或者商定把它们之间的争端提交给一个由若干人组成的委员会,由委员会通过对争端事实的调查和评价,向争端当事国澄清事实,并在听取各方意见和作出促使它们达成协议的努力后,提出包括解决争端建议在内的报告的一种争端解决方法。和解不同于调查,和解的目的是通过委员会的工作积极推动,使争端当事国就解决问题达成协议;调查的目的则是明确真相,在此基础上希望争端当事国能自行解决争端。

(二)区域机关参与和平解决国际争端

《联合国宪章》第33条列举了"区域机关或区域办法",规定由区域性国际组织参与解决争端或经区域相关国家之间采取措施解决。其第八章规定区域办法"用以应付关于维持国际和平与安全而宜于区域行动之事件者",且以不违背宪章的宗旨和原则为限。区域办法不得妨碍安理会职能内的执行行动,并应向安理会报告依区域办法已经采取或正在考虑的行动。区域机关和区域办法具有以下特点:

1. 只能解决区域性或地方性的争端;

2. 作为某一区域机关或区域办法成员的联合国会员国在把区域性或地方性国际争端提交安理会之前,应按照该区域办法或由该区域机关争取和平解决;

3. 可以在安理会授权下采取执行行动;

4. 为维持国际和平与安全的目的,对其已经或正在考虑采取的行动,随时向安理会做出充分的报告。

(三)联合国机构参与和平解决国际争端

根据《联合国宪章》的规定,联合国大会、安全理事会和秘书处在和平解决国际争端中负有重要的责任。

二、和平解决国际争端的法律方法

和平解决国际争端的法律方法,是指用仲裁和司法判决的方法来解决国际争端,包括仲裁和司法审判。

(一)国际仲裁解决国际争端的方法

国际仲裁,是指争端当事国基于达成的协议同意把它们之间的争端交给自己选任的仲裁人来裁判并承诺服从其裁决的一种解决争端的方法。

当事国关于仲裁的协定是仲裁效力的法律根据。仲裁协定有三种:

1. 仲裁条约,缔约国事先约定彼此之间的争端递交仲裁解决;

2. 条约中的仲裁条款;

3. 专案仲裁协定,系争端发生之后当事国达成将案件交付仲裁的协定。

在国际社会具有广泛影响的是常设仲裁法院,1899年海牙《和平解决国际争端公约》缔约国,根据公约第20—29条的规定,于1900年在荷兰海牙建立该专门法院,其目的和任务是便利将不能用外交方法解决的国际争议立即提交仲裁,除非当事国协议成立了特别法庭,常设仲裁法院有权受理一切仲裁案件。

(二)国际司法在和平解决国际争端中的作用

司法解决,是指争端当事国把它们之间的争端提交给一个事先成立的、由独立法官组成的国家法院或国际法庭,根据国际法对争端当事国作出具有法律约束力的判决。目前有国际劳工组织行政法庭、联合国行政法庭、国际海洋法法庭等用于司法解决国际争端。

1. 国际司法为和平解决国际争端提供了一个可资利用的法律手段;

2. 国际司法确立了许多法律原则,促进了国际法编纂和发展;

3. 国际司法的实践维护了国际法律秩序,加强了法治观念。

但是,国际司法也有许多问题亟待改革,其中最重要的就是有关强制性管辖权的问题。由于目前国际司法的运行机制仍不健全、未被国际社会所广泛接受,使国际司法无法发挥功能。另外,由于国际司法机制在传统上都是由一些西方国家的法学家把持,因此广大的发展中国家一般都不愿意把案件提交国际司法解决。

第三节 国际法院

当前,国际司法机构逐渐增多。其中,国际法院(International Court of Justice/Cour international de justice,ICJ)是历史最悠久、最具有代表性、对国际法的发展意义最重大的司法机构。1946年,国际法院根据《联合国宪章》成立于荷兰海牙,坐落于和平宫,是联合国的司法裁决机构,也是当今最主要的国际司法机构。[①] 其目标是实现联合国的一项主要宗旨:"以

---

① 参见 http://www.icj-cij.org,访问日期:2022年10月22日。

和平方法且依正义及国际法之原则,调整或解决足以破坏和平之国际争端或情势。"国际法院的形式与规则在很大程度上来自常设国际法院。

一、常设国际法院

常设国际法院(Permanent Court of International Justice, PCIJ)是国际司法最早的努力成果。由于国际仲裁在20世纪初之前取得了令人欣慰的成绩,各国开始考虑设立一个负责和平解决争端的常设国际法院,以避免为裁决每项可仲裁的争端专门设立特设法庭。和平解决争端史上的第一个国际审判法庭是1920年在国际联盟主持下设立的位于海牙和平宫的常设国际法院,第一次世界大战后诞生的国际联盟为选举法院法官提供了可以接受和可行的论坛,跨越了长期认为不可逾越的障碍。

与仲裁相似,常设国际法院的管辖权取决于当事方是否具有向其提交争端的意愿,但不同之处在于一个国家可以事先宣布,对于与另一个作出同样宣布的国家将来可能产生的任何争端,承认法院的强制管辖权。基于此种事先同意,该国可以单方面向法院提交争端,传唤另一个国家出庭,而无须当事各方事先商定将案件提交法院。

常设国际法院在程序方面有所创新。法院由国际联盟行政院和大会选出的、代表世界主要法系的终身法官组成。马克斯·胡伯,常设国际法院首任副院长,第二任院长。法院受其事先确立的并对诉诸法院的各方有约束力的《常设国际法院规约》和《常设国际法院程序规则》的指导,有权就国际联盟行政院或大会向其提交的任何法律问题提供咨询意见,其程序大部分是公开的。

尽管常设国际法院由国际联盟创立并提供经费,但是该法院并非国际联盟的一部分,《常设国际法院规约》也不属于《国际联盟盟约》的一部分。国际联盟的成员国并不自动成为法院规约的缔约国。但是,接受法院强制管辖权的做法很普遍,授权法院管辖条约争端的条约达数百项。

常设国际法院取得了显著的成绩。1922年至1940年,法院就29个案件作出了判决,提供了27项咨询意见,实际上均得到执行。在司法的过程中,法院通过解释和适用原则、规则,对国际法的发展作出了重要贡献。

常设国际法院的活动因第二次世界大战而中断,1946年与国际联盟一道解散。

二、国际法院的建立

常设国际法院和国际法院之间保持了很大程度的连续性,国际法院继承了常设国际法院的驻地、徽章、基本规则和档案。国际法院的规约实际上与常设国际法院的规约相同,直到1978年国际法院为简化和加速程序通过了一套订正规则为止,两个法院的规则也相同。1945年10月,常设国际法院在最后一次会议上决定将其档案和财产移交国际法院,国际法院也选址于海牙和平宫。1946年1月31日,常设国际法院法官辞职,1946年2月5日,联合国大会和安全理事会选举了国际法院的第一批成员。1946年4月,常设国际法院正式解散,萨尔瓦多籍的常设国际法院最后一任院长何塞·古斯塔沃·格雷罗(José Gustavo Guerrero,1876—1958)法官在国际法院第一次会议上当选国际法院院长。

1946年4月18日,国际法院首次开庭。1947年5月提交第一个案件,即英国诉阿尔巴尼亚的"科孚海峡案"。

三、国际法院的组成

国际法院常设法官席位15人,这些法官必须来自不同的国家,即不能有两个法官来自同一国家。其名额分配的方法与联合国安理会的席位是一致的,非洲3名、拉美2名、亚洲3名、东欧2名、西欧和其他国家(加拿大、美国、澳大利亚和新西兰)5名。除了在1967—1984年,没有被提名选举的中国籍法官,其他时间,联合国的5个常任理事国一直具有一个法官的名额。所有的法官在履行职责之时均具有独立身份,不当然代表本国。从法律文化上,要求这些国家尽量代表世界的各大文化和主要法系。

法官由联大和安全理事会选举产生。在联大,是《国际法院规约》缔约国但不是联合国会员国的国家(瑞士和瑙鲁)获准参加选举;在安全理事会,不得对此选举行使否决权。这两个机关同时但单独进行投票,候选人必须在这两个机关获得绝对多数票才能当选。每届任期9年,每3年改选1/3,以保持工作的连续性;全体法官以无记名投票方式推举院长,院长每届任期3年。

法官候选人不是由政府直接提名,而是由常设仲裁法院的法学家团体(各国团体)提名,没有参加常设仲裁法院的国家,其候选人名单应由以同样方式成立的团体提出,其目的是使提名程序不受政治考虑的影响。

每一法学家团体所提候选人人数不得超过 4 人,其中属于本国国籍者不得超过 2 人,其余候选人可来自任何国家。

按照《国际法院规约》规定,当选国际法院法官者,必须是品格高尚并在本国具有最高司法职位的任命资格或公认的国际法专家。在程序上,国际法院法官由联合国大会和安理会选举产生,而且都要获得绝对多数,所以往往数次投票才能成功。鉴于世界瞩目的位置,除经由联合国安理会和联合国大会选举之外,不能有哪个国家在国际法院中自动拥有一席之地。但作为特权,五个常任理事国可一直派驻法官。

国际法院法官一旦当选,就不代表本国政府,也不代表任何其他当局。其第一项任务就是在公开庭上宣誓本人必当秉公行使职权。但法官在本国政府是当事方的案件中投票反对本国政府立场的情况并不常见。

国际法院的成员不得从事任何其他职业性工作。

国际法院的所有决议都必须达到出席法官多数同意后才能作出。

国际法院还有专案法官。法院受理案件,如没有当事国本国国籍的法官,可为该案件选派一名专案法官,虽然国际法院没有义务这样做。专案法官不必具有(而且往往没有)指派国国籍。在上任之前,专案法官与法院成员一样作出相同的郑重宣言。专案法官参与案件的裁判时,与其他同事立于完全平等地位,拥有投票权,并从法院领取每日执行职务的报酬。

法院的常设行政机关是书记官处,该处的职责界定于《国际法院规约》和《国际法院规则》(Rules of Court),特别是《国际法院规则》第22—29 条的规定。书记官处一方面为国际法院提供司法支助;另一方面作为一个国际秘书处运作。书记官处的组织由法院根据书记官长提出的建议加以规定,职责由书记官长起草并经法院批准的指示予以确定(见《国际法院规则》第 28 条第 2 款和第 3 款)。现行《对书记官处的指示》拟定于 1946 年 10 月。书记官处官员由法院根据书记官长的建议任用;一般事务人员由书记官长征得院长批准后任用;短期工作人员由书记官长任用。工作条件在由法院通过的《工作人员条例》(见《国际法院规则》第 28 条)中规定。书记官处设有法律事务部、语文事务部和新闻部。

四、国际法院的管辖

国际法院有权处理的法律争端仅限于国际公法领域,其管辖权包括诉讼管辖和咨询管辖两个方面。

(一) 诉讼管辖

国际法院处理国家之间的争端，就联合国会员行使主权自愿向其提交的争端做出裁决。ICJ 受理的案件中，半数以上是领土和边界纠纷。同其他法院一样，国际法院奉行不告不理原则，无权主动受理案件。

国际法院行使诉讼管辖权，涉及"对人管辖"和"对事管辖"两个方面。

1. "对人管辖"关乎谁可以成为国际法院的诉讼当事方。根据《国际法院规约》第 34 条的规定，争讼案件的提起，仅限于主权国家，而不包括任何国际组织、私人(自然人和法人)和团体、地方政府及非主权的政治实体或者其他主体。可以在法院进行诉讼的当事国包括：(1) 联合国会员国，即《国际法院规约》的当然当事国；(2) 非联合国会员国但依《联合国宪章》第 93 条之规定而成为规约当事国者；(3) 既非联合国会员国亦非规约当事国，但依《国际法院规约》第 35 条第 2 款之规定而成为诉讼当事国。

2. "对事管辖"处理的是什么事项可以成为国际法院管辖的对象。根据《国际法院规约》第 36 条的规定，国际法院管辖三类案件：争端当事国根据特别协定向法院提交的一切具体争端案件；《联合国宪章》或其他现行条约所特定的一切事件；国家事先声明接受国际法院管辖的一切争端。

由于当事国可以任意选择是否发表此种声明，在什么时间以及在何种条件下发表此种声明：说明此种管辖是当事国自愿认可的，所以具有"任意性"；同时，一旦当事国发表了此种声明，法院在该声明的范围内就享有了强制管辖权，当事国不能在遇到案件的时候临时反悔，所以它又是"强制的"，故它被称为"任意强制管辖"，该条款亦被称为"任择条款"。目前，有 60 多个国家根据《国际法院规约》第 36 条第 2 款向秘书长交存了承认法院强制管辖权的声明，但其中很多附有保留。约有 300 份双边或多边条约规定，在解决这些条约的适用或解释所引起的争端方面，法院具有管辖权。此外，一国在向法院提交争端时，可引用《国际法院规则》第 38 条第 5 款，以请求书所针对国家有待作出或表示的同意作为法院具有管辖权的依据。如后一国家接受此管辖，则法院具有管辖权，并由此形成双方当事国同意的合法依据。

中华人民共和国没有接受国际法院的管辖权。

(二)咨询管辖

《国际法院规约》第 65 条第 1 款规定:"法院于任何法律问题如经任何团体由联合国宪章授权而请求或依照联合国宪章而请求时,得发表咨询意见。"

咨询管辖的目的,主要是法院作为联合国之司法机关对于法律问题提供权威性的参考意见,以便帮助联合国机构更好地遵照宪章进行活动。根据《联合国宪章》第 96 条的规定,大会或安理会对于任何法律问题得请求国际法院发表咨询意见。联合国其他机关及各种专门机关,对于其工作范围内的任何法律问题,得随时以大会的授权,请求国际法院发表咨询意见。由这一规定可以看出,联合国大会和安理会请求咨询意见的范围是非常广阔的,而其他专门机构则仅能就工作范围内的法律问题请求法院给出意见。因而,就使用核武器的问题,联合国大会可以提出问题;而世界卫生组织提出相近的问题则被国际法院认为超出了权限。与此同时,任何国家和个人,包括联合国秘书长,都无权请求国际法院发表咨询意见,也无权阻止国际法院发表咨询意见,仅有对于咨询问题能提供资料信息的国家有权在咨询案件中出庭。

咨询意见不具有法律效力,不需要征得有关国家的同意。但实践中,国际法院的咨询意见对于人们认识国际法具有重要的意义。[1]

国际法院没有刑事管辖权,因此无法审判个人(如战犯)。国际法院不是各国司法机构可以上诉的最高法院,不是个人提出最终申诉的法院,也不是任何国际法庭的上诉法院。但是,在其具有管辖权的案件中,国际法院有权就仲裁裁决的效力作出裁定。

五、国际法院的一般程序

(一)工作语言

国际法院的工作语言为英文或法文,以各当事国的同意为基础进行选择。如果当事国对于使用何种语言未达成一致,每一当事国在陈述时都可以选择采用二者之一。法院判决应用英、法两种文字,法院自身确定

---

[1] See Mahasen M. Aljaghoub, *The Advisory Function of the International Court of Justice: 1946-2005* (Springer, 2006).

其中的作准文本。法院还可以经当事国请求,允许该当事国用英、法文以外的文字。

(二)提起诉讼

向法院提出诉讼案件的时候,应当将订立的特别协定通告书记官长,或将请求书送达书记官长。文件中应叙明争端事由及各当事国。

书记官长在收到文书后,应立即将请求书通知有关各方;并应经由联合国秘书长通知联合国会员国及有权在法院出庭之其他国家。

(三)临时措施

法院在认为情形有必要时,有权指示当事国应行遵守以保全彼此权利之临时办法。在终局判决前,应将此项指示办法立即通知各当事国及安全理事会。

(四)代理人与参加国

各当事国都应由代理人进行代表,并应派律师或辅佐人在法院予以协助。各当事国的代理人、律师及辅助人,应享受关于独立行使其职务所必要之特权及豁免。如某一国家认为某个案件的判决可能影响该国的、带有法律性质的利益时,可以向法院申请参加诉讼,申请由法院裁决。比如,德国诉意大利国家豁免权一案,希腊就因为与意大利具有相似的立场而要求加入。

如果一项多边条约发生解释问题,书记官长应立即通知诉讼当事国以外的其他缔约国。这些国家有参加程序的权利。如一国行使此项权利,判决中的解释对该国产生同样的约束力。

(五)书面与口头陈述

1. 诉讼程序分为书面程序与口头陈述两部分。书面程序,是指将诉状、辩诉状、及必要的答辩状,连同可以用来佐证的各种文件及公文书,送达法院及各当事国。一方当事国所提供的一切文件,均应将一份证明无误的抄本送达另一方当事国。此项送达应由书记官长依法院所定次序及期限来进行。如果法院需要在某国领土内对于代理人、律师、辅佐人以外的人送达通知书或者收集证据,应当直接与该国政府接洽。法院为处理案件应颁发命令,决定各方当事国必须终结辩论的方式与时间,并应采取一切措施收集证据。法院在其所确定的期限内收到各项证明及证据后,有权拒绝接受一方当事国提出的其他口头或书面证据,但经另一方同意的不在此限。

口头陈述程序,即法院审讯,是指法院审讯证人、鉴定人、代理人、律师及辅佐人。该程序由院长指挥,院长不能出庭时,由副院长指挥;院长和副院长均不能出庭时,由资历最深的出庭法官主持。

2.《国际法院规约》第 25 条第 1 款规定,除本规约另有规定外,法院应由全体法官开庭。由此可见,国际法院执行职务时一般由全体法官开庭(法官 9 人,不包括专案法官,即足以构成法定人数),但也可设立常设或临时(特设)分庭。诉讼案件与咨询案件一样,应由全体法官开庭。在常设国际法院时期,咨询意见的发表应由法院全体成员进行,而非由一个分庭进行。为此,1922 年的《常设国际法院规则》还在第 71 条第 1 款中特别规定,咨询意见应由全体法官经评议后作出。尽管在 1924 年及 1933 年曾有由一个分庭发表咨询意见的建议,但 1936 年修订的《常设国际法院规则》第 84 条第 1 款并未采纳相关建议,而是保留了 1922 年的规定。1946 年《国际法院规则》英文文本中删除了"全体"一词,但法文文本保持不变;1978 年《国际法院规则》中,该条款被省略。实践中,所有咨询案件的法院组成与诉讼案件程序一致。① 《国际法院规则》规定,法院院长如在某一案件中为当事国一方的国民,则在该案中由副院长代行院长职务。此外,院长可与其他法官一样,要求因特别原由不参与审理某案件。任何疑问或异议均由法院决定。

3.法院审讯应公开进行,但如果法院另有决定或各当事国要求拒绝公众旁听,可以作为例外处理。当事国一方不到法院或不为其主张提出辩护时,另一方可以请求法院作出对自己主张有利的裁判。法院在查明根据《国际法院规约》第 36 条、37 条对本案拥有管辖权、且请求方的主张在事实和法律上均有根据后,可以允准该方请求。

4.每次审讯都应作成记录,由书记官长及院长签名,此项记录是法庭唯一具有法律效力的记录。

5.法院在开始审讯前,可以要求代理人提出任何文件或者提供任何解释;如对方拒绝,应予正式记载。

6.法院可以随时委托任何个人、团体或其他组织进行调查或鉴定。

---

① 参见刘芳雄:《国际法院咨询管辖权研究》,浙江大学出版社 2008 年版,第 83 页。

审讯时可以根据法院在程序规则中确定的条件,就相关问题询问证人和鉴定人。

(六)评议

代理人律师、辅佐人在法院指挥下陈述其主张完毕后,院长应宣告辩论终结。此后,法官退席讨论判决。法官的评议是秘密的,而且必须永远保守秘密。

(七)判决

对于各国提交的争讼案件以及国际组织提交的咨询案件,国际法院可以根据《联合国宪章》的规定以及有关条约、公约、习惯或其他国际法做出具有约束力的裁决。法院的所有决议必须在超过半数的出庭法官同意之后才能作出。在投票数相等之时,具有院长或代理院长职务的法官应投决定票。

判决应说明理由,并载明参与裁判的法官姓名。判决应由院长及书记官长签名,在法庭内公开宣读,并应先期通知各代理人。

如果判决的全部或一部分不能代表法官的一致之意见,任何法官都可以另行宣告其个别意见。

法院的判决具有确定性,不得上诉。如果对于判词的意义或范围发生争议,经任何当事国请求,法院应予解释。

正如在讨论国际渊源的时候已经说明的,《国际法院规约》特别规定,法院裁判除对当事国及本案之外,没有约束力。国际法院的判决,在原则上是具有约束力的,但并非所有的裁决都能得到切实有效的履行。当一方认为另一方没有履行法院裁决的时候,可以请求安理会采取行动,以在必要的时候施加压力,使另一方履行判决。

当事国根据新发现的、在判决宣告时法院和该当事国都不了解的、具有决定性的事实,可以请求法院复核判决。但此种不了解必须基于非过失原因。复核申请最晚不迟于新事实发现后6个月,在判决日起超过10年之后,不得再申请复核。

法院可以出具裁决,认可新事实具有使本案需要复核的性质,宣告复核申请可予接受,开始复核程序。在接受复核诉讼前,法院可以要求当事国先行履行判决的内容。

（八）分庭

《国际法院规约》规定，国际法院为迅速处理事务，应每年指定 5 名法官（包括院长和副院长）组织一个简易程序分庭。国际法院可设立一个或数个分庭，每个分庭由 3 名以上法官组成，负责处理某类案件。自 1993 年以来，国际法院设立了一个包括 7 名法官的环境事项分庭。这些分庭是常设分庭。《国际法院规约》还规定，国际法院为处理某特定案件，可在与当事国各方就法官人数和人选进行磋商之后组织一个专案分庭，这些法官将参与该案件的各个阶段直至结案为止，即使在此期间他们不再是法院成员。1982 年，此项规定第一次用于加拿大与美国之间关于划定缅因湾区域海洋边界划界案，在随后的三个案件中也采用了这项规定。分庭作出的判决应视为国际法院的判决。

国际法院在海洋边界、领土主权、武力使用的合法性、不干涉内政、外交与领事关系等方面影响了国际法的发展，对于发挥国际关系中法律的作用、推进国际关系的法治化做出了重要的努力。[①]

思考题

1. 如何评价和平解决国际争端的重要意义？
2. 国际争端的司法解决对于国际法治有何重要意义？
3. 国家间仲裁与国际商事仲裁有何异同？
4. 如何评价中国对于国际争端解决的立场和实践？

拓展阅读

郝雅烨子：《〈联合国海洋法公约〉争端解决机制下的临时措施制度研究》，法律出版社 2019 年版。

刘芳雄：《国际法院咨询管辖权研究》，浙江大学出版社 2008 年版。

邵沙平主编：《国际法院新近案例研究（1990—2003）》，商务印书馆 2006 年版。

叶兴平：《国际争端解决重要法律文献（中英文对照本）》，法律出版社 2006 年版。

[①] 参见邵沙平主编：《国际法院新近案例研究（1990—2003）》，商务印书馆 2006 年版，第 5—7 页。

弋浩婕:《国际法院参加制度研究》,社会科学文献出版社2016年版。

张卫彬:《国际法院证据问题研究:以领土边界争端为视角》,法律出版社2012年版。

Duncan French, Matthew Saul and Nigel D. White. *International Law and Dispute Settlement: New Problems and Techniques* (Hart Publishing, 2010).

J. G. Merrills, Eric De Brabandere. *Merrills'International Dispute Settlement* (7th ed., Cambridge University Press, 2022).

Mary O'Connell, Anna Bradley, and Amy Cohen. *International Dispute Resolution: Cases and Materials* (3rd ed., Carolina Academic Press, 2021).

Francisco Orrego Vicuña. *International Dispute Settlement in an Evolving Global Society: Constitutionalization, Accessibility, Privatization* (Cambridge University Press, 2004).

展望：国际法走向未来

在过去400年左右的岁月里，国际社会生活之中规制国际关系的国际法在内容上日趋清晰，在形式上日趋多样，在进程上日趋繁杂，在体系上日趋丰富。走向21世纪之后，国际法不仅在原有的领域框架之内延续原来的逻辑继续发展，而且在面临着百年未有之大变局和21世纪20年代以后出现的新冠肺炎疫情防控的全球秩序新格局之下，其推进发展为国际事务带来了诸多的风险和不确定性。与此同时，国际法在有些领域也获得了新的推动，吸引了国际社会的关注。

一、北极航道法律制度

与南极不同，北极主要为洋面，故而主要的国际法问题不在于领土相关规则，而涉及海洋法。但随着全球变暖、北极可航水域增加，北极航道问题进入国际法的关注视野。

如果采用大西洋与太平洋相连的北极航道进行航运，较通过埃及苏伊士运河和巴拿马运河缩短近40%的航程，故而意味着巨量的商业利益，引发了沿线国家的争夺。[①] 加拿大、俄罗斯的"内水论"与美国、欧盟的"用于国际航行的海峡论"形成鲜明对比。[②] 现阶段，调整北极地区的法律规范包括三个层面：(1)全球层面的法律规范，主要是1982年《联合国海洋法公约》。尽管这并非为北极地区而设计的专门条约，但是由于其普遍规定了海洋事务，所以也约束北极的相关问题。(2)多边层面的法律规范，如1920年《斯瓦尔巴群岛条约》(The Svalbard Treaty，或称《斯匹兹卑尔伯根群岛条约》)。该条约规定挪威享有斯瓦尔巴群岛的主权，其他国家保留在斯瓦尔巴群岛的开采权利，并保持群岛的非军事化。由北极

[①] 参见刘海裕、汪筱苏：《论国际法上北极航道的通行权问题》，载《黑龙江省政法管理干部学院学报》2012年第1期。

[②] 参见白佳玉：《北极航道利用的国际法问题探究》，载《中国海洋大学学报(社会科学版)》2012年第6期。

环境保护战略(AEPS)发展而来的北极委员会(The Arctic Council)是条约之外发挥作用的国际平台,为北极地区的环境保护发挥了重要作用。(3)双边层面的法律规范,如1988年美国和加拿大之间的《北极合作协议》、1994年《美国政府和俄罗斯联邦政府关于防止北极地区环境污染的协议》、1998年挪威与俄罗斯之间的《环境合作协议》等。大多还只是"软法"性质的宣言或局部领域的多边条约。①

有学者建议,我国应当在《联合国海洋法公约》下秉持"三要件说",否认俄罗斯、加拿大等国对北极航道的"历史性水域"主张,构建以"地理海峡"和"被外国使用"为中心的国际海峡界定标准,坚持以文义解释规则与适当顾及原则适当限制"冰封区域条款"的适用范围,切实维护我国的北极利益,保障海洋强国战略的顺利实施。②

二、国家管辖外海域生物资源(BBNJ)立法谈判

一些国家固守公海自由的传统理念,不考虑不断发展和变化的客观事实,潜在地存在引发海洋生态系统重大破坏的风险。为避免"公地悲剧"的发生,2015年6月19日联大通过69/292号决议,拟在《联合国海洋法公约》项下,针对国家管辖范围外海域的生物多样性养护和可持续利用,制定一项具有法律约束力的国际法文件,在充分尊重现有海洋法律规范制度的基础上,通过设置公海保护区等制度限制人类在公海的行动自由。③ BBNJ协定预备委员会的立法工作正如火如荼地进行着,且于2017年7月20日向联大提交了最终建议性的《海洋生物多样性养护和可持续利用的具有法律约束力的国际文书建议草案》(以下简称《BBNJ建议草案》)。④ 在国家管辖范围外海域制定统一的法律有益于海洋遗传

---

① 参见阎铁毅:《北极航道所涉及的现行法律体系及完善趋势》,载《学术论坛》2011年第2期。

② 参见杨显滨:《论我国参与北极航道治理的国际法路径》,载《法学杂志》2018年第11期。

③ 参见何志鹏、王艺塱:《BBNJ国际立法的困境与中国定位》,载《哈尔滨工业大学学报(社会科学版)》2021年第1期。

④ See Preparatory Committee established by General Assembly resolution 69/292: Development of an international legally binding instrument under the United Nations Convention on the Law of the Sea on the conservation and sustainable use of marine biological diversity of areas beyond national jurisdiction, https://www.un.org/depts/los/biodiversity/prepcom.htm, visited on 22 October, 2022.

资源的保护。① BBNJ 的立法活动是和《联合国海洋法公约》及公共利益相吻合的②,相关国际谈判具有巨大意义③,BBNJ 国际协定成为《联合国海洋法公约》颁布实施以来最大的海洋秩序变革与调整④,预委会提交的这份《BBNJ 建议草案》给联大留下了一些基本的重要性问题⑤,如公海自由原则与人类共同继承遗产的问题、关于海洋遗传资源的分享问题、公海保护区的划区管理等措施问题、BBNJ 的执行机构等,无疑会给将来联大政府间谈判增加许多不确定因素。⑥

就 BBNJ 预备会议上各方的分歧,最终造成《BBNJ 建议草案》中多个核心问题无法达成一致的结果来看,⑦BBNJ 国际规则的制定必然会由于各国政治利益的冲突,造成各方在立场原则上表现出尖锐的矛盾与分歧。由此可见,实现对 BBNJ 养护和可持续利用问题治理的国际法律化,其实质是如何平衡发达国家、发展中国家和国家集团之间的利益冲突,以达到国际社会的动态平衡和整体的和谐发展。故而,中国如何在 BBNJ 国际立法过程中推动各方权利的平衡,以及如何平衡自身的发展需求与人类对海洋资源长远利益之间的矛盾,需要深度思考和反复考量。⑧

---

① 参见张磊:《论国家管辖范围以外区域海洋遗传资源的法律地位》,载《法商研究》2018 年第 3 期,第 172 页。

② See Mary George and Anneliz R. George, "Registration of BBNJ Research Activities: A Move towards Transparency in Research Governance", 11 Regional Focus & Controversies 123-128(2018).

③ See Stephen Minas, "Marine Technology Transfer under A BBNJ Treaty: A Case for Transnational Network Cooperation", 112 Symposium on Governing High Seas Biodiversity AJIL Unbound 144-149.

④ 参见胡学东:《国家管辖范围以外区域海洋生物多样性谈判建议性文件点评》,载胡学东、郑苗壮主编:《国家管辖范围以外区域海洋生物多样性问题研究》,中国书籍出版社 2019 年版,第 14 页。

⑤ 参见李志文:《国家管辖外海域遗传资源分配的国际法秩序——以"人类命运共同体"理念为视阈》,载《吉林大学社会科学学报》2018 年第 6 期。

⑥ 参见胡学东:《国家管辖范围以外区域海洋生物多样性谈判建议性文件点评》,载胡学东、郑苗壮主编:《国家管辖范围以外区域海洋生物多样性问题研究》,中国书籍出版社 2019 年版,第 10 页。

⑦ 参见张小勇、郑苗壮:《论国家管辖范围以外区域海洋遗传资源适用的法律制度——以海洋科学研究制度的可适用性为中心》,载《国际法研究》2018 年第 5 期。

⑧ 参见罗猛:《国家管辖范围外海洋保护区的国际立法趋势与中国因应》,载《法学杂志》2018 年第 11 期。

三、网络空间法律制度

互联网的高速发展深刻影响了国内国际的政治生活,很多国际会晤、国际论坛以网络的形式进行,就是国际关系中网络使用的鲜明例证。对互联网传统的应对思维是网络自由、行业自律,近年来逐渐被政府为主导的主权规制、协同治理体系所取代。网络空间国际法是规范、协调互联网治理中的国家行为、明确各国在互联网治理领域的权利义务的国际法规范体系。

(一)关于网络空间国际法治理的不同观点

网络空间的虚拟属性及全球信息便捷流动的特性,使国际社会对这一领域的治理予以关切,并产生诸多争议。针对网络空间国际法的治理模式有不同的主张。①

互联网治理领域的国际法规范既包括沿用原有国际法规则,也包括为互联网制定的新设规则,还包括国际条约、国际习惯等。值得说明的是,由于网络问题自生的跨国性,所以很多国内立法也具有涉外指向和国际意义②,这是网络空间习惯国际法的重要基础。网络主权问题、网络言论与信息的自由与规制问题、网络战、网络犯罪的打击与控制问题是当今网络空间治理的关键方面。③

(二)网络空间法律治理的尝试

在网络数据信息的保护方面,欧盟 2016 年推出的《通用数据保护条例》(GDPR)修订了 1993 年《数据保护指令》,2018 年 5 月正式实施,创造

---

① 关于网络空间国际法这一新兴领域,有很多学术研究,形成了差异化的观点。参见黄志雄:《网络空间规则博弈中的"软实力"——近年来国内外网络空间国际法研究综述》,载《人大法律评论》2017 年第 3 期。

② 例如,欧盟 2016 年推出的《通用数据保护条例》突破了传统的属地管辖原则,以效果原则作为主要判断依据,将为欧盟境内的数据主体提供商品或服务以及监控其行为的境外企业纳入了规制范围。美国 2018 年出台的《澄清域外合法使用数据法案》(CLOUD 法案)不以数据存储为标准,而是从数据控制者提供服务角度出发,扩大美国执法机构调取数据的范围。德国《网络执行法》、欧盟"版权指令"、欧洲最高法院关于"社交平台删除非法内容法规"的裁决都具有非常明显的域外效应,扩张网络数据法规的域外效力成为国际网络空间治理的基本趋势。

③ 参见徐峰:《网络空间国际法体系的新发展》,载《信息安全与通信保密》2017 年第 1 期;杨帆:《网络空间国际法的新进展和新趋势》,载《信息安全与通信保密》2020 年第 1 期。

性地提出许多个人数据保护新概念,引发了对于强监管模式限制数据流通,阻碍数据潜能释放的关注。GDPR 推动了全球隐私保护的变革。美国加利福尼亚州 2018 年 6 月颁布的《消费者隐私法》(CCPA),规定了与 GDPR 类似的数据保护规则和数据主体义务,印度、巴西、泰国、马来西亚、越南等发展中国家则直接借鉴 GDPR 的核心原则起草本国的数据保护法。澳大利亚 2018 年修订了《1988 年隐私法》,新增了强制性数据泄露通知规定;印度内阁 2019 年通过的《个人数据保护法案》是对 2011 年颁布的《隐私法案》的更新;日本内阁于 2020 年 3 月完成了《个人信息保护法》的定期修订;新西兰也相继修订 1993 年的《隐私法》和《2003 电信信息隐私规则》。随着网络空间的拓展,修订和更新传统立法也将从个人信息保护扩散至其他方面。2018 年 10 月,欧洲议会通过《非个人数据自由流动条例》,严格区分了个人数据与非个人数据,并极力鼓励非个人数据的自由流动;欧盟委员会 2019 年 4 月发布的《开放数据和公共部门信息再利用的指令》(PSI)则旨在改善公共数据可用性与创新性,推动公共部门数据相关产业的快速发展。美国 2019 年发布了《开放政府数据法案》和《联邦数据战略与 2020 年行动计划》,将数据作为战略资源进行开发,努力提升美国政府的数据利用能力。

在网络关键基础设施安全方面,2017 年 5 月,美国政府的《增强联邦政府网络与关键性基础设施网络安全》(第 13800 行政令)突出强调加强关键基础设施保护将是特朗普政府治网的首要任务;2020 年,发布《通过负责任地使用定位、导航与授时服务来增强国家弹性》(第 13905 号行政令,又称为 PNT 行政令),再次增强关键基础设施的弹性。美国国会通过了《网络安全与基础设施安全局法》,成立网络安全和基础设施安全局(CISA),专门负责强化本国的关键基础设施安全防护。2018 年 5 月生效的欧盟《网络与信息系统(NIS)指令》旨在提高欧盟关键基础设施相关组织的 IT 安全性,同时将范围扩大到各搜索引擎、在线市场以及对现代经济具有"关键性影响"的组织结构,该指令的出台也直接推动欧盟多个国家网络安全法的出台。2018 年 7 月澳大利亚《关键基础设施安全法案》正式实施,首创关键基础设施资产登记和部长指令等制度。

在网络内容规制方面,鉴于网络对社会秩序潜在的风险,大多数国家逐渐改变了对于网络内容传统的放任监管模式,出台法律予以规制。2018 年德国《网络执行法》、2019 年法国《反网上仇恨言论法》以及 2020

年英国《网络有害内容白皮书》通过明确平台义务,辅以严格的惩罚措施,推动了网络平台从"有条件的中介责任"到"完全中介责任"的转变,开启了欧洲国家网络内容治理的进程,对于虚假信息、仇恨言论、政治言论、恐怖主义信息、音视频、知识产权等进行更全面的规制。《欧盟数字化单一市场版权指令》也要求互联网公司对上传到其网站的内容负责。澳大利亚在2019年公布《刑法典修正案》,禁止网络服务提供商展示重大暴力内容;同年,新加坡出台《防止网络虚假信息和网络操纵法案》,授权政府要求个人、网络平台更正或撤下对公共利益造成负面影响的假新闻,甚至可以封锁传播假新闻的网站和平台。

在防范网络欺诈方面,各国关注到人工智能、区块链、云计算、大数据等新技术发展带来的机遇和安全隐患,通过法治手段积极应对人工智能应用"深度伪造(Deepfake)"。美国积极推进恶意伪造禁令的立法,欧盟在2019年初发布了应对Deepfake指南,帮助公众分辨信息来源。加密数字货币的推进引发各国高度关注,各国从个人隐私、数据保护和金融安全等领域评估加密数字货币的影响,加强加密数字货币反洗钱方面的法规。

(三)网络空间法律治理的制度竞争

网络领域的立法不仅涉及社会秩序,也关乎大国博弈,影响全球网空治理。美国推行"逆全球化"的贸易保护主义,将ICT(information and communications technology,信息通信技术)供应链安全作为维护其全球霸权并打压别国技术发展的政治工具,通过2018年《安全技术法案》创建联邦采购供应链安全理事会,在2019年国防授权法案(NDAA)中授予国防部部长、陆海空军队负责人选择供应商的权力,还将供应商选择与政策拨款相挂钩,美国联邦通信委员会(FCC)2019年年底做出"禁止动用政府资金购买华为和中兴设备和服务"的决定。同时通过立法强化对外供应链安全审查。2019年5月发布的《确保信息通信技术与服务供应链安全》行政令,禁止交易、使用可能对美国国家安全、外交政策和经济构成特殊威胁的外国信息技术和服务,美国商务部据此发布了《〈确保信息通信技术与服务供应链安全〉审查规则草案》,赋予美商务部部长全方位干涉甚至禁止在美国ICTS(information and communications technology and service,信息通讯技术及服务)供应链中涉及外国交易的权力,上述做法为美国向"对手国家"推行"断供"提供了法律基础。在美国带动下,欧盟各国、以色列、日本等也相继出台法律、法规管理供应链,供应链立法完全变成国家间竞争的政治工具。

随着5G、人工智能等新兴技术成为大国竞争的核心因素,部分国家在国际局势日趋紧张的情况下强化涉高新技术的投资审查和出口管制政策的针对性。例如,美国2018年《外国投资风险审查现代化法案》(FIRRMA)纳入了关键技术与关键基础设施企业的"非主动投资"与"少数股权投资",以及涉及关键技术转让的合资行为。其他国家纷纷追随,2018年,德国通过《对外贸易和支付法案》的修订案,扩大欧盟外资金对德国敏感领域企业的并购审查;2019年1月,韩国出台《根除产业技术泄露对策》,规定外资收购AI、新材料等领域的韩国企业必须经过审查。2019年3月,欧盟通过了外资审查框架法案,意在限制外资对关键领域的并购,防止关键领域的技术外流。在出口管制方面,美国政府2018年8月通过《出口改革管制法案》(ECRA),加强对"新兴技术"和"基础技术"等关键技术的出口管制,由美商务部产业安全局负责具体实施,其部门《出口管制条例》(EAR)一直在不断地拓展,在2020年1月的最新修订中,还增加了对"地理空间图像自动分析软件"的管制。尤其是一些西方国家在2020年利用《瓦森纳协定》加强了半导体基板技术的出口管制。

2001年11月,欧洲联盟成员国、美国、加拿大、日本和南非等30个国家在布达佩斯所共同签署了《网络犯罪公约》(Convention on Cybercrime),这是全世界第一部针对网络犯罪行为所制定的国际公约,其目标是促成国际社会形成共同网络犯罪的立法标准,促进国际网络犯罪侦查的合作。公约要求对于非法进入(illegal access)、非法截取(illegal interception)、资料干扰(data interference)、系统干扰(system interference)、设备滥用(misuse of devices)、伪造电脑资料(computer-related forgery)、电脑诈骗(computer-related fraud)、儿童色情的犯罪(offences related to child pornography)、侵犯著作权及相关权利的行为(offences related to infringements of copyright and related rights)应采取入罪措施,并且在引渡、证据取得方面相互合作,在程序规范中确立了电子证据调查方面的特殊制度。这一公约为建立更广泛的共同打击网络犯罪的国际司法合作、有效打击跨国网络犯罪做出了值得肯定的努力。2003年1月23日,欧盟在斯特拉斯堡通过了《网络犯罪公约补充协定:关于通过计算机系统实施的种族主义和排外性行为的犯罪化》(Additional Protocol to the Convention on Cybercrime,

Concerning the Criminalisation of Acts of a Racist and Xenophobic Nature Committed through Computer Systems)。2021 年 5 月 26 日,联大通过了第 75/282 号决议《打击为犯罪目的使用信息和通信技术的行为》,决定酌情邀请感兴趣的全球和区域政府间组织的代表,包括联合国机构、专门机构和基金的代表,以及经济及社会理事会各职司委员会的代表作为观察员参加特设委员会的实质性会议,2022 年 1 月 17 日至 28 日在纽约联合国总部举行了该委员会的第一届会议。

北约卓越网络合作防卫中心发布的《塔林手册 2.0:适用于网络行动的国际法》对于网络空间国际法的基本原则和具体应对做出了初步的拟定。其中,关于国家责任的立场值得关注。网络不法行为因发生在虚拟网络空间,具有隐秘性和技术归因的困难性,很多时候难以查证行为者是隶属于一国国家机关还是与一国政府无关的私人。国家必须履行合理谨慎(due diligence,有学者译为"应有注意")义务,不允许将其领土或其政府控制下的领土或网络基础设施用于影响其他国家的权利和对其他国家产生严重不利后果的网络行动(第 6 条)。这对于网络不法行为的国家责任归因提供了一个判断标准。由于这一标准的具体规定不明确,日后须在立法、执法、司法过程中进一步澄清,但基本上要求国家应制定网络安全国家战略和法律,以实现和维护高水平的网络与信息系统安全,并通过国家法律和程序查明潜在威胁、减轻风险,尤其要采取措施,确保建构起有效、适度、具有预防效果的制裁措施。[1]

网络空间治理的国际法面临困难与阻力,但未来发展势头一定强劲。《中华人民共和国网络安全法》于 2017 年 6 月 1 日实施,为应对网络安全态势,在保障网络安全,维护网络空间主权和国家安全,保护公民、法人等合法权益,促进网络产业发展等方面都发挥了重要作用。习近平总书记提出的"网络空间命运共同体"为我国网络空间治理指明了方向,向全世界展示了中国的网络治理理念。基于"网络空间命运共同体"的宗旨修订和完善我国的网络立法,积极参与国际网络法治,维护我国公民的切身利益,为人类信息化进程贡献中国智慧,是我国涉外网络法治和参与全球网络法治的重要指针。[2]

---

[1] 参见金慧华:《论国际网络空间法中的应有注意义务》,载《东方法学》2019 年第 6 期。

[2] 参见桂畅旎:《国际网安立法三年回顾及启示》,载《中国信息安全》2020 年第 6 期。

如果说北极航道问题、国家管辖外海域的治理问题相对具有封闭性的话,那么网络空间的法律问题就是一个开放的问题。因为人类生活的各个方面都可能与网络联系起来,与数字化结合起来,数字化和网络化为人类的生活添加了一种新的维度,使人类生活的各个方面、各个领域、各个环节都有了一种新的观察思考、交往处理方式。因而,面对国际法的未来,如何去迎接以数字作为载体的新层面,如何确立网络空间和数字格局的国际法,是未来的实践者和研究者不能回避的重要问题。

主要参考文献

一、中文著作

白桂梅:《国际法》(第三版),北京大学出版社 2015 年版。
车丕照:《国际经济法概要》,清华大学出版社 2008 年版。
陈安主编:《国际经济法》(第六版),北京大学出版社 2013 年版。
陈体强:《国际法论文集》,法律出版社 1985 年版。
古祖雪:《国际法:作为法律的存在和发展》,厦门大学出版社 2018 年版。
《国际公法学》编写组:《国际公法学》(第三版),高等教育出版社 2022 年版。
何志鹏:《国际法哲学导论》,社会科学文献出版社 2013 年版。
何志鹏、孙璐、王彦志、姚莹:《国际法原理》,高等教育出版社 2017 年版。
黄瑶主编:《国际法》,北京大学出版社 2007 年版。
贾兵兵:《国际公法:和平时期的解释与适用》,清华大学出版社 2015 年版。
贾兵兵:《国际公法·下卷:武装冲突中的解释与适用》,清华大学出版社 2020 年版。
贾兵兵:《国际人道法简明教程(英文版)》,清华大学出版社 2008 年版。
姜皇池:《国际公法导论》(第三版),新学林出版股份有限公司 2013 年。
姜皇池:《国际海洋法》(第三版),学林文化事业有限公司 2004 年。
李浩培:《条约法概论》,法律出版社 1987 年版,法律出版社 2003 年第 2 版。
李浩培:《李浩培文选》,法律出版社 2000 年版。
梁西主编:《国际法》(第三版),武汉大学出版社 2011 年版。
刘志云:《国际关系与国际法跨学科研究:探索与展望》,法律出版社 2017 年版。
罗国强:《国际法本体论》(第二版),中国社会科学出版社 2015 年版。
马呈元:《国际法》(第五版),中国人民大学出版社 2019 年版。
倪征燠:《倪征燠法学文集》,法律出版社 2006 年版。
丘宏达:《现代国际法》(修订三版),三民书局 2012 年版。
邵津主编:《国际法》(第五版),北京大学出版社、高等教育出版社 2014 年版。
苏义雄:《平时国际法》(修订四版),三民书局 2007 年版。

王铁崖:《国际法引论》,北京大学出版社1998年版。
王铁崖主编:《国际法》,法律出版社1981年版。
王铁崖主编:《国际法》,法律出版社1995年版。
王铁崖:《王铁崖文选》,中国政法大学出版社2003年版。
肖永平、黄志雄编:《曾令良论国际法》,法律出版社2017年版。
杨泽伟:《国际法》(第三版),高等教育出版社2017年版。
杨泽伟:《国际法析论》(第五版),中国人民大学出版社2022年版。
张乃根:《国际法原理》(第二版),复旦大学出版社2012年版。
赵建文主编:《国际法》,法律出版社2000年版。
中国国际法学会编:《中国国际法年刊》(1982—2021),对外翻译出版公司1982—1986年版,法律出版社1987—2004、2012—2021年版,世界知识出版社2005—2011年版。
周鲠生:《国际法》,商务印书馆1976年版,武汉大学出版社2007年(武汉大学百年名典)、2009年(中国文库)重排出版。
周忠海主编:《国际法》(第三版),中国政法大学出版社2017年版。
朱文奇:《现代国际法》,商务印书馆2013年版。
[德]沃尔夫冈·格拉夫·魏智通主编:《国际法(第五版)》,吴越、毛晓飞译,法律出版社2012年版。
[日]松井芳郎等:《国际法(第四版)》,辛崇阳译,中国政法大学出版社2004年版。
[日]小寺彰、[日]岩泽雄司、[日]森田章夫编:《国际法讲义》,梁云祥译,南京大学出版社2021年版。
[日]加藤信行、[日]植木俊哉、[日]森川幸一、[日]真山全、[日]酒井启亘、[日]立松美也子:《图解国际法》,张诗奡译,社会科学文献出版社2021年版。
[德]巴多·法斯本德、[德]安妮·彼得斯主编:《牛津国际法史手册》,李明倩、刘俊、王伟臣译,上海三联书店2020年版。

二、外文著作

Ademola Abass. *Complete International Law: Text, Cases, and Materials* (Oxford University Press, 2014).

Philip Alston and Ryan Goodman. *International Human Rights* (Oxford University Press, 2012).

Patricia Birnie, Alan Boyle, and Catherine Redgwell. *International Law and the Environment* (3rd ed., Oxford University Press, 2009).

Ian Brownlie. *Principles of Public International Law* (7th ed., Oxford University Press, 2008).

Thomas Buergenthal and Sean D. Murphy. *Public International Law in a Nutshell* (5th ed., West, 2013).

Barry E. Carter and Allen S. Weiner. *International Law* (Wolters Kluwer, 2011). 中译本:[美]巴里·E.卡特、[美]艾伦·S.韦纳:《国际法》,冯洁菡译,商务印书馆2015年版。

A. Cassese. *International law* (2nd ed., Oxford University Press, 2005).中译本:[意]安东尼奥·卡塞斯:《国际法》,蔡从燕等译,法律出版社2009年版。

Andrew Clapham. *Brierly's Law of Nation* (7th ed., Oxford University Press, 2013). 中译本:[英]安德鲁·克拉彭:《布赖尔利万国公法(第7版)》,朱利江译,中国政法大学出版社2018年版。

James Crawford. *Brownlie's Principles of Public International Law* (9th ed., Oxford University Press, 2019).

James Crawford. *Chance, Order, Change: The Course of International Law* (Hague Academy of International Law, 2014).

Leïla Choukroune and James J. Nedumpara. *International Economic Law: Text, Cases and Materials* (Cambridge University Press, 2021).

Lori F. Damrosch and Sean D. Murphy. *International Law, Cases and Materials* (7th ed., West, 2019).

Lori F. Damrosch, Louis Henkin, Sean D. Murphy, and Hans Smit. *International Law, Cases and Materials* (5th ed., West, 2009).

Martin Dixon. *Textbook on International Law* (7th ed., Oxford University Press, 2013).

Martin Dixon, Robert McCorquodale and Sarah Williams, *Cases and Materials on International Law* (6th ed., Oxford University Press, 2016).

Malcolm Evans. *International Law* (5th ed., Oxford University Press, 2018).

Richard K. Gardiner. *International Law* (Longman, 2003).

Hugo Grotius. *The Rights of War and Peace* (Richard Tuck, ed., Liberty Books, 2005). 中译本有何勤华等译单卷本,马忠法等译三卷本。

David Harris and Sandesh Sivkumaran. *Cases and Material on International Law* (9th ed., Sweet & Maxwell, 2020).

Louis Henkin. *International Law: Politics and Values* (Martinus Nijhoff, 1995).

Rosalyn Higgins. *Problems and Process: International Law and How We Use it*

(Oxford University Press, 1994).

Ian Hurd. *International Organizations: Politics, Law, Practice* (4th ed., Cambridge University Press, 2020).

John H. Jackson, William J. Davey and Alan O. Sykes. *Legal Problems of International Economic Relations: Cases, Materials and Texts* (6th ed., West, 2013).

Mark W. Janis. *An Introduction to International Law* (5th ed., Aspen Publishers, 2003).

Mark W. Janis and John Noyes. *International Law: Cases and Commentary* (4th ed., Thomson West, 2010).

Jan Klabbers. *International Law* (3rd ed., Cambridge University Press, 2020).

Vaughan Lowe. *International Law* (Oxford University Press, 2007).

Andreas F. Lowenfeld. *International Economic Law* (2nd ed., Oxford University Press, 2008).

Peter Malanczuk. *Akehurst's Modern Introduction to International Law* (7th ed., Routledge, 1997).

J. G. Merrills. *International Dispute Settlement* (5th ed., Cambridge University Press, 2011). 中译本:[英]J.G.梅里尔斯:《国际争端解决(第五版)》,韩秀丽、李燕纹、林蔚译,法律出版社2013年版。

L. Oppenheim, R. Jennings and A. Watts (eds.). *Oppenheim's International Law* (9th ed., Longman, 1992), 中译本:[英]詹宁斯、[英]瓦茨修订:《奥本海国际法(第九版)》,王铁崖等译,中国大百科全书出版社1995年版(第1卷第1分册)、1998年版(第1卷第2分册)。

Alexander Orakhelashvili. *Akehurst's Modern Introduction to International Law* (8th ed., Routledge, 2018).

Ivor Roberts. *Satow's Diplomatic Practice* (7th ed., Oxford University Press, 2017).

Donald R. Rothwell, Stuart Kaye, Afshin Akhtar-Khavari, Ruth Davis, and Imogen Saunders. *International Law: Cases and Materials with Australian Perspectives* (3rd ed., Cambridge University Press, 2018).

Marco Sassòli, Antoine A. Bouvier and Anne Quintin. *How does Law Protect in War? Outline of International Humanitarian Law* (3rd ed., in 3 volumes, International Committee of the Red Cross, 2011).

Marco Sassòli. *International Humanitarian Law: Rules, Controversies, and Solutions to Problems Arising in Warfare* (Edward Elgar Publishing, 2019).

Philippe Sands, Jacqueline Peel, Adriana Fabra, and Ruth Mackenzie. *Principles of*

International Environmental Law (3rd ed., Cambridge University Press, 2012).

Malcolm Shaw. *International Law* (9th ed., Cambridge University Press, 2021). 第 6 版中译本：[英]马尔科姆·N. 肖：《国际法（第六版）》，白桂梅、高健军、朱利江、李永胜、梁晓晖译，北京大学出版社 2011 年版。

I. A. Shearer. *Starke's International Law* (11th ed., Butterworths, 1994).

Olivier De Schutter. *International Human Rights Law: Cases, Materials, Commentary* (3rd ed., Cambridge University Press, 2019).

Rhona K. M. Smith. *Texts and Materials on International Human Rights* (3rd ed., Routledge-Cavendish, 2013).

Louis. B. Sohn, Kristen Gustafson, John E. Noyes, and Erik Franckx. *Law of the Sea in a Nutshell* (West, 2010).

Rebecca M. M. Wallace and Olga Martin-Ortega. *International Law* (7th ed., Sweet & Maxwell, 2013).

附录：本书涉及的主要国际法文件

A

《阿姆斯特丹条约》
《按危险性分类的农药建议分类：分类指南》

B

《巴黎非战公约》(也称《白里安—凯洛格公约》)
《巴黎公约》(《保护工业产权巴黎公约》)
《巴黎航空公约》
《巴黎协定》
《保护臭氧层维也纳公约》(《维也纳公约》)及其《蒙特利尔议定书》(全称《关于消耗臭氧层物质的蒙特利尔议定书》)
《保护南极动植物协议措施》
《保护南极海豹公约》
《保护南极海洋生物资源会议最后文件》
《保护欧洲野生动物和自然栖所公约》
《保护人类免受生物医学损害的框架公约》
《保护人人不受酷刑和其他残忍、不人道或有辱人格待遇或处罚宣言》
《保护世界文化和自然遗产公约》
《保护所有人免遭强迫失踪的国际公约》
《保护所有移徙工人及其家庭成员权利国际公约》
《保护自然和自然资源的非洲公约》
《北极熊保护协定》
《濒危野生动植物种国际贸易公约》
《伯尔尼公约》(《伯尔尼保护文学和艺术作品公约》)

《补充基金来源公约》
《捕鱼与养护公海生物资源公约》
《不扩散核武器条约》(又称"防止核扩散条约"或"核不扩散条约")

C

《残疾人权利国际公约》(《残疾人权利公约》)

D

《大陆架公约》
《地中海生物多样性特别保护区议定书》

E

《儿童权利公约》
《儿童权利宣言》
《二十一世纪议程》

F

《发展权利宣言》
《乏燃料管理安全和放射性废物管理安全联合公约》
《凡尔赛和约》
《反对劫持人质国际公约》
《防止海洋油污国际公约》
《防止及惩治灭绝种族罪公约》
《防止陆源污染海洋巴黎公约》
《防止倾倒废物及其他物质污染海洋的公约》
《非洲统一组织宪章》
《非洲联盟泛非议会的议定书》
《非洲人权与人民权宪章》

G

《改善海上武装部队伤者病者及遇船难者境遇之日内瓦公约》(日内瓦第2公约)

《改善战地武装部队伤者病者境遇之日内瓦公约》(1864)
《改善战地武装部队伤者病者境遇之日内瓦公约》(1949,日内瓦第 1 公约)
《各国在探索与利用外层空间活动的法律原则的宣言》
《工业事故跨界影响公约》
《公海公约》
《公民及政治权利国际公约》
《关于制止危害民用航空安全的非法行为的公约》(《蒙特利尔公约》)
《关于登记射入外层空间物体的公约》(《登记公约》)
《关于防止和惩处侵害应受国际保护人员包括外交代表的罪行的公约》
《关于放射性材料跨界处置时进行通知、统一规则和交换信息的指南》
《关于非政府组织地位基本原则》
《关于各国内政不容干涉及其独立与主权之保护宣言》
《关于各国探索和利用包括月球和其他天体在内的外层空间活动的原则条约》(《外层空间条约》《外空条约》)
《关于各国依联合国宪章建立友好关系及合作的国际法原则宣言》(《国际法原则宣言》)
《关于工作中应用化学品的安全的公约》
《关于国际法不加禁止的行为所产生损害性后果的国际责任(预防危险活动的跨界损害)》
《关于国家在条约方面的继承的维也纳公约》
《关于国家责任的条款草案》("1996 年条款草案")
《关于核事故或辐射紧急情况时相互援助安排的指南》
《关于环境保护的〈南极条约〉议定书》
《关于建立欧洲煤钢共同体的条约》(《巴黎条约》)
《关于建立世界贸易组织的马拉喀什协定》
《关于禁用毒气或类似毒品及细菌方法作战议定书》
《关于禁止发展、生产、储存和使用化学武器以及销毁此种武器的公约》(《化学武器公约》《禁止化学武器公约》)
《关于禁止克隆人的附加议定书》
《关于难民地位的公约》

《关于难民地位的议定书》
《关于农药使用和分销的国际行为准则》
《关于特别是作为水禽栖息地的国际重要湿地公约》
《关于外国人地位的公约》
《关于危险活动造成的跨界损害案件中损失分配的原则草案》("分配原则草案")
《关于预防危险活动的越境损害的条款草案》("预防草案")
《关于在国际贸易中对某些危险化学品和农药采取事先知情同意程序的鹿特丹公约》
《关于在航空器内犯罪和其他某些行为的公约》(《东京公约》)
《关于战俘待遇之日内瓦公约》(日内瓦第 3 公约)
《关于战时保护平民之日内瓦公约》(日内瓦第 4 公约)
《关于执行 1982 年 12 月 10 日〈联合国海洋法公约〉第十一部分的协定》(《执行协定》)
《关于制止非法劫持航空器的公约》(《海牙公约》)
《国际法不加禁止之行为引起有害后果之国际责任条款草案》
《国际法院规约》
《国际防止船舶污染公约》
《国际干预公海油污事故公约》
《国际海事委员会油污损害指南》
《国际海洋法法庭规约》
《国际航班过境协定》
《国际航空运输协定》
《国际联盟盟约》
《国际民用航空公约》(《芝加哥公约》)
《国际潜在有毒化学品登记册》
《国际水道非航行使用法公约》
《国际刑事法院罗马规约》(《罗马规约》)
《国际油污防备、反应和合作公约》(OPRC)
《国际油污损害民事责任公约》
《国际组织的责任条款草案》
《国家对国际不法行为的责任条款草案》("2001 年条款草案")

H

《和平解决国际争端公约》
《核事故或辐射紧急情况援助公约》
《核安全公约》

J

《及早通报核事故公约》
《减少无国籍状态公约》
《禁奴公约》
《禁止并惩治种族隔离罪行国际公约》
《禁止贩卖人口及取缔意图营利使人卖淫的公约》
《禁止核武器公约》
《禁止酷刑和其他残忍、不人道或有辱人格的待遇或处罚公约》(《禁止酷刑公约》)
《禁止细菌(生物)及毒素武器的发展、生产及储存以及销毁这类武器的公约》(《禁止生物武器公约》)
《禁止向非洲进口危险废物并在非洲内管理和控制危险废物越境转移的巴马科公约》(《巴马科公约》)
《经济、社会及文化权利国际公约》
《旧金山和约》

K

《卡塔赫纳生物安全议定书》
《科托努协定》
《空间物体造成损害的国际责任公约》(《责任公约》)
《控制危险废物越境转移及其处置巴塞尔公约》(《巴塞尔公约》)

L

《澜沧江—湄公河商船通航协定》
《里斯本条约》
《里约热内卢环境与发展宣言》(《里约宣言》)

《联合国国家及其财产管辖豁免公约》
《联合国海洋法公约》(《海洋法公约》)
《联合国禁止或限制使用某些可被认为具有过分伤害力或滥杀滥伤作用的常规武器公约》
《联合国气候变化框架公约》
《联合国气候变化框架公约的京都议定书》(《京都议定书》)
《联合国人员和有关人员安全公约》
《联合国特权与豁免公约》
《联合国宪章》
《领海及毗连区公约》
《领土庇护宣言》
《陆战法规和惯例公约》
《陆战法规和惯例章程》
《洛美协定》

M

《美洲人权公约》
《美洲人权公约附加议定书》(《圣萨尔瓦多议定书》)
《美洲人权和义务宣言》

N

《男女工人同工同酬公约》(《同酬公约》)
《南极海洋生物资源养护公约》
《南极条约》
《内罗毕宣言》(1982)
《尼日尔河流域国家关于航行和经济合作条约》

O

《欧洲保护人权及基本自由公约》(《欧洲人权公约》)
《欧洲防止酷刑、不人道和有辱人格的待遇或惩罚公约》
《欧洲联盟基本权利宪章》
《欧洲联盟条约》(《马斯特里赫特条约》)
《欧洲区域或少数民族语言宪章》

《欧洲人权公约第十一议定书》
《欧洲社会宪章》
《欧洲社会宪章变更议定书》
《欧洲文化公约》

Q

《囚犯待遇最低限度标准规则》
《全面禁止核试验条约》

R

《人类环境宣言》(《斯德哥尔摩宣言》)

S

《申根协定》
《生物多样性公约》
《生物及医学应用的人权与人性尊严保护公约》
《圣彼得堡宣言》
《世界气象公约》
《世界人权宣言》
《世界自然宪章》

W

《威斯特伐利亚和约》
《维也纳外交关系公约》
《维也纳领事关系公约》
《乌拉圭河规约》
《武器贸易条约》

X

《西半球自然保护和野生生物保护公约》
《消除对妇女一切形式歧视公约》
《消除一切形式种族歧视国际公约》

《刑事审判原则和方针》
《修订〈关于核损害民事责任的维也纳公约〉议定书》

Y

《野生动物迁徙物种保护公约》
《营救宇宙航行员、送回宇宙航行员和归还发射到外层空间的物体的协定》(《营救协定》)
《油船所有人自愿承担油污损害责任的协定》(TOVALOP)
《油类油污损害责任的暂行补充协议》(CRISTAL)
《与贸易有关的知识产权协定》
《远距离跨界大气污染公约》
《约翰内斯堡可持续发展声明》

Z

《政府间海事协商组织公约》
《执法人员行为守则》
《执行 1982 年 12 月 10 日〈联合国海洋法公约〉有关养护和管理跨界鱼类种群和高度洄游鱼类种群的规定的协定》(《跨界鱼类种群和高度洄游鱼类种群的养护与管理协定》)
《指导各国在月球和其他天体上活动的协定》(《关于各国在月球和其他天体上活动的协定》或《月球协定》)
《中英展拓香港界址专条》

索　引

A

安全理事会　124,310
奥斯丁　20,21
澳门　85,153

B

《巴黎非战公约》　15,451
巴黎和会　15,562,563
巴塞尔委员会　446
保护的责任　93,455
保护国　86
保护人权反奴役协会　340
保护性管辖　99
保护原则　472
保证不重犯　536
备忘录　395
背信弃义的战争手段和作战方法　474
庇护　170
边界　208
边界条约　208,209
边界制度　209
边境制度　210
边沁　14,20,71
标界　209
宾刻舒克　20,219,227
博丹　13
补偿　537,555
不承认　104,105

不对称的法　39
不分皂白的战争手段和作战方法　473
不干涉内政原则　89,90,342
不可抗力　228,534,535
不平等条约　107,416
不受欢迎的人　361,362,384
不推回原则　177,178

C

彩虹勇士仲裁案　530,551
残疾人权利委员会　318
差别待遇　157,158
常设国际法院　581,582
出境　155,165,177
出生地主义　145,146,151
船旗国　58,246,247
创始成员　113,136

D

大陆架　219,235-245
大赦国际（国际特赦组织）　338
大使　357-361
代办　357-360
单一国　85,86
抵偿　537
底土　193,199,235
第二次世界大战　16,291,460,563
第一次世界大战　15,120,209
调查　363,385,578,579

东京审判 564,565
独立国 86,351
独立权 88,89
杜南(亨利) 466
对人类整体义务 70
多边条约 392,395,396,398-402,428
多国河流 200,201
多数决 115,400

E

儿童权利委员会 318
二元论 46-49

F

法泰尔 13,20
《凡尔赛和约》 15,119,129,209
反措施 38,534,539
贩卖奴隶 247,290
防范酷刑小组委员会 317
防空识别区 265,266
非政府组织 184-190,498
非政治条约 396
非洲联盟 139,325
非洲人权和人民权法院 326
非洲人权和人民权委员会 325
风险预防原则 507,551
附庸国 86
附属国 86
复合国 85,86

G

改变环境的作战手段和方法 474
"干净的手"原则 159
港口 222-225
割让 106,204,205
格劳秀斯 13,18,218,364

个人 142-145
个人申诉 328,330,332
公海 244-248
公海自由 234,245,247
公使 357-359
公约 393
功能论 259,260
共管 197
共同但有区别的责任原则 508,516
观察员 114,189,598
管辖权 95,98-102,247
归因性 530,531
规约 394
国籍 143-153
国籍持续原则 159
国籍的抵触 148
国籍的积极抵触 149
国籍的取得 145
国籍的丧失 148
国籍的消极抵触 150
国籍法 144,151
国籍实际联系原则 159
国际标准化组织 184,186
国际不法行为 527
国际地役 197,198
国际电信联盟 134
国际法 1-3,5-9,11-39,44-51,54
国际法编纂 71,72,81
国际法不成体系 34,68,72
国际法的主体 40,42
国际法上的承认 103
国际法委员会 76,77
国际法学家协会 339
国际法优先说 45
国际法渊源 54-57,426
国际法院 126,311,582

国际关系　5-9,83
国际海事组织　133
国际海洋法法庭　254,255
国际航空自由　263
国际合作原则　281,507
国际河流　201,202
国际货币基金组织　130
国际货币金融法　444
国际货币体系　445
国际经济法　422
国际劳工组织　129,322
国际联盟　119-121
国际贸易法　439
国际贸易法委员会　81
国际民航安全　269,271
国际民用航空组织　131
国际农业发展基金　133
国际强行法　69-71
国际权利　338
国际人道法　465-471
国际人权联合会　339
国际人权联盟　339
国际商法　10,422
国际税法　446
国际司法　580
国际私法　9
国际条约　56
国际投资法　443
国际习惯　56-60,429-431
国际刑事法院　37,323,568-574
国际原子能机构　132
国际运河　199
国际仲裁　579
国际组织　109-118,432
国际组织的表决制度　114
国际组织的成员　111,113

国际组织决议　66
国家的单方行为　67
国家的基本权利　88,89,94
国家管辖豁免　101,102
国家及其财产豁免　10
国家继承　105-107
国家领土　192-195
国家元首　355,356,382
国民待遇　155,156,162
国内法优先说　44
国书　359
过境通行　233,234

H

哈特　20,21
海盗　247,248
海湾　225-226
海峡　232-234
海洋法　217-221
航空器国籍　267
和解　578,579
和平共处五项原则　16,71,90,95,447
和平条约　463
核准　398-399
亨金(路易斯)　8,19
红色高棉特别法庭　567
后法优于先法　49,61,68,406
湖泊　203
互惠待遇　157
划界　208-209,239-244
环境主权原则　505
换文　394
恢复原状　537
婚姻入籍　147
混合主义　146
或引渡或起诉原则　169

霍布斯 13,21,30,94

J

基线 221-223
极度残酷武器 472
集体安全体系 453
简易条约 396
建构主义国际关系理论 25
交换领土入籍 147
界河 200
禁区 266,267
禁止酷刑委员会 317
经济、社会和文化权利委员会 316
经社理事会 127,184,309-312
居留 154-155
具有过分伤害和滥杀滥伤作用的武器 472
军备控制 476-477
军事必要 472

K

卡尔(爱德华) 22
卡尔沃主义 160
凯尔森 20,45
康德 19,119,309
科孚海峡案 36,38,230,502,509,528,552,582
可持续发展原则 62,497,503-505
空间论 259,260
跨国公司 180-184

L

拉努湖仲裁案 499,551,552
黎巴嫩问题特别法庭 567,568
联合公报/联合声明 394
联合国 121-130

联合国大会 122,310
联合国工业发展组织 133
联合国教育、科学及文化组织(联合国教科文组织) 130,322
联合国粮食及农业组织(粮农组织) 130,322
联合国难民事务高级专员公署 175,315
联合国人权事务高级专员(人权高专) 314
联合国人权事务高级专员办事处 314
联合国专门机构 129,322
联系成员 114
领海 226-241,265
领海宽度 219-223,227
领空 193,258-264
领空主权 262
领陆 192
领事 382-388
领事关系 352
领事特权和豁免 385
领水 193,224
领土取得 203,205,206
领土主权 195-198
卢梭 19
卢旺达特别刑庭 565,566,569
履约报告 1,327,344
洛克 19

M

马尔顿斯条款 43,472
马基雅维利 13
《美国军队战场管理指要》(利伯法典) 562
美洲国家组织 112,325
盟约 394

索 引

米尔斯海默(约翰)　23
秘书处　125-127
摩根索(汉斯)　22,27,35

N

纳入成员　113
南极　212-215
难民　174-180,304
内水　199-200,224-226
纽伦堡审判　19,563-565

P

欧盟对外行动署　137
欧盟理事会　137
欧盟审计院　137
欧盟委员会　137
欧洲法院　137
欧洲理事会　324
欧洲联盟　134-136
欧洲首脑理事会　136
欧洲统计局　138
欧洲议会　137
欧洲中央银行　137
赔偿　537
毗连区　234
平等权　94,95
平位法　33,34
蒲安臣　532
普遍定期审议制度　326
普遍管辖　70,100
普芬道夫　13,21,30

Q

契约性条约　396,427
前南特别刑庭　565-567
强迫失踪问题委员会　318

区分原则　472
区域国际经济合作法　447
区域性国际组织　118
全面与进步跨太平洋伙伴关系协定　448
全民公决　207
全球化　433-439
全权证书　397,398
全体一致　114,115
群岛基线　232

R

人道主义干涉　92,93,452,455
人类命运共同体　128,215,287
人民自决　206,207,209
人权　289-303
人权倡导者国际　341
人权观察　338
人权理事会　312-314,348
人权情报文献系统　340
人权全球化　290,291
人权事务委员会　316
人权网络　340
人权委员会　311-315,330
认领非婚生子女入籍　147
入籍　146-149,152,178
入境　154,177-178,377
软法　30,66,67,294-295,503,519,592
弱法　5,35,69

S

塞拉利昂问题特别法庭　566
《申根协定》　138
申请入籍　146,147
时效　205,206
使馆　170,193,356,357,362-369
使馆的特权和豁免　365

使节权 354
使节制度 353
世界经济论坛(达沃斯经济论坛) 187
世界旅游组织 132,322
世界贸易组织 111-115,441-443
世界气象组织 134
世界卫生组织 130,323,522,585
世界银行 37,131,425,436,442
世界知识产权组织 132,322
收养或认领非婚生子女入籍 147
双边条约 1,179,382,383,396,398-401,478,520
双重犯罪 168
双重国籍 148-149,152
司法判例 54-56,63-65,503
苏阿雷兹 13
苏支 14
速成习惯国际法 59,60
损害预防原则 506,507

T

塔林手册 492,493,598
谈判 10,16,32,186,351,397,398,400,576,578
特别程序(1235号与1503号决议) 328
特别法优于普通法 61,68
特别使团 380-382
特别提款权 115,445
特雷尔冶炼厂仲裁案 499,509,541,550,552
添附 206
调停 91,333,578
条约 6,32-34,49,56,60,63,390-420
条约保留 401,403
条约的冲突 406

条约的加入 401
条约的批准 67,399
条约的生效 404
条约的无效 412
条约的暂时适用 405
条约登记 403
条约解释 408,409
条约修订 411
停火/休战 462
停战 460,462
停止不法行为 536
托管理事会 126,311
托克维尔 19

W

外层空间 259-260,278
外国人 144-146,150,153-165
外交保护 144,158-160
外交部部长 355,359,397,399
外交代表的特权和豁免 196,352,369
外交关系 351-352
外交团 358
外空法 278
完全成员 113,114
万国邮政联盟 110,112,132,424
万民法 12,13,17,18
危机情况 535
危难 224,248,535
危险区 266,267
维多利亚 13,18,290
《维也纳条约法公约》 34,60,209,354,390-392,397-416,418-420
斡旋 91,187,312,325,351,451,576,578
乌拉圭河纸浆厂案 551
无国籍人 100,142,144-146,150,

176,304
无害通过 226-230,232-234
无条件投降 462
无政府社会 3,34
"五大航权"("空中五大自由") 263

应有法 72,559
永久中立国 14,86-88,463
用尽当地救济 43,144,154,159,160,538
约定必须信守(pacta sunt servanda) 13,44,404,502
越权(ultra vires) 414,531

X

习惯人权法 308
先占 203,204,213
现实主义国际关系理论 22
现有法 71,77,430,559
限制区 266,267
限制主权 536
宪章 394
香港 85,114
消除对妇女歧视委员会 317
消除种族歧视委员会 317
协定 393
协定法 5,32
协商 578
协商一致通过 115
宣言/声明 394
学说 22,27,44-46,54-56,65,66,102,227,289,294,364,365,408,409,426,433,493,503
血统主义 145,146,150,151

Y

一般法律原则 30,32,61-63,66,430,431,433,502
"一带一路"倡议 425,447-448
一贯反对者原则 59
一元论 44,45,48-50
移徙工人委员会 318
议定书 393
引渡 165-169

Z

造法性条约 396,400,427
战俘 475,476
战时中立 463-464
战争 15,86,87,420,458-465
战争权 8,96,450,451,455
真提利斯 13,218
征服 195,205,206
正常基线 221-223
政府承认 60,104
政府首脑 101,355,356,397
政治犯不引渡原则 167
政治条约 396
直线基线 67,221-223,231
制度 9
中国 107,126-128,138,139
《中国的人权状况》白皮书 342
《中华人民共和国澳门特别行政区基本法》 391
《中华人民共和国出境入境管理法》 163
《中华人民共和国反有组织犯罪法》 163
《中华人民共和国飞行基本规则》 266
《中华人民共和国国防法》 266
《中华人民共和国国籍法》 151
《中华人民共和国陆地国界法》 211
《中华人民共和国民用航空法》 259,

266,267,274
《中华人民共和国外国人入境出境管理条例》 163
《中华人民共和国外交特权与豁免条例》 367,372
《中华人民共和国宪法》 85,161,343,460
《中华人民共和国香港特别行政区基本法》 391
《中华人民共和国引渡法》 166
主权 84,86,88
属地管辖(领域管辖) 98
属人管辖 98,99,154

驻外外交机关 355-357
专约 393
专属经济区 193,194,206,237-242,244
咨询管辖 585
自然法 17-20,26,30,61,69,218
自卫 38,98,453,534
自卫权 96-98
自由主义国际关系理论 24
租借 197
最后议定书 393
最惠国待遇 156,157,162,178,442
最密切联系原则 152
罪名特定原则 168,169

图书在版编目(CIP)数据

国际法要论／何志鹏著．—北京：北京大学出版社，2023.6
ISBN 978-7-301-33612-0

Ⅰ．①国… Ⅱ．①何… Ⅲ．①国际法—研究 Ⅳ．①D99

中国版本图书馆 CIP 数据核字（2022）第 222677 号

书　　　名	国际法要论 GUOJIFA YAOLUN
著作责任者	何志鹏　著
责任编辑	周　希　靳振国
标准书号	ISBN 978-7-301-33612-0
出版发行	北京大学出版社
地　　　址	北京市海淀区成府路 205 号　100871
网　　　址	http://www.pup.cn　http://www.yandayuanzhao.com
电子信箱	yandayuanzhao@163.com
新浪微博	@北京大学出版社　@北大出版社燕大元照法律图书
电　　　话	邮购部 010-62752015　发行部 010-62750672　编辑部 010-62117788
印　刷　者	三河市北燕印装有限公司
经　销　者	新华书店
	965 毫米×1300 毫米　16 开本　40.25 印张　745 千字 2023 年 6 月第 1 版　2023 年 6 月第 1 次印刷
定　　　价	108.00 元

未经许可，不得以任何方式复制或抄袭本书之部分或全部内容。
版权所有，侵权必究
举报电话：010-62752024　电子信箱：fd@pup.pku.edu.cn
图书如有印装质量问题，请与出版部联系，电话：010-62756370